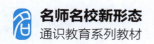

名师名校新形态
通识教育系列教材

经济数学
——微积分

慕课版　第2版

张天德　石玉峰　孙钦福　主编
陈永刚　李长喜　高原　副主编

人民邮电出版社
北　京

图书在版编目（CIP）数据

经济数学. 微积分：慕课版 / 张天德，石玉峰，孙钦福主编. -- 2 版. -- 北京：人民邮电出版社，2025.（名师名校新形态通识教育系列教材）. -- ISBN 978-7-115-67011-3

Ⅰ. F224.0；O172

中国国家版本馆 CIP 数据核字第 2025FP6734 号

内 容 提 要

本书根据高等学校商科专业数学基础课程的教学要求编写，内容体现新商科理念与国际化的深度融合. 本书在编写过程中不仅借鉴国内外优秀教材的精华，还结合山东大学数学团队多年的教学经验. 全书共 9 章，主要内容包括函数、极限与连续，导数与微分，微分中值定理与导数的应用，不定积分，定积分及其应用，常微分方程与差分方程，无穷级数，多元函数微分学及其应用和二重积分. 每章配有核心知识点的思维导图，并融入德育元素. 本书还以附录形式呈现各章典型习题的 Python 编程求解过程. 本书侧重数学的实用性，每节后面的习题采用分层模式，每章的总复习题•提高篇均选编自历年考研真题，并配有参考答案.

本书可作为高等学校商科专业的数学教材，也可作为报考硕士研究生的人员和科技工作者学习大学商科数学知识的参考书.

◆ 主　　编　张天德　石玉峰　孙钦福
　　副 主 编　陈永刚　李长喜　高　原
　　责任编辑　张雪野
　　责任印制　胡　南

◆ 人民邮电出版社出版发行　　北京市丰台区成寿寺路 11 号
　　邮编　100164　电子邮件　315@ptpress.com.cn
　　网址　https://www.ptpress.com.cn
　　北京隆昌伟业印刷有限公司印刷

◆ 开本：787×1092　1/16
　　印张：20　　　　　　　　　　　　　2025 年 7 月第 2 版
　　字数：518 千字　　　　　　　　　　2025 年 7 月北京第 1 次印刷

定价：59.80 元

读者服务热线：(010)81055256　印装质量热线：(010)81055316
反盗版热线：(010)81055315

丛书顾问委员会

丛书编委会

主　任： 吴　臻

副主任： 王鹏辉　张天德

编　委： 王　玮　叶　宏　黄宗媛　孙钦福
　　　　陈永刚　谭　蕾　吕洪波　屈忠锋
　　　　刘昆仑　栾世霞　程　涛　孙　涛
　　　　张歆秋　闫保英　李玲娜　惠周利
　　　　杨　明　李长喜　高　原

丛书编辑工作委员会

主　任： 张立科

副主任： 曾　斌　李海涛

委　员： 税梦玲　陶友亭　刘海溧　孙　澍
　　　　潘春燕　张孟玮　滑　玉　许德智
　　　　张雪野

丛书序

教育兴则国家兴，教育强则国家强，坚持教育服务高质量发展，扎实推动教育强国建设成为我国教育事业的新目标. 在高等教育中大学数学是高校理工类专业和经管类专业的坚实基础，不仅限于专业知识基础，在培养大学生数学思维能力、综合思维能力、空间想象能力和创新思维能力等方面也发挥重要作用，对各专业的学科建设和发展具有深远影响.

大学数学虽然是大多数专业的基础课程，但是逻辑性强，内容抽象，晦涩难懂，普遍存在教师难教、学生难学的现象. 同时，当前很多高校的大学数学课程多沿用传统教学模式，不区分专业、兴趣和学生的基础，不涉及与后续专业课程的关联性和衔接性，存在教学方法和教学手段简单、教学模式一刀切等情况. 因此，大学数学课程如何进行深层次、多角度的教学改革，达到满足新时代高层次高素质人才培养目标的需求，是各高校迫切需要探索的课题.

张天德教授多年来一直从事偏微分方程数值解的研究，以及高等学校数学基础课程的教学与研究工作，是国家精品在线开放课程、国家级一流本科课程负责人，经过 30 多年的教学实践，他在教书育人方面形成了独到的理论，多次荣获表彰和奖励，如"国家级教学成果奖二等奖""全国优秀教材(高等教育类)二等奖""山东省高等学校教学名师""泰山学堂卓越教师""泰山学堂毕业生最喜欢的老师"等. 2020 年 9 月，张天德教授牵头编写的山东大学数学学院新形态系列教材在人民邮电出版社出版，这套教材定位清晰，结构严谨，内容精良，新形态手段先进，汇集了山东大学数学学院的优秀教学师资和人民邮电出版社的优质出版资源，被百余所院校选作教材，出版 3 年来成为国内具有较高影响力的大学数学教材.

此次修订由数学学院副院长王鹏辉教授和张天德教授共同牵头组织，在保持既有特色的基础上进行了全面优化和升级，例题、习题的设计更加注重通识知识与专业知识的结合，信息技术运用更加丰富，综合 30 余所院校的意见，内容打磨得更加贴合一线教学需求，有效地践行了教育部在新时代对大学数学教学的期望和要求.

通识与专业教育有效衔接，知识与课程思政有机融合，新形态技术手段高效运用，本系列面向新文科的大学数学教材体现了通识育人的教学目标，丰富了教学手段、教学方法，为新文科专业人才培养奠定了非常好的基础，同时，也为落实国家教育数字化、优质资源数字化和创新性教学方法应用于教育教学改革，提供了重要参考.

吴臻

中国数学会副理事长
山东大学副校长、数学学院院长
2023 年 11 月

前　言

一、山东大学数学系列教材

1. 系列教材的定位

2019 年，教育部启动实施"六卓越一拔尖"计划 2.0，全面实施"双万计划"，推进"四新"建设。这对高等学校的教学改革提出了更加迫切、更高标准的要求。德育元素与教学的有机融合、在线教学的形式创新与效果考核等，成为高校教育工作者必须思考和解决的问题。在此背景下，编者策划了山东大学数学系列教材。

本系列教材能够适应国家对高等教育的新要求，并有效结合德育元素，充分体现大学数学与其他学科的交叉性，突出了数学的实用性和易用性，能够满足线上与线下教学的需求。在内容方面，参考了国内外院校的优秀教学思路，对课程进行了重新设计，对传统的例题模式进行了优化。无论是内容结构、概念表述，还是例题、习题，都力求与专业应用紧密结合。

2. 系列教材的结构特色

（1）落实立德树人根本任务

育人的根本在于立德。全面贯彻党的教育方针，落实立德树人根本任务，培养德智体美劳全面发展的社会主义建设者和接班人，是党的二十大报告对办好人民满意的教育提出的要求。为此，教材在每章最后介绍中国古代的卓越数学成就或当代的数学家，体现数学家的爱国情怀、学术贡献及人格魅力，充分激发学生的民族荣誉感，落实立德树人根本任务。相应内容专门制作了 PPT，并录制了微课，以丰富的形式帮助高等学校在教学中融入德育元素。

中国数学学者 ————————————————————————————

个人成就

数学家，中国科学院院士，曾任中国科学院数学研究所研究员、所长。华罗庚是中国解析数论、典型群、矩阵几何学、自守函数论与多复变函数论等领域研究的创始人和开拓者。

■■■　　华罗庚

（2）用思维导图呈现知识脉络

每章知识点的总结通过思维导图的形式呈现，并对存在逻辑相关的知识点进行关联标记，有助于学生理解和掌握知识脉络。

（3）紧密结合 Python 应用

本系列教材引入 Python 应用，用 Python 编程的方式对典型习题求解。Python 编程内容自成体系，既有利于教师辅导学生理解数学的实用价值，培养应用数学知识解决实际问题的能力，也方便学生自学。

3. 支持线上教学，提供直播演示

编者借鉴国内外优秀慕课形式，精心录制了全系列教材的配套慕课，并在每章的定义、定理、例题、习题等内容中选取重点和难点，单独录制微课。同时，每章还设置了章首导学微课、章末小结微课等，附录也提供 Python 微课。学生扫描书中相应位置的二维码即可观看。

慕课演示　　微课演示

配套慕课可以有效支撑各院校开展线上教学，帮助学生提高

自学效果. 微课视频能帮助数学教师实现翻转课堂的教学模式, 帮助学生更好地开展课前预习、课下复习, 以及考研练习.

编者还将在实际教学中适当开展线上直播课教学演示, 既能让更多学生受益, 又能为广大一线数学教师提供示范参考.

4. 提供优质的教师服务

为更好地发挥本系列教材的教学价值, 编者精心准备了丰富的教学辅助资源, 还会组织教学研讨会, 与更多大学数学教师共同探讨教学过程中的问题, 努力达到国家对教学改革的高标准要求.

二、本书特色

本书第一版自出版以来, 凭借科学的知识体系和实用的例题、习题, 获得了读者的广泛好评. 结合国家对人才培养的新要求及高等学校一线教学的新需求, 编者对本书进行了改版. 此次改版在保留原有优势的基础上, 对以下三方面进行了优化:(1) 更新和增加例题、习题, 并将各章总复习题分层设计, 设置基础篇和提高篇, 以满足不同学生的需求;(2) 升级书中德育元素, 将德育元素与知识点巧妙融合, 实现知识传授与品德培养的有机结合;(3) 采用新形态的模式, 运用计算机可视化技术呈现晦涩的数学知识. 改版后的教材具有以下特点.

1. 知识结构符合学生认知规律

党的二十大报告要求加强基础学科建设. 数学作为自然科学的基础, 也是重大技术创新发展的基础. 本书对大学商科数学知识结构进行了适当优化, 定义和定理的表述既兼顾严谨性, 又考虑了易懂性, 尽量使数学知识简单化、形象化, 保证教材难度适中, 培养学生的数学素养与应用能力.

2. 知识阐述与行业应用相结合

本书结合新商科的要求, 在内容安排上更加注重大学商科数学知识在行业中的应用, 尽量结合商科专业背景培养学生解决实际问题的能力, 以期从育人角度提升基础研究的源头创新力, 为科技创新培育基础动力.

3. 新形态设计助力高校教学教改创新

本书充分利用信息技术手段, 通过不同的表现形式解决教学痛点. 一方面, 精心录制了配套的慕课, 并在每章的定义、定理、例题、习题中选取重点内容及章首导学、章末总结等部分单独录制微课, 有效支撑高校开展线上线下混合式教学. 另一方面, 采用计算机可视化技术, 通过数学图形的动态变化直观呈现推理、推导过程, 帮助学生理解相关概念.

4. 习题丰富且分层次, 兼顾考研需求

本书的习题按难度进行了分层, 每节之后的习题分为"基础题"和"提高题", 每章设有综合性较强的"总复习题", 总复习题设置"基础篇"和"提高篇". 全书习题题量较大, 每节之后配套的习题和部分总复习题选自考研真题, 方便教师授课和测验, 也能满足各类学生的需求.

三、致谢

本书由山东大学张天德教授设计整体框架和编写思路, 由张天德、石玉峰、孙钦福担任主编, 由陈永刚、李长喜、高原担任副主编.

本书是教育部新文科研究与改革实践项目"基于数学思维培养视域下新文科课程体系和教材体系建设实践研究"(项目编号:2021070051)的重要成果, 也是 2021 年度山东省本科教学改革研究重点项目"大学数学一流课程与新形态系列教材建设研究"(项目编号:Z2021049)的重要成果. 本书在编写过程中得到了山东大学本科生院、山东大学数学学院的大力支持与帮助, 并获得山东大学"双一流"人才培养专项建设支持. 多位数学教授对书稿进行了全面审读, 并从实际教学角度对本书提出了中肯的修改建议, 在此表示衷心感谢.

编者

2025 年 2 月

目 录

03

第 3 章 微分中值定理与 导数的应用

04

第 4 章 不定积分

05

第 5 章　定积分及其应用

06

第 6 章　常微分方程与差分方程

07

第 7 章　无穷级数

08

第 8 章　多元函数微分学 及其应用

09

第 9 章　二重积分

附录　使用 Python 解决经济
数学问题

第 1 章
函数、极限与连续

迄今为止，数学已有数千年历史. 伴随着数学思想的发展，函数概念由模糊逐渐变得严密. 有别于初等数学的研究对象大多是不变的量，高等数学的主要研究对象是变化的量，也就是函数. 为研究函数与变量之间的依赖关系，人们提出并发展了极限的理论和方法. 我国古代数学家刘徽的"割圆术"是建立在直观图形研究基础上的极限思想的应用，古希腊人的"穷竭法"也蕴含了极限思想. 伴随着微积分的建立和严格化，极限思想得到了进一步发展和完善. 19 世纪，法国数学家柯西在前人工作的基础上，比较完整地阐述了"极限概念"及其理论. 维尔斯特拉斯提出了极限的静态抽象定义，为微积分奠定了严格的理论基础. 极限是研究函数的重要方法，也是微积分学中研究问题的基本工具. 连续性是非常广泛的一类函数所具有的重要特性.

本章导学

经济学是研究如何利用有限的资源合理安排生产，并将生产出来的产品在消费者中合理分配，以达到人类现在和将来最大满足的科学. 为实现经济学的目标，需要对经济变量进行定量分析.

本章将对函数概念进行复习和补充，并介绍经济学中的几个常用概念和常用函数，学习如何利用极限思想研究函数，讨论函数的连续性. 极限理论的学习与讨论，将为我们的学习高等数学奠定基础.

1.1 函数

"函数"一词来源于著作《代数学》，其中记载有"凡此变数中含彼变数者，则此为彼之函数"，即函数指一个量随着另一个量的变化而变化，或者说一个量中包含另一个量. 在学习函数之前，先来介绍基本的数学语言.

1.1.1 预备知识

1. 集合

定义 1.1 一般来说，由一些确定的不同的研究对象构成的整体称为集合. 构成集合的对象称为集合的元素.

集合一般用大写英文字母 $A,B,C,\cdots$ 表示，集合中的元素用小写英文字母 $a,b,c,\cdots$ 表示. 若 a 是集合 M 中的元素，记为 $a \in M$. 如果 a 不是集合 M 的元素，就记为 $a \notin M$ 或 $a \overline{\in} M$.

构成集合的元素具有 3 个性质：确定性、互异性、无序性.

高等数学中常用数集及其记法如下.

（1）全体非负整数组成的集合称为非负整数集或自然数集，记为 $\mathbf{N}$；

（2）全体整数组成的集合称为整数集，记为 $\mathbf{Z}$；

（3）全体正整数组成的集合称为正整数集，记为 $\mathbf{Z}^*$ 或 $\mathbf{N}^*$；

（4）全体有理数组成的集合称为有理数集，记为 $\mathbf{Q}$；

（5）全体无理数组成的集合称为无理数集，记为 $\mathbf{Q}^c$；

（6）全体实数组成的集合称为实数集，记为 $\mathbf{R}$.

2. 区间

设 a,b 为实数，且 $a < b$.

（1）满足不等式 $a < x < b$ 的所有实数 x 的集合，称为以 a,b 为端点的开区间，记作 (a,b)，如图 1.1（a）所示，即 $(a,b) = \{x \mid a < x < b\}$.

（2）满足不等式 $a \leqslant x \leqslant b$ 的所有实数 x 的集合，称为以 a,b 为端点的闭区间，记作 $[a,b]$，如图 1.1（b）所示，即 $[a,b] = \{x \mid a \leqslant x \leqslant b\}$.

（3）满足不等式 $a < x \leqslant b$（或 $a \leqslant x < b$）的所有实数 x 的集合，称为以 a,b 为端点的半开半闭区间，记作 $(a,b]$（或 $[a,b)$），如图 1.1（c）和图 1.1（d）所示，即 $(a,b] = \{x \mid a < x \leqslant b\}$，$[a,b) = \{x \mid a \leqslant x < b\}$.

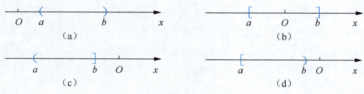

图 1.1

以上 3 类区间为有限区间. 有限区间右端点 b 与左端点 a 的差 $b-a$，称为区间的长度. 下面 3 类为无限区间.

（1）$(a, +\infty) = \{x \mid x > a\}$；$[a, +\infty) = \{x \mid x \geqslant a\}$.

（2）$(-\infty, b) = \{x \mid x < b\}$；$(-\infty, b] = \{x \mid x \leqslant b\}$.

（3）$(-\infty, +\infty) = \{x \mid -\infty < x < +\infty\}$，即全体实数的集合 $\mathbf{R}$.

注 $+\infty, -\infty$ 分别读作"正无穷大"与"负无穷大"，它们不是数，仅仅是个记号.

3. 邻域

我们知道，实数集合 $\{x \mid |x - x_0| < \delta, \delta > 0\}$ 在数轴上是一个以点 x_0 为中心、长度为 2δ 的开区间 $(x_0 - \delta, x_0 + \delta)$，称之为点 x_0 的 δ 邻域，记作 $U(x_0, \delta)$. x_0 称为邻域中心，δ 称为邻域半径，如图 1.2 所示.

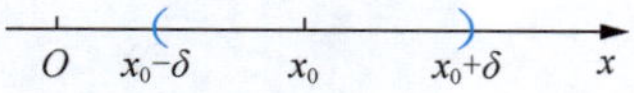

图 1.2

例如，$U\left(5, \dfrac{1}{2}\right)$ 即为以点 $x_0 = 5$ 为中心、$\delta = \dfrac{1}{2}$ 为半径的邻域，也就是开区间 $\left(\dfrac{9}{2}, \dfrac{11}{2}\right)$.

称 $\{x \mid 0 < |x - x_0| < \delta, \delta > 0\}$ 即 $(x_0 - \delta, x_0) \cup (x_0, x_0 + \delta)$ 为点 x_0 的去心 δ 邻域，记作 $\overset{\circ}{U}(x_0, \delta)$.

例如，$\overset{\circ}{U}(1, 2)$ 即为以点 $x_0 = 1$ 为中心、$\delta = 2$ 为半径的去心邻域，也即 $(-1, 1) \cup (1, 3)$.

4. 映射

定义1.2 设 X,Y 是两个非空集合，如果存在一个法则 f，使对 X 中每个元素 x 按照法则 f，在 Y 中有唯一确定的元素 y 与之对应，则称 f 为从 X 到 Y 的**映射**，记作

$$f:X \to Y.$$

其中，y 称为元素 x（在映射 f 下）的像，并记作 $f(x)$，即

$$y = f(x);$$

元素 x 称为元素 y（在映射 f 下）的一个原像. 集合 X 称为映射 f 的定义域，记作 D_f，即

$$D_f = X;$$

X 中所有元素的像所组成的集合称为映射 f 的值域，记为 R_f 或 $f(X)$，即

$$R_f = f(X) = \{f(x) \mid x \in X\}.$$

需要注意的问题如下.

（1）构成一个映射必须具备以下 3 个要素.

① 集合 X，即定义域 $D_f = X$.

② 集合 Y，即值域的范围 $R_f \subset Y$.

③ 对应法则 f，使对每个 $x \in X$，有唯一确定的 $y = f(x)$ 与之对应.

（2）对每个 $x \in X$，元素 x 的像 y 是唯一的；而对每个 $y \in R_f$，元素 y 的原像不一定是唯一的；映射 f 的值域 R_f 是 Y 的一个子集，即 $R_f \subset Y$，不一定有 $R_f = Y$.

（3）满射、单射和双射：设 f 是从集合 X 到集合 Y 的映射，若 $R_f = Y$，即 Y 中任一元素 y 都是 X 中某元素的像，则称 f 为 X 到 Y 的**满射**；若对 X 中任意两个不同元素 x_1, x_2，它们的像 $f(x_1) \neq f(x_2)$，则称 f 为 X 到 Y 的**单射**；若映射 f 既是单射又是满射，则称 f 为**双射**（或**一一映射**）.

5. 逆映射与复合映射

设 f 是 X 到 Y 的单射，则由单射的定义知，对每个 $y \in R_f$，有唯一的 $x \in X$，适合 $f(x) = y$. 于是，我们可定义一个从 R_f 到 X 的新映射 g，即

$$g:R_f \to X,$$

对每个 $y \in R_f$，规定 $g(y) = x$，其中 x 满足 $f(x) = y$. 这个映射 g 称为 f 的**逆映射**，记作 f^{-1}，其定义域 $D_{f^{-1}} = R_f$，值域 $R_{f^{-1}} = X$.

设有两个映射

$$g:X \to Y_1, f:Y_2 \to Z,$$

其中 $Y_1 \subset Y_2$，则由映射 g 和 f 可以确定一个从 X 到 Z 的对应法则，它将每个 $x \in X$ 映射成 $f[g(x)] \in Z$. 显然，这个对应法则确定了一个从 X 到 Z 的映射，这个映射称为映射 g 和 f 构成的**复合映射**，记作 $f \circ g$，即

$$f \circ g:X \to Z,$$

$$(f \circ g)(x) = f[g(x)], x \in X.$$

注意映射 g 和 f 构成复合映射的条件：g 的值域 R_g 必须包含在 f 的定义域内，即 $R_g \subset D_f$；否则，不能构成复合映射. 由此可以知道，映射 g 和 f 的复合是有顺序的，$f \circ g$ 有意义并不表示 $g \circ f$ 也有意义. 即使 $f \circ g$ 与 $g \circ f$ 都有意义，复合映射 $f \circ g$ 与 $g \circ f$ 也未必相同.

例如，设有映射 $g:\mathbf{R} \to [-1,1]$，对每个 $x \in \mathbf{R}$，$g(x) = \sin x$，映射 $f:[-1,1] \to [0,1]$，对每个 $u \in [-1,1]$，$f(u) = \sqrt{1-u^2}$，则映射 g 和 f 构成复合映射 $f \circ g:\mathbf{R} \to [0,1]$，对每个 $x \in \mathbf{R}$，有

$$(f \circ g)(x) = f[g(x)] = f(\sin x) = \sqrt{1-\sin^2 x} = |\cos x|.$$

1.1.2　函数的概念及常见的分段函数

1. 函数的概念

在自然界和日常生活中，我们经常遇到各种各样的量，如长度、质量、产量、价格、时间、速度等. 在某一个过程中，如果一个量只能取一个固定的数值，那么这个量就称为常量；数值不断变化的量称为变量. 一个量是常量还是变量，随着所考虑的问题不同，可能会有变化. 例如，某种商品的价格在较短的一段时间内是一个常量，而在较长的时间段内是一个变量. 常量可以看作特殊的变量.

另外，在讨论量的变化时，我们发现许多量的变化不是孤立的，而是遵循一定的规律相互制约又相互依赖. 这种变化规律通常由变量在变化过程中的数值对应关系反映出来. 例如，企业产品的总收益 R 与销售量 Q、价格 P 之间的关系为 $R = PQ$. 我们把变量之间确定的对应关系称为函数关系.

定义 1.3　设 D 是一个给定的非空数集. 若对任意的 $x \in D$，按照一定法则 f，总有唯一确定的数值 y 与之对应，则称 y 是 x 的函数，记为

$$y = f(x).$$

数集 D 称为函数 $f(x)$ 的定义域，x 为自变量，y 为因变量. 函数值的全体 $W = \{y \mid y = f(x), x \in D\}$ 称为函数 $f(x)$ 的值域.

可以看出函数就是变量 x 与 y 之间的一种关系，是一种特殊的映射.

我们还发现，映射是给定两个非空集合和一个对应法则，而函数则是给定一个非空数集和一个对应法则，所以我们可以认为定义域与对应法则是函数的两要素. 确定了函数的两要素，该函数也就确定了. 两要素可以作为判断两个函数是否相同的标准.

例如，$f(x) = \dfrac{x-1}{x^2-1}$ 与 $g(x) = \dfrac{1}{x+1}$ 不是同一个函数，因为二者的定义域不同；$f(x) = x$ 与 $g(x) = \sqrt{x^2}$ 不是同一个函数，因为二者的对应法则不同；函数 $f(x) = 1$ 与 $g(x) = \sin^2 x + \cos^2 x$ 是同一个函数；$f(x) = x^2 + 1$ 与 $g(t) = t^2 + 1$ 是同一个函数.

定义域是使表达式或实际问题有意义的自变量组成的集合. 对于无实际背景的函数，我们常常只给出对应法则，而未指明其定义域. 在数学上，通常将使函数表达式有意义的一切实数所组成的集合作为该函数的定义域，称为函数的自然定义域.

例 1.1　确定函数 $f(x) = \ln(2-x) + \sqrt{x+1} + \dfrac{1}{x}$ 的定义域.

解　由题意得 $2-x > 0, x+1 \geqslant 0$ 且 $x \neq 0$，解得 $-1 \leqslant x < 2$ 且 $x \neq 0$，故函数的定义域 $D = [-1,0) \cup (0,2)$.

表示或确定函数的方法通常有 3 种：表格法、图形法和解析法（公式法）. 用表格表示函数的方法在经济学、社会学中很常用. 另外，用图形表示函数是基于函数图形的概念，即坐标平面上的点集 $\{(x,y) \mid y = f(x), x \in D\}$ 称为函数 $y = f(x), x \in D$ 的图形. 用图形表示变量之间函数关系的例子在实践中有很多. 比如股价变化曲线图、心电图、气温变化图等.

例 1.2　2019 年 6 月 5 日至 2020 年 6 月 5 日这段时间内波罗的海干散货综合运价指数（BDI）如图 1.3 所示.

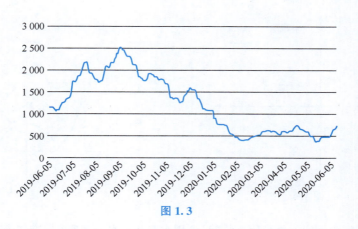

图 1.3

2. 常见分段函数

在自变量的不同变化范围内，对应法则用不同数学式子表示的函数称为**分段函数**. 常见的分段函数有以下 4 种.

（1）**绝对值函数** $y = |x| = \begin{cases} -x, & x < 0, \\ x, & x \geqslant 0, \end{cases}$ 其图形如图 1.4 所示.

（2）**符号函数** $y = \operatorname{sgn} x = \begin{cases} -1, & x < 0, \\ 0, & x = 0, \\ 1, & x > 0, \end{cases}$ 其图形如图 1.5 所示.

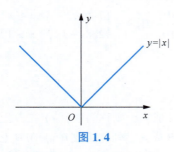

图 1.4

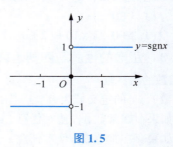

图 1.5

（3）**取整函数** 对任意实数 x，记 $[x]$ 为不超过 x 的最大整数，称 $y = [x]$ 为取整函数，其图形如图 1.6 所示.

显然，对于取整函数有 $x - 1 < [x] \leqslant x$.

例如，$[\sqrt{3}] = 1$，$[-\pi] = -4$，$[\pi] = 3$，$[2] = 2$.

（4）**狄利克雷函数** $D(x) = \begin{cases} 1, & x \in \mathbf{Q}, \\ 0, & x \in \mathbf{Q}^c. \end{cases}$

例 1.3 确定函数 $f(x) = \begin{cases} \sqrt{1 - x^2}, & |x| \leqslant 1, \\ x^2 - 1, & 1 < |x| < 2 \end{cases}$ 的定义域并画出图形.

解 此函数为分段函数，其定义域为

$$D = \{x \mid |x| \leqslant 1\} \cup \{x \mid 1 < |x| < 2\} = \{x \mid |x| < 2\} = (-2, 2),$$

其图形如图 1.7 所示.

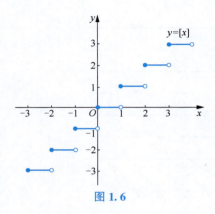

图 1.6

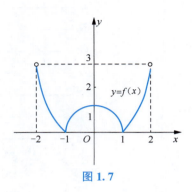

图 1.7

例 1.4 某城市制定的每户用水收费（含用水费和污水处理费）标准如表 1.1 所示.

表 1.1

费用类型	不超出 10 m³ 的部分	超出 10 m³ 的部分
用水费 /（元 /m³）	1.3	2
污水处理费 /（元 /m³）	0.3	0.8

建立每户用水量 $x(\mathrm{m}^3)$ 和应交水费 $y(元)$ 之间的函数关系.

解 根据题意知，二者之间的关系可用以下分段函数表示.

$$y = \begin{cases} (1.3+0.3)x, & x \leqslant 10, \\ (1.3+0.3) \times 10 + (2+0.8) \times (x-10), & x > 10, \end{cases} \quad 则 \ y = \begin{cases} 1.6x, & x \leqslant 10, \\ 2.8x - 12, & x > 10. \end{cases}$$

1.1.3 函数的性质及四则运算

1. 函数的有界性

设函数 $f(x)$ 的定义域为 D.

（1）如果存在常数 A，使对任意 $x \in D$，均有 $f(x) \geqslant A$ 成立，则称函数 $f(x)$ 在 D 上有下界.

（2）如果存在常数 B，使对任意 $x \in D$，均有 $f(x) \leqslant B$ 成立，则称函数 $f(x)$ 在 D 上有上界.

（3）如果存在一个正常数 M，使对任意 $x \in D$，均有 $|f(x)| \leqslant M$ 成立，则称函数 $f(x)$ 在 D 上有界；否则称函数 $f(x)$ 在 D 上无界. 即有界函数 $y = f(x)$ 的图形夹在 $y = -M$ 和 $y = M$ 两条直线之间，如图 1.8 所示.

例如，正弦函数 $y = \sin x$ 和余弦函数 $y = \cos x$ 在实数域 **R** 上有界，因为 $|\sin x| \leqslant 1, |\cos x| \leqslant 1 (x \in \mathbf{R})$. 又如，正切函数 $y = \tan x$ 在 $\left(-\dfrac{\pi}{2}, \dfrac{\pi}{2}\right)$ 上无界；在 $\left[0, \dfrac{\pi}{2}\right)$ 上有下界无上界，在 $\left(-\dfrac{\pi}{2}, 0\right]$ 上有上界无下界；在 $\left[-\dfrac{\pi}{4}, \dfrac{\pi}{4}\right]$ 上有界，因为当 $x \in \left[-\dfrac{\pi}{4}, \dfrac{\pi}{4}\right]$ 时，$|\tan x| \leqslant 1$.

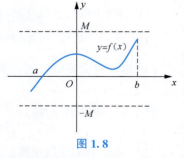

图 1.8

容易证明，函数 $f(x)$ 在其定义域 D 上有界的充分必要条件是它在定义域 D 上既有上界又有下界.

2. 函数的单调性

如果函数 $f(x)$ 对区间 $I(I\subset D)$ 内的任意两点 x_1 和 x_2，当 $x_1<x_2$ 时，有 $f(x_1)<f(x_2)$，则称此函数在区间 I 内是严格单调增加的（或称严格单调递增），如图 1.9 所示；当 $x_1<x_2$ 时，有 $f(x_1)>f(x_2)$，则称此函数在区间 I 内是严格单调减少的（或称严格单调递减），如图 1.10 所示.

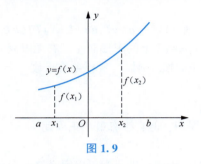
图 1.9

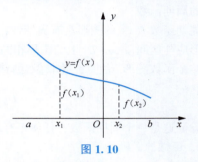
图 1.10

严格单调增加和严格单调减少的函数统称为严格单调函数. 一般情况下，若不单独说明，本书所指单调增加（减少）即为严格单调增加（减少）.

例如，$f(x)=x^3$ 在 $(-\infty,+\infty)$ 上单调增加，$f(x)=a^x(0<a<1)$ 在 $(-\infty,+\infty)$ 上单调减少，而 $f(x)=x^2$ 在 $(-\infty,0)$ 上单调减少，在 $[0,+\infty)$ 上单调增加.

3. 函数的奇偶性

设函数 $f(x)$ 的定义域 D 关于原点对称，如果对于任意 $x\in D$，

（1）若 $f(-x)=f(x)$ 恒成立，则称函数 $f(x)$ 为偶函数；

（2）若 $f(-x)=-f(x)$ 恒成立，则称函数 $f(x)$ 为奇函数.

如果函数 $f(x)$ 既不是奇函数也不是偶函数，则称其为非奇非偶函数.

偶函数的图形关于 y 轴对称，因为若 $f(x)$ 为偶函数，则对于定义域内的任意 $x\in D$，$f(-x)=f(x)$ 恒成立，所以如果 $P(x,f(x))$ 是图形上的点，那么它关于 y 轴的对称点 $P'(-x,f(x))$ 也在图形上，如图 1.11 所示.

奇函数的图形关于原点对称，因为若 $f(x)$ 为奇函数，则对于定义域内的任意 $x\in D$，$f(-x)=-f(x)$ 恒成立，所以如果 $Q(x,f(x))$ 是图形上的点，那么它关于原点的对称点 $Q'(-x,-f(x))$ 也在图形上，如图 1.12 所示. 若奇函数 $f(x)$ 在原点有定义，则 $f(0)=0$.

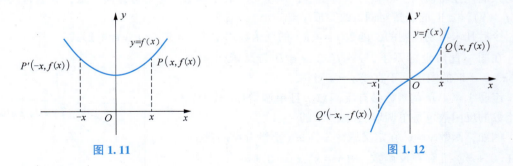
图 1.11　　　　　　　图 1.12

例如，$f(x)=x^2$，$f(x)=\cos x$ 在 $(-\infty,+\infty)$ 上均为偶函数；$f(x)=x$，$f(x)=x^3$，$f(x)=\sin x$ 在 $(-\infty,+\infty)$ 上均为奇函数.

4. 函数的周期性

设函数 $f(x)$ 的定义域为 D，如果存在常数 $T\neq 0$，对任意 $x\in D$，有 $x\pm T\in D$，且

$$f(x \pm T) = f(x)$$

恒成立，则称函数 $f(x)$ 为周期函数，T 称为 $f(x)$ 的一个周期. 通常我们所说函数的周期是指其最小正周期.

例如，函数 $y = \sin x$ 和 $y = \cos x$ 都是以 $T = 2\pi$ 为周期的周期函数；函数 $y = \tan x$ 是以 $T = \pi$ 为周期的周期函数.

周期函数 $f(x)$ 的图形具有周期性，若其周期为 T，则在区间 $[a+kT, a+(k+1)T]$ $(k \in \mathbf{Z})$ 上的图形应与区间 $[a, a+T]$ 上的图形相同，所以只要将 $[a, a+T]$ 上的图形向左、右无限复制，则得到整个函数图形. 注意，并非任意周期函数都有最小正周期. 例如，狄利克雷函数

$$D(x) = \begin{cases} 1, & x \in \mathbf{Q}, \\ 0, & x \in \mathbf{Q}^c, \end{cases}$$

容易验证这是一个周期函数，任何正有理数 r 都是它的周期，但它没有最小正周期.

5. 函数的四则运算

设函数 $f(x), g(x)$ 的定义域分别为 D_f, D_g，$D = D_f \cap D_g \neq \varnothing$，则我们可以定义这两个函数的下列运算.

和（差）$f \pm g$：$(f \pm g)(x) = f(x) \pm g(x), x \in D.$

积 $f \cdot g$：$(f \cdot g)(x) = f(x) \cdot g(x), x \in D.$

商 $\dfrac{f}{g}$：$\left(\dfrac{f}{g}\right)(x) = \dfrac{f(x)}{g(x)}, x \in D$ 且 $g(x) \neq 0.$

1.1.4 反函数

在函数的定义中，自变量和因变量的地位是相对的，其函数关系可能具有可逆性. 比如，在某商品的销售中，已知商品的价格为 P，如果想从销售量 Q 来确定商品的总收益 R，那么 Q 是自变量，R 是因变量，其函数关系为 $R = PQ$. 相反地，如果想从总收益中确定其销售量，就把 R 取作自变量，Q 取作因变量，得出函数关系为 $Q = \dfrac{R}{P}$，我们把 $Q = \dfrac{R}{P}$ 称为 $R = PQ$ 的反函数.

定义1.4 设函数 $y = f(x), x \in D, y \in W$（$D$ 是定义域，W 是值域）. 若对于任意一个 $y \in W$，D 中都有唯一确定的 x 与之对应，这时 x 是以 W 为定义域的 y 的函数，称它为 $y = f(x)$ 的**反函数**，记作 $x = f^{-1}(y), y \in W$.

人们往往习惯用字母 x 表示自变量，用字母 y 表示函数. 为了与习惯一致，我们将反函数 $x = f^{-1}(y), y \in W$ 的变量对调，改写成 $y = f^{-1}(x), x \in W$.

今后凡未特别说明的，函数 $y = f(x)$ 的反函数均记为 $y = f^{-1}(x), x \in W$ 形式.

在同一直角坐标系下，$y = f(x), x \in D$ 与反函数 $y = f^{-1}(x), x \in W$ 的图形关于直线 $y = x$ 对称.

定理1.1 单调函数必有反函数，且单调增加（减少）的函数的反函数也是单调增加（减少）的.

例如，函数 $y = x^2$ 在定义域 $(-\infty, +\infty)$ 上没有反函数，但在 $[0, +\infty)$ 上存在反函数. 由 $y = x^2, x \in [0, +\infty)$，求得 $x = \sqrt{y}, y \in [0, +\infty)$，再对调 x, y，得反函数为 $y = \sqrt{x}$，$x \in [0, +\infty)$. 它们的图形关于直线 $y = x$ 对称，如图 1.13 所示.

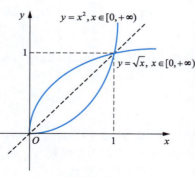

图 1.13

求函数 $y = f(x)$ 的反函数可以按以下步骤进行：

（1）从方程 $y = f(x)$ 中解出唯一的 x，并写成 $x = f^{-1}(y)$；

（2）将 $x = f^{-1}(y)$ 中的字母 x,y 对调，得到函数 $y = f^{-1}(x)$，对应的定义域和值域也随之互换，这就是所求函数的反函数.

1.1.5　复合函数

在实际问题中，两个变量间的联系有时不是直接的，而是通过另一个变量联系起来的. 例如，一个家庭贷款购房的能力 y 是其偿还能力 u 的平方，而这个家庭的偿还能力是月收入 x 的 50%，则这个家庭的贷款购房能力 y 与月收入 x 的关系可由两个函数 $y = f(u) = u^2$ 与 $u = g(x) = x \cdot 50\% = \dfrac{x}{2}$ 经过代入运算而得到，即

$$y = f[g(x)] = f\left(\frac{x}{2}\right) = \left(\frac{x}{2}\right)^2.$$

这个函数就是复合函数，这种代入运算又称为复合运算.

定义 1.5　设

$$y = f(u), u \in D_f, \tag{1.1}$$
$$u = g(x), x \in D, \text{ 且 } R_g \subset D_f, \tag{1.2}$$

则 $y = f[g(x)], x \in D$ 称为由式（1.1）和式（1.2）确定的**复合函数**，u 称为中间变量. 复合过程如图 1.14 所示.

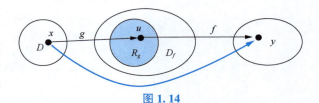

图 1.14

这个新函数 $y = f[g(x)]$ 称为由 $y = f(u)$ 和 $u = g(x)$ 复合而成的复合函数，$u = g(x)$ 称为内层函数，$y = f(u)$ 称为外层函数，u 称为中间变量.

构造复合函数的过程就像多台机器构成的生产线进行深加工生产过程一样. 将最初的原料 x 放入第一台机器 g 中加工，生产出半成品 $u = g(x)$，再将半成品 $g(x)$ 放入第二台机器 f 中再加工，生产出最终的产品 $y = f[g(x)]$，如图 1.15 所示.

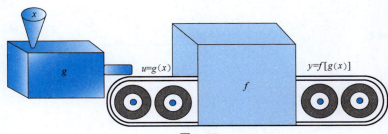

图 1.15

例如，函数 $y = \sin u$ 与 $u = x^2 + 1$ 可以复合成复合函数 $y = \sin(x^2 + 1)$.

复合函数不仅可以由两个函数经过复合而成，也可以由多个函数相继进行复合而成. 如函数 $y = u^2, u = \ln v, v = 2x$ 可以复合成复合函数 $y = \ln^2(2x)$.

【即时提问 1.1】 任何两个函数都能复合成一个复合函数吗？

1.1.6 初等函数

1. 基本初等函数

幂函数、指数函数、对数函数、三角函数、反三角函数统称为基本初等函数.

为了便于使用，下面对基本初等函数的图形和性质进行总结，如表 1.2 所示.

表 1.2

函数名称		函数表达式	图形	性质
幂函数		$y = x^a, a \in \mathbf{R}$		在第一象限，$a > 0$ 时函数单调增加；$a < 0$ 时函数单调减少. 过点 $(1,1)$，$a \neq 0$ 时无界
指数函数		$y = a^x (a > 0 \text{ 且 } a \neq 1)$		$a > 1$ 时函数单调增加；$0 < a < 1$ 时函数单调减少. 过点 $(0,1)$，无界
对数函数		$y = \log_a x (a > 0 \text{ 且 } a \neq 1)$		$a > 1$ 时函数单调增加；$0 < a < 1$ 时函数单调减少. 过点 $(1,0)$，无界
三角函数	正弦函数	$y = \sin x$		奇函数，周期 $T = 2\pi$，$|\sin x| \leqslant 1$，有界
	余弦函数	$y = \cos x$		偶函数，周期 $T = 2\pi$，$|\cos x| \leqslant 1$，有界
	正切函数	$y = \tan x$		奇函数，周期 $T = \pi$，无界

续表

函数名称		函数表达式	图形	性质
三角函数	余切函数	$y = \cot x$		奇函数，周期 $T = \pi$，无界
反三角函数	反正弦函数	$y = \arcsin x$		$x \in [-1,1]$，$y \in \left[-\dfrac{\pi}{2}, \dfrac{\pi}{2}\right]$，奇函数，单调增加，有界
	反余弦函数	$y = \arccos x$		$x \in [-1,1]$，$y \in [0,\pi]$，单调减少，有界
	反正切函数	$y = \arctan x$		$x \in (-\infty,+\infty)$，$y \in \left(-\dfrac{\pi}{2}, \dfrac{\pi}{2}\right)$，奇函数，单调增加，有界
	反余切函数	$y = \operatorname{arccot} x$		$x \in (-\infty,+\infty)$，$y \in (0,\pi)$，单调减少，有界

2. 初等函数

由常数和基本初等函数经过有限次四则运算及有限次复合运算所构成的，并能用一个式子表示的函数，称为初等函数.

例如，函数 $f(x) = 2^{\sqrt{x}}\ln(2x+5)$，$g(x) = \sqrt{\sin 2x} + \mathrm{e}^{\arctan 3x}$ 等均为初等函数. 分段函数大多不是初等函数，但绝对值函数 $f(x) = |x|$ 可以表示为 $f(x) = \sqrt{x^2}$，因此它是初等函数.

1.1.7 经济学中常用的函数

数学来源于实际生活与生产，最终也要服务于生活与生产. 数学的一项重要任务是对要讨论的实际问题寻求其中蕴含的函数关系，即将问题中所关心的变量之间的依赖关系用数学公式表示出来，这就是所谓的建立数学模型. 有了数学公式或模型，就可以用各种数学方法对其进行研究，从而获得解决问题的途径. 对于应用问题中定义域的确定，不仅需要讨论函数的解析式，还要考虑变量的实际意义. 下面我们通过经济问题的实例，建立并介绍几种常用的经济函数关系.

1. 需求函数

需求可以理解为购买者在一定时期内愿意并且有购买能力以一个可能的价格购买某种商品的数量. 需求与购买的愿望和能力有关，如果不考虑购买者的收入、偏好等因素，那么在一定时期内，商品的**需求** Q_d 主要依赖于商品的**价格** P. 因此，商品的需求是价格的函数，称为**需求函数**，记为 $Q_d = Q_d(P)$. 有时也把需求作为自变量，价格作为因变量，取 $Q_d = Q_d(P)$ 的反函数，称为**价格函数**，记作 $P = P(Q_d)$. 一般情况下，商品的需求函数 $Q_d = Q_d(P)$ 是关于商品价格的单调减少函数，即随着商品价格的上涨，需求会减少. 其图形如图 1.16 所示. 当然，在特殊情况下，如由于通货膨胀而引起抢购时，需求和商品价格就不再遵循这一规律了.

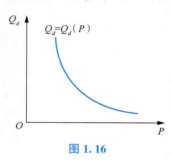

图 1.16

常用的需求函数如下.

线性函数：$Q_d = a - bP$，其中 $a > 0, b > 0$ 且均为常数.

幂函数：$Q_d = \dfrac{a}{P^b}$，其中 $a > 0, b > 0$ 且均为常数.

二次函数：$Q_d = a - bP - cP^2$，其中 $a \geq 0, b \geq 0, c > 0$ 且均为常数.

指数函数：$Q_d = a e^{-bP}$，其中 $a > 0, b > 0$ 且均为常数.

2. 供给函数

卖方在一定时期内以任一可能价格愿意且能够出售的某种商品的数量称为**供给**. 需求和供给是市场经济活动中最主要的矛盾. 在不考虑投入成本、劳务价格等因素的情况下，供给 Q_s 主要与市场价格 P 有关. 价格上涨将刺激更多的生产者提供更多的商品；反之，价格降低将打击生产者的生产积极性，使供给减少. 供给 Q_s 在一定条件下也可以看成价格 P 的一元函数，称为**供给函数**，记为 $Q_s = Q_s(P)$. 一般情况下，商品的供给函数 $Q_s = Q_s(P)$ 通常是关于商品价格的单调增加函数，如图 1.17 所示.

需求 $Q_d(P)$ 与供给 $Q_s(P)$ 相等时的价格，即满足 $Q_d(P) = Q_s(P)$ 的 P_0，称为**市场均衡价格**，如图 1.17 所示. 这时商品的供需达到平衡，此时的需求与供给称为**均衡商品量**，常用 Q_0 表示. 一般来说，市场上商品的价格是围绕均衡价格波动的.

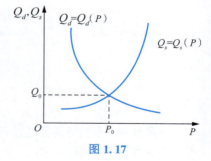

图 1.17

常用的供给函数如下.

线性函数：$Q_s = a + bP$，其中 $a > 0, b > 0$ 且均为常数.

幂函数：$Q_s = a P^b$，其中 $a > 0, b > 0$ 且均为常数.

指数函数：$Q_s = a e^{bP}$，其中 $a > 0, b > 0$ 且均为常数.

例 1.5　一段时间内，某地区对某商品的需求为 $Q_d = 24 - 5P$，供给为 $Q_s = 4P - 3$.

（1）找出市场均衡价格，并指出此时的均衡商品量.

（2）在同一坐标系中画出供给函数曲线和需求函数曲线.

解 （1）由题意知，当 $Q_d(P) = Q_s(P)$ 时，有 $24 - 5P = 4P - 3$，解得 $P = 3$，即市场均衡价格 $P_0 = 3$，此时均衡商品量 $Q_0 = 9$.

（2）供给函数曲线用 $Q_s(P)$ 表示，需求函数曲线用 $Q_d(P)$ 表示，二者交点所对应的横坐标就是市场均衡价格，纵坐标就是均衡商品量，如图 1.18 所示.

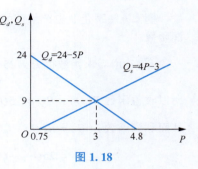

图 1.18

3. 成本函数

生产某产品时为消耗的生产要素所支付的费用称为**成本**. 一段时期内，生产特定产量的产品所需要的成本总额称为**总成本**，记为 C. 它由固定成本 C_0 和可变成本 $C_1(Q)$ 组成，即 $C = C_0 + C_1(Q)$，它为产量 Q 的函数. **固定成本**是在一定时期内不随产量变动的成本，如厂房、机器折旧费、一般管理费等；**可变成本**是随着产量变动而变动的成本，如原料、劳动力支出等. 总成本函数 $C(Q)$ 是 Q 的单调增加函数，常用的总成本函数如下.

线性函数：$C(Q) = a + bQ$，其中 $a > 0, b > 0$ 且均为常数.

二次函数：$C(Q) = a + bQ + cQ^2$，其中 $a = C(0)$ 是固定成本，$bQ + cQ^2$ 是可变成本，$a > 0$，$b \geqslant 0, c > 0$ 且均为常数.

三次函数：$C(Q) = a + bQ + cQ^2 + dQ^3$，其中 $a = C(0)$ 是固定成本，$bQ + cQ^2 + dQ^3$ 是可变成本，$a > 0, b \geqslant 0, c \geqslant 0, d > 0$ 且均为常数.

其他类型：$C(Q) = \sqrt{a + bQ}, C(Q) = a + bQ^k \dfrac{Q + c}{Q + d}, C(Q) = a + Q^b e^{cQ + d}$ 等，其中 k 为正整数，a，b, c, d 均为大于 0 的常数.

为了评价企业的生产状况，只给出总成本常常不能充分说明企业生产状况的好坏，还需要计算产品的**平均成本**，即生产 Q 单位产品时，平均每单位产品的成本，记作 $\bar{C}$，有

$$\bar{C} = \frac{C(Q)}{Q} = \frac{C_0}{Q} + \frac{C_1(Q)}{Q},$$

其中 $\dfrac{C_1(Q)}{Q}$ 称为**平均可变成本**.

4. 收益函数

总收益是指生产者出售一定数量的产品后所得的全部收入，记为 R. 它是产品价格与销售量的乘积. 因此，设某种产品的价格为 P，销售量（等于需求量）为 Q_d，则出售这些产品可获得的总收益为 $R = PQ_d(P)$. 总收益也可写为 $R = Q_d P(Q_d)$.

平均收益是指销售一定数量的产品时，平均每销售一个单位产品的收益，即单位产品的售价，记作 $\bar{R}$，有

$$\bar{R} = \frac{R(Q_d)}{Q_d}.$$

5. 利润函数

当产量（等于销售量）为 Q 时，总收益 $R(Q)$ 与总成本 $C(Q)$ 的差称为**利润** L，即
$$L = L(Q) = R(Q) - C(Q).$$
使利润等于零的产量 Q_0 称为**保本产量**，即 Q_0 满足 $R(Q_0) = C(Q_0)$，Q_0 也称为**保本点**或**无盈亏点**. 总收益大于总成本的情况称为盈利；总成本大于总收益的情况称为亏本.

例 1. 6　某企业生产某产品的需求函数 $Q = Q_d = 75 - 3P$，总成本函数 $C(Q) = Q + 100$，试求利润函数.

解　由需求函数得 $P = 25 - \dfrac{1}{3}Q$，

所以收益函数 $R(Q) = PQ = 25Q - \dfrac{1}{3}Q^2$，

从而利润函数 $L(Q) = R(Q) - C(Q)$

$$= 25Q - \frac{1}{3}Q^2 - (Q + 100)$$

$$= 24Q - \frac{1}{3}Q^2 - 100.$$

由 $P \geqslant 0, Q \geqslant 0$，可得 $0 \leqslant P \leqslant 25$，而 $0 \leqslant Q \leqslant 75$，故利润函数 $L(Q)$ 的定义域为 $[0, 75]$.

6. 库存函数

设某企业在计划期 T 内，对某种物品的总需求为 Q，由于存储费及资金占用等因素，考虑均匀地分 n 次进货，每次进货量为 $q = \dfrac{Q}{n}$，则进货周期为 $t = \dfrac{T}{n}$. 假定单位物品单位时间的存储费为 C_1，每次进货费为 C_2. 由于每次进货量相同，进货时间间隔不变，匀速地消耗存储的物品，则平均库存量为 $\dfrac{q}{2}$，那么在时间 T 内的总费用 E 为

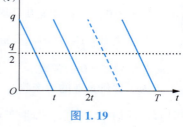

$$E = \frac{q}{2}C_1 T + C_2 \frac{Q}{q}.$$

其中，$\dfrac{q}{2}C_1 T$ 是总存储费，$C_2 \dfrac{Q}{q}$ 是总进货费. 库存函数的图形如图 1.19 所示. 从图形可见，库存函数是周期函数.

图 1.19

例 1. 7　某企业生产某种大型机器 x 台时的固定成本为 $C_0 = 150$ 万元，可变成本为 $C_1(x) = \dfrac{x^2}{2} + 5x$ 万元，如果机器的销售价格为每台 25 万元，求：

（1）该企业生产 20 台机器的利润与平均利润；

（2）该企业的保本点（即无盈亏的生产量）.

解　（1）成本函数 $C(x) = C_0 + C_1(x) = 150 + \dfrac{x^2}{2} + 5x$（万元），

收益函数 $R(x) = 25x$（万元），

利润函数 $L(x) = R(x) - C(x) = 25x - 150 - \dfrac{x^2}{2} - 5x = 20x - 150 - \dfrac{x^2}{2}$（万元），

所以 $L(20) = R(20) - C(20) = 400 - 150 - 200 = 50$（万元），

平均利润 $\overline{L}(20) = \dfrac{L(20)}{20} = \dfrac{50}{20} = 2.5$（万元）.

（2）保本点指的是利润函数为零的生产量.

令 $L(x) = 0$，即 $20x - 150 - \dfrac{x^2}{2} = 0$，得 $x_1 = 10, x_2 = 30$.

所以，该企业的保本点为 10 台和 30 台. 只有当生产量 x 满足 $10 < x < 30$ 时，该企业是盈利的，而实际上对于区间 $[10, 30]$，我们称其为该企业的盈利区间；称 $[0, 10)$ 和 $(30, +\infty)$ 为该企业的亏损区间.

同步习题 1.1

1. 求下列函数的定义域.

$(1) y = \sqrt{2x+4}.$ $\qquad$ $(2) y = \dfrac{1}{x-3} + \sqrt{16-x^2}.$ $\qquad$ $(3) y = \ln(x^2-2x-3).$

$(4) y = \dfrac{\sqrt{-x}}{2x^2-3x-2}.$ $\qquad$ $(5) y = \dfrac{1}{1+\dfrac{1}{1+\dfrac{1}{x}}}.$

2. 选择题.

(1) 设 $f(x) = \begin{cases} 1, & |x| \leqslant 1, \\ 0, & |x| > 1, \end{cases}$ 则 $f\{f[f(x)]\} = ($ $\qquad$ $).$

A. 0 $\qquad$ B. 1 $\qquad$ C. $\begin{cases} 1, & |x| \leqslant 1 \\ 0, & |x| > 1 \end{cases}$ $\qquad$ D. $\begin{cases} 0, & |x| \leqslant 1 \\ 1, & |x| > 1 \end{cases}$

(2) 下列函数中, 非奇非偶函数为$($ $\qquad$ $).$

A. $f(x) = 3^x - 3^{-x}$ $\qquad$ B. $f(x) = x(1-x)$ $\qquad$ C. $f(x) = \ln\dfrac{1+x}{1-x}$ $\qquad$ D. $f(x) = x^2\cos x$

(3) 下列说法中正确的是$($ $\qquad$ $).$

A. 定义域和值域都相同的两个函数是同一个函数

B. $f(x) = 1$ 与 $f(x) = x^0$ 表示同一个函数

C. $y = f(x)$ 与 $y = f(x+1)$ 不可能是同一个函数

D. $y = f(x)$ 与 $y = f(t)$ 表示同一个函数

(4) 下列各选项中, 函数 $f(x)$ 与 $g(x)$ 是同一个函数的是$($ $\qquad$ $).$

A. $f(x) = \lg x^2$, $g(x) = 2\lg x$ $\qquad$ B. $f(x) = x$, $g(x) = \sqrt{x^2}$

C. $f(x) = \sqrt[3]{x^4-x^3}$, $g(x) = x\sqrt[3]{x-1}$ $\qquad$ D. $f(x) = 1$, $g(x) = \sec^2 x - \tan^2 x$

3. 下列哪些是周期函数? 对于周期函数, 指出其周期.

$(1) y = \cos(x-2).$ $\qquad$ $(2) y = 1 + \sin\pi x.$

4. 判断下列函数的奇偶性.

$(1) y = e^{x^2}\sin x.$ $\qquad$ $(2) y = \log_a(x + \sqrt{1+x^2})\ (a > 0, a \neq 1).$

5. 求下列函数的反函数.

$(1) y = \dfrac{e^x - e^{-x}}{2}.$ $\qquad$ $(2) y = \dfrac{1 + \sqrt{1-x}}{1 - \sqrt{1-x}}.$

6. 设 $f(x) = \begin{cases} 1-x, & x \leqslant 0, \\ x+2, & x > 0, \end{cases}$ $g(x) = \begin{cases} x^2, & x < 0, \\ -x, & x \geqslant 0, \end{cases}$ 求 $f[g(x)].$

7. 设一商品的供给函数与需求函数分别为 $Q_s(P) = \dfrac{3}{11}P + 2, Q_d(P) = -\dfrac{4}{11}P + 9$, 其中 P 为价格, 试求该商品的市场均衡价格, 并画出供给函数与需求函数的图形.

8. 某公司生产一种产品, 按设计要求, 公司的生产能力 Q(单位: 件) 在 $[a,b]$ 之间, 公司的固定成本为 C_0 元, 每生产一件产品, 可变费用增加 C_2 元, 试求成本函数.

提高题

1. 求下列函数的定义域.

$(1) y = \dfrac{\sqrt{x^2 - 2x - 15}}{|x + 3| - 3}.$ $\qquad$ $(2) y = \arcsin(2x - 3).$

$(3) y = \dfrac{1}{1 + \dfrac{1}{x - 1}} + (2x - 1)^0 + \sqrt{4 - x^2}.$ $\qquad$ $(4) y = \dfrac{\sqrt[3]{4x + 8}}{\sqrt{3x - 2}}.$

2. 设函数 $f(x) = x^4 + x^3 + x^2 + x + 1$，证明：当 $x \neq 0$ 时，$x^4 f\left(\dfrac{1}{x}\right) = f(x).$

3. 某企业生产某种产品，固定成本为 200 元，每多生产 1 件产品，成本增加 10 元，该产品的需求函数为 $Q_d = 50 - 2P$，试计算该产品的成本、平均成本、收益和利润.

4. 生产某产品的固定成本为 10 元，每多生产 1 件产品，成本增加 2 元，该产品的需求函数为 $Q_d = 100 - P$，供给函数为 $Q_s = 4P$.

(1) 试写出该产品的总成本函数.

(2) 求生产 10 件产品时的平均成本.

(3) 写出收益函数与利润函数.

(4) 求该产品的市场均衡价格.

5. 求 $y = f(x) = \begin{cases} 3 - x^3, & x < -2, \\ 5 - x, & -2 \leqslant x \leqslant 2, \\ 1 - (x - 2)^3, & x > 2 \end{cases}$ 的值域，并求它的反函数.

1.2 极限的概念与性质

数学中的极限思想是为了解决某些实际问题的精确解而产生的，它是研究变量变化趋势的基本工具. 极限方法是研究函数的一种基本方法，高等数学中的一系列基本概念，比如连续、导数、定积分、重积分、级数的收敛与发散等，都是建立在极限理论的基础之上的. 本节将讨论数列极限和函数极限的定义及性质.

1.2.1 数列极限的定义

我们知道，按照一定顺序排列的数

$$x_1, x_2, \cdots, x_n, \cdots$$

称为**数列**，记为 $\{x_n\}$，其中 x_n 称为数列的第 n 项或通项.

当 n 无限增大时，数列 $\{x_n\}$ 是否能无限接近于某个确定的数值？如果能的话，这个数值等于多少？这就是数列的极限问题. 早在我国古代就有了极限的思想，看下面的引例.

引例 "割之弥细，所失弥少，割之又割，以至于不可割，则与圆周合体而无所失矣."

—— 刘徽

记半径为 R 的圆的内接正六边形的面积为 A_1，

内接正十二边形的面积为 A_2，

……

内接正 $6 \times 2^{n-1}$ 边形的面积为 A_n，当 n 无限增大时，得 $A_1, A_2, A_3, \cdots, A_n \to S_{圆}$，如图 1.20 所示.

类似地，观察下列数列的变化趋势.

(1) $\left\{\dfrac{1}{n}\right\}$: $1, \dfrac{1}{2}, \dfrac{1}{3}, \cdots, \dfrac{1}{n}, \cdots$.

(2) $\{3\}$: $3, 3, 3, \cdots, 3, \cdots$.

(3) $\{(-1)^n\}$: $-1, 1, -1, 1, \cdots, (-1)^n, \cdots$.

(4) $\left\{\dfrac{1+(-1)^n}{n}\right\}$: $0, 1, 0, \dfrac{1}{2}, 0, \dfrac{1}{3}, \cdots, \dfrac{1+(-1)^n}{n}, \cdots$.

(5) $\{n^2\}$: $1, 4, 9, \cdots, n^2, \cdots$.

计算机可视化 1

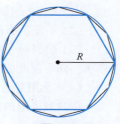

图 1.20

通过观察可以看出，当 n 无限增大时，(1) 和 (4) 无限地趋近于 0，(2) 趋近于 3，(3) 总是在 -1 和 1 之间跳动，(5) 中当 n 逐渐增大时，n^2 也越来越大，变化趋势是无限增大.

在中学我们就知道，数列的项可以看作自然数 n 的函数，针对数列的这一现象，我们给出如下定义.

定义1.6（描述性定义） 对于数列 $\{x_n\}$，当 n 无限增大（$n \to \infty$）时，若 x_n 无限趋近于一个确定的常数 a，则称 a 为数列 $\{x_n\}$ 的极限（或称数列 $\{x_n\}$ 收敛于 a），记作

$$\lim_{n \to \infty} x_n = a \quad \text{或} \quad x_n \to a (n \to \infty).$$

此时，也称数列 $\{x_n\}$ 的极限存在；否则，称数列 $\{x_n\}$ 的极限不存在（或称数列发散）.

根据定义，数列 $\left\{\dfrac{1}{n}\right\}$ 的极限是 0，记作 $\lim\limits_{n \to \infty} \dfrac{1}{n} = 0$. 数列 $\{n^2\}$ 的变化趋势是无限增大，称数列 $\{n^2\}$ 的极限是无穷大，记为 $\lim\limits_{n \to \infty} n^2 = \infty$，该数列是发散的.

微课：数列极限的定义

一般地，对于数列 $\{x_n\}$，当其极限为 a 时，有下列精确定义.

定义1.7（$\varepsilon\text{-}N$ 定义） 设 $\{x_n\}$ 为一数列，a 是常数，如果 $\forall \varepsilon > 0$，$\exists N \in \mathbf{N}^*$，使得当 $n > N$ 时，恒有 $|x_n - a| < \varepsilon$，则称 a 为数列 $\{x_n\}$ 的极限（或称数列 $\{x_n\}$ 收敛于 a），记作

$$\lim_{n \to \infty} x_n = a \quad \text{或} \quad x_n \to a (n \to \infty).$$

数列极限的几何解释如图 1.21 和图 1.22 所示，$\forall \varepsilon > 0$，$\exists N \in \mathbf{N}^*$，当 $n > N$ 时，所有的点 x_n 都落在 $(a - \varepsilon, a + \varepsilon)$ 内，只有有限个（至多只有 N 个）落在其外.

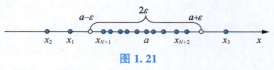

图 1.21

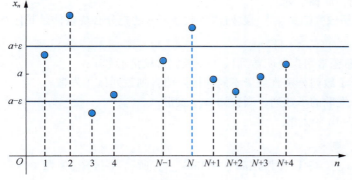

图 1.22

德育学堂 1

注 （1）理解数列极限的关键在于弄清什么是无限增大、什么是无限趋近.

（2）不是所有的数列都有极限，例如数列 $\{(-1)^n\}$ 的极限不存在.

（3）研究一个数列的极限，关注的是数列后面无限项的问题. 改变一个数列前面任何有限多项，都不能改变这个数列的极限.

（4）"无限趋近于 a" 是指数列 $\{x_n\}$ 后面的任意项与 a 的距离无限接近于零.

在数列极限的定义中并没有给出求数列极限的方法，数列极限的求法我们将在后面几节中陆续讨论. 在此，举例说明有关数列极限的概念.

* 例 1.8 设 $|q| < 1$，证明：$\lim\limits_{n \to \infty} q^n = 0$.

证明 当 $q = 0$ 时显然成立.

设 $q \neq 0$，$\forall \varepsilon \in (0,1)$，由于 $|x_n - 0| = |q^n - 0| = |q|^n$，所以要使 $|x_n - 0| < \varepsilon$，即 $|q|^n < \varepsilon$，解得 $n > \dfrac{\ln \varepsilon}{\ln |q|}$，取 $N = \left[\dfrac{\ln \varepsilon}{\ln |q|}\right]$，则当 $n > N$ 时，总有 $|q^n - 0| < \varepsilon$，故 $\lim\limits_{n \to \infty} q^n = 0$.

1.2.2 数列极限的性质

定理 1.2（唯一性） 收敛数列的极限是唯一的.

即若数列 $\{x_n\}$ 收敛，且 $\lim\limits_{n \to \infty} x_n = a$ 和 $\lim\limits_{n \to \infty} x_n = b$，则 $a = b$.

证明 $\forall \varepsilon > 0$，由 $\lim\limits_{n \to \infty} x_n = a$ 知，$\exists N_1 \in \mathbf{N}^*$，当 $n > N_1$ 时，有 $|x_n - a| < \varepsilon$；再由 $\lim\limits_{n \to \infty} x_n = b$ 知，$\exists N_2 \in \mathbf{N}^*$，当 $n > N_2$ 时，有 $|x_n - b| < \varepsilon$. 取 $N = \max\{N_1, N_2\}$，则当 $n > N$ 时，有

$$|a - b| \leqslant |x_n - a| + |x_n - b| < \varepsilon + \varepsilon = 2\varepsilon,$$

由 $\varepsilon > 0$ 的任意性知 $a = b$.

定理 1.3（有界性） 收敛数列是有界的.

即若数列 $\{x_n\}$ 收敛，则存在常数 $M > 0$，$\forall n \in \mathbf{N}^*$，有 $|x_n| \leqslant M$.

注 （1）有界是数列收敛的必要条件，例如，数列 $\{(-1)^n\}$ 有界但不收敛.

（2）无界数列必定发散.

定理 1.4（保序性） 若 $\lim\limits_{n \to \infty} x_n = a, \lim\limits_{n \to \infty} y_n = b$，且 $a > b$，则 $\exists N \in \mathbf{N}^*$，当 $n > N$ 时，有 $x_n > y_n$.

推论 1 若 $\lim\limits_{n \to \infty} x_n = a$，且 $\exists N \in \mathbf{N}^*$，当 $n > N$ 时，有 $x_n \geqslant 0$（或 $x_n \leqslant 0$），则 $a \geqslant 0$（或 $a \leqslant 0$）.

推论 2（保号性） 若 $\lim\limits_{n \to \infty} x_n = a$，且 $a > 0$（或 $a < 0$），则 $\exists N \in \mathbf{N}^*$，当 $n > N$ 时，有 $x_n > 0$（或 $x_n < 0$）.

在数列 $\{x_n\}$ 中任意抽取无限多项，保持这些项在原数列中的先后次序不变，这样得到的新数列称为数列 $\{x_n\}$ 的子数列，简称子列.

定理 1.5（收敛数列与子数列的关系） 数列 $\{x_n\}$ 收敛于 a 的充分必要条件是其任意子数列也收敛于 a.

注 定理 1.5 的逆否命题常用来证明数列 $\{x_n\}$ 发散，常见情形如下.

（1）若数列 $\{x_n\}$ 有两个子数列分别收敛于不同的极限值，则数列 $\{x_n\}$ 发散.

（2）若数列 $\{x_n\}$ 有一个发散的子数列，则数列 $\{x_n\}$ 发散.

例 1.9 证明：数列 $\{(-1)^n\}$ 发散.

证明 记 $x_n = (-1)^n$，则

$$\lim\limits_{n \to \infty} x_{2n} = 1, \lim\limits_{n \to \infty} x_{2n-1} = -1, \text{因为} \lim\limits_{n \to \infty} x_{2n} \neq \lim\limits_{n \to \infty} x_{2n-1}, \text{所以} \{(-1)^n\} \text{发散}.$$

1.2.3 函数极限的定义

数列可以看成自变量为正整数 n 的函数 $x_n = f(n)$，所以数列的极限其实是一种特殊类型的

函数极限. 接下来我们把数列极限推广到一般的函数极限, 即在自变量的某个变化过程中, 讨论函数的变化趋势.

1. 自变量趋于无穷大时函数的极限

定义 1.8（描述性定义） 设函数 $f(x)$ 在 $|x| > a > 0$ 时有定义, 当 x 的绝对值无限增大 $(x \to \infty)$ 时, 若函数 $f(x)$ 的值无限趋近于一个确定的常数 A, 则称 A 为 $x \to \infty$ 时函数 $f(x)$ 的极限, 记作

$$\lim_{x \to \infty} f(x) = A \text{ 或 } f(x) \to A(x \to \infty).$$

此时也称极限 $\lim_{x \to \infty} f(x)$ 存在. 反之, 则称极限 $\lim_{x \to \infty} f(x)$ 不存在.

需要说明的是, 这里的 $x \to \infty$, 指的是自变量 x 沿着 x 轴向正、负两个方向趋于无穷大. x 取正值且无限增大, 记为 $x \to +\infty$, 读作 x 趋于正无穷大; x 取负值且绝对值无限增大, 记为 $x \to -\infty$, 读作 x 趋于负无穷大, 即 $x \to \infty$ 同时包含 $x \to +\infty$ 和 $x \to -\infty$.

根据定义 1.8, 不难得出下列极限:

(1) $\lim\limits_{x \to \infty} \dfrac{1}{x} = 0$; (2) $\lim\limits_{x \to \infty} c = c(c$ 为常数$)$.

定义 1.9（$\varepsilon - X$ 定义） 设函数 $f(x)$ 在 $|x| > a > 0$ 时有定义, 如果存在常数 A, $\forall \varepsilon > 0$(不论 ε 有多小), $\exists X > 0$, 当 $|x| > X$ 时, 有 $|f(x) - A| < \varepsilon$, 则称 A 为 $x \to \infty$ 时函数 $f(x)$ 的极限, 记作

$$\lim_{x \to \infty} f(x) = A \text{ 或 } f(x) \to A(x \to \infty).$$

例如, 函数 $f(x) = \dfrac{1}{x} + 1$, 当 $x \to \infty$ 时, $f(x)$ 无限趋近于常数

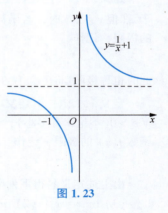

图 1.23

1, 如图 1.23 所示, 则有 $\lim\limits_{x \to \infty} \left(\dfrac{1}{x} + 1 \right) = 1$.

极限 $\lim\limits_{x \to \infty} f(x) = A$ 的几何解释如图 1.24 所示, $\forall \varepsilon > 0$, 作直线 $y = A + \varepsilon$ 与 $y = A - \varepsilon$, 总能找到一个 $X > 0$, 当 $|x| > X$ 时, 函数 $y = f(x)$ 的图形全部落在直线 $y = A + \varepsilon$ 与 $y = A - \varepsilon$ 之间.

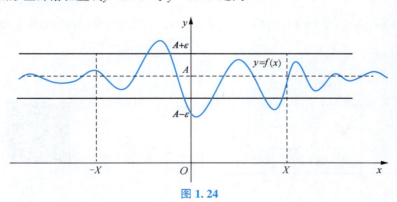

图 1.24

计算机可视化 2

在研究实际问题的过程中, 有时只需要考虑 $x \to +\infty$ 或 $x \to -\infty$ 时函数 $f(x)$ 的极限, 下面给出 $x \to +\infty$ 或 $x \to -\infty$ 时函数 $f(x)$ 的极限的定义.

定义 1.10 (1) 设函数 $f(x)$ 在 $x > a > 0$ 时有定义, 如果存在常数 A, $\forall \varepsilon > 0$(不论 ε 有多小), $\exists X > a$, 当 $x > X$ 时, 有 $|f(x) - A| < \varepsilon$, 则称 A 为 $x \to +\infty$ 时函数 $f(x)$ 的极限, 记作

$$\lim_{x \to +\infty} f(x) = A \text{ 或 } f(x) \to A(x \to +\infty).$$

（2）设函数 $f(x)$ 在 $x < a < 0$ 时有定义，如果存在常数 A，$\forall \varepsilon > 0$（不论 ε 有多小），$\exists X > -a$，当 $x < -X < a$ 时，有 $|f(x) - A| < \varepsilon$，则称常数 A 为 $x \to -\infty$ 时函数 $f(x)$ 的极限，记作

$$\lim_{x \to -\infty} f(x) = A \text{ 或 } f(x) \to A(x \to -\infty).$$

定理1.6　极限 $\lim_{x \to \infty} f(x)$ 存在的充分必要条件是 $\lim_{x \to +\infty} f(x)$ 与 $\lim_{x \to -\infty} f(x)$ 都存在且相等，即

$$\lim_{x \to \infty} f(x) = A \Leftrightarrow \lim_{x \to +\infty} f(x) = \lim_{x \to -\infty} f(x) = A.$$

例1.10　考察极限 $\lim_{x \to \infty} \arctan x$ 与 $\lim_{x \to \infty} e^x$ 是否存在.

解　$\lim_{x \to +\infty} \arctan x = \dfrac{\pi}{2}$，$\lim_{x \to -\infty} \arctan x = -\dfrac{\pi}{2}$，因为 $\lim_{x \to +\infty} \arctan x \neq \lim_{x \to -\infty} \arctan x$，所以 $\lim_{x \to \infty} \arctan x$ 不存在.

同理，因为 $\lim_{x \to -\infty} e^x = 0$，$\lim_{x \to +\infty} e^x = +\infty$，所以 $\lim_{x \to \infty} e^x$ 不存在.

2. 自变量趋于有限值时函数的极限

定义1.11（描述性定义）　设函数 $f(x)$ 在点 x_0 的某一去心邻域内有定义，当 x 无限地趋近于 x_0（但 $x \neq x_0$）时，若函数 $f(x)$ 无限地趋近于一个确定的常数 A，则称 A 为当 $x \to x_0$ 时函数 $f(x)$ 的极限，记作

$$\lim_{x \to x_0} f(x) = A \text{ 或 } f(x) \to A(x \to x_0).$$

此时也称极限 $\lim_{x \to x_0} f(x)$ 存在. 反之，则称极限 $\lim_{x \to x_0} f(x)$ 不存在.

定义1.12（$\varepsilon-\delta$ 定义）　设函数 $f(x)$ 在点 x_0 的某一去心邻域内有定义，如果存在常数 A，$\forall \varepsilon > 0$（不论 ε 有多小），$\exists \delta > 0$，当 $0 < |x - x_0| < \delta$ 时，有 $|f(x) - A| < \varepsilon$，则称 A 为当 $x \to x_0$ 时函数 $f(x)$ 的极限，记作

$$\lim_{x \to x_0} f(x) = A \text{ 或 } f(x) \to A(x \to x_0).$$

由上述定义易得下列函数的极限：

（1）$\lim_{x \to x_0} x = x_0$；（2）$\lim_{x \to x_0} c = c(c \text{ 为常数})$.

极限 $\lim_{x \to x_0} f(x) = A$ 的几何解释如图1.25所示，$\forall \varepsilon > 0$，作直线 $y = A + \varepsilon$ 与 $y = A - \varepsilon$，总能找到点 x_0 的一个去心 δ 邻域 $\mathring{U}(x_0, \delta)$，当 $x \in \mathring{U}(x_0, \delta)$ 时，函数 $y = f(x)$ 的图形全部落在直线 $y = A + \varepsilon$ 与 $y = A - \varepsilon$ 之间.

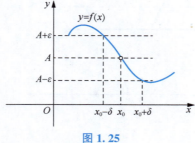

图1.25

计算机可视化3

由于 $x \to x_0$ 同时包含了 $\begin{cases} x \to x_0^-（\text{从 } x_0 \text{ 的左侧趋近于 } x_0）, \\ x \to x_0^+（\text{从 } x_0 \text{ 的右侧趋近于 } x_0） \end{cases}$ 两种情况，我们把 $\lim_{x \to x_0^-} f(x)$ 称为函数 $f(x)$ 当 $x \to x_0$ 时的左极限，把 $\lim_{x \to x_0^+} f(x)$ 称为函数 $f(x)$ 当 $x \to x_0$ 时的右极限. 下面给出其定义.

定义 1.13 (1) 设函数 $f(x)$ 在点 x_0 的左邻域 $(x_0 - \delta_1, x_0)$ 内有定义, 如果存在常数 A, $\forall \varepsilon > 0$(不论 ε 有多小), $\exists \delta(0 < \delta < \delta_1)$, 当 $x_0 - \delta < x < x_0$ 时, 有 $|f(x) - A| < \varepsilon$, 则 $\lim\limits_{x \to x_0} f(x) = A$, 记作 $f(x_0 - 0) = A$ 或 $f(x_0^-) = A$.

(2) 设函数 $f(x)$ 在点 x_0 的右邻域 $(x_0, x_0 + \delta_2)$ 内有定义, 如果存在常数 A, $\forall \varepsilon > 0$(不论 ε 有多小), $\exists \delta(0 < \delta < \delta_2)$, 当 $x_0 < x < x_0 + \delta$ 时, 有 $|f(x) - A| < \varepsilon$, 则 $\lim\limits_{x \to x_0} f(x) = A$, 记作 $f(x_0 + 0) = A$ 或 $f(x_0^+) = A$.

根据上述定义有以下定理.

定理 1.7 极限 $\lim\limits_{x \to x_0} f(x)$ 存在且等于 A 的充分必要条件是左极限 $\lim\limits_{x \to x_0^-} f(x)$ 与右极限 $\lim\limits_{x \to x_0^+} f(x)$ 都存在且等于 A, 即

$$\lim_{x \to x_0} f(x) = A \Leftrightarrow \lim_{x \to x_0^-} f(x) = \lim_{x \to x_0^+} f(x) = A.$$

一般地, 把 $\lim\limits_{x \to x_0^-} f(x), \lim\limits_{x \to x_0^+} f(x), \lim\limits_{x \to +\infty} f(x), \lim\limits_{x \to -\infty} f(x)$ 称为 **单侧极限**, 把 $\lim\limits_{x \to x_0} f(x), \lim\limits_{x \to \infty} f(x)$ 称为 **双侧极限**. 单侧极限与双侧极限的关系由定理 1.6 和定理 1.7 给出.

例 1.11 判断下列函数当 $x \to 1$ 时, 极限 $\lim\limits_{x \to 1} f(x)$ 是否存在.

(1) $f(x) = \begin{cases} x, & x \leqslant 1, \\ 2x - 1, & x > 1. \end{cases}$ (2) $f(x) = \begin{cases} 2x, & x < 1, \\ 0, & x = 1, \\ x^2, & x > 1. \end{cases}$

解 (1) 该函数为分段函数, $x = 1$ 为其分界点, 因为在 $x = 1$ 的两侧函数的解析式不一样, 所以讨论 $\lim\limits_{x \to 1} f(x)$ 时, 必须分别考察它的左、右极限.

$$\lim_{x \to 1^-} f(x) = \lim_{x \to 1^-} x = 1, \lim_{x \to 1^+} f(x) = \lim_{x \to 1^+} (2x - 1) = 1,$$

因为 $\lim\limits_{x \to 1^-} f(x) = \lim\limits_{x \to 1^+} f(x) = 1$, 所以 $\lim\limits_{x \to 1} f(x) = 1$.

(2) 该函数也为分段函数, $x = 1$ 是其分界点. 因为 $\lim\limits_{x \to 1^-} f(x) = \lim\limits_{x \to 1^-} 2x = 2, \lim\limits_{x \to 1^+} f(x) = \lim\limits_{x \to 1^+} x^2 = 1$, 左、右极限都存在但不相等, 即 $\lim\limits_{x \to 1^-} f(x) \neq \lim\limits_{x \to 1^+} f(x)$, 所以极限 $\lim\limits_{x \to 1} f(x)$ 不存在.

注 (1) 极限 $\lim\limits_{x \to x_0} f(x)$ 是否存在, 与函数 $f(x)$ 在 $x = x_0$ 处是否有定义无关.

(2) 函数 $f(x)$ 在点 $x = x_0$ 的左、右两侧解析式不相同时, 当考察极限 $\lim\limits_{x \to x_0} f(x)$ 时, 必须分别考察它的左、右极限. 例如, 分段函数在分界点处的极限问题就属于这种情况.

【即时提问 1.2】 数列极限与函数极限有哪些区别和联系?

1.2.4 函数极限的性质

在前面我们引入了以下 6 种类型的函数极限:

(1) $\lim\limits_{x \to +\infty} f(x)$; (2) $\lim\limits_{x \to -\infty} f(x)$; (3) $\lim\limits_{x \to \infty} f(x)$;

(4) $\lim\limits_{x \to x_0^-} f(x)$; (5) $\lim\limits_{x \to x_0^+} f(x)$; (6) $\lim\limits_{x \to x_0} f(x)$.

它们具有与数列极限相类似的一些性质. 下面以 (6) 中极限为例来介绍函数极限的性质. 对于其他类型极限的性质同理可得.

定理 1.8(唯一性) 若极限 $\lim\limits_{x \to x_0} f(x)$ 存在, 则极限是唯一的.

定理 1.9(局部有界性) 若 $\lim\limits_{x \to x_0} f(x)$ 存在, 则 $f(x)$ 在 x_0 的某去心邻域 $\mathring{U}(x_0)$ 内有界.

定理 1.10(局部保序性) 设 $\lim\limits_{x \to x_0} f(x)$ 与 $\lim\limits_{x \to x_0} g(x)$ 都存在, 且 $\lim\limits_{x \to x_0} f(x) < \lim\limits_{x \to x_0} g(x)$, 则存在 x_0 的某去心邻域 $\mathring{U}(x_0)$, 使得在 $\mathring{U}(x_0)$ 内有 $f(x) < g(x)$.

推论（局部保号性） 若 $\lim\limits_{x \to x_0} f(x) = A$，且 $A > 0$（或 $A < 0$），则存在 x_0 的某去心邻域 $\mathring{U}(x_0)$，使得在 $\mathring{U}(x_0)$ 内，有 $f(x) > 0$[或 $f(x) < 0$].

定理 1.11（海涅定理） 设函数 $f(x)$ 在点 x_0 的某去心邻域 $\mathring{U}(x_0)$ 内有定义，则 $\lim\limits_{x \to x_0} f(x) = A$ 的充要条件是对任何收敛于 x_0 的数列 $\{x_n\} \subset \mathring{U}(x_0)(n \in \mathbf{N}^*)$，都有 $\lim\limits_{n \to \infty} f(x_n) = A$.

注 海涅定理常用于证明函数在点 x_0 的极限不存在，常见情形如下.

（1）若存在以 x_0 为极限的两个数列 $\{x_n\}$ 与 $\{y_n\}$，$x_n \neq x_0, y_n \neq x_0, n \in \mathbf{N}^*$，使得 $\lim\limits_{n \to \infty} f(x_n)$ 与 $\lim\limits_{n \to \infty} f(y_n)$ 都存在，但 $\lim\limits_{n \to \infty} f(x_n) \neq \lim\limits_{n \to \infty} f(y_n)$，则 $\lim\limits_{x \to x_0} f(x)$ 不存在.

（2）若存在以 x_0 为极限的数列 $\{x_n\}$，使 $\lim\limits_{n \to \infty} f(x_n)$ 不存在，则 $\lim\limits_{x \to x_0} f(x)$ 不存在.

例 1.12 证明 $\lim\limits_{x \to 0} \sin\dfrac{1}{x}$ 不存在.

解 函数 $f(x) = \sin\dfrac{1}{x}$ 的值如表 1.3 所示.

表 1.3

x	$-\dfrac{2}{\pi}$	$-\dfrac{1}{\pi}$	$-\dfrac{2}{3\pi}$	$-\dfrac{1}{2\pi}$	$-\dfrac{2}{5\pi}$	$\cdots$	$\dfrac{2}{5\pi}$	$\dfrac{1}{2\pi}$	$\dfrac{2}{3\pi}$	$\dfrac{1}{\pi}$	$\dfrac{2}{\pi}$
$\sin\dfrac{1}{x}$	-1	0	1	0	-1	$\cdots$	1	0	-1	0	1

该函数的图形如图 1.26 所示. 可以看出，当 x 无限趋近于 0 时，$f(x) = \sin\dfrac{1}{x}$ 的图形在 $y = -1$ 与 $y = 1$ 之间无限次振荡，即 $f(x)$ 不趋近于某一个常数. 所以当 $x \to 0$ 时，$f(x) = \sin\dfrac{1}{x}$ 不与一个常数无限接近.

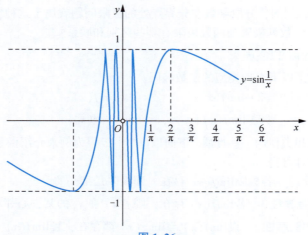

图 1.26

取 $x_n = \dfrac{1}{2n\pi}, n \in \mathbf{N}^*, \lim\limits_{n\to\infty} x_n = 0, x_n \neq 0$，则

$$\lim_{n\to\infty} f(x_n) = \lim_{n\to\infty} \sin 2n\pi = 0.$$

再取 $y_n = \dfrac{1}{2n\pi + \dfrac{\pi}{2}}, n \in \mathbf{N}^*, \lim\limits_{n\to\infty} y_n = 0, y_n \neq 0$，则

$$\lim_{n\to\infty} f(y_n) = \lim_{n\to\infty} \sin\left(2n\pi + \frac{\pi}{2}\right) = 1, \quad 即 \lim_{n\to\infty} f(x_n) \neq \lim_{n\to\infty} f(y_n).$$

所以 $\lim\limits_{x\to 0} \sin \dfrac{1}{x}$ 不存在.

同步习题 1.2

基础题

1. 证明：数列 $\left\{(-1)^n \cdot \dfrac{n+1}{n}\right\}$ 发散.

2. 设 $a_n = \left(1 + \dfrac{1}{n}\right) \cdot \sin \dfrac{n\pi}{2}$，证明：数列 $\{a_n\}$ 发散.

3. 求下列函数的极限.

(1) $f(x) = |x|$，求 $\lim\limits_{x\to 0} f(x)$.

(2) $f(x) = \begin{cases} x, & x \geqslant 0, \\ \sin x, & x < 0, \end{cases}$ 求 $\lim\limits_{x\to 0} f(x)$.

(3) $f(x) = \begin{cases} x^2 + 1, & x < 1, \\ \dfrac{1}{2}, & x = 1, \\ x - 1, & x > 1, \end{cases}$ 求 $\lim\limits_{x\to 1} f(x)$.

4. 求函数 $f(x) = \dfrac{x}{x}$ 和 $\varphi(x) = \dfrac{|x|}{x}$ 在 $x \to 0$ 时的左、右极限，并说明它们在 $x \to 0$ 时的极限是否存在.

5. 求函数 $f(x) = \dfrac{1 - a^{\frac{1}{x}}}{1 + a^{\frac{1}{x}}} (a > 1)$ 在 $x \to 0$ 时的左、右极限，并说明当 $x \to 0$ 时函数极限是否存在.

微课：同步习题 1.2
基础题 5

提高题

1. 设 $\lim\limits_{n\to\infty} a_n = a$，且 $a \neq 0$，则当 n 充分大时，有（　　）.

A. $|a_n| > \dfrac{|a|}{2}$　　　B. $|a_n| < \dfrac{|a|}{2}$　　　　C. $a_n > a - \dfrac{1}{n}$　　　　D. $a_n < a + \dfrac{1}{n}$

2. "对任意给定的 $\varepsilon \in (0,1)$，总存在正整数 N，当 $n \geqslant N$ 时，恒有 $|x_n - a| \leqslant 2\varepsilon$ 成立"是数列 $\{x_n\}$ 收敛于 a 的（　　）.

A. 充分条件但非必要条件　　　　　　B. 必要条件但非充分条件

C. 充分必要条件　　　　　　　　　　D. 既非充分又非必要条件

3. 证明：$\lim\limits_{x \to +\infty} x\sin x$ 不存在.

1.3　极限的运算法则

根据极限的定义来求极限是非常烦琐且困难的. 本节将介绍求极限的各种方法，包括极限的四则运算法则、极限存在准则及两个重要极限. 自变量的变化趋势有多种，为方便讨论，本节不具体指明自变量的变化趋势，只要是自变量的同一个变化过程，统一用 lim 来表示.

1.3.1　极限的四则运算法则

定理 1.12　如果 $\lim f(x) = A, \lim g(x) = B$，则

（1）$\lim[f(x) \pm g(x)] = \lim f(x) \pm \lim g(x) = A \pm B$；

（2）$\lim f(x)g(x) = \lim f(x)\lim g(x) = AB$；

（3）若 $B \neq 0$，则 $\lim\dfrac{f(x)}{g(x)} = \dfrac{\lim f(x)}{\lim g(x)} = \dfrac{A}{B}$.

推论　设 $\lim f(x) = A$，则

（1）若 c 是常数，则 $\lim cf(x) = c\lim f(x) = cA$；

（2）若 m 为正整数，则 $\lim[f(x)]^m = [\lim f(x)]^m = A^m$.

定理 1.12 及其推论说明在极限存在的前提下，求极限与四则运算可交换运算次序. 定理 1.12 中的（1）和（2）可以推广到有限多个函数的情况.

例 1.13　求 $\lim\limits_{x \to 1}(3x^2 - 2x + 1)$.

解
$$\lim_{x \to 1}(3x^2 - 2x + 1) = \lim_{x \to 1}3x^2 - \lim_{x \to 1}2x + \lim_{x \to 1}1$$
$$= 3\lim_{x \to 1}x^2 - 2\lim_{x \to 1}x + \lim_{x \to 1}1$$
$$= 3\left(\lim_{x \to 1}x\right)^2 - 2\lim_{x \to 1}x + 1$$
$$= 3 - 2 + 1 = 2.$$

例 1.14　求 $\lim\limits_{x \to 2}\dfrac{x^3 - 1}{x^2 - 5x + 3}$.

解
$$\lim_{x \to 2}\frac{x^3 - 1}{x^2 - 5x + 3} = \frac{\lim_{x \to 2}(x^3 - 1)}{\lim_{x \to 2}(x^2 - 5x + 3)} = \frac{\left(\lim_{x \to 2}x\right)^3 - 1}{\left(\lim_{x \to 2}x\right)^2 - 5\lim_{x \to 2}x + 3} = \frac{2^3 - 1}{2^2 - 10 + 3} = -\frac{7}{3}.$$

例 1.15　求 $\lim\limits_{n \to \infty}\dfrac{2n^2 - 2n + 3}{3n^2 + 1}$.

解　将分子、分母同除以 n^2，得

$$\lim_{n\to\infty}\frac{2n^2-2n+3}{3n^2+1}=\lim_{n\to\infty}\frac{2-\dfrac{2}{n}+\dfrac{3}{n^2}}{3+\dfrac{1}{n^2}}=\frac{\lim\limits_{n\to\infty}2-\lim\limits_{n\to\infty}\dfrac{2}{n}+\lim\limits_{n\to\infty}\dfrac{3}{n^2}}{\lim\limits_{n\to\infty}3+\lim\limits_{n\to\infty}\dfrac{1}{n^2}}=\frac{2}{3}.$$

注意,若 $a_0\neq0,b_0\neq0$,且 m 和 k 均为正整数,则关于 n 的两个多项式相除的极限为

$$\lim_{n\to\infty}\frac{a_0n^m+a_1n^{m-1}+\cdots+a_{m-1}n+a_m}{b_0n^k+b_1n^{k-1}+\cdots+b_{k-1}n+b_k}=\begin{cases}0, & m<k,\\ \dfrac{a_0}{b_0}, & m=k,\\ \infty, & m>k.\end{cases}$$

例 1.16 求 $\lim\limits_{x\to3}\dfrac{x-3}{x^2-9}$.

解 当 $x\to3$ 时,分子及分母的极限都是零,故不能采用分子、分母分别取极限的方法.因分子、分母有公因子 $x-3$,而 $x\to3$ 时,$x\neq3$,故分式可约去公因子.所以

$$\lim_{x\to3}\frac{x-3}{x^2-9}=\lim_{x\to3}\frac{1}{x+3}=\frac{\lim\limits_{x\to3}1}{\lim\limits_{x\to3}(x+3)}=\frac{1}{6}.$$

【即时提问 1.3】 设 $\lim\limits_{x\to1}\dfrac{x^2+2x+c}{x-1}=4$,求 c 的值.

在直接求复合函数的极限 $\lim\limits_{x\to x_0}f[\varphi(x)]$ 有难度时,可以考虑作代换 $u=\varphi(x)$,将难以计算的极限 $\lim\limits_{x\to x_0}f[\varphi(x)]$ 转化为容易计算的极限 $\lim\limits_{u\to u_0}f(u)$,对此有下面的定理.

定理 1.13(复合函数的极限运算法则) 设 $\lim\limits_{u\to u_0}f(u)=A,\lim\limits_{x\to x_0}\varphi(x)=u_0$,且在点 x_0 的某去心邻域内 $\varphi(x)\neq u_0$,则

$$\lim_{x\to x_0}f[\varphi(x)]=\lim_{u\to u_0}f(u)=A.$$

定理 1.13 中将 $x\to x_0$ 换成 $x\to\infty$,结论仍然成立.

例 1.17 求极限 $\lim\limits_{x\to1}(x^3+5x-1)^{10}$.

解 令 $u=x^3+5x-1$,则 $x\to1$ 时,$u\to5$.所以 $\lim\limits_{x\to1}(x^3+5x-1)^{10}=\lim\limits_{u\to5}u^{10}=5^{10}$.

例 1.18 求 $\lim\limits_{n\to\infty}(\sqrt{n^2+n}-\sqrt{n^2-2n})$.

解 此题不能直接用极限的四则运算法则,求解的方法是先将其恒等变形,如将分子有理化,再进行计算.

$$\begin{aligned}\lim_{n\to\infty}(\sqrt{n^2+n}-\sqrt{n^2-2n})&=\lim_{n\to\infty}\frac{(\sqrt{n^2+n}-\sqrt{n^2-2n})(\sqrt{n^2+n}+\sqrt{n^2-2n})}{\sqrt{n^2+n}+\sqrt{n^2-2n}}\\ &=\lim_{n\to\infty}\frac{(n^2+n)-(n^2-2n)}{\sqrt{n^2+n}+\sqrt{n^2-2n}}=\lim_{n\to\infty}\frac{3n}{\sqrt{n^2+n}+\sqrt{n^2-2n}}\\ &=\lim_{n\to\infty}\frac{3}{\sqrt{1+\dfrac{1}{n}}+\sqrt{1-\dfrac{2}{n}}}=\frac{3}{2}.\end{aligned}$$

1.3.2 极限存在准则

首先介绍判定极限存在的方法 —— 夹逼准则.夹逼准则分为数列极限和函数极限两种情

形，利用极限的定义可以得到它们的证明. 在此我们忽略证明，重点讨论如何使用夹逼准则求极限.

定理 1.14（数列极限的夹逼准则） 如果数列$\{x_n\}$，$\{y_n\}$，$\{z_n\}$满足条件

（1）$y_n \leqslant x_n \leqslant z_n, n = 1, 2, \cdots$，

（2）$\lim\limits_{n\to\infty} y_n = \lim\limits_{n\to\infty} z_n = a$，

则$\lim\limits_{n\to\infty} x_n = a$.

将上述数列极限的夹逼准则推广到函数极限，可得函数极限的夹逼准则.

定理 1.15（函数极限的夹逼准则） 设函数$f(x)$，$g(x)$，$h(x)$在x_0的某去心邻域$\overset{\circ}{U}(x_0, \delta)$（或$|x| > M$）内有定义，且满足条件

（1）当$x \in \overset{\circ}{U}(x_0, \delta)$（或$|x| > M$）时，有$g(x) \leqslant f(x) \leqslant h(x)$成立，

（2）$\lim\limits_{\substack{x\to x_0 \\ (x\to\infty)}} g(x) = \lim\limits_{\substack{x\to x_0 \\ (x\to\infty)}} h(x) = a$，

则$\lim\limits_{\substack{x\to x_0 \\ (x\to\infty)}} f(x) = a$.

夹逼准则不仅告诉我们怎样判定一个函数（或数列）极限是否存在，同时也给了我们一种新的求极限的方法，即为了求得某一比较困难的函数（或数列）极限，可找两个极限相同且易求出极限的函数（或数列），将其夹在中间，那么这个函数（或数列）的极限必存在，且等于这个共同的极限.

例 1.19 求$\lim\limits_{n\to\infty}\left(\dfrac{1}{n^2+n+1} + \dfrac{2}{n^2+n+2} + \cdots + \dfrac{n}{n^2+n+n}\right)$.

解 记$x_n = \dfrac{1}{n^2+n+1} + \dfrac{2}{n^2+n+2} + \cdots + \dfrac{n}{n^2+n+n}$，显然有

$$\frac{1+2+\cdots+n}{n^2+n+n} \leqslant x_n \leqslant \frac{1+2+\cdots+n}{n^2+n+1},$$

而$\lim\limits_{n\to\infty}\dfrac{1+2+\cdots+n}{n^2+n+n} = \lim\limits_{n\to\infty}\dfrac{\frac{n(n+1)}{2}}{n^2+n+n} = \dfrac{1}{2}$，$\lim\limits_{n\to\infty}\dfrac{1+2+\cdots+n}{n^2+n+1} = \lim\limits_{n\to\infty}\dfrac{\frac{n(n+1)}{2}}{n^2+n+1} = \dfrac{1}{2}$，

所以根据夹逼准则得$\lim\limits_{n\to\infty} x_n = \dfrac{1}{2}$，即

$$\lim\limits_{n\to\infty}\left(\frac{1}{n^2+n+1} + \frac{2}{n^2+n+2} + \cdots + \frac{n}{n^2+n+n}\right) = \frac{1}{2}.$$

例 1.20 设$a_1, a_2, \cdots, a_k > 0$，求$\lim\limits_{n\to\infty}\sqrt[n]{a_1^n + a_2^n + \cdots + a_k^n}$.

解 记$A = \max\{a_1, a_2, \cdots, a_k\}$，则

$$A = \sqrt[n]{A^n} \leqslant \sqrt[n]{a_1^n + a_2^n + \cdots + a_k^n} \leqslant \sqrt[n]{kA^n} = A\sqrt[n]{k}.$$

又因为$\lim\limits_{n\to\infty} A = A$，$\lim\limits_{n\to\infty} A\sqrt[n]{k} = A$，由数列极限的夹逼准则，得

$$\lim\limits_{n\to\infty}\sqrt[n]{a_1^n + a_2^n + \cdots + a_k^n} = A = \max\{a_1, a_2, \cdots, a_k\}.$$

注 $\lim\limits_{n\to\infty}\sqrt[n]{a} = 1$，$a > 0$.

例 1.21 求 $\lim\limits_{x\to 0}\left(x\cdot\left[\dfrac{1}{x}\right]\right)$，其中 $\left[\dfrac{1}{x}\right]$ 为取整函数.

解 取整函数 $\left[\dfrac{1}{x}\right]$ 满足不等式 $\dfrac{1}{x}-1<\left[\dfrac{1}{x}\right]\leqslant\dfrac{1}{x}$，从而当 $x>0$ 时，有

$$1-x = x\cdot\left(\dfrac{1}{x}-1\right)<x\cdot\left[\dfrac{1}{x}\right]\leqslant x\cdot\dfrac{1}{x}=1.$$

又因为 $\lim\limits_{x\to 0^+}1=1,\lim\limits_{x\to 0^+}(1-x)=1$，由函数极限的夹逼准则，得 $\lim\limits_{x\to 0^+}\left(x\cdot\left[\dfrac{1}{x}\right]\right)=1$.

当 $x<0$ 时，有

$$1=x\cdot\dfrac{1}{x}\leqslant x\cdot\left[\dfrac{1}{x}\right]<x\cdot\left(\dfrac{1}{x}-1\right)=1-x.$$

又因为 $\lim\limits_{x\to 0^-}1=1,\lim\limits_{x\to 0^-}(1-x)=1$，由函数极限的夹逼准则，得 $\lim\limits_{x\to 0^-}\left(x\cdot\left[\dfrac{1}{x}\right]\right)=1$. 所以由定理 1.7，

得 $\lim\limits_{x\to 0}\left(x\cdot\left[\dfrac{1}{x}\right]\right)=1$.

定义 1.14 若数列 $\{x_n\}$ 满足 $x_1\leqslant x_2\leqslant\cdots\leqslant x_n\leqslant\cdots$，则称数列 $\{x_n\}$ 为单调递增数列；若数列 $\{x_n\}$ 满足 $x_1\geqslant x_2\geqslant\cdots\geqslant x_n\geqslant\cdots$，则称数列 $\{x_n\}$ 为单调递减数列.

单调递增数列和单调递减数列统称为单调数列.

本章第 2 节中提到，有极限的数列一定有界，反过来，有界数列不一定有极限. 单调有界原理告诉我们，单调有界的数列极限一定存在.

定理 1.16（单调有界原理） 单调有界数列必有极限.

由于单调递增数列 $\{x_n\}$ 是有下界的(任何小于或等于首项的常数都可以作为数列 $\{x_n\}$ 的下界)，因此我们说任何有上界的单调递增数列有极限. 同理，任何有下界的单调递减数列也有极限.

单调有界原理给出了证明数列极限存在的一个重要方法，但没有给出如何去求该极限，这就需要我们在确定了极限存在的前提下，使用其他方法求极限值.

微课：单调有界原理及例 1.22

例 1.22 设 $a>0,x_1>0,x_{n+1}=\dfrac{1}{2}\left(x_n+\dfrac{a}{x_n}\right)(n=1,2,\cdots)$.

（1）证明：$\lim\limits_{n\to\infty}x_n$ 存在.

（2）求 $\lim\limits_{n\to\infty}x_n$.

解 （1）因为 $a>0,x_1>0$，所以 $x_n>0$. 又因为

$$x_{n+1}=\dfrac{1}{2}\left(x_n+\dfrac{a}{x_n}\right)\geqslant\sqrt{x_n\cdot\dfrac{a}{x_n}}=\sqrt{a}>0(n\geqslant 1)，$$ 当且仅当 $x_n=\sqrt{a}$ 时等号成立，

且

$$x_{n+1}-x_n=\dfrac{1}{2}\left(x_n+\dfrac{a}{x_n}\right)-x_n=\dfrac{a-x_n^2}{2x_n}\leqslant 0(n\geqslant 2)，$$

所以数列 $\{x_n\}$ 单调递减且有下界，由单调有界原理可知 $\lim\limits_{n\to\infty}x_n$ 存在.

（2）设 $\lim\limits_{n\to\infty}x_n=\beta$，因为 $x_n\geqslant\sqrt{a}>0(n\geqslant 2)$，由数列极限的保号性知 $\beta>0$.

在 $x_{n+1}=\dfrac{1}{2}\left(x_n+\dfrac{a}{x_n}\right)$ 的两边取极限，得 $\beta=\dfrac{1}{2}\left(\beta+\dfrac{a}{\beta}\right)$，解得 $\beta=\sqrt{a}$，所以 $\lim\limits_{n\to\infty}x_n=\sqrt{a}$.

1.3.3 重要极限 I

利用函数极限的夹逼准则可以得到

重要极限 I $\lim\limits_{x\to0}\dfrac{\sin x}{x}=1$.

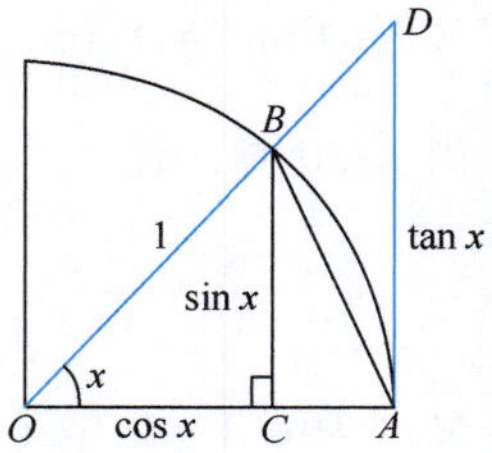

 首先，我们注意到，函数 $\dfrac{\sin x}{x}$ 对于一切 $x\neq0$ 都有定义. 其

次，在图 1.27 所示的 $\dfrac{1}{4}$ 单位圆中，设圆心角 $\angle AOB=x\left(0<x<\dfrac{\pi}{2}\right)$，点

A 处的切线与 OB 的延长线相交于点 D，又 $BC\perp OA$，则

$$\sin x=CB,\quad x=\overset{\frown}{AB},\quad \tan x=AD.$$

因为

$$\triangle AOB \text{ 的面积}<\text{扇形 } AOB \text{ 的面积}<\triangle AOD \text{ 的面积},$$

所以

$$\frac{1}{2}\sin x<\frac{1}{2}x<\frac{1}{2}\tan x,$$

即

$$\sin x<x<\tan x.$$

不等号各边都除以 $\sin x$，得

$$1<\frac{x}{\sin x}<\frac{1}{\cos x}\ \text{或}\ \cos x<\frac{\sin x}{x}<1.$$

因为 $\cos x$ 和 $\dfrac{\sin x}{x}$ 都是偶函数，所以当 $-\dfrac{\pi}{2}<x<0$ 时上面的不等式也成立，也就是当 $0<|x|<\dfrac{\pi}{2}$

时，有 $\cos x<\dfrac{\sin x}{x}<1$ 成立.

下面证明 $\lim\limits_{x\to0}\cos x=1$.

事实上，当 $0<|x|<\dfrac{\pi}{2}$ 时，有

$$0<|\cos x-1|=1-\cos x=2\sin^2\frac{x}{2}<2\cdot\left(\frac{x}{2}\right)^2=\frac{x^2}{2},$$

即

$$0<1-\cos x<\frac{x^2}{2}.$$

当 $x\to0$ 时，$\dfrac{x^2}{2}\to0$，由定理 1.15 有 $\lim\limits_{x\to0}(1-\cos x)=0$，所以 $\lim\limits_{x\to0}\cos x=1$.

由于 $\lim\limits_{x\to0}\cos x=1$，$\lim\limits_{x\to0}1=1$，再由定理 1.15，即得 $\lim\limits_{x\to0}\dfrac{\sin x}{x}=1$.

 上式可以用下面的结构式表示：

$$\lim_{u(x)\to0}\frac{\sin u(x)}{u(x)}=1.$$

图 1.27

式中的 $u(x)[u(x)\neq 0]$ 既可以表示自变量 x，又可以是 x 的函数，而 $u(x)\to 0$ 是表示当 $x\to x_0$（或 $x\to\infty$）时，必有 $u(x)\to 0$，即当 $u(x)$ 的极限值为 0 时，上式的极限值才是 1.

例 1.23 求 $\lim\limits_{x\to 0}\dfrac{\tan x}{x}$.

解 $\lim\limits_{x\to 0}\dfrac{\tan x}{x}=\lim\limits_{x\to 0}\dfrac{\sin x}{x\cos x}=\lim\limits_{x\to 0}\dfrac{\sin x}{x}\cdot\lim\limits_{x\to 0}\dfrac{1}{\cos x}=1.$

例 1.24 求 $\lim\limits_{x\to 0}\dfrac{1-\cos x}{x^2}$.

解 $\lim\limits_{x\to 0}\dfrac{1-\cos x}{x^2}=\lim\limits_{x\to 0}\dfrac{2\sin^2\dfrac{x}{2}}{x^2}=\lim\limits_{x\to 0}\dfrac{2\sin^2\dfrac{x}{2}}{4\left(\dfrac{x}{2}\right)^2}$

$=\dfrac{1}{2}\lim\limits_{x\to 0}\left(\dfrac{\sin\dfrac{x}{2}}{\dfrac{x}{2}}\right)^2=\dfrac{1}{2}\left(\lim\limits_{x\to 0}\dfrac{\sin\dfrac{x}{2}}{\dfrac{x}{2}}\right)^2=\dfrac{1}{2}.$

1.3.4 重要极限 Ⅱ

形如 $y=u(x)^{v(x)}(u(x)>0,u(x)\neq 1)$ 的函数既不是指数函数，又不是幂函数，我们称这种函数为**幂指函数**. 例如 $y=x^x$，$y=(\sin x)^x$，$y=(x^2+3x)^{\ln x}$，$y=\left(1+\dfrac{1}{x}\right)^x$ 等.

对于极限 $\lim\limits_{x\to\infty}\left(1+\dfrac{1}{x}\right)^x$，底数的极限 $\lim\limits_{x\to\infty}\left(1+\dfrac{1}{x}\right)=1$，指数的极限为 ∞（$x\to\infty$），这种类型的极限称为"1^∞"型未定式. 利用单调有界原理并结合夹逼准则知

重要极限 Ⅱ $\lim\limits_{x\to\infty}\left(1+\dfrac{1}{x}\right)^x=\mathrm{e}.$

重要极限 Ⅱ 的变形形式为 $\lim\limits_{x\to 0}(1+x)^{\frac{1}{x}}=\mathrm{e}$ 或 $\lim\limits_{n\to\infty}\left(1+\dfrac{1}{n}\right)^n=\mathrm{e}.$

一般地，$\lim\limits_{u(x)\to 0}[1+u(x)]^{\frac{1}{u(x)}}=\mathrm{e}$ 或 $\lim\limits_{u(x)\to\infty}\left[1+\dfrac{1}{u(x)}\right]^{u(x)}=\mathrm{e}.$

例 1.25 求极限 $\lim\limits_{x\to 0}(1+2x)^{\frac{1}{x}}$.

解 $\lim\limits_{x\to 0}(1+2x)^{\frac{1}{x}}=\lim\limits_{x\to 0}(1+2x)^{\frac{1}{2x}\cdot 2}=\lim\limits_{x\to 0}\left[(1+2x)^{\frac{1}{2x}}\right]^2=\left[\lim\limits_{x\to 0}(1+2x)^{\frac{1}{2x}}\right]^2=\mathrm{e}^2.$

例 1.26 求极限 $\lim\limits_{x\to\infty}\left(1-\dfrac{2}{x}\right)^{x+1}$.

解 $\lim\limits_{x\to\infty}\left(1-\dfrac{2}{x}\right)^{x+1}=\lim\limits_{x\to\infty}\left[\left(1-\dfrac{2}{x}\right)^x\cdot\left(1-\dfrac{2}{x}\right)\right]=\lim\limits_{x\to\infty}\left(1-\dfrac{2}{x}\right)^x\cdot\lim\limits_{x\to\infty}\left(1-\dfrac{2}{x}\right)$

$=\left[\lim\limits_{x\to\infty}\left(1-\dfrac{2}{x}\right)^{-\frac{x}{2}}\right]^{-2}\cdot\lim\limits_{x\to\infty}\left(1-\dfrac{2}{x}\right)=\mathrm{e}^{-2}\cdot 1=\mathrm{e}^{-2}.$

同步习题 1.3

1. 求下列极限.

(1) $\lim\limits_{x \to -2}(3x^2 - 5x + 2)$.

(2) $\lim\limits_{x \to \sqrt{3}}\dfrac{x^2 - 3}{x^4 + x^2 + 1}$.

(3) $\lim\limits_{x \to 2}\dfrac{x - 2}{x^2 - 3}$.

(4) $\lim\limits_{x \to 1}\dfrac{x^2 - 1}{2x^2 - x - 1}$.

(5) $\lim\limits_{h \to 0}\dfrac{(x + h)^3 - x^3}{h}$.

(6) $\lim\limits_{x \to \infty}\dfrac{2x + 3}{6x - 1}$.

(7) $\lim\limits_{x \to \infty}\dfrac{(2x - 1)^{30}(3x - 2)^{20}}{(2x + 1)^{50}}$.

(8) $\lim\limits_{x \to 0}\dfrac{x^2}{1 - \sqrt{1 + x^2}}$.

(9) $\lim\limits_{x \to 0}\dfrac{\tan x - \sin x}{x}$.

(10) $\lim\limits_{x \to 0}\dfrac{\sin 2x}{\sin 3x}$.

(11) $\lim\limits_{x \to 0}\left(\dfrac{2 - x}{2}\right)^{\frac{2}{x}}$.

(12) $\lim\limits_{x \to \infty}\left(\dfrac{x - 1}{x + 1}\right)^x$.

2. 下列等式成立的是( ).

A. $\lim\limits_{x \to 0}\dfrac{\sin x}{x} = 0$

B. $\lim\limits_{x \to 0}\dfrac{\arctan x}{x} = 1$

C. $\lim\limits_{x \to 0}\dfrac{\sin x}{x^2} = 1$

D. $\lim\limits_{x \to \frac{\pi}{2}}\dfrac{\sin x}{x} = 1$

3. 若 $\lim\limits_{x \to \infty}\left(\dfrac{x^2 + 1}{x + 1} - ax - b\right) = 0$，求 a, b 的值.

4. 已知 $\lim\limits_{x \to 1}f(x)$ 存在，且 $f(x) = x^2 + 3x + 2\lim\limits_{x \to 1}f(x)$，求 $f(x)$.

5. 已知 $f(x) = \begin{cases} x - 1, & x < 0, \\ \dfrac{x^2 + 3x - 1}{x^3 + 1}, & x \geq 0, \end{cases}$ 求 $\lim\limits_{x \to 0}f(x), \lim\limits_{x \to +\infty}f(x), \lim\limits_{x \to -\infty}f(x)$.

6. 设 $x_1 = \sqrt{2}$，$x_{n+1} = \sqrt{2x_n}$，$n = 1, 2, \cdots$，证明：$\lim\limits_{n \to \infty}x_n$ 存在，并求其值.

提高题

1. 求下列极限.

(1) $\lim\limits_{x \to 0}(1 + 3\tan^2 x)^{\cot^2 x}$.

(2) $\lim\limits_{x \to 0}\dfrac{\cos x + \cos^2 x + \cdots + \cos^n x - n}{\cos x - 1}$（其中 n 为正整数）.

(3) $\lim\limits_{x \to +\infty}\dfrac{x^3 + x^2 + 1}{x^4 + x + 2}(\sin x + \cos x)$.

(4) $\lim\limits_{x \to -\infty}\dfrac{\sqrt{4x^2 + x - 1} + x + 1}{\sqrt{x^2 + \sin x}}$.

(5) $\lim\limits_{x \to 1}\dfrac{\sqrt{3 - x} - \sqrt{1 + x}}{x^2 + x - 2}$.

(6) $\lim\limits_{x \to \infty}\dfrac{3x^2 + 5}{5x + 3}\sin\dfrac{2}{x}$.

2. 设 $\lim\limits_{x \to \infty}\left(\dfrac{x + a}{x - 2a}\right)^x = 8$，求常数 a.

1.4 无穷小量与无穷大量

早在古希腊时期, 人类已经对无穷小量有了一定的认识. 阿基米德曾利用无穷小量得出许多重要的结论. 下面我们将学习无穷小量与无穷大量的定义及性质, 并将其应用于求极限.

1.4.1 无穷小量

引例 在用洗衣机清洗衣物时, 清洗次数越多, 衣物上残留的污渍就越少. 当清洗次数无限增大时, 衣物上的污渍趋于零.

在对许多事物进行研究时, 我们常会遇到事物数量变化趋势趋于零的情况, 这就引出了无穷小量的概念.

定义 1.15 极限为 0 的量称为无穷小量, 具体来说就是

(1) 如果 $\lim\limits_{n \to \infty} x_n = 0$, 则称数列 $\{x_n\}$ 为无穷小量;

(2) 如果 $\lim\limits_{x \to x_0} f(x) = 0$, 则称函数 $f(x)$ 为当 $x \to x_0$ 时的无穷小量.

在定义 1.15 的 (2) 中, 可将 $x \to x_0$ 换成 $x \to +\infty, x \to -\infty, x \to \infty, x \to x_0^+, x \to x_0^-$, 从而可定义不同变化过程中的无穷小量. 例如, 当 $x \to 0$ 时, 函数 $x^2, \sin x, \tan x$ 均为无穷小量; 当 $x \to \infty$ 时, 函数 $\dfrac{1}{x^2}, \dfrac{1}{1+x^2}$ 均为无穷小量; 当 $x \to -\infty$ 时, 函数 2^x 为无穷小量; 数列 $\left\{\dfrac{(-1)^n}{n}\right\}, \left\{\dfrac{1}{2^n}\right\}$ 均为无穷小量.

注 (1) 一个变量是否为无穷小量, 除了与变量本身有关, 还与自变量的变化趋势有关. 例如 $\lim\limits_{x \to \infty} \dfrac{1}{x} = 0$, 即当 $x \to \infty$ 时, $\dfrac{1}{x}$ 为无穷小量; 但因为 $\lim\limits_{x \to 1} \dfrac{1}{x} = 1 \neq 0$, 所以 $x \to 1$ 时, $\dfrac{1}{x}$ 不是无穷小量.

(2) 因为数列极限只有一种极限过程, 所以我们可以直接说一个数列是无穷小量, 不必指出极限过程.

(3) 无穷小量不是绝对值很小的常数, 而是在自变量的某种变化趋势下, 函数趋近于 0 的变量. 特别地, 常数 0 可以看成任何一个极限过程中的无穷小量.

定理 1.17 $\lim\limits_{x \to x_0} f(x) = A$ 的充分必要条件是 $f(x) = A + \alpha(x)$, 其中 $\alpha(x)$ 是当 $x \to x_0$ 时的无穷小量, 即 $\lim\limits_{x \to x_0} \alpha(x) = 0$.

证明 必要性 设 $\lim\limits_{x \to x_0} f(x) = A$, 则 $\forall \varepsilon > 0, \exists \delta > 0$, 当 $0 < |x - x_0| < \delta$ 时, 有

$$|f(x) - A| < \varepsilon.$$

令 $\alpha(x) = f(x) - A$, 则 $\lim\limits_{x \to x_0} \alpha(x) = 0$, 从而有 $f(x) = A + \alpha(x)$.

充分性 若 $f(x) = A + \alpha(x)$ 且 $\lim\limits_{x \to x_0} \alpha(x) = 0$, 则 $\forall \varepsilon > 0, \exists \delta > 0$, 当 $0 < |x - x_0| < \delta$ 时, 有 $|\alpha(x)| < \varepsilon$, 即 $|f(x) - A| < \varepsilon$, 所以 $\lim\limits_{x \to x_0} f(x) = A$.

对于自变量的其他变化过程, 上述结论均成立.

对于自变量的同一变化过程中的无穷小量, 有下列性质.

性质 1.1 有限个无穷小量的代数和仍是无穷小量.

性质 1.2 有限个无穷小量的乘积仍是无穷小量.

性质 1.3 有界变量与无穷小量的乘积仍是无穷小量.

推论 常数与无穷小量的乘积仍是无穷小量.

注 (1) 无穷多个无穷小量的代数和不一定是无穷小量. 比如，例1.19 中的和式 $\dfrac{1}{n^2+n+1}$ + $\dfrac{2}{n^2+n+2}+\cdots+\dfrac{n}{n^2+n+n}$ 的每一项均为无穷小量，但

$$\lim_{n\to\infty}\left(\frac{1}{n^2+n+1}+\frac{2}{n^2+n+2}+\cdots+\frac{n}{n^2+n+n}\right)=\frac{1}{2}.$$

(2) 无穷多个无穷小量的乘积不一定是无穷小量. 例如以下数列均为无穷小量，但将它们的对应项连乘起来得到一个新的数列，此新数列的极限是1，不是无穷小量.

$$1,\frac{1}{2},\frac{1}{3},\frac{1}{4},\frac{1}{5},\frac{1}{6},\cdots,\frac{1}{n},\cdots;$$

$$1,2,\frac{1}{3},\frac{1}{4},\frac{1}{5},\frac{1}{6},\cdots,\frac{1}{n},\cdots;$$

$$1,1,3^2,\frac{1}{4},\frac{1}{5},\frac{1}{6},\cdots,\frac{1}{n},\cdots;$$

$$1,1,1,4^3,\frac{1}{5},\frac{1}{6},\cdots,\frac{1}{n},\cdots;$$

$$1,1,1,1,5^4,\frac{1}{6},\cdots,\frac{1}{n},\cdots;$$

$$\cdots\cdots$$

例1.27 求极限 $\lim\limits_{x\to 0}x^2\sin\dfrac{1}{x}$.

解 当 $x\to 0$ 时，$\sin\dfrac{1}{x}$ 的极限不存在. 但是由于 $\left|\sin\dfrac{1}{x}\right|\leqslant 1$，即函数 $\sin\dfrac{1}{x}$ 为有界函数，而当 $x\to 0$ 时，x^2 是无穷小量，故根据无穷小量的性质可知 $\lim\limits_{x\to 0}x^2\sin\dfrac{1}{x}=0$.

1.4.2　无穷大量

在实际问题中，我们会遇到函数值的绝对值无限增大的情况，从而有了无穷大量的概念，下面给出无穷大量的定义.

定义1.16 (1) 当 $x\to x_0$ 时，如果函数 $f(x)$ 的绝对值无限增大，则称当 $x\to x_0$ 时 $f(x)$ 为无穷大量，记作 $\lim\limits_{x\to x_0}f(x)=\infty$.

(2) 对于数列 $\{x_n\}$，如果 $|x_n|$ 无限增大，则称数列 $\{x_n\}$ 为无穷大量，记作 $\lim\limits_{n\to\infty}x_n=\infty$.

严格的分析定义如下.

(1) 若 $\forall M>0$（无论 M 多么大），$\exists\delta>0$，当 $0<|x-x_0|<\delta$ 时，有 $|f(x)|>M$，则称当 $x\to x_0$ 时，函数 $f(x)$ 为无穷大量，记作 $\lim\limits_{x\to x_0}f(x)=\infty$.

(2) 若 $\forall M>0$（无论 M 多么大），$\exists N\in\mathbf{N}^*$，当 $n>N$ 时，有 $|x_n|>M$，则称数列 $\{x_n\}$ 为无穷大量，记作 $\lim\limits_{n\to\infty}x_n=\infty$.

在定义1.16的(1)中，将 $x\to x_0$ 换成 $x\to+\infty,x\to-\infty,x\to\infty,x\to x_0^+,x\to x_0^-$，可定义不同变化过程中的无穷大量.

例如，由于 $\lim\limits_{x\to\frac{\pi}{2}}\tan x=\infty$，$\lim\limits_{x\to 0^+}\log_a x=\infty(a>0$ 且 $a\neq 1)$，故在相应的极限过程中，$\tan x$ 和

$\log_a x$ 是无穷大量. 同样, 当 $x \to +\infty$ 时, $a^x(a>1)$ 是无穷大量; 当 $x \to -\infty$ 时, $a^x(0<a<1)$ 是无穷大量.

注 （1）无穷大量是变量, 不是很大的数, 不要将无穷大量与很大的数（如 $10^{1\,000}$）混淆.

（2）无穷大量是没有极限的变量, 但无极限的变量不一定是无穷大量. 如例1.11中, $\lim\limits_{x \to 0}\sin\dfrac{1}{x}$ 不存在, 但当 $x \to 0$ 时, $\sin\dfrac{1}{x}$ 不是无穷大量.

（3）因为数列极限只有一种极限过程, 所以我们可以直接说一个数列是无穷大量, 不必指出极限过程, 例如, 数列 $\{n^2\}$ 为无穷大量.

（4）无穷大量一定无界, 但无界函数不一定是无穷大量.

（5）无穷大量分为正无穷大量与负无穷大量, 分别记为 $+\infty$ 和 $-\infty$. 例如, $\lim\limits_{x \to \frac{\pi}{2}}\tan x = +\infty$, $\lim\limits_{x \to \infty}(-x^2+1) = -\infty$.

无穷小量与无穷大量具有密切的关系, 如以下定理所示.

定理 1.18 设函数 $f(x)$ 在点 x_0 的某去心邻域内有定义, 当 $x \to x_0$ 时,

（1）若 $f(x)$ 是无穷大量, 则 $\dfrac{1}{f(x)}$ 是无穷小量;

（2）若 $f(x)$ 是无穷小量, 且 $f(x) \neq 0$, 则 $\dfrac{1}{f(x)}$ 是无穷大量.

例如, 当 $x \to 1$ 时, $\dfrac{1}{x-1}$ 为无穷大量, 则 $x-1$ 为无穷小量; 当 $x \to +\infty$ 时, $\dfrac{1}{2^x}$ 为无穷小量, 则 2^x 为无穷大量.

对于定理 1.18, 将 $x \to x_0$ 换成自变量的其他变化过程, 结论仍然成立. 另外, 根据此定理, 我们可以将对无穷大量的研究转化为对无穷小量的研究, 而无穷小量正是微积分学的精髓.

例 1.28 求 $\lim\limits_{x \to 1}\dfrac{2x-3}{x^2-5x+4}$.

解 因为分母的极限 $\lim\limits_{x \to 1}(x^2-5x+4)=0$, 分子的极限 $\lim\limits_{x \to 1}(2x-3)=-1$, 所以不能应用商的极限运算法则. 但因

$$\lim\limits_{x \to 1}\frac{x^2-5x+4}{2x-3} = \frac{1^2-5 \times 1+4}{2 \times 1-3} = 0,$$

故由无穷小量与无穷大量的关系可得

$$\lim\limits_{x \to 1}\frac{2x-3}{x^2-5x+4} = \infty.$$

【即时提问 1.4】 已知 $\lim\limits_{n \to \infty}a_n = 0$, 数列 $\left\{\dfrac{1}{a_n}\right\}$ 是否一定为无穷大量?

1.4.3 无穷小量阶的比较

我们已经知道, 两个无穷小量的和、差、积仍是无穷小量, 但两个无穷小量的商却会呈现出不同的情况. 例如, 当 $x \to 0$ 时, $\sin x, 2x, x^3$ 都是无穷小量, 但

$$\lim\limits_{x \to 0}\frac{\sin x}{x} = 1, \lim\limits_{x \to 0}\frac{x^3}{2x} = 0, \lim\limits_{x \to 0}\frac{2x}{x^3} = +\infty.$$

微课：无穷小量阶的比较

两个无穷小量之比的极限的各种不同情况，反映了不同的无穷小量趋于零的"快慢"程度. 当 $x \to 0$ 时，$x^3 \to 0$ 比 $2x \to 0$ 要"快"，或者说 $2x \to 0$ 比 $x^3 \to 0$ 要"慢"，而 $\sin x \to 0$ 与 $x \to 0$ "快慢相仿". 无论是理论上还是应用上，研究无穷小量趋于零的"快慢"程度都是非常必要的，无穷小量趋于零的"快慢"可用无穷小量之比的极限来衡量. 为此，我们有以下定义.

定义 1.17 设 α, β 是自变量在同一变化过程中的两个无穷小量，且 $\alpha \neq 0$，而 $\lim \dfrac{\beta}{\alpha}$ 也是在这个变化过程中的极限.

(1) 如果 $\lim \dfrac{\beta}{\alpha} = 0$，则称 β 是比 α 高阶的无穷小量，记作 $\beta = o(\alpha)$.

(2) 如果 $\lim \dfrac{\beta}{\alpha} = \infty$，则称 β 是比 α 低阶的无穷小量.

(3) 如果 $\lim \dfrac{\beta}{\alpha} = c(c \neq 0)$，则称 β 与 α 是同阶无穷小量.

特别地，当 $c = 1$，即 $\lim \dfrac{\beta}{\alpha} = 1$ 时，称 β 与 α 是等价无穷小量，记作 $\beta \sim \alpha$.

显然，等价无穷小量具有自反性和传递性.

(4) 如果 $\lim \dfrac{\beta}{\alpha^k} = c(c \neq 0, k > 0)$，则称 β 是 α 的 k 阶无穷小量.

根据以上定义，我们知道当 $x \to 0$ 时，有 $\sin x \sim x, x^3 = o(x)$.

因为 $\lim\limits_{x \to 0} \dfrac{1 - \cos x}{x^2} = \dfrac{1}{2}$，所以当 $x \to 0$ 时，$1 - \cos x \sim \dfrac{1}{2}x^2$，或者 $1 - \cos x$ 是 x 的二阶无穷小量.

注 并非任何两个无穷小量都能进行比较. 例如，当 $x \to 0$ 时，由于 $\sin \dfrac{1}{x}$ 是有界变量，从而 $x \sin \dfrac{1}{x}$ 是无穷小量，而 $\lim\limits_{x \to 0} \dfrac{x \sin \dfrac{1}{x}}{x} = \lim\limits_{x \to 0} \sin \dfrac{1}{x}$ 不存在，故不能比较 $x \sin \dfrac{1}{x}$ 与 x 的阶的高低.

1.4.4 等价无穷小代换

定理 1.19 若 α, β 是自变量在同一变化过程中的无穷小量，且 $\alpha \sim \alpha', \beta \sim \beta', \lim \dfrac{\beta'}{\alpha'}$ 存在，则

$$\lim \frac{\beta}{\alpha} = \lim \frac{\beta'}{\alpha'}.$$

证明 $\lim \dfrac{\beta}{\alpha} = \lim \left(\dfrac{\beta}{\beta'} \cdot \dfrac{\beta'}{\alpha'} \cdot \dfrac{\alpha'}{\alpha} \right) = \lim \dfrac{\beta}{\beta'} \cdot \lim \dfrac{\beta'}{\alpha'} \cdot \lim \dfrac{\alpha'}{\alpha} = \lim \dfrac{\beta'}{\alpha'}.$

注 (1) 定理 1.19 说明在求极限的过程中，可以把积或商中的无穷小量用与之等价的无穷小量替换，从而达到简化运算的目的. 但须注意，在加减运算中一般不能使用等价无穷小代换.

(2) 当 $x \to 0$ 时，常用的等价无穷小量有

$$x \sim \sin x, x \sim \arcsin x, x \sim \tan x, x \sim \arctan x, x \sim \ln(1 + x), x \sim e^x - 1,$$

$$a^x - 1 \sim x \ln a(a > 0, a \neq 1), 1 - \cos x \sim \frac{1}{2}x^2, (1 + x)^\alpha - 1 \sim \alpha x(\alpha \text{ 为非零常数}).$$

上述常用的等价无穷小量中，变量 x 换成无穷小量函数 $u(x)$ 或无穷小量数列 $\{x_n\}$，结论仍然成立.

例 1.29　求极限 $\lim\limits_{x\to 0}\dfrac{\sin^2 x}{x^2(1+\cos x)}$.

解　当 $x\to 0$ 时，$\sin x \sim x$，由定理 1.19 得

$$\lim_{x\to 0}\frac{\sin^2 x}{x^2(1+\cos x)}=\lim_{x\to 0}\frac{x^2}{x^2(1+\cos x)}=\lim_{x\to 0}\frac{1}{1+\cos x}=\frac{1}{2}.$$

例 1.30　求极限 $\lim\limits_{x\to +\infty}\ln(1+2^x)\ln\left(1+\dfrac{3}{x}\right)$.

解　当 $x\to +\infty$ 时，$\ln\left(1+\dfrac{3}{x}\right)\sim \dfrac{3}{x}$，$\ln(1+2^x)=\ln 2^x(1+2^{-x})=x\ln 2+\ln(1+2^{-x})$，

当 $x\to +\infty$ 时，$\ln(1+2^{-x})\sim 2^{-x}$，故

$$\lim_{x\to +\infty}\ln(1+2^x)\ln\left(1+\frac{3}{x}\right)=\lim_{x\to +\infty}\left[x\ln 2+\ln(1+2^{-x})\right]\cdot\frac{3}{x}$$

$$=3\ln 2+\lim_{x\to +\infty}\left(2^{-x}\cdot\frac{3}{x}\right)=3\ln 2.$$

定理 1.20　β 与 α 是等价无穷小量的充要条件为 $\beta=\alpha+o(\alpha)$.

证明　先证必要性.

设 $\beta\sim\alpha$，则 $\lim\dfrac{\beta-\alpha}{\alpha}=\lim\left(\dfrac{\beta}{\alpha}-1\right)=\lim\dfrac{\beta}{\alpha}-1=0$，因此 $\beta-\alpha=o(\alpha)$，

即 $\beta=\alpha+o(\alpha)$.

再证充分性.

设 $\beta=\alpha+o(\alpha)$，则 $\lim\dfrac{\beta}{\alpha}=\lim\dfrac{\alpha+o(\alpha)}{\alpha}=\lim\left(1+\dfrac{o(\alpha)}{\alpha}\right)=1$，

因此 $\beta\sim\alpha$.

根据定理 1.20，当 $x\to 0$ 时，因为 $\sin x\sim x,\tan x\sim x,1-\cos x\sim\dfrac{1}{2}x^2$，所以，当 $x\to 0$ 时，有

$$\sin x=x+o(x),\tan x=x+o(x),1-\cos x=\frac{1}{2}x^2+o(x^2).$$

这表明在近似计算中，可用等价无穷小量来近似代替，使运算大大简化. 例如，当 $|x|$ 很小时，我们可用 x 近似代替 $\sin x$ 或 $\tan x$，用 $\dfrac{1}{2}x^2$ 近似代替 $1-\cos x$.

同步习题 1.4

基础题

1. 无穷小量的倒数一定是无穷大量吗? 举例说明.

2. 当 $x\to 0^+$ 时，比较下列各无穷小量的阶(低阶、高阶、同阶、等价).

(1) $\sqrt{x}+\sin x$ 与 x.

(2) $x^2+\arcsin x$ 与 x.

(3) $x-\sin x$ 与 x.

(4) $\sqrt[3]{x}-3x^3+x^5$ 与 x.

(5) $\arctan 2x$ 与 $\sin 3x$.

(6) $(1-\cos x)^2$ 与 $\sin^2 x$.

3. 选择题.

(1) 当 $x \to 0$ 时，$f(x) = \sin ax^3$ 与 $g(x) = x^2\ln(1-x)$ 是等价无穷小量，则(　　).

A. $a = 1$ B. $a = 2$ C. $a = -1$ D. $a = -2$

(2) 当 $x \to 0$ 时，函数 $f(x) = \tan x - \sin x$ 与 $g(x) = 1 - \cos x$ 比较是(　　)无穷小量.

A. 等价   B. 同阶非等价   C. 高阶   D. 低阶

(3) 当 $x \to 0$ 时，$(1+ax^2)^{\frac{1}{3}} - 1$ 与 $\cos x - 1$ 是等价无穷小量，则 $a = ($ 　　$)$.

A. $-\dfrac{3}{2}$ B. $-\dfrac{5}{2}$ C. 1 D. 2

(4) 当 $x \to 0^+$ 时，与 $\sqrt{x}$ 等价的无穷小量是(　　).

A. $1 - e^{\sqrt{x}}$ B. $\ln\dfrac{1+x}{1-\sqrt{x}}$ C. $\sqrt{1+\sqrt{x}} - 1$ D. $1 - \cos\sqrt{x}$

4. 利用等价无穷小代换求下列极限.

(1) $\lim\limits_{x \to 0}\dfrac{\sin 3x}{\tan 5x}$.

(2) $\lim\limits_{x \to 0}\dfrac{\arctan 2x}{\sin 2x}$.

(3) $\lim\limits_{x \to 0}\dfrac{\sin x}{x^3 + 3x}$.

(4) $\lim\limits_{x \to 0}\dfrac{\tan x - \sin x}{\sin x^3}$.

5. 利用等价无穷小代换求下列极限.

(1) $\lim\limits_{x \to 0}\dfrac{\ln(1-3x)}{\arctan 2x}$.

(2) $\lim\limits_{x \to 1}\dfrac{\arcsin(x-1)^2}{(x-1)\ln x}$.

(3) $\lim\limits_{x \to 0}\dfrac{e^{\sin 2x} - 1}{\tan x}$.

(4) $\lim\limits_{x \to 0}\dfrac{\tan 3x - \sin x}{\sqrt[3]{1+x} - 1}$.

6. 证明：$\left\{\sqrt{n+1} - \sqrt{n}\right\}$ 与 $\left\{\dfrac{1}{\sqrt{n}}\right\}$ 是同阶无穷小量.

7. 当 $x \to 0$ 时，证明函数 $f(x) = \dfrac{1}{x^2}\sin\dfrac{1}{x}$ 无界，但不是无穷大量.

8. 若 $f(x)$ 是无穷大量，则 $kf(x)$ 是无穷大量吗？

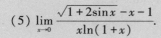

1. 求极限 $\lim\limits_{x \to 0}\dfrac{\sin x + x^2\sin\dfrac{1}{x}}{(1+\cos x)\ln(1+x)}$.

2. 求下列极限.

(1) $\lim\limits_{x \to 0}\dfrac{\ln(\sin^2 x + e^x) - x}{\ln(x^2 + e^{2x}) - 2x}$.

(2) $\lim\limits_{x \to 0}\dfrac{e^{x^4} - 1}{1 - \cos(x\sqrt{1-\cos x})}$.

(3) $\lim\limits_{x \to 0}\dfrac{x\ln(1+x)}{1 - \cos x}$.

(4) $\lim\limits_{x \to 0}(x + 2^x)^{\frac{2}{x}}$.

(5) $\lim\limits_{x \to 0}\dfrac{\sqrt{1+2\sin x} - x - 1}{x\ln(1+x)}$.

微课：同步习题1.4
提高题3

3. 设当 $x \to 0$ 时，$(1-\cos x)\ln(1+x^2)$ 是比 $x\sin x^n$ 高阶的无穷小量，而 $x\sin x^n$ 是比 $e^{x^2}-1$ 高阶的无穷小量，求正整数 n 的值.

4. 设 $\lim\limits_{x \to 0} \dfrac{\ln\left[1+\dfrac{f(x)}{\sin x}\right]}{a^x - 1} = A\,(a > 0, a \neq 1)$，求 $\lim\limits_{x \to 0} \dfrac{f(x)}{x^2}$.

1.5 函数的连续性

自然界中有许多现象，如气温的变化、河水的流动、植物的生长等，都是连续变化的. 这种情况在函数关系上的反映，就是函数的连续性，它是微积分的又一重要概念. 但在经济应用中，许多问题并不是连续的，比如在一个存货周期内，仓库存货量与时间的关系. 本节将研究函数的连续性和间断性.

1.5.1 函数连续的定义

定义 1.18　设变量 u 从它的一个初值 u_1 变到终值 u_2，终值与初值的差 $u_2 - u_1$ 称为变量 u 的增量，记为 Δu，即 $\Delta u = u_2 - u_1$.

增量 Δu 可以是正的，也可以是负的. 在 Δu 为正时，变量 u 从 u_1 变到 $u_2 = u_1 + \Delta u$ 时是增大的；当 Δu 为负时，变量 u 从 u_1 变到 $u_2 = u_1 + \Delta u$ 时是减小的.

凡是连续变化的量，在数量上，它们有共同的特点，比如植物的生长，当时间的增量很小时，生长的增量也很小. 因此，连续变化的概念反映在数学上，就是当自变量的增量很微小时，函数的增量也很微小.

定义 1.19　设函数 $y = f(x)$ 在点 x_0 的某邻域内有定义，如果当自变量 x 有增量 Δx 时，函数相应的有增量 Δy，若 $\lim\limits_{\Delta x \to 0}\Delta y = 0$，则称函数 $f(x)$ 在点 x_0 处连续，x_0 为 $f(x)$ 的连续点.

事实上，我们知道 $\Delta y = f(x_0 + \Delta x) - f(x_0)$，若令 $x = x_0 + \Delta x$，则 $\Delta x \to 0$ 时，对应 $x \to x_0$，从而

$$\Delta y = f(x_0 + \Delta x) - f(x_0) = f(x) - f(x_0),$$

则定义 1.19 中的表达式为

$$\lim_{\Delta x \to 0}\Delta y = \lim_{x \to x_0}[f(x) - f(x_0)] = \lim_{x \to x_0}f(x) - f(x_0) = 0.$$

由此得到函数连续的等价定义.

定义 1.20　（1）设函数 $f(x)$ 在点 x_0 的某邻域内有定义，若 $\lim\limits_{x \to x_0}f(x) = f(x_0)$，则称函数 $f(x)$ 在点 x_0 处连续.

（2）设函数 $f(x)$ 在点 x_0 的某邻域内有定义，如果 $\forall \varepsilon > 0$，$\exists \delta > 0$，当 $|x - x_0| < \delta$ 时，有 $|f(x) - f(x_0)| < \varepsilon$，则称函数 $f(x)$ 在点 x_0 处连续.

从上述定义可以看出，函数 $f(x)$ 在点 x_0 处连续必须满足以下 3 个条件：

（1）$f(x)$ 在点 x_0 处有定义；

（2）$f(x)$ 在点 x_0 处极限存在，即 $\lim\limits_{x \to x_0}f(x) = A$；

（3）$f(x)$ 在点 x_0 处的极限值等于函数值，即 $A = f(x_0)$.

例 1.31　证明：函数 $y = \sin x$ 在任意点 x_0 处都是连续的.

证明　设自变量 x 在点 x_0 处的增量为 Δx，则函数的相应增量为

$$\Delta y = \sin(x_0 + \Delta x) - \sin x_0 = 2\sin\frac{\Delta x}{2}\cos\left(x_0 + \frac{\Delta x}{2}\right).$$

由于 $\left|\cos\left(x_0 + \dfrac{\Delta x}{2}\right)\right| \leqslant 1$，所以 $\left|\sin\dfrac{\Delta x}{2}\cos\left(x_0 + \dfrac{\Delta x}{2}\right)\right| \leqslant \left|\sin\dfrac{\Delta x}{2}\right| \leqslant \left|\dfrac{\Delta x}{2}\right|$，即 $0 \leqslant |\Delta y| =$ $|\sin(x_0 + \Delta x) - \sin x_0| \leqslant 2 \cdot \dfrac{|\Delta x|}{2} = |\Delta x|$. 当 $\Delta x \to 0$ 时，由夹逼准则知 $|\Delta y| \to 0$，从而 $\lim\limits_{\Delta x \to 0}\Delta y = 0$，所以函数 $y = \sin x$ 在任意点 x_0 处都是连续的.

同理可以证明 $y = \cos x$ 在任意点 x_0 处也是连续的.

定义1.21   如果函数 $f(x)$ 在 (a,b) 内每一点都连续，则称 $f(x)$ 在 (a,b) 内连续；如果函数 $f(x)$ 在 (a,b) 内每一点都连续，且在左端点 $x = a$ 处右连续，在右端点 $x = b$ 处左连续，则称 $f(x)$ 在 $[a,b]$ 上连续.

注   (1) $f(x)$ 在左端点 $x = a$ 处右连续是指满足 $\lim\limits_{x \to a^+}f(x) = f(a)$.

(2) $f(x)$ 在右端点 $x = b$ 处左连续是指满足 $\lim\limits_{x \to b^-}f(x) = f(b)$.

定理1.21   函数 $f(x)$ 在点 x_0 处连续的充分必要条件是函数 $f(x)$ 在点 x_0 处既左连续又右连续.

【即时提问1.5】   设 $f(x) = \begin{cases} x, & 0 < x < 1, \\ \dfrac{1}{2}, & x = 1, \\ 1, & 1 < x < 2. \end{cases}$ (1) 求当 $x \to 1$ 时，$f(x)$ 的左极限和右极限.

(2) $f(x)$ 在 $x = 1$ 处连续吗？

1.5.2   函数的间断点

定义1.22   如果函数 $f(x)$ 在点 x_0 处不连续，则称函数 $f(x)$ 在点 x_0 处间断，点 x_0 称为 $f(x)$ 的**间断点**或**不连续点**.

显然，若点 x_0 为 $f(x)$ 的间断点，则在点 x_0 处有下列 3 种情形之一：

(1) 在点 x_0 处，$f(x)$ 没有定义；

(2) $\lim\limits_{x \to x_0}f(x)$ 不存在；

(3) 虽然 $f(x)$ 在点 x_0 处有定义，$\lim\limits_{x \to x_0}f(x)$ 存在，但 $\lim\limits_{x \to x_0}f(x) \neq f(x_0)$.

据此，我们对函数的间断点做以下分类.

(1) $f(x)$ 在点 x_0 的左、右极限 $f(x_0 - 0)$ 和 $f(x_0 + 0)$ 都存在且相等，但不等于 $f(x_0)$ 或函数 $f(x)$ 在点 x_0 无定义，则称点 x_0 为 $f(x)$ 的可去间断点.

(2) $f(x)$ 在点 x_0 的左、右极限 $f(x_0 - 0)$ 和 $f(x_0 + 0)$ 都存在但不相等，则称点 x_0 为 $f(x)$ 的跳跃间断点.

可去间断点和跳跃间断点统称为第一类间断点. 第一类间断点的特点是函数在该点处的左、右极限都存在. 可去间断点有一个重要性质 —— 连续延拓，即可以通过补充定义或者改变函数值使函数 $f(x)$ 在点 x_0 处连续.

(3) $f(x)$ 在点 x_0 的左、右极限 $f(x_0 - 0)$ 和 $f(x_0 + 0)$ 中至少有一个不存在，则称点 x_0 为 $f(x)$ 的第二类间断点. 特别地，若 $f(x_0 - 0)$ 和 $f(x_0 + 0)$ 中至少有一个是无穷大，则称点 x_0 为 $f(x)$ 的

无穷间断点；若 $\lim\limits_{x \to x_0} f(x)$ 不存在，且 $f(x)$ 在 $\mathring{U}(x_0)$ 内无限振荡，则称点 x_0 为 $f(x)$ 的振荡间断点.

例1.32 讨论函数 $f(x) = \begin{cases} \dfrac{x^2-9}{x-3}, & x \neq 3, \\ A, & x = 3 \end{cases}$ 在点 $x = 3$ 处的连续性.

解 $\lim\limits_{x \to 3} f(x) = \lim\limits_{x \to 3} \dfrac{x^2-9}{x-3} = \lim\limits_{x \to 3}(x+3) = 6$，当 $A = 6$ 时，$\lim\limits_{x \to 3} f(x) = f(3)$，此时 $f(x)$ 在点 $x = 3$ 处连续；当 $A \neq 6$ 时，$\lim\limits_{x \to 3} f(x) \neq f(3)$，此时 $f(x)$ 在点 $x = 3$ 处间断，且 $x = 3$ 为第一类间断点中的可去间断点.

例1.33 讨论函数 $f(x) = \sin\dfrac{1}{x}$ 在点 $x = 0$ 处的连续性.

解 该函数在点 $x = 0$ 处无定义，当 $x \to 0$ 时函数值在 1 和 -1 之间做无限次振动，如图 1.26 所示. $\lim\limits_{x \to 0} f(0)$ 不存在，则点 $x = 0$ 是 $f(x) = \sin\dfrac{1}{x}$ 的第二类间断点，且为振荡间断点.

例1.34 求函数 $f(x) = \dfrac{1}{1 - e^{\frac{x}{1-x}}}$ 的间断点，并判断其类型.

解 $f(x)$ 是一个初等函数，除 $x=0$ 和 $x=1$ 外有定义. 由于 $\lim\limits_{x \to 0}\left(1 - e^{\frac{x}{1-x}}\right) = 0$，故 $\lim\limits_{x \to 0} f(x) = \infty$，从而 $x = 0$ 是 $f(x)$ 的第二类间断点，且为无穷间断点.

又 $\lim\limits_{x \to 1^-} \dfrac{x}{1-x} = +\infty$，$\lim\limits_{x \to 1^+} \dfrac{x}{1-x} = -\infty$，故 $\lim\limits_{x \to 1^-} e^{\frac{x}{1-x}} = +\infty$，$\lim\limits_{x \to 1^+} e^{\frac{x}{1-x}} = 0$.

所以 $f(1-0) = 0, f(1+0) = 1$，因此 $x = 1$ 是 $f(x)$ 的第一类间断点，且为跳跃间断点.

1.5.3 连续函数的性质

根据函数极限的运算法则和连续的定义，我们易知连续函数具有以下性质.

定理1.22 连续函数的和、差、积、商（分母不为 0）仍是连续函数.

根据连续函数的定义和定理 1.22 易知，三角函数在各自的定义域内都是连续的.

定理1.23 设函数 $y = f(x)$ 在区间 I_x 上是单调的连续函数，则它的反函数 $y = f^{-1}(x)$ 是区间 $I_y = \{f(x) \mid x \in I_x\}$ 上的单调连续函数.

证明略.

指数函数 $y = a^x$ 是单调函数，当 $0 < a < 1$ 时单调减少，当 $a > 1$ 时单调增加. 根据连续函数的定义，可以证明 $y = a^x$ 是连续函数，则它的反函数 $y = \log_a x$ 也是连续函数.

同理，由于 $y = \sin x\left(|x| \leqslant \dfrac{\pi}{2}\right), y = \cos x(0 \leqslant x \leqslant \pi), y = \tan x\left(|x| < \dfrac{\pi}{2}\right)$ 是单调连续函数，所以它们的反函数 $y = \arcsin x(|x| \leqslant 1), y = \arccos x(|x| \leqslant 1), y = \arctan x(x \in \mathbf{R})$ 也都是单调连续函数.

那么，一般的幂函数 $y = x^\mu$ 的连续性如何？为讨论这个问题，我们先考察复合函数的连续性.

定理1.24 设函数 $g(x)$ 在 x_0 处连续，函数 $f(u)$ 在 $u_0 = g(x_0)$ 处连续，则复合函数 $f[g(x)]$ 在 x_0 处连续.

注 （1）定理 1.24 说明，$u = g(x)$ 在 $x = x_0$ 处连续，所以 $\lim\limits_{x \to x_0} g(x) = g(x_0)$，即 $\lim\limits_{u \to u_0} u = u_0$. 又

$y = f(u)$ 在 $u_0 = g(x_0)$ 处连续，所以 $\lim\limits_{x \to x_0} f[g(x)] = \lim\limits_{u \to u_0} f(u) = f(u_0) = f[g(x_0)]$. 这就说明复合函数 $f[g(x)]$ 在 x_0 处连续.

（2）极限形式可改写为 $\lim\limits_{x \to x_0} f[g(x)] = f(u_0) = f[\lim\limits_{x \to x_0} g(x)]$，可见，求复合函数的极限时，如果 $u = g(x)$ 在 x_0 处极限存在，又 $y = f(u)$ 在对应的 $u_0[u_0 = \lim\limits_{x \to x_0} g(x) = g(x_0)]$ 处连续，则极限运算与函数运算可交换次序.

（3）定理 1.24 有更一般的结论：设函数 $f(u)$ 在 $u = a$ 处连续，且 $\lim\limits_{x \to x_0} g(x) = a$ 存在，则 $\lim\limits_{x \to x_0} f[g(x)] = f[\lim\limits_{x \to x_0} g(x)] = f(a)$.

由此，对于一般的幂函数 $y = x^\mu (x > 0)$，由于 $x^\mu = (e^{\ln x})^\mu = e^{\mu \ln x}$，所以 $y = x^\mu$ 可看成由两个连续函数复合而成，从而是连续函数.

综上所述，**基本初等函数在其定义域内连续**.

由初等函数的定义及连续函数的运算性质可知，**初等函数在其定义区间内都是连续的**. 所谓**定义区间**是指包含在定义域内的区间.

利用函数的连续性可以计算一些极限，即在计算 $\lim\limits_{x \to x_0} f(x)$ 时，若 $f(x)$ 在 $x = x_0$ 处连续，则有 $\lim\limits_{x \to x_0} f(x) = f(x_0)$.

例 1.35　求 $\lim\limits_{x \to 0} \sqrt{\dfrac{\lg(100+x)}{a^x + \arcsin x}} (a > 0)$.

解　由于 $\sqrt{\dfrac{\lg(100+x)}{a^x + \arcsin x}}$ 是一个初等函数，在其定义区间内连续，而 $x = 0$ 属于它的定义域，所以

$$\lim\limits_{x \to 0} \sqrt{\frac{\lg(100+x)}{a^x + \arcsin x}} = \sqrt{\frac{\lg(100+0)}{a^0 + \arcsin 0}} = \sqrt{\frac{2}{1+0}} = \sqrt{2}.$$

1.5.4　闭区间上连续函数的性质

定理 1.25（最大值与最小值定理）　如果函数 $f(x)$ 在 $[a, b]$ 上连续，则函数 $f(x)$ 在 $[a, b]$ 上一定有最大值与最小值.

如图 1.28 所示，函数 $f(x)$ 在点 $x = x_1$ 处取得最小值 m，在点 $x = b$ 处取得最大值 M.

推论（有界性定理）　闭区间上的连续函数在该区间上一定有界.

定理 1.26（介值定理）　如果函数 $f(x)$ 在 $[a, b]$ 上连续，m 和 M 分别为 $f(x)$ 在 $[a, b]$ 上的最小值与最大值，则对介于 m 与 M 之间的任一实数 c（即 $m < c < M$），至少存在一点 $\xi \in [a, b]$，使 $f(\xi) = c$.

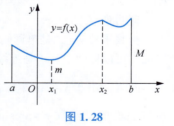

图 1.28

如图 1.29 所示，连续曲线 $y = f(x)$ 与直线 $y = c$ 相交于 3 点，这 3 点的横坐标分别为 ξ_1, ξ_2, ξ_3，所以有 $f(\xi_1) = f(\xi_2) = f(\xi_3) = c$.

推论（零点定理）　如果函数 $f(x)$ 在 $[a, b]$ 上连续，且 $f(a)$ 与 $f(b)$ 异号，则至少存在一点 $\xi \in (a, b)$，使 $f(\xi) = 0$.

如图 1.30 所示，连续曲线 $y = f(x)[f(a) < 0, f(b) > 0]$ 与 x 轴相交于点 ξ，所以有 $f(\xi) = 0$.

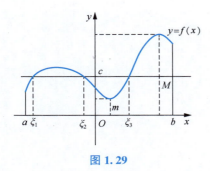

图 1.29

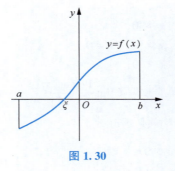

图 1.30

计算机可视化 4

例 1.36 利用零点定理证明：方程 $x^3 - 3x^2 - x + 3 = 0$ 在 $(-2,0),(0,2),(2,4)$ 内各有一个实根.

证明 设 $f(x) = x^3 - 3x^2 - x + 3$，则 $f(x)$ 在 $[-2,0],[0,2],[2,4]$ 上连续. 又
$$f(-2) < 0, f(0) > 0, f(2) < 0, f(4) > 0,$$
根据零点定理可知，存在 $\xi_1 \in (-2,0), \xi_2 \in (0,2), \xi_3 \in (2,4)$，使 $f(\xi_1) = 0, f(\xi_2) = 0, f(\xi_3) = 0$. 这表明 ξ_1, ξ_2, ξ_3 为给定方程的实根.

由于三次方程至多有 3 个根，所以所给各区间内只存在一个实根.

例 1.37 证明函数 $f(x) = e^x - x - 2$ 在区间 $(0,2)$ 内至少存在一个零点 x_0，即 $e^{x_0} - 2 = x_0$.

证明 因为 $f(x) = e^x - x - 2$ 在闭区间 $[0,2]$ 上连续，且
$$f(0) = -1 < 0, \quad f(2) = e^2 - 4 > 0,$$
所以由零点定理可知，在 $(0,2)$ 内至少存在一点 x_0，使 $f(x_0) = 0$，即 $e^{x_0} - 2 = x_0$.

同步习题 1.5

 基础题

1. 讨论下列函数在 $x = 0$ 处的连续性.

$(1)f(x) = \begin{cases} x^2 \sin \dfrac{1}{x}, & x \neq 0, \\ 0, & x = 0. \end{cases}$
$(2)f(x) = \begin{cases} e^{-\frac{1}{x^2}}, & x \neq 0, \\ 0, & x = 0. \end{cases}$

$(3)f(x) = \begin{cases} \dfrac{\sin x}{|x|}, & x \neq 0, \\ 1, & x = 0. \end{cases}$
$(4)f(x) = \begin{cases} e^x, & x \geq 0, \\ \dfrac{\sin x}{x}, & x > 0. \end{cases}$

2. 设 $f(x) = \begin{cases} \dfrac{\sin 2x}{x}, & x < 0, \\ 3x^2 - 2x + k, & x \geq 0, \end{cases}$ 求 k 的值，使函数 $f(x)$ 在 $(-\infty, +\infty)$ 内连续.

3. 指出下列函数在指定点处间断点的类型. 如果是可去间断点，则补充或改变函数的定义使之连续.

$(1)y = \dfrac{x^2 - 1}{x^2 - 3x + 2}, x = 1, x = 2.$
$(2)y = \cos \dfrac{1}{x}, x = 0.$

$(3)\,\mathrm{sgn}\,x = \begin{cases} 1, & x > 0, \\ 0, & x = 0, \\ -1, & x < 0, \end{cases} x = 0.$

4. 已知 $f(x)$ 连续，且满足 $\lim\limits_{x\to 0} \dfrac{1-\cos\left[xf(x)\right]}{(e^{x^2}-1)f(x)} = 1$，求 $f(0)$.

5. 求下列函数的连续区间.

$(1)\,f(x) = \begin{cases} 2x^2, & 0 \leqslant x < 1, \\ 4-2x, & 1 \leqslant x \leqslant 2. \end{cases}$ $\qquad$ $(2)\,f(x) = \begin{cases} x\cos\dfrac{1}{x}, & x \neq 0, \\ 1, & x = 0. \end{cases}$

6. 求下列极限.

$(1)\,\lim\limits_{x\to 0} \dfrac{\ln(1+x)}{x}.$ $\qquad\qquad\qquad$ $(2)\,\lim\limits_{x\to 0} \dfrac{\ln(1+x^2)}{\sin(1+x^2)}.$

$(3)\,\lim\limits_{x\to 1} \dfrac{x^2+\ln(2-x)}{4\arctan x}.$

7. 证明：方程 $x \cdot 2^x = 1$ 至少有一个小于 1 的正根.

提高题

1. 设函数 $f(x) = \begin{cases} -1, & x < 0, \\ 1, & x \geqslant 0, \end{cases}$ $g(x) = \begin{cases} 2-ax, & x \leqslant -1, \\ x, & -1 < x < 0, \\ x-b, & x \geqslant 0. \end{cases}$ 若 $f(x)+g(x)$ 在 $\mathbf{R}$ 上连续，求 a,b 的值.

2. 已知 $f(x)$ 在 $[0,2L]$ 上连续，且 $f(0)=f(2L)$. 证明：方程 $f(x) = f(x+L)$ 在 $[0,L]$ 上至少有一个根.

3. 若函数 $f(x)$ 在 $[a,b]$ 上连续，且 $a < x_1 < x_2 < \cdots < x_n < b$，证明：在 $[x_1,x_n]$ 上必存在 ξ，使 $f(\xi) = \dfrac{f(x_1)+f(x_2)+\cdots+f(x_n)}{n}.$

微课：同步习题 1.5
提高题 2

4. 若 $f(x)$ 在 $[a,b]$ 上连续，且 $f(a) < a$，$f(b) > b$，证明：在 (a,b) 内至少存在一点 ξ，使 $f(\xi) = \xi$.

5. 讨论函数 $f(x) = \lim\limits_{n\to\infty} \dfrac{1-x^{2n}}{1+x^{2n}} \cdot x$ 的连续性，若有间断点，判断其类型.

6. 证明：多项式函数 $p(x) = a_0 x^{2n+1} + a_1 x^{2n} + \cdots + a_{2n+1}(a_0 \neq 0)$ 至少有一个零点.

本章小结

思维导图

本章同步习题与
总复习题答案

中国数学学者

个人成就

数学家，中国科学院院士，曾任中国科学院数学研究所研究员、所长. 华罗庚是中国解析数论、典型群、矩阵几何学、自守函数论与多复变函数论等方面领域的创始人和开拓者.

华罗庚

第1章总复习题·基础篇

1. 选择题: (1) ~ (5) 小题，每小题 4 分，共 20 分. 下列每小题给出的 4 个选项中，只有一个选项是符合题目要求的.

(1) $\lim\limits_{n\to\infty}\dfrac{\sqrt{4n^2+n}+n}{n+2}=$ (   ).

A. ∞ B. 0   C. 2   D. 3

(2) $\lim\limits_{x\to 0}\dfrac{7x^6+2x-1}{2x^6+x+3}=$ (   ).

A. $\dfrac{7}{2}$ B. 0   C. $-\dfrac{1}{3}$ D. $\dfrac{1}{3}$

(3) $f(x)=\begin{cases} x+2, & x\leqslant 0, \\ e^{-x}+1, & 0<x\leqslant 1, \\ x^2, & x>1, \end{cases}$ 则 $\lim\limits_{x\to 0}f(x)=$ (   ).

A. 0   B. 不存在   C. 2   D. 1

(4) 若 $\lim\limits_{x\to\infty}x^k\arctan\dfrac{2}{x^2}=2$, 则 $k=$ (   ).

A. 2   B. 0   C. $\dfrac{1}{2}$ D. 1

(5) 函数 $f(x)=\begin{cases} e^{\frac{1}{x}}, & x<0, \\ x, & 0\leqslant x\leqslant 2, \\ x^2, & x>2 \end{cases}$ 的连续区间为 (   ).

A. $(-\infty,2)$ 和 $(2,+\infty)$ B. $(-\infty,0)$ 和 $(0,+\infty)$

C. $(-\infty,+\infty)$ D. $(-\infty,0)$, $(0,2)$, $(2,+\infty)$

2. 填空题: (6) ~ (10) 小题，每小题 4 分，共 20 分.

(6) 已知 $\dfrac{1}{n^k}$ 与 $\dfrac{1}{n^3}+\dfrac{1}{n^2}$ 是等价无穷小量，则 $k=$ _____.

(7) 设函数 $f(x)=\begin{cases} \dfrac{e^{2x}-1}{ax}, & x\neq 0, \\ 1, & x=0 \end{cases}$ 在点 $x=0$ 处连续，则 $a=$ _____.

(8) 设函数 $f(x)$ 的定义域为 $[-1,3]$, 则 $f(x-1)+f(x+1)$ 的定义域为 _____.

(9) 设 $f\left(1+\dfrac{1}{x}\right)=\dfrac{1}{x^2}+1$, 则 $f(x)=$ _____.

(10) $\lim\limits_{x\to 0}\left(x^3\sin\dfrac{1}{x^3}+\dfrac{\sin 3x}{x}\right)=$ _____.

3. 解答题: (11) ~ (16) 小题, 每小题10分, 共60分. 解答时应写出文字说明、证明过程或演算步骤.

(11) 计算 $\lim\limits_{x\to 0}\dfrac{3-\sqrt{9-x^2}}{\sin^2 x}$.

(12) 设 $f(x)=ax+o(x)(x\to 0)$, $F(x)=\begin{cases}\dfrac{f(x)+3\sin x}{x}, & x\ne 0,\\[2mm] 1, & x=0,\end{cases}$ 求 a 的值, 使 $F(x)$ 在点 $x=0$ 处连续.

(13) 设函数 $f(x)=\lim\limits_{t\to x}\left(\dfrac{\sin t}{\sin x}\right)^{\frac{x}{\sin t-\sin x}}$, 求其间断点并判断间断点的类型.

(14) 若 $\lim\limits_{x\to 0}\dfrac{\sqrt{ax+b}-2}{x}=1$, 求 a,b.

(15) 若 $\lim\limits_{x\to 0}\dfrac{\sin x}{e^x-a}(\cos x-b)=5$, 求 a,b.

(16) 设 $0<x_1<1$, $x_{n+1}=2x_n-x_n^2$, 证明 $\lim\limits_{n\to\infty}x_n$ 存在并求出极限.

第1章总复习题 · 提高篇

1. 选择题: (1) ~ (5) 小题, 每小题4分, 共20分. 下列每小题给出的4个选项中, 只有一个选项是符合题目要求的.

(1)(2011304) 已知当 $x\to 0$ 时, 函数 $f(x)=3\sin x-\sin 3x$ 与 cx^k 是等价无穷小, 则(   ).

A. $k=1,c=4$ B. $k=1,c=-4$

C. $k=3,c=4$ D. $k=3,c=-4$

(2)(2019304) 当 $x\to 0$ 时, 若 $x-\tan x$ 与 x^k 是同阶无穷小量, 则 $k=($).

A. 1   B. 2   C. 3   D. 4

(3)(2017304) 若函数 $f(x)=\begin{cases}\dfrac{1-\cos\sqrt{x}}{ax}, & x>0,\\[2mm] b, & x\le 0\end{cases}$ 在 $x=0$ 处连续, 则(   ).

A. $ab=\dfrac{1}{2}$ B. $ab=-\dfrac{1}{2}$ C. $ab=0$ D. $ab=2$

(4)(2015304) 设 $\{x_n\}$ 是数列，下列命题中不正确的是(   ).

A. 若 $\lim\limits_{n\to\infty}x_n=a$，则 $\lim\limits_{n\to\infty}x_{2n}=\lim\limits_{n\to\infty}x_{2n+1}=a$

B. 若 $\lim\limits_{n\to\infty}x_{2n}=\lim\limits_{n\to\infty}x_{2n+1}=a$，则 $\lim\limits_{n\to\infty}x_n=a$

C. 若 $\lim\limits_{n\to\infty}x_n=a$，则 $\lim\limits_{n\to\infty}x_{3n}=\lim\limits_{n\to\infty}x_{3n+1}=a$

D. 若 $\lim\limits_{n\to\infty}x_{3n}=\lim\limits_{n\to\infty}x_{3n+1}=a$，则 $\lim\limits_{n\to\infty}x_n=a$

微课：第 1 章
总复习题(4)

(5)(2013304) 当 $x\to 0$ 时，用"$o(x)$"表示比 x 高阶的无穷小量，则下列式子中错误的是(   ).

A. $x\cdot o(x^2)=o(x^3)$ 　　　　　　B. $o(x)\cdot o(x^2)=o(x^3)$

C. $o(x^2)+o(x^2)=o(x^2)$ 　　　　　D. $o(x)+o(x^2)=o(x^2)$

2. 填空题：(6) ~ (10) 小题，每小题4分，共20分.

(6)(2019304) $\lim\limits_{n\to\infty}\left[\dfrac{1}{1\cdot 2}+\dfrac{1}{2\cdot 3}+\cdots+\dfrac{1}{n(n+1)}\right]^n=$ _____.

(7)(2015304) $\lim\limits_{x\to 0}\dfrac{\ln\cos x}{x^2}=$ _____.

(8)(2016304) 已知函数 $f(x)$ 满足 $\lim\limits_{x\to 0}\dfrac{\sqrt{1+f(x)\sin 2x}-1}{e^{3x}-1}=2$，则 $\lim\limits_{x\to 0}f(x)=$ _____.

(9)(2012304) $\lim\limits_{x\to\frac{\pi}{4}}(\tan x)^{\frac{1}{\cos x-\sin x}}=$ _____.

(10)(2009304) $\lim\limits_{x\to 0}\dfrac{e-e^{\cos x}}{\sqrt[3]{1+x^2}-1}=$ _____.

3. 解答题：(11) ~ (16) 小题，每小题10分，共60分. 解答时应写出文字说明、证明过程或演算步骤.

(11)(2021310) 已知 $\lim\limits_{x\to 0}\left[a\arctan\dfrac{1}{x}+(1+|x|)^{\frac{1}{x}}\right]$ 存在，求 a 的值.

(12)(2020310) 已知 a,b 为常数，若 $\left(1+\dfrac{1}{n}\right)^n-e$ 与 $\dfrac{b}{n^a}$ 在 $n\to\infty$ 时是等价无穷小量，求 a,b.

微课：第 1 章
总复习题(11)

(13)(2013310) 当 $x\to 0$ 时，$1-\cos x\cdot\cos 2x\cdot\cos 3x$ 与 ax^n 为等价无穷小量，求 n 与 a 的值.

(14)(2018310) 已知实数 a,b 满足 $\lim\limits_{x\to+\infty}\left[(ax+b)e^{\frac{1}{x}}-x\right]=2$，求 a,b.

(15)(2015310) 设函数 $f(x)=x+a\ln(1+x)+bx\sin x$，$g(x)=kx^3$，若 $f(x)$ 与 $g(x)$ 在 $x\to 0$ 时是等价无穷小量，求 a,b,k 的值(用到第3章知识).

(16)(2016310) 求极限 $\lim\limits_{x\to 0}(\cos 2x+2x\sin x)^{\frac{1}{x^4}}$.

微课：第 1 章
总复习题(16)

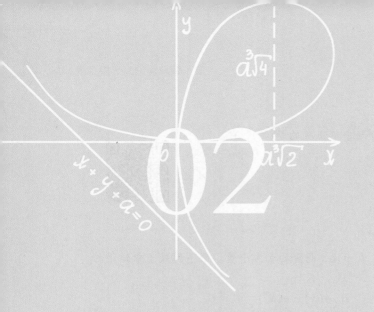

第 2 章
导数与微分

导数和微分是微积分学中重要的基本概念. 大量与变化率有关的量, 都可以用导数表示, 例如物体运动的速度、企业产品产量的增长率及成本、利润的变化率等. 导数能反映函数相对于自变量变化的快慢程度, 微分则能刻画自变量有一微小增量时, 相应的函数值的增量. 研究导数理论、求函数导数与微分的方法及其应用的科学称为微分学. 它们在科学技术、工程建设、经济分析等各领域中具有极为广泛的应用. 本章将从实际问题出发, 引入导数与微分的概念, 并讨论它们的计算方法及其在经济学中的简单应用.

本章导学

2.1 导数的概念

文艺复兴时期使欧洲的生产力得到迅速发展, 同时自然科学也进入了一个崭新的时期. 一些微分学的基本问题受到人们空前的关注, 例如, 确定非匀速运动物体的速度与加速度, 即瞬时变化率 —— 导数问题的研究成为当务之急; 望远镜的光程设计需要确定透镜曲面上任一点的法线, 这又使求曲线的切线和法线问题变得不可回避. 因此, 在 17 世纪上半叶, 几乎所有的科学大师都致力于寻求解决这些难题的方法. 在此背景下, 到 17 世纪后期, 微积分学应运而生. 微积分学包括微分学和积分学, 本节将研究微分学中的一个重要概念 —— 导数.

德育学堂 2

2.1.1 经典引例

在历史上, 导数的概念主要起源于两个著名的问题: 一个是求平面曲线的切线斜率问题; 另一个是求变速直线运动中质点的瞬时速度问题. 本节将从 3 个引例出发, 结合经济学中的实例, 归纳出导数的概念.

引例 1　平面曲线的切线斜率问题

设曲线 L 的方程为 $y = f(x)$, 求在点 $(x_0, f(x_0))$ 处切线的斜率.

首先, 要明确何为曲线的切线. 用"与曲线只有一个交点的直线"作为平面曲线切线的定义是不合适的. 例如, 对于抛物线 $y = x^2$, 在原点 O 处两个坐标轴都符合上述定义, 但只有 x 轴是该抛物线在原点 O 处的切线. 下面, 我们用极限的思想来给出定义.

设连续曲线 $L: y = f(x)$ 上有一定点 $M_0(x_0, f(x_0))$ 和一动点 $M(x_0 + \Delta x, f(x_0 + \Delta x))$, 连接 M_0 和 M 作割线 M_0M, 当动点 M 沿曲线 L 趋向于定点 M_0 时, 称割线 M_0M 的极限位置 M_0T 为曲线 L 在

其上点 M_0 处的切线，如图 2.1 所示.

下面借助极限的思想来探究如何求曲线在点 $(x_0, f(x_0))$ 处切线的斜率. 先研究割线的斜率，如图 2.1 所示，割线 M_0M 的斜率为

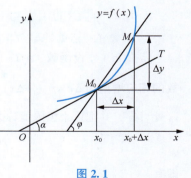

图 2.1

$$\tan \varphi = \frac{\Delta y}{\Delta x} = \frac{f(x_0 + \Delta x) - f(x_0)}{\Delta x}.$$

当动点 M 沿曲线 L 趋向于点 M_0 时，割线 M_0M 越来越接近于切线 M_0T，割线 M_0M 的斜率就越来越接近切线的斜率，当动点 M 沿曲线 L 无限逼近点 M_0 时（$\Delta x \to 0$），割线 M_0M 的斜率的极限就是切线 M_0T 的斜率，从而有

$$k = \tan \alpha = \lim_{\Delta x \to 0} \tan \varphi,$$

即切线斜率为

$$k = \lim_{\Delta x \to 0} \frac{\Delta y}{\Delta x} = \lim_{\Delta x \to 0} \frac{f(x_0 + \Delta x) - f(x_0)}{\Delta x}.$$

计算机可视化 5

引例 2　变速直线运动的瞬时速度问题

物体沿直线的运动可以理想化为质点在数轴上的运动. 假设质点在 $t = 0$ 时刻位于数轴的原点，在任意时刻 t，质点在数轴上的坐标为 $s = s(t)$，下面讨论质点在时刻 t_0 的瞬时速度 $v(t_0)$，即要解决的问题是：已知质点的位移函数为 $s = s(t)$，如何求 $v(t_0)$.

质点在时刻 $t = t_0$ 到 $t = t_0 + \Delta t$ 这段时间内的平均速度为

$$\bar{v} = \frac{\Delta s}{\Delta t} = \frac{s(t_0 + \Delta t) - s(t_0)}{\Delta t},$$

我们可以用这段时间内的平均速度 $\bar{v}$ 来近似代替 t_0 时刻的瞬时速度 $v(t_0)$，但这种代替是有误差的. 时间间隔越小，这种近似代替的精确度就越高. 当 $\Delta t \to 0$ 时，平均速度 $\bar{v}$ 的极限就是 t_0 时刻的瞬时速度，即

$$v(t_0) = \lim_{\Delta t \to 0} \frac{\Delta s}{\Delta t} = \lim_{\Delta t \to 0} \frac{s(t_0 + \Delta t) - s(t_0)}{\Delta t}.$$

引例 3　产品总成本的变化率

设某产品的总成本 C 是产量 Q 的函数，即 $C = C(Q)$. 当产量 Q 由 Q_0 变到 $Q_0 + \Delta Q$ 时，总成本相应的增量 $\Delta C = C(Q_0 + \Delta Q) - C(Q_0)$，则总成本的平均变化率为

$$\frac{\Delta C}{\Delta Q} = \frac{C(Q_0 + \Delta Q) - C(Q_0)}{\Delta Q}.$$

当 $\Delta Q \to 0$ 时，如果极限

$$\lim_{\Delta Q \to 0} \frac{\Delta C}{\Delta Q} = \lim_{\Delta Q \to 0} \frac{C(Q_0 + \Delta Q) - C(Q_0)}{\Delta Q}$$

存在，则称此极限是产量为 Q_0 时总成本的变化率.

上述 3 个引例虽然分别涉及几何、物理和经济问题，所讨论的实际问题具体含义各不相同，但在计算后最终得出相同形式的结果 —— 求增量比的极限. 抛开这些实际问题的具体背景，抓住它们在数学上的共性，由此抽象出导数的概念.

2.1.2　导数的定义

1. 函数在一点处的导数与导函数

定义 2.1　设函数 $y = f(x)$ 在点 x_0 的某邻域内有定义，当自变量 x 在 x_0 处有增量 Δx 时，函数的相应增量为 $\Delta y = f(x_0 + \Delta x) - f(x_0)$. 如果当 $\Delta x \to 0$ 时，极限 $\lim\limits_{\Delta x \to 0} \dfrac{\Delta y}{\Delta x}$ 存在，则称函数 $f(x)$ 在点 x_0 处可导，并把这个极限值称为函数 $f(x)$ 在点 x_0 处的导数，记作

$$f'(x_0), y' \big|_{x = x_0}, \frac{\mathrm{d}f(x)}{\mathrm{d}x} \bigg|_{x = x_0} \text{ 或 } \frac{\mathrm{d}y}{\mathrm{d}x} \bigg|_{x = x_0},$$

即有

$$f'(x_0) = \lim_{\Delta x \to 0} \frac{\Delta y}{\Delta x} = \lim_{\Delta x \to 0} \frac{f(x_0 + \Delta x) - f(x_0)}{\Delta x}. \tag{2.1}$$

当 $\Delta x \to 0$ 时，若 $\lim\limits_{\Delta x \to 0} \dfrac{\Delta y}{\Delta x}$ 不存在，则称函数 $f(x)$ 在点 x_0 处不可导.

注　(1) 式(2.1)中自变量的增量 Δx 也常用 h 来表示，因此，式(2.1)也可以写作

$$f'(x_0) = \lim_{h \to 0} \frac{f(x_0 + h) - f(x_0)}{h}. \tag{2.2}$$

(2) 在式(2.1)中，令 $x = x_0 + \Delta x$，则式(2.1)又可以写作

$$f'(x_0) = \lim_{x \to x_0} \frac{f(x) - f(x_0)}{x - x_0}. \tag{2.3}$$

(3) 若不可导的原因是 $f'(x_0) = \lim\limits_{\Delta x \to 0} \dfrac{\Delta y}{\Delta x} = \infty$，为方便叙述，也说函数 $f(x)$ 在点 x_0 处的导数为无穷大.

由定义 2.1 知，引例 1 中，平面曲线 L 在点 $(x_0, f(x_0))$ 处的切线斜率正是该曲线在点 x_0 处的导数，即 $f'(x_0)$；引例 2 中，变速直线运动在 t_0 时刻的瞬时速度正是位移函数 $s = s(t)$ 在 t_0 时刻的导数，即 $v(t_0) = s'(t_0)$；而引例 3 中，产品总成本的变化率是成本函数在产量为 Q_0 时的导数，即 $C'(Q_0)$，在经济学中叫作边际成本.

定义 2.2　如果函数 $y = f(x)$ 在 (a, b) 内每一点都可导，即对区间内的任一点 x，都对应着 $f(x)$ 的一个确定的导数值，这样就确定了一个函数关系，这个函数称为函数 $f(x)$ 的导函数(简称为导数)，记为

$$f'(x), y'(x), \frac{\mathrm{d}f(x)}{\mathrm{d}x} \text{ 或 } \frac{\mathrm{d}y}{\mathrm{d}x},$$

即有

$$f'(x) = \lim_{\Delta x \to 0} \frac{f(x + \Delta x) - f(x)}{\Delta x},$$

或

$$f'(x) = \lim_{h \to 0} \frac{f(x + h) - f(x)}{h}.$$

显然，$f'(x_0)$ 是导函数 $f'(x)$ 在点 x_0 处的函数值，即 $f'(x_0) = f'(x) \big|_{x = x_0}$.

【即时提问 2.1】　根据导数的定义，$f'(x_0)$ 的求法有几种？分别怎样求？

例 2.1 求函数 $f(x) = C$ 的导数(其中 C 为常数).

解 根据导数的定义, 得

$$f'(x) = \lim_{\Delta x \to 0} \frac{f(x + \Delta x) - f(x)}{\Delta x} = \lim_{\Delta x \to 0} \frac{C - C}{\Delta x} = 0,$$

即 $(C)' = 0$.

例 2.2 (1)求函数 $f(x) = \sqrt{x}\,(x > 0)$ 的导数. (2)求函数 $f(x) = x^3$ 的导数.

解 (1)根据导数的定义, 并对分子有理化, 得

$$f'(x) = \lim_{\Delta x \to 0} \frac{f(x + \Delta x) - f(x)}{\Delta x} = \lim_{\Delta x \to 0} \frac{\sqrt{x + \Delta x} - \sqrt{x}}{\Delta x}$$

$$= \lim_{\Delta x \to 0} \frac{\Delta x}{\Delta x(\sqrt{x + \Delta x} + \sqrt{x})} = \lim_{\Delta x \to 0} \frac{1}{\sqrt{x + \Delta x} + \sqrt{x}} = \frac{1}{2\sqrt{x}},$$

即 $(\sqrt{x})' = \dfrac{1}{2\sqrt{x}}$.

(2)根据导数的定义, 得

$$f'(x) = \lim_{\Delta x \to 0} \frac{f(x + \Delta x) - f(x)}{\Delta x} = \lim_{\Delta x \to 0} \frac{(x + \Delta x)^3 - x^3}{\Delta x}$$

$$= \lim_{\Delta x \to 0} [3x^2 + 3x\Delta x + (\Delta x)^2] = 3x^2,$$

即 $(x^3)' = 3x^2$.

利用导数的定义, 我们还可以推出幂函数的导数: $(x^\mu)' = \mu x^{\mu - 1}(\mu \in \mathbf{R})$.

例 2.3 求函数 $f(x) = \sin x$ 的导数.

解 根据导数的定义, 结合和差化积公式, 得

$$f'(x) = \lim_{\Delta x \to 0} \frac{f(x + \Delta x) - f(x)}{\Delta x} = \lim_{\Delta x \to 0} \frac{\sin(x + \Delta x) - \sin x}{\Delta x}$$

$$= \lim_{\Delta x \to 0} \frac{2\cos\left(x + \dfrac{\Delta x}{2}\right)\sin\dfrac{\Delta x}{2}}{\Delta x} = \lim_{\Delta x \to 0}\cos\left(x + \dfrac{\Delta x}{2}\right) \cdot \lim_{\Delta x \to 0} \frac{\sin\dfrac{\Delta x}{2}}{\dfrac{\Delta x}{2}} = \cos x,$$

即 $(\sin x)' = \cos x$.

同理可得 $(\cos x)' = -\sin x$.

例 2.4 求 $f(x) = \log_a x\,(a > 0, a \neq 1)$ 的导数.

解
$$f'(x) = \lim_{\Delta x \to 0} \frac{f(x + \Delta x) - f(x)}{\Delta x} = \lim_{\Delta x \to 0} \frac{\log_a(x + \Delta x) - \log_a x}{\Delta x}$$

$$= \lim_{\Delta x \to 0}\left[\frac{1}{x} \cdot \frac{\log_a\left(1 + \dfrac{\Delta x}{x}\right)}{\dfrac{\Delta x}{x}}\right] = \lim_{\Delta x \to 0}\left[\frac{1}{x}\log_a\left(1 + \frac{\Delta x}{x}\right)^{\frac{x}{\Delta x}}\right]$$

$$= \frac{1}{x}\log_a\left[\lim_{\Delta x \to 0}\left(1 + \frac{\Delta x}{x}\right)^{\frac{x}{\Delta x}}\right] = \frac{1}{x}\log_a e = \frac{1}{x\ln a},$$

即 $(\log_a x)' = \dfrac{1}{x\ln a}$.

特别地，当 $a = e$ 时，$(\ln x)' = \dfrac{1}{x}$.

例 2.5 设函数 $f(x)$ 在点 $x = a$ 处可导，且 $\lim\limits_{h \to 0} \dfrac{h}{f(a-2h) - f(a)} = \dfrac{1}{4}$，求 $f'(a)$.

解 设 $\Delta x = -2h$，则当 $h \to 0$ 时，$\Delta x \to 0$. 根据定义 2.1，得

$$f'(a) = \lim_{\Delta x \to 0} \frac{f(a + \Delta x) - f(a)}{\Delta x} = \lim_{h \to 0} \frac{f(a-2h) - f(a)}{-2h}$$

$$= -\frac{1}{2} \lim_{h \to 0} \frac{f(a-2h) - f(a)}{h} = -\frac{1}{2} \times 4 = -2.$$

2. 单侧导数

由函数极限的定义可以知道，函数在一点处极限存在的充要条件是函数在该点的左、右极限都存在且相等. 导数是用极限来定义的，从而就有了下面的单侧导数定义及相应的定理.

定义 2.3 设函数 $f(x)$ 在区间 $(x_0 - \delta, x_0]\,(\delta > 0)$ 内有定义，如果当 $\Delta x \to 0^-$ 时，极限 $\lim\limits_{\Delta x \to 0^-} \dfrac{f(x_0 + \Delta x) - f(x_0)}{\Delta x}$ 存在，则称此极限值为函数 $f(x)$ 在点 x_0 处的**左导数**，记为

$$f'_-(x_0) = \lim_{\Delta x \to 0^-} \frac{f(x_0 + \Delta x) - f(x_0)}{\Delta x} = \lim_{x \to x_0^-} \frac{f(x) - f(x_0)}{x - x_0}.$$

同理，**右导数**为

$$f'_+(x_0) = \lim_{\Delta x \to 0^+} \frac{f(x_0 + \Delta x) - f(x_0)}{\Delta x} = \lim_{x \to x_0^+} \frac{f(x) - f(x_0)}{x - x_0}.$$

左导数和右导数统称为**单侧导数**.

类似于极限与左、右极限的关系，导数与左、右导数之间有以下定理.

定理 2.1 函数 $f(x)$ 在点 x_0 处可导的充要条件是左、右导数都存在且相等.

若 $f(x)$ 在 (a,b) 内的每一点都可导，则称 $f(x)$ 在 (a,b) 内可导.

若 $f(x)$ 在 (a,b) 内可导，且在点 $x = a$ 处右导数存在，在点 $x = b$ 处左导数存在，则称 $f(x)$ 在 $[a,b]$ 上可导.

例 2.6 判断函数 $f(x) = |x|$ 在点 $x = 0$ 处的可导性.

解 根据左、右导数的定义，得

$$f'_-(0) = \lim_{x \to 0^-} \frac{-x - 0}{x} = -1, \quad f'_+(0) = \lim_{x \to 0^+} \frac{x - 0}{x} = 1.$$

因为 $f'_-(0) \neq f'_+(0)$，所以 $f(x)$ 在点 $x = 0$ 处不可导.

例 2.7 求函数 $f(x) = (x^2 - x - 2)|x^3 - x|$ 的不可导点的个数.

解 将函数改写为分段函数，得

$$f(x) = \begin{cases} -(x-2)x(x-1)(x+1)^2, & x \leqslant -1, \\ (x-2)x(x-1)(x+1)^2, & -1 < x \leqslant 0, \\ -(x-2)x(x-1)(x+1)^2, & 0 < x \leqslant 1, \\ (x-2)x(x-1)(x+1)^2, & x > 1. \end{cases}$$

$f(x)$ 的不可导点可能为 $x = -1, x = 0, x = 1$.

根据左、右导数的定义，得

$$f'_-(-1) = \lim_{x \to -1^-} \frac{-(x-2)x(x-1)(x+1)^2}{x+1} = 0,$$

$$f'_+(-1) = \lim_{x \to -1^+} \frac{(x-2)x(x-1)(x+1)^2}{x+1} = 0,$$

所以，$f'_-(-1) = f'_+(-1)$，$x = -1$ 为 $f(x)$ 的可导点.

同理得 $f'_-(0) = 2$，$f'_+(0) = -2$，$f'_-(1) = 4$，$f'_+(1) = -4$，可知函数 $f(x)$ 在 $x = 0$，$x = 1$ 处均不可导. 因此 $f(x)$ 的不可导点有两个：$x = 0$ 和 $x = 1$.

3. 函数的增量、平均变化率和瞬时变化率的关系

对于函数 $f(x)$，在研究和比较变量的数量变化时，仅考虑变量的增量是不够的. 例如，有 A 和 B 两个车间，若某年 A 车间第一季度生产了 30 台设备，B 车间前两个月生产了 30 台设备，虽然两车间生产设备的增量是相同的，但是按这样的生产速度计算，一年后，A 车间生产设备的数量比 B 车间少，因为 A 车间的平均生产率(单位时间生产的设备数量)低于 B 车间.

称 $\dfrac{\Delta y}{\Delta x} = \dfrac{f(x_0 + \Delta x) - f(x_0)}{\Delta x}$ 为函数 $f(x)$ 在区间 $[x_0, x_0 + \Delta x]$ 或 $[x_0 + \Delta x, x_0]$ 上的平均变化率. 它描述了函数 $y = f(x)$ 在区间 $[x_0, x_0 + \Delta x]$ 或 $[x_0 + \Delta x, x_0]$ 上变化的快慢程度.

若极限 $\lim\limits_{\Delta x \to 0} \dfrac{\Delta y}{\Delta x} = \lim\limits_{\Delta x \to 0} \dfrac{f(x_0 + \Delta x) - f(x_0)}{\Delta x}$ 存在，则该极限值称为函数 $f(x)$ 在 x_0 处的瞬时变化率 (导数). 它描述了函数 $f(x)$ 在点 x_0 处变化的快慢程度.

一般情况下，如无特殊说明，变化率指的是瞬时变化率.

2.1.3 导数的几何意义

由 2.1.1 小节的引例 1 可知，$f'(x_0)$ 就是曲线 $y = f(x)$ 在点 $(x_0, f(x_0))$ 处切线的斜率，这就是导数的几何意义.

若函数 $f(x)$ 在 $x = x_0$ 处可导，则曲线 $y = f(x)$ 在点 $(x_0, f(x_0))$ 处的切线方程为

$$y - f(x_0) = f'(x_0)(x - x_0),$$

且当 $f'(x_0) \neq 0$ 时，曲线 $y = f(x)$ 在该点的法线方程为

$$y - f(x_0) = -\frac{1}{f'(x_0)}(x - x_0).$$

当 $f'(x_0) = 0$ 时，曲线 $y = f(x)$ 在点 $(x_0, f(x_0))$ 处的法线方程为 $x = x_0$. 另外，当 $f'(x_0) = \infty$ 时，曲线 $y = f(x)$ 在点 $(x_0, f(x_0))$ 处的切线方程为 $x = x_0$，法线方程为 $y = f(x_0)$.

例 2.8 过曲线 $y = x^2 + x - 2$ 上的一点 M 作切线，如果切线与直线 $y = 4x - 1$ 平行，求切点的坐标.

解 设切点的坐标为 $M(x_0, y_0)$，则曲线在点 M 处的切线斜率为 $y'|_{x=x_0} = 2x_0 + 1$. 由于切线与直线 $y = 4x - 1$ 平行，所以 $2x_0 + 1 = 4$，解得 $x_0 = \dfrac{3}{2}$，代入曲线方程，得 $y_0 = \dfrac{7}{4}$. 所以切点的坐标为 $\left(\dfrac{3}{2}, \dfrac{7}{4}\right)$.

2.1.4 可导与连续的关系

连续性与可导性都是函数的重要性质，它们之间有以下关系.

定理 2.2 如果函数 $f(x)$ 在 x_0 处可导，则 $f(x)$ 在点 x_0 处连续.

证明　若函数 $f(x)$ 在点 x_0 处可导，由导数定义可得 $\lim\limits_{x \to x_0} \dfrac{f(x)-f(x_0)}{x-x_0} = f'(x_0)$，所以

$$\lim\limits_{x \to x_0}[f(x)-f(x_0)] = \lim\limits_{x \to x_0}\left[\frac{f(x)-f(x_0)}{x-x_0} \cdot (x-x_0)\right]$$

$$= \lim\limits_{x \to x_0}\frac{f(x)-f(x_0)}{x-x_0} \cdot \lim\limits_{x \to x_0}(x-x_0)$$

$$= f'(x_0) \cdot 0 = 0,$$

即 $\lim\limits_{x \to x_0} f(x) = f(x_0)$. 故函数 $f(x)$ 在点 x_0 处必连续.

注　(1) 定理 2.2 的逆命题不一定成立. 即若函数在某点连续，则函数在该点不一定可导. 连续是可导的必要条件，但不是充分条件.

例如，函数 $f(x) = |x|$ 在点 $x = 0$ 处连续，但根据例 2.6 可知，其在点 $x = 0$ 处不可导（其图形见图 2.2）.

这说明若 $y = f(x)$ 的图形在点 x_0 处出现"**尖点**"（在点 x_0 处不光滑），则它在点 x_0 处不可导，此时曲线 $y = f(x)$ 在点 (x_0, y_0) 处的切线不存在.

再如，函数 $y = f(x) = \sqrt[3]{x}$ 在点 $x = 0$ 处连续，但在点 $x = 0$ 处不可导（其图形见图 2.3）. 这是因为在点 $x = 0$ 处有

$$\lim\limits_{x \to 0}\frac{f(x)-f(0)}{x-0} = \lim\limits_{x \to 0}\frac{\sqrt[3]{x}-0}{x} = \lim\limits_{x \to 0}\frac{1}{\sqrt[3]{x^2}} = +\infty,$$

即导数为无穷大，所以函数 $f(x) = \sqrt[3]{x}$ 在点 $x = 0$ 处不可导.

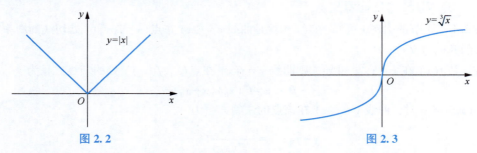

图 2.2　　　　　　　　　　　　　　　　图 2.3

(2) 定理 2.2 的逆否命题：若 $f(x)$ 在 x_0 处不连续，则它在 x_0 处一定不可导.

例 2.9　判断分段函数 $f(x) = \begin{cases} x^2+1, & x < 0, \\ 3x, & x \geqslant 0 \end{cases}$ 在点 $x = 0$ 处是否可导.

解　因为 $\lim\limits_{x \to 0^-} f(x) = \lim\limits_{x \to 0^-}(x^2+1) = 1, \lim\limits_{x \to 0^+} f(x) = \lim\limits_{x \to 0^+} 3x = 0$，即 $\lim\limits_{x \to 0^-} f(x) \neq \lim\limits_{x \to 0^+} f(x)$，所以 $f(x)$ 在点 $x = 0$ 处不连续. 根据定理 2.2 的逆否命题知，$f(x)$ 在点 $x = 0$ 处不可导.

例 2.10　讨论函数 $f(x) = \begin{cases} x^2+1, & x < 0, \\ e^x, & x \geqslant 0 \end{cases}$ 在点 $x = 0$ 处的连续性、可导性.

解　(1) 因为 $\lim\limits_{x \to 0^-} f(x) = \lim\limits_{x \to 0^-}(x^2+1) = 1, \lim\limits_{x \to 0^+} f(x) = \lim\limits_{x \to 0^+} e^x = 1$，即 $\lim\limits_{x \to 0^-} f(x) = \lim\limits_{x \to 0^+} f(x) = f(0)$，所以 $f(x)$ 在点 $x = 0$ 处连续.

(2) 因为 $f'_-(0) = \lim\limits_{x \to 0^-}\dfrac{(x^2+1)-1}{x} = 0, f'_+(0) = \lim\limits_{x \to 0^+}\dfrac{e^x-1}{x} = 1, f'_-(0) \neq f'_+(0)$，所以 $f(x)$ 在点 $x = 0$ 处不可导.

同步习题2.1

基础题

1. 选择题.

(1) 设 $f(x)$ 在点 $x = x_0$ 处可导，则 $f'(x_0) = ($ $)$.

A. $\lim\limits_{\Delta x \to 0} \dfrac{f(x_0 - \Delta x) - f(x_0)}{\Delta x}$

B. $\lim\limits_{h \to 0} \dfrac{f(x_0 + h) - f(x_0 - h)}{2h}$

C. $\lim\limits_{x \to 0} \dfrac{f(x_0) - f(x_0 + 2x)}{2x}$

D. $\lim\limits_{x \to 0} \dfrac{f(x) - f(0)}{x}$

(2) 函数 $f(x)$ 在点 x_0 处连续是 $f(x)$ 在 x_0 处可导的($ \quad)$.

A. 必要但非充分条件

B. 充分但非必要条件

C. 充分必要条件

D. 既非充分又非必要条件

(3) 若 $f(x)$ 在点 x_0 处可导，则 $|f(x)|$ 在点 x_0 处($ \quad)$.

A. 可导   B. 不可导   C. 连续但未必可导   D. 不连续

(4) 曲线 $y = \ln x$ 在点($ \quad)$ 处的切线平行于直线 $y = 2x - 3$.

A. $\left(\dfrac{1}{2}, -\ln 2\right)$ B. $\left(\dfrac{1}{2}, \ln 2\right)$ C. $(2, \ln 2)$ D. $(2, -\ln 2)$

(5) 设函数 $f(x)$ 在点 $x = 0$ 处可导，则 $\lim\limits_{h \to 0} \dfrac{f(2h) - f(-3h)}{h} = ($ $)$.

A. $-f'(0)$ B. $f'(0)$ C. $5f'(0)$ D. $2f'(0)$

(6) 若下列各极限都存在，其中不成立的是($ \quad)$.

A. $\lim\limits_{x \to 0} \dfrac{f(x) - f(0)}{x} = f'(0)$

B. $\lim\limits_{x \to x_0} \dfrac{f(x) - f(x_0)}{x - x_0} = f'(x_0)$

C. $\lim\limits_{h \to 0} \dfrac{f(x_0 + 2h) - f(x_0)}{h} = f'(x_0)$

D. $\lim\limits_{\Delta x \to 0} \dfrac{f(x_0) - f(x_0 - \Delta x)}{\Delta x} = f'(x_0)$

(7) 设 $f(x) = \begin{cases} \dfrac{2}{3}x^3, & x \leqslant 1, \\ x^2, & x > 1, \end{cases}$ 则 $f(x)$ 在点 $x = 1$ 处($ \quad)$.

A. 左、右导数都存在

B. 左导数存在，右导数不存在

C. 左导数不存在，右导数存在

D. 左、右导数都不存在

2. 根据导数的定义求下列函数的导数.

(1) $y = 1 - 2x^2$.   (2) $y = \ln x$.   (3) $y = \dfrac{1}{x^2}$.

3. 已知 $f'(x_0) = A$，求：

(1) $\lim\limits_{h \to 0} \dfrac{f(x_0 + 3h) - f(x_0)}{h}$;

(2) $\lim\limits_{h \to 0} \dfrac{f(x_0 + h) - f(x_0 - h)}{h}$.

4. 设函数 $f(x)$ 在点 $x = 0$ 处可导，且 $f'(0) = 1$，求 $\lim\limits_{x \to 0} \dfrac{f(3x) - f(0)}{x}$.

5. 设 $f(x) = (x-a)\varphi(x)$，其中 $\varphi(x)$ 在点 $x = a$ 处连续，求 $f'(a)$.

6. 求曲线 $y = x + e^x$ 在点 $P(0,1)$ 处的切线方程和法线方程.

7. 利用定义讨论函数 $f(x) = \begin{cases} x\sin\dfrac{1}{x}, & x \neq 0 \\ 0, & x = 0 \end{cases}$ 在点 $x = 0$ 处的连续性与可导性.

微课：同步习题2.1
基础题5

提高题

1. 设函数 $f(x) = x(x+1)(x+2)\cdots(x+n)$，求 $f'(-1)$.

2. 讨论 $f(x) = \begin{cases} 1, & x \leq 0, \\ 2x+1, & 0 < x \leq 1, \\ x^2+2, & 1 < x \leq 2, \\ x, & x > 2 \end{cases}$ 在点 $x = 0, x = 1, x = 2$ 处的连续性与可导性.

3. 已知 $f(x) = \begin{cases} \sin x, & x < 0, \\ x, & x \geq 0, \end{cases}$ 求 $f'(x)$.

4. 设 $f(x)$ 是可导的偶函数，且 $\lim\limits_{h \to 0} \dfrac{f(1-2h) - f(1)}{h} = 2$，求曲线 $y = f(x)$ 在点 $(-1, f(-1))$ 处法线的斜率.

2.2 函数的求导法则

导数的定义提供了求导数的方法. 在前面我们利用导数的定义推出了几个基本初等函数的求导公式. 但对一些比较复杂的函数，计算导数时不仅烦琐，而且需要相当的技巧. 本节将给出所有基本初等函数的求导公式和导数的四则运算法则及复合函数的求导法则. 借助这些公式和法则，我们就能比较方便地求出常见函数的导数.

2.2.1 函数和、差、积、商的求导法则

定理2.3 设函数 $u(x), v(x)$ 在点 x 处可导，则函数

$$u(x) \pm v(x), u(x)v(x), \frac{u(x)}{v(x)}[v(x) \neq 0]$$

在点 x 处也可导，且

(1) $[u(x) \pm v(x)]' = u'(x) \pm v'(x)$；

(2) $[u(x)v(x)]' = u'(x)v(x) + u(x)v'(x)$，特别地，$[Cu(x)]' = Cu'(x)$（$C$ 为常数）；

(3) $\left[\dfrac{u(x)}{v(x)}\right]' = \dfrac{u'(x)v(x) - u(x)v'(x)}{v^2(x)}$，特别地，$\left[\dfrac{1}{v(x)}\right]' = -\dfrac{v'(x)}{v^2(x)}$.

注 定理2.3中的(1)和(2)可以推广到任意有限个可导函数相加减和相乘的情形. 例如，$(u \pm v \pm w)' = u' \pm v' \pm w'$，$(uvw)' = u'vw + v'uw + w'uv$.

例2.11 设 $f(x) = 4\cos x - x^3 + 3\sin x - \sin\dfrac{\pi}{2}$，求 $f'(x)$ 和 $f'(0)$.

解 根据定理2.3，得

$$f'(x) = \left(4\cos x - x^3 + 3\sin x - \sin\frac{\pi}{2}\right)' = (4\cos x)' - (x^3)' + (3\sin x)' - \left(\sin\frac{\pi}{2}\right)'$$

$$= -4\sin x - 3x^2 + 3\cos x.$$

$$f'(0) = (-4\sin x - 3x^2 + 3\cos x)\big|_{x=0} = 3.$$

例 2.12 设 $y = \tan x$，求 y'.

解 $y' = (\tan x)' = \left(\dfrac{\sin x}{\cos x}\right)' = \dfrac{(\sin x)'\cos x - \sin x(\cos x)'}{\cos^2 x} = \dfrac{1}{\cos^2 x} = \sec^2 x$，即

$$(\tan x)' = \sec^2 x.$$

同理可得 $(\cot x)' = -\dfrac{1}{\sin^2 x} = -\csc^2 x.$

例 2.13 设正割函数 $y = \sec x = \dfrac{1}{\cos x}$，求 y'.

解 $y' = (\sec x)' = \left(\dfrac{1}{\cos x}\right)' = \dfrac{-(\cos x)'}{\cos^2 x} = \dfrac{\sin x}{\cos^2 x} = \sec x\tan x$，即

$$(\sec x)' = \sec x\tan x.$$

同理可推得余割函数 $y = \csc x = \dfrac{1}{\sin x}$ 的导数 $(\csc x)' = -\csc x\cot x.$

2.2.2 反函数求导法则

定理 2.4（反函数求导法则） 若函数 $x = f(y)$ 在区间 I_y 内单调可导且 $f'(y) \neq 0$，则它的反函数 $y = f^{-1}(x)$ 在相应区间 I_x 内也单调可导，且有

$$[f^{-1}(x)]' = \frac{1}{f'(y)} \text{ 或} \frac{\mathrm{d}y}{\mathrm{d}x} = \frac{1}{\dfrac{\mathrm{d}x}{\mathrm{d}y}},$$

即反函数的导数等于直接函数导数的倒数.

例 2.14 证明：$(\arcsin x)' = \dfrac{1}{\sqrt{1-x^2}}$.

证明 设 $x = \sin y$ 为直接函数，则 $y = \arcsin x$ 是它的反函数. 函数 $x = \sin y$ 在区间 $I_y = \left(-\dfrac{\pi}{2}, \dfrac{\pi}{2}\right)$ 内单调可导，且 $(\sin y)' = \cos y > 0$，因此，由定理 2.4 知，在相应区间 $I_x = (-1, 1)$ 内有

$$y' = (\arcsin x)' = \frac{1}{(\sin y)'} = \frac{1}{\cos y}.$$

又 $\cos y = \sqrt{1 - \sin^2 y} = \sqrt{1 - x^2}$，故 $(\arcsin x)' = \dfrac{1}{\sqrt{1-x^2}}$.

同理可得 $(\arccos x)' = -\dfrac{1}{\sqrt{1-x^2}}$，$(\arctan x)' = \dfrac{1}{1+x^2}$，$(\mathrm{arccot}\, x)' = -\dfrac{1}{1+x^2}$.

例 2.15 证明：$(a^x)' = a^x \ln a (a > 0$ 且 $a \neq 1)$.

证明 设 $x = \log_a y$ 是直接函数，则 $y = a^x$ 是它的反函数. 函数 $x = \log_a y$ 在区间 $I_y = (0, +\infty)$ 上单调可导，且 $(\log_a y)' = \dfrac{1}{y\ln a} \neq 0$，由反函数求导法则知，在相应区间 $I_x = (-\infty, +\infty)$ 内有

$$(a^x)' = \frac{1}{(\log_a y)'} = y\ln a = a^x\ln a,$$

即指数函数的求导公式为 $(a^x)' = a^x\ln a$.

特别地, 当 $a = e$ 时, $(e^x)' = e^x$.

根据导数定义及上述运算法则, 我们可以推导出基本初等函数的求导公式, 具体如下.

(1) $(C)' = 0$(C 为常数).

(2) $(x^\mu)' = \mu x^{\mu-1}$(μ 为任意实数).

(3) $(a^x)' = a^x\ln a(a > 0, a \neq 1)$.

(4) $(e^x)' = e^x$.

(5) $(\log_a x)' = \frac{1}{x\ln a}(a > 0, a \neq 1)$.

(6) $(\ln x)' = \frac{1}{x}$.

(7) $(\sin x)' = \cos x$.

(8) $(\cos x)' = -\sin x$.

(9) $(\tan x)' = \sec^2 x$.

(10) $(\cot x)' = -\csc^2 x$.

(11) $(\sec x)' = \sec x\tan x$.

(12) $(\csc x)' = -\csc x\cot x$.

(13) $(\arcsin x)' = \frac{1}{\sqrt{1-x^2}}$.

(14) $(\arccos x)' = -\frac{1}{\sqrt{1-x^2}}$.

(15) $(\arctan x)' = \frac{1}{1+x^2}$.

(16) $(\text{arccot}\, x)' = -\frac{1}{1+x^2}$.

2.2.3 复合函数求导法则

在研究函数的变化率问题时, 经常需要对复合函数进行求导. 为此, 我们引入下面的重要法则来解决这一问题, 从而扩大函数求导的范围.

定理2.5 如果函数 $u = \varphi(x)$ 在点 x 处可导, 函数 $y = f(u)$ 在对应点 $u = \varphi(x)$ 处可导, 则复合函数 $y = f[\varphi(x)]$ 在点 x 处也可导, 且

$$\{f[\varphi(x)]\}' = f'(u) \cdot \varphi'(x) = f'[\varphi(x)] \cdot \varphi'(x),$$

或

$$\frac{dy}{dx} = \frac{dy}{du} \cdot \frac{du}{dx}.$$

因此, 复合函数对自变量的导数等于函数对中间变量的导数乘以中间变量对自变量的导数. 此法则又称为复合函数的链式求导法则.

【即时提问2.2】 $y_1 = \sin x^2$ 与 $y_2 = \sin^2 x$ 二者分解后的内外函数有什么不同? 二者利用复合函数求导法则求导后的结果有什么区别?

例 2.16 求下列函数的导数.

(1) $y = \cos^3 x$.　　　　(2) $y = e^{\frac{1}{x}}$.

解 (1) 设 $y = u^3, u = \cos x$, 则 $y' = (u^3)'(\cos x)' = 3u^2(-\sin x) = -3\cos^2 x\sin x$.

(2) 设 $y = e^u, u = \frac{1}{x}$, 则 $y' = (e^u)'\left(\frac{1}{x}\right)' = e^u \cdot \left(-\frac{1}{x^2}\right) = -\frac{1}{x^2}e^{\frac{1}{x}}$.

在熟练掌握复合函数的求导公式后, 求导时可不必写出中间过程和中间变量.

复合函数的链式求导法则可以推广至多个中间变量的情况. 例如, $y = f(u), u = \varphi(v), v = \psi(x)$, 则有

$$\frac{dy}{dx} = \frac{dy}{du} \cdot \frac{du}{dv} \cdot \frac{dv}{dx}.$$

例 2.17 求下列函数的导数.

$(1) y = \ln \sin x^3.$ $\qquad$ $(2) y = 2^{\tan\frac{1}{x}}.$

解 (1) 设 $y = \ln u, u = \sin v, v = x^3$, 则

$$y' = (\ln u)'(\sin v)'(x^3)' = \frac{1}{u} \cdot (\cos v) \cdot 3x^2 = \frac{3x^2 \cos x^3}{\sin x^3} = 3x^2 \cot x^3.$$

$(2) y' = 2^{\tan\frac{1}{x}} \ln 2 \cdot \sec^2 \frac{1}{x} \cdot \left(-\frac{1}{x^2}\right) = -\frac{2^{\tan\frac{1}{x}} \ln 2}{x^2 \cos^2 \frac{1}{x}}.$

复合函数求导法则常常与导数的四则运算法则结合使用.

例 2.18 求下列函数的导数.

$(1) y = \cos x^2 \cdot \sin^2 \frac{1}{x}.$ $\qquad$ $(2) y = \ln(x + \sqrt{x^2 + a^2}) (a \neq 0).$

解 $(1) y' = (\cos x^2)' \sin^2 \frac{1}{x} + \cos x^2 \cdot \left(\sin^2 \frac{1}{x}\right)'$

$$= -\sin x^2 \cdot 2x \cdot \sin^2 \frac{1}{x} + \cos x^2 \cdot 2\sin \frac{1}{x} \cdot \cos \frac{1}{x} \cdot \left(-\frac{1}{x^2}\right)$$

$$= -2x\sin x^2 \cdot \sin^2 \frac{1}{x} - \frac{1}{x^2} \sin \frac{2}{x} \cdot \cos x^2.$$

$(2) y' = \frac{1}{x + \sqrt{x^2 + a^2}} \cdot (x + \sqrt{x^2 + a^2})' = \frac{1}{x + \sqrt{x^2 + a^2}} \cdot \left[1 + \frac{(x^2 + a^2)'}{2\sqrt{x^2 + a^2}}\right]$

$$= \frac{1}{x + \sqrt{x^2 + a^2}} \cdot \left(1 + \frac{2x}{2\sqrt{x^2 + a^2}}\right) = \frac{1}{x + \sqrt{x^2 + a^2}} \cdot \frac{\sqrt{x^2 + a^2} + x}{\sqrt{x^2 + a^2}}$$

$$= \frac{1}{\sqrt{x^2 + a^2}}.$$

抽象的复合函数求导是一个难点, 我们通过下面的例题来加深认识.

例 2.19 已知 $f(u)$ 可导, 求下列函数的导数.

$(1) y = 3^{f(\sqrt{x})}.$ $\qquad$ $(2) y = f(\ln x) + \ln f(x).$

解 $(1) y' = 3^{f(\sqrt{x})} \cdot \ln 3 \cdot [f(\sqrt{x})]' = 3^{f(\sqrt{x})} \cdot \ln 3 \cdot f'(\sqrt{x})(\sqrt{x})' = \frac{\ln 3}{2\sqrt{x}} \cdot 3^{f(\sqrt{x})} f'(\sqrt{x}).$

$(2) y' = [f(\ln x)]' + [\ln f(x)]' = f'(\ln x)(\ln x)' + \frac{1}{f(x)} f'(x)$

$$= \frac{1}{x} f'(\ln x) + \frac{f'(x)}{f(x)}.$$

注意, 在上述几个例题中, 用到了对数函数的导数公式 $(\ln x)' = \frac{1}{x}$, 如果对 $\ln|x|$ 求导, 应如何进行呢?

当 $x > 0$ 时, $(\ln|x|)' = (\ln x)' = \frac{1}{x}$; 当 $x < 0$ 时, $(\ln|x|)' = [\ln(-x)]' = \frac{1}{-x} \cdot (-1) = \frac{1}{x}.$

因此, $(\ln|x|)' = \frac{1}{x}.$

例 2.20 (残值资产)　某汽车公司残值资产 S(单位：元) 是时间 t(单位：年) 的函数，且满足

$$S(t) = 300\,000\mathrm{e}^{-0.1t},$$

求该公司每年的贬值率(单位：元／年) 和第 10 年的贬值率.

解　贬值率为 $S'(t) = (300\,000\mathrm{e}^{-0.1t})' = 300\,000\mathrm{e}^{-0.1t}(-0.1t)' = -30\,000\mathrm{e}^{-0.1t}$(元／年).

$$S'(10) = -30\,000\mathrm{e}^{-0.1\times10} = -\frac{30\,000}{\mathrm{e}} \approx -11\,036.38\,(元／年),$$

即第 10 年的贬值率约为 11 036.38 元／年.

2.2.4　高阶导数

1. 高阶导数的定义

一般地，函数 $y = f(x)$ 的导数 $f'(x)$ 仍然是关于 x 的函数，因此，我们可以继续对 $f'(x)$ 求导. 我们把 $f'(x)$ 的导数称为函数 $f(x)$ 的二阶导数，记作 $f''(x)$，y'' 或 $\dfrac{\mathrm{d}^2 y}{\mathrm{d}x^2}$，即

$$f''(x) = \lim_{\Delta x \to 0} \frac{f'(x+\Delta x) - f'(x)}{\Delta x}.$$

函数 $f(x)$ 的二阶导数 $f''(x) = [f'(x)]'$ 实际上是函数 $f(x)$ 的变化率 $f'(x)$ 的变化率.

类似地，二阶导数的导数称为三阶导数，三阶导数的导数称为四阶导数，$\cdots$，$n-1$ 阶导数的导数称为 n 阶导数，分别记作

$$y''', y^{(4)}, \cdots, y^{(n)} \text{ 或 } \frac{\mathrm{d}^3 y}{\mathrm{d}x^3}, \frac{\mathrm{d}^4 y}{\mathrm{d}x^4}, \cdots, \frac{\mathrm{d}^n y}{\mathrm{d}x^n}.$$

二阶及二阶以上的导数统称为 **高阶导数**.

很多实际问题中都涉及高阶导数. 例如，变速直线运动的速度 $v(t)$ 是位移函数 $s(t)$ 对时间 t 的导数，而如果再考察速度 $v(t)$ 对时间 t 的导数，即"速度变化的快慢"，这就是加速度 $a(t)$，或者说

$$a(t) = \frac{\mathrm{d}v}{\mathrm{d}t} = \frac{\mathrm{d}}{\mathrm{d}t}\left(\frac{\mathrm{d}s}{\mathrm{d}t}\right) = \frac{\mathrm{d}^2 s}{\mathrm{d}t^2}.$$

由 n 阶导数的定义可知，求高阶导数不需要用新的方法，只需按照求导方法逐阶来求即可.

例 2.21　设 $y = 4x^3 - \mathrm{e}^{2x} + 5\ln x$，求 y''.

解　易得 $y' = 12x^2 - 2\mathrm{e}^{2x} + \dfrac{5}{x}$，对 y' 继续求导，得 $y'' = 24x - 4\mathrm{e}^{2x} - \dfrac{5}{x^2}$.

例 2.22　求下列函数的 n 阶导数.

(1) $y = a^x$.　　　　　　(2) $y = \sin x$.

解　(1) $y' = a^x \ln a$，$y'' = a^x \ln^2 a$，$\cdots$，由归纳法知，$y^{(n)} = a^x \ln^n a$.

特别地，$(\mathrm{e}^x)^{(n)} = \mathrm{e}^x$.

(2) $y' = \cos x = \sin\left(x + \dfrac{\pi}{2}\right)$，$y'' = \cos\left(x + \dfrac{\pi}{2}\right) = \sin\left(x + 2 \cdot \dfrac{\pi}{2}\right)$，

$y''' = \cos\left(x + 2 \cdot \dfrac{\pi}{2}\right) = \sin\left(x + 3 \cdot \dfrac{\pi}{2}\right)$，$\cdots$，由归纳法知，$y^{(n)} = (\sin x)^{(n)} = \sin\left(x + \dfrac{n\pi}{2}\right)$.

类似地，有 $(\cos x)^{(n)} = \cos\left(x + \dfrac{n\pi}{2}\right)$.

例 2.23 求函数 $y = \dfrac{1}{1+x}$ 的 n 阶导数.

解 $y' = \left[(1+x)^{-1} \right]' = (-1) \cdot (1+x)^{-2}$,

$y'' = \left[(-1) \cdot (1+x)^{-2} \right]' = (-1) \cdot (-2) \cdot (1+x)^{-3}$,

……

通过数学归纳法得 $y^{(n)} = (-1)^n \cdot n! \cdot (1+x)^{-n-1} = \dfrac{(-1)^n \cdot n!}{(1+x)^{n+1}}$.

2. 高阶导数的运算法则

若函数 $u = u(x)$, $v = v(x)$ 在点 x 处具有 n 阶导数, 则 $u(x) \pm v(x)$, $Cu(x)$ (C 为常数) 在点 x 处具有 n 阶导数, 且

$$(u \pm v)^{(n)} = u^{(n)} \pm v^{(n)}, (Cu)^{(n)} = Cu^{(n)}.$$

求函数的高阶导数并非总是简单地逐次求导. 我们通常需要对所求函数进行恒等变形, 利用已知的高阶导数公式, 结合求导运算法则、变量替换或通过寻找规律来求得高阶导数.

例 2.24 已知 $y = \dfrac{1}{x^2 - 4}$, 求 $y^{(100)}$.

解 因为 $y = \dfrac{1}{x^2 - 4} = \dfrac{1}{4}\left(\dfrac{1}{x-2} - \dfrac{1}{x+2} \right)$, 由例 2.23 可得

$$\left(\frac{1}{x-2} \right)^{(100)} = \frac{(-1)^{100} \cdot 100!}{(x-2)^{101}} = \frac{100!}{(x-2)^{101}},$$

$$\left(\frac{1}{x+2} \right)^{(100)} = \frac{(-1)^{100} \cdot 100!}{(x+2)^{101}} = \frac{100!}{(x+2)^{101}},$$

所以 $y^{(100)} = \dfrac{1}{4}\left[\dfrac{100!}{(x-2)^{101}} - \dfrac{100!}{(x+2)^{101}} \right]$.

设函数 $u = u(x)$, $v = v(x)$ 在点 x 处具有 n 阶导数, 我们接下来考虑乘积 $(uv)^{(n)}$ ($n > 1$) 的运算法则. 由 $(uv)' = u'v + uv'$ 可得

$$(uv)'' = (u'v + uv')' = u''v + 2u'v' + uv'',$$

$$(uv)''' = (u''v + 2u'v' + uv'')' = u'''v + 3u''v' + 3u'v'' + uv''',$$

……

由数学归纳法得

$$(uv)^{(n)} = u^{(n)}v + C_n^1 u^{(n-1)}v' + C_n^2 u^{(n-2)}v'' + \cdots + C_n^{n-1}u'v^{(n-1)} + C_n^n uv^{(n)},$$

记为

$$(uv)^{(n)} = \sum_{k=0}^{n} C_n^k u^{(n-k)}v^{(k)},$$

其中零阶导数理解为函数本身, 此公式称为**莱布尼茨公式**. 我们容易看出, 上式右边的系数恰好与二项式定理 $(a+b)^n$ 中的系数相同.

例 2.25 已知 $y = x^2 \sin 3x$, 求 $y^{(20)}$.

解 设 $u = \sin 3x$, $v = x^2$, 则

$$u^{(k)} = 3^k \sin\left(3x + k \cdot \frac{\pi}{2} \right), k = 1, 2, \cdots, 20,$$

$$v' = 2x, v'' = 2, v^{(k)} = 0, k = 3, 4, \cdots, 20,$$

代入莱布尼茨公式得

$$y^{(20)} = (x^2 \sin 3x)^{(20)} = \sum_{k=0}^{20} C_{20}^k (x^2)^{(k)} (\sin 3x)^{(20-k)}$$

$$= 3^{20} \sin\left(3x + 20 \cdot \frac{\pi}{2}\right) \cdot x^2 + 20 \cdot 3^{19} \cdot \sin\left(3x + 19 \cdot \frac{\pi}{2}\right) \cdot 2x +$$

$$\frac{20 \cdot 19}{2!} \cdot 3^{18} \cdot \sin\left(3x + 18 \cdot \frac{\pi}{2}\right) \cdot 2$$

$$= 3^{20} x^2 \sin 3x - 40 \cdot 3^{19} \cdot x \cos 3x - 380 \cdot 3^{18} \sin 3x$$

$$= 3^{18} (9x^2 \sin 3x - 120x \cos 3x - 380 \sin 3x).$$

同步习题 2.2

1. 选择题.

(1) 设 $y = \ln|x + 1|$，则 $y' = ($).

A. $\dfrac{1}{x + 1}$ B. $-\dfrac{1}{x + 1}$ C. $\dfrac{1}{|x + 1|}$ D. $-\dfrac{1}{|x + 1|}$

(2) 若对于任意 x，有 $f'(x) = 4x^3 + x$，$f(1) = -1$，则函数 $f(x)$ 为( ).

A. $x^4 + \dfrac{x^2}{2}$ B. $x^4 + \dfrac{x^2}{2} - \dfrac{5}{2}$

C. $12x^2 + 1$ D. $x^4 + x^2 - 3$

(3) 曲线 $y = x^3 - 3x$ 上切线平行于 x 轴的点可能是( ).

A. $(0, 0)$ B. $(-2, -2)$ C. $(-1, 2)$ D. $(1, 2)$

2. 求下列各函数的导数.

(1) $y = 5x^3 - 2^x + 3e^x + 2$.

(2) $y = \dfrac{\ln x}{x}$.

(3) $s = \dfrac{1 + \sin t}{1 + \cos t}$.

(4) $y = (x^2 + 1)\ln x$.

(5) $y = \dfrac{\sin 2x}{x}$.

(6) $y = x \cdot \sin x \cdot \ln x$.

3. 求下列各函数在给定点处的导数值.

(1) $y = \sin x - \cos x$，求 $y'|_{x = \frac{\pi}{6}}$.

(2) $f(x) = \dfrac{3}{5 - x} + \dfrac{x^2}{5}$，求 $[f(0)]'$, $f'(0)$, $f'(2)$.

4. 求下列函数的导数.

(1) $y = \arcsin x^2$.

(2) $y = e^{-x^2}$.

(3) $y = \tan^3 4x$.

(4) $y = e^{x+2} \cdot 2^{x-3}$.

(5) $y = (x + 1)\sqrt{3 - 4x}$.

(6) $y = \arctan \dfrac{1 - x}{1 + x}$.

5. 求下列函数的导数.

$(1) y = (3x^2 - 2x + 1)^4$.

$(2) y = \ln(1 + x^2)$.

$(3) y = \ln \arctan \dfrac{1}{x}$.

$(4) y = \left(\arctan \dfrac{x}{2} \right)^3$.

6. 求下列函数的二阶导数.

$(1) y = e^{2x-1} \cdot \sin x$.

$(2) y = \ln(x + \sqrt{1 + x^2})$.

$(3) y = \tan x$.

$(4) y = \dfrac{x}{2} \sqrt{x^2 + a^2} + \dfrac{a^2}{2} \ln(x + \sqrt{x^2 + a^2})$.

7. 求下列函数的 n 阶导数.

$(1) y = a_0 x^n + a_1 x^{n-1} + \cdots + a_{n-1} x + a_n (a_0 \neq 0)$.

$(2) y = x \ln x$.

$(3) y = \cos 2x$.

$(4) y = \ln(1 + x)$.

$(5) y = \dfrac{1}{x^2 - 2x - 8}$.

提高题

1. 求下列函数的导数(其中函数 $f(x)$ 可导).

$(1) y = \cos 2x + x^{\ln x}$.

$(2) y = \ln(e^x + \sqrt{1 + e^{2x}})$.

$(3) y = x \ln(x + \sqrt{x^2 + a^2}) - \sqrt{x^2 + a^2}$.

$(4) y = f^2(x)$.

$(5) y = f(e^x) e^{f(x)}$.

$(6) y = f(\sin^2 x) + \sin f^2(x)$.

微课：同步习题 2.2
提高题 1(6)

2. 已知 $y = f\left(\dfrac{3x - 2}{3x + 2} \right)$，$f'(x) = \arctan x^2$，求 $\left. \dfrac{dy}{dx} \right|_{x=0}$.

3. 设函数 $f(x)$ 可导且 $f'(a) = \dfrac{1}{2f(a)}$. 若 $y = e^{f^2(x)}$，证明：$y(a) = y'(a)$.

4. 设函数 $f(2x + 1) = e^x$，求 $f(x)$ 和 $f'(\ln x)$.

5. 求下列函数指定阶的导数.

$(1) y = e^x \cos x$，求 $y^{(4)}$.

$(2) y = x^2 e^{2x}$，求 $y^{(20)}$.

6. 确定常数 a, b 的值，使函数 $f(x) = \begin{cases} 1 + \ln(1 - 2x), & x \leqslant 0 \\ a + be^x, & x > 1 \end{cases}$ 在 $x = 0$ 处可导. 并求出此时的 $f'(x)$.

7. 设函数 $x = f(y)$ 的反函数 $y = f^{-1}(x)$，$f'[f^{-1}(x)]$ 和 $f''[f^{-1}(x)]$ 均存在，且 $f'[f^{-1}(x)] \neq 0$，求 $\dfrac{d^2[f^{-1}(x)]}{dx^2}$.

2.3 隐函数求导法与对数求导法

2.3.1 隐函数求导法

函数 $y = y(x)$ 表示两个变量 y 与 x 之间的对应关系，这种对应关系可以用各种不同方式表示. 以前所遇到的函数，如 $y = x^2 + 1, y = \sin 3x$ 等，其表达式的特点是等号左端是因变量，等号右端是仅关于自变量的式子，用这种方式表达的函数称为显函数. 而有些函数的表达方式却不是这样的，例如，方程 $x^3+y^3=6xy$ 表示一个函数，因为当变量 x 在 $(-\infty,+\infty)$ 内取值时，变量 y 有确定的值与之对应，这样的函数称为隐函数.

一般地，如果变量 x 和 y 满足一个方程 $F(x,y)=0$，在一定条件下，当 x 在某区间 I 内任意取一个值时，相应地总有满足该方程的唯一的 y 值存在，则称方程 $F(x,y)=0$ 在区间 I 内确定了一个隐函数.

如何求隐函数的导数? 人们一般会想到从 $F(x,y)=0$ 解出 y，从而得到显函数 $y=y(x)$，然后再对得到的显函数进行求导. 把一个隐函数化为显函数的过程，称为隐函数的显化. 有些方程所确定的隐函数很容易表示成显函数的形式，例如，由方程 $2x+3y+1=0$ 解出 y，得显函数 $y=-\dfrac{2x+1}{3}$；由方程 $x^2+y^3-1=0$ 解出 y，得显函数 $y=\sqrt[3]{1-x^2}$. 但也有一些隐函数很难显化或无法显化，例如，从方程 $xy-e^x+e^y=0$ 中就无法解出 y 关于 x 的表达式. 因此，人们需要寻找一种方法，不管隐函数能否显化，都能直接由方程求出它所确定的隐函数的导数.

隐函数求导法的基本思想是：将方程 $F(x,y)=0$ 中的 y 视为关于 x 的函数 $y(x)$，利用复合函数求导法则，对方程两端同时对 x 求导，然后解出 y'. 以下我们假设由方程 $F(x,y)=0$ 所确定的隐函数 $y(x)$ 存在且是可导函数，从而隐函数求导法可以应用.

下面通过具体的例题来说明隐函数求导法.

例 2.26　求由方程 $xy=e^{x+y}$ 所确定的隐函数 $y=y(x)$ 的导数.

解　把 y 看成 x 的函数，方程两边同时对 x 求导，得

$$y+xy'=e^{x+y}(1+y'),$$

解得

$$y'=\frac{e^{x+y}-y}{x-e^{x+y}}.$$

例 2.27　求由方程 $x-y+\dfrac{1}{2}\sin y=0$ 所确定的隐函数 $y=y(x)$ 的二阶导数 y''.

解　把 y 看成 x 的函数，方程两边同时对 x 求导，得 $1-y'+\dfrac{1}{2}\cos y\cdot y'=0$，解得

$$y'=\frac{2}{2-\cos y}.$$

上式两边再对 x 求导，得 $y''=\dfrac{-2\sin y\cdot y'}{(2-\cos y)^2}$，将 $y'=\dfrac{2}{2-\cos y}$ 代入，得

$$y''=-\frac{4\sin y}{(2-\cos y)^3}.$$

2.3.2　对数求导法

在一般情况下，当遇到由多个函数的积、商、幂构成的函数，需要对其求导时，虽然也可以用导数的四则运算法则或者复合函数的链式求导法则求解，但有些函数直接这样去求导过于烦琐，此时可以考虑利用对数求导法简化求导过程.

所谓对数求导法，就是先在 $y=f(x)$ 的两边同时取对数，然后借助隐函数求导法，方程两边同时对 x 求导，再整理出 y 的导数. 下面通过一些例子来说明对数求导法的使用方法.

例2.28 求函数 $y = \sqrt{\dfrac{(x-1)(x-2)}{(x-3)(x-4)}}$ 的导数.

解 方程两边同时取对数, 得

$$\ln y = \frac{1}{2}(\ln|x-1| + \ln|x-2| - \ln|x-3| - \ln|x-4|),$$

两边同时对 x 求导, 得

$$\frac{1}{y} \cdot y' = \frac{1}{2}\left(\frac{1}{x-1} + \frac{1}{x-2} - \frac{1}{x-3} - \frac{1}{x-4}\right),$$

即

$$y' = \frac{1}{2}\sqrt{\frac{(x-1)(x-2)}{(x-3)(x-4)}}\left(\frac{1}{x-1} + \frac{1}{x-2} - \frac{1}{x-3} - \frac{1}{x-4}\right).$$

此题运用了"对数求导法", 先通过方程两边同时取对数将原来复杂的函数进行简化, 再借助隐函数的求导方法实现求导. 但由于原方程并不是真正的隐函数, 所以结果中的 y 要代换为含 x 的函数形式. 此类题目运用对数求导法比直接利用复合函数求导法要简单得多.

例2.29 已知函数 $f(x) = \dfrac{x^3}{2-x}\sqrt[3]{\dfrac{2-x}{(2+x)^2}}$, 求 $f'(1)$.

解 对方程两边同时取对数, 得

$$\ln|f(x)| = 3\ln|x| - \ln|2-x| + \frac{1}{3}(\ln|2-x| - 2\ln|2+x|),$$

即

$$\ln|f(x)| = 3\ln|x| - \frac{2}{3}\ln|2-x| - \frac{2}{3}\ln|2+x|,$$

方程两边同时对 x 求导, 得

$$\frac{f'(x)}{f(x)} = \frac{3}{x} + \frac{2}{3} \cdot \frac{1}{2-x} - \frac{2}{3} \cdot \frac{1}{x+2},$$

所以

$$f'(x) = f(x)\left[\frac{3}{x} + \frac{2}{3}\left(\frac{1}{2-x} - \frac{1}{x+2}\right)\right].$$

故

$$f'(1) = f(1)\left[3 + \frac{2}{3}\left(1 - \frac{1}{3}\right)\right] = \frac{31}{9}\sqrt[3]{\frac{1}{9}}.$$

对数求导法除了可用来求多个函数的积、商、幂构成的函数的导数外, 还可用来求幂指函数的导数. 对于一般形式的幂指函数

$$y = u(x)^{v(x)}[u(x) > 0, u(x) \neq 1],$$

如果 $u = u(x), v = v(x)$ 都可导, 则可利用对数求导法求出幂指函数的导数. 通过方程两边同时取对数, 将幂指函数转换成隐函数再求导.

例2.30 求 $y = x^{\sin x}(x > 0)$ 的导数.

解 对方程两边同时取对数, 得

$$\ln y = \sin x \cdot \ln x,$$

两边同时对 x 求导, 得

$$\frac{1}{y} \cdot y' = \cos x \cdot \ln x + \sin x \cdot \frac{1}{x},$$

即

$$y' = x^{\sin x}\left(\cos x \cdot \ln x + \frac{\sin x}{x}\right).$$

幂指函数还可以利用公式 $y = u(x)^{v(x)} = e^{v(x) \cdot \ln u(x)}$ 变形成复合函数后再求导. 例如 $y = x^{\sin x} = e^{\sin x \cdot \ln x}$, 用复合函数求导法则得

$$y' = (e^{\sin x \cdot \ln x})' = e^{\sin x \cdot \ln x} \cdot (\sin x \cdot \ln x)' = x^{\sin x}\left(\cos x \cdot \ln x + \frac{\sin x}{x}\right).$$

同步习题 2.3

基础题

1. 求由下列方程所确定的隐函数的导数.

(1) $y^2 - 2xy + 9 = 0$. (2) $x^3 + y^3 - 3axy = 0$.

(3) $\cos y = \ln(x + y)$.

2. 用对数求导法求下列函数的导数.

(1) $y = \dfrac{\sqrt{x+2}(3-x)^4}{(x+1)^5}$. (2) $y = (\sin x)^{\tan x}$.

3. 求椭圆 $\dfrac{x^2}{16} + \dfrac{y^2}{9} = 1$ 在点 $\left(2, \dfrac{3}{2}\sqrt{3}\right)$ 处的切线方程.

提高题

1. 求由下列方程所确定的隐函数的二阶导数 $\dfrac{d^2 y}{dx^2}$.

(1) $x^2 - y^2 = 1$. (2) $b^2 x^2 + a^2 y^2 = a^2 b^2$ $(ab \neq 0)$.

(3) $y = \tan(x + y)$. (4) $y = 1 + x e^y$.

2. 用对数求导法求下列函数的导数.

(1) $y = \sqrt[5]{\dfrac{x-5}{\sqrt[5]{x^2+2}}}$. (2) $y = \left(\dfrac{x}{1+x}\right)^x$.

2.4 函数的微分

在自然科学与工程技术中, 常遇到这样一类问题: 在运动变化过程中, 当自变量有微小增量 Δx 时, 需要计算相应的函数增量 Δy.

对于函数 $f(x)$, 在点 x_0 处函数的增量可表示为 $\Delta y = f(x_0 + \Delta x) - f(x_0)$, 然而, 在很多函数关系中, 用上述公式表达的 Δy 与 Δx 之间的关系相对复杂, 这一点不利于计算自变量增量 Δx 对应的函数增量 Δy. 能否用较简单的关于 Δx 的线性关系去近似代替 Δy 的上述复杂关系呢? 近似后所产生的误差又是怎样的呢? 现在以可导函数 $f(x)$ 来研究这个问题, 我们先看一个例子.

如图 2.4 所示，一个正方形金属片受热后，其边长由 x_0 变化到 $x_0 + \Delta x$，问：金属片的面积改变了多少？

设此正方形金属片的边长为 x，面积为 S，则 S 是 x 的函数：$S(x) = x^2$. 正方形金属片面积的增量，可以看成当自变量 x 在 x_0 取得增量 Δx 时，函数 S 相应的增量 ΔS，即

$$\Delta S = (x_0 + \Delta x)^2 - x_0^2 = 2x_0 \Delta x + (\Delta x)^2.$$

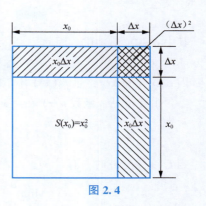

图 2.4

从上式可以看出，ΔS 分成两部分：第一部分 $2x_0 \Delta x$ 是 Δx 的线性函数，即图 2.4 中带有斜线的两个矩形的面积之和；第二部分 $(\Delta x)^2$ 在图 2.4 中是带有交叉斜线的小正方形的面积.

当 $\Delta x \to 0$ 时，第二部分 $(\Delta x)^2$ 是比 Δx 高阶的无穷小量，即 $(\Delta x)^2 = o(\Delta x)$. 由此可见，如果边长改变很微小，即 $|\Delta x|$ 很小时，面积函数 $S(x) = x^2$ 的增量 ΔS 可近似地用第一部分 $2x_0 \Delta x$ 来代替，而 $2x_0 = (x^2)'|_{x = x_0}$. 这种近似代替具有一般性，下面给出微分的定义.

2.4.1 微分的定义

定义 2.4 设函数 $y = f(x)$ 在 x_0 的某邻域 $U(x_0)$ 内有定义，$x_0 + \Delta x \in U(x_0)$，如果函数的增量 $\Delta y = f(x_0 + \Delta x) - f(x_0)$ 可表示为

$$\Delta y = A\Delta x + o(\Delta x), \qquad (2.4)$$

其中 A 是不依赖于 Δx 的常数，$o(\Delta x)$ 是比 Δx 高阶的无穷小量 $(\Delta x \to 0)$，则称函数 $f(x)$ 在点 x_0 处**可微**，而 $A\Delta x$ 称为 $y = f(x)$ 在点 x_0 处的**微分**，记为 $\mathrm{d}y|_{x = x_0}$，即

微课：微分的定义

$$\mathrm{d}y|_{x = x_0} = A\Delta x.$$

显然，微分有两个特点：一是 $A\Delta x$ 是 Δx 的线性函数；二是 Δy 与它的差 $\Delta y - A\Delta x = o(\Delta x)$ 是比 Δx 高阶的无穷小量 $(\Delta x \to 0)$. 因此，微分 $A\Delta x$ 为 Δy 的线性主要部分，当 $A \neq 0$ 且 $|\Delta x|$ 很小时，就可以用 Δx 的线性函数 $A\Delta x$ 来近似代替 Δy.

下面给出函数在一点可微的充分必要条件.

定理 2.6 函数 $f(x)$ 在点 x_0 处可微的充分必要条件是该函数在点 x_0 处可导，且 $\mathrm{d}y|_{x = x_0} = f'(x_0)\Delta x$.

证明 必要性 如果函数 $y = f(x)$ 在点 x_0 处可微，当 x 有增量 $\Delta x (\Delta x \neq 0)$ 时，式 (2.4) 两边同时除以 Δx，得

$$\frac{\Delta y}{\Delta x} = A + \frac{o(\Delta x)}{\Delta x}.$$

令 $\Delta x \to 0$，得

$$A = \lim_{\Delta x \to 0} \frac{\Delta y}{\Delta x} = f'(x_0).$$

因此，如果函数 $f(x)$ 在点 x_0 处可微，那么 $f(x)$ 在点 x_0 处也一定可导，且 $\mathrm{d}y|_{x = x_0} = f'(x_0)\Delta x$.

充分性 如果 $y = f(x)$ 在点 x_0 处可导，即

$$\lim_{\Delta x \to 0} \frac{\Delta y}{\Delta x} = f'(x_0),$$

根据极限与无穷小量的关系，上式可以写成

$$\frac{\Delta y}{\Delta x} = f'(x_0) + \alpha,$$

其中 $\alpha \to 0 (\Delta x \to 0)$. 因此

$$\Delta y = f'(x_0) \Delta x + \alpha \Delta x.$$

因 $\alpha \Delta x = o(\Delta x)$，且 $f'(x_0)$ 不依赖于 Δx，故 $f(x)$ 在点 x_0 处可微.

由此可见，函数 $f(x)$ 在点 x_0 处可微与可导是等价的，并且函数 $f(x)$ 在点 x_0 处的微分可表示为

$$dy \big|_{x = x_0} = f'(x_0) \Delta x. \tag{2.5}$$

当 $f'(x_0) \neq 0$ 时，有

$$\lim_{\Delta x \to 0} \frac{\Delta y}{dy} = \lim_{\Delta x \to 0} \frac{\Delta y}{f'(x_0) \Delta x} = \frac{1}{f'(x_0)} \lim_{\Delta x \to 0} \frac{\Delta y}{\Delta x} = 1.$$

从而，当 $\Delta x \to 0$ 时，Δy 与 dy 是等价无穷小量.

例 2.31　求函数 $y = x^3$ 在 $x_0 = 2, \Delta x = 0.02$ 时的微分.

解　$y' = 3x^2$，当 $x_0 = 2, \Delta x = 0.02$ 时，

$$dy \big|_{x = 2} = 3 \times 2^2 \times 0.02 = 0.24.$$

如果函数 $f(x)$ 对于区间 (a, b) 内每一点 x 都可微，则称函数 $f(x)$ 在区间 (a, b) 内可微. 函数 $f(x)$ 在区间 (a, b) 内的微分记为

$$dy = f'(x) \Delta x.$$

通常把自变量 x 的增量 Δx 称为**自变量的微分**，记作 dx，即 $dx = \Delta x$. 从而在任意点 x 处函数的微分

$$dy = f'(x) \Delta x = f'(x) dx.$$

从上式可以推出，函数的导数就是函数的微分与自变量的微分之商，即 $f'(x) = \dfrac{dy}{dx}$，因此，导数又叫"**微商**".

由式 (2.4) 和式 (2.5) 可得，在点 x 处，$\Delta y = dy + o(\Delta x)$，当 $\Delta x \to 0$ 时，函数的增量 Δy 主要取决于第一部分 dy 的大小，可记为

$$\Delta y \approx dy \text{ 或 } \Delta y \approx f'(x) dx.$$

2.4.2　微分的几何意义

为了使读者对微分有比较直观的了解，下面先来说明微分的几何意义. 如图 2.5 所示，曲线 $y = f(x)$ 在点 $M(x, y)$ 处的横坐标 x 有增量 Δx 时，点 $M(x, y)$ 处**切线纵坐标的增量**为 $dy = f'(x) \Delta x$. 用 dy 近似代替 Δy 就是用切线的增量近似代替曲线的增量，当 $\Delta x \to 0$ 时，所产生的误差也趋于 0，且趋于 0 的速度比 Δx 快得多.

由上述分析可以看出，在点 $M(x, y)$ 附近，可以用切线段来近似代替曲线段，也即在

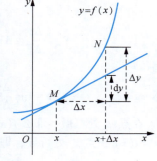

计算机可视化 6

图 2.5

局部范围内用线性函数近似代替非线性函数，这在数学上称为非线性函数的局部线性化，"以

直代曲"是微分学的基本思想方法之一. 这种思想方法在自然科学和工程问题的研究中是经常采用的.

【即时提问 2.3】 在图 2.5 中，为什么在点 x 处函数的增量 Δy 和函数的微分 $\mathrm{d}y$ 差距比较大（二者并不是近似相等的）？

2.4.3 微分的计算

根据微分的表达式 $\mathrm{d}y = f'(x)\mathrm{d}x$，要计算函数的微分，只要计算函数的导数，再乘自变量的微分即可. 下面给出常用的微分公式和微分运算法则，以方便直接运用.

1. 基本初等函数的微分公式

$(1)\,\mathrm{d}C = 0\,(C\ 为常数).$ $\qquad$ $(2)\,\mathrm{d}x^{\mu} = \mu x^{\mu-1}\mathrm{d}x\,(\mu\ 为任意实数).$

$(3)\,\mathrm{d}a^{x} = a^{x}\ln a\mathrm{d}x\,(a>0\ 且\ a \neq 1).$ $\qquad$ $(4)\,\mathrm{d}\mathrm{e}^{x} = \mathrm{e}^{x}\mathrm{d}x.$

$(5)\,\mathrm{d}\log_a x = \dfrac{1}{x\ln a}\mathrm{d}x\,(a>0\ 且\ a \neq 1).$ $\qquad$ $(6)\,\mathrm{d}\ln x = \dfrac{1}{x}\mathrm{d}x.$

$(7)\,\mathrm{d}\sin x = \cos x\mathrm{d}x.$ $\qquad$ $(8)\,\mathrm{d}\cos x = -\sin x\mathrm{d}x.$

$(9)\,\mathrm{d}\tan x = \sec^2 x\mathrm{d}x.$ $\qquad$ $(10)\,\mathrm{d}\cot x = -\csc^2 x\mathrm{d}x.$

$(11)\,\mathrm{d}\sec x = \sec x\tan x\mathrm{d}x.$ $\qquad$ $(12)\,\mathrm{d}\csc x = -\csc x\cot x\mathrm{d}x.$

$(13)\,\mathrm{d}\arcsin x = \dfrac{1}{\sqrt{1-x^2}}\mathrm{d}x.$ $\qquad$ $(14)\,\mathrm{d}\arccos x = -\dfrac{1}{\sqrt{1-x^2}}\mathrm{d}x.$

$(15)\,\mathrm{d}\arctan x = \dfrac{1}{1+x^2}\mathrm{d}x.$ $\qquad$ $(16)\,\mathrm{d}\mathrm{arccot}\, x = -\dfrac{1}{1+x^2}\mathrm{d}x.$

2. 微分的四则运算法则

设 $u = u(x)$，$v = v(x)$ 都是可微函数，则

$(1)\,\mathrm{d}(u \pm v) = \mathrm{d}u \pm \mathrm{d}v;$ $\qquad$ $(2)\,\mathrm{d}(uv) = v\mathrm{d}u + u\mathrm{d}v;$

$(3)\,\mathrm{d}(Cu) = C\mathrm{d}u\,(C\ 为常数);$ $\qquad$ $(4)\,\mathrm{d}\left(\dfrac{u}{v}\right) = \dfrac{v\mathrm{d}u - u\mathrm{d}v}{v^2}\,(v \neq 0).$

3. 复合函数的微分法则

设 $y = f(u)$，$u = \varphi(x)$ 都可导，则复合函数 $y = f[\varphi(x)]$ 的微分为

$$\mathrm{d}y = f'(u)\mathrm{d}u = f'[\varphi(x)]\varphi'(x)\mathrm{d}x.$$

如果要求 $y = f(u)$ 的微分，会得到 $\mathrm{d}y = f'(u)\mathrm{d}u$，这时 u 是自变量. 如果求由 $y = f(u)$，$u = \varphi(x)$ 所构成的复合函数 $y = f[\varphi(x)]$ 的微分，由复合函数的微分法则，会得到 $\mathrm{d}y = f'[\varphi(x)]\varphi'(x)\mathrm{d}x$，即 $\mathrm{d}y = f'[\varphi(x)]\varphi'(x)\mathrm{d}x = f'(u)\mathrm{d}u$，这时 u 是中间变量.

从上面的式子可以看出：无论 u 是自变量还是中间变量，只要函数可微，其微分形式都可以写成 $\mathrm{d}y = f'(u)\mathrm{d}u$，即微分在形式上保持不变. 这一性质称为**一阶微分形式不变性**.

例 2.32 求下列函数的微分或在给定点处的微分.

$(1)\,y = \mathrm{e}^{ax+bx^2}$，求 $\mathrm{d}y$.

$(2)\,y = x^3\mathrm{e}^{2x}$，求 $\mathrm{d}y$.

$(3)\,y = \arctan\dfrac{1}{x}$，求 $\mathrm{d}y$ 及 $\mathrm{d}y\big|_{x=1}$.

解 (1) 方法 1 $\quad \mathrm{d}y = \mathrm{d}(\mathrm{e}^{ax+bx^2}) = (\mathrm{e}^{ax+bx^2})'\mathrm{d}x = (a+2bx)\mathrm{e}^{ax+bx^2}\mathrm{d}x.$

方法2   令 $u = ax + bx^2$，则 $y = e^u$. 由一阶微分形式不变性，得
$$dy = (e^u)'du = e^u du = e^{ax+bx^2}d(ax+bx^2) = (a+2bx)e^{ax+bx^2}dx.$$

（2）方法1 $dy = y'dx = (x^3 e^{2x})'dx = (3x^2 e^{2x} + 2x^3 e^{2x})dx = x^2 e^{2x}(3+2x)dx.$

方法2   由微分的乘法法则和一阶微分形式不变性，得
$$dy = d(x^3 e^{2x}) = e^{2x}d(x^3) + x^3 de^{2x} = 3x^2 e^{2x}dx + 2x^3 e^{2x}dx = x^2 e^{2x}(3+2x)dx.$$

（3）因为 $y' = \dfrac{-\dfrac{1}{x^2}}{1+\dfrac{1}{x^2}} = -\dfrac{1}{1+x^2}$，$y'|_{x=1} = \left(-\dfrac{1}{1+x^2}\right)\bigg|_{x=1} = -\dfrac{1}{2}$，

所以 $dy = -\dfrac{1}{1+x^2}dx$，$dy|_{x=1} = -\dfrac{1}{2}dx.$

注   求函数的微分，可以先求导，再乘 dx；也可以直接利用微分运算法则和一阶微分形式不变性求解.

2.4.4   微分的应用

由于当自变量的增量趋于零时，可用微分近似代替函数的增量，且这种近似计算比较简便，因此，微分公式被广泛应用于计算函数增量的近似值.

由微分定义可知，函数 $f(x)$ 在点 x_0 处可导，且 $|\Delta x|$ 很小时，
$$\Delta y \approx dy\big|_{x=x_0} = f'(x_0)\Delta x. \tag{2.6}$$
式（2.6）可用来求函数增量的近似值.

而 $\Delta y = f(x_0 + \Delta x) - f(x_0)$，因此，式（2.6）可以变形为
$$f(x_0 + \Delta x) \approx f(x_0) + f'(x_0)\Delta x \text{ 或 } f(x) \approx f(x_0) + f'(x_0)(x-x_0). \tag{2.7}$$
式（2.7）可用来求函数在某一点处的近似值.

例 2.33   利用微分近似计算 $\sqrt[3]{998}$.

解   设 $f(x) = \sqrt[3]{x}$，则有 $f'(x) = \dfrac{1}{3}x^{-\frac{2}{3}}$，$dy = \dfrac{1}{3}x^{-\frac{2}{3}}\Delta x.$

取 $x_0 = 1\,000$，则 $\Delta x = 998 - 1\,000 = -2$，$f(1\,000) = \sqrt[3]{1\,000} = 10$，

代入微分近似计算公式[式（2.7）]得
$$\sqrt[3]{998} \approx 10 + \dfrac{1}{300} \times (-2) \approx 9.993.$$

同步习题 2.4

基础题

1. 选择题.

（1）当 $|\Delta x|$ 充分小且 $f'(x_0) \neq 0$ 时，函数 $y = f(x)$ 的增量 Δy 与微分 dy 的关系是（   ）.

A. $\Delta y = dy$ B. $\Delta y < dy$ C. $\Delta y > dy$ D. $\Delta y \approx dy$

（2）若 $y = f(x)$ 可微，当 $\Delta x \to 0$ 时，在点 x 处 $\Delta y - dy$ 是关于 Δx 的（   ）.

A. 高阶无穷小量   B. 等价无穷小量   C. 同阶无穷小量   D. 低阶无穷小量

2. 将适当的函数填入下面的横线中，使等式成立.

(1) $d(\underline{\hspace{2cm}}) = 2x dx$.

(2) $d(\underline{\hspace{2cm}}) = \dfrac{1}{1+x^2} dx$.

(3) $d(\underline{\hspace{2cm}}) = \dfrac{1}{\sqrt{x}} dx$.

(4) $d(\underline{\hspace{2cm}}) = e^{2x} dx$.

(5) $d(\underline{\hspace{2cm}}) = \sin \omega x dx$.

(6) $d(\underline{\hspace{2cm}}) = \sec^2 3x dx$.

3. 当 $x=1$ 时，分别求出函数 $f(x) = x^2 - 3x + 5$ 在 $\Delta x = 1, \Delta x = 0.1, \Delta x = 0.01$ 时的增量及微分，并加以比较，判断是否能得出结论：当 Δx 越小时，二者越接近.

4. 求下列函数的微分.

(1) $y = \dfrac{1}{x} + 2\sqrt{x}$.

(2) $y = x \sin 2x$.

(3) $y = \dfrac{x}{\sqrt{x^2+1}}$.

(4) $y = \ln^2(1-x)$.

(5) $y = x^2 e^{2x}$.

(6) $y = e^{-x} \cos(3-x)$.

(7) $y = \arcsin \sqrt{1-x^2} \ (x > 0)$.

(8) $\ln \sqrt{x^2 + y^2} = \arctan \dfrac{y}{x}$.

提高题

1. 设函数 $y = f(\ln x) e^{f(x)}$，其中 f 可微，求 dy.

2. 设函数 $y = y(x)$ 由方程 $2^{xy} = x + y$ 确定，求 $dy|_{x=0}$.

2.5 导数在经济学中的应用举例

如果一个经济量可以用某个函数 $f(x)$ 表示出来，我们就可以用所学的数学知识对其进行更为细致的定量分析. 19 世纪末期，西方经济学中形成了边际分析法，主要通过导数来分析市场供需、企业生产效益等问题. 下面通过几个简单的经济函数，介绍有关微观经济的分析方法 —— 边际分析和弹性分析.

2.5.1 边际分析

定义 2.5 设函数 $f(x)$ 可导，则导函数 $f'(x)$ 在经济学上称为**边际函数**. 而 $f'(x_0)$ 是 $f(x)$ 在 $x = x_0$ 处的边际函数值.

$f'(x_0)$ 也称为 $f(x)$ 在点 $x = x_0$ 处的变化率，它描述了函数在点 $x = x_0$ 处的瞬时变化速度. 函数 $f(x)$ 在点 x_0 处可导，则在点 x_0 处可微，从而在点 x_0 附近有

$$\Delta y \approx dy \big|_{x=x_0} = f'(x_0) \Delta x$$

成立.

因此，当 $\Delta x = 1$ 时，有

$$\Delta y \approx f'(x_0).$$

这说明 $f(x)$ 在点 $x = x_0$ 处，如果自变量在 x_0 处发生一个单位的增量 —— $\Delta x = 1$（$\Delta x = -1$ 表示 x 由 x_0 减小 1 个单位），则因变量 y 的增量 Δy 近似改变 $f'(x_0)$ 个单位. 在应用问题中解释边际函数值的具体意义时，常常略去"近似"二字.

比如函数 $y = x^2$，$y' = 2x$，在点 $x = 5$ 处的边际函数值 $y'(5) = 10$，它表示当 $x = 5$ 时，x 改变 1 个单位，y（近似）改变 10 个单位.

1. 边际成本

在 2.1 节的引例 3 中，对于生产某种产品的总成本函数 $C = C(Q)$，如果当产量 Q 有一个增量 ΔQ 时，$C(Q)$ 的平均变化率为

$$\frac{\Delta C}{\Delta Q} = \frac{C(Q + \Delta Q) - C(Q)}{\Delta Q}.$$

它表示产量由 Q 变到 $Q + \Delta Q$ 时，总成本增量的平均值. 它刻画了产量在某一范围内成本的变化特征. 若极限 $\lim\limits_{\Delta Q \to 0} \dfrac{\Delta C}{\Delta Q} = \lim\limits_{\Delta Q \to 0} \dfrac{C(Q + \Delta Q) - C(Q)}{\Delta Q}$ 存在，则极限值 $C'(Q)$ 称为 $C(Q)$ 的变化率，也称为**边际成本**. 即边际成本是总成本函数 $C(Q)$ 关于产量 Q 的导数. 在经济学中，"Q 点的边际成本"定义为：当产量为 Q 时，再生产 1 个单位产品（即 $\Delta Q = 1$）所增加的总成本 $\Delta C(Q)$. 即

$$\Delta C(Q) = C(Q + 1) - C(Q) \approx C'(Q).$$

因此，边际成本刻画了产量在某一瞬间时总成本关于产量的变化特征. 边际成本有时用 MC 表示，即 $MC = C'(Q)$.

例 2.34　设生产某种产品的总成本 C（单位：元）和产量 Q（单位：个）的函数关系式为 $C = 5\,500 + 40Q + 30\sqrt{Q}$，求：

（1）生产 100 个产品时的总成本；

（2）生产 100 个产品时的平均成本；

（3）产量从 100 个增加到 225 个时总成本的平均变化率，并说明其经济意义；

（4）分别生产 100 个和 225 个产品时的边际成本，并说明其经济意义.

解　（1）生产 100 个产品时的总成本为

$$C(100) = 5\,500 + 40 \times 100 + 30\sqrt{100} = 9\,800(\text{元}).$$

（2）生产 100 个产品时的平均成本为

$$\overline{C}(100) = \frac{C(100)}{100} = \frac{9\,800}{100} = 98(\text{元／个}).$$

（3）产量从 100 个增加到 225 个时总成本的平均变化率为

$$\frac{\Delta C}{\Delta Q} = \frac{C(225) - C(100)}{225 - 100} = \frac{5\,150}{125} = 41.2(\text{元／个}).$$

经济意义：产量从 100 个增加到 225 个时，平均每增加 1 个产品，总成本增加 41.2 元.

（4）生产 Q 个产品时的边际成本为

$$C'(Q) = 40 + \frac{30}{2\sqrt{Q}} = 40 + \frac{15}{\sqrt{Q}}(\text{元／个}).$$

生产 100 个产品时的边际成本为

$$C'(100) = 40 + \frac{15}{\sqrt{100}} = 41.5(\text{元／个}).$$

生产 225 个产品时的边际成本为

$$C'(225) = 40 + \frac{15}{\sqrt{225}} = 41(\text{元／个}).$$

经济意义：当产量为 100 个时，再增加 1 个产品，总成本将增加 41.5 元；当产量为 225 个

时，再增加1个产品，总成本将增加41元.

2. 边际收益

类似于边际成本，产品价格为 P，销售量（需求量）为 $Q = Q(P)$，对于收益函数 $R = P \cdot Q = P \cdot Q(P)$，有边际收益 $\dfrac{\mathrm{d}R}{\mathrm{d}P} = Q(P) + PQ'(P)$. 其经济意义为：当产品价格为 P 时，产品售价再增加1个单位时所增加的总收益.

如果产品销售量（需求量）为 Q，价格为 $P = P(Q)$，收益函数是 $R = Q \cdot P(Q)$，则边际收益 $\dfrac{\mathrm{d}R}{\mathrm{d}Q} = P(Q) + QP'(Q)$. 其经济意义为：当销售量达到 Q 时，多销售1个单位产品时所增加的销售总收益. 边际收益有时用 MR 表示，即 $MR = R'(Q) = R'(P)$.

例 2.35　某产品的销售量为 $Q = 60\,000 - 1\,000P$，其中 P（单位：元）为该产品的售价，Q（单位：件）为销售量. 求：

（1）当销售量 $Q = 1\,000$ 时，该产品的总收益和平均收益；

（2）该产品关于销售量的边际收益；

（3）当销售量 Q 分别为 $10\,000, 30\,000, 31\,000$ 时的边际收益.

解　由销售量函数 $Q = 60\,000 - 1\,000P$，得价格函数为 $P = 60 - \dfrac{Q}{1\,000}$.

（1）收益函数为

$$R(Q) = PQ = \left(60 - \frac{Q}{1\,000}\right)Q = -\frac{Q^2}{1\,000} + 60Q,$$

当销售量 $Q = 1\,000$ 时，该产品的总收益为

$$R(1\,000) = -\frac{1\,000^2}{1\,000} + 60 \times 1\,000 = 5.9 \times 10^4 \text{（元）},$$

平均收益函数为

$$\overline{R} = \frac{R(Q)}{Q} = 60 - \frac{Q}{1\,000},$$

当销售量 $Q = 1\,000$ 时，该产品的平均收益为

$$\overline{R}(1\,000) = 60 - \frac{1\,000}{1\,000} = 59 \text{（元／件）}.$$

（2）边际收益函数为

$$R'(Q) = -\frac{Q}{500} + 60.$$

（3）当销售量 Q 分别为 $10\,000, 30\,000, 40\,000$ 时，边际收益分别为

$$R'(10\,000) = -\frac{10\,000}{500} + 60 = 40 \text{（元／件）},$$

$$R'(30\,000) = -\frac{30\,000}{500} + 60 = 0 \text{（元／件）},$$

$$R'(40\,000) = -\frac{40\,000}{500} + 60 = -20 \text{（元／件）}.$$

由例2.35可知，当产品的销售量为 $10\,000$ 件时，$R'(10\,000) = 40$（元／件），此时再多销售1件产品，收益将增加40元；当产品的销售量为 $30\,000$ 件时，$R'(30\,000) = 0$（元／件），此时再多销售1件产品，收益将不会增加；而当产品的销售量为 $40\,000$ 件时，$R'(40\,000) = -20$（元／

件)，此时再多销售 1 件产品，收益反而将减少 20 元. 所以，有时增加销量不一定能增加收益.

3. 边际利润

销售量为 Q 时，利润函数为

$$L = L(Q) = R(Q) - C(Q),$$

平均利润函数为

$$\bar{L} = \frac{L(Q)}{Q} = \frac{R(Q) - C(Q)}{Q},$$

由导数的运算法则可得**边际利润**为

$$L'(Q) = R'(Q) - C'(Q),$$

即边际利润 $L'(Q)$ 等于边际收益 $R'(Q)$ 减去边际成本 $C'(Q)$. 它的经济意义是：当销售量达到 Q 时，再增加一个单位产品的销售所引起的总利润的变化量.

例 2.36　设生产某种产品的固定成本为 60 000 元，可变成本为 20 元／件，价格函数为 $P = 60 - \dfrac{Q}{1\,000}$，其中 P（单位：元）为该产品的售价，Q（单位：件）为销售量. 已知产销平衡，求：

（1）该产品的边际利润；

（2）当 $P = 50$ 时的边际利润，并解释其经济意义；

（3）当 $Q = 30\,000$ 时的平均利润和边际利润，并解释其经济意义；

（4）当销售量为多少时边际利润为零?

解　（1）该产品的成本函数为

$$C(Q) = 60\,000 + 20Q.$$

销售 Q 件产品的收益为

$$R(Q) = PQ = \left(60 - \frac{Q}{1\,000}\right)Q = -\frac{Q^2}{1\,000} + 60Q.$$

销售 Q 件产品的利润为

$$L(Q) = R(Q) - C(Q) = \left(-\frac{Q^2}{1\,000} + 60Q\right) - (60\,000 + 20Q)$$

$$= -\frac{Q^2}{1\,000} + 40Q - 60\,000.$$

所以，边际利润为

$$L'(Q) = -\frac{Q}{500} + 40.$$

（2）当 $P = 50$ 时，即 $P = 60 - \dfrac{Q}{1\,000} = 50$，得 $Q = 10\,000$，此时的边际利润为

$$L'(10\,000) = -\frac{10\,000}{500} + 40 = 20(元／件).$$

经济意义：当产品售价为 50 元时，销售量每增加 1 件，利润将增加 20 元.

（3）平均利润函数为

$$\bar{L}(Q) = \frac{L(Q)}{Q} = -\frac{Q}{1\,000} + 40 - \frac{60\,000}{Q},$$

当 $Q = 30\,000$ 时，平均利润为

$$\bar{L}(30\,000) = 8(元／件).$$

经济意义：当销售量为 30 000 件时，平均每销售一件产品的利润为 8 元.

当 $Q = 30\ 000$ 时，边际利润为

$$L'(30\ 000) = -\frac{30\ 000}{500} + 40 = -20(元／件).$$

经济意义：当销售量为 30 000 件时，销售量每增加一件，利润将减少 20 元.

（4）令 $L'(Q) = -\dfrac{Q}{500} + 40 = 0$，得 $Q = 20\ 000$，所以当销售量为 20 000 件时边际利润为零.

【即时提问 2.4】　对比例 2.35 与例 2.36 的结果，你有什么发现吗？

2.5.2　弹性分析

在边际分析中，我们讨论的函数增量和函数变化率实际上是绝对增量和绝对变化率. 但在经济学中，仅使用绝对增量与绝对变化率还不足以对问题进行更深入的分析. 比如，有甲、乙两种商品，甲商品的单价为 20 元，乙商品的单价为 50 元. 现在两种商品的单价均涨价 1 元，这时两种商品价格的绝对增量都是 1 元，但两种商品涨价的幅度是不同的，即

甲商品价格上涨：$\dfrac{1}{20} \times 100\% = 5\%$，乙商品价格上涨：$\dfrac{1}{50} \times 100\% = 2\%$.

因此，涨价 1 元对两种商品的影响是不同的. 从这个问题看，我们有必要研究函数的相对增量和相对变化率.

1. 弹性的概念

定义 2.6　设函数 $f(x)$ 在点 x_0 处可导且 $f'(x_0) \neq 0$，函数的相对增量

$$\frac{\Delta y}{y_0} = \frac{f(x_0 + \Delta x) - f(x_0)}{f(x_0)}$$

与自变量的相对增量 $\dfrac{\Delta x}{x_0}$ 之比为 $\dfrac{\Delta y}{y_0} \Big/ \dfrac{\Delta x}{x_0}$. 当 $\Delta x \to 0$ 时，$\dfrac{\Delta y}{y_0} \Big/ \dfrac{\Delta x}{x_0}$ 的极限称为 $f(x)$ 在点 x_0 处的相对变化率或弹性，记作

$$\frac{Ey}{Ex}\bigg|_{x=x_0}, \frac{Ef}{Ex}\bigg|_{x=x_0} \text{ 或 } \frac{E}{Ex}f(x_0),$$

即

$$\frac{Ey}{Ex}\bigg|_{x=x_0} = \lim_{\Delta x \to 0} \frac{\dfrac{\Delta y}{y_0}}{\dfrac{\Delta x}{x_0}} = \lim_{\Delta x \to 0} \frac{\Delta y \cdot x_0}{y_0 \cdot \Delta x} = \frac{x_0 \cdot y'(x_0)}{y_0} = \frac{x_0 \cdot f'(x_0)}{f(x_0)}.$$

其中，$\dfrac{\Delta y}{y_0} \Big/ \dfrac{\Delta x}{x_0}$ 称为 $f(x)$ 在两点 $x_0, x_0 + \Delta x$ 之间的平均相对变化率或平均弹性，在经济学中也称为弧弹性.

定义 2.7　如果函数 $f(x)$ 是可导函数且 $f(x) \neq 0$，则称 $\dfrac{Ey}{Ex} = \dfrac{x \cdot f'(x)}{f(x)}$ 为函数 $f(x)$ 在点 x 处的点弹性函数，简称为弹性函数.

弹性的经济学意义如下：当 Δx 充分小时，$\dfrac{Ey}{Ex} \approx \dfrac{\Delta y}{y} \Big/ \dfrac{\Delta x}{x}$，即

$$\frac{\Delta y}{y} \approx \frac{Ey}{Ex} \cdot \frac{\Delta x}{x}. \tag{2.8}$$

式(2.8)说明,如果自变量在点 x 处的相对增量为 $\dfrac{\Delta x}{x}\% = 1\%$,则因变量 y 的相对增量近似为 $\dfrac{Ey}{Ex}\%$. 习惯上,在应用问题中解释弹性的具体意义时,常常略去"近似"二字. 另外,在经济学中,经常需要在不同量之间进行比较,而这些量使用的计量单位未必相同. 比如,边际是有量纲的量,对于不同性质的商品之间不便比较. 由弹性的定义可以看出,弹性是一个无量纲的量,因此,它便于分析多种商品的市场,可用于考察经济量的变动敏感度.

例 2.37 求函数 $y = 3x + 2$ 在点 $x = 2$ 处的弹性.

解 因为 $y' = 3$,所以弹性函数为

$$\frac{Ey}{Ex} = \frac{x \cdot f'(x)}{f(x)} = \frac{3x}{3x+2}.$$

于是

$$\left.\frac{Ey}{Ex}\right|_{x=2} = \frac{3 \times 2}{3 \times 2 + 2} = \frac{3}{4}.$$

例 2.38 求幂函数 $y = x^{\alpha}$(α 为常数)的弹性函数.

解 因为 $y' = \alpha x^{\alpha - 1}$,从而 $\dfrac{Ey}{Ex} = \dfrac{x \cdot \alpha x^{\alpha-1}}{x^{\alpha}} = \alpha$.

我们可以看到,幂函数的弹性函数为常数,即在任意点处弹性不变,所以我们称其为不变弹性函数.

设 a, b, c 为常数,下面给出一些常见函数的弹性公式.

(1)常数函数 $y = c$,$\dfrac{Ey}{Ex} = 0$.

(2)线性函数 $y = ax + b(a \neq 0)$,$\dfrac{Ey}{Ex} = \dfrac{ax}{ax+b}$. 特别地,当 $b = 0$ 时,$\dfrac{Ey}{Ex} = 1$.

(3)幂函数 $y = x^{a}(a \neq 0)$,$\dfrac{Ey}{Ex} = a$.

(4)指数函数 $y = \mathrm{e}^{ax}$,$\dfrac{Ey}{Ex} = ax$.

(5)对数函数 $y = \ln(ax)$,$\dfrac{Ey}{Ex} = \dfrac{1}{\ln(ax)}$.

(6)三角函数:若 $y = \sin x$,则 $\dfrac{Ey}{Ex} = x\cot x$;若 $y = \cos x$,则 $\dfrac{Ey}{Ex} = -x\tan x$.

2. 弹性的四则运算法则

定理 2.7 设函数 $f(x)$ 和 $g(x)$ 在点 x 处的弹性存在,则

(1)$\dfrac{E}{Ex}(f \pm g)(x) = \dfrac{f(x)\dfrac{E}{Ex}f(x) \pm g(x)\dfrac{E}{Ex}g(x)}{f(x) \pm g(x)}$ $[f(x) \pm g(x) \neq 0]$;

(2)$\dfrac{E}{Ex}(f \cdot g)(x) = \dfrac{E}{Ex}f(x) + \dfrac{E}{Ex}g(x)$,特别地,对于非零常数 k,有 $\dfrac{E}{Ex}(kf)(x) = \dfrac{E}{Ex}f(x)$;

(3)$\dfrac{E}{Ex}\left(\dfrac{f}{g}\right)(x) = \dfrac{E}{Ex}f(x) - \dfrac{E}{Ex}g(x)$.

证明 只证明(1),(2)和(3)用类似方法证明即可.
由弹性的定义得

$$\frac{E}{Ex}(f \pm g)(x) = [f(x) \pm g(x)]' \frac{x}{f(x) \pm g(x)}$$

$$= \frac{x[f'(x) \pm g'(x)]}{f(x) \pm g(x)} = \frac{f(x)\frac{x}{f(x)}f'(x) \pm g(x)\frac{x}{g(x)}g'(x)}{f(x) \pm g(x)}$$

$$= \frac{f(x)\frac{E}{Ex}f(x) \pm g(x)\frac{E}{Ex}g(x)}{f(x) \pm g(x)}.$$

例 2.39 求函数 $y = x^2 e^{3x}$ 的弹性函数.

解 根据弹性的四则运算法则(定理 2.7)及常见函数的弹性公式可知

$$\frac{Ey}{Ex} = \frac{E(x^2)}{Ex} + \frac{E(e^{3x})}{Ex} = 2 + 3x.$$

经济学上,常用需求弹性和供给弹性对市场商品的供需状况进行分析.

3. 需求弹性

设商品的价格为 P,需求函数为 $Q_d = Q_d(P)$. 由需求定律,我们知道商品涨价时,购买的人会减少;降价时,购买的人会增加. 因此,我们一般认为需求函数是价格的单调减少函数,从而 ΔP 与 $\Delta Q_d(P)$ 异号,故 $\frac{P \cdot \Delta Q_d(P)}{Q_d(P) \cdot \Delta P}$ 为负值. 经济学中通常用正数表示需求价格弹性,并用需求函数相对变化率的相反数来定义需求价格弹性.

定义 2.8 设某商品的需求函数 $Q_d = Q_d(P)$ 可导,则称 $-\frac{P \cdot Q_d'(P)}{Q_d(P)}$ 为该商品的需求价格弹性,简称需求弹性,记为 η,即

$$\eta(P) = -\frac{P \cdot Q_d'(P)}{Q_d(P)}.$$

当 $P = P_0$ 时,$\eta(P_0) = \frac{EQ_d}{EP}\Big|_{P = P_0} = -\frac{P_0 \cdot Q_d'(P_0)}{Q_d(P_0)}$ 称为该商品在 $P = P_0$ 时的需求弹性.

解释需求弹性的经济学意义时,我们仍认为需求的变化与价格变化是反向的. 具体的意义是:当商品价格上涨(或下降)1% 时,需求减少(或增加)$\eta(P)\%$.

例 2.40 设某种商品的需求函数为 $Q_d(P) = 2e^{-\frac{P}{5}}$,计算需求弹性函数和 $P = 2, 5, 6$ 时的弹性.

解 根据需求弹性函数的定义得

$$\eta(P) = -\frac{P \cdot (2e^{-\frac{P}{5}})'}{2e^{-\frac{P}{5}}} = \frac{P}{5}.$$

在指定点的弹性分别为

$$\eta(2) = 0.4, \eta(5) = 1, \eta(6) = 1.2.$$

另外,我们可以用需求弹性来分析总收益的变化. 设需求函数为 $Q_d = Q_d(P)$,则收益函数为 $R = P \cdot Q_d(P)$,收益关于价格的变化率是

$$R' = \left[P \cdot Q_d(P) \right]' = Q_d(P) + P \cdot Q'_d(P) = Q_d(P) \left[1 - \eta(P) \right]. \tag{2.9}$$

（1）如果 $\eta(P) < 1$，则 $\dfrac{\mathrm{d}R}{\mathrm{d}P} > 0$，$R(P)$ 是增函数，即价格上涨时，总收益增加；价格下降时，总收益减少. $\eta(P) < 1$ 时称为低弹性.

（2）如果 $\eta(P) = 1$，则 $\dfrac{\mathrm{d}R}{\mathrm{d}P} = 0$，$R(P)$ 在这个价格水平取最大值，此时价格上涨或者价格下降都不能使总收益增加. $\eta(P) = 1$ 时称为单位弹性.

（3）如果 $\eta(P) > 1$，则 $\dfrac{\mathrm{d}R}{\mathrm{d}P} < 0$，$R(P)$ 是减函数，即价格上涨时，总收益减少；价格下降时，总收益增加. $\eta(P) > 1$ 时称为富有弹性或高弹性.

例 2.40 中各弹性的经济意义分别如下：

$\eta(2) = 0.4$ 表示价格在 $P = 2$ 的基础上上涨1%时，需求只减少0.4%，需求变动的幅度小于价格变动的幅度，此时提价是有利可图的；

$\eta(5) = 1$ 表示价格在 $P = 5$ 的基础上上涨1%时，需求也减少1%，需求变动的幅度与价格变动的幅度相等，此时提价与降价效果相同；

$\eta(6) = 1.2$ 表示价格在 $P = 6$ 的基础上上涨1%时，需求减少1.2%，需求变动的幅度大于价格变动的幅度，此时提价会使需求有较大的减少，降价比较有利.

例 2.41 某企业生产的某种产品的需求 Q_d 对出厂价格 P 的弹性为 $\eta(P) = \dfrac{P}{50-P}(0 < P < 50)$. 为了增加企业的收益，应该采取什么样的调价措施？

解 设需求函数为 $Q_d = Q_d(P)$，根据收益与弹性的关系式[式(2.9)]得

$$\frac{\mathrm{d}R}{\mathrm{d}P} = Q_d(P) \left[1 - \eta(P) \right] = Q_d(P) \left(1 - \frac{P}{50-P} \right).$$

显然 $Q_d(P) > 0$，为了使收益增加，必须有 $\dfrac{\mathrm{d}R}{\mathrm{d}P} > 0$，从而有 $1 - \dfrac{P}{50-P} = \dfrac{50-2P}{50-P} > 0$. 因此，当 $0 < P < 25$ 时，涨价将增加总收益；当 $25 < P < 50$ 时，降价将增加总收益.

4. 供给弹性

定义 2.9 设商品的价格为 P，其供给函数为 $Q_s = Q_s(P)$ 且可导，则称 $\dfrac{P \cdot Q'_s(P)}{Q_s(P)}$ 为该商品的供给价格弹性，简称供给弹性，记为 ε，即

$$\varepsilon = \varepsilon(P) = \frac{P \cdot Q'_s(P)}{Q_s(P)}.$$

当 $P = P_0$ 时，$\varepsilon \big|_{P=P_0} = \varepsilon(P_0) = \dfrac{EQ_s}{EP} \bigg|_{P=P_0} = \dfrac{P_0 \cdot Q'_s(P_0)}{Q_s(P_0)}$ 称为该商品在 $P = P_0$ 时的供给弹性.

例 2.42 设某种商品的供给函数为 $Q_s(P) = 3\mathrm{e}^{\frac{P}{2}}$，求供给弹性函数和 $P = 2$ 时的供给弹性，并解释其经济意义.

解 根据供给弹性函数的定义得

$$\varepsilon = \frac{P \cdot (3\mathrm{e}^{\frac{P}{2}})'}{3\mathrm{e}^{\frac{P}{2}}} = \frac{P}{2}, \quad \varepsilon \big|_{P=2} = \frac{2}{2} = 1.$$

这说明当价格 $P = 2$ 时，价格上涨（或下跌）1%，供给将增加（或减少）1%.

同步习题2.5

基础题

1. 设某企业每日产品的总成本 C(单位：元) 和日产量 Q(单位：件) 之间的关系式为 $C = C(Q) = 1\,000 + 50Q - 5Q^2 + \dfrac{1}{8}Q^3$，求日产量为 20 件时的边际成本和平均成本，并解释它们的经济意义.

2. 设某企业某种产品的总成本 C(单位：万元) 是产量 Q(单位：t) 的函数，函数表达式为
$$C = C(Q) = 100 + 16Q - 3Q^2 + Q^3,$$
如果每吨产品的销售价格为 40 万元，求利润函数及边际利润为零时的产量.

3. 生产某种产品 Q 单位的总收益 R 为 Q 的函数，函数关系式为 $R = 200Q - 0.01Q^2$，求生产 50 单位产品时的总收益及平均收益和边际收益.

4. 设某企业打算生产一批产品投放市场，固定成本为 600 元，可变成本为 6 元/件，已知该产品的需求函数为 $Q = 50 - 5P$，其中 P(单位：元) 为该产品的售价，Q(单位：件) 为销售量，求：

(1) 该产品的收益函数和边际收益函数；

(2) 该产品的边际利润；

(3) 当 $P = 5$ 时的边际利润，并解释其经济意义；

(4) 当 $Q = 5$ 时的边际利润，并解释其经济意义；

(5) 当销售量为多少时边际利润为零？

提高题

1. 设某种商品的需求函数为 $Q = 40 - 2P$，其中 P(单位：元) 为该商品的售价，Q(单位：件) 为销售量，求：

(1) 该商品的边际收益；

(2) 当需求弹性为 1 时，该商品的价格.

2. 设某商品的需求函数为 $Q = 100 - 5P$，其中价格 $P \in (0, 20)$，Q 为需求，求：

(1) 需求对价格的弹性 $\eta = \dfrac{EQ}{EP}$；

(2) 推导 $\dfrac{\mathrm{d}R}{\mathrm{d}P} = Q\left(1 - \dfrac{EQ}{EP}\right)$（其中 R 为收益），并用弹性 $\dfrac{EQ}{EP}$ 说明价格在什么范围内变化时，降低价格反而使收益增加.

3. 指出下列需求关系中，价格 P 取何值时，需求是高弹性或低弹性的.

(1) $Q = 200 - 100\sqrt{P}$. 　　　(2) $P = \sqrt{3 - 4Q}$.

本章小结

思维导图

本章同步习题与
总复习题答案

中国数学学者

个人成就

数学家，中国科学院院士，曾任国家科委数学学科组成员，中国科学院数学研究所研究员. 陈景润除攻克"哥德巴赫猜想"中的"1 + 2"这一世界数学难题外，还对组合数学与现代经济管理、尖端技术、人类生活的密切关系等问题进行深入研究和探讨.

陈景润

第2章总复习题·基础篇

1. 选择题：(1) ~ (5) 小题，每小题4分，共20分. 下列每小题给出的4个选项中，只有一个选项是符合题目要求的.

(1) $y = (1+x)^{\frac{1}{x}}$，则 $y'(1) = ($).

A. 2   B. e   C. $\dfrac{1}{2} - \ln 2$ D. $1 - \ln 4$

(2) 设 $f(x) = 3x^3 + x^2|x|$，则使 $f^{(n)}(0)$ 存在的最高阶数为(   ).

A. 0   B. 1   C. 2   D. 3

(3) 已知函数 $f(x)$ 具有任意阶导数，且 $f'(x) = [f(x)]^2$，则当 n 为大于2的正整数时，$f^{(n)}(x)$ 为(   ).

A. $n![f(x)]^{n+1}$ B. $n[f(x)]^{n+1}$ C. $[f(x)]^{2n}$ D. $n![f(x)]^{2n}$

(4) 若曲线 $y = x^2 + ax + b$ 和 $2y = xy^3 - 1$ 在点 $(1, -1)$ 处相切，其中 a, b 为常数，则(   ).

A. $a = 0, b = -2$ B. $a = 1, b = -3$ C. $a = -3, b = 1$ D. $a = -1, b = -1$

(5) $f(x)$ 在 x_0 处可导是 $f(x)$ 在 x_0 处可微的(   )条件.

A. 必要   B. 充分   C. 充分必要   D. 既非充分又非必要

2. 填空题：(6) ~ (10) 小题，每小题4分，共20分.

(6) 设 $f(x)$ 为可导函数，且满足条件 $\lim\limits_{x \to 0} \dfrac{f(1) - f(1-x)}{2x} = -1$，则曲线 $y = f(x)$ 在点 $(1, f(1))$ 处的切线斜率为 _____.

(7) 若 $f(x)$ 为可导的奇函数，且 $f'(x_0) = 5$，则 $f'(-x_0) = $ _____.

(8) 设 $\mathrm{d}f(x) = \left(\dfrac{1}{1+x^2} + \cos 2x + \mathrm{e}^{3x} \right) \mathrm{d}x$，则 $f(x) = $ _____.

(9) 设 $y = 2^{-x} \cos 3x$，则 $\mathrm{d}y = $ _____ $\mathrm{d}x$.

(10) 设函数 $f(x) = x^2(x+1)^3(2x+3)^5$，则 $f^{(10)}(x) = $ _____.

3. 解答题：(11) ~ (16) 小题，每小题10分，共60分. 解答时应写出文字说明、证明过程或演算步骤.

(11) 设函数 $f(x)$ 在 x_0 处可导，求 $\lim\limits_{x \to x_0} \dfrac{xf(x_0) - x_0 f(x)}{x - x_0}$.

(12) 设 $y = y(x)$ 由方程 $y^2 - 1 + xe^y = 0$ 确定，求 y''.

(13) 求由方程 $xy + \ln y = x^2$ 所确定的隐函数 $y = y(x)$ 在 $x = 0$ 处的导数 $y'|_{x=0}$.

(14) 设 $f(x) = \begin{cases} \ln(1+x), & x > 0, \\ 0, & x = 0, \\ \dfrac{1}{x}\sin^2 x, & x < 0, \end{cases}$ 求 $f'(x)$.

(15) 求函数 $f(x) = xe^x$ 的 $n(n \geq 2)$ 阶导数.

(16) 设函数 $f(x)$ 在 $(-\infty, +\infty)$ 上有定义，且满足：

① $f(x+y) = f(x)f(y)$，$\forall x, y \in (-\infty, +\infty)$；

② $f(0) = 1$；

③ $f'(0)$ 存在.

证明：$\forall x \in (-\infty, +\infty)$，有 $f'(x) = f'(0)f(x)$ 成立.

第 2 章总复习题·提高篇

1. **选择题**：(1) ~ (5) 小题，每小题 4 分，共 20 分. 下列每小题给出的 4 个选项中，只有一个选项是符合题目要求的.

(1)(2021305) 函数 $f(x) = \begin{cases} \dfrac{e^x - 1}{x}, & x \neq 0, \\ 1, & x = 0 \end{cases}$ 在点 $x = 0$ 处（　　）.

A. 连续且取最大值　　　　　　　　B. 连续且取最小值

C. 可导且导数为 0　　　　　　　　D. 可导且导数不为 0

(2)(2018304) 下列函数中，在点 $x = 0$ 处不可导的是（　　）.

A. $f(x) = |x|\sin|x|$　　　　　　　　B. $f(x) = |x|\sin\sqrt{|x|}$

C. $f(x) = \cos|x|$　　　　　　　　　D. $f(x) = \cos\sqrt{|x|}$

(3)(2018304) 设某产品的成本函数 $C(Q)$ 可导，其中 Q 为产量，若产量为 Q_0 时平均成本最小，则（　　）.

A. $C'(Q_0) = 0$　　　　　　　　　B. $C'(Q_0) = C(Q_0)$

C. $C'(Q_0) = Q_0 C(Q_0)$　　　　　D. $Q_0 C'(Q_0) = C(Q_0)$

(4)(2012304) 设函数 $f(x) = (e^x - 1)(e^{2x} - 2)\cdots(e^{nx} - n)$，其中 n 为正整数，则 $f'(0) = $ （　　）.

A. $(-1)^{n-1}(n-1)!$　　　　　　B. $(-1)^n(n-1)!$

C. $(-1)^{n-1}n!$　　　　　　　　D. $(-1)^n n!$

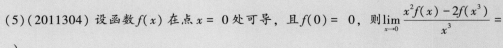

微课：第 2 章
总复习题 (4)

(5)(2011304) 设函数 $f(x)$ 在点 $x = 0$ 处可导，且 $f(0) = 0$，则 $\lim\limits_{x \to 0} \dfrac{x^2 f(x) - 2f(x^3)}{x^3} = $ （　　）.

A. $-2f'(0)$　　　　B. $-f'(0)$　　　　C. $f'(0)$　　　　D. 0

2. 填空题：(6)~(10)小题，每小题4分，共20分.

(6)(2021305) 若 $y = \cos \mathrm{e}^{-\sqrt{x}}$，则 $\dfrac{\mathrm{d}y}{\mathrm{d}x}\Big|_{x=1} = $ _____.

(7)(2020304) 曲线 $x + y + \mathrm{e}^{2xy} = 0$ 在点 $(0, -1)$ 处的切线方程为 _____.

(8)(2014304) 设某商品的需求函数为 $Q = 40 - 2P$（P 为商品的价格），则该商品的边际收益为 _____.

(9)(2017304) 设生产某产品的平均成本 $\bar{C}(Q) = 1 + \mathrm{e}^{-Q}$，其中 Q 为产量，则边际成本为 _____.

(10)(2013304) 设曲线 $y = f(x)$ 与曲线 $y = x^2 - x$ 在点 $(1, 0)$ 处有公共切线，则 $\lim\limits_{n \to \infty} nf\left(\dfrac{n}{n+2}\right) = $ _____.

3. 解答题：(11)~(16)小题，每小题10分，共60分. 解答时应写出文字说明、证明过程或演算步骤.

(11)(2016310) 设函数 $f(x) = \displaystyle\int_0^1 |t^2 - x^2|\,\mathrm{d}t\,(x > 0)$，求 $f'(x)$（此题用到第5章知识）.

(12)(2015310) 设函数 $f(x)$ 在定义域 I 上的导数大于零. 若对任意的 $x_0 \in I$，曲线 $y = f(x)$ 在点 $(x_0, f(x_0))$ 处的切线与直线 $x = x_0$ 及 x 轴所围成区域的面积恒为4，且 $f(0) = 2$，求 $f(x)$ 的表达式.

(13)(2015310) ① 设函数 $u(x), v(x)$ 可导，利用导数定义证明 $[u(x)v(x)]' = u'(x)v(x) + u(x)v'(x)$；

② 设函数 $u_1(x), u_2(x), \cdots, u_n(x)$ 可导，$f(x) = u_1(x)u_2(x)\cdots u_n(x)$，写出 $f(x)$ 的求导公式.

(14)(2015310) 为了实现利润最大化，厂商需要对某产品确定其定价模型，设 Q 为该产品的需求，P 为价格，MC 为边际成本，η 为需求弹性（$\eta > 0$）.

① 证明：定价模型为 $P = \dfrac{MC}{1 - \dfrac{1}{\eta}}$.

② 若该产品的成本函数为 $C(Q) = 1\,600 + Q^2$，需求函数为 $Q = 40 - P$，试由①中的定价模型确定此产品的价格.

(15)(2007211) 已知函数 $f(u)$ 具有二阶导数，且 $f'(0) = 1$，函数 $y = y(x)$ 由方程 $y - x\mathrm{e}^{y-1} = 1$ 确定，设 $z = f(\ln y - \sin x)$，求 $\dfrac{\mathrm{d}z}{\mathrm{d}x}\Big|_{x=0}$，$\dfrac{\mathrm{d}^2 z}{\mathrm{d}x^2}\Big|_{x=0}$.

(16)(2022210) 已知函数 $f(x)$ 在 $x = 1$ 处可导，且

$$\lim_{x \to 0} \frac{f(\mathrm{e}^{x^2}) - 3f(1 + \sin^2 x)}{x^2} = 2,$$

求 $f'(1)$.

第 3 章
微分中值定理与导数的应用

英国数学家怀特海曾经说过："只有将数学应用到社会科学的研究之后，才能使文明社会的发展成为可控制的现实."导数刻画了函数的一种局部特性，作为函数变化率的模型，在自然科学、工程技术及社会科学等领域中已得到广泛应用.本章首先介绍微分中值定理，它是导数应用的理论基础，是联系函数与导数的一座桥梁.随后，我们利用导数讨论函数在某个区间上的整体性态，研究函数的单调性、极值、最值、凹凸性及拐点等，进而分析经济学中的一些问题.

本章导学

■ 3.1 微分中值定理

3.1.1 罗尔定理

为应用方便，先介绍费马定理.

定理 3.1（费马定理） 设函数 $f(x)$ 在点 x_0 的某邻域 $U(x_0)$ 内有定义，并且在点 x_0 处可导，如果对任意的 $x \in U(x_0)$，有

$$f(x) \leqslant f(x_0) \quad [\text{或} f(x) \geqslant f(x_0)],$$

那么 $f'(x_0) = 0$.

定理 3.2（罗尔定理） 设函数 $f(x)$ 满足

（1）在 $[a,b]$ 上连续，

（2）在 (a,b) 内可导，

（3）$f(a) = f(b)$，

则至少存在一点 $\xi \in (a,b)$，使 $f'(\xi) = 0$.

证明 因为函数 $f(x)$ 在 $[a,b]$ 上连续，由闭区间上连续函数的性质知，$f(x)$ 在 $[a,b]$ 上必有最大值 M 和最小值 m.于是，有以下两种情况.

（1）若 $M = m$，此时 $f(x)$ 在 $[a,b]$ 上恒为常数，则在 (a,b) 内处处有 $f'(x) = 0$.

（2）若 $M > m$，由于 $f(a) = f(b)$，m 与 M 中至少有一个不等于端点的函数值，不妨设 $M \neq f(a)$[如果 $m \neq f(a)$，证法类似]，即最大值不在两个端点处取得，则在 (a,b) 内至少存在一点 ξ，使 $f(\xi) = M$，由费马定理知 $f'(\xi) = 0$.

罗尔定理的**几何意义**：在两端高度相同的一段连续曲线上，若除两端点外，处处都存在不垂直于 x 轴的切线，则其中至少存在一条水平切线，如图 3.1 所示.

罗尔定理的**代数意义**：当 $f(x)$ 可导时，在函数 $f(x)$ 的两个等值点之间至少存在方程 $f'(x)=0$ 的一个根. 若 $x=x_0$ 满足 $f'(x_0)=0$，则点 x_0 称为函数 $f(x)$ 的驻点.

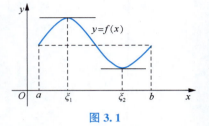

图 3.1

计算机可视化 7

注 （1）定理中的 ξ 不一定唯一，定理只表明 ξ 的存在性.

（2）定理中的条件是结论成立的充分条件而非必要条件.

例如，函数 $f(x)=x^2-2x-3=(x-3)(x+1)$ 在 $[-1,2]$ 上连续，在 $(-1,2)$ 内可导，又 $f'(x)=2x-2=2(x-1)$，显然存在 $\xi=1\in(-1,2)$，使 $f'(\xi)=f'(1)=0$. 虽然 $f(x)$ 在端点处的值不相等 $[f(-1)=0, f(2)=-3]$，即不满足罗尔定理的第三个条件，但结论仍然成立.

下面的 3 个例子，它们都不满足罗尔定理的全部条件，也都不存在一个内点 ξ，使 $f'(\xi)=0$.

① 如图 3.2(a) 所示，函数 $f(x)=\begin{cases} x, & 0\leqslant x<1, \\ 0, & x=1, \end{cases}$ $f(x)$ 在 $[0,1]$ 上不连续.

② 如图 3.2(b) 所示，函数 $f(x)=|x|$，在 $(-1,1)$ 内，$f(x)$ 在点 $x=0$ 处不可导.

③ 如图 3.2(c) 所示，函数 $f(x)=x^2$，在 $[0,1]$ 上，端点处函数值不相等.

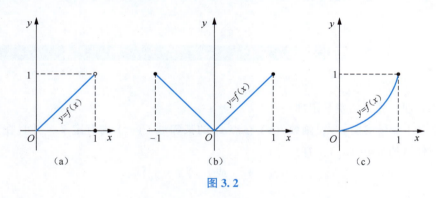

图 3.2

例 3.1 设 $f(x)=(x-1)(x-2)(x-3)(x-4)$，不求导数，证明方程 $f'(x)=0$ 有 3 个实根.

证明 显然，$f(x)$ 有 4 个零点：$x=1,2,3,4$，即 $f(1)=f(2)=f(3)=f(4)=0$. 考察区间 $[1,2]$，$[2,3]$，$[3,4]$，$f(x)$ 在这 3 个区间上显然满足罗尔定理的 3 个条件，于是得 $f'(x)=0$ 在 $(1,2)$，$(2,3)$，$(3,4)$ 这 3 个区间内各至少有一个实根，所以方程 $f'(x)=0$ 至少有 3 个实根.

由于 $f'(x)$ 是一个三次多项式，因此在实数范围内 $f'(x)=0$ 至多有 3 个实根.

综上可知，$f'(x)=0$ 有且仅有 3 个实根.

由本例可以看出，罗尔定理只能证明当函数 $f(x)$ 在每个闭区间上满足定理条件时，在每个开区间内方程 $f'(x)=0$ 至少有一个根，但不能确定该方程根的个数. 对于一元高次方程，可以根据方程的次数确定根的个数；而对于其他方程，则可以利用函数的单调性确定.

【即时提问 3.1】 利用罗尔定理可以证明方程在给定的开区间内至少存在一个根. 利用第 1 章中学的零点定理，也能证明一个方程在给定的开区间内至少有一个根. 那么，在证明时，这两个定理应怎样选择和区分呢？

例 3.2 已知函数 $f(x)$ 在 $[0, a]$ 上连续，在 $(0, a)$ 内可导，且 $f(0) = f(a) = 0$，证明：至少存在一点 $\xi \in (0, a)$，使 $f'(\xi) - 2f(\xi) = 0$.

证明 构造辅助函数 $F(x) = e^{-2x} f(x)$，则 $F(x)$ 在 $[0, a]$ 上连续，在 $(0, a)$ 内可导，且 $F(0) = F(a) = 0$. 由罗尔定理可知，至少存在一点 $\xi \in (0, a)$，使

$$F'(\xi) = -2e^{-2\xi} f(\xi) + e^{-2\xi} f'(\xi) = e^{-2\xi} [-2f(\xi) + f'(\xi)] = 0,$$

所以 $f'(\xi) - 2f(\xi) = 0$.

如果去掉罗尔定理的第三个条件，可以得到下面更一般的结论.

3.1.2 拉格朗日中值定理

设函数 $f(x)$ 在 $[a, b]$ 上是一条连续光滑的曲线弧 $\overset{\frown}{AB}$，如图 3.3 所示，连接点 $A(a, f(a))$ 和点 $B(b, f(b))$，得弦 $\overline{AB}$，其斜率为 $k = \dfrac{f(b) - f(a)}{b - a}$. 从图 3.3 可以直观看出在 (a, b) 内至少存在一点 ξ，使过曲线弧 $\overset{\frown}{AB}$ 上的点 $C(\xi, f(\xi))$ 的切线与弦 $\overline{AB}$ 平行.

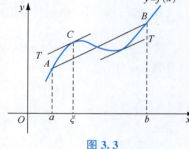

图 3.3

定理 3.3（拉格朗日中值定理） 设函数 $f(x)$ 满足

（1）在 $[a, b]$ 上连续，

（2）在 (a, b) 内可导，

则至少存在一点 $\xi \in (a, b)$，使

$$f'(\xi) = \frac{f(b) - f(a)}{b - a}.$$

计算机可视化 8

微课：拉格朗日中值定理

拉格朗日中值定理的结论也可以写作

$$f(b) - f(a) = f'(\xi)(b - a) \quad (a < \xi < b).$$

在拉格朗日中值定理中，若 $f(a) = f(b)$，则得到罗尔定理. 可见，罗尔定理是拉格朗日中值定理的一个特例. 因此，证明拉格朗日中值定理就是构造一个辅助函数，使其符合罗尔定理的条件，借助罗尔定理进行证明，从而得出结论.

证明 构造辅助函数

$$\varphi(x) = f(x) - f(a) - \frac{f(b) - f(a)}{b - a}(x - a),$$

容易验证，$\varphi(x)$ 满足罗尔定理的条件. 因此，在 (a, b) 内至少存在一点 ξ，使

$$\varphi'(\xi) = 0,$$

即

$$f'(\xi) - \frac{f(b) - f(a)}{b - a} = 0.$$

于是

$$f'(\xi) = \frac{f(b) - f(a)}{b - a}.$$

注 （1）证明中辅助函数的构造是不唯一的，比如取 $F(x) = f(x) - \dfrac{f(b) - f(a)}{b - a} x$.

（2）拉格朗日中值定理的几何意义：在一段连续光滑的曲线弧上，若除两端点外处处存在不垂直于 x 轴的切线，则其中至少有一条切线平行于两端点的连线，如图 3.3 所示.

例 3.3　设 $f(x) = 3x^2 + 2x + 5$，求 $f(x)$ 在 $[a, b]$ 上满足拉格朗日中值定理的 ξ 值.

解　$f(x)$ 为多项式函数，在 $[a, b]$ 上满足拉格朗日中值定理的条件，故有

$$f'(\xi) = \frac{f(b) - f(a)}{b - a},$$

即

$$6\xi + 2 = \frac{(3b^2 + 2b + 5) - (3a^2 + 2a + 5)}{b - a},$$

解得 $\xi = \dfrac{b + a}{2}$，即 ξ 为 $[a, b]$ 的中点.

例 3.4　利用拉格朗日中值定理证明：当 $x > 0$ 时，$\dfrac{x}{1 + x} < \ln(1 + x) < x$.

证明　令 $f(t) = \ln(1 + t)$，$\forall x > 0$，显然，$f(t)$ 在 $[0, x]$ 上满足拉格朗日中值定理的条件，故存在 $\xi \in (0, x)$，使

$$f(x) - f(0) = f'(\xi)(x - 0),$$

即

$$\ln(1 + x) = \frac{x}{1 + \xi}, \xi \in (0, x).$$

当 $x > 0$ 且 $\xi \in (0, x)$ 时，有

$$\frac{x}{1 + x} < \frac{x}{1 + \xi} < x,$$

因此，

$$\frac{x}{1 + x} < \ln(1 + x) < x.$$

由拉格朗日中值定理可以得到一个非常重要的推论.

推论　设 $f(x)$ 在 (a, b) 内可导，且 $f'(x) \equiv 0$，则 $f(x)$ 在 (a, b) 内是常值函数.

例 3.5　证明：$\arctan x + \operatorname{arccot} x = \dfrac{\pi}{2}, x \in (-\infty, +\infty)$.

证明　设 $f(x) = \arctan x + \operatorname{arccot} x$，则 $\forall x \in (-\infty, +\infty)$，有

$$f'(x) = \frac{1}{1 + x^2} - \frac{1}{1 + x^2} \equiv 0,$$

由定理 3.3 的推论知，在 $(-\infty, +\infty)$ 内有 $f(x) = \arctan x + \operatorname{arccot} x = C$.

再取一个特殊的 x 值以确定 C，取 $x = 0$，有

$$\arctan 0 + \operatorname{arccot} 0 = 0 + \frac{\pi}{2} = \frac{\pi}{2},$$

故 $C = \dfrac{\pi}{2}$. 因此，在 $(-\infty, +\infty)$ 内有

$$\arctan x + \operatorname{arccot} x = \frac{\pi}{2}.$$

设 $f(x)$ 在 $[a, b]$ 上满足拉格朗日中值定理的条件，x 和 $x + \Delta x$ 是该区间内的任意两点，在以 x 和 $x + \Delta x$ 为端点的区间上，使用拉格朗日中值定理得

$$f(x + \Delta x) - f(x) = f'(\xi)\Delta x(\xi \text{ 介于 } x \text{ 与 } x + \Delta x \text{ 之间}),$$

即

$$\Delta y = f(x + \Delta x) - f(x) = f'(\xi)\Delta x.$$

上式称为**有限增量公式**，该式精确地表达了函数 $f(x)$ 当自变量变化 Δx 时相应的函数值的变化量 Δy 与函数在 ξ 点的导数之间的关系.

把上式变形得 $\dfrac{\Delta y}{\Delta x} = f'(\xi)$，该式表明函数在某一闭区间上的平均变化率至少与该区间内某一点的导数相等，它是用函数的局部性研究函数整体性的桥梁.

3.1.3 柯西中值定理

定理 3.4（柯西中值定理） 设函数 $f(x)$，$F(x)$ 满足

(1) 在 $[a,b]$ 上连续，

(2) 在 (a,b) 内可导，且 $F'(x) \neq 0$，

则在 (a,b) 内至少存在一点 ξ，使

微课：柯西中值定理

$$\frac{f'(\xi)}{F'(\xi)} = \frac{f(b) - f(a)}{F(b) - F(a)}.$$

不难看出，拉格朗日中值定理是柯西中值定理的特殊情况. 因为若取 $F(x) = x$，则 $F'(x) \equiv 1$，$F(b) - F(a) = b - a$，柯西中值定理的结论变形为在 (a,b) 内至少存在一点 ξ，使

$$f'(\xi) = \frac{f(b) - f(a)}{b - a}.$$

这正是拉格朗日中值定理的结论.

例 3.6 对函数 $f(x) = x^3$ 及 $F(x) = x^2 + 1$ 在 $[1,2]$ 上验证柯西中值定理的正确性.

解 因为 $f(x)$，$F(x)$ 在 $[1,2]$ 上连续，在 $(1,2)$ 内可导，$F'(x) = 2x$ 在 $(1,2)$ 内不等于零，所以 $f(x)$ 和 $F(x)$ 满足柯西中值定理的所有条件，故至少存在一点 $\xi \in (1,2)$，使

$$\frac{f'(\xi)}{F'(\xi)} = \frac{f(2) - f(1)}{F(2) - F(1)} = \frac{7}{3},$$

即 $\dfrac{3\xi^2}{2\xi} = \dfrac{7}{3}$，解得 $\xi = \dfrac{14}{9} \in (1,2)$.

因此，柯西中值定理对函数 $f(x) = x^3$ 及 $F(x) = x^2 + 1$ 在 $[1,2]$ 上是正确的.

例 3.7 设函数 $f(x)$ 在 $[0,1]$ 上连续，在 $(0,1)$ 内可导，证明：至少存在一点 $\xi \in (0,1)$，使 $f'(\xi) = 2\xi[f(1) - f(0)]$.

分析 要证明的结论可变形为 $\dfrac{f(1) - f(0)}{1 - 0} = \dfrac{f'(\xi)}{2\xi} = \dfrac{f'(x)}{(x^2)'}\bigg|_{x=\xi}$，考虑使用柯西中值定理.

证明 设 $g(x) = x^2$，则函数 $f(x)$ 和 $g(x)$ 在 $[0,1]$ 上满足柯西中值定理的条件，故至少存在一点 $\xi \in (0,1)$，使

$$\frac{f'(x)}{(x^2)'}\bigg|_{x=\xi} = \frac{f'(\xi)}{2\xi} = \frac{f(1) - f(0)}{1 - 0},$$

整理得

$$f'(\xi) = 2\xi[f(1) - f(0)].$$

同步习题 3.1

 基础题

1. 验证下列函数是否满足罗尔定理的条件. 若满足，求出定理中的 ξ；若不满足，请说明原因.

(1) $f(x) = \begin{cases} x^2, & 0 \leqslant x < 1, \\ 0, & x = 1, \end{cases}$ $x \in [0, 1]$.　　(2) $f(x) = \sqrt[3]{8x - x^2}, x \in [0, 8]$.

(3) $f(x) = \ln \sin x, x \in \left[\dfrac{\pi}{6}, \dfrac{5\pi}{6} \right]$.　　(4) $f(x) = \dfrac{3}{x^2 + 1}, x \in [-1, 1]$.

2. 下列函数中，在区间 $[-1, 1]$ 上满足罗尔定理条件的是（　　）.

A. $f(x) = \dfrac{1}{\sqrt{1 - x^2}}$　　B. $f(x) = \sqrt{x^2}$　　C. $f(x) = \sqrt[3]{x^2}$　　D. $f(x) = x^2 + 1$

3. 验证下列函数是否满足拉格朗日中值定理的条件. 若满足，求出定理中的 ξ；若不满足，请说明原因.

(1) $f(x) = e^x, x \in [0, 1]$.　　　　　　　　(2) $f(x) = \ln x, x \in [1, e]$.

(3) $f(x) = x^3 - 3x, x \in [0, 2]$.

4. 验证函数 $f(x) = \sin x$ 及 $F(x) = x + \cos x$ 在区间 $\left[0, \dfrac{\pi}{2} \right]$ 上是否满足柯西中值定理的条件. 若满足，求出定理中的 ξ；若不满足，请说明原因.

5. 证明：$\arcsin x + \arccos x = \dfrac{\pi}{2}, x \in [-1, 1]$.

6. 用拉格朗日中值定理证明：

(1) 若 $0 < a < b$，$n > 1$，则 $na^{n-1}(b-a) < b^n - a^n < nb^{n-1}(b-a)$；

(2) $e^x \geqslant ex$.

提高题

1. 若方程 $a_0 x^n + a_1 x^{n-1} + \cdots + a_{n-1} x = 0$ 有一个正根 x_0，证明：方程 $a_0 n x^{n-1} + a_1(n-1) x^{n-2} + \cdots + a_{n-1} = 0$ 必有一个小于 x_0 的正根.

2. 若函数 $f(x)$ 在 (a, b) 内具有二阶导数，且 $f(x_1) = f(x_2) = f(x_3)$，其中 $a < x_1 < x_2 < x_3 < b$，证明：在 (x_1, x_3) 内至少有一点 ξ，使 $f''(\xi) = 0$.

3. 设 $0 < a < b$，证明：$\dfrac{b-a}{b} < \ln \dfrac{b}{a} < \dfrac{b-a}{a}$.

4. 证明：若函数 $f(x)$ 在 $(-\infty, +\infty)$ 内满足 $f'(x) = f(x)$，且 $f(0) = 1$，则 $f(x) = e^x$.

5. 设 $f(x), g(x)$ 在 $[a, b]$ 上连续，在 (a, b) 内可导，证明：在 (a, b) 内至少存在一点 ξ，使 $f(a) g'(\xi) - g(a) f'(\xi) = \dfrac{f(a) g(b) - f(b) g(a)}{b - a}$.

微课：同步习题 3.1
提高题 2

3.2 洛必达法则

在自变量的同一个变化过程中，两个无穷小量或无穷大量之比的极限通常称为"$\dfrac{0}{0}$"型未定式或"$\dfrac{\infty}{\infty}$"型未定式，该极限可能存在也可能不存在. 根据第1章的学习，我们知道未定式求极限不能直接使用极限的四则运算法则，且很多未定式无法用第1章中介绍过的方法来求解，这就需要寻求其他求解"$\dfrac{0}{0}$"型和"$\dfrac{\infty}{\infty}$"型未定式的方法.

1696年，法国数学家洛必达在《无穷小量分析》一书中给出了求解"$\dfrac{0}{0}$"型和"$\dfrac{\infty}{\infty}$"型未定式的方法，即将函数比的极限等价转化为导数比的极限，这就是洛必达法则.

3.2.1 "$\dfrac{0}{0}$"型未定式

德育学堂 3

定理3.5（洛必达法则Ⅰ） 设 $f(x), g(x)$ 在 x_0 的某去心邻域 $\overset{\circ}{U}(x_0)$ 内有定义，如果

（1）$\lim\limits_{x \to x_0} f(x) = 0, \lim\limits_{x \to x_0} g(x) = 0$，

（2）$f(x), g(x)$ 在 x_0 的去心邻域 $\overset{\circ}{U}(x_0)$ 内可导，且 $g'(x) \neq 0$，

（3）$\lim\limits_{x \to x_0} \dfrac{f'(x)}{g'(x)}$ 存在（或为无穷大）.

那么 $\lim\limits_{x \to x_0} \dfrac{f(x)}{g(x)} = \lim\limits_{x \to x_0} \dfrac{f'(x)}{g'(x)}$.

注 （1）如果 $\lim\limits_{x \to x_0} \dfrac{f'(x)}{g'(x)}$ 还是"$\dfrac{0}{0}$"型未定式，且函数 $f'(x)$ 与 $g'(x)$ 满足洛必达法则Ⅰ中应满足的条件，则可继续使用洛必达法则Ⅰ，即有

$$\lim_{x \to x_0} \frac{f(x)}{g(x)} = \lim_{x \to x_0} \frac{f'(x)}{g'(x)} = \lim_{x \to x_0} \frac{f''(x)}{g''(x)},$$

以此类推，直到求出所要求的极限.

（2）洛必达法则Ⅰ中，极限过程 $x \to x_0$ 若换成 $x \to x_0^+, x \to x_0^-, x \to \infty, x \to +\infty, x \to -\infty$，结论仍然成立.

下面通过一些例子来具体说明洛必达法则Ⅰ的应用情况.

例3.8 计算极限 $\lim\limits_{x \to 0} \dfrac{e^x - 1}{x^2 - x}$.

解 该极限为"$\dfrac{0}{0}$"型未定式，由洛必达法则Ⅰ，得

$$\lim_{x \to 0} \frac{e^x - 1}{x^2 - x} \xlongequal{\frac{0}{0}} \lim_{x \to 0} \frac{e^x}{2x - 1} = \frac{1}{-1} = -1.$$

注意，上式中的 $\lim\limits_{x \to 0} \dfrac{e^x}{2x - 1}$ 已不是"$\dfrac{0}{0}$"型未定式，不能对其使用洛必达法则Ⅰ，否则会导致错误结果. 求解时尤其需要注意使用洛必达法则的条件，如果不是未定式，就不能使用洛必达法则.

例 3.9 计算极限 $\lim\limits_{x \to 2} \dfrac{x^3 - 12x + 16}{x^3 - 2x^2 - 4x + 8}$.

解 该极限属于 "$\dfrac{0}{0}$" 型未定式，由洛必达法则 I，得

$$\lim_{x \to 2} \frac{x^3 - 12x + 16}{x^3 - 2x^2 - 4x + 8} \stackrel{\frac{0}{0}}{=\!=\!=} \lim_{x \to 2} \frac{3x^2 - 12}{3x^2 - 4x - 4} \stackrel{\frac{0}{0}}{=\!=\!=} \lim_{x \to 2} \frac{6x}{6x - 4} = \frac{3}{2}.$$

本例中使用了两次洛必达法则 I.

例 3.10 计算极限 $\lim\limits_{x \to 0} \dfrac{\tan x - x}{x^2 \sin x}$.

解 这是 "$\dfrac{0}{0}$" 型未定式，先对分母中的乘积因子 $\sin x$ 利用等价无穷小 $x (x \to 0)$ 进行代换，再由洛必达法则 I，得

$$\lim_{x \to 0} \frac{\tan x - x}{x^2 \sin x} = \lim_{x \to 0} \frac{\tan x - x}{x^3} \stackrel{\frac{0}{0}}{=\!=\!=} \lim_{x \to 0} \frac{\sec^2 x - 1}{3x^2}$$

$$= \lim_{x \to 0} \frac{\tan^2 x}{3x^2} = \frac{1}{3} \lim_{x \to 0} \left(\frac{\tan x}{x} \right)^2 = \frac{1}{3}.$$

从本例中可以看出，求 "$\dfrac{0}{0}$" 型未定式时，将洛必达法则与求极限的其他方法(比如等价无穷小代换)结合使用更方便快捷.

例 3.11 设 $f''(x)$ 在点 $x = a$ 的某邻域内连续，求极限 $\lim\limits_{h \to 0} \dfrac{f(a + h) + f(a - h) - 2f(a)}{h^2}$.

解 该极限属于 "$\dfrac{0}{0}$" 型未定式，因为 $f''(x)$ 存在，所以 $f'(x)$ 存在，利用洛必达法则 I 和二阶导数的连续性有

$$\lim_{h \to 0} \frac{f(a + h) + f(a - h) - 2f(a)}{h^2} \stackrel{\frac{0}{0}}{=\!=\!=} \lim_{h \to 0} \frac{f'(a + h) - f'(a - h)}{2h}$$

$$\stackrel{\frac{0}{0}}{=\!=\!=} \lim_{h \to 0} \frac{f''(a + h) + f''(a - h)}{2} = f''(a).$$

例 3.12 设 $f(x) = \begin{cases} \dfrac{g(x)}{x}, & x \neq 0, \\ 0, & x = 0, \end{cases}$ 且已知 $g(0) = g'(0) = 0, g''(0) = 2$，求 $f'(0)$.

解 因为当 $x \neq 0$ 时，

$$\frac{f(x) - f(0)}{x - 0} = \frac{g(x)}{x^2},$$

所以由洛必达法则 I 可得

$$f'(0) = \lim_{x \to 0} \frac{f(x) - f(0)}{x - 0} = \lim_{x \to 0} \frac{g(x)}{x^2} = \lim_{x \to 0} \frac{g'(x)}{2x}$$

$$= \frac{1}{2} \lim_{x \to 0} \frac{g'(x) - g'(0)}{x} = \frac{1}{2} g''(0) = 1.$$

【即时提问 3.2】 如果连续使用两次洛必达法则 I，得到

$$f'(0) = \cdots = \lim_{x \to 0} \frac{g'(x)}{2x} = \lim_{x \to 0} \frac{g''(x)}{2} = \frac{1}{2} g''(0) = 1,$$

问：错在哪里？

3.2.2 "$\frac{\infty}{\infty}$" 型未定式

定理 3.6（洛必达法则 II） 设 $f(x), g(x)$ 在 x_0 的某去心邻域 $\overset{\circ}{U}(x_0)$ 内有定义，如果

（1）$\lim_{x \to x_0} f(x) = \infty, \lim_{x \to x_0} g(x) = \infty$，

（2）$f(x), g(x)$ 在 x_0 的去心邻域 $\overset{\circ}{U}(x_0)$ 内可导，且 $g'(x) \neq 0$，

（3）$\lim_{x \to x_0} \dfrac{f'(x)}{g'(x)}$ 存在（或为无穷大），

那么 $\lim_{x \to x_0} \dfrac{f(x)}{g(x)} = \lim_{x \to x_0} \dfrac{f'(x)}{g'(x)}$.

注 （1）如果 $\lim_{x \to x_0} \dfrac{f'(x)}{g'(x)}$ 还是 "$\frac{\infty}{\infty}$" 型未定式，且函数 $f'(x)$ 与 $g'(x)$ 满足洛必达法则 II 应满足的条件，则可继续使用洛必达法则 II，即有

$$\lim_{x \to x_0} \frac{f(x)}{g(x)} = \lim_{x \to x_0} \frac{f'(x)}{g'(x)} = \lim_{x \to x_0} \frac{f''(x)}{g''(x)},$$

以此类推，直到求出所要求的极限.

（2）洛必达法则 II 中，极限过程 $x \to x_0$ 若换成 $x \to x_0^+, x \to x_0^-, x \to \infty, x \to +\infty, x \to -\infty$，结论仍然成立.

例 3.13 计算极限：（1）$\lim\limits_{x \to +\infty} \dfrac{\ln x}{x^a} (a > 0)$；（2）$\lim\limits_{x \to +\infty} \dfrac{x^n}{\mathrm{e}^x}$（$n$ 为正整数）.

解 （1）当 $x \to +\infty$ 时，$\ln x \to +\infty, x^a \to +\infty$，原式是 "$\frac{\infty}{\infty}$" 型未定式，使用洛必达法则 II，得

$$\lim_{x \to +\infty} \frac{\ln x}{x^a} \xlongequal{\frac{\infty}{\infty}} \lim_{x \to +\infty} \frac{\frac{1}{x}}{ax^{a-1}} = \lim_{x \to +\infty} \frac{1}{ax^a} = 0.$$

（2）该极限属于 "$\frac{\infty}{\infty}$" 型未定式，使用洛必达法则 II，得

$$\lim_{x \to +\infty} \frac{x^n}{\mathrm{e}^x} \xlongequal{\frac{\infty}{\infty}} \lim_{x \to +\infty} \frac{nx^{n-1}}{\mathrm{e}^x} \xlongequal{\frac{\infty}{\infty}} \lim_{x \to +\infty} \frac{n(n-1)x^{n-2}}{\mathrm{e}^x} \xlongequal{\frac{\infty}{\infty}} \cdots = \lim_{x \to +\infty} \frac{n!}{\mathrm{e}^x} = 0.$$

例 3.13 说明，当 $x \to +\infty$ 时，$\ln x$ 和 x^a 都是无穷大量，但它们增长的速度却有很大的差别：$x^a (a > 0$，且不论其多么小）的增长速度比 $\ln x$ 快，而 e^x 的增长速度比 x^a（不论 a 多么大）快. 因此，在描述一个量增长得非常快时，常常说它是"指数型"增长.

例3.14   求 $\lim\limits_{x\to 0^+}\dfrac{\ln\cot x}{\ln x}$.

解 $\lim\limits_{x\to 0^+}\dfrac{\ln\cot x}{\ln x}\xlongequal{\frac{\infty}{\infty}}\lim\limits_{x\to 0^+}\dfrac{\dfrac{1}{\cot x}\cdot\left(-\dfrac{1}{\sin^2 x}\right)}{\dfrac{1}{x}}=-\lim\limits_{x\to 0^+}\dfrac{x}{\sin x\cos x}=-1.$

【即时提问3.3】   是不是所有的"$\dfrac{0}{0}$"型或"$\dfrac{\infty}{\infty}$"型未定式都能使用洛必达法则求解呢?

例3.15   求极限 $\lim\limits_{x\to\infty}\dfrac{x+\sin x}{1+x}$.

解   该极限属于"$\dfrac{\infty}{\infty}$"型未定式,若运用洛必达法则 Ⅱ,则

$$\lim_{x\to\infty}\frac{x+\sin x}{1+x}=\lim_{x\to\infty}\frac{1+\cos x}{1}.$$

由于 $\lim\limits_{x\to\infty}\cos x$ 不存在,因此该极限不满足洛必达法则 Ⅱ 的条件,故不能使用洛必达法则 Ⅱ. 原极限可用下面的方法求出:

$$\lim_{x\to\infty}\frac{x+\sin x}{1+x}=\lim_{x\to\infty}\frac{1+\dfrac{1}{x}\sin x}{\dfrac{1}{x}+1}=1.$$

由该例可以看出,洛必达法则 Ⅱ 虽然是求"$\dfrac{\infty}{\infty}$"型未定式的一种有效方法,但它并不是万能的,有时也会失效. 使用洛必达法则 Ⅱ 求不出极限并不意味着原极限不存在,可以改用其他方法求解.

洛必达法则 Ⅱ 还有更一般的形式,如下面的定理所示.

定理3.7   设 $f(x),g(x)$ 在 x_0 的某去心邻域 $\mathring{U}(x_0)$ 内有定义,如果

(1) $\lim\limits_{x\to x_0}g(x)=\infty$,

(2) $f(x),g(x)$ 在 x_0 的去心邻域 $\mathring{U}(x_0)$ 内可导,且 $g'(x)\neq 0$,

(3) $\lim\limits_{x\to x_0}\dfrac{f'(x)}{g'(x)}$ 存在(或为无穷大),

那么 $\lim\limits_{x\to x_0}\dfrac{f(x)}{g(x)}=\lim\limits_{x\to x_0}\dfrac{f'(x)}{g'(x)}$.

例3.16   设 $f(x)$ 在 $[0,+\infty)$ 上可导, $\lim\limits_{x\to+\infty}[f(x)+f'(x)]=A$,证明: $\lim\limits_{x\to+\infty}f(x)=A$.

证明   因为 $\lim\limits_{x\to+\infty}\mathrm{e}^x=+\infty$,所以由定理3.7有

$$\lim_{x\to+\infty}f(x)=\lim_{x\to+\infty}\frac{\mathrm{e}^x f(x)}{\mathrm{e}^x}=\lim_{x\to+\infty}\frac{\mathrm{e}^x[f(x)+f'(x)]}{\mathrm{e}^x}=\lim_{x\to+\infty}[f(x)+f'(x)]=A.$$

3.2.3   其他类型的未定式

在求极限的过程中,遇到"$0\cdot\infty$""$\infty-\infty$""0^0""1^∞""∞^0"型未定式时,可通过转化,化成"$\dfrac{0}{0}$"型或"$\dfrac{\infty}{\infty}$"型未定式后,再用洛必达法则计算.

1. "$0 \cdot \infty$"型未定式

设 $\lim\limits_{x \to x_0} f(x) = 0, \lim\limits_{x \to x_0} g(x) = \infty$，则 $\lim\limits_{x \to x_0} f(x)g(x)$ 就构成了"$0 \cdot \infty$"型未定式，可对其做如下转化：

$$\lim_{x \to x_0} f(x)g(x) = \lim_{x \to x_0} \frac{f(x)}{\dfrac{1}{g(x)}} \left(\text{"} \frac{0}{0} \text{" 型}\right),$$

或

$$\lim_{x \to x_0} f(x)g(x) = \lim_{x \to x_0} \frac{g(x)}{\dfrac{1}{f(x)}} \left(\text{"} \frac{\infty}{\infty} \text{" 型}\right).$$

例 3.17 计算极限 $\lim\limits_{x \to 0^+} x \ln x$.

解 该极限属于"$0 \cdot \infty$"型未定式，先化为"$\dfrac{\infty}{\infty}$"型未定式，再使用洛必达法则.

$$\lim_{x \to 0^+} x \ln x \xlongequal{0 \cdot \infty} \lim_{x \to 0^+} \frac{\ln x}{\dfrac{1}{x}} \xlongequal{\frac{\infty}{\infty}} \lim_{x \to 0^+} \frac{\dfrac{1}{x}}{-\dfrac{1}{x^2}} = \lim_{x \to 0^+}(-x) = 0.$$

注 若将本题的极限化为"$\dfrac{0}{0}$"型，则

$$\lim_{x \to 0^+} x \ln x \xlongequal{0 \cdot \infty} \lim_{x \to 0^+} \frac{x}{\dfrac{1}{\ln x}} \xlongequal{\frac{0}{0}} \lim_{x \to 0^+} \frac{1}{-\dfrac{1}{\ln^2 x} \cdot \dfrac{1}{x}} = \lim_{x \to 0^+}(-x \ln^2 x),$$

可以看出这样做越来越复杂. 因此，"$0 \cdot \infty$"型未定式是转化为"$\dfrac{0}{0}$"型还是转化成"$\dfrac{\infty}{\infty}$"型需要合理选择.

2. "$\infty - \infty$"型未定式

这种类型的未定式可以通过通分化简等方法转化为"$\dfrac{0}{0}$"型或"$\dfrac{\infty}{\infty}$"型未定式.

例 3.18 计算极限 $\lim\limits_{x \to \frac{\pi}{2}}(\sec x - \tan x)$.

解 该极限属于"$\infty - \infty$"型未定式，先通分化为"$\dfrac{0}{0}$"型未定式，再使用洛必达法则.

$$\lim_{x \to \frac{\pi}{2}}(\sec x - \tan x) \xlongequal{\infty - \infty} \lim_{x \to \frac{\pi}{2}}\left(\frac{1}{\cos x} - \frac{\sin x}{\cos x}\right) = \lim_{x \to \frac{\pi}{2}} \frac{1 - \sin x}{\cos x} \xlongequal{\frac{0}{0}} \lim_{x \to \frac{\pi}{2}} \frac{-\cos x}{-\sin x} = 0.$$

3. "0^0""1^∞""∞^0"型未定式

这 3 种类型的未定式可以通过取对数进行如下转化：

$$\lim[f(x)]^{g(x)} = \lim e^{g(x)\ln f(x)} = e^{\lim[g(x)\ln f(x)]}.$$

无论 $[f(x)]^{g(x)}$ 是上述 3 种类型中的哪一种，$\lim[g(x)\ln f(x)]$ 均为"$0 \cdot \infty$"型未定式.

例3.19　计算极限$\lim\limits_{x\to0^+}x^x$.

解　该极限属于"0^0"型未定式，先取对数，再使用洛必达法则，得

$$\lim_{x\to0^+}x^x=\mathrm{e}^{\lim\limits_{x\to0^+}(x\ln x)}=\mathrm{e}^{\lim\limits_{x\to0^+}\frac{\ln x}{\frac{1}{x}}}=\mathrm{e}^{\lim\limits_{x\to0^+}(-x)}=\mathrm{e}^0=1.$$

例3.20　计算极限$\lim\limits_{x\to1}x^{\frac{1}{1-x}}$.

解　该极限属于"1^∞"型未定式，取对数后再使用洛必达法则，得

$$\lim_{x\to1}x^{\frac{1}{1-x}}=\mathrm{e}^{\lim\limits_{x\to1}\frac{\ln x}{1-x}}=\mathrm{e}^{\lim\limits_{x\to1}\frac{\frac{1}{x}}{-1}}=\mathrm{e}^{-1}.$$

例3.21　计算极限$\lim\limits_{n\to\infty}\tan^n\left(\dfrac{\pi}{4}+\dfrac{2}{n}\right)$.

微课：例3.21

分析　这是数列极限，根据海涅定理，把数列极限转化为函数极限后，再使用洛必达法则.

解　令$f(x)=\tan^x\left(\dfrac{\pi}{4}+\dfrac{2}{x}\right)$，则

$$\lim_{x\to+\infty}f(x)=\lim_{x\to+\infty}\tan^x\left(\frac{\pi}{4}+\frac{2}{x}\right)=\lim_{x\to+\infty}\mathrm{e}^{x\ln\tan\left(\frac{\pi}{4}+\frac{2}{x}\right)}=\mathrm{e}^{\lim\limits_{x\to+\infty}\left[x\ln\tan\left(\frac{\pi}{4}+\frac{2}{x}\right)\right]},$$

而$\lim\limits_{x\to+\infty}\left[x\ln\tan\left(\dfrac{\pi}{4}+\dfrac{2}{x}\right)\right]\xlongequal{0\cdot\infty}\lim\limits_{x\to+\infty}\dfrac{\ln\tan\left(\dfrac{\pi}{4}+\dfrac{2}{x}\right)}{\dfrac{1}{x}}$

$$\xlongequal{\frac{0}{0}}\lim_{x\to+\infty}\frac{2}{\tan\left(\dfrac{\pi}{4}+\dfrac{2}{x}\right)\cdot\cos^2\left(\dfrac{\pi}{4}+\dfrac{2}{x}\right)}=\lim_{x\to+\infty}\frac{4}{\sin\left(\dfrac{\pi}{2}+\dfrac{4}{x}\right)}=4.$$

故

$$\lim_{n\to\infty}\tan^n\left(\frac{\pi}{4}+\frac{2}{n}\right)=\lim_{x\to+\infty}\tan^x\left(\frac{\pi}{4}+\frac{2}{x}\right)=\mathrm{e}^4.$$

利用洛必达法则求未定式的极限，需要注意以下4点.

（1）洛必达法则只适用于"$\dfrac{0}{0}$"型和"$\dfrac{\infty}{\infty}$"型未定式，其他类型的未定式必须先化简变形成"$\dfrac{0}{0}$"型或"$\dfrac{\infty}{\infty}$"型未定式才能运用洛必达法则.

（2）只要条件具备，可以连续多次使用洛必达法则.

（3）洛必达法则可以和其他求未定式的方法结合使用.

（4）洛必达法则的条件是充分条件，但是不必要条件. 在某些特殊情况下，洛必达法则可能失效，此时应寻求其他解法. 例如

$$\lim_{x\to+\infty}\frac{\sqrt{1+x^2}}{x}\xlongequal{\frac{\infty}{\infty}}\lim_{x\to+\infty}\frac{\dfrac{2x}{2\sqrt{1+x^2}}}{1}=\lim_{x\to+\infty}\frac{x}{\sqrt{1+x^2}}\xlongequal{\frac{\infty}{\infty}}\lim_{x\to+\infty}\frac{1}{\dfrac{2x}{2\sqrt{1+x^2}}}=\lim_{x\to+\infty}\frac{\sqrt{1+x^2}}{x},$$

使用洛必达法则无法求出极限时，可以使用下面的方法求出极限：

$$\lim_{x\to+\infty}\frac{\sqrt{1+x^2}}{x}=\lim_{x\to+\infty}\sqrt{\frac{1}{x^2}+1}=1.$$

同步习题 3.2

 基础题

1. 求下列函数极限.

(1) $\lim\limits_{x\to1}\dfrac{x^3-3x+2}{x^3-x^2-x+1}$.

(2) $\lim\limits_{x\to1}\dfrac{\ln x}{x-1}$.

(3) $\lim\limits_{x\to\frac{\pi}{2}}\dfrac{\cos x}{x-\dfrac{\pi}{2}}$.

(4) $\lim\limits_{x\to0}\dfrac{e^x-e^{-x}}{\sin x}$.

2. 求下列函数极限.

(1) $\lim\limits_{x\to0}\dfrac{\tan x-x}{x-\sin x}$.

(2) $\lim\limits_{x\to+\infty}\dfrac{x^3}{a^x}(a>1)$.

(3) $\lim\limits_{x\to0^+}\dfrac{\ln x}{\ln\sin x}$.

(4) $\lim\limits_{x\to\frac{\pi}{2}^+}\dfrac{\ln\left(x-\dfrac{\pi}{2}\right)}{\tan x}$.

3. 求下列函数极限.

(1) $\lim\limits_{x\to\infty}x(e^{\frac{1}{x}}-1)$.

(2) $\lim\limits_{x\to0}\left[\dfrac{1}{\ln(x+1)}-\dfrac{1}{x}\right]$.

(3) $\lim\limits_{x\to+\infty}x\left(\dfrac{\pi}{2}-\arctan x\right)$.

(4) $\lim\limits_{x\to\infty}x(a^{\frac{1}{x}}-1)(a>0)$.

4. 求下列函数极限.

(1) $\lim\limits_{x\to0}(1+\sin x)^{\frac{1}{x}}$.

(2) $\lim\limits_{x\to0^+}x^{\tan x}$.

(3) $\lim\limits_{x\to\infty}(1+x^2)^{\frac{1}{x}}$.

5. 求下列函数极限.

(1) $\lim\limits_{x\to+\infty}\dfrac{x-\sin x}{x+\sin x}$.

(2) $\lim\limits_{x\to+\infty}\dfrac{e^x+\sin x}{e^x-\cos x}$.

6. 证明：极限 $\lim\limits_{x\to0}\dfrac{x^2\sin\dfrac{1}{x}}{\sin x}$ 存在，但不能用洛必达法则求出.

提高题

1. 求下列函数极限.

(1) $\lim\limits_{x\to0}\dfrac{x-x\cos x}{4\sin^3x}$.

(2) $\lim\limits_{x\to1}\left(\dfrac{x}{x-1}-\dfrac{1}{\ln x}\right)$.

(3) $\lim\limits_{x\to0}\left(\dfrac{1}{x^2}-\cot^2x\right)$.

(4) $\lim\limits_{x\to+\infty}\left(\dfrac{2}{\pi}\arctan x\right)^x$.

2. 试确定常数 a,b，使 $\lim\limits_{x \to 0} \dfrac{\ln(1+x) - (ax + bx^2)}{x^2} = 2$.

3. 讨论函数 $f(x) = \begin{cases} \left[\dfrac{(1+x)^{\frac{1}{x}}}{e}\right]^{\frac{1}{x}}, & x > 0, \\ e^{-\frac{1}{2}}, & x \le 0 \end{cases}$ 在点 $x = 0$ 处的连续性.

微课：同步习题 3.2
提高题 3

4. 设 $f''(x_0)$ 存在，证明：$\lim\limits_{h \to 0} \dfrac{f(x_0 + h) - 2f(x_0) + f(x_0 - h)}{h^2} = f''(x_0)$.

3.3　泰勒公式

用简单函数逼近复杂函数是数学研究中常用的手段，而所谓的简单函数中，多项式函数是相对理想的选择. 因为多项式函数只需要对自变量进行加法、减法和乘法的运算，同时具有良好的分析性质. 本节讨论泰勒公式，一方面可以实现用多项式函数近似表示复杂函数，并给出这种近似表示所产生的误差；另一方面，泰勒中值定理建立了函数与其各阶导数之间的桥梁，这一点在微积分学的理论中具有深远意义.

3.3.1　泰勒中值定理

在微分的应用中，当 $|x|$ 很小时，有如下的近似公式：$e^x \approx 1 + x, \ln(1+x) \approx x$. 这是利用一次多项式近似表达函数的例子. 在点 $x = 0$ 处，这些一次多项式与相应的函数有相同的函数值和导数值. 但这种近似的不足之处也很明显：首先是精确度不高；其次是在做近似计算时，无法具体估计误差的大小. 因此，当精确度要求较高且需要估计误差时，就必须用更高次的多项式来近似表达函数，同时给出误差计算公式.

一个函数满足什么条件，才可以用一个多项式来近似表达呢？这个多项式的次数是多少？函数和这个多项式之间所产生的误差又如何计算？泰勒中值定理完美地解决了这些问题.

定理3.8（泰勒中值定理）　如果函数 $f(x)$ 在含有 x_0 的某个开区间 (a,b) 内具有直到 $n+1$ 阶的导数，则对任意 $x \in (a,b)$，有

$$f(x) = f(x_0) + f'(x_0)(x - x_0) + \frac{f''(x_0)}{2!}(x - x_0)^2 + \cdots + \frac{f^{(n)}(x_0)}{n!}(x - x_0)^n + R_n(x), \quad (3.1)$$

其中

$$R_n(x) = \frac{f^{(n+1)}(\xi)}{(n+1)!}(x - x_0)^{n+1}, \quad (3.2)$$

ξ 介于 x_0 与 x 之间，也可记为 $\xi = x_0 + \theta(x - x_0), 0 < \theta < 1$.

证明从略.

式（3.1）中的 n 次多项式

$$P_n(x) = f(x_0) + f'(x_0)(x - x_0) + \frac{f''(x_0)}{2!}(x - x_0)^2 + \cdots + \frac{f^{(n)}(x_0)}{n!}(x - x_0)^n$$

称为函数 $f(x)$ 在点 x_0 处的 n 阶泰勒多项式，其系数 $a_k = \dfrac{f^{(k)}(x_0)}{k!}(k = 0, 1, 2, \cdots, n)$ 称为 $f(x)$ 在点 x_0 处的泰勒系数. 式（3.1）称为函数 $f(x)$ 按 $x - x_0$ 的幂展开的带有拉格朗日型余项的 n 阶泰勒公

式，式(3.2)称为拉格朗日型余项，当 n 固定时，展开式唯一.

当 $n=0$ 时，泰勒公式就变成拉格朗日中值公式

$$f(x) = f(x_0) + f'(\xi)(x-x_0) \quad (\xi \text{ 介于 } x_0 \text{ 与 } x \text{ 之间}).$$

因此，泰勒中值定理是拉格朗日中值定理的推广.

对于固定的某个 n，如果当 $x \in (a,b)$ 时，$|f^{(n+1)}(x)| \leq M$，则有误差估计式

$$|R_n(x)| = \left| \frac{f^{(n+1)}(\xi)}{(n+1)!}(x-x_0)^{n+1} \right| \leq \frac{M}{(n+1)!}|x-x_0|^{n+1}, \tag{3.3}$$

于是

$$\lim_{x \to x_0} \frac{R_n(x)}{(x-x_0)^n} = 0,$$

即当 $x \to x_0$ 时，

$$R_n(x) = o[(x-x_0)^n]. \tag{3.4}$$

$R_n(x)$ 的表达式(3.4)称为佩亚诺型余项.

在不需要余项的精确表达式时，$f(x)$ 的 n 阶泰勒公式也可以写成

$$f(x) = f(x_0) + f'(x_0)(x-x_0) + \frac{f''(x_0)}{2!}(x-x_0)^2 + \cdots + \frac{f^{(n)}(x_0)}{n!}(x-x_0)^n + o[(x-x_0)^n],$$

该式称为带有佩亚诺型余项的 n 阶泰勒公式. 此时，函数 $f(x)$ 要求具有直到 n 阶的导数，而不需要具有 $n+1$ 阶导数. 这也表明了用 n 阶泰勒多项式

$$P_n(x) = \sum_{k=0}^{n} \frac{f^{(k)}(x_0)}{k!}(x-x_0)^k$$

近似表示 $f(x)$ 时，其误差 $R_n(x)$ 是 $x \to x_0$ 过程中比 $(x-x_0)^n$ 高阶的无穷小量. 这说明当 $n>1$ 时，逼近的精确度较线性逼近大大提高.

【即时提问 3.4】　若函数 $f(x)$ 在含有 x_0 的某个开区间 (a,b) 内具有直到 5 阶的导数，则 $f(x)$ 在点 $x=x_0$ 处最多只能展开为 4 阶泰勒公式. 这种说法正确吗? 请说明理由.

3.3.2　麦克劳林公式

定理 3.9　如果函数 $f(x)$ 在含有 $x=0$ 的某个开区间 (a,b) 内具有直到 $n+1$ 阶的导数，则对任意 $x \in (a,b)$，有

$$f(x) = f(0) + f'(0)x + \frac{f''(0)}{2!}x^2 + \cdots + \frac{f^{(n)}(0)}{n!}x^n + \frac{f^{(n+1)}(\theta x)}{(n+1)!}x^{n+1}(0<\theta<1), \tag{3.5}$$

该式称为函数 $f(x)$ 的带有拉格朗日型余项的 n 阶麦克劳林公式.

带有佩亚诺型余项的 n 阶麦克劳林公式为

$$f(x) = f(0) + f'(0)x + \frac{f''(0)}{2!}x^2 + \cdots + \frac{f^{(n)}(0)}{n!}x^n + o(x^n). \tag{3.6}$$

由式(3.5)或式(3.6)可得近似公式

$$f(x) \approx f(0) + f'(0)x + \frac{f''(0)}{2!}x^2 + \cdots + \frac{f^{(n)}(0)}{n!}x^n,$$

该式右端的多项式可记作 $P_n(x) = f(0) + f'(0)x + \frac{f''(0)}{2!}x^2 + \cdots + \frac{f^{(n)}(0)}{n!}x^n$，称为 $f(x)$ 的 n 阶麦克劳林多项式，其系数为 $a_k = \frac{f^{(k)}(0)}{k!}(k=0,1,2,\cdots,n).$

误差估计式(3.3)对应麦克劳林公式相应地变为 $|R_n(x)| \leqslant \dfrac{M}{(n+1)!}|x|^{n+1}$.

3.3.3   几个重要初等函数的麦克劳林公式

例 3.22   求函数 $f(x) = \mathrm{e}^x$ 的 n 阶麦克劳林公式.

解   由 $f'(x) = f''(x) = \cdots = f^{(n)}(x) = \mathrm{e}^x$,得

$$f(0) = f'(0) = f''(0) = \cdots = f^{(n)}(0) = 1.$$

又

$$f^{(n+1)}(\theta x) = \mathrm{e}^{\theta x},$$

把这些值代入式(3.5)即得所求的 n 阶麦克劳林公式为

$$\mathrm{e}^x = 1 + x + \frac{1}{2!}x^2 + \cdots + \frac{1}{n!}x^n + \frac{\mathrm{e}^{\theta x}}{(n+1)!}x^{n+1} \quad (0 < \theta < 1).$$

例 3.23   求函数 $f(x) = \sin x$ 的 n 阶麦克劳林公式.

解 $f^{(k)}(x) = \sin\left(x + \dfrac{k\pi}{2}\right), f^{(k)}(0) = \sin\dfrac{k\pi}{2}(k = 0,1,2,\cdots)$,故 $f(0) = 0, f'(0) = 1, f''(0) = 0,$ $f'''(0) = -1, f^{(4)}(0) = 0, \cdots$,依次循环地取 4 个数 $0,1,0,-1$. 根据式(3.5),取 $n = 2m(m = 1,$ $2,\cdots)$,得 $2m$ 阶麦克劳林公式为

$$\sin x = x - \frac{x^3}{3!} + \frac{x^5}{5!} - \cdots + (-1)^{m-1}\frac{x^{2m-1}}{(2m-1)!} + R_{2m}(x),$$

其中

$$R_{2m}(x) = \frac{\sin\left[\theta x + \dfrac{(2m+1)\pi}{2}\right]}{(2m+1)!}x^{2m+1} = (-1)^m\frac{\cos\theta x}{(2m+1)!}x^{2m+1} \quad (0 < \theta < 1).$$

分别取 $m = 1,2,3$,可得近似公式

$$\sin x \approx x, \sin x \approx x - \frac{x^3}{3!}, \sin x \approx x - \frac{x^3}{3!} + \frac{x^5}{5!},$$

其误差分别为

$$|R_2(x)| = \left|\frac{\cos\theta x}{3!}x^3\right| \leqslant \frac{x^3}{3!}(0 < \theta < 1), \quad |R_4(x)| \leqslant \frac{x^5}{5!}, |R_6(x)| \leqslant \frac{x^7}{7!}.$$

函数 $f(x) = \sin x$ 及以上 3 个麦克劳林多项式函数的图形如图 3.4 所示.

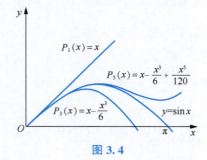

图 3.4

计算机可视化 9

类似地,可得以下 3 个函数的麦克劳林公式.

$(1)\cos x = 1 - \dfrac{x^2}{2!} + \dfrac{x^4}{4!} - \cdots + (-1)^{m-1}\dfrac{x^{2m}}{(2m)!} + R_{2m+1}(x)$,其中

$$R_{2m+1}(x) = \frac{\cos\left[\theta x + (m+1)\pi\right]}{(2m+2)!}x^{2m+2} = (-1)^{m+1}\frac{\cos\theta x}{(2m+2)!}x^{2m+2} \quad (0 < \theta < 1).$$

（2）$\ln(1+x) = x - \dfrac{x^2}{2} + \dfrac{x^3}{3} - \cdots + (-1)^{n-1}\dfrac{x^n}{n} + R_n(x)$，其中

$$R_n(x) = \frac{(-1)^n}{(n+1)(1+\theta x)^{n+1}}x^{n+1} \quad (0 < \theta < 1).$$

（3）$(1+x)^\alpha = 1 + \alpha x + \dfrac{\alpha(\alpha-1)}{2!}x^2 + \cdots + \dfrac{\alpha(\alpha-1)\cdots(\alpha-n+1)}{n!}x^n + R_n(x)$，其中

$$R_n(x) = \frac{\alpha(\alpha-1)\cdots(\alpha-n+1)(\alpha-n)}{(n+1)!}(1+\theta x)^{\alpha-n-1}x^{n+1} \quad (0 < \theta < 1).$$

特别地，当 $\alpha = -1$ 时，$\dfrac{1}{1+x} = 1 - x + x^2 - x^3 + \cdots + (-1)^n x^n + R_n(x)$，其中 $x \neq -1$，

$$R_n(x) = \frac{(-1)^{n+1}}{(1+\theta x)^{n+2}}x^{n+1} \quad (0 < \theta < 1).$$

由以上带有拉格朗日型余项的麦克劳林公式，对应可得带有佩亚诺型余项的麦克劳林公式，请自行写出，此处不再赘述.

3.3.4 泰勒公式的应用

1. 泰勒公式间接展开法

利用已知函数的麦克劳林公式，可以间接地写出某些复杂函数的泰勒公式或麦克劳林公式.

例 3.24 求函数 $f(x) = xe^{-x}$ 带有佩亚诺型余项的 n 阶麦克劳林公式.

解 因为 $e^x = 1 + x + \dfrac{1}{2!}x^2 + \cdots + \dfrac{1}{(n-1)!}x^{n-1} + o(x^{n-1})$，

所以

$$e^{-x} = 1 - x + \frac{1}{2!}x^2 - \cdots + (-1)^{n-1}\frac{1}{(n-1)!}x^{n-1} + o(x^{n-1}),$$

从而 $f(x) = xe^{-x}$ 带有佩亚诺型余项的 n 阶麦克劳林公式为

$$xe^{-x} = x - x^2 + \frac{1}{2!}x^3 - \cdots + (-1)^{n-1}\frac{1}{(n-1)!}x^n + o(x^n).$$

例 3.25 求函数 $f(x) = \dfrac{1}{3+x}$ 在 $x = 1$ 处带有佩亚诺型余项的 n 阶泰勒公式.

解 $f(x) = \dfrac{1}{3+x} = \dfrac{1}{4+(x-1)} = \dfrac{1}{4} \cdot \dfrac{1}{1 + \dfrac{x-1}{4}}$

$$= \frac{1}{4}\left\{1 - \frac{x-1}{4} + \frac{(-1)\cdot(-2)}{2!}\cdot\left(\frac{x-1}{4}\right)^2 + \cdots + \right.$$

$$\left. \frac{(-1)(-2)\cdot(-3)\cdot\cdots\cdot(-n)}{n!}\left(\frac{x-1}{4}\right)^n + o\left[\left(\frac{x-1}{4}\right)^n\right]\right\}$$

$$= \frac{1}{4}\left[1 - \frac{x-1}{4} + \left(\frac{x-1}{4}\right)^2 - \cdots + (-1)^n\left(\frac{x-1}{4}\right)^n + o(x-1)^n\right]$$

$$= \frac{1}{4} - \frac{x-1}{4^2} + \frac{(x-1)^2}{4^3} - \cdots + (-1)^n\frac{(x-1)^n}{4^{n+1}} + o(x-1)^n.$$

2. 利用泰勒公式求极限

带有佩亚诺型余项的麦克劳林公式应用于求极限运算中，可以简化运算，它是求某些未定式的重要工具.

例 3.26　求极限 $\lim\limits_{x\to 0}\dfrac{\cos x-\mathrm{e}^{-\frac{x^2}{2}}}{x^4}$.

解　由于分母是 x 的 4 次方，所以只需要将分子中的 $\mathrm{e}^{-\frac{x^2}{2}}$ 和 $\cos x$ 展开为带有佩亚诺型余项的 4 阶麦克劳林公式即可，有

$$\mathrm{e}^{-\frac{x^2}{2}}=1-\frac{x^2}{2}+\frac{1}{2!}\cdot\left(-\frac{x^2}{2}\right)^2+o(x^4),\quad \cos x=1-\frac{x^2}{2!}+\frac{x^4}{4!}+o(x^4).$$

于是

$$\lim_{x\to 0}\frac{\cos x-\mathrm{e}^{-\frac{x^2}{2}}}{x^4}=\lim_{x\to 0}\frac{\left[1-\dfrac{x^2}{2!}+\dfrac{x^4}{4!}+o(x^4)\right]-\left[1-\dfrac{x^2}{2}+\dfrac{1}{2!}\left(-\dfrac{x^2}{2}\right)^2+o(x^4)\right]}{x^4}$$

$$=\lim_{x\to 0}\frac{\dfrac{1}{4!}x^4-\dfrac{1}{8}x^4+o(x^4)}{x^4}=-\frac{1}{12}.$$

3. 求高阶导数值

若函数 $f(x)$ 在点 x_0 处的泰勒公式可以使用间接展开法得到，则根据泰勒公式的唯一性，可以确定函数 $f(x)$ 在点 x_0 处的各阶导数值.

例 3.27　设 $f(x)=x^2\sin x$，求 $f^{(99)}(0)$.

解　由 $\sin x=x-\dfrac{x^3}{3!}+\dfrac{x^5}{5!}-\cdots+(-1)^{m-1}\dfrac{x^{2m-1}}{(2m-1)!}+o(x^{2m})$，

得到

$$x^2\sin x=x^3-\frac{x^5}{3!}+\frac{x^7}{5!}-\cdots+(-1)^{m-1}\frac{x^{2m+1}}{(2m-1)!}+o(x^{2m+2}),$$

函数 $f(x)$ 的麦克劳林公式中 x^{99} 项的系数为 $\dfrac{f^{(99)}(0)}{99!}$，根据麦克劳林公式的唯一性得

$$(-1)^{49-1}\frac{1}{(98-1)!}=\frac{f^{(99)}(0)}{99!},$$

所以 $f^{(99)}(0)=99\times 98=9\,702$.

同步习题 3.3

基础题

1. 将函数 $f(x)=x^5-x^2+x$ 展开成 $x+1$ 的多项式.
2. 求函数 $f(x)=x\mathrm{e}^x$ 的 n 阶麦克劳林公式（带佩亚诺型余项）.
3. 求函数 $f(x)=\sqrt{x}$ 按 $x-4$ 的幂展开的 3 阶泰勒公式（带拉格朗日型余项）.
4. 求函数 $f(x)=\ln x$ 按 $x-2$ 的幂展开的 n 阶泰勒公式（带佩亚诺型余项）.
5. 求函数 $f(x)=\tan x$ 的 3 阶麦克劳林公式（带佩亚诺型余项）.

提高题

1. 利用泰勒公式求极限.

(1) $\lim\limits_{x \to +\infty}(\sqrt[3]{x^3+3x^2}-\sqrt[4]{x^4-2x^3})$.　　(2) $\lim\limits_{x \to 0}\dfrac{\cos x - \mathrm{e}^{-\frac{x^2}{2}}}{x^2[x+\ln(1-x)]}$.

(3) $\lim\limits_{x \to \infty}\left(x^2 - x^3\sin\dfrac{1}{x}\right)$.　　(4) $\lim\limits_{x \to 0}\dfrac{1+\dfrac{1}{2}x^2-\sqrt{1+x^2}}{(\cos x - \mathrm{e}^{x^3})\tan x^2}$.

微课：同步习题 3.3
提高题 2

2. 设 $f(x)$ 在点 $x=0$ 的某邻域内二阶可导，且 $\lim\limits_{x \to 0}\dfrac{\sin x + x f(x)}{x^3} = \dfrac{1}{2}$，求 $f(0),f'(0),f''(0)$ 的值.

3. 求函数 $f(x)=x^2\ln(1+x)$ 在点 $x=0$ 处的 n 阶导数 $f^{(n)}(0)(n \geqslant 3)$.

3.4 函数的单调性、极值和最值

本节将在微分中值定理的基础上，建立函数和导数的关系，从而有效地从整体上刻画函数的变化形态，即利用导数工具来研究函数的性质，比如函数的单调性、极值和最值等.

3.4.1 函数的单调性

单调性是函数的重要性质. 在 1.1 节中我们已经讨论过函数在一个区间上单调的概念. 一般情况下，我们通过函数单调性的定义来判断单调性，即在函数的定义域内任取两点 x_1 和 x_2，不妨设 $x_1 < x_2$，通过比较 $f(x_1)$ 和 $f(x_2)$ 的大小来判断函数的单调性，这可以通过函数值作差或者作商来实现判断函数值大小的目的. 但对于某些函数来说，这个方法可能比较复杂. 下面我们从几何直观上考察导数符号与单调性的关系，如图 3.5 所示.

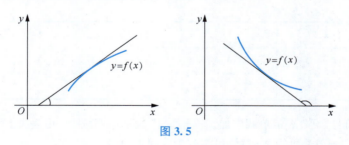

图 3.5

由图 3.5 可以看出，当函数图形随着自变量的增大而上升时，曲线上每点处的切线与 x 轴正向的夹角为锐角，从而斜率大于零. 由导数的几何意义知，导数大于零. 同样可知，当函数图形随着自变量的增大而下降时，导数小于零. 这些现象反映了函数的单调性与导数符号之间的联系. 通过归纳，我们得到下面的定理.

定理 3.10　设函数 $f(x)$ 在区间 I 上可导，对一切 $x \in I$，

(1) 若 $f'(x) > 0$，则函数 $f(x)$ 在 I 上单调增加；

(2) 若 $f'(x) < 0$，则函数 $f(x)$ 在 I 上单调减少.

证明　（1）任取 $x_1, x_2 \in I$，且 $x_1 < x_2$，在 $[x_1, x_2]$ 上应用拉格朗日中值定理，有

$$f(x_2) - f(x_1) = f'(\xi)(x_2 - x_1), x_1 < \xi < x_2.$$

由于对一切 $x \in I$，有 $f'(x) > 0$，因此 $f'(\xi) > 0$，从而 $f(x_2) > f(x_1)$.

由 x_1, x_2 的任意性知，函数 $f(x)$ 在 I 上单调增加，（1）得证.

类似可证（2）.

在此，需要指出的是，函数 $f(x)$ 在某区间内单调增加（或减少）时，在个别点 x_0 处，可以有 $f'(x_0) = 0$. 例如，函数 $y = x^3$ 在区间 $(-\infty, +\infty)$ 内是单调增加的，而 $y'(x) = 3x^2 \geqslant 0$，仅当 $x = 0$ 时，$y'(0) = 0$. 对此，有更一般性的结论：

在函数 $f(x)$ 的可导区间 I 内，若 $f'(x) \geqslant 0$ 或 $f'(x) \leqslant 0$（等号仅在有限个点处成立），则函数 $f(x)$ 在 I 内单调增加或单调减少.

根据定理 3.10，讨论一个函数的单调性，只需要求出该函数的导数，再判别导数的符号即可. 为此，我们要把导数 $f'(x)$ 取正值和负值的区间进行划分. 当导数连续时，$f'(x)$ 取正值和负值的分界点上应有 $f'(x) = 0$，因此，讨论函数单调性的步骤如下：

（1）确定 $f(x)$ 的定义域；

（2）求 $f'(x)$，并求出 $f(x)$ 单调区间的所有可能的分界点（包括使 $f'(x) = 0$ 的点、$f'(x)$ 不存在的点），并根据分界点把定义域分成相应的区间；

（3）判断一阶导数 $f'(x)$ 在各区间内的符号，从而判断函数在各区间内的单调性.

例 3.28　讨论函数 $f(x) = 2x^3 - 9x^2 + 12x - 3$ 的单调区间.

解　首先，确定函数的定义域：该函数的定义域为 $(-\infty, +\infty)$.

其次，求导数并确定函数的驻点和导数不存在的点：

$$f'(x) = 6x^2 - 18x + 12 = 6(x - 1)(x - 2),$$

由 $f'(x) = 0$ 得驻点 $x_1 = 1, x_2 = 2$，该函数没有不可导的点.

最后，用找到的点划分连续区间并列表讨论，以判定函数的增减区间，如表 3.1 所示.

表 3.1

x	$(-\infty, 1)$	1	$(1, 2)$	2	$(2, +\infty)$
$f'(x)$	+	0	−	0	+
$f(x)$	↗		↘		↗

表 3.1 中，符号"↗"表示单调增加，符号"↘"表示单调减少. 由表 3.1 可知，函数 $f(x)$ 的单调增加区间为 $(-\infty, 1)$ 和 $(2, +\infty)$，单调减少区间为 $[1, 2]$.

例 3.29　判断函数 $f(x) = \sqrt[3]{x}$ 的单调性.

解　函数 $f(x) = \sqrt[3]{x}$ 的定义域为 $(-\infty, +\infty)$，且 $f'(x) = \dfrac{1}{3} x^{-\frac{2}{3}}$，容易得到函数 $f(x) = \sqrt[3]{x}$ 在点 $x = 0$ 处导数不存在，并且点 $x = 0$ 把 $f(x)$ 的定义域分成两个部分区间 $(-\infty, 0)$ 和 $(0, +\infty)$.

当 $x \in (-\infty, 0)$ 时，$f'(x) > 0$，则函数 $f(x) = \sqrt[3]{x}$ 在 $(-\infty, 0)$ 上单调增加.

当 $x \in (0, +\infty)$ 时，$f'(x) > 0$，则函数 $f(x) = \sqrt[3]{x}$ 在 $(0, +\infty)$ 上单调增加.

综上所述，函数 $f(x) = \sqrt[3]{x}$ 在 $(-\infty, +\infty)$ 上单调增加.

例 3.30 设 $f(x) = \begin{cases} -x^3, & x < 0, \\ x\arctan x, & x \geq 0, \end{cases}$ 试确定 $f(x)$ 的单调区间.

解 当 $x < 0$ 时，$f'(x) = -3x^2 < 0$. 当 $x > 0$ 时，$f'(x) = \arctan x + \dfrac{x}{1+x^2} > 0$. 所以 $f(x)$ 的单调减少区间为 $(-\infty, 0)$，单调增加区间为 $[0, +\infty)$.

利用函数的单调性还可以证明一些不等式. 如果函数 $f(x)$ 在 $[a,b]$ 上连续，在 (a,b) 内可导，对一切 $x \in (a,b)$，有 $f'(x) > 0$，则推出 $f(x)$ 在 $[a,b]$ 上单调增加，所以有 $f(x) > f(a)$. 这就提供了证明不等式的依据.

例 3.31 证明：当 $x > 0$ 时，$e^x > x+1$.

证明 设函数 $f(x) = e^x - x - 1$，则 $f(0) = 0$. 下面证明 $f(x) > f(0)$ 即可.

$f(x)$ 在 $[0, +\infty)$ 上连续，且当 $x > 0$ 时，$f'(x) = e^x - 1 > 0$，所以 $f(x) = e^x - x - 1$ 在 $[0, +\infty)$ 上单调增加，从而有 $f(x) > f(0) = 0$.

所以当 $x > 0$ 时，$f(x) = e^x - x - 1 > 0$，即 $e^x > x+1$.

3.4.2 函数的极值

1. 极值的定义

定义 3.1 设 $f(x)$ 在点 x_0 的邻域 $U(x_0, \delta)(\delta > 0)$ 内有定义，若 $\forall x \in \mathring{U}(x_0, \delta)$，都满足：

(1) $f(x) < f(x_0)$，则称 $f(x_0)$ 为函数 $f(x)$ 的**极大值**，x_0 称为**极大值点**；

(2) $f(x) > f(x_0)$，则称 $f(x_0)$ 为函数 $f(x)$ 的**极小值**，x_0 称为**极小值点**.

函数的极大值和极小值统称为函数的**极值**，使函数取得极值的点称为**极值点**.

由该定义可知，极大值和极小值都是**局部**概念，函数在某个区间上的极大值不一定大于极小值. 观察图 3.6 可知：点 x_1，x_2, x_4, x_5, x_6 为函数 $f(x)$ 的极值点，其中 x_1, x_4, x_6 为极小值点，x_2, x_5 为极大值点，但 $f(x_2) < f(x_6)$.

由图 3.6 还可以发现：在极值点处，函数的导数为零（如 x_1, x_2, x_4, x_6）或者导数不存在（如 x_5）.

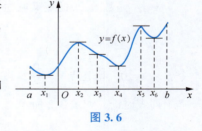

图 3.6

因此，关于函数极值应注意以下两点：

(1) 函数极值的概念是局部性的，在一个区间内，函数可能存在多个极值，函数的极大值和极小值之间并无确定的大小关系；

(2) 由极值的定义可知，函数的极值只能在区间内部取得，不能在区间端点上取得.

2. 极值的判别法

由定义 3.1，再观察图 3.6，函数 $f(x)$ 在 x_1, x_4, x_6 处取极小值. 在 x_2 处取极大值. 曲线 $y = f(x)$ 在这 4 个点处都可以作切线，且切线一定平行于 x 轴，因此有 $f'(x_1) = 0$，$f'(x_4) = 0$，$f'(x_6) = 0$，$f'(x_2) = 0$. 函数 $f(x)$ 在点 x_5 处虽然也取得极大值，但曲线 $y = f(x)$ 在该点处不能作切线，函数在该点不可导. 由此，有下面的定理.

定理 3.11（极值存在的必要条件） 若可导函数 $f(x)$ 在点 x_0 处取得极值，则 $f'(x_0) = 0$.

对于定理 3.11，需要注意以下两点.

(1) 当 $f'(x_0)$ 存在时，$f'(x_0) = 0$ 不是极值存在的充分条件. 即函数的驻点不一定是函数的极值点. 例如，$x = 0$ 是函数 $y = x^3$ 的驻点，但不是极值点.

（2）函数在导数不存在的点处也可能取得极值. 例如，图 3.6 中函数 $f(x)$ 在点 x_5 处取极大值；再如，$y = |x|$ 在 $x = 0$ 处导数不存在，但函数在该点取极小值 $y(0) = 0$. 另外，导数不存在的点也可能不是极值点，例如，$y = \sqrt[3]{x}$ 在 $x = 0$ 处切线垂直于 x 轴，导数不存在，但 $x = 0$ 不是函数的极值点.

我们把驻点和导数不存在的点统称为**可能极值点**. 为了找出极值点，首先要找出所有的可能极值点，然后判断它们是不是极值点.

从几何直观上容易理解，如果连续函数曲线在某点处先增后减，那么函数在该点处取得极大值；反之，如果先减后增，那么函数在该点处取得极小值. 利用函数单调性的判定，可以很容易得出判定函数极值点的方法，从而得到以下判定定理.

定理 3. 12（极值存在的第一充分条件）　设函数 $f(x)$ 在点 x_0 处连续，在点 x_0 的去心邻域 $\overset{\circ}{U}(x_0, \delta)(\delta > 0)$ 内可导，如果满足：

（1）当 $x_0 - \delta < x < x_0$ 时，$f'(x) > 0$，当 $x_0 < x < x_0 + \delta$ 时，$f'(x) < 0$，则 $f(x)$ 在点 x_0 处取极大值；

（2）当 $x_0 - \delta < x < x_0$ 时，$f'(x) < 0$，当 $x_0 < x < x_0 + \delta$ 时，$f'(x) > 0$，则 $f(x)$ 在点 x_0 处取极小值；

（3）当 x 在点 x_0 左右邻近取值时，$f'(x)$ 的符号不发生改变，则 $f(x)$ 在点 x_0 处不取极值.

综合以上讨论，可按如下步骤求函数 $f(x)$ 的极值：

（1）确定函数 $f(x)$ 的连续区间（初等函数即为定义域）；

（2）求导数 $f'(x)$ 并求出函数的驻点和导数不存在的点；

（3）利用极值存在的第一充分条件依次判断这些点是否为函数 $f(x)$ 的极值点；

（4）求出各极值点处的函数值，即得 $f(x)$ 的全部极值.

例 3. 32　求函数 $f(x) = (x-1)\sqrt[3]{x^2}$ 的极值.

解　函数 $f(x)$ 的定义域为 $(-\infty, +\infty)$.

$$f'(x) = \sqrt[3]{x^2} + \frac{2(x-1)}{3\sqrt[3]{x}} = \frac{5x-2}{3\sqrt[3]{x}},$$

令 $f'(x) = 0$，得驻点 $x = \dfrac{2}{5}$；当 $x = 0$ 时，导数不存在.

列表讨论，如表 3.2 所示.

表 3.2

x	$(-\infty, 0)$	0	$\left(0, \dfrac{2}{5}\right)$	$\dfrac{2}{5}$	$\left(\dfrac{2}{5}, +\infty\right)$
$f'(x)$	+	不存在	−	0	+
$f(x)$	↗	极大值 0	↘	极小值 $-\dfrac{3}{25}\sqrt[3]{20}$	↗

所以函数 $f(x)$ 在 $x = 0$ 处取极大值 $f(0) = 0$，在 $x = \dfrac{2}{5}$ 处取极小值 $f\left(\dfrac{2}{5}\right) = -\dfrac{3}{25}\sqrt[3]{20}$.

当函数 $f(x)$ 在驻点的二阶导数存在且不为零时，也可判定函数的驻点是否为极值点，有以下定理.

定理 3. 13（极值存在的第二充分条件）　设函数 $f(x)$ 在点 x_0 处二阶可导，且 $f'(x_0) = 0$，则

（1）若 $f''(x_0) < 0$，则 $f(x_0)$ 是 $f(x)$ 的极大值；

（2）若 $f''(x_0) > 0$，则 $f(x_0)$ 是 $f(x)$ 的极小值；

（3）当 $f''(x_0) = 0$ 时，$f(x_0)$ 有可能是极值，也可能不是极值.

注 （1）定理 3.13 适用的范围比定理 3.12 要窄，它只适用于驻点的判定，不能判定导数不存在的点是否为极值点，但对某些题目来讲，应用此定理可以使题目的解答更简捷.

（2）当 $f'(x_0) = f''(x_0) = 0$ 时，定理 3.13 失效.

例如，函数 $f(x) = x^3$，有 $f'(0) = f''(0) = 0$，但点 $x = 0$ 不是极值点；函数 $f(x) = x^4$，有 $f'(0) = f''(0) = 0$，而点 $x = 0$ 却是极小值点.

例 3.33 求函数 $f(x) = x^2 - \ln x^2$ 的极值.

解 函数的定义域为 $(-\infty, 0) \cup (0, +\infty)$.

$$f'(x) = 2x - \frac{2}{x} = \frac{2(x^2-1)}{x}, f''(x) = 2 + \frac{2}{x^2},$$

令 $f'(x) = 0$，得驻点 $x_1 = -1, x_2 = 1$. 又 $f''(-1) = 4 > 0, f''(1) = 4 > 0$，由定理 3.13 知，$x_1 = -1$，$x_2 = 1$ 都是极小值点，$f(-1) = 1$ 和 $f(1) = 1$ 都是函数 $f(x)$ 的极小值.

【即时提问 3.5】 判断函数的极值可利用极值存在的两个充分条件，何时用极值存在的第一充分条件，何时用极值存在的第二充分条件？

3.4.3 函数的最值

函数的极值和最值一般来说是不同的. 函数的极值是在可能取极值的点的邻域内讨论的，是一个局部性的概念. 而函数的最大值和最小值是与函数的极值相关的整体性问题. 下面讨论如何求函数的最大值和最小值.

1. 闭区间上函数的最值

设函数 $f(x)$ 在 $[a,b]$ 上连续，根据闭区间上连续函数的性质（最值定理），$f(x)$ 在 $[a,b]$ 上一定存在最值. 而且，如果函数的最值是在区间内部取得的话，那么其最值点也一定是函数的极值点；当然，函数的最值点也可能在区间的端点处取到.

因此，可以按照以下步骤来求给定区间上函数的最值.

（1）在给定区间上求出函数所有可能的极值点：驻点和导数不存在的点.

（2）求出函数在所有驻点、导数不存在的点和区间端点的函数值.

（3）比较这些函数值的大小，最大者即为函数在该区间上的最大值，最小者即为最小值.

例 3.34 求函数 $f(x) = x + \frac{3}{2}x^{\frac{2}{3}}$ 在 $\left[-8, \frac{1}{8}\right]$ 上的最大值与最小值.

解 $f'(x) = 1 + x^{-\frac{1}{3}} = \frac{\sqrt[3]{x}+1}{\sqrt[3]{x}}$，

令 $f'(x) = 0$，在 $\left(-8, \frac{1}{8}\right)$ 内解得驻点 $x = -1$ 和不可导点 $x = 0$. 因为

$$f(0) = 0, f(-1) = \frac{1}{2}, f(-8) = -2, f\left(\frac{1}{8}\right) = \frac{1}{2},$$

比较后即知，函数 $f(x)$ 的最大值点是 $x_1 = -1$ 和 $x_2 = \frac{1}{8}$，最大值为 $f(-1) = f\left(\frac{1}{8}\right) = \frac{1}{2}$；函数 $f(x)$ 的最小值点是 $x = -8$，最小值为 $f(-8) = -2$.

2. 函数的最值在经济问题中的应用

在生产实践、工程技术和经济学中，经常会遇到求在一定条件下，怎样才能使"成本最低""利润最高""原材料最省"等问题. 这类问题在数学上可以归结为建立一个目标函数，求这个函数的最大值或最小值的问题.

对于实际问题，往往根据问题的性质就可以断定函数 $f(x)$ 在定义区间内部存在最大值或最小值. 理论上可以证明这样一个结论：在实际问题中，若函数 $f(x)$ 的定义域是开区间，且在此开区间内只有一个驻点 x_0，而最值又存在，则可以直接断定该驻点 x_0 就是最值点，$f(x_0)$ 即为相应的最值.

例 3.35（水槽设计问题） 有一块宽为 $2a$ 的长方形铁皮，如图 3.7 所示，将长边的两个边缘向上折起，做成一个开口水槽，其横截面为矩形. 问：横截面的高取何值时水槽的流量最大?（流量与横截面的面积成正比）.

解 设横截面的高为 x，根据题意得该水槽的横截面的面积为

$$S(x) = 2x(a-x) \quad (0 < x < a).$$

$S'(x) = 2a - 4x$，令 $S'(x) = 0$，得 $S(x)$ 的唯一驻点 $x = \dfrac{a}{2}$.

图 3.7

铁皮的两边折得过大或过小，都会使横截面面积变小，这说明 $S(x)$ 一定存在最大值. 因此，唯一的驻点 $x = \dfrac{a}{2}$ 即最大值点，就是所要求的使水槽流量最大的横截面的高度.

下面介绍函数最值在经济问题中的具体应用.

例 3.36 设某企业每月生产某种产品 x 台的总成本为 $C(x) = x^3 - 12x^2 + 72x$ 万元. 求：

（1）使平均成本最小的产量；

（2）最小平均成本及相应的边际成本.

解（1）平均成本为

$$\overline{C}(x) = \frac{C(x)}{x} = x^2 - 12x + 72,$$

则 $\overline{C}'(x) = 2x - 12$，令 $\overline{C}'(x) = 0$，得驻点 $x = 6$. 因为 $\overline{C}''(x) = 2 > 0$，所以 $x = 6$ 是平均成本函数 $\overline{C}(x)$ 的极小值点. 又因为它是唯一驻点，所以也是最小值点. 因此，每月产量为 6 台时平均成本最小.

（2）当 $x = 6$ 时，最小平均成本为

$$\overline{C}(6) = 6^2 - 12 \times 6 + 72 = 36（万元）.$$

因为边际成本为 $C'(x) = 3x^2 - 24x + 72$，所以当 $x = 6$ 时，相应的边际成本为 $C'(6) = 3 \times 6^2 - 24 \times 6 + 72 = 36（万元）.$

例 3.37（最大收益问题） 设某种商品单价为 P（单位：元）时，售出的商品数量 Q（单位：件）可以表示成 $Q = \dfrac{1\,600}{P+36} - 9$. 求：

（1）单价 P 在什么范围变化时相应的销售额会增加?

（2）要使销售额最大，商品单价 P 应取何值? 最大销售额是多少?

解 销售额函数为

$$R(P) = PQ = P\left(\frac{1\ 600}{P+36} - 9\right),$$

$$R'(P) = \frac{1\ 600}{P+36} - 9 - P\frac{1\ 600}{(P+36)^2} = \frac{36 \times 1\ 600 - 9(P+36)^2}{(P+36)^2}.$$

(1) 令 $R'(P) = 0$, 得 $P = 44$.

当 $0 < P < 44$ 时, $R' > 0$, R 单调增加. 即单价小于 44 元时, 销售额随单价 P 的增加而增加.

当 $P > 44$ 时, $R' < 0$, R 单调减少. 即单价大于 44 元时, 销售额随单价 P 的减小而增加.

(2) 由(1)可知, 销售额函数 R 仅有一个极大值点. 所以, 当商品单价 $P = 44$ 元时, 销售额取得最大值, 最大销售额为

$$R = 44 \times \left(\frac{1\ 600}{44+36} - 9\right) = 484(元).$$

例 3.38 (最大利润问题) 已知某商品的需求函数和总成本函数分别为 $Q = Q_d(P) = 1\ 200 - 60P$, $C = C(Q) = 1\ 000 + 10Q$, 求利润最大时的价格(单位: 元)、需求(单位: 件)和最大利润(单位: 元).

解 由已知条件可得价格函数为

$$P = 20 - \frac{Q}{60},$$

总收益函数为

$$R = PQ = 20Q - \frac{Q^2}{60},$$

总利润函数为

$$L = R - C = 10Q - \frac{Q^2}{60} - 1\ 000.$$

令 $\dfrac{dL}{dQ} = 10 - \dfrac{Q}{30} = 0$, 得唯一驻点 $Q = 300$. 又 $\dfrac{d^2L}{dQ^2} = -\dfrac{1}{30} < 0$, 故当 $Q = 300$ 时 L 取得极大值.

由于利润函数只有一个驻点且最大利润一定存在, 因此 $Q = 300$ 时利润最大, 此时商品的价格为

$$P = 20 - \frac{300}{60} = 15(元),$$

最大利润为

$$L(300) = 10 \times 300 - \frac{300^2}{60} - 1\ 000 = 500(元).$$

同步习题 3.4

基础题

1. 确定下列函数的单调区间.

(1) $y = 2x^3 - 6x^2 - 18x - 7$.

(2) $y = \dfrac{10}{4x^3 - 9x^2 + 6x}$.

(3) $y = \dfrac{e^x}{3+x}$.

(4) $y = x - \ln(1 + x^2)$.

(5) $y = (x^2-1)^3 + 3$.　　　　　　　　　　(6) $y = e^x - x - 1$.

2. 证明：函数 $f(x) = \left(1 + \dfrac{1}{x}\right)^x$ 在 $(0, +\infty)$ 上单调增加.

3. 证明：当 $x > 0$ 时，$1 + \dfrac{1}{2}x > \sqrt{1+x}$.

4. 求下列函数的极值.

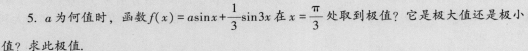

(1) $y = x^3 - 3x$.　　　　　　　　　　(2) $y = \dfrac{x^3}{(x-1)^2}$.

(3) $f(x) = x\sin x + \cos x$, $x \in \left[-\dfrac{\pi}{4}, \dfrac{3\pi}{4}\right]$.　(4) $y = \dfrac{e^x}{3+x}$.

(5) $y = (x^2-1)^3 + 3$.

5. a 为何值时，函数 $f(x) = a\sin x + \dfrac{1}{3}\sin 3x$ 在 $x = \dfrac{\pi}{3}$ 处取到极值？它是极大值还是极小值？求此极值.

6. 求下列函数的最值.

(1) $y = 2x^3 - 3x^2$, $x \in [-1,4]$.　　　　(2) $y = x + \sqrt{1-x}$, $x \in [-5,1]$.

(3) $y = 2x(x-6)^2$, $x \in [-2,4]$.　　　　(4) $y = \ln(1+x^2)$, $x \in [-1,2]$.

(5) $y = x^3 - 6x^2 + 9x + 7$, $x \in [-1,5]$.　(6) $y = (x^2-1)^{\frac{1}{3}} + 1$.

7. 设某企业生产一种产品 Q 件时的总收益为 $R(Q) = 100Q - Q^2$，总成本函数为 $C(Q) = 200 + 50Q + Q^2$，政府对每件产品征税为多少元时，在企业取得最大利润的情况下，总税收最大.

提高题

1. 在抛物线 $y = x^2$（第一象限部分）上求一点，使过该点的切线与直线 $y = 0, x = 8$ 相交所围成的三角形的面积为最大.

2. 证明：当 $x > 1$ 时，$\ln x + \dfrac{4}{x+1} - 2 > 0$.

3. 设函数 $f(x)$ 在 $[0, +\infty)$ 上二阶可导，且 $f''(x) > 0, f(0) = 0$.

证明：函数 $F(x) = \dfrac{f(x)}{x}$ 在 $(0, +\infty)$ 上单调增加.

4. 设 $e < a < b$，证明：$a^b > b^a$.

5. 单调函数的导函数是否必为单调函数？研究例子：$f(x) = x + \sin x$.

6. 设函数 $f(x)$ 在 x_0 处有 n 阶导数，且 $f'(x_0) = f''(x_0) = \cdots = f^{(n-1)}(x_0) = 0, f^{(n)}(x_0) \neq 0$. 证明：

(1) 当 n 为奇数时，$f(x)$ 在 x_0 处不取极值；(2) 当 n 为偶数时，$f(x)$ 在 x_0 处取极值，且当 $f^{(n)}(x_0) > 0$ 时，$f(x_0)$ 为极小值，当 $f^{(n)}(x_0) < 0$ 时，$f(x_0)$ 为极大值.

7. 利用上题的结论，讨论函数 $f(x) = e^x + e^{-x} + 2\cos x$ 的极值.

8. 生产某种产品 Q 台的固定成本为 $C_0 = 20$ 万元, 可变成本为 $C_1(Q) = 2Q + \dfrac{Q^2}{2}$ 万元, 如果产品的销售单价为每台 20 万元, 求:

(1) 生产 20 台的利润与平均利润;

(2) 该经济活动的保本点(即无盈亏的生产量)及盈利区间;

(3) 该产品生产多少台时, 可获得最大利润? 最大利润为多少?

(4) 若每月固定销售该产品 40 台, 为了不亏本, 单价应定为多少?

3.5 曲线的凹凸性及函数作图

3.5.1 曲线的凹凸性与拐点

在研究函数时, 仅仅知道函数的单调性、极值和最值, 还不足以确定一个函数的具体形态. 即使都是单调增加的函数, 曲线的弯曲方向也可能不同. 因此除了了解函数的增减变化, 还需要进一步研究曲线的弯曲方向, 才能准确地描述函数的具体形态.

首先观察两条曲线, 如图 3.8 所示.

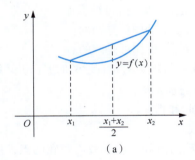

图 3.8

两条曲线的明显区别: 虽然它们都是单调增加的, 但一个是凸的曲线弧, 另一个是凹的曲线弧. 从几何直观分析, 在图 3.8(a) 中, 连接曲线上任意两点的直线总位于这两点间曲线弧的上方; 在图 3.8(b) 中, 连接曲线上任意两点的直线总位于这两点间曲线弧的下方. 因此, 曲线的凹凸性可以用连接曲线弧上任意两点的弦的中点与曲线弧上相应点(即具有相同横坐标的点)的位置关系来描述.

定义 3.2 设函数 $f(x)$ 在区间 I 上连续, 如果对 I 上任意两点 x_1 和 x_2, 总有

$$f\left(\frac{x_1 + x_2}{2}\right) < \frac{f(x_1) + f(x_2)}{2},$$

则称 $f(x)$ 在区间 I 上的图形是凹的, 如图 3.8(a) 所示; 如果总有

$$f\left(\frac{x_1 + x_2}{2}\right) > \frac{f(x_1) + f(x_2)}{2},$$

则称 $f(x)$ 在区间 I 上的图形是凸的, 如图 3.8(b) 所示.

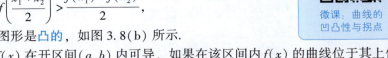

微课: 曲线的
凹凸性与拐点

定义 3.3 设函数 $f(x)$ 在开区间 (a, b) 内可导, 如果在该区间内 $f(x)$ 的曲线位于其上任一点切线的上方, 则称该曲线在 (a, b) 内是凹的, 区间 (a, b) 称为凹区间, 如图 3.9(a) 所示; 反

之，如果 $f(x)$ 的曲线位于其上任一点切线的下方，则称该曲线在 (a,b) 内是**凸的**，区间 (a,b) 称为**凸区间**，如图 3.9(b) 所示. 曲线上凹凸区间的分界点称为曲线的**拐点**.

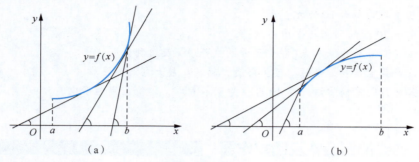

图 3.9

注   拐点是位于曲线上而不是坐标轴上的点，因此应表示为 $(x_0,f(x_0))$. 而 $x = x_0$ 仅是拐点的横坐标，若要表示拐点，必须算出相应的纵坐标 $f(x_0)$.

下面讨论函数凹凸性的判定方法.

直观上看，凹曲线的切线斜率越来越大，而凸曲线的切线斜率越来越小. 这种特征可以用函数的二阶导数来判定.

定理 3.14   设函数 $f(x)$ 在 $[a,b]$ 上连续，在 (a,b) 内二阶可导，那么

(1) 若 $\forall x \in (a,b)$，$f''(x) > 0$，则 $f(x)$ 在 $[a,b]$ 上的图形是凹的；

(2) 若 $\forall x \in (a,b)$，$f''(x) < 0$，则 $f(x)$ 在 $[a,b]$ 上的图形是凸的.

由于拐点是曲线凹凸性的分界点，由定理 3.14 可得拐点的左右近旁的 $f''(x)$ 必然异号.

【即时提问 3.6】   曲线 $y = x^3$ 与 $y = \sqrt[3]{x}$ 的拐点分别是什么？

综合以上讨论，可按以下步骤求函数的凹凸区间和拐点：

(1) 确定函数的连续区间(初等函数即为定义域)；

(2) 求出函数的二阶导数，并解出二阶导数为零的点和二阶导数不存在的点，用这些点划分连续区间；

(3) 依次判断每个区间上二阶导数的符号，利用定理 3.14，确定每个区间的凹凸性，并进一步求出拐点坐标.

例 3.39   判定曲线 $y = x\arctan x$ 的凹凸性.

解   定义域为 $(-\infty,+\infty)$，$y' = \arctan x + \dfrac{x}{1+x^2}$，$y'' = \dfrac{2}{(1+x^2)^2}$，所以 $\forall x \in \mathbf{R}$，$y'' > 0$，从而曲线是凹的.

例 3.40   讨论曲线 $y = x^4 - 4x^3 + 2x - 5$ 的凹凸区间和拐点.

解   定义域为 $(-\infty,+\infty)$，$y' = 4x^3 - 12x^2 + 2$，$y'' = 12x^2 - 24x = 12x(x-2)$，令 $y'' = 0$，解得 $x_1 = 0, x_2 = 2$. 列表讨论，如表 3.3 所示.

表 3.3

x	$(-\infty,0)$	0	$(0,2)$	2	$(2,+\infty)$
y''	+	0	−	0	+
y	凹的	拐点 $(0,-5)$	凸的	拐点 $(2,-17)$	凹的

故曲线的凹区间为 $(-\infty,0)$ 和 $(2,+\infty)$，凸区间为 $[0,2]$，拐点为 $(0,-5)$ 和 $(2,-17)$.

例 3.41 判断曲线 $y = x^4$ 是否有拐点.

解 $y' = 4x^3$，$y'' = 12x^2$，显然，只有 $x = 0$ 是方程 $y'' = 0$ 的根.

当 $x < 0$ 或 $x > 0$ 时，都有 $y'' > 0$，因此，点 $(0,0)$ 不是曲线的拐点. 曲线没有拐点，它在 $(-\infty, +\infty)$ 内是凹的.

3.5.2 曲线的渐近线

我们可以利用函数的一阶和二阶导数，判定函数的单调性和曲线的凹凸性，从而对函数所表示的曲线的升降和弯曲情况有定性的认识. 但当函数的定义域为无穷区间或存在无穷间断点时，我们还需要了解曲线向无穷远处延伸的趋势，这就引出了曲线的渐近线的概念.

定义 3.4 如果曲线上的一点沿着曲线趋于无穷远时，该点与某条直线的距离趋于零，则称此直线为曲线的渐近线.

1. 水平渐近线

如果曲线 $y = f(x)$ 的定义域是无穷区间，且有 $\lim\limits_{x \to -\infty} f(x) = b$ 或 $\lim\limits_{x \to +\infty} f(x) = b$，则直线 $y = b$ 为曲线 $y = f(x)$ 的渐近线，称为水平渐近线.

例 3.42 求曲线 $y = \dfrac{1}{x-1}$ 的水平渐近线.

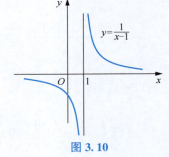

图 3.10

解 因为 $\lim\limits_{x \to \infty} \dfrac{1}{x-1} = 0$，所以直线 $y = 0$ 是曲线 $y = \dfrac{1}{x-1}$ 的一条水平渐近线，如图 3.10 所示.

2. 铅直渐近线

设曲线 $y = f(x)$ 在点 $x = a$ 的一个去心邻域(或左邻域，或右邻域)内有定义，如果 $\lim\limits_{x \to a^-} f(x) = \infty$ 或 $\lim\limits_{x \to a^+} f(x) = \infty$，则直线 $x = a$ 称为曲线 $y = f(x)$ 的铅直渐近线.

例 3.43 求曲线 $y = \dfrac{1}{x-1}$ 的铅直渐近线.

解 因为 $\lim\limits_{x \to 1^-} \dfrac{1}{x-1} = -\infty$，$\lim\limits_{x \to 1^+} \dfrac{1}{x-1} = +\infty$，所以直线 $x = 1$ 是曲线 $y = \dfrac{1}{x-1}$ 的一条铅直渐近线，如图 3.10 所示.

例 3.44 求曲线 $y = \tan x \left(|x| < \dfrac{\pi}{2} \right)$ 的渐近线.

解 对于正切函数 $y = \tan x \left(|x| < \dfrac{\pi}{2} \right)$，由于 $\lim\limits_{x \to \frac{\pi}{2}^-} \tan x = +\infty$，$\lim\limits_{x \to -\frac{\pi}{2}^+} \tan x = -\infty$，故直线 $x = \dfrac{\pi}{2}$ 和 $x = -\dfrac{\pi}{2}$ 是曲线 $y = \tan x \left(|x| < \dfrac{\pi}{2} \right)$ 的两条铅直渐近线.

3. 斜渐近线

如果 $\lim\limits_{x \to \infty} \dfrac{f(x)}{x} = k$，$\lim\limits_{x \to \infty} [f(x) - kx] = b$，则称直线 $y = kx + b$ 是曲线 $y = f(x)$ 的斜渐近线.

例如，双曲线 $\dfrac{x^2}{a^2} - \dfrac{y^2}{b^2} = 1$ 有两条斜渐近线 $y = \pm \dfrac{b}{a}x$，如图 3.11 所示.

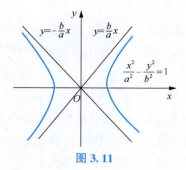

图 3.11

例 3.45 求曲线 $f(x) = \sqrt{x^2 - x + 1}$ 的渐近线.

解 （1） $k_1 = \lim\limits_{x \to +\infty} \dfrac{f(x)}{x} = \lim\limits_{x \to +\infty} \dfrac{\sqrt{x^2 - x + 1}}{x} = \lim\limits_{x \to +\infty} \sqrt{1 - \dfrac{1}{x} + \dfrac{1}{x^2}} = 1,$

$b_1 = \lim\limits_{x \to +\infty} [f(x) - k_1 x] = \lim\limits_{x \to +\infty} (\sqrt{x^2 - x + 1} - x)$

$= \lim\limits_{x \to +\infty} \dfrac{-x + 1}{\sqrt{x^2 - x + 1} + x} = \lim\limits_{x \to +\infty} \dfrac{-1 + \dfrac{1}{x}}{\sqrt{1 - \dfrac{1}{x} + \dfrac{1}{x^2}} + 1} = -\dfrac{1}{2},$

所以直线 $y = x - \dfrac{1}{2}$ 为曲线 $f(x) = \sqrt{x^2 - x + 1}$ 的一条斜渐近线.

（2） $k_2 = \lim\limits_{x \to -\infty} \dfrac{f(x)}{x} = \lim\limits_{x \to -\infty} \dfrac{\sqrt{x^2 - x + 1}}{x}$

$\xlongequal{t = -x} -\lim\limits_{t \to +\infty} \dfrac{\sqrt{t^2 + t + 1}}{t} = -\lim\limits_{t \to +\infty} \sqrt{1 + \dfrac{1}{t} + \dfrac{1}{t^2}} = -1,$

$b_2 = \lim\limits_{x \to -\infty} [f(x) - k_2 x] = \lim\limits_{x \to -\infty} (\sqrt{x^2 - x + 1} + x)$

$\xlongequal{t = -x} \lim\limits_{t \to +\infty} (\sqrt{t^2 + t + 1} - t) = \lim\limits_{t \to +\infty} \dfrac{t + 1}{\sqrt{t^2 + t + 1} + t} = \lim\limits_{t \to +\infty} \dfrac{1 + \dfrac{1}{t}}{\sqrt{1 + \dfrac{1}{t} + \dfrac{1}{t^2}} + 1} = \dfrac{1}{2},$

所以直线 $y = -x + \dfrac{1}{2}$ 也是曲线 $f(x) = \sqrt{x^2 - x + 1}$ 的一条斜渐近线.

故曲线 $f(x) = \sqrt{x^2 - x + 1}$ 有两条斜渐近线 $y = x - \dfrac{1}{2}$ 和 $y = -x + \dfrac{1}{2}$.

3.5.3 函数作图

描点法是描绘图形最基本的方法，适用于某些简单函数图形的描绘. 对于稍复杂的函数，可以利用导数，对函数的单调性、极值及曲线的凹凸性、拐点等进行充分讨论，把握函数的主要特征，再结合函数的奇偶性、周期性及某些特殊点的补充，就可以掌握函数的性质并将函数的图形描绘得更加准确.

利用导数描绘函数图形的一般步骤如下.

（1）求出函数 $f(x)$ 的定义域，确定图形的范围；

（2）讨论函数的奇偶性和周期性，确定图形的对称性和周期性；

（3）计算函数的一阶导数 $f'(x)$ 和二阶导数 $f''(x)$；

（4）求间断点、驻点、不可导点和拐点，用这些点将定义域分成若干个子区间；

（5）列表讨论函数在各个子区间内的单调性、凹凸性、极值点和拐点；

（6）确定函数图形的水平、垂直、斜渐近线，确定图形的变化趋势；

（7）求曲线上的一些特殊点，如与坐标轴的交点等，有时还要求出一些辅助点的函数值，然后根据（5）中列出的表格描点绘图.

例 3.46 画出函数 $y = xe^{-x^2}$ 的图形.

解 这是一个在 $(-\infty, +\infty)$ 上连续的奇函数，它的图形是关于原点对称的连续曲线，所以只需要画出它在 $[0, +\infty)$ 上的部分.

$$y' = e^{-x^2} + xe^{-x^2} \cdot (-2x) = (1-2x^2)e^{-x^2} = -2e^{-x^2}\left(x + \frac{\sqrt{2}}{2}\right)\left(x - \frac{\sqrt{2}}{2}\right),$$

$$y'' = -4xe^{-x^2} + (1-2x^2)e^{-x^2} \cdot (-2x) = (4x^3 - 6x)e^{-x^2} = 4xe^{-x^2}\left(x + \sqrt{\frac{3}{2}}\right)\left(x - \sqrt{\frac{3}{2}}\right).$$

函数无不可导点，其驻点为 $x = \pm\frac{\sqrt{2}}{2} \approx \pm 0.71$，$y\big|_{x=\frac{\sqrt{2}}{2}} = \frac{\sqrt{2}}{2}e^{-\frac{1}{2}} \approx 0.43$.

令 $y'' = 0$，得 $x = 0$ 或 $x = \pm\sqrt{\frac{3}{2}} = \pm\frac{\sqrt{6}}{2} \approx \pm 1.22$，$y\big|_{x=0} = 0$，$y\big|_{x=\frac{\sqrt{6}}{2}} = \frac{\sqrt{6}}{2}e^{-\frac{3}{2}} \approx 0.27$.

在 $\left(0, \frac{\sqrt{2}}{2}\right)$ 上，$y' > 0$，函数单调增加；在 $\left(\frac{\sqrt{2}}{2}, +\infty\right)$ 上，$y' < 0$，函数单调减少. 因此，$y\big|_{x=\frac{\sqrt{2}}{2}} = \frac{\sqrt{2}}{2}e^{-\frac{1}{2}}$ 为极大值.

在 $\left(0, \frac{\sqrt{6}}{2}\right)$ 上，$y'' < 0$，曲线是凸的；在 $\left(\frac{\sqrt{6}}{2}, +\infty\right)$ 上，$y'' > 0$，曲线是凹的. 因此，点 $\left(\frac{\sqrt{6}}{2}, \frac{\sqrt{6}}{2}e^{-\frac{3}{2}}\right)$ 是曲线的拐点. 由于曲线关于原点 O 对称，所以点 $(0, 0)$ 和点 $\left(-\frac{\sqrt{6}}{2}, -\frac{\sqrt{6}}{2}e^{-\frac{3}{2}}\right)$ 也是拐点.

又 $\lim\limits_{x\to\infty}(xe^{-x^2}) = \lim\limits_{x\to\infty}\frac{x}{e^{x^2}} = 0$，故直线 $y = 0$（即 x 轴）是曲线的水平渐近线；曲线无铅直渐近线.

综上所述，可列出函数在 $[0, +\infty)$ 上的性质，如表 3.4 所示. 函数 $y = xe^{-x^2}$ 的图形如图 3.12 所示.

表 3.4

x	0	$\left(0, \frac{\sqrt{2}}{2}\right)$	$\frac{\sqrt{2}}{2}$	$\left(\frac{\sqrt{2}}{2}, \frac{\sqrt{6}}{2}\right)$	$\frac{\sqrt{6}}{2}$	$\left(\frac{\sqrt{6}}{2}, +\infty\right)$
y'	+	+	0	−	−	−
y''	0	−	−	−	0	+
y	0	单调增加、凸的	$\frac{\sqrt{2}}{2}e^{-\frac{1}{2}}$	单调减少、凸的	$\frac{\sqrt{6}}{2}e^{-\frac{3}{2}}$	单调减少、凹的

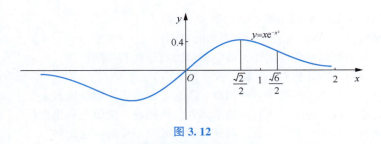

图 3.12

同步习题 3.5

基础题

1. 求下列曲线的凹凸区间及拐点.

(1) $y = x^3 - 5x^2 + 3x + 5$.

(2) $y = \ln(x^2 + 1)$.

(3) $f(x) = \dfrac{1}{4}x^{\frac{8}{3}} - x^{\frac{5}{3}}$.

(4) $y = e^{-x^2}$.

(5) $y = x^2 + \dfrac{1}{x}$.

(6) $y = xe^{-x}$.

2. 试确定常数 a,b,c,d 的值，使曲线 $y = ax^3 + bx^2 + cx + d$ 过点 $(-2,44)$，在点 $x = -2$ 处有水平切线，且以点 $(1,-10)$ 为拐点.

3. 求下列曲线的渐近线.

(1) $y = \ln x$.

(2) $y = e^{-\frac{1}{x}}$.

(3) $y = \dfrac{e^x}{1+x}$.

提高题

1. 函数 $y = 1 + \sin x$ 在 $(\pi, 2\pi)$ 内的图形是 (　　).

A. 凹的　　　　　B. 凸的　　　　　C. 既是凹的又是凸的　　　　　D. 直线

2. 设 $y = f(x)$ 在 x_0 的某邻域内具有三阶连续导数，如果 $f''(x_0) = 0$，而 $f'''(x_0) \neq 0$. 证明 $(x_0, f(x_0))$ 为 $y = f(x)$ 的拐点.

3. 画出下列函数的图形.

(1) $y = x^3 - x^2 - x + 1$.

(2) $f(x) = \dfrac{1}{5}(x^4 - 6x^2 + 8x + 7)$.

(3) $y = e^{-x^2}$.

本章小结

思维导图

本章同步习题与
总复习题答案

中国数学学者

个人成就

数学家，中国科学院院士，曾任山东大学校长兼数学研究所所长．潘承洞和潘承彪合著的《哥德巴赫猜想》一书，是"猜想"研究历史上第一部全面且系统的学术专著．潘承洞对 Bombieri 定理的发展作出重要贡献．为了解决哥德巴赫猜想，潘承洞提出一个新的探索途径，其中的误差项简单明确，便于直接处理．

潘承洞

第 3 章总复习题·基础篇

1. 选择题：(1) ~ (5) 小题，每小题 4 分，共 20 分．下列每小题给出的 4 个选项中，只有一个选项是符合题目要求的．

(1) 极限 $\lim\limits_{x\to e}\dfrac{\ln x-1}{x-e}$ 的值为（　　）．

A. 1　　　　　　　B. e^{-1}　　　　　　C. e　　　　　　D. 0

(2) 若 $(x_0,f(x_0))$ 为连续曲线 $y=f(x)$ 上凹弧与凸弧的分界点，则（　　）．

A. $(x_0,f(x_0))$ 必为曲线的拐点　　　　B. $x=x_0$ 必为曲线的驻点

C. $x=x_0$ 为 $f(x)$ 的极值点　　　　D. $x=x_0$ 必不是 $f(x)$ 的极值点

(3) 罗尔定理中的 3 个条件：$f(x)$ 在 $[a,b]$ 上连续，在 (a,b) 内可导，$f(a)=f(b)$．它们是 $f(x)$ 在 (a,b) 内至少存在一点 ξ，使 $f'(\xi)=0$ 的（　　）．

A. 必要条件　　　　　　　　B. 充分条件

C. 充分必要条件　　　　　　D. 既非充分又非必要条件

(4) 设函数 $f(x)$ 有二阶连续导数，且 $f'(0)=0$，$\lim\limits_{x\to 0}\dfrac{f''(x)}{|x|}=1$，则（　　）．

A. $f(0)$ 是 $f(x)$ 的极大值

B. $f(0)$ 是 $f(x)$ 的极小值

C. $(0,f(0))$ 是曲线 $y=f(x)$ 的拐点

D. $f(0)$ 不是 $f(x)$ 的极值，$(0,f(0))$ 也不是曲线 $y=f(x)$ 的拐点

(5) 设 $f(x)=\begin{cases}\dfrac{1-\cos x}{\sqrt{x}},& x>0,\\ x^2g(x),& x\leqslant 0,\end{cases}$ 其中 $g(x)$ 有界，则 $f(x)$ 在 $x=0$ 处（　　）．

A. 极限不存在　　　　　　　　B. 极限存在但不连续

C. 连续但不可导　　　　　　　D. 可导

2. 填空题：(6) ~ (10) 小题，每小题 4 分，共 20 分．

(6) $\lim\limits_{x\to +\infty}\left(\sqrt{x+\sqrt{x}}-\sqrt{x-\sqrt{x}}\right)=$ ＿＿＿＿＿＿．

(7) 设 $f(x)=(x-1)(x-2)(x-3)(x-4)(x-5)$，则方程 $f'(x)=0$ 在 $(2,5)$ 内有 ＿＿＿＿ 个实根．

(8) 抛物线 $y^2=x$ 上点 ＿＿＿＿＿＿ 与点 $(2,0)$ 的距离最小．

(9) 设 $f(x)$ 在 (a,b) 内有二阶导数，且在 (a,b) 内 $f''(x)>0$，则对任意 $x_1,x_2\in(a,b)$，有 $\dfrac{f(x_1)+f(x_2)}{2}$ ＿＿＿＿ $f\left(\dfrac{x_1+x_2}{2}\right)$．

(10) 曲线 $y = x\ln\left(e + \dfrac{1}{x}\right)$ $(x > 0)$ 的渐近线方程是 _____.

3. 解答题：(11) ~ (16) 小题，每小题 10 分，共 60 分. 解答时应写出文字说明、证明过程或演算步骤.

(11) ① 求 $\lim\limits_{x \to 0} \dfrac{e^x - e^{\sin x}}{x^2 \ln(1 + x)}$. ② 求 $\lim\limits_{x \to \infty}\left(\dfrac{a_1^{\frac{1}{x}} + a_2^{\frac{1}{x}} + \cdots + a_n^{\frac{1}{x}}}{n}\right)^{nx}$（其中 $a_1, a_2, \cdots, a_n$ 均大于零）.

(12) 设函数 $f(x)$ 在 $[0, b]$ 上连续，在 $(0, b)$ 内可导，且 $f(b) = 0$，证明存在一点 $\xi \in (0, b)$，使 $f(\xi) + \xi f'(\xi) = 0$.

(13) 讨论函数 $y = 2x^3 - 3x^2 - 12x + 25$ 的单调区间、凹凸区间、极值、拐点，并将结果列表表示.

(14) 讨论方程 $\ln x = ax$ 有几个实根，其中 $a > 0$.

(15) 将 $f(x) = \dfrac{1 + x^2}{1 - x + x^2}$ 展开成带有佩亚诺余项的 4 阶麦克劳林公式，并计算 $f^{(4)}(0)$.

(16) 证明：$\dfrac{1}{2^{p-1}} \leqslant x^p + (1 - x)^p \leqslant 1$ $(0 \leqslant x \leqslant 1, p > 1)$.

第 3 章总复习题 · 提高篇

1. 选择题：(1) ~ (5) 小题，每小题 4 分，共 20 分. 下列每小题给出的 4 个选项中，只有一个选项是符合题目要求的.

(1)(2019304) 已知方程 $x^5 - 5x + k = 0$ 有 3 个不同的实根，则 k 的取值范围是（　　）.
A. $(-\infty, -4)$　　　B. $(4, +\infty)$　　　C. $\{-4, 4\}$　　　D. $(-4, 4)$

(2)(2017304) 设函数 $f(x)$ 可导，且 $f(x)f'(x) > 0$，则（　　）.
A. $f(1) > f(-1)$　　B. $f(1) < f(-1)$　　C. $|f(1)| > |f(-1)|$　　D. $|f(1)| < |f(-1)|$

(3)(2016304) 设函数 $f(x)$ 在 $(-\infty, +\infty)$ 内连续，其导函数 $f'(x)$ 的图形如图 3.13 所示，则（　　）.
A. 函数 $f(x)$ 有 2 个极值点，曲线 $y = f(x)$ 有 2 个拐点
B. 函数 $f(x)$ 有 2 个极值点，曲线 $y = f(x)$ 有 3 个拐点
C. 函数 $f(x)$ 有 3 个极值点，曲线 $y = f(x)$ 有 1 个拐点
D. 函数 $f(x)$ 有 3 个极值点，曲线 $y = f(x)$ 有 2 个拐点

(4)(2015304) 设函数 $f(x)$ 在 $(-\infty, +\infty)$ 内连续，其二阶导函数 $f''(x)$ 的图形如图 3.14 所示，则曲线 $y = f(x)$ 的拐点个数为（　　）.
A. 0　　　　　B. 1　　　　　C. 2　　　　　D. 3

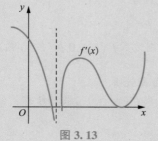

图 3.13

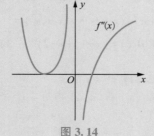

图 3.14

(5)（2014304）下列曲线中有渐近线的是(　　).

A. $y = x + \sin x$　　B. $y = x^2 + \sin x$　　C. $y = x + \sin \dfrac{1}{x}$　　D. $y = x^2 + \sin \dfrac{1}{x}$

2. 填空题：(6) ~ (10) 小题，每小题 4 分，共 20 分.

(6)（2019304）曲线 $y = x\sin x + 2\cos x \left(-\dfrac{\pi}{2} < x < \dfrac{3\pi}{2} \right)$ 的拐点坐标为 _____.

(7)（2010304）若曲线 $y = x^3 + ax^2 + bx + 1$ 有拐点 $(-1, 0)$，则 $b =$ _____.

(8)（2009204）曲线 $y = x^2 + 2\ln x$ 在其拐点处的切线方程是 _____.

(9)（2006204）曲线 $y = \dfrac{x + 4\sin x}{5x - 2\cos x}$ 的水平渐近线方程为 _____.

(10)（2003204）$y = 2^x$ 的麦克劳林公式中 x^n 项的系数是 _____.

3. 解答题：(11) ~ (16) 小题，每小题 10 分，共 60 分. 解答时应写出文字说明、证明过程或演算步骤.

(11)（2020310）设函数 $f(x)$ 在 $[0, 2]$ 上具有连续导数，$f(0) = f(2) = 0$，$M = \max\limits_{x \in [0,2]} \left\{ |f(x)| \right\}$，证明：① 存在 $\xi \in (0, 2)$，使 $|f'(\xi)| \geqslant M$；② 若对任意的 $x \in (0, 2)$，$|f'(x)| \leqslant M$，则 $M = 0$.

微课：第 3 章
总复习题 (11)

(12)（2019310）已知函数 $f(x) = \begin{cases} x^{2x}, & x > 0, \\ xe^x + 1, & x \leqslant 0, \end{cases}$ 求 $f'(x)$，并求 $f(x)$ 的极值.

(13)（2017310）已知方程 $\dfrac{1}{\ln(1+x)} - \dfrac{1}{x} = k$ 在区间 $(0, 1)$ 内有实根，确定 k 的取值范围.

微课：第 3 章
总复习题 (13)

(14)（2012310）证明：$x\ln\dfrac{1+x}{1-x} + \cos x \geqslant 1 + \dfrac{x^2}{2}$ $(-1 < x < 1)$.

(15)（2016310）设某商品的最大需求为 1 200 件，该商品的需求函数为 $Q = Q(P)$，需求弹性 $\eta = \dfrac{P}{120 - P}$ $(\eta > 0)$，P 为单价（单位：万元）.

① 求需求函数的表达式.　　② 求 $P = 100$ 万元时的边际收益，并说明其经济意义.

(16)（2013310）设生产某产品的固定成本为 6 000 元，可变成本为 20 元／件，价格函数为 $P = 60 - \dfrac{Q}{1\,000}$（$P$ 是单价，单位为元；Q 是销售量，单位为件），已知产销平衡，求：

微课：第 3 章
总复习题 (16)

① 该产品的边际利润；
② 当 $P = 50$ 元时的边际利润，并解释其经济意义；
③ 使利润最大的定价 P.

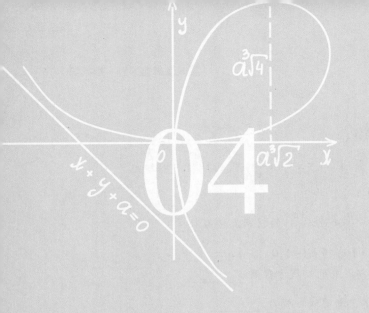

第 4 章

不定积分

    17 世纪，牛顿和莱布尼茨建立了微积分的基本公式，将微分和积分这两个表面上看似互不相关的概念联系起来，推动了微积分学理论体系的发展和完善. 前面我们讨论了一元函数微分学，本章及下一章将讨论一元函数积分学. 它主要包含两部分内容，即不定积分和定积分. 微分和积分是对立统一的，从运算的角度看，微分的逆运算是不定积分. 本章主要介绍不定积分的基本概念与性质，以及求不定积分的几个重要方法：直接积分法、换元积分法和分部积分法.

本章导学

4.1　不定积分的概念与性质

    在微分学中，我们已经讨论过如何求实际应用中的变化率问题，即求函数的导数. 但在科学、技术和经济等许多问题中，我们常常还需要解决相反的问题. 示例如下.

    （1）已知质点做直线运动的路程随时间变化的规律为 $s = s(t)$，则瞬时变化率 $s'(t)$ 就是它的瞬时速度 $v = v(t)$. 但是若已知质点的瞬时速度 $v = v(t)$，求质点运动的路程随时间变化的规律 $s = s(t)$，也就是求出函数 $s(t)$，使 $s'(t) = v(t)$.

    （2）已知某商品的总成本是产量 Q 的函数 $C = C(Q)$，要求其边际成本函数，只需求出 $C'(Q)$ 即可. 反过来，若已知边际成本为 $C'(Q)$，如何求成本函数？

    从数学的角度来说，这两个问题的实质就是已知一个函数的导函数，求该函数. 为解决此类问题，本节给出原函数与不定积分的概念，并介绍不定积分的性质、基本积分公式和直接积分法.

4.1.1　原函数

    定义 4.1　设 $F(x), f(x)$ 是定义在区间 I 上的函数，若对任意的 $x \in I$，都有
$$F'(x) = f(x) \text{ 或 } \mathrm{d}F(x) = f(x)\mathrm{d}x,$$
则称 $F(x)$ 是 $f(x)$ 在区间 I 上的一个原函数.

    例如，因为 $(x^3)' = 3x^2$，所以 x^3 是 $3x^2$ 在 $(-\infty, +\infty)$ 内的一个原函数；因为 $(\sin x)' = \cos x$，所以 $\sin x$ 是 $\cos x$ 在 $(-\infty, +\infty)$ 内的一个原函数.

    【即时提问 4.1】　如果一个函数存在原函数，原函数是唯一的吗？

    我们不难发现，一个函数的原函数如果存在，则其原函数不止一个. 因此，对原函数的研究，我们还要讨论以下两个问题.

（1）一个函数在什么条件下存在原函数？

（2）如果一个函数存在原函数，其原函数有多少个？它们之间有怎样的关系？

关于这两个问题，有以下结论.

定理4.1（原函数存在定理） 若函数 $f(x)$ 在区间 I 上连续，则 $f(x)$ 在该区间上一定存在原函数.

该定理的证明将在下一章给出.

一般地，若 $F(x)$ 是 $f(x)$ 在区间 I 上的一个原函数，即 $F'(x) = f(x)$，则
$$[F(x) + C]' = F'(x) = f(x) \, (C \text{ 为任意常数}),$$
即 $F(x) + C$ 也是 $f(x)$ 在区间 I 上的原函数. 因此，一个函数如果存在原函数，则其原函数有无穷多个. 另外，若 $G(x)$ 是 $f(x)$ 在区间 I 上的任意一个原函数，即
$$G'(x) = f(x),$$
则有
$$[G(x) - F(x)]' = G'(x) - F'(x) = f(x) - f(x) = 0,$$
由拉格朗日中值定理的推论知
$$G(x) - F(x) \equiv C,$$
即 $G(x) = F(x) + C$.

由此，得到下面的定理 4.2.

定理4.2 设函数 $F(x)$ 是 $f(x)$ 在区间 I 上的一个原函数，那么 $f(x)$ 在区间 I 上的任意一个原函数可以表示为 $F(x) + C$，其中 C 是任意常数.

4.1.2 不定积分的定义

定义4.2 如果 $F(x)$ 是 $f(x)$ 在区间 I 上的一个原函数，则 $f(x)$ 在区间

微课：定理 4.2 证明

I 上所有原函数的全体 $F(x) + C$ 称为 $f(x)$ 在区间 I 上的不定积分，记作 $\int f(x) \mathrm{d}x$，即
$$\int f(x) \mathrm{d}x = F(x) + C.$$

其中，$\int$ 称为积分号，$f(x)$ 称为被积函数，$f(x)\mathrm{d}x$ 称为被积表达式，x 称为积分变量，C 称为积分常数.

例4.1 求不定积分：（1）$\int x^2 \mathrm{d}x$；（2）$\int \dfrac{1}{x} \mathrm{d}x$.

解 （1）因为 $\left(\dfrac{1}{3}x^3\right)' = x^2$，所以
$$\int x^2 \mathrm{d}x = \frac{1}{3}x^3 + C.$$

（2）被积函数 $\dfrac{1}{x}$ 的定义域为 $\{x \mid x \in \mathbf{R} \text{ 且 } x \neq 0\}$.

当 $x > 0$ 时，$(\ln x)' = \dfrac{1}{x}$，所以 $\int \dfrac{1}{x} \mathrm{d}x = \ln x + C$.

当 $x < 0$ 时，$[\ln(-x)]' = -\dfrac{1}{x} \cdot (-1) = \dfrac{1}{x}$，所以 $\int \dfrac{1}{x} \mathrm{d}x = \ln(-x) + C$.

在不同区间上，$\dfrac{1}{x}$ 有两个不同的原函数，因此，上述的积分是两个不同的积分. 但为了表

达方便，我们往往把它们记成统一的形式，即

$$\int \frac{1}{x}\mathrm{d}x = \ln|x| + C.$$

由此例可以类似地推出 $\int x^{\mu}\,\mathrm{d}x = \frac{1}{\mu+1}x^{\mu+1} + C(\mu \neq -1)$.

在实际问题中，往往要求满足某些特定条件的原函数，这时必须附加条件来确定任意常数 C.

例 4.2　若池塘结冰的速度由 $\frac{\mathrm{d}y}{\mathrm{d}t} = k\sqrt{t}$ 给出，其中 y 是自结冰起到时刻 t 冰的厚度，k 是正常数，求结冰厚度 y 关于时间 t 的函数.

解　由 $\frac{\mathrm{d}y}{\mathrm{d}t} = k\sqrt{t}$，得

$$y(t) = \int k\sqrt{t}\,\mathrm{d}t = k\int \sqrt{t}\,\mathrm{d}t = \frac{2}{3}kt^{\frac{3}{2}} + C.$$

由于 $t = 0$ 时池塘开始结冰，此时冰的厚度为 0，即有 $y(0) = 0$，代入上式，得 $C = 0$，所以 $y(t) = \frac{2}{3}kt^{\frac{3}{2}}$.

4.1.3　不定积分的几何意义

我们通常把函数 $f(x)$ 在区间 I 上的原函数 $F(x)$ 的图形称为函数 $f(x)$ 的积分曲线. 即对于确定的常数 C，$F(x) + C$ 表示坐标平面上一条确定的积分曲线. 当 C 取不同的值时，$F(x) + C$ 在几何学上表示一族曲线. 由 $\int f(x)\mathrm{d}x = F(x) + C$ 可知，$f(x)$ 的不定积分是一族积分曲线，这些曲线都可以通过一条曲线向上或向下平移而得到，它们在具有相同横坐标的点处有互相平行的切线，如图 4.1 所示.

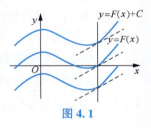

图 4.1

例 4.3　已知某曲线经过点 $(0,1)$，并且该曲线在任意一点处的切线的斜率等于该点横坐标的平方，试求该曲线的方程.

解　由题意知，对所求曲线 $F(x)$ 有下式成立：

$$F'(x) = x^2.$$

因为 $\int x^2\mathrm{d}x = \frac{1}{3}x^3 + C$，所以 $F(x) = \frac{x^3}{3} + C$.

又曲线过点 $(0,1)$，即 $F(0) = 1$，得 $C = 1$.

因此，所求曲线的方程为 $F(x) = \frac{x^3}{3} + 1$.

4.1.4　不定积分的性质

根据不定积分的定义，在不定积分存在的情况下，不定积分有以下性质.

性质 4.1　(1) $\left[\int f(x)\mathrm{d}x\right]' = f(x)$，或 $\mathrm{d}\int f(x)\mathrm{d}x = f(x)\mathrm{d}x$.

(2) $\int F'(x)\mathrm{d}x = F(x) + C$，或 $\int \mathrm{d}F(x) = F(x) + C$.

由此可见，在不计积分常数的意义下，求不定积分运算与求微分运算互为逆运算.

微课：性质4.1
证明

性质 4.2 $\int kf(x)\mathrm{d}x = k\int f(x)\mathrm{d}x$($k$ 为非零常数).

由性质 4.2 计算不定积分时,被积函数中非零的常数因子可以移到积分号的外面.

性质 4.3 $\int[f_1(x)\pm f_2(x)]\mathrm{d}x = \int f_1(x)\mathrm{d}x \pm \int f_2(x)\mathrm{d}x$.

即两个函数的和或者差的不定积分等于它们的不定积分的和或者差.

性质 4.2 和性质 4.3 说明线性运算的不定积分等于不定积分的线性运算. 这个结论可以推广到有限多个函数的线性运算的不定积分.

4.1.5 基本积分公式

利用积分与求导数(或微分)是互逆运算的关系,由基本导数公式或者基本微分公式可以得到下列相应的基本积分公式.

(1) $\int k\mathrm{d}x = kx + C$($k$ 为常数).

(2) $\int x^\mu \mathrm{d}x = \dfrac{1}{\mu+1}x^{\mu+1} + C(\mu \neq -1)$.

(3) $\int \dfrac{1}{x}\mathrm{d}x = \ln|x| + C$.

(4) $\int a^x \mathrm{d}x = \dfrac{a^x}{\ln a} + C(a > 0, a \neq 1)$.

(5) $\int \mathrm{e}^x \mathrm{d}x = \mathrm{e}^x + C$.

(6) $\int \sin x\mathrm{d}x = -\cos x + C$.

(7) $\int \cos x\mathrm{d}x = \sin x + C$.

(8) $\int \sec^2 x\mathrm{d}x = \tan x + C$.

(9) $\int \csc^2 x\mathrm{d}x = -\cot x + C$.

(10) $\int \sec x\tan x\mathrm{d}x = \sec x + C$.

(11) $\int \csc x\cot x\mathrm{d}x = -\csc x + C$.

(12) $\int \dfrac{1}{1+x^2}\mathrm{d}x = \arctan x + C = -\operatorname{arccot} x + C_1$.

(13) $\int \dfrac{1}{\sqrt{1-x^2}}\mathrm{d}x = \arcsin x + C = -\arccos x + C_1$.

以上 13 个基本积分公式是计算不定积分的基础,要牢记并熟练应用.

例 4.4 求不定积分 $\int \mathrm{e}^x 5^{-x}\mathrm{d}x$.

解 $\int \mathrm{e}^x 5^{-x}\mathrm{d}x = \int\left(\dfrac{\mathrm{e}}{5}\right)^x \mathrm{d}x = \dfrac{\left(\dfrac{\mathrm{e}}{5}\right)^x}{\ln \dfrac{\mathrm{e}}{5}} + C = \dfrac{\mathrm{e}^x 5^{-x}}{1-\ln 5} + C$.

例 4.5 求不定积分 $\int \sqrt{x}(x^2-3)\mathrm{d}x$.

解 $\int \sqrt{x}(x^2-3)\mathrm{d}x = \int\left(x^{\frac{5}{2}} - 3x^{\frac{1}{2}}\right)\mathrm{d}x = \int x^{\frac{5}{2}}\mathrm{d}x - 3\int x^{\frac{1}{2}}\mathrm{d}x = \dfrac{2}{7}x^{\frac{7}{2}} - 2x^{\frac{3}{2}} + C$.

在分项积分后,每个不定积分的结果都含有任意常数,但由于任意常数之和仍是任意常数,因此在最后的结果中只写出一个任意常数就行了.

例 4.6 求不定积分 $\int \dfrac{1+x+x^2}{x(1+x^2)}\mathrm{d}x$.

解 $\int \dfrac{1+x+x^2}{x(1+x^2)}\mathrm{d}x = \int \dfrac{(1+x^2)+x}{x(1+x^2)}\mathrm{d}x = \int \dfrac{1}{x}\mathrm{d}x + \int \dfrac{1}{1+x^2}\mathrm{d}x$

$= \ln|x| + \arctan x + C$.

例 4.7 求不定积分 $\int \tan^2 x \mathrm{d}x$.

解 $\int \tan^2 x \mathrm{d}x = \int (\sec^2 x - 1) \mathrm{d}x = \int \sec^2 x \mathrm{d}x - \int \mathrm{d}x = \tan x - x + C$.

例 4.8 求不定积分 $\int \sin^2 \dfrac{x}{2} \mathrm{d}x$.

分析 基本积分公式中没有涉及正弦函数的高次幂的积分，因此，当被积函数中出现这类三角函数时，我们通常需要先利用三角函数的倍角公式进行降幂处理，再求不定积分.

解 $\int \sin^2 \dfrac{x}{2} \mathrm{d}x = \int \dfrac{1 - \cos x}{2} \mathrm{d}x = \int \dfrac{1}{2} \mathrm{d}x - \dfrac{1}{2} \int \cos x \mathrm{d}x = \dfrac{1}{2} x - \dfrac{1}{2} \sin x + C$.

例 4.9 求不定积分 $\int \dfrac{1}{\sin^2 x \cos^2 x} \mathrm{d}x$.

解 $\int \dfrac{1}{\sin^2 x \cos^2 x} \mathrm{d}x = \int \dfrac{\sin^2 x + \cos^2 x}{\sin^2 x \cos^2 x} \mathrm{d}x = \int \sec^2 x \mathrm{d}x + \int \csc^2 x \mathrm{d}x$

$$= \tan x - \cot x + C.$$

例 4.10 某企业生产某种产品的边际成本为

$$C'(Q) = 0.3 Q^2 + 2Q,$$

已知固定成本为 1 000 元，求成本函数及当产量为 10 个单位时的总成本.

解 由题意知，成本函数为

$$C(Q) = \int (0.3 Q^2 + 2Q) \mathrm{d}Q = 0.1 Q^3 + Q^2 + K,$$

其中 K 为任意常数.

由固定成本为 1 000 元，即 $C(0) = 1\,000$，得 $K = 1\,000$，从而

$$C(Q) = 0.1 Q^3 + Q^2 + 1\,000.$$

当 $Q = 10$ 时，$C(10) = 0.1 \times 10^3 + 2 \times 10^2 + 1\,000 = 1\,300(\text{元})$.

例 4.11 设 $f'(x) = 2|x| + 3$，且 $f(2) = 15$，求 $f(x)$.

微课：例 4.11

解 $f'(x) = \begin{cases} 2x + 3, & x \geqslant 0, \\ -2x + 3, & x < 0. \end{cases}$

而 $\int (2x + 3) \mathrm{d}x = x^2 + 3x + C_1$，$\int (-2x + 3) \mathrm{d}x = -x^2 + 3x + C_2$，所以

$$f(x) = \begin{cases} x^2 + 3x + C_1, & x \geqslant 0, \\ -x^2 + 3x + C_2, & x < 0. \end{cases}$$

由于 $f(x)$ 作为原函数可导，从而连续，因此 $f(0) = C_1 = f(0^+) = f(0^-) = C_2$，即

$$f(x) = \begin{cases} x^2 + 3x + C_1, & x \geqslant 0, \\ -x^2 + 3x + C_1, & x < 0. \end{cases}$$

而 $f(2) = 15$，所以 $f(2) = 2^2 + 3 \times 2 + C_1 = 15$，得 $C_1 = 5$. 因此，

$$f(x) = \begin{cases} x^2 + 3x + 5, & x \geqslant 0, \\ -x^2 + 3x + 5, & x < 0. \end{cases}$$

同步习题 4.1

 基础题

1. 若 $f(x)$ 的一个原函数是 $\cos x$，求：(1) $f'(x)$；(2) $\int f(x)\,\mathrm{d}x$.

2. 若 $\int f(x)\,\mathrm{d}x = \mathrm{e}^x(x^2 - 2x + 2) + C$，求 $f(x)$.

3. 设一曲线 $y = f(x)$ 在 (x, y) 处的切线斜率为 $3x^2$，且该曲线过点 $(0, -1)$，求 $f(x)$.

4. 若 e^{-x} 是函数 $f(x)$ 的一个原函数，求：(1) $\int f(x)\,\mathrm{d}x$；(2) $\int f'(x)\,\mathrm{d}x$；(3) $\int \mathrm{e}^x f'(x)\,\mathrm{d}x$.

5. 求下列不定积分.

(1) $\int x^5\,\mathrm{d}x$.

(2) $\int x\sqrt[3]{x}\,\mathrm{d}x$.

(3) $\int (x^3 + 3^x)\,\mathrm{d}x$.

(4) $\int \dfrac{1}{x^2\sqrt{x}}\,\mathrm{d}x$.

(5) $\int \sqrt{\sqrt{\sqrt{x}}}\,\mathrm{d}x$.

(6) $\int \dfrac{x^3 + \sqrt{x^3} + 2}{\sqrt{x}}\,\mathrm{d}x$

(7) $\int \mathrm{e}^{x+1}\,\mathrm{d}x$.

(8) $\int \dfrac{x-9}{\sqrt{x}+3}\,\mathrm{d}x$.

(9) $\int \dfrac{1}{x^2(1+x^2)}\,\mathrm{d}x$.

(10) $\int \sec x(\sec x - \tan x)\,\mathrm{d}x$.

(11) $\int \left(\dfrac{1}{\cos^2 x} - \dfrac{1}{\sin^2 x} \right)\mathrm{d}x$.

(12) $\int 3^x \mathrm{e}^{3x}\,\mathrm{d}x$.

(13) $\int \dfrac{2^{2x+1} - 5^{x-1}}{10^x}\,\mathrm{d}x$.

(14) $\int 2^x 3^{2x} 5^{3x}\,\mathrm{d}x$.

(15) $\int \left(\dfrac{2}{\sqrt{1-x^2}} - \dfrac{3}{1+x^2} + \dfrac{1}{x} \right)\mathrm{d}x$.

(16) $\int \dfrac{4\sin^3 x - 1}{\sin^2 x}\,\mathrm{d}x$.

6. 生产某种产品 Q 单位的总成本 C 是 Q 的函数 $C(Q)$，固定成本 [即 $C(0)$] 为 20 元，边际成本函数为 $C'(Q) = 2Q + 10$（单位：元／单位），求总成本函数.

提高题

1. 求下列不定积分.

(1) $\int \dfrac{\sqrt{x^3}+1}{\sqrt{x}+1}\,\mathrm{d}x$.

(2) $\int \dfrac{3x^4 + 3x^2 + 1}{x^2 + 1}\,\mathrm{d}x$.

(3) $\int \dfrac{1}{\sqrt{2gh}}\,\mathrm{d}h$.

(4) $\int \dfrac{x^6}{1+x^2}\,\mathrm{d}x$.

(5) $\int \dfrac{1}{x^6 + x^4}\,\mathrm{d}x$.

(6) $\int (x^2 + 1)^2\,\mathrm{d}x$.

(7) $\int \cos^2 \dfrac{x}{2}\,\mathrm{d}x$.

(8) $\int \dfrac{1}{1 - \cos 2x}\,\mathrm{d}x$.

(9) $\int \dfrac{\cos 2x}{\cos x - \sin x}\,\mathrm{d}x$.

(10) $\int \left(\sin \dfrac{\theta}{2} - \cos \dfrac{\theta}{2} \right)^2 \mathrm{d}\theta$.

(11) $\int \dfrac{1 + \cos^2 x}{1 + \cos 2x}\,\mathrm{d}x$.

(12) $\int \dfrac{\cos 2x}{\cos^2 x \sin^2 x}\,\mathrm{d}x$.

(13) $\int \mathrm{e}^{-|x|}\,\mathrm{d}x$.

2. 已知某产品的产量 Q 是时间 t 的函数 $Q(t)$，其变化率是时间 t 的函数 $Q'(t) = at + b$（a，b 为常数），且 $Q(0) = 0$，求 $Q(t)$.

■ 4.2　换元积分法

利用基本积分公式与不定积分的性质，所能计算的不定积分非常有限．因此，我们有必要进一步研究不定积分的求法．本节基于积分与微分互为逆运算，再利用复合函数的求导法则，研究不定积分的换元积分法（简称换元法）．利用这种方法（通过选择适当的变量代换），可以将某些不定积分化为基本积分公式中包含的积分．

换元积分法有两种，下面先学习第一换元积分法．

4.2.1　第一换元积分法

设 $f(u)$ 具有原函数 $F(u)$，即 $F'(u)=f(u)$，于是 $\int f(u)\,du = F(u)+C$．如果 u 是另一新变量 x 的函数 $u = \varphi(x)$，那么有 $y = F(u) = f[\varphi(x)]$．假定函数 $\varphi(x)$ 是可导的，则根据复合函数的微分法则得

$$df[\varphi(x)] = f[\varphi(x)]\varphi'(x)\,dx.$$

根据不定积分的定义得

$$\int f[\varphi(x)]\varphi'(x)\,dx = f[\varphi(x)]+C = \left[\int f(u)\,du\right]\Bigg|_{u=\varphi(x)}.$$

于是有下述定理．

定理 4.3（第一换元积分法）　设 $f(u)$ 有原函数 $F(u)$，且 $u = \varphi(x)$ 是可导函数，则

$$\int f[\varphi(x)]\varphi'(x)\,dx = f[\varphi(x)]+C. \tag{4.1}$$

该公式称为第一换元公式．

一般地，若求不定积分 $\int g(x)\,dx$，如果被积函数 $g(x)$ 可以写成 $f[\varphi(x)]\varphi'(x)$ 的形式，则可用上述公式解决，过程如下．

$$\int g(x)\,dx = \int f[\varphi(x)]\varphi'(x)\,dx = \int f[\varphi(x)]\,d\varphi(x)$$

$$\xrightarrow{\quad u=\varphi(x)\quad} \int f(u)\,du = F(u)+C$$

$$\xrightarrow{\quad u=\varphi(x)\quad} f[\varphi(x)]+C.$$

上述求不定积分的方法称为第一换元积分法，它是复合函数微分法的逆运算．上式中由 $\varphi'(x)\,dx$ 凑成微分 $d\varphi(x)$ 是关键的一步，因此，第一换元积分法又称为凑微分法．要掌握此方法，必须能灵活运用微分（或导数）公式及基本积分公式．

例 4.12　求 $\int \sin 2x\,dx$．

解　被积函数中的 $\sin 2x$ 显然是一个复合函数，可看作 $\sin u$，$u = 2x$，将"dx"凑成 $\dfrac{1}{2}d(2x) = \dfrac{1}{2}du$，于是有

$$\int \sin 2x \mathrm{d}x = \frac{1}{2}\int \sin 2x \cdot (2x)' \mathrm{d}x = \frac{1}{2}\int \sin 2x \mathrm{d}(2x)$$

$$= \frac{1}{2}\int \sin u \mathrm{d}u = -\frac{1}{2}\cos u + C = -\frac{1}{2}\cos 2x + C,$$

所以 $\int \sin 2x \mathrm{d}x = -\dfrac{1}{2}\cos 2x + C.$

对凑微分比较熟练后，就可以不用写出中间变量 u，而直接求解.

例 4.13 求 $\int x\sqrt{4-x^2}\mathrm{d}x.$

解 $\displaystyle\int x\sqrt{4-x^2}\mathrm{d}x = -\frac{1}{2}\int \sqrt{4-x^2}(4-x^2)'\mathrm{d}x = -\frac{1}{2}\int \sqrt{4-x^2}\mathrm{d}(4-x^2)$

$$= -\frac{1}{3}(4-x^2)^{\frac{3}{2}} + C.$$

例 4.14 求 $\int \tan x \mathrm{d}x.$

解 $\displaystyle\int \tan x \mathrm{d}x = \int \frac{\sin x}{\cos x}\mathrm{d}x = -\int \frac{1}{\cos x}\cdot(\cos x)'\mathrm{d}x = -\int \frac{1}{\cos x}\mathrm{d}\cos x$

$$= -\ln|\cos x| + C = \ln|\sec x| + C.$$

同理可得 $\int \cot x \mathrm{d}x = \ln|\sin x| + C = -\ln|\csc x| + C.$

例 4.15 求 $\displaystyle\int \frac{1}{a^2+x^2}\mathrm{d}x\,(a>0).$

解 $\displaystyle\int \frac{1}{a^2+x^2}\mathrm{d}x = \int \frac{1}{a^2}\cdot\frac{1}{1+\left(\dfrac{x}{a}\right)^2}\mathrm{d}x = \frac{1}{a}\int \frac{1}{1+\left(\dfrac{x}{a}\right)^2}\mathrm{d}\left(\frac{x}{a}\right) = \frac{1}{a}\arctan\frac{x}{a} + C.$

用类似方法可得 $\displaystyle\int \frac{1}{\sqrt{a^2-x^2}}\mathrm{d}x = \arcsin\frac{x}{a} + C\,(a>0).$

例 4.16 求 $\displaystyle\int \frac{1}{a^2-x^2}\mathrm{d}x\,(a>0).$

解 $\displaystyle\int \frac{1}{a^2-x^2}\mathrm{d}x = \int \frac{1}{(a+x)(a-x)}\mathrm{d}x = \frac{1}{2a}\int\left(\frac{1}{a-x}+\frac{1}{a+x}\right)\mathrm{d}x$

$$= \frac{1}{2a}\left(\int \frac{1}{a-x}\mathrm{d}x + \int \frac{1}{a+x}\mathrm{d}x\right)$$

$$= \frac{1}{2a}\left[-\int \frac{1}{a-x}\mathrm{d}(a-x) + \int \frac{1}{a+x}\mathrm{d}(a+x)\right]$$

$$= \frac{1}{2a}(-\ln|a-x| + \ln|a+x|) + C$$

$$= \frac{1}{2a}\ln\left|\frac{a+x}{a-x}\right| + C.$$

用类似方法可得 $\displaystyle\int \frac{1}{x^2-a^2}\mathrm{d}x = \frac{1}{2a}\ln\left|\frac{a-x}{a+x}\right| + C.$

例 4.17 求 $\int \csc x \mathrm{d}x$.

解 $\int \csc x \mathrm{d}x = \int \dfrac{1}{\sin x}\mathrm{d}x = \int \dfrac{1}{\sin^2 x}\sin x \mathrm{d}x = -\int \dfrac{1}{1-\cos^2 x}\mathrm{d}\cos x$,

利用例 4.16 的结论, 得

$$\int \csc x \mathrm{d}x = \frac{1}{2}\ln\left|\frac{1-\cos x}{1+\cos x}\right| + C = \frac{1}{2}\ln\left|\frac{(1-\cos x)^2}{1-\cos^2 x}\right| + C$$

$$= \ln\left|\frac{1-\cos x}{\sin x}\right| + C = \ln|\csc x - \cot x| + C.$$

用类似方法可得 $\int \sec x \mathrm{d}x = \ln|\sec x + \tan x| + C$.

正割、余割函数的积分也可以用以下方法求出.

$$\int \csc x \mathrm{d}x = \int \frac{1}{\sin x}\mathrm{d}x = \int \frac{1}{2\sin\dfrac{x}{2}\cos\dfrac{x}{2}}\mathrm{d}x = \int \frac{\mathrm{d}\left(\dfrac{x}{2}\right)}{\tan\dfrac{x}{2}\cos^2\dfrac{x}{2}}$$

$$= \int \frac{\mathrm{d}\left(\tan\dfrac{x}{2}\right)}{\tan\dfrac{x}{2}} = \ln\left|\tan\frac{x}{2}\right| + C = \ln|\csc x - \cot x| + C.$$

$$\int \sec x \mathrm{d}x = \int \csc\left(x + \frac{\pi}{2}\right)\mathrm{d}\left(x + \frac{\pi}{2}\right) = \ln\left|\csc\left(x + \frac{\pi}{2}\right) - \cot\left(x + \frac{\pi}{2}\right)\right| + C$$

$$= \ln|\sec x + \tan x| + C.$$

例 4.18 求 $\int \sin x \sin 3x \mathrm{d}x$.

解 利用三角函数的积化和差公式, 得

$$\int \sin x \sin 3x \mathrm{d}x = \frac{1}{2}\int (\cos 2x - \cos 4x)\mathrm{d}x = \frac{1}{2}\left(\int \cos 2x \mathrm{d}x - \int \cos 4x \mathrm{d}x\right)$$

$$= \frac{1}{8}(2\sin 2x - \sin 4x) + C.$$

从上面的例子可以看出, 式(4.1) 在求不定积分时起着重要的作用, 就像复合函数的求导法则在微分学中的作用一样. 但利用式(4.1) 求不定积分, 一般比利用复合函数的求导法则求函数的导数困难. 除了需要熟知一些函数的微分形式, 还需要掌握一定的技巧. 只有通过多做练习、不断总结规律, 才能运用自如. 为了便于使用, 我们特将一些常用的通过凑微分求解的积分形式归纳如下.

(1) $\int f(au + b)\mathrm{d}u = \dfrac{1}{a}\int f(au + b)\mathrm{d}(au + b)\ (a \neq 0)$.

(2) $\int f(au^n + b)u^{n-1}\mathrm{d}u = \dfrac{1}{na}\int f(au^n + b)\mathrm{d}(au^n + b)\ (a \neq 0, n \neq 0)$.

(3) $\int f(a^u + b)a^u \mathrm{d}u = \dfrac{1}{\ln a}\int f(a^u + b)\mathrm{d}(a^u + b)\ (a > 0, a \neq 1)$.

(4) $\int f(\sqrt{u})\dfrac{1}{\sqrt{u}}\mathrm{d}u = 2\int f(\sqrt{u})\mathrm{d}(\sqrt{u})$.

$(5) \int f\left(\dfrac{1}{u}\right)\dfrac{1}{u^2}\mathrm{d}u = -\int f\left(\dfrac{1}{u}\right)\mathrm{d}\left(\dfrac{1}{u}\right).$

$(6) \int f(\ln u)\dfrac{1}{u}\mathrm{d}u = \int f(\ln u)\,\mathrm{d}\ln u.$

$(7) \int f(\sin u)\cos u\,\mathrm{d}u = \int f(\sin u)\,\mathrm{d}\sin u.$

$(8) \int f(\cos u)\sin u\,\mathrm{d}u = -\int f(\cos u)\,\mathrm{d}\cos u.$

$(9) \int f(\tan u)\sec^2 u\,\mathrm{d}u = \int f(\tan u)\,\mathrm{d}\tan u.$

$(10) \int f(\arcsin u)\dfrac{1}{\sqrt{1-u^2}}\mathrm{d}u = \int f(\arcsin u)\,\mathrm{d}\arcsin u.$

$(11) \int f\left(\arctan\dfrac{u}{a}\right)\dfrac{1}{a^2+x^2}\mathrm{d}u = \dfrac{1}{a}\int f\left(\arctan\dfrac{u}{a}\right)\mathrm{d}\left(\arctan\dfrac{u}{a}\right)\ (a>0).$

$(12) \int \dfrac{f'(u)}{f(u)}\mathrm{d}u = \ln|f(u)| + C.$

例 4.19　某连锁超市调查发现，某品牌商品的周需求为 Q 个时，其边际价格为
$$P'(Q) = -0.015\mathrm{e}^{-0.01Q},$$
且每个商品的价格为 2.35 元时，需求为 50 个. 求价格函数的表达式.

解　由题意得 $P(Q) = -\int 0.015\mathrm{e}^{-0.01Q}\mathrm{d}Q$

$$= 1.5\int \mathrm{e}^{-0.01Q}\mathrm{d}(-0.01Q) = 1.5\mathrm{e}^{-0.01Q} + C.$$

又 $P(50) = 2.35$，得 $C = 2.35 - 1.5\mathrm{e}^{-0.5} \approx 1.44$. 因此，$P(Q) = 1.5\mathrm{e}^{-0.01Q} + 1.44$.

例 4.20　求不定积分：$(1) \int \dfrac{f'(\ln x)}{x}\mathrm{d}x$；$(2) \int xf(x^2)f'(x^2)\,\mathrm{d}x.$

解　(1) 设 $v = \ln x$，则

$$\int \dfrac{f'(\ln x)}{x}\mathrm{d}x = \int f'(\ln x)(\ln x)'\mathrm{d}x = \int f'(\ln x)\,\mathrm{d}\ln x = \int f'(v)\,\mathrm{d}v = f(v) + C = f(\ln x) + C.$$

(2) 设 $u = x^2$，则

$$\int xf(x^2)f'(x^2)\,\mathrm{d}x = \dfrac{1}{2}\int f(x^2)f'(x^2)\,\mathrm{d}x^2 = \dfrac{1}{2}\int f(u)f'(u)\,\mathrm{d}u = \dfrac{1}{2}\int f(u)\,\mathrm{d}f(u)$$

$$= \dfrac{1}{4}f^2(u) + C = \dfrac{1}{4}f^2(x^2) + C.$$

4.2.2　第二换元积分法

第一换元积分法是把被积表达式中的原积分变量 x 的某一函数 $\varphi(x)$ 换为新变量 u，从而将积分 $\int f[\varphi(x)]\varphi'(x)\mathrm{d}x$ 化为积分 $\int f(u)\mathrm{d}u$ 来计算. 对某些积分，将积分变量 x 设为函数 $\psi(t)$，从而将积分 $\int f(x)\mathrm{d}x$ 化为积分 $\int f[\psi(t)]\psi'(t)\mathrm{d}t$ 来计算比较简单. 这就是第二换元积分法.

定理 4.4（第二换元积分法）　设 $x = \psi(t)$ 是单调可导函数，且 $\psi'(t) \neq 0$，又设 $f[\psi(t)]\psi'(t)$ 的一个原函数为 $\Phi(t)$，则

$$\int f(x)\,\mathrm{d}x = \Phi[\psi^{-1}(x)] + C. \tag{4.2}$$

该公式称为第二换元公式.

证明　由题设知，$x = \psi(t)$ 有单调可导的反函数 $t = \psi^{-1}(x)$，由复合函数和反函数求导公式得

$$\frac{\mathrm{d}}{\mathrm{d}x}\Phi[\psi^{-1}(x)] = \frac{\mathrm{d}\Phi}{\mathrm{d}t} \cdot \frac{\mathrm{d}t}{\mathrm{d}x} = f[\psi(t)]\psi'(t) \cdot \frac{1}{\psi'(t)} = f[\psi(t)] = f(x).$$

这表明 $\Phi[\psi^{-1}(x)]$ 是 $f(x)$ 的一个原函数. 所以

$$\int f(x)\,\mathrm{d}x = \Phi[\psi^{-1}(x)] + C.$$

一般地，求不定积分 $\int f(x)\,\mathrm{d}x$ 时，如果设 $x = \psi(t)$，且 $x = \psi(t)$ 满足定理 4.4 的条件，则根据第二换元公式［式(4.2)］求积分的过程如下：

$$\int f(x)\,\mathrm{d}x \xpe{x = \psi(t)} \int f[\psi(t)]\psi'(t)\,\mathrm{d}t = \Phi(t) + C \xpe{t = \psi^{-1}(x)} \Phi[\psi^{-1}(x)] + C.$$

两种换元积分法都涉及换元的过程，换元后最终都需要还原为原积分变量的函数. 第二换元积分法通常用于被积函数中出现根式，且无法通过直接积分法或第一换元积分法求解的情况.

例 4.21　求 $\int \dfrac{1}{1 + \sqrt{x}}\mathrm{d}x$.

解　令 $\sqrt{x} = t$，则 $x = t^2, \mathrm{d}x = 2t\mathrm{d}t$，所以

$$\int \frac{1}{1 + \sqrt{x}}\mathrm{d}x = \int \frac{1}{1 + t}2t\mathrm{d}t = 2\int \frac{t}{1 + t}\mathrm{d}t = 2\int\left(1 - \frac{1}{1 + t}\right)\mathrm{d}t$$

$$= 2(t - \ln|t + 1|) + C = 2\sqrt{x} - 2\ln(\sqrt{x} + 1) + C.$$

例 4.22　求 $\int \dfrac{1}{\sqrt{x} + \sqrt[4]{x}}\mathrm{d}x$.

解　令 $x = t^4$，则 $\mathrm{d}x = 4t^3\mathrm{d}t$. 于是

$$\int \frac{1}{\sqrt{x} + \sqrt[4]{x}}\mathrm{d}x = \int \frac{4t^3}{t^2 + t}\mathrm{d}t = 4\int \frac{t^2}{t + 1}\mathrm{d}t = 4\int \frac{(t^2 - 1) + 1}{t + 1}\mathrm{d}t$$

$$= 4\int(t - 1)\mathrm{d}t + 4\int \frac{1}{t + 1}\mathrm{d}t = 2t^2 - 4t + 4\ln|t + 1| + C$$

$$= 2\sqrt{x} - 4\sqrt[4]{x} + 4\ln|\sqrt[4]{x} + 1| + C.$$

微课：例 4.22

【即时提问 4.2】　如果此例被积函数中的 $\sqrt[4]{x}$ 换成 $\sqrt[3]{x}$，即求 $\int \dfrac{1}{\sqrt{x} + \sqrt[3]{x}}\mathrm{d}x$，该如何进行换元？

例 4.23　求 $\int \sqrt{a^2 - x^2}\,\mathrm{d}x(a > 0)$.

解　令 $x = a\sin t\left(-\dfrac{\pi}{2} \leqslant t \leqslant \dfrac{\pi}{2}\right)$，则 $t = \arcsin\dfrac{x}{a}, \mathrm{d}x = a\cos t\mathrm{d}t$. 于是

$$\int \sqrt{a^2 - x^2}\,\mathrm{d}x = \int a\cos t \cdot a\cos t\,\mathrm{d}t = a^2\int \cos^2 t\,\mathrm{d}t = a^2\int \frac{1+\cos 2t}{2}\,\mathrm{d}t$$

$$= a^2\left(\frac{t}{2} + \frac{\sin 2t}{4}\right) + C = \frac{a^2}{2}(t + \sin t\cos t) + C.$$

为了将上式结果中的变量还原为原来的积分变量，引入一辅助直角三角形，如图 4.2 所示.

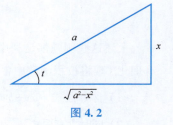

因为 $x = a\sin t$，所以 $\sin t = \dfrac{x}{a}, \cos t = \dfrac{\sqrt{a^2 - x^2}}{a}$，

从而

$$\int \sqrt{a^2 - x^2}\,\mathrm{d}x = \frac{a^2}{2}\arcsin\frac{x}{a} + \frac{x}{2}\sqrt{a^2 - x^2} + C.$$

图 4.2

例 4.24 求 $\displaystyle\int \frac{1}{\sqrt{a^2 + x^2}}\,\mathrm{d}x\,(a > 0)$.

解 类似例 4.23 的解法，令 $x = a\tan t\left(-\dfrac{\pi}{2} < t < \dfrac{\pi}{2}\right)$，则 $t = \arctan\dfrac{x}{a}, \mathrm{d}x = a\sec^2 t\,\mathrm{d}t$. 于是

$$\int \frac{1}{\sqrt{a^2 + x^2}}\,\mathrm{d}x = \int \frac{a\sec^2 t}{a\sec t}\,\mathrm{d}t = \int \sec t\,\mathrm{d}t = \ln|\sec t + \tan t| + C.$$

作辅助直角三角形，如图 4.3 所示，$x = a\tan t, \tan t = \dfrac{x}{a}, \sec t = \dfrac{1}{\cos t} = \dfrac{\sqrt{a^2 + x^2}}{a}$，所以

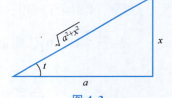

$$\int \frac{1}{\sqrt{a^2 + x^2}}\,\mathrm{d}x = \ln\left|\frac{\sqrt{a^2 + x^2}}{a} + \frac{x}{a}\right| + C_1$$

$$= \ln(x + \sqrt{a^2 + x^2}) + C\,(C = C_1 - \ln a).$$

图 4.3

例 4.25 求 $\displaystyle\int \frac{1}{\sqrt{x^2 - a^2}}\,\mathrm{d}x\,(a > 0)$.

解 被积函数的定义域为 $(-\infty, -a) \cup (a, +\infty)$，在两个区间内分别求不定积分.

当 $x > a$ 时，令 $x = a\sec t\left(0 < t < \dfrac{\pi}{2}\right)$，则 $\mathrm{d}x = a\sec t \cdot \tan t\,\mathrm{d}t$. 于是

$$原式 = \int \frac{a\sec t \cdot \tan t\,\mathrm{d}t}{a\tan t} = \int \sec t\,\mathrm{d}t = \ln|\sec t + \tan t| + C_1.$$

作辅助直角三角形，如图 4.4 所示，由 $x = a\sec t$，得

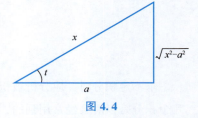

$$\int \frac{1}{\sqrt{x^2 - a^2}}\,\mathrm{d}x = \ln\left|\frac{x}{a} + \frac{\sqrt{x^2 - a^2}}{a}\right| + C_1$$

$$= \ln|x + \sqrt{x^2 - a^2}| + C\,(C = C_1 - \ln a).$$

图 4.4

同理，当 $x < -a$ 时，令 $x = -u$，那么 $u > a$，由上一步结果，有

$$\int \frac{1}{\sqrt{x^2 - a^2}}\,\mathrm{d}x = -\int \frac{1}{\sqrt{u^2 - a^2}}\,\mathrm{d}u = -\ln|u + \sqrt{u^2 - a^2}| + C$$

$$= -\ln|-x + \sqrt{x^2 - a^2}| + C = \ln\left|\frac{1}{-x + \sqrt{x^2 - a^2}}\right| + C$$

$$= \ln \left| \frac{x + \sqrt{x^2 - a^2}}{a^2} \right| + C = \ln \left| x + \sqrt{x^2 - a^2} \right| + C_1 (C_1 = C - 2\ln a),$$

所以

$$\int \frac{1}{\sqrt{x^2 - a^2}} dx = \ln \left| x + \sqrt{x^2 - a^2} \right| + C.$$

上述这些例题都是利用第二换元积分法处理被积函数中有根式的问题,通过变量代换实现有理化. 现将被积函数中含有根式类型的不定积分换元归纳如下.

(1) 含有根式 $\sqrt[n]{ax + b}$ 时,令 $\sqrt[n]{ax + b} = t$.

(2) 同时含有根式 $\sqrt[m_1]{x}$ 和根式 $\sqrt[m_2]{x}$($m_1, m_2 \in \mathbf{N}^*$)时,令 $x = t^m$,其中 m 是 m_1, m_2 的最小公倍数.

(3) 含有根式 $\sqrt{a^2 - x^2}$($a > 0$)时,令 $x = a\sin u$ 或 $x = a\cos u$.

(4) 含有根式 $\sqrt{a^2 + x^2}$($a > 0$)时,令 $x = a\tan u$ 或 $x = a\cot u$.

(5) 含有根式 $\sqrt{x^2 - a^2}$($a > 0$)时,令 $x = a\sec u$ 或 $x = a\csc u$.

其中,(3)~(5)中所用方法称为**三角代换**. 另外,当被积函数的分母的最高次数比分子的最高次数大 1 时,还经常用**倒代换**.

例 4.26 求 $\int \frac{\sqrt{a^2 - x^2}}{x^4} dx (x > 0)$.

解 本题除了可用三角代换求解,还可用倒代换求解.

设 $x = \frac{1}{t}$($t > 0$),则 $dx = -\frac{1}{t^2} dt$. 于是

$$\int \frac{\sqrt{a^2 - x^2}}{x^4} dx = \int \frac{\sqrt{a^2 - \frac{1}{t^2}}}{\frac{1}{t^4}} \left(-\frac{1}{t^2} \right) dt = -\int t \sqrt{a^2 t^2 - 1} \, dt$$

$$= -\frac{1}{2a^2} \int \sqrt{a^2 t^2 - 1} \, d(a^2 t^2 - 1) = -\frac{1}{3a^2} (a^2 t^2 - 1)^{\frac{3}{2}} + C$$

$$= -\frac{(a^2 - x^2)^{\frac{3}{2}}}{3a^2 x^3} + C.$$

求不定积分时,应分析被积函数的具体情况,选取尽可能简单的代换. 上面的例题中,有几个积分是以后会经常用到的,将这些积分作为公式记住会为计算不定积分带来便利. 因此,在基本积分公式中,需添加以下常用的积分公式(其中常数 $a > 0$).

(1) $\int \frac{1}{\sqrt{a^2 - x^2}} dx = \arcsin \frac{x}{a} + C.$

(2) $\int \frac{1}{a^2 + x^2} dx = \frac{1}{a} \arctan \frac{x}{a} + C.$

(3) $\int \dfrac{1}{a^2-x^2}dx = \dfrac{1}{2a}\ln\left|\dfrac{a+x}{a-x}\right| + C.$

(4) $\int \tan x dx = -\ln|\cos x| + C = \ln|\sec x| + C.$

(5) $\int \cot x dx = \ln|\sin x| + C = -\ln|\csc x| + C.$

(6) $\int \sec x dx = \ln|\sec x + \tan x| + C.$

(7) $\int \csc x dx = \ln|\csc x - \cot x| + C.$

(8) $\int \dfrac{1}{\sqrt{x^2 \pm a^2}}dx = \ln\left|x + \sqrt{x^2 \pm a^2}\right| + C.$

(9) $\int \sqrt{a^2-x^2}\,dx = \dfrac{a^2}{2}\arcsin\dfrac{x}{a} + \dfrac{x}{2}\sqrt{a^2-x^2} + C.$

同步习题 4.2

 基础题

1. 在下列等式右边的横线上填入适当的系数，使等式成立.

(1) $dx = $ _____ $d(7x-5).$

(2) $e^{5x}dx = $ _____ $de^{5x}.$

(3) $\dfrac{1}{x^2}dx = $ _____ $d\left(\dfrac{1}{x}\right).$

(4) $\dfrac{1}{\sqrt{x}}dx = $ _____ $d(5\sqrt{x}).$

(5) $\dfrac{1}{x}dx = $ _____ $d(3-7\ln|x|).$

(6) $\dfrac{1}{\sqrt{1-x^2}}dx = $ _____ $d(1-\arcsin x).$

(7) $\sin\dfrac{5}{7}x dx = $ _____ $d\left(\cos\dfrac{5}{7}x\right).$

(8) $\dfrac{x}{\sqrt{1+x^2}}dx = $ _____ $d(2\sqrt{1+x^2}).$

2. 用第一换元积分法计算下列不定积分.

(1) $\int (2x-3)^8 dx.$

(2) $\int \dfrac{1}{\sqrt{x+1}}dx.$

(3) $\int \cos(1+2x)dx.$

(4) $\int e^{-x}dx.$

(5) $\int \dfrac{e^{\frac{1}{x}}}{x^2}dx.$

(6) $\int \dfrac{1}{\sqrt{x}}\sin\sqrt{x}\,dx.$

(7) $\int \dfrac{1}{x\ln x}dx.$

(8) $\int \dfrac{\ln^2 x}{x}dx.$

(9) $\int \dfrac{e^x}{e^x-1}dx.$

(10) $\int \dfrac{1}{4+9x^2}dx.$

(11) $\int \dfrac{x^3}{4-x^4}dx.$

(12) $\int \dfrac{\sin x \cos x}{1+\sin^2 x}dx.$

3. 用第二换元积分法计算下列不定积分.

(1) $\int x\sqrt{x-3}\,\mathrm{d}x$.

(2) $\int \dfrac{\sqrt{x}}{2(1+x)}\mathrm{d}x$.

(3) $\int \dfrac{1}{1-\sqrt{2x+1}}\mathrm{d}x$.

(4) $\int \dfrac{1}{\sqrt[3]{x}+\sqrt[4]{x}}\mathrm{d}x$.

(5) $\int \dfrac{1}{x^2\sqrt{4+x^2}}\mathrm{d}x$.

(6) $\int \dfrac{\sqrt{x^2-1}}{2x^2}\mathrm{d}x$.

(7) $\int \dfrac{1}{x\sqrt{9-x^2}}\mathrm{d}x$.

(8) $\int \dfrac{1}{\sqrt{\mathrm{e}^x+1}}\mathrm{d}x$.

微课：同步习题 4.2
基础题 3(7)

提高题

选择适当的方法计算下列不定积分.

(1) $\int \dfrac{1}{\sqrt{16-9x^2}}\mathrm{d}x$.

(2) $\int \dfrac{1}{x^2+2x+2}\mathrm{d}x$.

(3) $\int \dfrac{1}{x^2+2x-3}\mathrm{d}x$.

(4) $\int \dfrac{1}{x^2+3x+2}\mathrm{d}x$.

(5) $\int a^{\sin x}\cos x\,\mathrm{d}x\,(a>0,a\neq 1)$.

(6) $\int \dfrac{\arctan x}{1+x^2}\mathrm{d}x$.

(7) $\int \sin x\cos^3 x\,\mathrm{d}x$.

(8) $\int \sin^2 x\,\mathrm{d}x$.

(9) $\int \cos^3 x\,\mathrm{d}x$.

(10) $\int \dfrac{1}{x(1+2\ln x)}\mathrm{d}x$.

(11) $\int \dfrac{\mathrm{d}x}{\sqrt{2x-3}+1}$.

(12) $\int \dfrac{\mathrm{d}x}{\sqrt{x}+\sqrt[3]{x^2}}$.

(13) $\int (1-x^2)^{-\frac{3}{2}}\mathrm{d}x$.

(14) $\int \dfrac{\mathrm{d}x}{(a^2+x^2)^{\frac{3}{2}}}\,(a>0)$.

(15) $\int \dfrac{x^2}{\sqrt{1-x^2}}\mathrm{d}x$.

(16) $\int \dfrac{\mathrm{d}x}{\sqrt{(x^2+1)^5}}$.

(17) $\int \dfrac{1}{x+\sqrt{1-x^2}}\mathrm{d}x$.

(18) $\int \dfrac{x^3+1}{(x^2+1)^2}\mathrm{d}x$.

(19) $\int \sin 2x\cos 3x\,\mathrm{d}x$.

(20) $\int \cot^3 x\csc x\,\mathrm{d}x$.

(21) $\int \dfrac{1+\ln x}{(x\ln x)^2}\mathrm{d}x$.

(22) $\int \dfrac{5x+6}{x^2+x+1}\mathrm{d}x$.

(23) $\int \dfrac{\sqrt{1+\cos x}}{\sin x}\mathrm{d}x$.

(24) $\int \dfrac{1}{(x+2)\sqrt{x+1}}\mathrm{d}x$.

(25) $\int \dfrac{1}{1+\sqrt{1-x^2}}\mathrm{d}x$.

(26) $\int \dfrac{1}{\sqrt{x(1-x)}}\mathrm{d}x$.

(27) $\int \dfrac{1}{1+\sqrt[3]{x+2}}\mathrm{d}x$.

(28) $\int \dfrac{1}{x^2\sqrt{1+x^2}}\mathrm{d}x$.

4.3 分部积分法

直接积分法和换元积分法能求解被积函数为某些特定形式的不定积分，但如果遇到被积函数为相对简单的不同函数的乘积时，例如，形如 $\int x\sin x\,\mathrm{d}x$，$\int x^2\mathrm{e}^x\,\mathrm{d}x$ 的不定积分，用直接积分法和换元积分法都无能为力. 此时, 就需要用到计算不定积分的另一种方法 —— 分部积分法. 它本质上来源于两个函数乘积的求导法则.

设函数 $u=u(x)$ 及 $v=v(x)$ 具有连续的导数, 两个函数乘积的导数公式为

$$[u(x)v(x)]'=u'(x)v(x)+u(x)v'(x),$$

移项, 得

$$u(x)v'(x)=[u(x)v(x)]'-u'(x)v(x),$$

对上式两边求不定积分, 即有下述定理.

定理 4.5 设 $u=u(x),v=v(x)$ 在区间 I 上都有连续的导数, 则有

$$\int u(x)v'(x)\mathrm{d}x=u(x)v(x)-\int u'(x)v(x)\mathrm{d}x,$$

简记为

$$\int uv'\mathrm{d}x=uv-\int u'v\mathrm{d}x,$$

或

$$\int u\mathrm{d}v=uv-\int v\mathrm{d}u.$$

微课: 定理 4.5
证明

上述公式称为**分部积分公式**, 其实质是求函数乘积的导数的逆过程. 如果求 $\int uv'\mathrm{d}x$ 有困难, 而求 $\int u'v\mathrm{d}x$ 比较容易, 分部积分公式就可以起到化难为易的转化作用.

分部积分法应用的基本步骤可归纳为

$$\int f(x)\mathrm{d}x=\int uv'\mathrm{d}x=\int u\mathrm{d}v=uv-\int v\mathrm{d}u=uv-\int u'v\mathrm{d}x,$$

分部积分法的关键在于适当地选择 u 和 $\mathrm{d}v$. 选取 u 和 $\mathrm{d}v$ 一般要考虑下面两点:

(1) 由 $v'\mathrm{d}x$ 容易求得 v;

(2) $\int v\mathrm{d}u$ 要比 $\int u\mathrm{d}v$ 容易积分.

例 4.27 求 $\int x\cos x\mathrm{d}x$.

解 若选取 $u=x,\mathrm{d}v=\cos x\mathrm{d}x$, 那么 $\mathrm{d}u=\mathrm{d}x,v=\sin x$, 代入分部积分公式得

$$\int x\cos x\mathrm{d}x=\int x\mathrm{d}\sin x=x\sin x-\int\sin x\mathrm{d}x,$$

而 $\int v\mathrm{d}u=\int\sin x\mathrm{d}x$ 容易积出, 所以 $\int x\cos x\mathrm{d}x=x\sin x+\cos x+C.$

注 若设 $u=\cos x,\mathrm{d}v=x\mathrm{d}x$, 那么 $\mathrm{d}u=-\sin x\mathrm{d}x$, $v=\dfrac{x^2}{2}$, 于是得 $\int x\cos x\mathrm{d}x=\dfrac{x^2}{2}\cos x+$ $\int\dfrac{x^2}{2}\sin x\mathrm{d}x$, 该式右端的积分比原积分更不容易求.

由此可见, 在利用分部积分法求不定积分时, 如果 u 和 $\mathrm{d}v$ 的选取不合适, 就不容易求出结果.

例 4.28 求 $\int x\mathrm{e}^x\mathrm{d}x$.

解 令 $u=x,\mathrm{d}v=\mathrm{e}^x\mathrm{d}x$, 则 $v=\mathrm{e}^x$, 所以

$$\int x\mathrm{e}^x\mathrm{d}x=\int x\mathrm{d}\mathrm{e}^x=x\mathrm{e}^x-\int\mathrm{e}^x\mathrm{d}x=x\mathrm{e}^x-\mathrm{e}^x+C.$$

例 4. 29 求 $\int x \ln x \mathrm{d}x$.

解 令 $u = \ln x, \mathrm{d}v = x \mathrm{d}x = \mathrm{d}\left(\dfrac{x^2}{2}\right)$，则 $v = \dfrac{1}{2}x^2$，所以

$$\int x \ln x \mathrm{d}x = \int \ln x \mathrm{d}\left(\frac{x^2}{2}\right) = \frac{1}{2}x^2 \ln x - \frac{1}{2}\int x^2 \mathrm{d}\ln x = \frac{x^2}{2}\ln x - \frac{1}{2}\int x^2 \cdot \frac{1}{x} \mathrm{d}x$$

$$= \frac{1}{2}x^2 \ln x - \frac{1}{2} \cdot \frac{x^2}{2} + C = \frac{1}{2}x^2 \ln x - \frac{x^2}{4} + C.$$

大家在熟练掌握分部积分法后，可不必写出 u 和 $\mathrm{d}v$ 的选取过程，而直接利用公式去求解.

例 4. 30 求 $\int x^2 \cos x \mathrm{d}x$.

解 $\int x^2 \cos x \mathrm{d}x = \int x^2 \mathrm{d}\sin x = x^2 \sin x - \int \sin x \mathrm{d}x^2 = x^2 \sin x - 2\int x \sin x \mathrm{d}x$,

对 $\int x \sin x \mathrm{d}x$ 继续运用分部积分法，得

$$\int x \sin x \mathrm{d}x = -\int x \mathrm{d}\cos x = -x\cos x + \int \cos x \mathrm{d}x = -x\cos x + \sin x + C_1,$$

于是

$$\int x^2 \cos x \mathrm{d}x = x^2 \sin x + 2x\cos x - 2\sin x + C.$$

注 如果被积函数是幂函数与正（余）弦函数或指数函数的乘积，可用分部积分法，选幂函数为 u，正（余）弦函数或指数函数选作 v'，并可以多次使用分部积分法.

例 4. 31 求 $\int x\arctan x \mathrm{d}x$.

解 $\int x\arctan x \mathrm{d}x = \int \arctan x \mathrm{d}\left(\dfrac{x^2}{2}\right) = \dfrac{x^2}{2}\arctan x - \dfrac{1}{2}\int x^2 \mathrm{d}\arctan x$

$$= \frac{x^2}{2}\arctan x - \frac{1}{2}\int \frac{x^2}{1+x^2}\mathrm{d}x = \frac{x^2}{2}\arctan x - \frac{1}{2}\int\left(1 - \frac{1}{1+x^2}\right)\mathrm{d}x$$

$$= \frac{1}{2}x^2 \arctan x - \frac{1}{2}(x - \arctan x) + C = \frac{1}{2}(x^2+1)\arctan x - \frac{1}{2}x + C.$$

注 如果被积函数是幂函数与反三角函数或对数函数的乘积，可用分部积分法，并选反三角函数或对数函数为 u，幂函数选作 v'.

例 4. 32 求 $\int \arcsin x \mathrm{d}x$.

解 $\int \arcsin x \mathrm{d}x = x\arcsin x - \int x \mathrm{d}\arcsin x = x\arcsin x - \int \dfrac{x}{\sqrt{1-x^2}}\mathrm{d}x$

$$= x\arcsin x + \frac{1}{2}\int \frac{1}{\sqrt{1-x^2}}\mathrm{d}(1-x^2) = x\arcsin x + \sqrt{1-x^2} + C.$$

例 4.32 中被积函数是单个函数，且不能用积分公式直接积分，可以考虑运用分部积分法，将被积函数视为分部积分公式中的 u，将 $\mathrm{d}x$ 视为 $\mathrm{d}v$，直接利用分部积分公式求解.

【即时提问 4.3】 哪几类函数作为单个函数的被积函数时，可以直接利用分部积分法求解？

例 4.33 求 $\int e^x \cos x \, dx$.

解 令 $I = \int e^x \cos x \, dx$ ，则有

$$I = \int \cos x \, de^x = e^x \cos x - \int e^x \, d\cos x = e^x \cos x + \int e^x \sin x \, dx = e^x \cos x + \int \sin x \, de^x$$

$$= e^x \cos x + e^x \sin x - \int e^x \, d\sin x = e^x \cos x + e^x \sin x - I,$$

得

$$2I = e^x \cos x + e^x \sin x + C_1,$$

从而

$$\int e^x \cos x \, dx = \frac{1}{2} e^x (\cos x + \sin x) + C.$$

被积函数为指数函数与三角函数乘积的不定积分，多次应用分部积分法会得到一个关于所求积分的方程（产生循环的结果），通过求解该方程可以得到不定积分. 这一方法也称为"循环积分法". 需要注意的是，多次使用分部积分法时，u 和 v' 的选取类型要与第一次的保持一致，否则会回到原积分；此外，求解方程得到不定积分后一定要加上积分常数.

求不定积分时可能需要几种方法结合使用，大家要灵活处理.

例 4.34 求 $\int \sin\sqrt{x} \, dx$.

解 设 $\sqrt{x} = t$，则 $x = t^2, dx = dt^2 = 2t \, dt$，得

$$\int \sin\sqrt{x} \, dx = 2\int t\sin t \, dt = -2\int t \, d\cos t = -2t\cos t + 2\int \cos t \, dt$$

$$= -2t\cos t + 2\sin t + C = -2\sqrt{x}\cos\sqrt{x} + 2\sin\sqrt{x} + C.$$

例 4.35 求不定积分 $I_n = \int \dfrac{1}{(x^2 + a^2)^n} dx \, (n = 1, 2, \cdots)$.

解 当 $n = 1$ 时，根据基本积分公式可得

$$I_1 = \int \frac{1}{x^2 + a^2} dt = \frac{1}{a}\arctan\frac{x}{a} + C.$$

当 $n > 1$ 时，直接利用分部积分法得

$$I_n = \int \frac{1}{(x^2 + a^2)^n} dx = \frac{x}{(x^2 + a^2)^n} + 2n\int \frac{x^2}{(x^2 + a^2)^{n+1}} dx$$

$$= \frac{x}{(x^2 + a^2)^n} + 2n\int \left[\frac{1}{(x^2 + a^2)^n} - \frac{a^2}{(x^2 + a^2)^{n+1}} \right] dx$$

$$= \frac{x}{(x^2 + a^2)^n} + 2n\int \frac{1}{(x^2 + a^2)^n} dx - 2na^2 \int \frac{1}{(x^2 + a^2)^{n+1}} dx,$$

即

$$I_n = \frac{x}{(x^2 + a^2)^n} + 2nI_n - 2na^2 I_{n+1},$$

于是

$$I_{n+1} = \frac{1}{2na^2} \left[\frac{x}{(x^2 + a^2)^n} + (2n-1)I_n \right],$$

从而

$$I_n = \frac{1}{2(n-1)a^2}\left[\frac{x}{(x^2+a^2)^{n-1}} + (2n-3)I_{n-1}\right].$$

根据求出的递推公式，由 I_1 开始可计算出 $I_n(n>1)$. 比如当 $n=2$ 时，得

$$I_2 = \frac{1}{2a^2}\left(\frac{x}{x^2+a^2} + \frac{1}{a}\arctan\frac{x}{a}\right) + C.$$

同步习题 4.3

基础题

求下列不定积分.

(1) $\int x\cos 5x\,dx$.　　　(2) $\int xe^{-4x}\,dx$.　　　(3) $\int x^2 e^x\,dx$.

(4) $\int x^3\ln x\,dx$.　　　(5) $\int \ln x\,dx$.　　　(6) $\int \arctan x\,dx$.

(7) $\int e^x\sin x\,dx$.　　　(8) $\int \ln(x^2+1)\,dx$.　　　(9) $\int \cos\sqrt{x}\,dx$.

(10) $\int e^{\sqrt{x}}\,dx$.　　　(11) $\int \ln^2 x\,dx$.　　　(12) $\int x\sin x\cos x\,dx$.

(13) $\int x^2\cos^2\frac{x}{2}\,dx$.　　　(14) $\int x\ln(x-1)\,dx$.

提高题

求下列不定积分.

(1) $\int (x^2-1)\sin 2x\,dx$.　　　(2) $\int \frac{\ln^3 x}{x^2}\,dx$.　　　(3) $\int e^{\sqrt[3]{x}}\,dx$.

(4) $\int \cos\ln x\,dx$.　　　(5) $\int x\ln^2 x\,dx$.　　　(6) $\int e^{\sqrt{3x+9}}\,dx$.

(7) $\int (\arccos x)^2\,dx$.　　　(8) $\int \frac{\ln x}{(1+x^2)^{\frac{3}{2}}}\,dx$.　　　(9) $\int \frac{x^3\arccos x}{\sqrt{1-x^2}}\,dx$.

(10) $\int x\tan^2 x\,dx$.　　　(11) $\int \frac{xe^x}{\sqrt{1+e^x}}\,dx$.　　　(12) $\int \frac{xe^{2x}}{\sqrt{e^{2x}-1}}\,dx$.

本章小结

思维导图

本章同步习题与
总复习题答案

第 4 章总复习题 · 基础篇

1. 填空题：(1)~(5) 小题，每小题4分，共20分. 下列每小题给出的 4 个选项中，只有一个选项是符合题目要求的.

(1) 下列等式中正确的是(　　).

A. $\int f'(x)\,dx = f(x)$　　B. $\int df(x) = f(x)$　　C. $\dfrac{d}{dx}\int f(x)\,dx = f(x)$　　D. $d\int f(x)\,dx = f(x)$

(2) 若 $f'(x^2) = \dfrac{1}{x} + \sin x^2\,(x>0)$，则 $f(x) = ($　　$)$.

A. $2x - \cos x^2 + C$　　B. $\ln|x| - \cos x + C$　　C. $2\sqrt{x} - \cos x + C$　　D. $\dfrac{1}{\sqrt{x}} - \cos x + C$

(3) 设函数 $f(x)$ 的导函数是 $\cos x$，则 $f(x)$ 的一个原函数应为(　　).

A. $1 + \sin x$　　B. $1 - \sin x$　　C. $1 + \cos x$　　D. $1 - \cos x$

(4) 已知 $f'(x) = \dfrac{1}{\sqrt{x^2 + a^2}}$，则函数 $F(x)$ 可能是(　　).

A. $\dfrac{1}{2a}\ln\left|\dfrac{x+a}{x-a}\right|$　　B. $\dfrac{1}{a}\arctan\dfrac{x}{a}$　　C. $\arcsin\dfrac{x}{a}$　　D. $\ln(x + \sqrt{x^2 + a^2})$

(5) 已知 $\int f(x)\,dx = F(x) + C$，则 $\int f\left(\dfrac{x}{2} + 1\right)dx = ($　　$)$.

A. $2F(x) + C$　　B. $F\left(\dfrac{x}{2}\right) + C$　　C. $F\left(\dfrac{x}{2} + 1\right) + C$　　D. $2F\left(\dfrac{x}{2} + 1\right) + C$

2. 解答题：(6)~(10) 小题，每小题 4 分，共20分.

(6) 已知 $f(x) = \dfrac{1}{1+x^2}$，则 $\int x f'(x)\,dx = $ _____.

(7) 不定积分 $\int f(x) f'(x)\,dx = $ _____.

(8) 设 $\int f(x)\,dx = \arcsin x + C$，则 $\displaystyle\int \dfrac{x}{f(x)}\,dx = $ _____.

(9) $\displaystyle\int \dfrac{1 + x + x^2}{x^2(1+x)}\,dx = $ _____.

(10) 如果 $f(x) = e^{-x}$，则 $\displaystyle\int \dfrac{f'(\ln x)}{x}\,dx = $ _____.

3. 解答题：(11) ~ (16) 小题，每小题 10 分，共 60 分．解答时应写出文字说明、证明过程或演算步骤．

(11) $\int \dfrac{x^3 \mathrm{d}x}{\sqrt{1-x^2}}$.　　(12) $\int \mathrm{e}^{2x} \cos 2x \mathrm{d}x$.　　(13) $\int \sqrt{\dfrac{\arcsin x}{1-x^2}} \mathrm{d}x$.

(14) $\int \dfrac{\cos x}{1+\cos x} \mathrm{d}x$.　　(15) $\int \dfrac{\mathrm{d}x}{x\sqrt{4-x^2}}$.　　(16) $\int x^2 \arctan x \mathrm{d}x$.

第 4 章总复习题 · 提高篇

1. 填空题：(1) ~ (5) 小题，每小题 4 分，共 20 分．

(1)（2018304）$\int \mathrm{e}^x \arcsin \sqrt{1-\mathrm{e}^{2x}} \mathrm{d}x = $ _____.

(2)（1995306 改编）$\int (\arcsin x)^2 \mathrm{d}x = $ _____.

(3)（1996303）设 $\int x f(x) \mathrm{d}x = \arcsin x + C$，则 $\int \dfrac{1}{f(x)} \mathrm{d}x = $ _____.

(4)（1994306 改编）已知 $\dfrac{\sin x}{x}$ 是 $f(x)$ 的一个原函数，则 $\int x^3 f'(x) \mathrm{d}x = $
_____.

(5)（1991305 改编）$\int \dfrac{x^2}{1+x^2} \arctan x \mathrm{d}x = $ _____.

微课：第 4 章
总复习题(4)

2. 解答题：(6) ~ (13) 小题，每小题 10 分，共 80 分．解答时应写出文字说明、证明过程或演算步骤．

(6)（2011310）求不定积分 $\int \dfrac{\arcsin\sqrt{x} + \ln x}{\sqrt{x}} \mathrm{d}x$.

(7)（2009310）计算不定积分 $\int \ln\left(1+\sqrt{\dfrac{1+x}{x}}\right) \mathrm{d}x \, (x>0)$.

(8)（2002306）设 $f(\sin^2 x) = \dfrac{x}{\sin x}$，求 $\int \dfrac{\sqrt{x}}{\sqrt{1-x}} f(x) \mathrm{d}x$.

(9)（2019210）求不定积分 $\int \dfrac{3x+6}{(x-1)^2(x^2+x+1)} \mathrm{d}x$.

微课：第 4 章
总复习题(9)

(10)（2018110）求不定积分 $\int \mathrm{e}^{2x} \arctan\sqrt{\mathrm{e}^x-1} \mathrm{d}x$.

(11)（2003209）计算不定积分 $\int \dfrac{x\mathrm{e}^{\arctan x}}{(1+x^2)^{\frac{3}{2}}} \mathrm{d}x$.

(12)（2000205）设 $f(\ln x) = \dfrac{\ln(1+x)}{x}$，计算 $\int f(x) \mathrm{d}x$.

微课：第 4 章
总复习题(11)

(13)（2023305 改编）函数 $f(x) = \begin{cases} \dfrac{1}{\sqrt{1+x^2}}, & x \le 0, \\ (x+1)\cos x, & x > 0 \end{cases}$ 的一个原函数

为 $F(x)$，且 $F(0)=1$．求 $F(x)$.

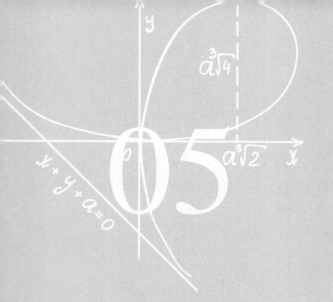

第 5 章
定积分及其应用

　　微积分理论建立和完善的过程，也是促进人类文明和社会进步的过程. 而生产力的发展、工程科技中的技术难题——对求积问题的研究，最终导致了积分学的另一个组成部分——定积分的产生和完善. 定积分推动了天文学、物理学、化学、生物学、工程学、经济学等自然科学、社会科学及应用科学各个分支的发展，并在这些学科中有着越来越广泛的应用. 本章先从实际问题引入定积分的概念，然后讨论它的性质与计算方法，以及如何运用微元法建立各种实际问题的定积分模型，从而解决几何学和经济学中的相关应用问题. 此外，本章将介绍定积分的推广——反常积分.

本章导学

5.1　定积分的概念与性质

　　定积分是高等数学的重要概念之一，它是从几何、物理、经济等学科的某些具体问题中抽象出来的，因此在各个领域中有着广泛的应用. 本节讲述定积分的概念、几何意义与性质. 为了便于理解，首先从实际问题讲起.

5.1.1　两个实际问题

引例 1　曲边梯形的面积

　　设函数 $f(x)$ 在 $[a,b]$ 上非负且连续，由曲线 $y=f(x)$ 和直线 $x=a$, $x=b$ 及 x 轴所围成的图形称为曲边梯形，如图 5.1 所示.

　　现在分析如何计算曲边梯形的面积 A. 由于曲边梯形的高 $f(x)$ 在其底边所在区间 $[a,b]$ 上是变化的，因此不能直接用矩形的面积公式来计算. 但由 $f(x)$ 的连续性可知，当底边长很小时，可以用矩形的面积近似代替曲边梯形的面积. 因此，当把整个曲边梯形分割成一些底边很小的小曲边梯形时，就可以用这些小矩形的面积之和来近似代替所求的曲边梯形的面积. 根据以上分析，我们可以按以下步骤计算曲边梯形的面积 A.

　　（1）分割.

　　在 $[a,b]$ 中任意插入 $n-1$ 个分点，即

$$a = x_0 < x_1 < \cdots < x_{n-1} < x_n = b,$$

将 $[a,b]$ 分成 n 个小区间 $[x_{i-1}, x_i]$，记 $\Delta x_i = x_i - x_{i-1}(i=1,2,\cdots,n)$.
过每个分点作直线 $x = x_i(i=1,2,\cdots,n-1)$，这样，整个曲边梯形被分割成 n 个小的曲边梯形，如图 5.2 所示. 每个小曲边梯形的面积

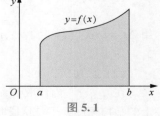

图 5.1

记为 ΔA_i.

（2）近似.

任取小区间 $[x_{i-1}, x_i]$，在其中任取一点 ξ_i，以 $f(\xi_i)$ 为高，以 Δx_i 为宽，作小矩形，如图5.3 所示. 小矩形的面积为 $f(\xi_i)\Delta x_i$，用该结果近似代替 $[x_{i-1}, x_i]$ 上的小曲边梯形的面积 ΔA_i，即

$$\Delta A_i \approx f(\xi_i)\Delta x_i.$$

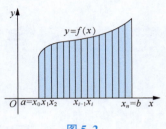

图 5.2

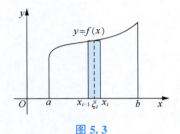

图 5.3

（3）求和.

对所有的小矩形面积求和，得 $\sum_{i=1}^{n} f(\xi_i)\Delta x_i$，从而得到整个曲 边梯形面积 A 的近似值，即

$$A \approx \sum_{i=1}^{n} f(\xi_i)\Delta x_i,$$

如图5.4 所示.

（4）取极限.

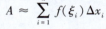

图 5.4

将区间无限分割，分得越细，误差越小. 设 $\lambda = \max_{1 \le i \le n}\{\Delta x_i\}$. 当 $\lambda \to 0$ 时，可得曲边梯形的面积为

$$A = \lim_{\lambda \to 0} \sum_{i=1}^{n} f(\xi_i)\Delta x_i.$$

引例2　变速直线运动的路程

设有一质点沿某直线做变速直线运动，其速度随时间变化的规律是 $v = v(t)$，求该质点在时间 $t = a$ 到 $t = b$ 这段时间间隔内走过的路程 s.

对于匀速直线运动的路程，可用公式"路程＝速度×时间"计算. 现在速度随时间变化，因此不能用该公式计算路程. 但由于速度是连续变化的，即在很短的时间间隔内变化不大，因此我们可以采取与引例1类似的方法，对时间间隔 $[a, b]$ 进行分割，在每个小的时间间隔内用匀速近似变速，求和得整个路程的近似值，然后再用求极限的方法由近似值获得所求量的精确值. 具体步骤如下.

（1）分割.

将时间间隔 $[a, b]$ 任意分成 n 段，即

$$a = t_0 < t_1 < \cdots < t_{n-1} < t_n = b,$$

用 $\Delta t_i = t_i - t_{i-1}(i = 1, 2, \cdots, n)$ 表示第 i 段时间，并将各段时间内质点所走过的路程记为 $\Delta s_i(i = 1, 2, \cdots, n)$.

（2）近似.

在 $[t_{i-1}, t_i]$ 内任取一个时刻 ξ_i，当时间间隔很小时，我们可以用 ξ_i 时刻的速度作为 $[t_{i-1}, t_i]$ 上的平均速度，于是这段时间内质点所走过的路程可以用 $v(\xi_i)\Delta t_i$ 近似，即

$$\Delta s_i \approx v(\xi_i)\Delta t_i.$$

（3）求和.

将每一小段上的近似路程求和，得 $\sum_{i=1}^{n} v(\xi_i)\Delta t_i$，进而可得整个路程 s 的近似值，即

$$s \approx \sum_{i=1}^{n} v(\xi_i)\Delta t_i.$$

（4）取极限.

设 $\lambda = \max_{1\leqslant i\leqslant n}\{\Delta t_i\}$. 当 $\lambda \to 0$ 时，该质点在时间 $t = a$ 到 $t = b$ 这段时间间隔内走过的路程 s 为

$$s = \lim_{\lambda\to 0}\sum_{i=1}^{n} v(\xi_i)\Delta t_i.$$

以上两个引例虽然属于不同学科，具有不同的含义，但在解决问题的过程中却用了相同的思想和方法，都是通过"分割、近似、求和、取极限"这 4 个步骤，将所求的量归结为求一种特定结构和式的极限. 实际上，许多问题都可以归结为这种求和式的极限问题，将这种思想抽象化，即可得到定积分的概念.

5.1.2 定积分的定义

定义 5.1 设函数 $f(x)$ 在 $[a,b]$ 上有界，在 $[a,b]$ 内任意插入 $n-1$ 个分点
$$a = x_0 < x_1 < \cdots < x_{n-1} < x_n = b,$$
将 $[a,b]$ 分成 n 个小区间 $[x_{i-1},x_i]$ $(i = 1,2,\cdots,n)$，且每个小区间的长度记为 $\Delta x_i = x_i - x_{i-1}(i = 1,2,\cdots,n)$，在每个小区间上任取一点 $\xi_i \in [x_{i-1},x_i]$，作乘积 $f(\xi_i)\Delta x_i$，再求和

微课：定积分的定义

$$\sum_{i=1}^{n} f(\xi_i)\Delta x_i.$$

记 $\lambda = \max_{1\leqslant i\leqslant n}\{\Delta x_i\}$，若 $\lim_{\lambda\to 0}\sum_{i=1}^{n} f(\xi_i)\Delta x_i$ 存在，且极限值与 $[a,b]$ 的分法及点 ξ_i 的选取都无关，则称函数 $f(x)$ 在 $[a,b]$ 上可积，此极限值为函数 $f(x)$ 在 $[a,b]$ 上的**定积分**，记作

$$\int_a^b f(x)\mathrm{d}x,$$

即 $\int_a^b f(x)\mathrm{d}x = \lim_{\lambda\to 0}\sum_{i=1}^{n} f(\xi_i)\Delta x_i$，其中 $f(x)$ 称为**被积函数**，x 称为**积分变量**，$f(x)\mathrm{d}x$ 称为**被积表达式**，$[a,b]$ 称为**积分区间**，a 称为**积分下限**，b 称为**积分上限**，$\sum_{i=1}^{n} f(\xi_i)\Delta x_i$ 称为 $f(x)$ 在 $[a,b]$ 上的**积分和**.

【即时提问 5.1】 根据此定义，前面两个引例中研究的曲边梯形的面积和变速直线运动的路程，用定积分可以分别怎样表示？

注 （1）定积分 $\int_a^b f(x)\mathrm{d}x$ 是一个数值，它只与被积函数 $f(x)$ 和积分区间 $[a,b]$ 有关，而与积分变量无关，即 $\int_a^b f(x)\mathrm{d}x = \int_a^b f(t)\mathrm{d}t = \int_a^b f(u)\mathrm{d}u$.

（2）定积分的存在与否与区间的分法和每个小区间内 ξ_i 的选取无关.

对于定积分，我们自然要问：函数满足什么条件时可积？这个问题我们不做深入探讨，而只给出定积分存在的两个充分条件.

德育学堂 4

定理 5.1 （1）函数 $f(x)$ 在 $[a,b]$ 上连续，则函数 $f(x)$ 在 $[a,b]$ 上可积.

（2）函数 $f(x)$ 在 $[a,b]$ 上除有限个第一类间断点外处处连续，则函数 $f(x)$ 在 $[a,b]$ 上可积.

按照定积分的定义，记号 $\int_a^b f(x)\mathrm{d}x$ 中的 a,b 应满足关系 $a < b$，为了研究方便，我们规定：

（1）当 $a = b$ 时，$\int_a^b f(x)\mathrm{d}x = 0$；

（2）当 $a > b$ 时，$\int_a^b f(x)\mathrm{d}x = -\int_b^a f(x)\mathrm{d}x$.

5.1.3　定积分的意义

定积分的几何意义如下.

（1）当 $f(x)$ 在 $[a,b]$ 上非负时，即为引例 1 的情形，$\int_a^b f(x)\mathrm{d}x$ 表示由曲线 $y = f(x)$ 和直线 $x = a, x = b$ 及 x 轴所围成的曲边梯形的面积.

（2）当 $f(x)$ 在 $[a,b]$ 上非正时，$\int_a^b f(x)\mathrm{d}x$ 的值是一个负值，这时可以理解为是由曲线 $y = f(x)$ 和直线 $x = a, x = b$ 及 x 轴所围成的曲边梯形（在 x 轴的下方）的面积的相反数.

（3）当 $f(x)$ 在 $[a,b]$ 上有正有负时，$\int_a^b f(x)\mathrm{d}x$ 表示由曲线 $y = f(x)$ 和直线 $x = a, x = b$ 及 x 轴所围成的图形各部分面积的代数和（x 轴上方图形的面积减去 x 轴下方图形的面积所得之差）. 例如，如图 5.5 所示，有

$$\int_a^b f(x)\mathrm{d}x = A_1 - A_2 + A_3.$$

特别地，当 $f(x) = 1$ 时，有 $\int_a^b \mathrm{d}x = b - a$.

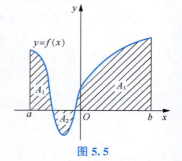

图 5.5

例 5.1　计算定积分 $\int_0^1 \sqrt{1-x^2}\,\mathrm{d}x$.

解　由定积分的几何意义知，$\int_0^1 \sqrt{1-x^2}\,\mathrm{d}x$ 在数值上等于由曲线 $y = \sqrt{1-x^2}$ 和直线 $x = 0, x = 1$ 及 x 轴所围成的图形的面积 A，即单位圆面积的 $\dfrac{1}{4}$，如图 5.6 所示. 而 $A = \dfrac{\pi}{4}$，故 $\int_0^1 \sqrt{1-x^2}\,\mathrm{d}x = \dfrac{\pi}{4}$.

定积分的物理意义：质点以速度 $v = v(t)$ 做直线运动时，从时间 $t = a$ 到 $t = b$ 这段时间间隔内走过的路程 $s = \int_a^b v(t)\mathrm{d}t$.

5.1.4　定积分的性质

以下性质中假设函数均在给定区间上可积.

性质 5.1　$\int_a^b [f(x) \pm g(x)]\,\mathrm{d}x = \int_a^b f(x)\mathrm{d}x \pm \int_a^b g(x)\mathrm{d}x$.

此性质可以推广到任意有限个函数的和与差的情况，即

$$\int_a^b [f_1(x) \pm f_2(x) \pm \cdots \pm f_n(x)]\,\mathrm{d}x = \int_a^b f_1(x)\mathrm{d}x \pm \int_a^b f_2(x)\mathrm{d}x \pm \cdots \pm \int_a^b f_n(x)\mathrm{d}x.$$

性质 5.2　$\int_a^b kf(x)\mathrm{d}x = k\int_a^b f(x)\mathrm{d}x$　（k 是常数）.

性质 5.1 和性质 5.2 可直接由定积分的定义得到，上述两性质称为定积分的**线性性质**.

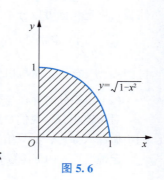

图 5.6

性质 5.3（区间可加性）　设 a,b,c 是 3 个任意的实数，则

$$\int_a^b f(x)\,dx = \int_a^c f(x)\,dx + \int_c^b f(x)\,dx.$$

以 $f(x) \geqslant 0$ 为例.

当 c 在区间 $[a,b]$ 中时，如图 5.7 所示，显然有

$$\int_a^b f(x)\,dx = \int_a^c f(x)\,dx + \int_c^b f(x)\,dx.$$

当 c 在区间 $[a,b]$ 之外时，如图 5.8 所示，有

$$\int_a^b f(x)\,dx = \int_c^b f(x)\,dx - \int_c^a f(x)\,dx = \int_a^c f(x)\,dx + \int_c^b f(x)\,dx.$$

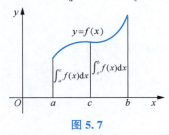
图 5.7

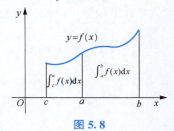
图 5.8

性质 5.4　若 $f(x)$ 在 $[a,b]$ 上可积，且 $f(x) \geqslant 0$，则

$$\int_a^b f(x)\,dx \geqslant 0.$$

推论 1　若 $f(x),g(x)$ 在 $[a,b]$ 上都可积，且 $f(x) \leqslant g(x)$，则

$$\int_a^b f(x)\,dx \leqslant \int_a^b g(x)\,dx.$$

推论 2　若 $f(x)$ 在 $[a,b]$ 上可积，则 $|f(x)|$ 在 $[a,b]$ 上可积，且

$$\left| \int_a^b f(x)\,dx \right| \leqslant \int_a^b |f(x)|\,dx.$$

性质 5.5（估值定理）　设 M 和 m 分别是函数 $f(x)$ 在 $[a,b]$ 上的最大值和最小值，则

$$m(b-a) \leqslant \int_a^b f(x)\,dx \leqslant M(b-a).$$

性质 5.6（定积分中值定理）　设函数 $f(x)$ 在 $[a,b]$ 上连续，则在 $[a,b]$ 上至少存在一点 ξ，使 $\int_a^b f(x)\,dx = f(\xi)(b-a)$.

以 $f(x) \geqslant 0$ 为例，从几何上理解，性质 5.6 说明在由直线 $x=a, x=b$ 和曲线 $y=f(x)$ 及 x 轴所围成的曲边梯形的底边上至少可以找到一个点 ξ，使曲边梯形的面积等于与曲边梯形同底且高为 $f(\xi)$ 的一个矩形的面积，如图 5.9 所示.

微课：性质 5.6 证明

这里，数值 $\dfrac{\displaystyle\int_a^b f(x)\,dx}{b-a}$ 称为连续函数 $f(x)$ 在 $[a,b]$ 上的**平均值**，$f(\xi)$ 表示图 5.9 中曲边梯形的平均高度. 定积分中值定理对于解决平均速度、平均电流等问题很有帮助.

图 5.9

例 5.2 不计算定积分的值, 比较下列定积分的大小.

(1) $\int_0^1 x^2 \mathrm{d}x$ 与 $\int_0^1 x^3 \mathrm{d}x$.   (2) $\int_e^4 \ln x \mathrm{d}x$ 与 $\int_e^4 \ln^2 x \mathrm{d}x$.

解 (1) 在 $[0,1]$ 上, $x^2 \geqslant x^3$, 由性质 5.4 的推论 1 得

$$\int_0^1 x^2 \mathrm{d}x \geqslant \int_0^1 x^3 \mathrm{d}x.$$

(2) 在 $[e,4]$ 上, $\ln x \geqslant 1$, 因此, $\ln x \leqslant \ln^2 x$. 由性质 5.4 的推论 1 得

$$\int_e^4 \ln x \mathrm{d}x \leqslant \int_e^4 \ln^2 x \mathrm{d}x.$$

例 5.3 估计定积分 $\int_0^{\frac{\pi}{2}} \mathrm{e}^{\sin x} \mathrm{d}x$ 的值.

解 在 $\left[0, \dfrac{\pi}{2}\right]$ 上, $0 \leqslant \sin x \leqslant 1$, 所以 $1 \leqslant \mathrm{e}^{\sin x} \leqslant \mathrm{e}$, 由性质 5.5 可知

$$\frac{\pi}{2} \leqslant \int_0^{\frac{\pi}{2}} \mathrm{e}^{\sin x} \mathrm{d}x \leqslant \frac{\pi}{2}\mathrm{e}.$$

同步习题 5.1

基础题

1. 利用定积分的几何意义, 求下列定积分的值.

(1) $\int_0^R \sqrt{R^2 - x^2}\, \mathrm{d}x$.   (2) $\int_0^1 (x+1)\mathrm{d}x$.   (3) $\int_{-\pi}^{\pi} \sin x \mathrm{d}x$.

2. 不计算定积分, 比较下列定积分的大小(在横线上填"$\geqslant$"或"$\leqslant$").

(1) $\int_1^2 x^2 \mathrm{d}x$ _____ $\int_1^2 x^3 \mathrm{d}x$.   (2) $\int_3^4 \ln^2 x \mathrm{d}x$ _____ $\int_3^4 \ln^3 x \mathrm{d}x$.

(3) $\int_0^1 \sin x \mathrm{d}x$ _____ $\int_0^1 \sin^2 x \mathrm{d}x$.   (4) $\int_0^1 \mathrm{e}^x \mathrm{d}x$ _____ $\int_0^1 \mathrm{e}^{2x} \mathrm{d}x$.

3. 不计算定积分, 估计下列各定积分的值.

(1) $\int_{-1}^1 (x^2+1)\mathrm{d}x$.   (2) $\int_{\frac{\pi}{4}}^{\frac{5}{4}\pi} (1+\sin^2 x)\mathrm{d}x$.

提高题

1. 设 $a < b$, 问: a, b 取什么值时, 定积分 $\int_a^b (x-x^2)\mathrm{d}x$ 取最大值.

2. 设 $I_1 = \int_0^{\frac{\pi}{4}} x \mathrm{d}x, I_2 = \int_0^{\frac{\pi}{4}} \sqrt{x}\, \mathrm{d}x, I_3 = \int_0^{\frac{\pi}{4}} \sin x \mathrm{d}x$, 比较 I_1, I_2, I_3 的大小.

3. 将极限 $\lim\limits_{n\to\infty} \ln \sqrt[n]{\left(1+\dfrac{1}{n}\right)^2 \left(1+\dfrac{2}{n}\right)^2 \cdots \left(1+\dfrac{n}{n}\right)^2}$ 用定积分表示.

5.2 微积分基本公式

用定积分的定义来计算定积分是非常复杂的，有些情况下甚至不可能完成．为了使定积分这一求总量的数学模型能够在实际中得到应用，我们必须寻找简便而有效的计算定积分的方法．为此，我们需要进一步探求定积分的性质．本节将介绍两个重要的定理，通过它们建立定积分与不定积分之间的关系，从而提供解决定积分计算问题的有效方法．

5.2.1 积分上限函数

设函数 $f(x)$ 在 $[a,b]$ 上连续，则对任意 $x \in [a,b]$，有 $f(x)$ 在 $[a,x]$ 上连续，因此，$f(x)$ 在 $[a,x]$ 上可积，即定积分 $\int_a^x f(x)\mathrm{d}x$ 存在，如图 5.10 所示．这里，x 既表示定积分的上限，又表示积分变量．由于定积分与积分变量的记法无关，为了将积分变量与积分上限区分开，我们可以将积分变量改用其他符号，该定积分可写为 $\int_a^x f(t)\mathrm{d}t$．显然，该定积分的值由积分上限 x 在 $[a,b]$ 上的取值决定．因此，积分 $\int_a^x f(t)\mathrm{d}t$ 定义了一个在 $[a,b]$ 上的函数，称为<u>积分上限函数</u>，记作

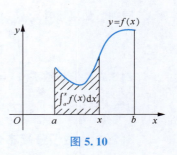

图 5.10

$$\Phi(x) = \int_a^x f(t)\mathrm{d}t, x \in [a,b].$$

积分上限函数具有一个重要性质（见定理 5.2），此性质在推导微积分基本公式中有非常重要的作用．

定理 5.2 设 $f(x)$ 在 $[a,b]$ 上连续，则积分上限函数 $\Phi(x) = \int_a^x f(t)\mathrm{d}t$ 在 $[a,b]$ 上可导，且

$$\Phi'(x) = \left[\int_a^x f(t)\mathrm{d}t\right]' = f(x), x \in [a,b].$$

微课：定理5.2
证明

上述定理表明，积分上限函数 $\Phi(x) = \int_a^x f(t)\mathrm{d}t$ 就是函数 $f(x)$ 的一个原函数，即连续函数一定存在原函数，从而给出定理 4.1 的证明．用积分上限函数表达函数的原函数，初步揭示了积分学中定积分与原函数之间的联系，进而我们可以通过原函数来计算定积分．

例 5.4 求函数的导数．

(1) $F(x) = \int_0^x (t^2 + 1)\mathrm{d}t$.　　　　(2) $F(x) = \int_x^2 \dfrac{\sin t}{t^2 + 1}\mathrm{d}t$.

解 (1) $F'(x) = \left[\int_0^x (t^2 + 1)\mathrm{d}t\right]' = x^2 + 1$.

(2) $F'(x) = \left[\int_x^2 \dfrac{\sin t}{t^2 + 1}\mathrm{d}t\right]' = \left[-\int_2^x \dfrac{\sin t}{t^2 + 1}\mathrm{d}t\right]' = -\dfrac{\sin x}{x^2 + 1}$.

例 5.5 求极限 $\lim\limits_{x \to 0} \dfrac{\int_0^x t\cos t\mathrm{d}t}{1 - \cos x}$.

解 当 $x \to 0$ 时，分子、分母同时趋于零，这是一个 "$\dfrac{0}{0}$" 型未定式，由洛必达法则得

$$\lim_{x \to 0} \frac{\int_0^x t\cos t \mathrm{d}t}{1 - \cos x} = \lim_{x \to 0} \frac{x\cos x}{\sin x} = \lim_{x \to 0} \left(\frac{x}{\sin x} \cdot \cos x \right) = 1.$$

如果 $f(x)$ 连续，$\varphi(x)$ 可导，令 $\varphi(x) = u$，则函数 $\int_a^{\varphi(x)} f(t)\mathrm{d}t$ 可以看成由 $\int_a^u f(t)\mathrm{d}t$ 和 $u = \varphi(x)$ 复合而成的函数，根据定理 5.2 和复合函数的求导法则，得

$$\left[\int_a^{\varphi(x)} f(t)\mathrm{d}t \right]' = f[\varphi(x)]\varphi'(x).$$

同理，如果 $\varphi(x), \psi(x)$ 可导，则

$$\left[\int_{\psi(x)}^{\varphi(x)} f(t)\mathrm{d}t \right]' = f[\varphi(x)]\varphi'(x) - f[\psi(x)]\psi'(x).$$

例 5.6　求函数 $F(x) = \int_0^{x^2} \sin(t^2 + 1)\mathrm{d}t$ 的导数.

解　$F'(x) = \left[\int_0^{x^2} \sin(t^2 + 1)\mathrm{d}t \right]' = \sin(x^4 + 1) \cdot 2x = 2x\sin(x^4 + 1).$

5.2.2　微积分基本公式

定理 5.3　设函数 $f(x)$ 在 $[a, b]$ 上连续，且 $F(x)$ 是 $f(x)$ 在该区间上的一个原函数，则

$$\int_a^b f(x)\mathrm{d}x = F(b) - F(a).$$

微课：定理 5.3 证明

注　（1）上式称为**微积分基本公式**，也称为**牛顿–莱布尼茨公式**. 它揭示了定积分与被积函数的原函数（或不定积分）之间的关系，同时给出了求定积分简单而有效的方法：将求极限转化为求原函数. 因此，只要找到被积函数的一个原函数，就可以解决定积分的计算问题.

（2）通常将 $F(b) - F(a)$ 简记为 $F(x)\big|_a^b$.

（3）从经济学上给出解释：设某企业产品产量为 Q 单位时的边际成本为 $C'(Q)$，则 $\int_a^b C'(Q)\mathrm{d}Q$ 表示产量从 $Q = a$ 单位到 $Q = b$ 单位的成本的总增量. 另外，成本的总增量也可以用 $C(b) - C(a)$ 来表示，其中 $C(Q)$ 为成本函数，也就是边际成本 $C'(Q)$ 的一个原函数，即 $\int_a^b C'(Q)\mathrm{d}Q = C(b) - C(a).$

例 5.7　求定积分.

（1）$\int_{-1}^{\sqrt{3}} \frac{\mathrm{d}x}{1 + x^2}.$　　　　　　　　　（2）$\int_4^9 \sqrt{x}(1 + \sqrt{x})\mathrm{d}x.$

解　（1）$\int_{-1}^{\sqrt{3}} \frac{\mathrm{d}x}{1 + x^2} = \arctan x\Big|_{-1}^{\sqrt{3}} = \arctan\sqrt{3} - \arctan(-1) = \frac{\pi}{3} - \left(-\frac{\pi}{4} \right) = \frac{7}{12}\pi.$

（2）$\int_4^9 \sqrt{x}(1 + \sqrt{x})\mathrm{d}x = \int_4^9 (\sqrt{x} + x)\mathrm{d}x = \left(\frac{2}{3}x^{\frac{3}{2}} + \frac{1}{2}x^2 \right)\Big|_4^9 = \frac{271}{6}.$

例 5.8　求定积分 $\int_{-2}^1 |1 + x|\mathrm{d}x.$

解　因为 $|1 + x| = \begin{cases} -1 - x, & -2 \leqslant x \leqslant -1, \\ 1 + x, & -1 < x \leqslant 1, \end{cases}$　所以

$$\int_{-2}^{1} |1+x| \, dx = \int_{-2}^{-1} (-1-x) \, dx + \int_{-1}^{1} (1+x) \, dx$$

$$= \left(-x - \frac{x^2}{2} \right) \Big|_{-2}^{-1} + \left(x + \frac{x^2}{2} \right) \Big|_{-1}^{1}$$

$$= \frac{1}{2} + 2 = \frac{5}{2}.$$

例 5.9 设商品的价格 P（单位：元）是销售量 Q（单位：件）的函数，$P(Q) = 5 - \dfrac{Q}{5}$，求当销售量从 10 件增长到 20 件时的收益 R.

解 收益 $R = \displaystyle\int_{10}^{20} \left(5 - \frac{Q}{5} \right) dQ = \left(5Q - \frac{Q^2}{10} \right) \Big|_{10}^{20} = (100-40) - (50-10) = 20(元).$

5.2.3 定积分的换元积分法

由微积分基本公式可知，计算定积分的关键是先求被积函数的一个原函数，再求原函数在上、下限处的函数值之差. 这是计算定积分的基本方法. 在不定积分的研究中，用换元积分法和分部积分法可以求出一些函数的原函数. 因此，在一定条件下，我们也可以用换元积分法和分部积分法计算定积分. 下面，我们介绍计算定积分的这两种方法.

定理 5.4 如果函数 $f(x)$ 在 $[a,b]$ 上连续，函数 $x = \varphi(t)$ 满足条件

（1）当 $t \in [\alpha,\beta]$（或 $[\beta,\alpha]$）时，$a \leqslant \varphi(t) \leqslant b$；

（2）$\varphi(t)$ 在 $[\alpha,\beta]$（或 $[\beta,\alpha]$）上有连续的导数；

（3）$\varphi(\alpha) = a, \varphi(\beta) = b$，

则有**定积分换元公式**

$$\int_a^b f(x) \, dx = \int_\alpha^\beta f[\varphi(t)] \varphi'(t) \, dt.$$

注 （1）定理 5.4 中的公式从左往右相当于不定积分中的第二换元积分法，从右往左相当于不定积分中的第一换元积分法（此时可以不换元，而直接凑微分）.

（2）与不定积分的换元积分法不同，定积分在换元后不需要回代，只需计算最终的数值即可.

（3）采用换元积分法计算定积分时，如果换元，一定要换积分限；不换元则不换积分限.

例 5.10 求定积分 $\displaystyle\int_0^1 \frac{x}{1+x^2} \, dx.$

解 $\displaystyle\int_0^1 \frac{x}{1+x^2} \, dx = \frac{1}{2} \int_0^1 \frac{1}{1+x^2} (1+x^2)' \, dx = \frac{1}{2} \int_0^1 \frac{1}{1+x^2} \, d(1+x^2).$

设 $t = 1 + x^2$，当 $x = 0$ 时，$t = 1$；当 $x = 1$ 时，$t = 2$. 于是

$$\int_0^1 \frac{x}{1+x^2} \, dx = \frac{1}{2} \int_1^2 \frac{1}{t} \, dt = \frac{1}{2} \ln t \Big|_1^2 = \frac{1}{2} \ln 2.$$

这类题目可以用第一换元积分法，也可以不写出新的积分变量. 若不写出新的积分变量，也就无须换积分限. 本题可写成

$$\int_0^1 \frac{x}{1+x^2} \, dx = \frac{1}{2} \int_0^1 \frac{1}{1+x^2} \, d(1+x^2) = \frac{1}{2} \ln(1+x^2) \Big|_0^1 = \frac{1}{2} \ln 2.$$

例 5.11 求定积分 $\int_2^4 \dfrac{\mathrm{d}x}{x\sqrt{x-1}}$.

解 设 $t = \sqrt{x-1}$, 则 $x = 1+t^2$, $\mathrm{d}x = 2t\mathrm{d}t$. 当 $x = 2$ 时, $t = 1$; 当 $x = 4$ 时, $t = \sqrt{3}$. 于是

$$\int_2^4 \frac{\mathrm{d}x}{x\sqrt{x-1}} = \int_1^{\sqrt{3}} \frac{2t\mathrm{d}t}{t(1+t^2)} = 2\int_1^{\sqrt{3}} \frac{1}{1+t^2}\mathrm{d}t = 2\arctan t \,\Big|_1^{\sqrt{3}} = \frac{\pi}{6}.$$

【即时提问5.2】 通过上述两个例题, 你能得出不定积分换元法与定积分换元法有哪些区别吗?

例 5.12 (1) 证明 $\int_0^1 x^m(1-x)^n\mathrm{d}x = \int_0^1 x^n(1-x)^m\mathrm{d}x$; (2) 计算定积分 $\int_0^1 x(1-x)^{100}\mathrm{d}x$.

证明 (1) 对于等式左边 $\int_0^1 x^m(1-x)^n\mathrm{d}x$ 中的积分变量 x, 令 $x = 1-t$, 则 $\mathrm{d}x = -\mathrm{d}t$. 当 $x = 0$ 时, $t = 1$; 当 $x = 1$ 时, $t = 0$. 于是

$$\int_0^1 x^m(1-x)^n\mathrm{d}x = \int_1^0 (1-t)^m t^n(-\mathrm{d}t) = \int_0^1 (1-t)^m t^n\mathrm{d}t = \int_0^1 (1-x)^m x^n\mathrm{d}x,$$

原式成立.

(2) 根据(1)的结论, 有

$$\int_0^1 x(1-x)^{100}\mathrm{d}x = \int_0^1 x^{100}(1-x)\mathrm{d}x = \int_0^1 (x^{100} - x^{101})\mathrm{d}x$$
$$= \left(\frac{x^{101}}{101} - \frac{x^{102}}{102}\right)\Big|_0^1 = \frac{1}{101} - \frac{1}{102} = \frac{1}{10\,302}.$$

例 5.13 求定积分 $\int_0^\pi \sqrt{\sin x - \sin^3 x}\,\mathrm{d}x$.

解 $\sqrt{\sin x - \sin^3 x} = \sqrt{\sin x \cos^2 x} = |\cos x|\sqrt{\sin x}$, 在 $\left[0, \dfrac{\pi}{2}\right]$ 上, $|\cos x| = \cos x$; 在 $\left[\dfrac{\pi}{2}, \pi\right]$ 上, $|\cos x| = -\cos x$. 于是

$$\int_0^\pi \sqrt{\sin x - \sin^3 x}\,\mathrm{d}x = \int_0^\pi |\cos x|\sqrt{\sin x}\,\mathrm{d}x = \int_0^{\frac{\pi}{2}} \sqrt{\sin x}\,\mathrm{d}\sin x - \int_{\frac{\pi}{2}}^\pi \sqrt{\sin x}\,\mathrm{d}\sin x$$
$$= \frac{2}{3}\sin^{\frac{3}{2}}x\,\Big|_0^{\frac{\pi}{2}} - \frac{2}{3}\sin^{\frac{3}{2}}x\,\Big|_{\frac{\pi}{2}}^\pi = \frac{2}{3} \times (1-0) - \frac{2}{3} \times (0-1) = \frac{4}{3}.$$

例 5.14 设函数 $f(x)$ 在 $[-a, a]\,(a > 0)$ 上连续, 证明:

(1) $\int_{-a}^a f(x)\mathrm{d}x = \int_0^a [f(x) + f(-x)]\mathrm{d}x$;

(2) $\int_{-a}^a f(x)\mathrm{d}x = \begin{cases} 0, & f(x) \text{ 是奇函数,} \\ 2\displaystyle\int_0^a f(x)\mathrm{d}x, & f(x) \text{ 是偶函数.} \end{cases}$

证明 (1) 因为函数 $f(x)$ 在 $[-a, a]$ 上连续, 所以 $\int_{-a}^a f(x)\mathrm{d}x$ 存在. 由定积分关于区间的可加性, 得

$$\int_{-a}^a f(x)\mathrm{d}x = \int_{-a}^0 f(x)\mathrm{d}x + \int_0^a f(x)\mathrm{d}x.$$

对于上式中的 $\int_{-a}^0 f(x)\mathrm{d}x$, 设 $x = -t$, 则 $\mathrm{d}x = -\mathrm{d}t$, 且当 $x = -a$ 时, $t = a$, 当 $x = 0$ 时, $t = 0$. 于是

$$\int_{-a}^0 f(x)\mathrm{d}x = -\int_a^0 f(-t)\mathrm{d}t = \int_0^a f(-t)\mathrm{d}t = \int_0^a f(-x)\mathrm{d}x,$$

所以 $\int_{-a}^{a} f(x)\,\mathrm{d}x = \int_{0}^{a} [f(x) + f(-x)]\,\mathrm{d}x.$

(2) 当 $f(x)$ 是奇函数时，有 $f(-x) = -f(x)$，于是

$$\int_{-a}^{a} f(x)\,\mathrm{d}x = \int_{0}^{a} [f(x) + f(-x)]\,\mathrm{d}x = 0.$$

当 $f(x)$ 是偶函数时，有 $f(-x) = f(x)$，于是

$$\int_{-a}^{a} f(x)\,\mathrm{d}x = \int_{0}^{a} [f(x) + f(-x)]\,\mathrm{d}x = 2\int_{0}^{a} f(x)\,\mathrm{d}x.$$

原式成立.

本例 (2) 中的结论，我们可从定积分的几何意义上加以理解，如图 5.11 所示. 同时，本例的结论也可当作公式来用，以简化定积分的计算.

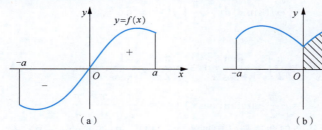

图 5.11

例 5.15 计算下列定积分.

(1) $\int_{-1}^{1} \dfrac{\cos x}{1 + \mathrm{e}^{x}}\,\mathrm{d}x.$ (2) $\int_{-1}^{1} \dfrac{x^2 + \sin x}{1 + x^2}\,\mathrm{d}x.$

解 (1) 根据例 5.14(1) 的结论，有

$$\int_{-1}^{1} \frac{\cos x}{1 + \mathrm{e}^{x}}\,\mathrm{d}x = \int_{0}^{1} \left[\frac{\cos x}{1 + \mathrm{e}^{x}} + \frac{\cos(-x)}{1 + \mathrm{e}^{-x}} \right]\mathrm{d}x = \int_{0}^{1} \cos x\,\mathrm{d}x = \sin x \Big|_{0}^{1} = \sin 1.$$

(2) $\dfrac{x^2 + \sin x}{1 + x^2} = \dfrac{x^2}{1 + x^2} + \dfrac{\sin x}{1 + x^2}$，其中前者是 $[-1, 1]$ 上的偶函数，后者是 $[-1, 1]$ 上的奇函数. 于是

$$\int_{-1}^{1} \frac{x^2 + \sin x}{1 + x^2}\,\mathrm{d}x = \int_{-1}^{1} \left(\frac{x^2}{1 + x^2} + \frac{\sin x}{1 + x^2} \right)\mathrm{d}x = \int_{-1}^{1} \frac{x^2}{1 + x^2}\,\mathrm{d}x + 0$$

$$= 2\int_{0}^{1} \frac{x^2}{1 + x^2}\,\mathrm{d}x = 2\int_{0}^{1} \left(1 - \frac{1}{1 + x^2} \right)\mathrm{d}x$$

$$= 2(x - \arctan x)\Big|_{0}^{1} = 2 - \frac{\pi}{2}.$$

例 5.16 设 $f(x)$ 在 $[0, 1]$ 上连续，证明：

(1) $\displaystyle\int_{0}^{\frac{\pi}{2}} f(\sin x)\,\mathrm{d}x = \int_{0}^{\frac{\pi}{2}} f(\cos x)\,\mathrm{d}x;$

(2) $\displaystyle\int_{0}^{\pi} x f(\sin x)\,\mathrm{d}x = \frac{\pi}{2}\int_{0}^{\pi} f(\sin x)\,\mathrm{d}x$，并由此计算 $\displaystyle\int_{0}^{\pi} \frac{x \sin x}{1 + \cos^2 x}\,\mathrm{d}x.$

证明 (1) 令 $x = \dfrac{\pi}{2} - t$，则 $\mathrm{d}x = -\mathrm{d}t$，且当 $x = 0$ 时，$t = \dfrac{\pi}{2}$，当 $x = \dfrac{\pi}{2}$ 时，$t = 0$. 于是

$$\int_0^{\frac{\pi}{2}} f(\sin x)\,dx = -\int_{\frac{\pi}{2}}^0 f\left[\sin\left(\frac{\pi}{2}-t\right)\right]dt = \int_0^{\frac{\pi}{2}} f(\cos t)\,dt = \int_0^{\frac{\pi}{2}} f(\cos x)\,dx.$$

（2）令 $x = \pi - t$，则 $dx = -dt$，且当 $x = 0$ 时，$t = \pi$，当 $x = \pi$ 时，$t = 0$. 于是

$$\int_0^{\pi} xf(\sin x)\,dx = -\int_{\pi}^0 (\pi-t)f[\sin(\pi-t)]\,dt = \int_0^{\pi} (\pi-t)f(\sin t)\,dt$$

$$= \pi\int_0^{\pi} f(\sin t)\,dt - \int_0^{\pi} tf(\sin t)\,dt$$

$$= \pi\int_0^{\pi} f(\sin x)\,dx - \int_0^{\pi} xf(\sin x)\,dx,$$

所以

$$\int_0^{\pi} xf(\sin x)\,dx = \frac{\pi}{2}\int_0^{\pi} f(\sin x)\,dx.$$

利用上述结论，可得

$$\int_0^{\pi} \frac{x\sin x}{1+\cos^2 x}\,dx = \frac{\pi}{2}\int_0^{\pi} \frac{\sin x}{1+\cos^2 x}\,dx = -\frac{\pi}{2}\int_0^{\pi} \frac{1}{1+\cos^2 x}\,d\cos x$$

$$= -\frac{\pi}{2}\left[\arctan(\cos x)\right]\Big|_0^{\pi} = -\frac{\pi}{2}\left(-\frac{\pi}{4}-\frac{\pi}{4}\right) = \frac{\pi^2}{4}.$$

例 5.17 设 $f(x)$ 是连续的周期函数，周期为 T，证明：对任意的 $a \in \mathbf{R}$，有

$$\int_a^{a+T} f(x)\,dx = \int_0^T f(x)\,dx.$$

证明 $\int_a^{a+T} f(x)\,dx = \int_a^0 f(x)\,dx + \int_0^T f(x)\,dx + \int_T^{a+T} f(x)\,dx,$

对于积分 $\int_T^{a+T} f(x)\,dx$，令 $x = T + u$，则 $dx = du$，且当 $x = T$ 时，$u = 0$，当 $x = a+T$ 时，$t = a$. 于是

$$\int_T^{a+T} f(x)\,dx = \int_0^a f(T+u)\,du = \int_0^a f(u)\,du = \int_0^a f(x)\,dx,$$

所以

$$\int_a^{a+T} f(x)\,dx = \int_a^0 f(x)\,dx + \int_0^T f(x)\,dx + \int_0^a f(x)\,dx$$

$$= \int_0^T f(x)\,dx.$$

5.2.4 定积分的分部积分法

定理 5.5 设 $u(x), v(x)$ 在 $[a,b]$ 上具有连续的导数，则

$$\int_a^b u(x)v'(x)\,dx = \left[u(x)v(x)\right]\Big|_a^b - \int_a^b u'(x)v(x)\,dx,$$

简记为

$$\int_a^b u\,dv = (uv)\Big|_a^b - \int_a^b v\,du.$$

这就是定积分的分部积分公式.

例 5.18 求定积分 $\int_0^1 xe^{2x}\,dx.$

解 $\int_0^1 xe^{2x}\,dx = \frac{1}{2}\int_0^1 x\,de^{2x} = \frac{1}{2}(xe^{2x})\Big|_0^1 - \frac{1}{2}\int_0^1 e^{2x}\,dx = \frac{e^2}{2} - \frac{1}{4}e^{2x}\Big|_0^1$

$$= \frac{e^2}{2} - \frac{1}{4}(e^2-1) = \frac{1}{4}(e^2+1).$$

例 5.19 求定积分 $\int_0^1 x\arctan x\mathrm{d}x$.

解 $\int_0^1 x\arctan x\mathrm{d}x = \int_0^1 \arctan x\mathrm{d}\left(\dfrac{x^2}{2}\right) = \left(\dfrac{x^2}{2}\arctan x\right)\bigg|_0^1 - \int_0^1 \dfrac{x^2}{2}\cdot\dfrac{1}{1+x^2}\mathrm{d}x$

$\qquad\qquad = \dfrac{\pi}{8} - \dfrac{1}{2}\int_0^1\left(1 - \dfrac{1}{1+x^2}\right)\mathrm{d}x$

$\qquad\qquad = \dfrac{\pi}{8} - \dfrac{1}{2}(x-\arctan x)\big|_0^1$

$\qquad\qquad = \dfrac{\pi}{4} - \dfrac{1}{2}.$

例 5.20 求定积分 $I_n = \int_0^{\frac{\pi}{2}} \sin^n x\mathrm{d}x$ (n 为非负整数)，并用所求结果计算

$\int_0^1 x^3\sqrt{1-x^2}\mathrm{d}x$.

微课：例 5.20

解 （1）对于定积分 $I_n = \int_0^{\frac{\pi}{2}}\sin^n x\mathrm{d}x$，当 $n=0$ 时，$I_0 = \int_0^{\frac{\pi}{2}}\mathrm{d}x = \dfrac{\pi}{2}$；当

$n=1$ 时，$I_1 = \int_0^{\frac{\pi}{2}}\sin x\mathrm{d}x = 1$；当 $n\geqslant 2$ 时，利用分部积分公式，得

$$I_n = \int_0^{\frac{\pi}{2}}\sin^n x\mathrm{d}x = \int_0^{\frac{\pi}{2}}\sin^{n-1} x\sin x\mathrm{d}x = -\int_0^{\frac{\pi}{2}}\sin^{n-1} x\mathrm{d}\cos x$$

$$= (-\sin^{n-1}x\cos x)\big|_0^{\frac{\pi}{2}} + \int_0^{\frac{\pi}{2}}\cos x\mathrm{d}\sin^{n-1}x$$

$$= (n-1)\int_0^{\frac{\pi}{2}}\cos x\sin^{n-2}x\cos x\mathrm{d}x = (n-1)\int_0^{\frac{\pi}{2}}\cos^2 x\,\sin^{n-2}x\mathrm{d}x$$

$$= (n-1)\int_0^{\frac{\pi}{2}}(1-\sin^2 x)\sin^{n-2}x\mathrm{d}x = (n-1)\int_0^{\frac{\pi}{2}}(\sin^{n-2}x - \sin^n x)\mathrm{d}x,$$

即

$$I_n = (n-1)I_{n-2} - (n-1)I_n,$$

所以

$$I_n = \dfrac{n-1}{n}I_{n-2}.$$

利用上面的递推公式，并重复应用它，可得到

$$I_{n-2} = \dfrac{n-3}{n-2}I_{n-4}, I_{n-4} = \dfrac{n-5}{n-4}I_{n-6}\cdots\cdots$$

当 n 是奇数时，最后一项是 $I_1 = 1$；当 n 是偶数时，最后一项是 $I_0 = \dfrac{\pi}{2}$. 于是

$$I_n = \int_0^{\frac{\pi}{2}}\sin^n x\mathrm{d}x = \begin{cases} \dfrac{\pi}{2}, & n=0, \\[2mm] 1, & n=1, \\[2mm] \dfrac{n-1}{n}\cdot\dfrac{n-3}{n-2}\cdot\cdots\cdot\dfrac{3}{4}\cdot\dfrac{1}{2}\cdot\dfrac{\pi}{2} = \dfrac{(n-1)!!}{n!!}\cdot\dfrac{\pi}{2}, & n\text{ 是正偶数}, \\[2mm] \dfrac{n-1}{n}\cdot\dfrac{n-3}{n-2}\cdot\cdots\cdot\dfrac{4}{5}\cdot\dfrac{2}{3}\cdot 1 = \dfrac{(n-1)!!}{n!!}, & n\text{ 是大于 1 的奇数}. \end{cases}$$

这里，当 n 为正偶数时，$n!!$（双阶乘）表示所有正偶数（不大于 n）的连乘积；当 n 为正奇数时，$n!!$ 表示所有正奇数（不大于 n）的连乘积.

$(2) \displaystyle\int_0^1 x^3\sqrt{1-x^2}\,dx \xlongequal{x=\sin t} \int_0^{\frac{\pi}{2}} \sin^3 t\cos t\,d\sin t = \int_0^{\frac{\pi}{2}} \sin^3 t\cos^2 t\,dt$

$= \displaystyle\int_0^{\frac{\pi}{2}} \sin^3 t(1-\sin^2 t)\,dt = I_3 - I_5 = \frac{2}{3}\times 1 - \frac{4}{5}\times\frac{2}{3}\times 1 = \frac{2}{15}.$

例 5.21 计算 $\displaystyle\int_0^{4\pi} \sin^8 x\,dx.$

解 $\displaystyle\int_0^{4\pi}\sin^8 x\,dx = 4\int_0^\pi \sin^8 x\,dx = 4\int_{-\frac{\pi}{2}}^{\frac{\pi}{2}}\sin^8 x\,dx = 8\int_0^{\frac{\pi}{2}}\sin^8 x\,dx = 8\times\frac{7}{8}\times\frac{5}{6}\times\frac{3}{4}\times\frac{1}{2}\times\frac{\pi}{2} = \frac{35}{32}\pi.$

同步习题 5.2

基础题

1. 求下列函数的导数.

$(1) \displaystyle\int_0^x \frac{1}{2+\sin t}\,dt.$

$(2) \displaystyle\int_x^{-1} e^{3t}\sin t\,dt.$

$(3) \displaystyle\int_1^{x^3} t^2 e^t\,dt.$

$(4) \displaystyle\int_{\sin x}^{\cos x} e^{-t^2}\,dt.$

2. 求下列极限.

$(1) \displaystyle\lim_{x\to 0} \frac{\int_0^x \sin t^2\,dt}{x^3}.$

$(2) \displaystyle\lim_{x\to 0} \frac{\int_0^{x^2} \arctan\sqrt{t}\,dt}{x^2}.$

3. 计算下列定积分.

$(1) \displaystyle\int_0^1 (4x^3 - 2x)\,dx.$

$(2) \displaystyle\int_1^2 \sqrt{x}\,dx.$

$(3) \displaystyle\int_{e-1}^2 \frac{1}{x+1}\,dx.$

$(4) \displaystyle\int_{-2}^2 x\cos x\,dx.$

$(5) \displaystyle\int_{-\frac{\pi}{2}}^{\frac{\pi}{2}} \cos^2 x\,dx.$

$(6) \displaystyle\int_0^\pi \sqrt{1-\sin^2 x}\,dx.$

$(7) \displaystyle\int_{-1}^1 |x|\,dx.$

$(8) \displaystyle\int_0^\pi \sqrt{1+\cos 2x}\,dx.$

4. 设 $f(x) = \begin{cases} x^2, & -1\leqslant x\leqslant 0, \\ x-1, & 0<x\leqslant 1, \end{cases}$ 求 $\displaystyle\int_{-\frac{1}{2}}^{\frac{1}{2}} f(x)\,dx.$

5. 计算下列定积分.

$(1) \displaystyle\int_0^1 xe^{x^2}\,dx.$

$(2) \displaystyle\int_1^{e^2} \frac{1}{x\sqrt{1+\ln x}}\,dx.$

$(3) \displaystyle\int_{\frac{1}{\pi}}^{\frac{2}{\pi}} \frac{1}{x^2}\sin\frac{1}{x}\,dx.$

$(4) \displaystyle\int_0^1 \frac{1}{e^x+e^{-x}}\,dx.$

$(5) \int_1^e \dfrac{\ln x}{x} \mathrm{d}x.$

$(6) \int_4^9 \dfrac{\sqrt{x}}{\sqrt{x}-1} \mathrm{d}x.$

$(7) \int_0^1 \dfrac{1}{\sqrt{4+5x}-1} \mathrm{d}x.$

$(8) \int_0^3 \dfrac{x}{1+\sqrt{x+1}} \mathrm{d}x.$

$(9) \int_0^{\frac{\pi}{2}} \sin x \cos^3 x \,\mathrm{d}x.$

$(10) \int_{-2}^2 (x-1)\sqrt{4-x^2}\,\mathrm{d}x.$

6. 计算下列定积分.

$(1) \int_0^1 x\mathrm{e}^{-x}\mathrm{d}x.$

$(2) \int_0^{\sqrt{\ln 2}} x^3 \mathrm{e}^{x^2}\mathrm{d}x.$

$(3) \int_1^e (x+1)\ln x\,\mathrm{d}x.$

$(4) \int_{\frac{1}{e}}^e |\ln x|\,\mathrm{d}x.$

$(5) \int_0^{\frac{\pi}{2}} x\sin x\,\mathrm{d}x.$

$(6) \int_0^{\frac{\sqrt{3}}{2}} \arccos x\,\mathrm{d}x.$

1. 证明：$\int_0^t x^3 f(x^2)\,\mathrm{d}x = \dfrac{1}{2}\int_0^{t^2} xf(x)\,\mathrm{d}x.$

2. 设 $f(x) = \ln x - \int_1^e f(x)\,\mathrm{d}x$，证明：$\int_1^e f(x)\,\mathrm{d}x = \dfrac{1}{e}.$

3. 用定积分的定义求下列极限.

$(1) \lim\limits_{n\to\infty}\left(\dfrac{n}{n^2+1}+\dfrac{n}{n^2+2^2}+\cdots+\dfrac{n}{n^2+n^2}\right).$

$(2) \lim\limits_{n\to\infty}\left(\dfrac{1}{n+1}+\dfrac{1}{n+2}+\cdots+\dfrac{1}{n+n}\right).$

4. 设 $f(x)$ 为 $[0,+\infty)$ 上的连续函数，且 $f(x)>0$，证明：当 $x>0$ 时，函数

$$\varphi(x) = \dfrac{\displaystyle\int_0^x tf(t)\,\mathrm{d}t}{\displaystyle\int_0^x f(t)\,\mathrm{d}t}$$

单调增加.

微课：同步习题 5.2
提高题 3(1)

微课：同步习题 5.2
提高题 4

5. 设 $f(x)$ 是周期为 2 的连续函数.

(1) 证明：对任意的实数 t，有 $\int_t^{t+2} f(x)\,\mathrm{d}x = \int_0^2 f(x)\,\mathrm{d}x.$

(2) 证明：$G(x) = \int_0^x \left[2f(t) - \int_t^{t+2} f(s)\,\mathrm{d}s\right]\mathrm{d}t$ 是周期为 2 的周期函数.

5.3 反常积分

前面介绍的定积分中，被积函数满足的条件是：$f(x)$ 在有限区间 $[a,b]$ 上是有界的. 但是在一些实际应用问题中，我们经常会遇到积分区间为无限区间或者被积函数在积分区间上无界的情形，这

样的积分通常称为反常积分或广义积分. 本节介绍无穷区间上的反常积分和无界函数的反常积分.

5.3.1　无穷区间上的反常积分

引例　求由 x 轴和 y 轴及曲线 $y = e^{-x}$ 所围成的延伸到无穷远处的图形的面积 A，如图 5.12 所示.

分析　要求此图形的面积 A，我们可以分以下两步来完成.

（1）先求出由 x 轴和 y 轴及曲线 $y = e^{-x}$ 和 $x = b(b > 0)$ 所围成的曲边梯形的面积 A_b，有 $A_b = \int_0^b e^{-x} dx$，如图 5.13 所示.

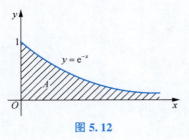

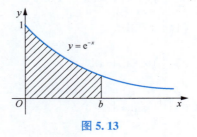

图 5.12　　　　　　　　　　　　　　　图 5.13

（2）对上式取 $b \to +\infty$ 时的极限，如果该极限存在，则极限值便是我们要求的面积 A，即

$$A = \lim_{b \to +\infty} \int_0^b e^{-x} dx.$$

这一引例说明确有积分区间为无穷区间的积分，我们称此类积分为无穷限反常积分，它的计算可以通过积分限趋向于无穷大来得到.

定义 5.2　设函数 $f(x)$ 在 $[a, +\infty)$ 上连续，任取 $b > a$，如果极限 $\lim\limits_{b \to +\infty} \int_a^b f(x) dx$ 存在，则称该极限为函数 $f(x)$ 在无穷区间 $[a, +\infty)$ 上的反常积分，记作 $\int_a^{+\infty} f(x) dx$，即

$$\int_a^{+\infty} f(x) dx = \lim_{b \to +\infty} \int_a^b f(x) dx,$$

此时，也称反常积分 $\int_a^{+\infty} f(x) dx$ 收敛；若上述极限不存在，则称反常积分 $\int_a^{+\infty} f(x) dx$ 发散.

类似地，我们可以定义函数 $f(x)$ 在 $(-\infty, b]$ 上的反常积分 $\int_{-\infty}^b f(x) dx$，即

$$\int_{-\infty}^b f(x) dx = \lim_{a \to -\infty} \int_a^b f(x) dx,$$

若右端极限存在，则称反常积分 $\int_{-\infty}^b f(x) dx$ 收敛；否则，称反常积分 $\int_{-\infty}^b f(x) dx$ 发散.

最后，我们还可以定义函数 $f(x)$ 在 $(-\infty, +\infty)$ 上的反常积分 $\int_{-\infty}^{+\infty} f(x) dx$，即

$$\int_{-\infty}^{+\infty} f(x) dx = \int_{-\infty}^c f(x) dx + \int_c^{+\infty} f(x) dx$$

$$= \lim_{a \to -\infty} \int_a^c f(x) dx + \lim_{b \to +\infty} \int_c^b f(x) dx,$$

其中 c 是任意常数，a 是小于 c 的任意数，b 是大于 c 的任意数. 反常积分 $\int_{-\infty}^{+\infty} f(x) dx$ 只有当上述等式右端两极限同时存在时才是收敛的，如果有一个极限不存在，则称该反常积分发散.

上述积分统称为无穷限反常积分.

在计算无穷限反常积分时，为了书写方便，实际运算中常常略去极限符号，形式上接近于牛顿-莱布尼茨公式的格式（只是形式上的）. 例如，设 $F(x)$ 是 $f(x)$ 的一个原函数，记 $F(+\infty) = \lim\limits_{x \to +\infty} F(x), F(-\infty) = \lim\limits_{x \to -\infty} F(x)$，则上述无穷限反常积分就可以表示成以下形式：

$$\int_a^{+\infty} f(x)\mathrm{d}x = F(x)\Big|_a^{+\infty} = F(+\infty) - F(a);$$

$$\int_{-\infty}^b f(x)\mathrm{d}x = F(x)\Big|_{-\infty}^b = F(b) - F(-\infty);$$

$$\int_{-\infty}^{+\infty} f(x)\mathrm{d}x = F(x)\Big|_{-\infty}^{+\infty} = F(+\infty) - F(-\infty).$$

这时无穷限反常积分的收敛与发散就取决于极限 $F(+\infty), F(-\infty)$ 是否存在.

例 5.22 求由 x 轴和 y 轴及曲线 $y = \mathrm{e}^{-x}$ 所围成的延伸到无穷远处的图形的面积 A.

解 由题意得

$$A = \int_0^{+\infty} \mathrm{e}^{-x}\mathrm{d}x = (-\mathrm{e}^{-x})\Big|_0^{+\infty} = \lim_{x \to +\infty}(-\mathrm{e}^{-x}) + \mathrm{e}^0 = 1.$$

例 5.23 讨论反常积分 $\int_2^{+\infty} \dfrac{1}{x\ln x}\mathrm{d}x$ 的敛散性.

解 因为 $\int_2^{+\infty} \dfrac{1}{x\ln x}\mathrm{d}x = \int_2^{+\infty} \dfrac{1}{\ln x}\mathrm{d}\ln x = \ln|\ln x|\big|_2^{+\infty} = +\infty$，所以反常积分 $\int_2^{+\infty} \dfrac{1}{x\ln x}\mathrm{d}x$ 发散.

例 5.24 讨论反常积分 $\int_a^{+\infty} \dfrac{1}{x^p}\mathrm{d}x (a > 0)$ 的敛散性.

解 （1）当 $p < 1$ 时，$\int_a^{+\infty} \dfrac{1}{x^p}\mathrm{d}x = \dfrac{x^{1-p}}{1-p}\Big|_a^{+\infty} = +\infty$，此时反常积分发散.

（2）当 $p = 1$ 时，$\int_a^{+\infty} \dfrac{1}{x}\mathrm{d}x = \ln x\big|_a^{+\infty} = +\infty$，此时反常积分发散.

（3）当 $p > 1$ 时，$\int_a^{+\infty} \dfrac{1}{x^p}\mathrm{d}x = \dfrac{x^{1-p}}{1-p}\Big|_a^{+\infty} = 0 - \dfrac{a^{1-p}}{1-p} = \dfrac{a^{1-p}}{p-1}$，此时反常积分收敛.

因此，当 $p > 1$ 时，反常积分 $\int_a^{+\infty} \dfrac{1}{x^p}\mathrm{d}x$ 收敛，其值为 $\dfrac{a^{1-p}}{p-1}$；当 $p \leqslant 1$ 时，反常积分 $\int_a^{+\infty} \dfrac{1}{x^p}\mathrm{d}x$ 发散.

例 5.25 计算反常积分 $\int_{-\infty}^{+\infty} \dfrac{\mathrm{d}x}{1+x^2}$.

解 $\int_{-\infty}^{+\infty} \dfrac{1}{1+x^2}\mathrm{d}x = \arctan x\big|_{-\infty}^{+\infty} = \lim\limits_{x \to +\infty}\arctan x - \lim\limits_{x \to -\infty}\arctan x$

$$= \dfrac{\pi}{2} - \left(-\dfrac{\pi}{2}\right) = \pi.$$

上述反常积分 $\int_{-\infty}^{+\infty} \dfrac{\mathrm{d}x}{1+x^2}$ 的几何意义：当 $a \to -\infty, b \to +\infty$ 时，虽然图 5.14 中阴影部分向左、右无限延伸，但其面积却有极限值 π. 简单地说，它是位于曲线 $y = \dfrac{1}{1+x^2}$ 的下方和 x 轴上方的图形的面积.

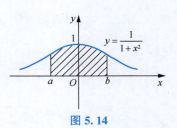

图 5.14

5.3.2 无界函数的反常积分

定义 5.3 如果函数 $f(x)$ 在点 a 的任一邻域内都无界，则称点 a 为函数 $f(x)$ 的 瑕点.

定义 5.4 设函数 $f(x)$ 在 $(a,b]$ 上连续，点 a 为 $f(x)$ 的瑕点. 任取 $a < t < b$，如果极限 $\lim\limits_{t \to a^+} \int_t^b f(x) \mathrm{d}x$ 存在，则称此极限为函数 $f(x)$ 在 $(a,b]$ 上的反常积分，记作

$$\int_a^b f(x)\mathrm{d}x = \lim_{t \to a^+} \int_t^b f(x)\mathrm{d}x,$$

这时称反常积分 $\int_a^b f(x)\mathrm{d}x$ 收敛；如果上述极限不存在，则称反常积分 $\int_a^b f(x)\mathrm{d}x$ 发散.

类似地，设函数 $f(x)$ 在 $[a,b)$ 上连续，点 b 为 $f(x)$ 的瑕点. 任取 $a < t < b$，如果极限 $\lim\limits_{t \to b^-} \int_a^t f(x) \mathrm{d}x$ 存在，则称此极限为函数 $f(x)$ 在 $[a,b)$ 上的反常积分，记作

$$\int_a^b f(x)\mathrm{d}x = \lim_{t \to b^-} \int_a^t f(x)\mathrm{d}x,$$

这时称反常积分 $\int_a^b f(x)\mathrm{d}x$ 收敛；如果上述极限不存在，则称反常积分 $\int_a^b f(x)\mathrm{d}x$ 发散.

设函数 $f(x)$ 在 $[a,b]$ 上除点 $c(a < c < b)$ 外连续，点 c 为 $f(x)$ 的瑕点. 如果两个反常积分 $\int_a^c f(x)\mathrm{d}x$ 和 $\int_c^b f(x)\mathrm{d}x$ 都收敛，则定义

$$\int_a^b f(x)\mathrm{d}x = \int_a^c f(x)\mathrm{d}x + \int_c^b f(x)\mathrm{d}x = \lim_{t \to c^-} \int_a^t f(x)\mathrm{d}x + \lim_{t \to c^+} \int_t^b f(x)\mathrm{d}x,$$

这时称反常积分 $\int_a^b f(x)\mathrm{d}x$ 收敛；否则，称反常积分 $\int_a^b f(x)\mathrm{d}x$ 发散.

无界函数的反常积分又称为 瑕积分.

根据定义 5.4 和牛顿–莱布尼茨公式，我们可以得到以下简记形式.

如果 $F(x)$ 是 $f(x)$ 在 $(a,b]$ 上的原函数，点 a 是 $f(x)$ 的瑕点，则有

$$\int_a^b f(x)\mathrm{d}x = \lim_{t \to a^+} \int_t^b f(x)\mathrm{d}x = \lim_{t \to a^+} \left[F(b) - F(t) \right] = F(b) - \lim_{t \to a^+} F(t)$$

$$= F(b) - F(a+0) = F(x) \Big|_a^b.$$

类似地，若点 b 是 $f(x)$ 的瑕点，则有

$$\int_a^b f(x)\mathrm{d}x = \lim_{t \to b^-} \int_a^t f(x)\mathrm{d}x = \lim_{t \to b^-} \left[F(t) - F(a) \right]$$

$$= \lim_{t \to b^-} F(t) - F(a) = F(b-0) - F(a)$$

$$= F(x) \Big|_a^b.$$

例 5.26 计算反常积分 $\int_0^a \dfrac{\mathrm{d}x}{\sqrt{a^2 - x^2}} (a > 0)$.

解 因为 $\lim\limits_{x \to a^-} \dfrac{1}{\sqrt{a^2 - x^2}} = +\infty$，所以 $x = a$ 为被积函数的瑕点，于是

$$\int_0^a \frac{\mathrm{d}x}{\sqrt{a^2 - x^2}} = \left(\arcsin \frac{x}{a} \right) \Bigg|_0^a = \lim_{x \to a^-} \arcsin \frac{x}{a} - 0 = \frac{\pi}{2}.$$

例 5.27 讨论 $\int_0^2 \dfrac{1}{(x-1)^2}\mathrm{d}x$ 的敛散性.

微课：例 5.27

解 由于 $x = 1$ 是被积函数的瑕点，所以

$$\int_0^2 \frac{1}{(x-1)^2}\mathrm{d}x = \int_0^1 \frac{1}{(x-1)^2}\mathrm{d}x + \int_1^2 \frac{1}{(x-1)^2}\mathrm{d}x.$$

又因为 $\int_1^2 \dfrac{1}{(x-1)^2}\mathrm{d}x = \left(-\dfrac{1}{x-1}\right)\Big|_1^2 = -1 + \lim\limits_{x\to 1^+}\dfrac{1}{x-1} = +\infty$，所以反常积分 $\int_1^2 \dfrac{1}{(x-1)^2}\mathrm{d}x$ 发散. 因此，反常积分 $\int_0^2 \dfrac{1}{(x-1)^2}\mathrm{d}x$ 发散.

【即时提问 5.3】 对于例 5.27，下面的解法是错误的.

$$\int_0^2 \frac{1}{(x-1)^2}\mathrm{d}x = \left(-\frac{1}{x-1}\right)\Big|_0^2 = -2.$$

想一想，为什么是错误的?

例 5.28 证明：反常积分 $\int_0^1 \dfrac{1}{x^p}\mathrm{d}x$，当 $0 < p < 1$ 时收敛；当 $p \geqslant 1$ 时发散.

证明 显然，$x = 0$ 是被积函数的瑕点.

（1）当 $0 < p < 1$ 时，

$$\int_0^1 \frac{1}{x^p}\mathrm{d}x = \frac{x^{1-p}}{1-p}\Big|_0^1 = \frac{1}{1-p} - \frac{1}{1-p}\lim\limits_{x\to 0^+}x^{1-p} = \frac{1}{1-p},$$

此时反常积分收敛.

（2）当 $p = 1$ 时，

$$\int_0^1 \frac{1}{x^p}\mathrm{d}x = \int_0^1 \frac{1}{x}\mathrm{d}x = \ln x\,\big|_0^1 = 0 - \lim\limits_{x\to 0^+}\ln x = +\infty,$$

此时反常积分发散.

（3）当 $p > 1$ 时，

$$\int_0^1 \frac{1}{x^p}\mathrm{d}x = \frac{x^{1-p}}{1-p}\Big|_0^1 = \frac{1}{1-p} - \frac{1}{1-p}\lim\limits_{x\to 0^+}x^{1-p} = +\infty,$$

此时反常积分发散.

综上所述，反常积分 $\int_0^1 \dfrac{1}{x^p}\mathrm{d}x$，当 $0 < p < 1$ 时收敛，其值为 $\dfrac{1}{1-p}$；当 $p \geqslant 1$ 时发散.

5.3.3 反常积分敛散性判别法

1. 无穷限反常积分敛散性判别法

定理 5.6（比较判别法 1） 设 $f(x), g(x)$ 在 $[a, +\infty)$ 内连续，且 $\forall x \in [a, +\infty)$，有 $0 \leqslant f(x) \leqslant g(x)$，则

（1）当 $\int_a^{+\infty} g(x)\mathrm{d}x$ 收敛时，$\int_a^{+\infty} f(x)\mathrm{d}x$ 也收敛；

（2）当 $\int_a^{+\infty} f(x)\mathrm{d}x$ 发散时，$\int_a^{+\infty} g(x)\mathrm{d}x$ 也发散.

定理 5.7（比较判别法的极限形式 1） 设 $f(x), g(x)$ 在 $[a, +\infty)$ 内连续，$\forall x \in [a, +\infty)$，有 $f(x) \geqslant 0, g(x) > 0$，且 $\lim\limits_{x\to +\infty}\dfrac{f(x)}{g(x)} = l$，则

(1) 当 $0 < l < +\infty$ 时，$\int_a^{+\infty} f(x)\mathrm{d}x$ 与 $\int_a^{+\infty} g(x)\mathrm{d}x$ 同时收敛、同时发散；

(2) 当 $l = 0$ 时，由 $\int_a^{+\infty} g(x)\mathrm{d}x$ 收敛可推知 $\int_a^{+\infty} f(x)\mathrm{d}x$ 收敛，由 $\int_a^{+\infty} f(x)\mathrm{d}x$ 发散可推知 $\int_a^{+\infty} g(x)\mathrm{d}x$ 发散；

(3) 当 $l = +\infty$ 时，由 $\int_a^{+\infty} f(x)\mathrm{d}x$ 收敛可推知 $\int_a^{+\infty} g(x)\mathrm{d}x$ 收敛，由 $\int_a^{+\infty} g(x)\mathrm{d}x$ 发散可推知 $\int_a^{+\infty} f(x)\mathrm{d}x$ 发散.

定理 5.8（比较判别法 2）　设 $f(x)$ 在 $[a, +\infty)(a > 0)$ 内连续，则

(1) 当 $0 \leqslant f(x) \leqslant \dfrac{1}{x^p}, x \in [a, +\infty)$，且 $p > 1$ 时，$\int_a^{+\infty} f(x)\mathrm{d}x$ 收敛；

(2) 当 $f(x) \geqslant \dfrac{1}{x^p}, x \in [a, +\infty)$，且 $p \leqslant 1$ 时，$\int_a^{+\infty} f(x)\mathrm{d}x$ 发散.

定理 5.9（比较判别法的极限形式 2）　设 $f(x)$ 在 $[a, +\infty)$ 内连续，$\forall x \in [a, +\infty)$，有 $f(x) \geqslant 0$，且 $\lim\limits_{x \to +\infty} x^p f(x) = l$，则

(1) 当 $0 \leqslant l < +\infty$ 且 $p > 1$ 时，$\int_a^{+\infty} f(x)\mathrm{d}x$ 收敛；

(2) 当 $0 < l \leqslant +\infty$ 且 $p \leqslant 1$ 时，$\int_a^{+\infty} f(x)\mathrm{d}x$ 发散.

例 5.29　讨论 $\int_0^{+\infty} \dfrac{\sin^2 x}{1+x^2}\mathrm{d}x$ 的敛散性.

解　由于 $0 \leqslant \dfrac{\sin^2 x}{1+x^2} \leqslant \dfrac{1}{1+x^2}, x \in [0, +\infty)$，而 $\int_0^{+\infty} \dfrac{1}{1+x^2}\mathrm{d}x = \dfrac{\pi}{2}$ 收敛，根据定理 5.6 知，反常积分 $\int_0^{+\infty} \dfrac{\sin^2 x}{1+x^2}\mathrm{d}x$ 收敛.

例 5.30　讨论 $\int_1^{+\infty} x^\alpha \mathrm{e}^{-x}\mathrm{d}x$ 的敛散性.

解　由于对任何实数 α，都有

$$\lim_{x \to +\infty}(x^2 \cdot x^\alpha \mathrm{e}^{-x}) = \lim_{x \to +\infty}\frac{x^{\alpha+2}}{\mathrm{e}^x} = 0,$$

因此根据定理 5.9$(p = 2, l = 0)$ 知，反常积分 $\int_1^{+\infty} x^\alpha \mathrm{e}^{-x}\mathrm{d}x$ 收敛.

对于 $\int_{-\infty}^b f(x)\mathrm{d}x$ 及 $\int_{-\infty}^{+\infty} f(x)\mathrm{d}x$ 的比较判别法也可类似写出.

2. 无界函数反常积分敛散性判别法

定理 5.10（比较判别法 1）　设 $f(x), g(x)$ 在 $(a, b]$ 上连续，瑕点同为 $x = a$，且 $\forall x \in (a, b]$，有 $0 \leqslant f(x) \leqslant g(x)$，则

(1) 当 $\int_a^b g(x)\mathrm{d}x$ 收敛时，$\int_a^b f(x)\mathrm{d}x$ 也收敛；

(2) 当 $\int_a^b f(x)\mathrm{d}x$ 发散时，$\int_a^b g(x)\mathrm{d}x$ 也发散.

定理 5.11（比较判别法的极限形式 1）　设 $f(x), g(x)$ 在 $(a, b]$ 上连续，瑕点同为 $x = a$，

$\forall x \in (a, b]$，有 $f(x) \geqslant 0, g(x) > 0$，且 $\lim\limits_{x \to a^+} \dfrac{f(x)}{g(x)} = l$，则

（1）当 $0 < l < +\infty$ 时，$\int_a^b f(x)\mathrm{d}x$ 与 $\int_a^b g(x)\mathrm{d}x$ 同时收敛、同时发散；

（2）当 $l = 0$ 时，由 $\int_a^b g(x)\mathrm{d}x$ 收敛可推知 $\int_a^b f(x)\mathrm{d}x$ 收敛，由 $\int_a^b f(x)\mathrm{d}x$ 发散可推知 $\int_a^b g(x)\mathrm{d}x$ 发散；

（3）当 $l = +\infty$ 时，由 $\int_a^b f(x)\mathrm{d}x$ 收敛可推知 $\int_a^b g(x)\mathrm{d}x$ 收敛，由 $\int_a^b g(x)\mathrm{d}x$ 发散可推知 $\int_a^b f(x)\mathrm{d}x$ 发散.

定理 5.12（比较判别法 2） 设 $f(x)$ 在 $(a, b]$ 上连续，点 a 为 $f(x)$ 的瑕点，则

（1）当 $0 \leqslant f(x) \leqslant \dfrac{1}{(x-a)^p}, x \in (a, b]$，且 $0 < p < 1$ 时，$\int_a^b f(x)\mathrm{d}x$ 收敛；

（2）当 $f(x) \geqslant \dfrac{1}{(x-a)^p}, x \in (a, b]$，且 $p \geqslant 1$ 时，$\int_a^b f(x)\mathrm{d}x$ 发散.

定理 5.13（比较判别法的极限形式 2） 设 $f(x)$ 在 $(a, b]$ 上连续，点 a 为 $f(x)$ 的瑕点，$\forall x \in (a, b]$，有 $f(x) \geqslant 0$，且 $\lim\limits_{x \to a^+}[(x-a)^p f(x)] = l$，则

（1）当 $0 \leqslant l < +\infty, 0 < p < 1$ 时，$\int_a^b f(x)\mathrm{d}x$ 收敛；

（2）当 $0 < l \leqslant +\infty, p \geqslant 1$ 时，$\int_a^b f(x)\mathrm{d}x$ 发散.

例 5.31 判别下列瑕积分的敛散性.

（1）$\displaystyle\int_0^1 \dfrac{\ln x}{\sqrt{x}}\mathrm{d}x.$ （2）$\displaystyle\int_1^2 \dfrac{\sqrt{x}}{\ln x}\mathrm{d}x.$

解 本例两个瑕积分的被积函数在各自的积分区间上分别保持同号，$\dfrac{\ln x}{\sqrt{x}}$ 在 $(0,1]$ 上恒为负，$\dfrac{\sqrt{x}}{\ln x}$ 在 $(1,2]$ 上恒为正.

（1）函数 $y = -\dfrac{\ln x}{\sqrt{x}}$ 在 $(0,1]$ 上恒为正且瑕点为 $x = 0$，所以只需要考虑反常积分 $\displaystyle\int_0^1\left(-\dfrac{\ln x}{\sqrt{x}}\right)\mathrm{d}x$ 即可.

由于
$$\lim_{x \to 0^+}\left[x^{\frac{3}{4}} \cdot \left(-\dfrac{\ln x}{\sqrt{x}}\right)\right] = -\lim_{x \to 0^+}\left(x^{\frac{1}{4}}\ln x\right) = 0,$$

由定理 5.13 知，反常积分 $\displaystyle\int_0^1\left(-\dfrac{\ln x}{\sqrt{x}}\right)\mathrm{d}x$ 收敛，所以反常积分 $\displaystyle\int_0^1\dfrac{\ln x}{\sqrt{x}}\mathrm{d}x$ 收敛.

（2）函数 $y = \dfrac{\sqrt{x}}{\ln x}$ 的瑕点为 $x = 1$，由于
$$\lim_{x \to 1^+}\left[(x-1) \cdot \dfrac{\sqrt{x}}{\ln x}\right] = \lim_{x \to 1^+}\dfrac{x-1}{\ln x} = 1,$$

由定理 5.13 知，反常积分 $\displaystyle\int_1^2\dfrac{\sqrt{x}}{\ln x}\mathrm{d}x$ 发散.

下面举一个既是无穷积分又是瑕积分的例子.

例 5.32　讨论反常积分 $\Phi(\alpha) = \displaystyle\int_0^{+\infty} \dfrac{x^{\alpha}}{1+x} \mathrm{d}x$ 的敛散性.

微课：例 5.31

解　把反常积分 $\Phi(\alpha)$ 写成

$$\Phi(\alpha) = \int_0^1 \frac{x^{\alpha}}{1+x} \mathrm{d}x + \int_1^{+\infty} \frac{x^{\alpha}}{1+x} \mathrm{d}x = I(\alpha) + J(\alpha).$$

（1）先讨论 $I(\alpha)$. 当 $\alpha \geqslant 0$ 时，它是定积分；当 $\alpha < 0$ 时，它是瑕积分，瑕点为 $x = 0$. 由于

$$\lim_{x \to 0^+} \left(x^{-\alpha} \cdot \frac{x^{\alpha}}{1+x} \right) = 1,$$

由定理 5.13 知，当 $0 < -\alpha < 1$，即 $-1 < \alpha < 0$ 时，瑕积分 $I(\alpha)$ 收敛；当 $-\alpha \geqslant 1$，即 $\alpha \leqslant -1$ 时，瑕积分 $I(\alpha)$ 发散.

（2）再讨论 $J(\alpha)$，它是无穷积分. 由于

$$\lim_{x \to +\infty} \left(x^{1-\alpha} \cdot \frac{x^{\alpha}}{1+x} \right) = \lim_{x \to +\infty} \frac{x}{1+x} = 1,$$

根据定理 5.9 知，当 $1-\alpha > 1$，即 $\alpha < 0$ 时，无穷积分 $J(\alpha)$ 收敛；当 $1-\alpha \leqslant 1$，即 $\alpha \geqslant 0$ 时，无穷积分 $J(\alpha)$ 发散.

综上所述，反常积分 $\Phi(\alpha) = \displaystyle\int_0^{+\infty} \dfrac{x^{\alpha}}{1+x} \mathrm{d}x$ 只有当 $-1 < \alpha < 0$ 时收敛.

5.3.4　Γ 函数

定义 5.5　含参变量 x 的反常积分 $\Gamma(x) = \displaystyle\int_0^{+\infty} t^{x-1} \mathrm{e}^{-t} \mathrm{d}t \, (x > 0)$，称为 Γ 函数.

Γ 函数的性质：

（1）$\Gamma(x+1) = x\Gamma(x)$；

（2）$\Gamma(1) = 1$；

（3）$\Gamma(n+1) = n!$；

（4）$\Gamma\left(\dfrac{1}{2}\right) = \sqrt{\pi}$（这个结果将在第 9 章给出证明）.

证明　（1）$\Gamma(x+1) = \displaystyle\int_0^{+\infty} t^x \mathrm{e}^{-t} \mathrm{d}t = -\int_0^{+\infty} t^x \mathrm{d}\mathrm{e}^{-t} = (-t^x \mathrm{e}^{-t}) \Big|_0^{+\infty} + x\int_0^{+\infty} t^{x-1} \mathrm{e}^{-t} \mathrm{d}t$

$$= 0 + x\Gamma(x) = x\Gamma(x).$$

（2）$\Gamma(1) = \displaystyle\int_0^{+\infty} \mathrm{e}^{-t} \mathrm{d}t = (-\mathrm{e}^{-t}) \Big|_0^{+\infty} = 1.$

（3）$\Gamma(n+1) = n\Gamma(n) = n(n-1)\Gamma(n-1) = \cdots = n \cdot (n-1) \cdots 2 \cdot 1 \cdot \Gamma(n) = n!.$

例 5.33　计算下列积分.

（1）$I = \displaystyle\int_0^{+\infty} x^6 \mathrm{e}^{-x} \mathrm{d}x.$　　　　　　（2）$I = \displaystyle\int_0^{+\infty} x^6 \mathrm{e}^{-x^2} \mathrm{d}x.$

解　（1）$I = \displaystyle\int_0^{+\infty} x^6 \mathrm{e}^{-x} \mathrm{d}x = \Gamma(7) = 6! = 720.$

（2）$I = \displaystyle\int_0^{+\infty} x^6 \mathrm{e}^{-x^2} \mathrm{d}x \xlongequal{u = x^2} \int_0^{+\infty} u^3 \mathrm{e}^{-u} \cdot \dfrac{1}{2\sqrt{u}} \mathrm{d}u$

$$= \frac{1}{2}\int_0^{+\infty} u^{\frac{5}{2}} \mathrm{e}^{-u} \mathrm{d}u = \frac{1}{2}\Gamma\left(\frac{7}{2}\right) = \frac{1}{2} \times \frac{5}{2} \times \frac{3}{2} \times \frac{1}{2}\Gamma\left(\frac{1}{2}\right) = \frac{15}{16}\sqrt{\pi}.$$

同步习题 5.3

基础题

1. 计算下列反常积分.

(1) $\int_1^{+\infty} \dfrac{1}{x^3}\mathrm{d}x.$

(2) $\int_0^{-\infty} \mathrm{e}^{3x}\mathrm{d}x.$

(3) $\int_0^{+\infty} x\mathrm{e}^{-x^2}\mathrm{d}x.$

(4) $\int_1^{+\infty} \dfrac{\ln x}{x^2}\mathrm{d}x.$

(5) $\int_0^{+\infty} \dfrac{1}{\sqrt{x}\,(x+4)}\mathrm{d}x.$

(6) $\int_0^1 \ln x\mathrm{d}x.$

(7) $\int_1^2 \dfrac{1}{(x-1)^{\alpha}}\mathrm{d}x\,(0<\alpha<1).$

2. 判断下列反常积分的敛散性，收敛的求出值.

(1) $\int_{-\infty}^0 \dfrac{1}{2-x}\mathrm{d}x.$

(2) $\int_0^2 \dfrac{1}{x^2}\mathrm{d}x.$

(3) $\int_0^{+\infty} \sin x\mathrm{d}x.$

(4) $\int_{-1}^1 \dfrac{1}{\sqrt{1-x^2}}\mathrm{d}x.$

3. 计算下列积分.

(1) $\int_0^{+\infty} x^5\mathrm{e}^{-x^2}\mathrm{d}x.$

(2) $\int_0^{+\infty} x^2\mathrm{e}^{-x^2}\mathrm{d}x.$

(3) $\int_0^{+\infty} x^5\mathrm{e}^{-x}\mathrm{d}x.$

(4) $\int_0^{+\infty} \sqrt{x}\,\mathrm{e}^{-x}\mathrm{d}x.$

(5) $\int_1^{+\infty} \dfrac{\ln x}{(1+x)^2}\mathrm{d}x.$

(6) $\int_{-\infty}^{+\infty} \dfrac{1}{x^2+2x+2}\mathrm{d}x.$

(7) $\int_0^1 x\ln x\mathrm{d}x.$

(8) $\int_0^{+\infty} \mathrm{e}^{-ax}\mathrm{d}x\,(a>0).$

(9) $\int_1^2 \dfrac{x}{\sqrt{x-1}}\mathrm{d}x.$

(10) $\int_0^1 \dfrac{x}{\sqrt{1-x^2}}\mathrm{d}x.$

4. 讨论下列反常积分的敛散性.

(1) $\int_0^{+\infty} \dfrac{1}{\sqrt[3]{x^4+1}}\mathrm{d}x.$

(2) $\int_0^{+\infty} \dfrac{1}{1+\sqrt{x}}\mathrm{d}x.$

(3) $\int_1^{+\infty} \dfrac{x\arctan x}{1+x^3}\mathrm{d}x.$

(4) $\int_1^{+\infty} \dfrac{x}{\mathrm{e}^x-1}\mathrm{d}x.$

(5) $\int_0^{\pi} \dfrac{\sin x}{\sqrt{x^3}}\mathrm{d}x.$

(6) $\int_0^1 \dfrac{1}{\sqrt{x}\ln x}\mathrm{d}x.$

(7) $\int_0^1 \dfrac{\ln x}{1-x}\mathrm{d}x.$

(8) $\int_0^1 \dfrac{\arctan x}{1-x^3}\mathrm{d}x.$

5. 讨论反常积分 $\int_e^{+\infty} \dfrac{1}{x\ln^k x}\mathrm{d}x$ 的敛散性, k 为常数.

提高题

1. 计算由曲线 $y = \dfrac{1}{x^2 + 2x + 2}(x \geqslant 0)$ 和直线 $x = 0, y = 0$ 所围成的无界图形的面积.

2. 证明：反常积分 $\displaystyle\int_a^b \dfrac{1}{(x-a)^q}\mathrm{d}x$，当 $q < 1$ 时收敛，当 $q \geqslant 1$ 时发散.

3. 求 $\displaystyle\int_1^{+\infty} \dfrac{\arctan x}{x^2}\mathrm{d}x$.

4. 求 $\displaystyle\int_0^{+\infty} \dfrac{x\mathrm{e}^{-x}}{(1+\mathrm{e}^{-x})^2}\mathrm{d}x$.

5. 计算下列反常积分.

(1) $\displaystyle\int_0^{\frac{\pi}{2}} \ln\sin x\mathrm{d}x$. (2) $\displaystyle\int_0^{+\infty} \dfrac{1}{(1+x^2)(1+x^\alpha)}\mathrm{d}x(\alpha \geqslant 0)$.

5.4　定积分的应用

定积分在自然科学和社会科学中都有广泛的应用. 在本节中, 我们将利用定积分解决一些几何问题. 通过这些问题的讨论, 建立一些实用的公式, 并介绍如何运用微元法将一个量表达为定积分的分析方法, 然后利用这一方法解决一些实际计算问题.

5.4.1　微元法

根据定积分的定义

$$\int_a^b f(x)\mathrm{d}x = \lim_{\lambda \to 0} \sum_{i=1}^n f(\xi_i)\Delta x_i,$$

我们可以发现：被积表达式 $f(x)\mathrm{d}x$ 与 $f(\xi_i)\Delta x_i$ 类似. 因此, 定积分实际上是无限细分后再累加的过程.

从几何上看, 在 5.1 节引例 1 中, 我们用"分割、近似、求和、取极限" 4 步将曲边梯形的面积 A 表示成积分和的极限, 并给出定积分. 上述 4 步可以简化为如下过程: 在 $[a,b]$ 内任取小区间 $[x,x+\mathrm{d}x]$, 则 $[x,x+\mathrm{d}x]$ 上的小曲边梯形的面积 ΔA, 可用以 x 处的函数值 $f(x)$ 为高、以 $\mathrm{d}x$ 为底的小矩形面积 $f(x)\mathrm{d}x$ 作为其近似值, 即 $\Delta A \approx f(x)\mathrm{d}x$, 将该式右端记作 $\mathrm{d}A = f(x)\mathrm{d}x$, 称为所求面积 A 的面积微元. 将面积微元在 $[a,b]$ 上求定积分, 得曲边梯形的面积为 $A = \displaystyle\int_a^b f(x)\mathrm{d}x$.

一般地, 当实际问题中的所求量 U 满足以下两个条件时, 量 U 就能用定积分表示.

(1) U 是一个与变量 x 的变化区间 $[a,b]$ 有关的量, 且 U 对于区间 $[a,b]$ 具有可加性, 即如果将 $[a,b]$ 分成若干小区间, 则 U 相应地被分成许多部分量, 而 U 等于所有部分量之和.

(2) 部分量 ΔU_i 的近似值可表示为 $f(\xi_i)\Delta x_i$, 其中 ξ_i 是在 $[x_{i-1},x_i]$ 上任意取定的一点, Δx_i 是 $[x_{i-1},x_i]$ 的长度.

一般地, 将量 U 表示成定积分的具体步骤如下.

(1) 根据实际问题建立适当的坐标系, 选取一个变量(如 x)作为积分变量, 并确定它的变化区间 $[a,b]$.

(2) 在 $[a,b]$ 内任取小区间 $[x,x+\mathrm{d}x]$, 将相应于该小区间的部分量 ΔU 近似表示为 $[a,b]$ 上的一个连续函数 $f(x)$ 在 x 处的值 $f(x)$ 与 $\mathrm{d}x$ 的乘积, 称 $f(x)\mathrm{d}x$ 为量 U 的微元, 记作 $\mathrm{d}U$, 即 $\Delta U \approx \mathrm{d}U = f(x)\mathrm{d}x$, ΔU 与 $\mathrm{d}U$ 相差一个比 $\mathrm{d}x$ 高阶的无穷小量($\mathrm{d}x \to 0$).

（3）以所求量 U 的积分元素 $\mathrm{d}U = f(x)\mathrm{d}x$ 为积分表达式在 $[a,b]$ 上求定积分，即

$$U = \int_a^b \mathrm{d}U = \int_a^b f(x)\mathrm{d}x.$$

这种简化了的求定积分的方法称为**微元法**或**元素法**. 下面利用微元法来讨论定积分在几何学中的一些应用.

5.4.2 定积分在几何学中的应用

1. 平面图形的面积

（1）直角坐标系中平面图形的面积.

在平面直角坐标系中，求由曲线 $y = f(x), y = g(x)$ 和直线 $x = a, x = b$ 所围成的图形的面积 A，其中函数 $f(x), g(x)$ 在 $[a,b]$ 上连续，且 $f(x) \geqslant g(x)$，如图 5.15 所示.

在 $[a,b]$ 上任取区间 $[x, x+\mathrm{d}x]$，在区间两个端点处作垂直于 x 轴的直线，由于 $\mathrm{d}x$ 非常小，这样介于两条直线之间的图形可以近似看成矩形，因此，面积微元可表示为

$$\mathrm{d}A = [f(x) - g(x)]\mathrm{d}x.$$

于是，所求面积 $A = \int_a^b [f(x) - g(x)]\mathrm{d}x$.

若 $f(x) \leqslant g(x)$，则有 $A = \int_a^b [g(x) - f(x)]\mathrm{d}x$.

综合以上两种情况，由 $y = f(x), y = g(x), x = a, x = b$ 所围成的图形的面积 $A = \int_a^b |f(x) - g(x)|\,\mathrm{d}x$.

同样地，由曲线 $x = \Psi_1(y), x = \Psi_2(y)$ 和直线 $y = c, y = d\,(c \leqslant d)$ 所围成的图形（见图 5.16）的面积为

$$A = \int_c^d |\Psi_2(y) - \Psi_1(y)|\,\mathrm{d}y.$$

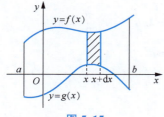

图 5.15

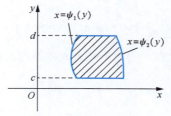

图 5.16

计算机可视化 10

【即时提问 5.4】 在计算平面区域面积时，如果选 x 作为积分变量，而上函数或者下函数在不同区间上的表达式不唯一，或者选 y 作为积分变量，而左函数或者右函数在不同区间上的表达式不唯一，如何利用定积分求面积？

例 5.34 求由两抛物线 $y = x^2$ 与 $x = y^2$ 所围成的图形的面积 A.

解 解方程组 $\begin{cases} y = x^2, \\ x = y^2, \end{cases}$ 得两抛物线的交点为 $(0,0)$ 和 $(1,1)$，两抛物线围成的图形如图 5.17 所示.

所求面积为

$$A = \int_0^1 (\sqrt{x} - x^2)\,\mathrm{d}x = \left(\frac{2}{3}x^{\frac{3}{2}} - x^3\right)\Big|_0^1 = \frac{1}{3}.$$

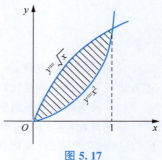

图 5.17

注意，本题也可以选 y 作为积分变量，所求面积为

$$A = \int_0^1 (\sqrt{y} - y^2) \, dx = \left(\frac{2}{3} y^{\frac{3}{2}} - y^3 \right) \Big|_0^1 = \frac{1}{3}.$$

例 5.35　求由抛物线 $y^2 = 2x$ 与直线 $y = x - 4$ 所围成的图形的面积 A.

解　解方程组 $\begin{cases} y^2 = 2x, \\ y = x - 4, \end{cases}$ 得抛物线与直线的交点为 $(2, -2)$ 和

$(8, 4)$，抛物线与直线围成的图形如图 5.18 所示.

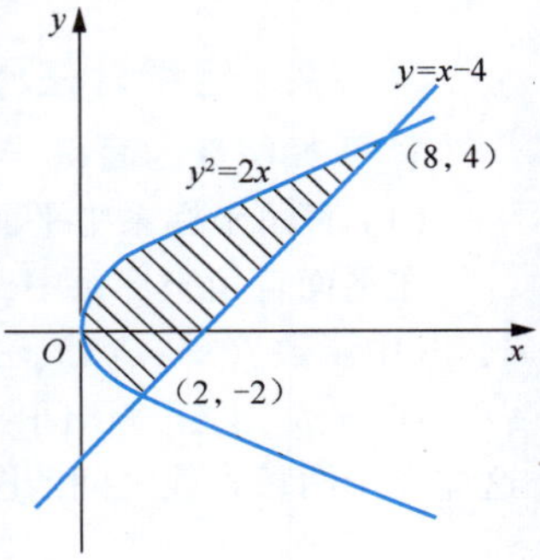

从图 5.18 可以看出，若选 x 为积分变量，x 的取值范围是 $[0, 8]$，需要用直线 $x = 2$ 将图形分成两部分，所求面积是两部分面积的和，进而求两个定积分的和. 显然，这样比较麻烦. 因此，选 y 作为积分变量，所求面积为

$$A = \int_{-2}^4 \left[(y + 4) - \frac{1}{2} y^2 \right] dy = \left(\frac{1}{2} y^2 + 4y - \frac{y^3}{6} \right) \Big|_{-2}^4 = 18.$$

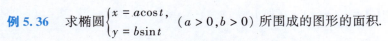

图 5.18

由例 5.35 可以看出，积分变量的选择很重要，合适的选择将简化计算.

例 5.36　求椭圆 $\begin{cases} x = a\cos t, \\ y = b\sin t \end{cases}$ $(a > 0, b > 0)$ 所围成的图形的面积.

解　如图 5.19 所示，所围成的图形是一个中心对称图形，因此，所求面积为

$$A = 4 \int_0^a y \, dx.$$

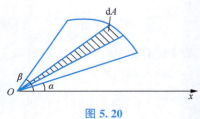

微课：例 5.36

将 $x = a\cos t, y = b\sin t, dx = -a\sin t \, dt$ 代入，且 $x = 0$ 时，$t = \dfrac{\pi}{2}$，$x = a$ 时，$t = 0$，于是

$$A = 4 \int_0^a y \, dx = 4 \int_{\frac{\pi}{2}}^0 b\sin t (-a\sin t) \, dt = 4ab \int_0^{\frac{\pi}{2}} \sin^2 t \, dt = 4ab \cdot \frac{1}{2} \cdot \frac{\pi}{2} = \pi ab.$$

特别地，当 $a = b = R$ 时，得到半径为 R 的圆的面积 $A = \pi R^2$.

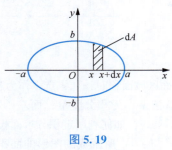

图 5.19

当曲线用参数方程 $x = \varphi(t), y = \psi(t)$ 表示时，都可用上述方法处理，即做变量代换 $x = \varphi(t), y = \psi(t)$.

（2）极坐标系中平面图形的面积.

设曲线由 $r = r(\theta)$ 表示，求由曲线 $r = r(\theta)$ 及射线 $\theta = \alpha$，$\theta = \beta$ 所围成的图形（见图 5.20）的面积. 此类图形称为**曲边扇形**.

图 5.20

在 $[\alpha,\beta]$ 上任取一子区间 $[\theta,\theta+\mathrm{d}\theta]$，此区间上的图形面积记为 $\mathrm{d}A$，将其近似看作扇形，得 $\mathrm{d}A=\dfrac{1}{2}r^2(\theta)\mathrm{d}\theta$，积分得

$$A=\frac{1}{2}\int_\alpha^\beta r^2(\theta)\mathrm{d}\theta.$$

例 5.37 计算心形线 $r=a(1+\cos\theta)(a>0)$ 所围成的图形的面积.

解 心形线所围成的图形如图 5.21 所示，这个图形关于极轴对称，因此，所求面积 A 是极轴以上部分图形面积 A_1 的 2 倍. 任取一子区间 $[\theta,\theta+\mathrm{d}\theta]\subset[0,\pi]$，则

$$\mathrm{d}A_1=\frac{1}{2}r^2(\theta)\mathrm{d}\theta=\frac{1}{2}a^2(1+\cos\theta)^2\mathrm{d}\theta,$$

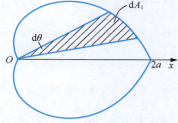

所以 $A=2A_1=\displaystyle\int_0^\pi a^2(1+\cos\theta)^2\mathrm{d}\theta=a^2\int_0^\pi\left(\frac{3}{2}+2\cos\theta+\frac{1}{2}\cos2\theta\right)\mathrm{d}\theta$

$$=a^2\left(\frac{3}{2}\theta+2\sin\theta+\frac{1}{4}\sin2\theta\right)\Big|_0^\pi=\frac{3}{2}\pi a^2.$$

图 5.21

2. 旋转体的体积

由一个平面图形绕该平面内一条直线旋转一周而成的立体称为**旋转体**，这条直线称为**旋转轴**. 例如，圆柱、圆锥、圆台、球体都是旋转体.

设一旋转体是由连续曲线 $y=f(x)$ 和直线 $x=a,x=b$ 及 x 轴所围成的曲边梯形绕 x 轴旋转一周而成的（见图 5.22），下面来求它的体积 V_x.

取 x 为积分变量，变化区间为 $[a,b]$，任取小区间 $[x,x+\mathrm{d}x]\subset[a,b]$，相应于小区间 $[x,x+\mathrm{d}x]$ 上的旋转体薄片的体积可近似看作以 $f(x)$ 为底面半径、以 $\mathrm{d}x$ 为高的扁圆柱体的体积，即体积微元

$$\mathrm{d}V_x=\pi f^2(x)\mathrm{d}x,$$

将体积微元作为被积表达式，就可以得到所求旋转体的体积

$$V_x=\int_a^b\pi f^2(x)\mathrm{d}x=\pi\int_a^b f^2(x)\mathrm{d}x.$$

类似地，如图 5.23 所示，由连续曲线 $x=\varphi(y)$ 和直线 $y=c,y=d$ 及 y 轴所围成的曲边梯形绕 y 轴旋转一周而成的旋转体，其体积为

$$V_y=\int_c^d\pi\varphi^2(y)\mathrm{d}y=\pi\int_c^d\varphi^2(y)\mathrm{d}y.$$

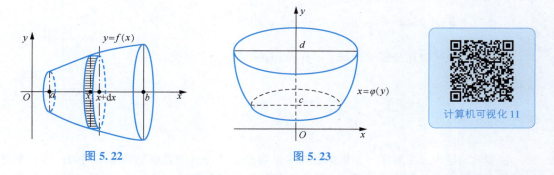

图 5.22   图 5.23

计算机可视化 11

例 5.38 如图 5.24 所示，连接坐标原点 O 和点 $P(h,r)$ 的直线与直线 $x=h$ 及 x 轴围成一个直角三角形. 将它绕 x 轴旋转一周构成一个底半径为 r、高为 h 的圆锥体. 计算这个圆锥体的体积.

解　直线 OP 的方程为 $y=\dfrac{r}{h}x$. 取 x 为积分变量，变化区间为 $[0,h]$. 任取小区间 $[x,x+\mathrm{d}x]\subset[0,h]$，相应于该小区间上的旋转体薄片的体积近似于底半径为 $\dfrac{r}{h}x$、高为 $\mathrm{d}x$ 的圆柱体的体积，即体积微元为

$$\mathrm{d}V=\pi\left(\frac{r}{h}x\right)^2\mathrm{d}x,$$

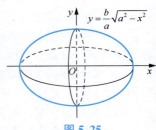

图 5.24

故所求体积为

$$V=\pi\int_0^h\left(\frac{r}{h}x\right)^2\mathrm{d}x=\frac{\pi r^2 h}{3}.$$

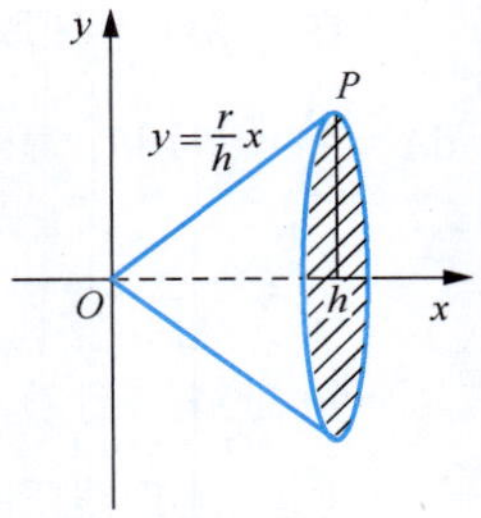

例 5.39　计算由椭圆 $\dfrac{x^2}{a^2}+\dfrac{y^2}{b^2}=1$ 所围成的图形分别绕 x 轴和 y 轴旋转一周而成的旋转体（叫作旋转椭球体）的体积.

解　当绕 x 轴旋转时，如图 5.25 所示，旋转椭球体可以看作由上半椭圆 $y=\dfrac{b}{a}\sqrt{a^2-x^2}$ 绕 x 轴旋转而成. 取 x 为积分变量，根据公式 $V_x=\pi\int_a^b f^2(x)\mathrm{d}x$，得

$$V_x=\pi\int_{-a}^{a}\frac{b^2}{a^2}(a^2-x^2)\mathrm{d}x=\frac{2\pi b^2}{a^2}\int_0^a(a^2-x^2)\mathrm{d}x=\frac{4}{3}\pi ab^2.$$

同理，当绕 y 轴旋转时，根据公式 $V_y=\pi\int_c^d\varphi^2(y)\mathrm{d}y$，得

$$V_y=\pi\int_{-b}^{b}\frac{a^2}{b^2}(b^2-y^2)\mathrm{d}y=\frac{2\pi a^2}{b^2}\int_0^b(b^2-y^2)\mathrm{d}y=\frac{4}{3}\pi a^2 b.$$

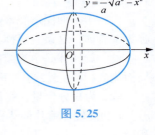

图 5.25

特别地，当 $a=b=R$ 时，可得半径为 R 的球体的体积为 $V=\dfrac{4}{3}\pi R^3$.

设一旋转体由连续曲线 $y=f(x)$ 和直线 $x=a(a>0)$，$x=b(b>a)$ 及 x 轴所围成的曲边梯形绕 y 轴旋转一周而成，则其体积为

$$V=2\pi\int_a^b x\,|f(x)|\,\mathrm{d}x.$$

例 5.40　计算由曲线 $y=x^3$ 和 x 轴及直线 $x=2$ 所围成的图形绕 y 轴旋转而成的旋转体的体积.

解　所求旋转体可以看作由平面图形 $OABO$ 绕 y 轴旋转一周而成（见图 5.26）. 根据旋转体的体积公式，所求旋转体的体积为

$$V=\pi\int_0^8 2^2\mathrm{d}y-\pi\int_0^8 x^2\mathrm{d}y=32\pi-\pi\int_0^8 y^{\frac{2}{3}}\mathrm{d}y=\frac{64}{5}\pi.$$

计算体积也可以用公式 $V=2\pi\int_a^b x\,|f(x)|\,\mathrm{d}x$ 来进行. 本例中，所求旋转体的体积为

$$V=2\pi\int_0^2 x\cdot x^3\mathrm{d}x=\frac{2\pi}{5}x^5\bigg|_0^2=\frac{64\pi}{5}.$$

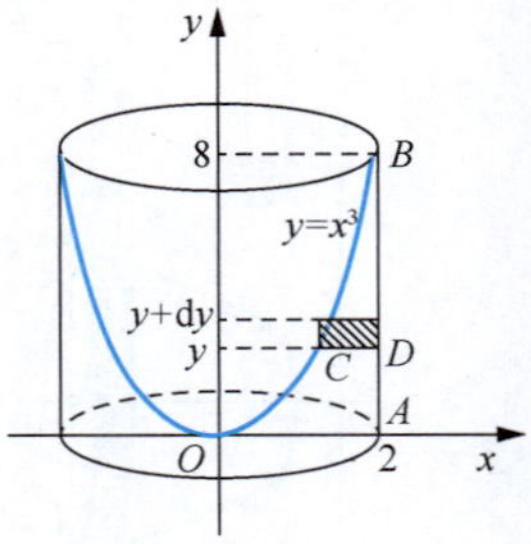

图 5.26

3. 函数的平均值

在实际问题中，常常用一组数据的算术平均值来描述这组数据的概貌. 例如，用一个篮球队里各个队员身高的算术平均值来描述这个篮球队身高的概貌；又如，对某一零件的长度进行 n 次测量，测得的值分别为 $y_1,y_2,\cdots,y_n$，这时，可以用 $y_1,y_2,\cdots,y_n$ 的算术平均值

$$\overline{y} = \frac{y_1 + y_2 + \cdots + y_n}{n}$$

来作为这一零件长度的近似值.

对于 $[a, b]$ 上的连续函数 $f(x)$, 怎样定义其平均值呢?

把 $[a, b]$ n 等分, 设分点为

$$a = x_0 < x_1 < \cdots < x_{n-1} < x_n = b,$$

每个小区间的长度为 $\Delta x_i = \dfrac{b-a}{n}(i = 1, 2, \cdots, n)$, 可以用 n 个小区间右端点处的函数值 $f(x_i)(i = 1, 2, \cdots, n)$ 的平均值

$$\frac{f(x_1) + f(x_2) + \cdots + f(x_n)}{n}$$

来近似表达 $f(x)$ 在 $[a, b]$ 上的平均值. 显然, n 越大, 分点越多, 上述平均值反映平均状态的近似程度越高, 因此, 我们定义

$$\overline{y} = \lim_{n \to \infty} \frac{f(x_1) + f(x_2) + \cdots + f(x_n)}{n} = \lim_{n \to \infty} \frac{1}{n} \sum_{i=1}^{n} f(x_i)$$

为 $f(x)$ 在 $[a, b]$ 上的平均值.

因为 $f(x)$ 在 $[a, b]$ 上连续, 故 $f(x)$ 在 $[a, b]$ 上可积, 于是

$$\overline{y} = \lim_{n \to \infty} \frac{1}{n} \sum_{i=1}^{n} f(x_i) = \frac{1}{b-a} \lim_{n \to \infty} \sum_{i=1}^{n} f(x_i) \frac{b-a}{n} = \frac{1}{b-a} \int_a^b f(x) \, dx.$$

可见, $f(x)$ 在 $[a, b]$ 上的平均值

$$\overline{y} = \frac{1}{b-a} \int_a^b f(x) \, dx$$

恰好是定积分中值定理中的 $f(\xi)$.

例 5.41 假设一个零售商每月(按 30 天计算)的存货从月初的 300 单位, 以一次函数的形式减少到月末时的 60 单位, 求该零售商的平均月存货量 M.

解 设一个月内时刻 t 时存货为 $f(t)$ 单位. 由题意知, $f(t)$ 是一次函数, 可设为 $f(t) = at + b$, 其中 $0 \le t \le 30$. 从而, $f(0) = 300, f(30) = 60$, 代入 $f(t)$ 的表达式, 得

$$\begin{cases} a \cdot 0 + b = 300, \\ a \cdot 30 + b = 60, \end{cases}$$

解得 $b = 300, a = -8$, 因此, 存货函数为 $f(t) = -8t + 300$.

该零售商的月平均存货量为

$$M = \frac{1}{30-0} \int_0^{30} (-8t + 300) \, dt = \frac{1}{30}(-4t^2 + 300t) \Big|_0^{30} = \frac{5\,400}{30} = 180(\text{单位}).$$

5.4.3 定积分在经济学中的应用

已知边际成本求总成本、已知边际收益求总收益, 以及已知某经济变量的变化率求该变量等问题, 是定积分应用于经济方面最常见的典型问题.

(1) 若已知生产某种产品的固定成本为 C_0, 边际成本 $MC = C'(x)$, 其中 x 是该产品的产量, 则生产该产品的总成本函数是

$$C(x) = C_0 + \int_0^x C'(t) \, dt.$$

(2) 若已知销售某种商品的边际收益 $MR = R'(x)$, 其中 x 是该商品的销售量, 则销售该商

品的总收益函数是

$$R(x) = \int_0^x R'(t)\,dt.$$

(3) 边际利润 $L'(x) = R'(x) - C'(x)$.

利润函数

$$L(x) = R(x) - C(x) = \int_0^x R'(t)\,dt - \left[\int_0^x C'(t)\,dt + C_0\right] = \int_0^x L'(t)\,dt - C_0.$$

(4) 若已知某产品的总产量 Q 的变化率是时间 t 的连续函数 $f(t)$，即 $Q'(t) = f(t)$，则从时间 $t = t_0$ 到时间 $t = t_1$ 期间该产品的总产量的增加值为

$$\Delta Q = \int_{t_0}^{t_1} f(t)\,dt.$$

(5) 如果已知 $t = t_0$ 时的总产量为 Q_0，则总产量函数为

$$Q(t) = Q_0 + \int_{t_0}^{t} f(u)\,du.$$

例 5.42 设某产品总产量 Q 的变化率为 $f(t) = 200 + 5t - \dfrac{1}{2}t^2$，求：(1) 在 $2 \le t \le 6$ 这段时间中该产品总产量的增加值；(2) 总产量函数 $Q(t)$.

解 (1) $\Delta Q = \displaystyle\int_2^6 f(t)\,dt = \int_2^6 \left(200 + 5t - \dfrac{1}{2}t^2\right)dt = \left(200t + \dfrac{5}{2}t^2 - \dfrac{1}{6}t^3\right)\Big|_2^6 = \dfrac{2\,536}{3}.$

(2) $Q(t) = \displaystyle\int_0^t f(u)\,du = \int_0^t \left(200 + 5u - \dfrac{1}{2}u^2\right)du = 200t + \dfrac{5}{2}t^2 - \dfrac{1}{6}t^3.$

例 5.43 已知某产品的边际收入 $R'(x) = 25 - 2x$，边际成本 $C'(x) = 13 - 4x$，固定成本为 $C_0 = 10$，求当 $x = 5$ 时的利润.

解 边际利润为

$$L'(x) = R'(x) - C'(x) = (25 - 2x) - (13 - 4x) = 2x + 12.$$

当 $x = 5$ 时，利润为

$$L(5) = \int_0^5 L'(t)\,dt - C_0 = \int_0^5 (2t + 12)\,dt - 10 = 25 + 60 - 10 = 75.$$

例 5.44 假设某产品的边际收入函数为 $R'(x) = 9 - x$（万元／万台），边际成本函数为 $C'(x) = 4 + \dfrac{x}{4}$（万元／万台），其中产量 x 以万台为单位.

(1) 试求当产量由 4 万台增加到 5 万台时利润的变化量.

(2) 当产量为多少时利润最大？

(3) 已知固定成本为 1 万元，求总成本函数和利润函数.

解 (1) 边际利润为

$$L'(x) = R'(x) - C'(x) = (9 - x) - \left(4 + \dfrac{x}{4}\right) = 5 - \dfrac{5}{4}x,$$

再由增量公式，得

$$\Delta L = L(5) - L(4) = \int_4^5 L'(x)\,dx = \int_4^5 \left(5 - \dfrac{5}{4}x\right)dx = 5 - \dfrac{45}{8} = -\dfrac{5}{8}（万元）.$$

故在 4 万台基础上再生产 1 万台，利润不但未增加，反而减少了 $\dfrac{5}{8}$ 万元.

（2）令 $L'(x) = 0$，可解得 $x = 4$，即产量为 4 万台时利润最大．由此结果也可得知（1）中利润减少的原因．

（3）总成本函数为

$$C(x) = \int_0^x C'(t)\,dt + C_0 = \int_0^x \left(4 + \frac{t}{4}\right)dt + 1 = \frac{1}{8}x^2 + 4x + 1.$$

利润函数为

$$L(x) = \int_0^x L'(t)\,dt - C_0 = \int_0^x \left(5 - \frac{5}{4}t\right)dt - 1 = 5x - \frac{5}{8}x^2 - 1.$$

例 5.45 某产品的边际成本与边际收益分别为 $C'(x) = 36 - 18x + 3x^2$ 与 $R'(x) = 33 - 8x$，固定成本为 6．求：

微课：例 5.45

（1）总成本函数、总收益函数和利润函数；

（2）获得最大利润时的产量和最大利润；

（3）在最大利润产量基础上，产量增加 1 单位，利润改变多少？

（4）在最大利润产量基础上，产量减少 1 单位，总成本和总收益各自的改变量是多少？

解 （1）总成本函数 $C(x) = \int C'(x)\,dx = \int (36 - 18x + 3x^2)\,dx = 36x - 9x^2 + x^3 + C_0$，积分常数 C_0 是固定成本，$C_0 = 6$，因此，$C(x) = 36x - 9x^2 + x^3 + 6$．

总收益函数 $R(x) = \int R'(x)\,dx = \int (33 - 8x)\,dx = 33x - 4x^2 + C$，没有生产时，自然没有收益，从而积分常数 $C = 0$．因此，$R(x) = 33x - 4x^2$．

利润函数 $L(x) = R(x) - C(x) = -x^3 + 5x^2 - 3x - 6$．

（2）利润函数为 $L(x)$，由题设得

$$L'(x) = R'(x) - C'(x) = (33 - 8x) - (36 - 18x + 3x^2) = -3x^2 + 10x - 3,$$

令 $L'(x) = 0$，解得 $x_1 = 3, x_2 = \frac{1}{3}$．计算二阶导数，$L''(x) = -6x + 10$，有

$$L''(3) = -6 \times 3 + 10 = -8 < 0, \quad L''\left(\frac{1}{3}\right) = -6 \times \frac{1}{3} + 10 = 8 > 0,$$

故 $x_1 = 3$ 是极大值点，也是最大值点，即产量为 3 单位时利润最大，最大利润 $L_{\max}(3) = 3$．

（3）由于已经有了利润函数，直接计算得 $\Delta L = L(4) - L(3) = -2 - 3 = -5$，即在 $x = 3$ 的基础上，产量增加 1 单位，利润减少 5 单位．也可以利用定积分计算，有

$$\Delta L = L(4) - L(3) = \int_3^4 L'(x)\,dx = \int_3^4 (-3x^2 + 10x - 3)\,dx = -5.$$

（4）$\Delta C = C(2) - C(3) = 50 - 60 = -10$，或者 $\Delta C = C(2) - C(3) = \int_3^2 C'(x)\,dx = -10$．

$\Delta R = R(2) - R(3) = 50 - 63 = -13$，或者 $\Delta R = R(2) - R(3) = \int_3^2 R'(x)\,dx = -13$．

可见，产量从 3 单位减少 1 单位，成本下降 10 单位，收益减少 13 单位，利润减少 3 单位．

同步习题 5.4

基础题

1. 求由下列曲线和直线所围成的平面图形的面积.

（1）$y = e^x, y = e^{-x}, x = 1$.

（2）$y = 2x, y = x^3$.

（3）$y = \cos x, x = 0, x = 2\pi, y = 0$.

（4）$y = x^2, y = 3x + 4$.

（5）$xy = 1, y = x, y = 2$.

（6）求由曲线 $y = e^x$ 和该曲线的过原点的切线及 y 轴所围成的图形的面积.

（7）设曲线的极坐标方程为 $r = e^{a\theta}(a > 0)$，求该曲线上相应于 θ 从 0 变到 2π 的一段弧与极轴所围成的图形的面积.

2. 求下列旋转体的体积.

（1）求由曲线 $y = x^2$ 和直线 $x = 1, y = 0$ 所围成的图形分别绕 x 轴与 y 轴旋转所得旋转体的体积.

（2）求圆 $x^2 + (y - 5)^2 = 16$ 绕 x 轴旋转所得旋转体的体积.

3. 某企业生产 Q（单位：t）产品时的边际成本为 $MC = \dfrac{1}{50}Q + 30$（万元 /t），固定成本为 900 万元，问：产量为多少时平均成本最低？最低平均成本为多少？

4. 在某地，当消费者的个人平均收入为 x 元时，消费支出 $W(x)$ 的变化率为 $W'(x) = \dfrac{15}{\sqrt{x}}$，当个人平均收入由 3 600 元增加到 4 900 元时，消费支出增加多少？

5. 假设某产品的边际收益 $MR = 130 - 8Q$（万元 / 万台），边际成本 $MC = 0.6Q^2 - 2Q + 10$（万元 / 万台），固定成本为 10 万元，产量 Q 以万台为单位.

（1）求总成本函数和总利润函数.

（2）求产量由 4 万台增加到 5 万台时利润的变化量.

（3）求利润最大时的产量，并求最大利润.

提高题

1. 设储蓄边际倾向（即储蓄额 S 的变化率）是平均收入 y 的函数 $S'(y) = 0.3 - \dfrac{1}{10\sqrt{y}}$，求平均收入从 4 900 元增加到 6 400 元时储蓄的增加额.

2. 某产品的边际成本为 $MC = 0.3Q^2 - Q + 15.2$，边际收益为 $MR = 158 - 7Q$，其中 Q 为产量（单位：百台）. 设固定成本为 15 万元，求总成本函数、总收益函数和总利润函数.

3. 已知某产品的边际成本和边际收入函数分别是产量 Q（单位：t）的函数，$MC = C'(Q) = Q^2 - 4Q + 6$（万元 /t），$MR = R'(Q) = 30 - 2Q$（万元 /t），回答下列问题.

（1）产量由 6 t 增加到 9 t 时成本与收入各增加多少？

（2）产量由 6 t 增加到 9 t 时平均成本与平均收入各为多少？

（3）求固定成本 $C(0) = 5$ 万元时的成本函数、收入函数及利润函数.

（4）产量为多少时，利润最大？

（5）求利润最大时的成本、收入及利润.

本章小结

思维导图

本章同步习题与
总复习题答案

中国数学学者

个人成就

数学家，中国科学院院士，山东大学数学与交叉科学研究中心主任，"未来科学大奖"获得者. 彭实戈在控制论和概率论方面作出了突出贡献. 他将 Feynman-Kac 路径积分理论推广到非线性情况并建立了动态非线性数学期望理论.

彭实戈

第 5 章总复习题·基础篇

1. 选择题：（1）~（5）小题，每小题 4 分，共 20 分. 下列每小题给出的 4 个选项中，只有一个选项是符合题目要求的.

（1）下列命题中正确的是（　　）.

A. 函数 $f(x)$ 在区间 $[a,b]$ 上可积，则 $f(x)$ 在区间 $[a,b]$ 上连续

B. 函数 $f(x)$ 在区间 $[a,b]$ 上可积，则存在 $\xi \in [a,b]$，使 $\int_a^b f(x)\mathrm{d}x = f(\xi)(b-a)$

C. 若 $f(x)$ 在区间 $[a,b]$ 上连续且恒正，则 $\int_a^x f(t)\mathrm{d}t$ 在 $[a,b]$ 上单调增加

D. 若 $\int_a^b f(x)\mathrm{d}x = 0$，则在区间 $[a,b]$ 上 $f(x)$ 恒为零

（2）下列结论正确的是（　　）.

A. $\int_0^1 x^3 \mathrm{d}x \geqslant \int_0^1 x^2 \mathrm{d}x$

B. $\int_1^2 \ln x \mathrm{d}x \geqslant \int_1^2 \ln^2 x \mathrm{d}x$

C. $\dfrac{\mathrm{d}}{\mathrm{d}x} \int_a^b \arcsin x \mathrm{d}x = \arcsin x$

D. $\int f'(x)\mathrm{d}x = f(x)$

（3）由曲线 $y = \sin x, x = -a, x = a\left(0 < a < \dfrac{\pi}{2}\right)$ 及 x 轴围成的图形的面积 $S \neq$（　　）.

A. $2\displaystyle\int_0^a \sin x \mathrm{d}x$　　　　　　　　B. $\displaystyle\int_{-a}^a |\sin x|\mathrm{d}x$

C. $\displaystyle\int_{-a}^a \sin x \mathrm{d}x$　　　　　　　　D. $\displaystyle\int_0^a \sin x \mathrm{d}x - \int_{-a}^0 \sin x \mathrm{d}x$

(4) 函数 $F(x) = \displaystyle\int_0^x \arctan t \mathrm{d}t$ 的极小值为（　　）.

A. 0　　　　　　B. -1　　　　　　C. $\dfrac{1-\ln 2}{2}$　　　　　　D. 不存在

(5) 设函数 $f(x)$ 连续，则下列函数中，必为偶函数的是（　　）.

A. $\displaystyle\int_0^x f(t^2)\mathrm{d}t$　　　　　　　　B. $\displaystyle\int_0^x f^2(t)\mathrm{d}t$

C. $\displaystyle\int_0^x t[f(t)-f(-t)]\mathrm{d}t$　　　　　D. $\displaystyle\int_0^x t[f(t)+f(-t)]\mathrm{d}t$

2. 填空题：(6) ~ (10) 小题，每小题 4 分，共 20 分.

(6) 设 $\displaystyle\int_0^a x\mathrm{e}^{2x}\mathrm{d}x = \dfrac{1}{4}$，则 $a =$ _____.

(7) 若 $f(x) = \displaystyle\int_0^{x^2} \dfrac{1}{t+2}\mathrm{d}t$，则 $f(x)$ 的单调增加区间为 _____.

(8) $\displaystyle\int_{-1}^1 \mathrm{e}^{x^2}\sin x \mathrm{d}x =$ _____.

(9) 瑕积分 $\displaystyle\int_0^1 \dfrac{x\mathrm{d}x}{\sqrt{1-x^2}}$ 收敛于 _____.

(10) 椭圆 $\dfrac{x^2}{4} + \dfrac{y^2}{9} = 1$ 绕 y 轴旋转而成的旋转体的体积 $V =$ _____.

3. 解答题：(11) ~ (16) 小题，每小题 10 分，共 60 分. 解答时应写出文字说明、证明过程或演算步骤.

(11) 利用定积分的定义求极限 $\displaystyle\lim_{n\to\infty} \dfrac{1}{n}\left[1 + \cos\dfrac{\pi}{2n} + \cdots + \cos\dfrac{(n-1)\pi}{2n}\right]$.

(12) 求极限 $\displaystyle\lim_{x\to 0} \dfrac{1}{x}\int_0^x (1+t^2)\mathrm{e}^{t^2-x^2}\mathrm{d}t$.

(13) 已知函数 $f(x) = \begin{cases} \sqrt{1-x^2}, & x > 0, \\[2mm] \dfrac{\mathrm{e}^x}{1+\mathrm{e}^x}, & x \leqslant 0. \end{cases}$ 求 $\displaystyle\int_{-1}^1 f(x)\mathrm{d}x$.

(14) 求 $\displaystyle\int_0^1 x\ln(1+x)\mathrm{d}x$.

(15) 设 $f(x) = \begin{cases} \dfrac{1}{2-x}, & x \leqslant 0, \\[2mm] \sin x, & x > 0, \end{cases}$ 求 $\displaystyle\int_0^2 f(x-1)\mathrm{d}x$.

(16) 在抛物线 $y = x^2 (0 \leqslant x \leqslant 1)$ 上找一点 P，使过点 P 的水平直线与抛物线及直线 $x = 0, x = 1$ 所围成的平面图形的面积最小.

第 5 章总复习题·提高篇

1. 选择题：(1) ~ (5) 小题，每小题 4 分，共 20 分. 下列每小题给出的 4 个选项中，只有一个选项是符合题目要求的.

(1) (2021305) 当 $x \to 0$ 时，$\int_0^{x^2} (e^{t^3} - 1) \mathrm{d}t$ 是 x^7 的（　　）.

A. 低阶无穷小 　　　　　　　　B. 等价无穷小

C. 高阶无穷小 　　　　　　　　D. 同阶但非等价无穷小

(2) (2020304) 设奇函数 $f(x)$ 在 $(-\infty, +\infty)$ 上具有连续导数，则（　　）.

A. $\int_0^x [\cos f(t) + f'(t)] \mathrm{d}t$ 是奇函数 　　B. $\int_0^x [\cos f(t) + f'(t)] \mathrm{d}t$ 是偶函数

C. $\int_0^x [\cos f'(t) + f(t)] \mathrm{d}t$ 是奇函数 　　D. $\int_0^x [\cos f'(t) + f(t)] \mathrm{d}t$ 是偶函数

(3) (2018304) 设 $M = \int_{-\frac{\pi}{2}}^{\frac{\pi}{2}} \frac{(1+x)^2}{1+x^2} \mathrm{d}x$，$N = \int_{-\frac{\pi}{2}}^{\frac{\pi}{2}} \frac{1+x}{e^x} \mathrm{d}x$，$K = \int_{-\frac{\pi}{2}}^{\frac{\pi}{2}} (1 + \sqrt{\cos x}) \mathrm{d}x$，则（　　）.

微课：第 5 章
总复习题 (3)

A. $M > N > K$ 　　　　　　　　B. $M > K > N$

C. $K > M > N$ 　　　　　　　　D. $K > N > M$

(4) (2011304) 设 $I = \int_0^{\frac{\pi}{4}} \ln \sin x \mathrm{d}x$，$J = \int_0^{\frac{\pi}{4}} \ln \cot x \mathrm{d}x$，$K = \int_0^{\frac{\pi}{4}} \ln \cos x \mathrm{d}x$，则 I, J, K 的大小关系为（　　）.

A. $I < J < K$ 　　　B. $I < K < J$ 　　　C. $J < I < K$ 　　　D. $K < J < I$

(5) (2009304) 设函数 $y = f(x)$ 在区间 $[-1, 3]$ 上的图形如图 5.27 所示，则函数 $F(x) = \int_0^x f(t) \mathrm{d}t$ 的图形为图 5.28 中的（　　）.

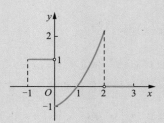

图 5.27

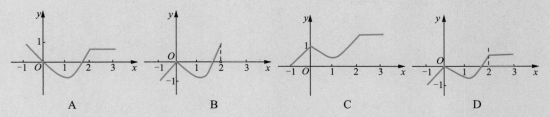

图 5.28

2. 填空题：（6）～（10）小题，每小题 4 分，共 20 分.

（6）（2019304）已知函数 $f(x) = \int_1^x \sqrt{1 + t^4}\, dt$，则 $\int_0^1 x^2 f(x)\, dx = $ _____.

（7）（2017304）$\int_{-\pi}^{\pi} \left(\sin^3 x + \sqrt{\pi^2 - x^2} \right) dx = $ _____.

（8）（2016304）极限 $\lim\limits_{n \to \infty} \dfrac{1}{n^2} \left(\sin \dfrac{1}{n} + 2 \sin \dfrac{2}{n} + \cdots + n \sin \dfrac{n}{n} \right) = $ _____.

（9）（2015304）设函数 $f(x)$ 连续，$\varphi(x) = \int_0^{x^2} x f(t)\, dt$，若 $\varphi(1) = 1, \varphi'(1) = 5$，则 $f(1) = $ _____.

（10）（2014304）设 D 是由曲线 $xy + 1 = 0$ 与直线 $x + y = 0$ 及 $y = 2$ 围成的有界区域，则 D 的面积为 _____.

3. 解答题：（11）～（16）小题，每小题 10 分，共 60 分. 解答时应写出文字说明、证明过程或演算步骤.

（11）（2019310）设 n 是正整数，记 S_n 为曲线 $y = e^{-x} \sin x\ (0 \leqslant x \leqslant n\pi)$ 与 x 轴之间图形的面积，求 S_n，并求 $\lim S_n$.

微课：第 5 章
总复习题（11）

（12）（2017310）求 $\lim\limits_{n \to \infty} \sum\limits_{k=1}^{n} \dfrac{k}{n^2} \ln \left(1 + \dfrac{k}{n} \right)$.

（13）（2016310）设函数 $f(x)$ 连续，且满足 $\int_0^x f(x - t)\, dt = \int_0^x (x - t) f(t)\, dt + e^{-x} - 1$，求 $f(x)$.

（14）（2014310）设函数 $f(x), g(x)$ 在 $[a, b]$ 上连续，且 $f(x)$ 单调增加，$0 \leqslant g(x) \leqslant 1$，证明：

① $0 \leqslant \int_a^x g(t)\, dt \leqslant x - a, x \in [a, b]$；

② $\int_a^{a + \int_a^b g(t)\, dt} f(x)\, dx \leqslant \int_a^b f(x) g(x)\, dx$.

（15）（2013310）设 D 是由曲线 $y = x^{\frac{1}{3}}$ 和直线 $x = a\ (a > 0)$ 及 x 轴所围成的平面图形，V_x, V_y 是 D 分别绕 x 轴和 y 轴旋转一周所得旋转体的体积，若 $V_y = 10V_x$，求 a 的值.

（16）（2019110，2019310）设 $a_n = \int_0^1 x^n \sqrt{1 - x^2}\, dx\ (n = 0, 1, 2, \cdots)$.

① 证明：数列 $\{a_n\}$ 单调减少，且 $a_n = \dfrac{n-1}{n+2} a_{n-2}\ (n = 2, 3, \cdots)$.

② 求 $\lim\limits_{n \to \infty} \dfrac{a_n}{a_{n-1}}$.

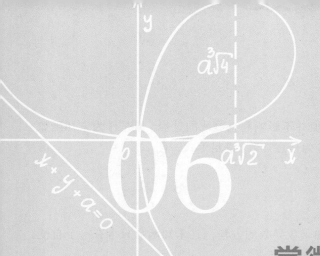

第 6 章
常微分方程与差分方程

微分方程是现代数学的一个重要分支,其起源可追溯到 17 世纪末. 如今,微分方程已成为研究自然和社会的强有力工具,被广泛应用于技术、生产管理和经济学等领域. 在科学研究和实际生产中,许多问题可以归结为用微分方程表示的数学模型. 因此,微分方程是我们经常使用的有效工具. 在经济学中,通过求解微分方程,可以解释相应的经济量意义或规律,从而做出预测或决策. 本章主要介绍微分方程、差分方程的基本概念和一些常见微分方程的解法.

本章导学

■ 6.1 微分方程的基本概念

6.1.1 引例

引例 1 几何问题

设一曲线通过点 $(0,1)$,且在该曲线上任一点 (x,y) 处的切线斜率为 $3x^2$,求该曲线方程.

解 设所求曲线方程为 $y = f(x)$,根据导数的几何意义,得 $\dfrac{\mathrm{d}y}{\mathrm{d}x} = 3x^2$,曲线通过点 $(0,1)$,即 $y|_{x=0} = 1$.

为了求曲线方程,对 $\dfrac{\mathrm{d}y}{\mathrm{d}x} = 3x^2$ 两边积分,得

$$y = \int 3x^2 \mathrm{d}x = x^3 + C,$$

其中 C 为任意常数.

由曲线通过点 $(0,1)$,可得 $C = 1$,故所求曲线方程为 $y = x^3 + 1$.

引例 2 有关连续复利的讨论

在银行中存款利率为 r,现在假设在任意时刻 t 的资金总额为 $A(t)$,且资金没有取出也没有新的投入. 那么,t 时刻资金总额的变化率等于 t 时刻资金总额获取的利息,而 t 时刻资金总额的变化率为 $\dfrac{\mathrm{d}A}{\mathrm{d}t}$,$t$ 时刻资金总额获取的利息为 rA,从而

$$\frac{\mathrm{d}A}{\mathrm{d}t} = rA.$$

此等式中未出现本金 A_0，这是因为 A_0 的值并不影响利息赢取的过程. 但是作为未知函数 $A(t)$ 应满足 $A(0) = A_0$. 不难验证 $A(t) = Ce^{rt}$（C 为任意常数）满足等式，且

$$A_0 = A(0) = Ce^{r \cdot 0} = C,$$

故 $C = A_0$，从而 $A(t) = A_0 e^{rt}$.

6.1.2　微分方程的定义

上面两个引例中所建立的方程是含有未知函数导数的方程，且未知函数只含有一个自变量，像这样的方程还有很多，举例如下.

(1) $y'' - 3xy + 5 = 0$.　　　　(2) $y' - 2xy = 0$.　　　　(3) $y'' + 2xy^4 = 3$.

(4) $3s'' = 4t - 1$.　　　　(5) $(y')^2 + 3xy = 4\sin x$.　　　　(6) $y^{(4)} + xy'' - 3x^5 y' = e^{2x}$.

一般地，我们给出以下定义.

定义 6.1　凡是含自变量、未知函数及其导数或微分的方程称为微分方程.

未知函数为一元函数的微分方程称为常微分方程，未知函数含有两个或者两个以上自变量的微分方程称为偏微分方程. 本章只讨论一些常微分方程及其解法. 为方便起见，本章中常微分方程简称为微分方程（或方程）.

定义 6.2　微分方程中未知函数导数或微分的最高阶数称为微分方程的阶.

二阶及二阶以上的微分方程统称为高阶微分方程.

一般地，n 阶微分方程的一般形式为

$$F[x, y, y', \cdots, y^{(n)}] = 0. \tag{6.1}$$

例如，上述所列举方程中的 (2) 和 (5) 为一阶微分方程，(1)，(3)，(4) 为二阶微分方程，(6) 为四阶微分方程.

定义 6.3　微分方程中所含未知函数及其各阶导数均为一次幂时，称该方程为线性微分方程. n 阶线性微分方程的一般形式为

$$y^{(n)} + a_1(x) y^{(n-1)} + \cdots + a_{n-1}(x) y' + a_n(x) y = f(x).$$

在线性微分方程中，若未知函数及其各阶导数的系数均为常数，则称该微分方程为常系数线性微分方程. 不是线性方程的微分方程统称为非线性微分方程.

例如，上述所列举方程中的 (4) 为常系数线性微分方程，(3) 和 (5) 为非线性微分方程.

定义 6.4　设函数 $y = \varphi(x)$ 具有直到 n 阶的导数，若把 $y = \varphi(x)$ 代入式 (6.1) 中使式 (6.1) 成为恒等式，即

$$F[x, \varphi(x), \varphi'(x), \cdots, \varphi^{(n)}(x)] = 0,$$

则称函数 $y = \varphi(x)$ 为微分方程 [式 (6.1)] 的一个解，如 $y = x^2 + 1$，$y = x^2 + C$ 都是 $y' = 2x$ 的解. 若微分方程的解中含有相互独立的任意常数的个数与微分方程的阶数相同，则这样的解称为该微分方程的通解，如 $y = x^2 + C$（C 为任意常数）是 $y' = 2x$ 的通解. 一般地，微分方程不含有任意常数的解称为微分方程的特解，如 $y = x^2 + 1$ 是 $y' = 2x$ 满足 $y|_{x=1} = 2$ 的一个特解，这种条件我们称之为初值条件. n 阶微分方程的初值条件通常记作

$$y|_{x=x_0} = y_0, y'|_{x=x_0} = y_1, \cdots, y^{(n-1)}|_{x=x_0} = y_{n-1},$$

其中 $x_0, y_0, y_1, \cdots, y_{n-1}$ 是 $n+1$ 个常数. 带有初值条件的微分方程求解问题称为初值问题. 求微分方程的解的过程称为解微分方程.

为了判断一个函数是否为某微分方程的通解，首先需要验证其是否是解，其次需要验证解中相互独立的任意常数的个数是否与微分方程的阶数一致. 如何判定多个任意常数是否相互独立？为了准确地描述这一问题，我们引入线性无关的定义.

定义6.5 设 $y_1(x)$ 与 $y_2(x)$ 是区间 I 上的两个函数. 如果 $\dfrac{y_1(x)}{y_2(x)} \neq k$（$k$ 为常数），则称 $y_1(x)$ 与 $y_2(x)$ **线性无关**；否则，称 $y_1(x)$ 与 $y_2(x)$ **线性相关**.

设 $y = C_1 y_1(x) + C_2 y_2(x)$（$C_1, C_2$ 为任意常数）为某二阶微分方程的解，当 $y_1(x)$ 与 $y_2(x)$ 线性无关时，该解一定是通解；当 $y_1(x)$ 与 $y_2(x)$ 线性相关，即 $\dfrac{y_1(x)}{y_2(x)} = k$ 时，由于 $y = C_1 y_1(x) + C_2 y_2(x) = C_1 [k y_2(x)] + C_2 y_2(x) = (C_1 k + C_2) y_2(x) = C y_2(x)$ 解中的两个任意常数 C_1 与 C_2 最终被合并为一个任意常数 $C = C_1 k + C_2$，这时我们称 C_1 与 C_2 不是相互独立的，所以 $y = C_1 y_1(x) + C_2 y_2(x)$ 不是二阶微分方程的通解.

【即时提问6.1】 根据上述定义，$y = C_1 x + C_2 x + 1$ 中的常数 C_1 与 C_2 是否相互独立？$s = \dfrac{1}{2} g t^2 + C_1 t + C_2$ 中的 C_1 与 C_2 是否相互独立？

例6.1 判断函数 $y = C_1 e^x + 3 C_2 e^x$（C_1, C_2 为任意常数）是否为微分方程 $y'' - 3y' + 2y = 0$ 的通解，并求满足初值条件 $y|_{x=0} = 2$ 的特解.

解 将 $y = C_1 e^x + 3 C_2 e^x$ 代入 $y'' - 3y' + 2y$，得

$$y'' - 3y' + 2y = (C_1 e^x + 3 C_2 e^x)'' - 3 (C_1 e^x + 3 C_2 e^x)' + 2(C_1 e^x + 3 C_2 e^x)$$
$$= (C_1 e^x + 3 C_2 e^x) - 3(C_1 e^x + 3 C_2 e^x) + 2(C_1 e^x + 3 C_2 e^x) = 0,$$

所以 $y = C_1 e^x + 3 C_2 e^x$ 是方程 $y'' - 3y' + 2y = 0$ 的解. 由于

$$\frac{e^x}{3 e^x} = \frac{1}{3}, \quad 或 \quad y = C_1 e^x + 3 C_2 e^x = (C_1 + 3 C_2) e^x = C e^x,$$

而方程 $y'' - 3y' + 2y = 0$ 是二阶微分方程，解 $y = C_1 e^x + 3 C_2 e^x$ 中两个常数 C_1, C_2 不是相互独立的，所以它虽是原方程的解但非通解. 又因为 $y|_{x=0} = 2$，代入解 $y = C e^x$ 中，得 $C = 2$，故所求特解为 $y = 2 e^x$.

同步习题 6.1

基础题

1. 下列方程中，哪些是一阶线性微分方程？哪些是二阶常系数线性微分方程？

(1) $2y\mathrm{d}x + (100 + x) \mathrm{d}y = 0$. 　　(2) $x'(t) + 2x(t) = 0$. 　　(3) $(y')^2 + 3xy = 4\sin x$.

(4) $y'' = 3y - \cos x + e^x$. 　　(5) $xy' + x^3 y = 2x - 1$. 　　(6) $y'' - 2y' + 3x^2 = 0$.

2. 指出下列微分方程的阶.

(1) $x^2 \mathrm{d}y - y\mathrm{d}x = 0$. 　　(2) $x (y')^2 - 5xy' + y = 0$. 　　(3) $y^{(4)} + yy' - 2y = x$.

(4) $y' + (y'')^2 = x + y$. 　　(5) $\dfrac{\mathrm{d}y}{\mathrm{d}x} = x^2 + y^2$. 　　(6) $\dfrac{\mathrm{d}r}{\mathrm{d}\theta} + r = \sin^2 \theta$.

3. 下列各小题中，所给函数是否为其对应的微分方程的解？是特解还是通解？

(1) $y = 5x^2$, $xy' = 2y$. 　　(2) $y = C e^{-2x} + \dfrac{1}{4} e^{2x}$, $y' + 2y = e^{2x}$.

(3) $y = \dfrac{C}{x}$, $y' = \ln x$. 　　(4) $y = e^x - \cos x + C$, $y'' = \cos x + e^x$.

4. 证明函数 $y = C e^{-x} + x - 1$ 是微分方程 $y' + y = x$ 的通解，并求满足初值条件 $y|_{x=0} = 2$ 的特解.

提高题

1. 证明 $e^y + C_1 = (x + C_2)^2$ 是微分方程 $y'' + (y')^2 = 2e^{-y}$ 的通解，并求满足初值条件 $y\big|_{x=0} = 0, y'\big|_{x=0} = \dfrac{1}{2}$ 的特解.

2. 已知函数 $y_1 = e^x$ 和 $y_2 = xe^x$ 均为二阶微分方程 $y'' - 2y' + y = 0$ 的解，判断 $y_3 = C_1 y_1 + C_2 y_2 = C_1 e^x + C_2 xe^x$（$C_1, C_2$ 为任意常数）是否为 $y'' - 2y' + y = 0$ 的通解.

6.2 一阶微分方程

本节我们讨论简单的一阶微分方程的解法，其一般形式为 $y' = f(x, y)$. 下面主要讨论 3 种常见类型的一阶微分方程的解法.

6.2.1 可分离变量的微分方程

顾名思义，可分离变量的微分方程是指可以将变量 x 和变量 y 分别分离到等号两边的微分方程，这种方程一般具有如下形式.

$$y' = f(x)g(y),$$

其中 $f(x)$ 和 $g(y)$ 是连续函数.

对上述可分离变量的微分方程，通常采用以下步骤计算其通解.

（1）用 $\dfrac{dy}{dx}$ 替换方程中的 y'.

（2）分离变量，得

$$\frac{1}{g(y)}dy = f(x)dx\,[\,g(y) \neq 0\,].$$

（3）两边积分，得

$$\int \frac{1}{g(y)}dy = \int f(x)\,dx.$$

（4）设 $G(y), F(x)$ 分别是 $\dfrac{1}{g(y)}, f(x)$ 的一个原函数，于是可得原方程的通解为

$$G(y) = F(x) + C \quad (C \text{ 为任意常数}).$$

例 6.2 求微分方程 $y' - e^{-y}\sin x = 0$ 的通解.

解 将方程分离变量，得

$$e^y dy = \sin x dx,$$

两边积分，得

$$\int e^y dy = \int \sin x dx,$$

于是方程的通解为

$$\cos x + e^y = C.$$

计算机可视化 12

例 6.3 求 $\dfrac{dy}{dx} = (2x - 1)y^2$ 的解.

解 显然 $y = 0$ 是微分方程的一个解.

当 $y \neq 0$ 时，该方程是可分离变量的微分方程. 分离变量，得

$$\frac{\mathrm{d}y}{y^2} = (2x - 1)\,\mathrm{d}x,$$

两边积分，得

$$\int \frac{1}{y^2}\mathrm{d}y = \int (2x - 1)\,\mathrm{d}x,$$

得原方程的通解为

$$-\frac{1}{y} = x^2 - x + C,$$

即 $y = -\dfrac{1}{x^2 - x + C}$. 故原方程的解为 $y = -\dfrac{1}{x^2 - x + C}$ 及 $y = 0$.

例 6.4 求 $y' - 2xy = 0$ 满足 $y|_{x=0} = 3$ 的特解.

解 将方程恒等变形为 $\dfrac{\mathrm{d}y}{\mathrm{d}x} = 2xy$，这是一个可分离变量的微分方程. 分离变量，得 $\dfrac{\mathrm{d}y}{y} =$ $2x\mathrm{d}x$，两端积分，得 $\int \dfrac{\mathrm{d}y}{y} = \int 2x\mathrm{d}x$，得通解为

$$\ln |y| = x^2 + C_1. \tag{6.2}$$

由上式可得 $|y| = \mathrm{e}^{x^2 + C_1} = \mathrm{e}^{C_1}\mathrm{e}^{x^2}$，即 $y = \pm\mathrm{e}^{C_1}\mathrm{e}^{x^2}$，记 $C = \pm\mathrm{e}^{C_1} \neq 0$，注意到 $y = 0$ 也是 $y' - 2xy = 0$ 的解，所以原方程的通解也可以写为

$$y = C\mathrm{e}^{x^2}.$$

将初值条件 $y|_{x=0} = 3$ 代入通解中，得 $3 = C\mathrm{e}^0$，即有 $C = 3$，故所求特解为 $y = 3\mathrm{e}^{x^2}$.

注 （1）一般地，通解中的任意常数写成 C，中间步骤中的过渡常数写成其他形式，如本例中的 C_1. 为了使解的形式简单，一般需要对任意常数改写. 比如本例中 $C = \pm\mathrm{e}^{C_1}$.

（2）有时，当方程中出现 "ln" 形式的函数时，也可以直接将 C_1 写成 $\ln|C|$. 如本例中式（6.2）也可以写成 $\ln|y| = x^2 + \ln|C|$，即可得到 $y = C\mathrm{e}^{x^2}$.

6.2.2 齐次方程

定义 6.6 形如 $\dfrac{\mathrm{d}y}{\mathrm{d}x} = \varphi\left(\dfrac{y}{x}\right)$ 的一阶微分方程称为齐次方程.

与不定积分的换元积分法类似，利用变量代换将齐次方程 $\dfrac{\mathrm{d}y}{\mathrm{d}x} = \varphi\left(\dfrac{y}{x}\right)$ 化为可分离变量的方程来求解.

微课：齐次方程

德育学堂 5

令 $u = \dfrac{y}{x}$，即 $y = xu$，这里 u 是 x 的函数，两端关于 x 求导，得

$$\frac{\mathrm{d}y}{\mathrm{d}x} = x\frac{\mathrm{d}u}{\mathrm{d}x} + u,$$

于是齐次方程 $\dfrac{\mathrm{d}y}{\mathrm{d}x} = \varphi\left(\dfrac{y}{x}\right)$ 转化为

$$u + x\frac{\mathrm{d}u}{\mathrm{d}x} = \varphi(u)，\text{ 或 } x\frac{\mathrm{d}u}{\mathrm{d}x} = \varphi(u) - u.$$

这是一个可分离变量的微分方程，分离变量后，得

$$\frac{\mathrm{d}u}{\varphi(u)-u}=\frac{\mathrm{d}x}{x},$$

再对两边积分，得

$$\int\frac{\mathrm{d}u}{\varphi(u)-u}=\ln|x|+C,$$

求出左边的积分后再用 $\frac{y}{x}$ 代换 u，就可得齐次方程 $\frac{\mathrm{d}y}{\mathrm{d}x}=\varphi\left(\frac{y}{x}\right)$ 的通解.

例6.5　求微分方程 $xy'=y(1+\ln y-\ln x)$ 的通解.

解　方程可变形为

$$\frac{\mathrm{d}y}{\mathrm{d}x}=\frac{y}{x}\left(1+\ln\frac{y}{x}\right),$$

这是齐次方程，令 $u=\frac{y}{x}$，则方程化为

$$u+x\frac{\mathrm{d}u}{\mathrm{d}x}=u(1+\ln u),$$

分离变量后，得

$$\frac{\mathrm{d}u}{u\ln u}=\frac{1}{x}\mathrm{d}x,$$

两边积分，得

$$\ln|\ln u|=\ln|x|+\ln|C|,$$

即 $\ln u=Cx$，也即 $u=\mathrm{e}^{Cx}$，将 $u=\frac{y}{x}$ 回代，得通解为 $y=x\mathrm{e}^{Cx}$.

6.2.3　一阶线性微分方程

一阶线性微分方程的标准形式为

$$y'+P(x)y=Q(x),\tag{6.3}$$

其中 $P(x),Q(x)$ 为已知的连续函数，$Q(x)$ 称为方程的自由项.

当 $Q(x)\neq0$ 时，称 $y'+P(x)y=Q(x)$ 为一阶线性非齐次微分方程.

当 $Q(x)=0$ 时，称 $y'+P(x)y=0$ 为 $y'+P(x)y=Q(x)$ 所对应的一阶线性齐次微分方程.

【即时提问6.2】　请将方程 $xy'=x^2+3y(x>0)$ 转化为一阶线性微分方程的标准形式.

求一阶线性微分方程 $y'+P(x)y=Q(x)$ 的通解，首先从一阶线性齐次微分方程的求解入手.

1. 一阶线性齐次微分方程

一阶线性齐次微分方程 $y'+P(x)y=0$ 是 $y'+P(x)y=Q(x)$ 的特殊情形，它是可分离变量的微分方程. 当 $y\neq0$ 时，分离变量，得

$$\frac{\mathrm{d}y}{y}=-P(x)\mathrm{d}x,$$

两端积分，得

$$\int\frac{1}{y}\mathrm{d}y=-\int P(x)\mathrm{d}x,$$

得通解为

$$\ln|y|=-\int P(x)\mathrm{d}x+C_1,$$

进一步可得

$$|y| = e^{-\int P(x)dx + C_1} = e^{-\int P(x)dx} \cdot e^{C_1},$$

取 $C = \pm e^{C_1}$，注意到 $y = 0$ 也是 $y' + P(x)y = 0$ 的解，所以 $y' + P(x)y = 0$ 的通解为

$$y = Ce^{-\int P(x)dx}. \tag{6.4}$$

上式为一阶线性齐次微分方程 $y' + P(x)y = 0$ 的通解公式.

例 6.6　求方程 $xy' = 3y(x > 0)$ 的通解.

解　将原方程写成标准形式，得

$$y' - \frac{3}{x}y = 0,$$

其中 $P(x) = -\dfrac{3}{x}$，将其代入通解公式［式(6.4)］，得

$$y = Ce^{-\int P(x)dx} = Ce^{-\int\left(-\frac{3}{x}\right)dx} = Ce^{\int\frac{3}{x}dx} = Ce^{3\ln x} = Ce^{\ln x^3} = Cx^3.$$

2. 一阶线性非齐次微分方程

下面讨论如何求一阶线性非齐次微分方程 $y' + P(x)y = Q(x)$ 的通解.

由于 $y' + P(x)y = Q(x)$ 不是可分离变量的微分方程，考虑到它与对应的一阶线性齐次微分方程 $y' + P(x)y = 0$ 的左端相同，因此，可设想将 $y' + P(x)y = 0$ 的通解中的常数 C 换成待定函数 $\Phi(x)$ 后有可能得到 $y' + P(x)y = Q(x)$ 的解. 将 $y = \Phi(x)e^{-\int P(x)dx}$ 代入方程 $y' + P(x)y = Q(x)$，求出 $\Phi(x)$.

假设

$$y = \Phi(x)e^{-\int P(x)dx}$$

是 $y' + P(x)y = Q(x)$ 的解，将其代入方程［式(6.3)］中，化简后得

$$\Phi'(x)e^{-\int P(x)dx} = Q(x),$$

即

$$\Phi'(x) = Q(x)e^{\int P(x)dx},$$

微课：常数变易法

两端积分，得

$$\Phi(x) = \int Q(x)e^{\int P(x)dx}dx + C,$$

故方程［式(6.3)］的通解为

$$y = e^{-\int P(x)dx}\left[\int Q(x)e^{\int P(x)dx}dx + C\right]. \tag{6.5}$$

式(6.5)为一阶线性非齐次微分方程的通解公式. 上述一阶线性非齐次微分方程通解的求解方法称为常数变易法.

若记 $y_c = Ce^{-\int P(x)dx}$，$y^* = e^{-\int P(x)dx}\int Q(x)e^{\int P(x)dx}dx$，则上述通解公式［式(6.5)］可简记为

$$y = y_c + y^*,$$

容易验证 $y^* = e^{-\int P(x)dx}\int Q(x)e^{\int P(x)dx}dx$ 为 $y' + P(x)y = Q(x)$ 的一个特解，$y' + P(x)y = Q(x)$ 的通解为其对应的 $y' + P(x)y = 0$ 的通解 y_c 与自身的一个特解 y^* 相加而成，这一结论对于二阶线性微分方程也是适用的，我们称其为线性微分方程解的结构.

注 对于一阶线性非齐次微分方程 $y' + P(x)y = Q(x)$ 的求解，有以下两种常用方法.

（1）先求出对应的齐次方程的通解，再利用常数变易法求其通解.

（2）直接利用非齐次方程的通解公式求其通解. 先将方程化为标准形式 [式(6.3)]，确定 $P(x),Q(x)$，再代入通解公式 [式(6.5)] 求解，注意通解公式中的所有不定积分在计算时均不需要再另加积分常数.

例 6.7 求方程 $xy' = x^2 + 3y(x > 0)$ 的通解.

解 将原方程改写为标准形式以确定 $P(x),Q(x)$，得

$$y' - \frac{3}{x}y = x,$$

从而有 $P(x) = -\frac{3}{x}, Q(x) = x$，代入通解公式 [式(6.5)]，得

$$
\begin{aligned}
y &= e^{-\int P(x)dx}\left[\int Q(x)e^{\int P(x)dx}dx + C\right] \\
&= e^{\int \frac{3}{x}dx}\left(\int x e^{-\int \frac{3}{x}dx}dx + C\right) \\
&= x^3\left(\int \frac{1}{x^2}dx + C\right) \\
&= x^3\left(-\frac{1}{x} + C\right) \\
&= Cx^3 - x^2.
\end{aligned}
$$

例 6.8 求一阶线性微分方程 $xy' = x^2 + 3y(x > 0)$ 满足初值条件 $y|_{x=1} = 2$ 的特解.

解 由例 6.7 知方程 $xy' = x^2 + 3y$ 的通解为

$$y = Cx^3 - x^2,$$

将初值条件 $y|_{x=1} = 2$ 代入通解中，得 $C = 3$，所以原方程满足初值条件的特解为

$$y = 3x^3 - x^2.$$

例 6.9（价格调整问题） 已知某种商品的需求价格弹性为 $\varepsilon = 1 - \frac{P}{Q}e^P$，其中 Q 为需求，P 为价格. 若 $P = 1$ 时，$Q = 1$，求需求函数表达式.

解 设需求函数表达式为 $Q = Q(P)$，由题意知

$$P\frac{Q'(P)}{Q(P)} = \frac{P}{Q(P)}e^P - 1,$$

即 $Q'(P) + \frac{1}{P}Q(P) = e^P$，这是一阶线性微分方程，其通解为

$$
\begin{aligned}
Q(P) &= e^{-\int \frac{1}{P}dP}\left(\int e^P \cdot e^{\int \frac{1}{P}dP}dP + C\right) \\
&= \frac{1}{P}\left[(P-1)e^P + C\right].
\end{aligned}
$$

将初值条件 $Q(1) = 1$ 代入通解中，得 $C = 1$，所以需求函数表达式为

$$Q(P) = \frac{P-1}{P}e^P + \frac{1}{P}.$$

同步习题 6.2

 基础题

1. 指出下列一阶微分方程的类型.

$(1) xy' = \dfrac{e^x}{y}$.

$(2) y' = 6x^2 y$.

$(3) y' = \dfrac{x^2 + y^2}{2xy}$.

$(4) 3x^2 + 2x - 5y' = 0$.

$(5) y' = \dfrac{y + x\ln x}{x}$.

2. 求下列方程的通解或特解.

$(1) (1 + y^2)\,dx = x\,dy$.

$(2) e^{2x}dy - (y + 1)dx = 0$.

$(3) \cos\theta + r\sin\theta\,\dfrac{d\theta}{dr}$

$(4) (1 + x)dy - (1 - y)dx = 0$.

$(5) y' = e^{x - 2y}$, $y(0) = 0$.

$(6) x\,dy + y\ln y\,dx = 0$, $y\big|_{x=1} = 1$.

3. 求下列齐次方程的通解或特解.

$(1) (x + 2y)dx - x\,dy = 0$.

$(2) 3xy^2 dy - (2y^3 - x^3)dx = 0$.

$(3) x\,dy - (y + \sqrt{x^2 + y^2})dx = 0$, $x > 0$.

$(4) \left(x\sin\dfrac{y}{x} - y\cos\dfrac{y}{x}\right)dx + x\cos\dfrac{y}{x}dy = 0$.

$(5) xy' - y = x\tan\dfrac{y}{x}$, $y\big|_{x=1} = \dfrac{\pi}{2}$.

4. 求下列方程的通解或特解.

$(1) y' = 3x^2 y$, $y(0) = 2$.

$(2) y' = e^{x^2} + 2xy$.

$(3) \dfrac{dy}{dx} + 2y = xe^x$.

$(4) (1 + x^2)y' = \arctan x$.

$(5) \dfrac{dy}{dx} = \dfrac{y}{2x - y^2}$.

$(6) x\dfrac{dy}{dx} - 2y = x^3 e^x$, $y(1) = 0$.

微课：同步习题 6.2
基础题 4(5)

提高题

1. 微分方程 $y' = \dfrac{y(1 - x)}{x}$ 的通解是 _____.

2. 微分方程 $xy' + y = 0$ 满足条件 $y(1) = 1$ 的解是 _____.

3. 微分方程 $xy' + y(\ln x - \ln y) = 0$ 满足条件 $y(1) = e^3$ 的解为 $y =$ _____.

4. 过点 $\left(\dfrac{1}{2}, 0\right)$ 且满足关系式 $y'\arcsin x + \dfrac{y}{\sqrt{1 - x^2}} = 1$ 的曲线方程为 _____.

6.3　高阶线性微分方程

在高阶微分方程中，较常见的是高阶线性微分方程. 由于它自身的线性性质，因此在求解过程中可以避免复杂的积分运算，使方程的求解过程变得容易得多. 本节以二阶常系数线性微分方程为例，先介绍线性微分方程解的结构，然后介绍二阶常系数线性齐次微分方程和二阶常系数线性非齐次微分方程的解法.

6.3.1　线性微分方程解的结构

考虑二阶线性微分方程

$$y'' + p(x)y' + q(x)y = f(x),$$

其中 $p(x), q(x), f(x)$ 是已知的关于 x 的函数，$f(x)$ 称为方程的 自由项. 如果 $f(x) \equiv 0$，则方程变为

$$y'' + p(x)y' + q(x)y = 0,$$

称为二阶线性齐次微分方程；如果 $f(x) \neq 0$，则称为 二阶线性非齐次微分方程；如果系数 $p(x), q(x)$ 都是常数，则称为 二阶常系数线性微分方程.

1. 二阶线性齐次微分方程通解的结构

定理 6.1　如果 y_1 和 y_2 是二阶线性齐次微分方程 $y'' + p(x)y' + q(x)y = 0$ 的两个解，则 $y = C_1 y_1 + C_2 y_2$ 也是方程 $y'' + p(x)y' + q(x)y = 0$ 的解，其中 C_1, C_2 为任意常数.

定理 6.2（二阶线性齐次微分方程通解的结构）　若 y_1, y_2 是二阶线性齐次微分方程 $y'' + p(x)y' + q(x)y = 0$ 的两个线性无关的解，则 $y = C_1 y_1 + C_2 y_2$ 是 $y'' + p(x)y' + q(x)y = 0$ 的通解，其中 C_1, C_2 为任意常数.

2. 二阶线性非齐次微分方程通解的结构

定理 6.3　若 y_1, y_2 是二阶线性非齐次微分方程 $y'' + p(x)y' + q(x)y = f(x)$ 的两个特解，则 $y = y_1 - y_2$ 是其对应的二阶线性齐次微分方程 $y'' + p(x)y' + q(x)y = 0$ 的解.

定理 6.4（二阶线性非齐次微分方程通解的结构）　若 y^* 是 $y'' + p(x)y' + q(x)y = f(x)$ 的一个特解，y_c 是 $y'' + p(x)y' + q(x)y = 0$ 的通解，则二阶线性非齐次微分方程 $y'' + p(x)y' + q(x)y = f(x)$ 的通解是 $y = y_c + y^*$.

【**即时提问 6.3**】　已知微分方程 $y'' + p(x)y' + q(x)y = f(x)$ 有 3 个解 $y_1 = x, y_2 = e^x, y_3 = e^{2x}$，则此方程的通解是什么？

定理 6.5（二阶线性非齐次微分方程解的叠加定理）　设二阶线性非齐次微分方程 $y'' + p(x)y' + q(x)y = f(x)$ 的自由项可以写成两个函数之和 $f(x) = f_1(x) + f_2(x)$，即

微课：即时提问 6.3

$$y'' + p(x)y' + q(x)y = f_1(x) + f_2(x).$$

若 y_1^* 与 y_2^* 分别是方程 $y'' + p(x)y' + q(x)y = f_1(x)$ 与 $y'' + p(x)y' + q(x)y = f_2(x)$ 的特解，那么 $y = y_1^* + y_2^*$ 就是方程 $y'' + p(x)y' + q(x)y = f(x)$ 的特解.

6.3.2　二阶常系数线性齐次微分方程

对于二阶常系数线性齐次微分方程

$$y'' + py' + qy = 0 \, (p, q \text{ 为常数}), \tag{6.6}$$

由定理 6.2 可知，为了得到其通解，只需求出它的两个线性无关的解 y_1 与 y_2. 由于 p, q 为常数，若函数 y, y', y'' 之间仅相差一个常数因子，则函数 y 可能是方程 [式 (6.6)] 的解. 根据指数函数导数的性质，可设 $y = e^{rx}$ 是方程 [式 (6.6)] 的解，其中 r 是待定常数.

将 $y = \mathrm{e}^{rx}$ 代入方程[式(6.6)]，得

$$(\mathrm{e}^{rx})'' + p (\mathrm{e}^{rx})' + q \mathrm{e}^{rx} = r^2 \mathrm{e}^{rx} + pr \mathrm{e}^{rx} + q \mathrm{e}^{rx} = (r^2 + pr + q) \mathrm{e}^{rx} = 0.$$

因为 $\mathrm{e}^{rx} \neq 0$，所以若上式成立，则必有

$$r^2 + pr + q = 0. \tag{6.7}$$

因此，若函数 $y = \mathrm{e}^{rx}$ 是方程[式(6.6)]的解，则 r 必满足式(6.7)中的代数方程. 反过来，若 r 是式(6.7)中代数方程的解，则 $y = \mathrm{e}^{rx}$ 就是方程[式(6.6)]的解. 这个关于 r 的一元二次代数方程[式(6.7)]称为微分方程[式(6.6)]的**特征方程**，其根称为**特征根**.

于是，微分方程 $y'' + py' + qy = 0$ 的求解就转化成了求其特征方程 $r^2 + pr + q = 0$ 的特征根的问题，这使问题大大简化. 根据特征方程对应的特征根的不同情况，微分方程[式(6.6)]的通解有以下 3 种情况.

(1) 当 $\Delta = p^2 - 4q > 0$ 时，特征方程有两个相异的实特征根 r_1, r_2，且 $r_1 \neq r_2$.

这时，方程 $y'' + py' + qy = 0$ 有两个特解 $y_1 = \mathrm{e}^{r_1 x}$ 和 $y_2 = \mathrm{e}^{r_2 x}$，因为 $\dfrac{y_1}{y_2} = \mathrm{e}^{(r_1 - r_2)x} \neq$ 常数，所以它们线性无关，从而可得方程[式(6.6)]的通解为 $y = C_1 \mathrm{e}^{r_1 x} + C_2 \mathrm{e}^{r_2 x}$.

(2) 当 $\Delta = p^2 - 4q = 0$ 时，特征方程有两个相等的实特征根(二重实根) r_1, r_2，并记 $r_1 = r_2 = r$.

这时，我们只得到 $y'' + py' + qy = 0$ 的一个特解 $y_1 = \mathrm{e}^{rx}$，还需要求出另一个线性无关的解 y_2，即要求 $\dfrac{y_2}{y_1} = u(x) \neq$ 常数. 设 $y_2 = u(x) \mathrm{e}^{rx}$，记 $u(x) = u$ 为待定函数，把 $y_2 = u\mathrm{e}^{rx}$ 代入方程[式(6.6)]，得

$$(u\mathrm{e}^{rx})'' + p (u\mathrm{e}^{rx})' + q (u\mathrm{e}^{rx}) = \mathrm{e}^{rx} [(u'' + 2ru' + r^2 u) + p (u' + ru) + qu] = 0,$$

因为 $\mathrm{e}^{rx} \neq 0$，所以

$$(u'' + 2ru' + r^2 u) + p (u' + ru) + qu = u'' + (2r + p) u' + (r^2 + pr + q) = 0.$$

由于 r 是特征方程[式(6.7)]的二重实根，则有 $2r + p = 0, r^2 + pr + q = 0$，于是有 $u'' = 0$，将它积分两次，得

$$u = C_1 + C_2 x.$$

因为只需要得到一个与 y_1 线性无关的特解，所以不妨取 $u = x$，由此得到微分方程[式(6.6)]的另一个特解为 $y_2 = x\mathrm{e}^{rx}$，所以微分方程[式(6.6)]的通解为

$$y = C_1 \mathrm{e}^{rx} + C_2 x \mathrm{e}^{rx} = (C_1 + C_2 x) \mathrm{e}^{rx}.$$

(3) 当 $\Delta = p^2 - 4q < 0$ 时，特征方程有一对共轭复根，特征根为 $r_{1,2} = \alpha \pm \mathrm{i}\beta$.

这时，微分方程 $y'' + py' + qy = 0$ 有两个复数形式的线性无关解

$$\bar{y}_1 = \mathrm{e}^{(\alpha + \mathrm{i}\beta)x} = \mathrm{e}^{\alpha x} \cdot \mathrm{e}^{\mathrm{i}\beta x}, \bar{y}_2 = \mathrm{e}^{(\alpha - \mathrm{i}\beta)x} = \mathrm{e}^{\alpha x} \cdot \mathrm{e}^{-\mathrm{i}\beta x},$$

我们希望能得到实值函数形式的解. 根据欧拉公式

$$\mathrm{e}^{\mathrm{i}\theta} = \cos\theta + \mathrm{i}\sin\theta,$$

上述复数特解可改写为

$$\bar{y}_1 = \mathrm{e}^{\alpha x} (\cos\beta x + \mathrm{i}\sin\beta x), \bar{y}_2 = \mathrm{e}^{\alpha x} (\cos\beta x - \mathrm{i}\sin\beta x).$$

由定理 6.1，取

$$y_1 = \frac{1}{2} \bar{y}_1 + \frac{1}{2} \bar{y}_2 = \mathrm{e}^{\alpha x} \cos\beta x, y_2 = \frac{1}{2\mathrm{i}} \bar{y}_1 - \frac{1}{2\mathrm{i}} \bar{y}_2 = \mathrm{e}^{\alpha x} \sin\beta x,$$

则 y_1 与 y_2 是原方程的两个线性无关的特解. 因此，方程[式(6.6)]的通解为

$$y = \mathrm{e}^{\alpha x} (C_1 \cos\beta x + C_2 \sin\beta x).$$

综上所述，二阶常系数线性齐次微分方程 $y''+py'+qy=0$ 的通解的求解过程如下.

(1) 将原方程化为标准形式：$y''+py'+qy=0$.

(2) 写出 $y''+py'+qy=0$ 的特征方程 $r^2+pr+q=0$，求得特征根 r_1,r_2.

(3) 按照表 6.1 得到 $y''+py'+qy=0$ 的通解.

如果求特解，只需将初值条件代入通解确定 C_1,C_2 后，即可得到满足初值条件的特解 y^*.

表 6.1

$y''+py'+qy=0$ 的特征根	$y''+py'+qy=0$ 的通解
两个不相等的实根 r_1,r_2	$y=C_1\mathrm{e}^{r_1x}+C_2\mathrm{e}^{r_2x}$
两个相等的实根 $r_1=r_2=r$	$y=(C_1+C_2x)\mathrm{e}^{rx}$
一对共轭复根 $r_{1,2}=\alpha\pm\mathrm{i}\beta$	$y=\mathrm{e}^{\alpha x}(C_1\cos\beta x+C_2\sin\beta x)$

例 6.10　解下列微分方程.

(1) $y''+5y'+6y=0$.

(2) $y''-2y'+5y=0$.

(3) $y''-2y'+y=0$，$y\big|_{x=0}=1$，$y'\big|_{x=0}=2$.

解　(1) 特征方程为 $r^2+5r+6=0$，特征根为 $r_1=-2,r_2=-3$，因此，原方程的通解为
$$y=C_1\mathrm{e}^{-2x}+C_2\mathrm{e}^{-3x}.$$

(2) 特征方程为 $r^2-2r+5=0$，它有一对共轭复根 $r_1=1+2\mathrm{i},r_2=1-2\mathrm{i}$，因此，原方程的通解为
$$y=\mathrm{e}^x(C_1\cos 2x+C_2\sin 2x).$$

(3) 特征方程为 $r^2-2r+1=0$，特征根为 $r_1=r_2=1$，因此，原方程的通解为
$$y=(C_1+C_2x)\mathrm{e}^x,$$

由初值条件 $y\big|_{x=0}=1,y'\big|_{x=0}=2$，得 $C_1=C_2=1$，于是原方程满足初值条件的特解为
$$y=(1+x)\mathrm{e}^x.$$

上面讨论二阶常系数齐次线性微分方程所用的方法以及方程的通解的形式，可推广到 n 阶常系数齐次线性微分方程上去，对此，我们不再详细讨论，只简单地叙述如下.

n 阶常系数齐次线性微分方程的一般形式是
$$y^{(n)}+p_1y^{(n-1)}+p_2y^{(n-2)}+\cdots+p_{n-1}y'+p_ny=0,$$
其中 $p_1,p_2,\cdots,p_{n-1},p_n$ 都是常数.

特征方程为
$$r^n+p_1r^{n-1}+p_2r^{n-2}+\cdots+p_{n-1}r+p_n=0,$$
根据特征方程的根，可以写出其对应的微分方程的解，如表 6.2 所示.

表 6.2

特征方程的根	微分方程通解中的对应项
单实根 r	给出一项：$C\mathrm{e}^{rx}$
一对单复根 $r_{1,2}=\alpha\pm\mathrm{i}\beta$	给出两项：$\mathrm{e}^{\alpha x}(C_1\cos\beta x+C_2\sin\beta x)$
k 重实根 r	给出 k 项：$(C_1+C_2x+\cdots+C_kx^{k-1})\mathrm{e}^{rx}$
一对 k 重复根 $r_{1,2}=\alpha\pm\mathrm{i}\beta$	给出 $2k$ 项：$\mathrm{e}^{\alpha x}\big[(C_1+C_2x+\cdots+C_kx^{k-1})\cos\beta x+(D_1+D_2x+\cdots+D_kx^{k-1})\sin\beta x\big]$

例 6.11 求解微分方程 $y^{(4)} + 4y'' = 0$.

解 微分方程对应的特征方程为 $r^4 + 4r^2 = r^2(r^2 + 4) = 0$，特征根为 $r_1 = r_2 = 0$，$r_{3,4} = \pm 2i$，故原方程的通解为 $y = C_1 + C_2 x + C_3 \cos 2x + C_4 \sin 2x$.

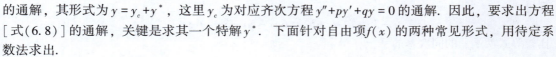

微课：例 6.11

6.3.3 二阶常系数线性非齐次微分方程

由定理 6.4 知，对于二阶常系数线性非齐次微分方程

$$y'' + py' + qy = f(x) \quad (p, q \text{ 为常数}) \tag{6.8}$$

的通解，其形式为 $y = y_c + y^*$，这里 y_c 为对应齐次方程 $y'' + py' + qy = 0$ 的通解. 因此，要求出方程 [式(6.8)] 的通解，关键是求其一个特解 y^*. 下面针对自由项 $f(x)$ 的两种常见形式，用待定系数法求出.

1. $f(x) = P_m(x) e^{\lambda x}$ 型

自由项形式为 $f(x) = P_m(x) e^{\lambda x}$，其中 λ 是常数，$P_m(x)$ 是关于 x 的 m 次多项式. 因为多项式函数与指数函数的乘积，其求导后还是同类型的函数，且 p, q 为常数，$(e^{\lambda x})' = \lambda e^{\lambda x}$，$(e^{\lambda x})'' = \lambda^2 e^{\lambda x}$，所以可探求方程 [式(6.8)] 有形如

$$y^* = Q(x) e^{\lambda x}$$

的特解，其中 λ 与 $f(x) = P_m(x) e^{\lambda x}$ 中的 λ 相同，$Q(x)$ 是待定系数的多项式. 将 $y^* = Q(x) e^{\lambda x}$ 代入方程 $y'' + py' + qy = P_m(x) e^{\lambda x}$ 并消去 $e^{\lambda x}$，得

$$Q''(x) + (2\lambda + p) Q'(x) + (\lambda^2 + p\lambda + q) Q(x) = P_m(x). \tag{6.9}$$

方程 [式(6.9)] 的右边是一个 m 次多项式，则左边必须也是一个 m 次多项式.

（1）若 λ 不是特征方程 $r^2 + pr + q \neq 0$ 的根，则 $\lambda^2 + p\lambda + q \neq 0$，可设

$$Q(x) = Q_m(x) = b_0 x^m + b_1 x^{m-1} + \cdots + b_{m-1} x + b_m \ (b_0, b_1, \cdots, b_m \text{ 是常数，且 } b_0 \neq 0),$$

从而 $y^* = Q_m(x) e^{\lambda x} = (b_0 x^m + b_1 x^{m-1} + \cdots + b_{m-1} x + b_m) e^{\lambda x}$，将其代入 $y'' + py' + qy = P_m(x) e^{\lambda x}$ 中，比较两边 x 的同次幂的系数，得到以 $b_0, b_1, \cdots, b_m$ 为未知数的 $m+1$ 个方程，解方程组确定 $Q_m(x)$，便得到原方程的特解 $y^* = Q_m(x) e^{\lambda x}$.

（2）若 λ 是特征方程 $r^2 + pr + q = 0$ 的单根，则 $\lambda^2 + p\lambda + q = 0$，但 $2\lambda + p \neq 0$. 此时可设

$$Q(x) = x Q_m(x) = x(b_0 x^m + b_1 x^{m-1} + \cdots + b_{m-1} x + b_m) \ (b_0, b_1, \cdots, b_m \text{ 是常数，且 } b_0 \neq 0),$$

从而得到原方程的特解 $y^* = x Q_m(x) e^{\lambda x}$.

（3）若 λ 是特征方程 $r^2 + pr + q = 0$ 的重根，则 $\lambda^2 + p\lambda + q = 0$，且 $2\lambda + p = 0$. 此时可设

$$Q(x) = x^2 Q_m(x) = x^2(b_0 x^m + b_1 x^{m-1} + \cdots + b_{m-1} x + b_m) \ (b_0, b_1, \cdots, b_m \text{ 是常数，且 } b_0 \neq 0),$$

从而得到原方程的特解 $y^* = x^2 Q_m(x) e^{\lambda x}$.

综上所述，对于 $f(x) = P_m(x) e^{\lambda x}$ 型的二阶常系数线性非齐次微分方程，其求解的基本步骤如下.

（1）将原方程化为标准形式 $y'' + py' + qy = f(x)$，按照表 6.1 求齐次方程 $y'' + py' + qy = 0$ 的通解 y_c.

（2）按照表 6.3 确定 $y'' + py' + qy = f(x)$ 的特解 y^* 的形式并代入原方程，最终求出特解 y^*.

表 6.3

$y'' + py' + qy = P_m(x) e^{\lambda x}$ 的特解	$y^* = x^k Q_m(x) e^{\lambda x}$
λ 不是特征方程的根	$y^* = Q_m(x) e^{\lambda x}$
λ 是特征方程的单根	$y^* = x Q_m(x) e^{\lambda x}$
λ 是特征方程的重根	$y^* = x^2 Q_m(x) e^{\lambda x}$

(3) 根据定理 6.4 求得 $y'' + py' + qy = f(x)$ 的通解 $y = y_c + y^*$.

(4) 将初值条件代入通解确定 C_1, C_2 后，即可得到满足初值条件的特解.

例 6.12 求 $y'' - 5y' + 6y = 6x + 7$ 的一个特解.

解 (1) 这是二阶常系数线性非齐次微分方程，对应的齐次方程为 $y'' - 5y' + 6y = 0$，特征方程为 $r^2 - 5r + 6 = 0$，特征根为 $r_1 = 2, r_2 = 3$，齐次方程的通解为 $y_c = C_1 e^{2x} + C_2 e^{3x}$.

(2) $f(x) = (6x + 7) e^{0 \cdot x}$，由于 $\lambda = 0$ 不是特征根，故可设特解形式为 $y^* = ax + b$，代入原方程得

$$-5a + 6(ax + b) = 6ax - 5a + 6b = 6x + 7,$$

比较等式两端 x 的同次幂的系数，得

$$\begin{cases} 6a = 6, \\ -5a + 6b = 7, \end{cases}$$

解得 $a = 1, b = 2$，于是所求的特解为 $y^* = x + 2$.

例 6.13 求 $y'' + 9y' = 18$ 的通解.

解 原方程对应的齐次方程 $y'' + 9y' = 0$ 的特征方程是 $r^2 + 9r = 0$，即 $r(r + 9) = 0$，特征根是 $r_1 = 0, r_2 = -9$，于是 $y'' + 9y' = 0$ 的通解为 $y = C_1 + C_2 e^{-9x}$.

因为 $f(x) = 18 e^{0 \cdot x}$，$\lambda = 0$ 是特征方程的单根，故原方程的特解形式为 $y^* = ax$，代入 $y'' + 9y' = 18$ 中，得 $9a = 18$，即 $a = 2$，从而方程 $y'' + 9y' = 18$ 的一个特解为 $y^* = 2x$.

综上，可得 $y'' + 9y' = 18$ 的通解是 $y = y_c + y^* = C_1 + C_2 e^{-9x} + 2x$.

例 6.14 求方程 $y'' + 5y' + 6y = 12 e^x$ 满足初值条件 $y|_{x=0} = 0, y'|_{x=0} = 0$ 的特解.

解 (1) 计算原方程对应的齐次方程 $y'' + 5y' + 6y = 0$ 的通解 y_c.

由例 6.10(1) 知 $y_c = C_1 e^{-2x} + C_2 e^{-3x}$.

(2) 计算原方程的特解 y^*.

自由项 $f(x) = 12 e^x$，由于 $\lambda = 1$ 不是特征根，故设 $y^* = k e^x (k \in \mathbf{R})$ 并代入原方程，得 $k = 1$，从而 $y^* = e^x$.

(3) 根据定理 6.4 知，$y'' + 5y' + 6y = 12 e^x$ 的通解为

$$y = y_c + y^* = C_1 e^{-2x} + C_2 e^{-3x} + e^x.$$

(4) 求满足初值条件的特解.

由 $y|_{x=0} = 0, y'|_{x=0} = 0$，得 $\begin{cases} C_1 + C_2 + 1 = 0, \\ -2C_1 - 3C_2 + 1 = 0, \end{cases}$ 解得 $C_1 = -4, C_2 = 3$，所以，满足初值条件的特解为 $y^* = -4 e^{-2x} + 3 e^{-3x} + e^x$.

2. $f(x) = e^{\lambda x} [P_l(x) \cos \omega x + P_n(x) \sin \omega x]$ 型

自由项形式为 $f(x) = e^{\lambda x} [P_l(x) \cos \omega x + P_n(x) \sin \omega x]$，其中 $P_l(x), P_n(x)$ 分别为 x 的 l 次和 n 次多项式，λ, ω 为常数. 一般地，非齐次方程 [式 (6.8)] 的特解可设为

$$y^* = x^k e^{\lambda x} [R_m^{(1)}(x) \cos \omega x + R_m^{(2)}(x) \sin \omega x], \tag{6.10}$$

其中 $R_m^{(1)}(x), R_m^{(2)}(x)$ 均为 m 次待定实系数多项式，$m = \max(l, n)$，特别注意，特解中含有 $2(m + 1)$ 个待定实系数；当 $\lambda + i\omega$ 不是特征根时，$k = 0$；当 $\lambda + i\omega$ 是特征根时，$k = 1$.

特别地，若自由项为 $f_1(x) = P_m(x) e^{\lambda x} \cos \omega x$ [或者 $f_2(x) = P_m(x) e^{\lambda x} \sin \omega x$] 时，此时方程变为

$$y'' + py' + qy = P_m(x) e^{\lambda x} \cos \omega x \text{ 或者 } y'' + py' + qy = P_m(x) e^{\lambda x} \sin \omega x,$$

其中 λ, ω 为实数，P_m 为 m 次多项式. 以 $f_1(x) = P_m(x) e^{\lambda x} \cos \omega x$ 为例，给出方程特解的两种求法.

（1）将自由项变形为 $f_1(x) = \mathrm{e}^{\lambda x}[P_m(x)\cos\omega x + 0\cdot\sin\omega x]$，由式（6.10）知，特解可设为 $y^* = x^k \mathrm{e}^{\lambda x}[R_m^{(1)}(x)\cos\omega x + R_m^{(2)}(x)\sin\omega x]$，其中 $R_m^{(1)}(x), R_m^{(2)}(x)$ 均为 m 次待定实系数多项式；当 $\lambda + \mathrm{i}\omega$ 不是特征根时，$k = 0$；当 $\lambda + \mathrm{i}\omega$ 是特征根时，$k = 1$.

（2）构造辅助方程

$$y'' + py' + qy = f_1(x) + \mathrm{i}f_2(x)$$

或

$$y'' + py' + qy = P_m(x)\mathrm{e}^{(\lambda+\mathrm{i}\omega)x} = P_m(x)\mathrm{e}^{\lambda x}\cos\omega x + \mathrm{i}P_m(x)\mathrm{e}^{\lambda x}\sin\omega x, \tag{6.11}$$

由表 6.3 知，方程[式（6.11）]的特解可设为 $\hat{y} = x^k Q_m(x)\mathrm{e}^{(\lambda+\mathrm{i}\omega)x}$，其中 $Q_m(x)$ 为 m 次复系数多项式；当 $\lambda + \mathrm{i}\omega$ 不是特征根时，$k = 0$；当 $\lambda + \mathrm{i}\omega$ 是特征根时，$k = 1$. 代入方程[式（6.11）]解出复数特解 $\hat{y} = \hat{y}_1 + \mathrm{i}\hat{y}_2$. 根据定理 6.5 知，$\hat{y}_1$ 即为方程 $y'' + py' + qy = f_1(x) = P_m(x)\mathrm{e}^{\lambda x}\cos\omega x$ 的特解；$\hat{y}_2$ 即为方程 $y'' + py' + qy = f_2(x) = P_m(x)\mathrm{e}^{\lambda x}\sin\omega x$ 的特解.

例 6.15 求方程 $y'' + 3y' + 2y = \mathrm{e}^{-x}\cos x$ 的一个特解.

解 对应的齐次方程为 $y'' + 3y' + 2y = 0$，其特征方程为 $r^2 + 3r + 2 = 0$，特征根为 $r = -1, r = -2$.

自由项为 $f(x) = \mathrm{e}^{-x}\cos x = \mathrm{e}^{-x}[1\cdot\cos x + 0\cdot\sin x]$，$\lambda + \mathrm{i}\omega = -1 + \mathrm{i}$ 不是特征根，则特解可设为 $y^* = \mathrm{e}^{-x}(a\cos x + b\sin x)$，代入方程并化简，得

$$(b-a)\cos x - (a+b)\sin x = \cos x,$$

比较系数知

$$\begin{cases} b - a = 1, \\ a + b = 0, \end{cases}$$

解得 $a = -\dfrac{1}{2}, b = \dfrac{1}{2}$，从而所求一个特解为 $y^* = \mathrm{e}^{-x}\left(-\dfrac{1}{2}\cos x + \dfrac{1}{2}\sin x\right)$.

例 6.16 求方程 $y'' - 2y' + 5y = \mathrm{e}^x\sin x$ 的通解.

解 先求方程所对应的齐次方程的通解 y_c.

因为对应的齐次方程的特征方程为 $r^2 - 2r + 5 = 0$，特征根为 $r_1 = 1 + 2\mathrm{i}, r_2 = 1 - 2\mathrm{i}$，所以

$$y_c = \mathrm{e}^x(C_1\cos 2x + C_2\sin 2x).$$

再求方程 $y'' - 2y' + 5y = \mathrm{e}^x\sin x$ 的一个特解 y^*.

自由项 $f(x) = \mathrm{e}^x\sin x$ 是 $\mathrm{e}^{(1+\mathrm{i})x}$ 的虚部，故求辅助方程

$$y'' - 2y' + 5y = \mathrm{e}^{(1+\mathrm{i})x}$$

的特解 $\bar{y}^*$，它的虚部就是 y^*. 又 $\lambda + \mathrm{i}\omega = 1 + \mathrm{i}$ 不是特征根，所以辅助方程的特解可设为 $\bar{y}^* = A\mathrm{e}^{(1+\mathrm{i})x}$，代入辅助方程并整理，得 $3A = 1$，即 $A = \dfrac{1}{3}$.

故辅助方程的特解为

$$\bar{y}^* = \frac{1}{3}\mathrm{e}^{(1+\mathrm{i})x} = \frac{1}{3}\mathrm{e}^x(\cos x + \mathrm{i}\sin x).$$

取其虚部，得原方程的一个特解为 $y^* = \dfrac{1}{3}\mathrm{e}^x\sin x$，故原方程的通解为

$$y = y_c + y^* = \mathrm{e}^x(C_1\cos 2x + C_2\sin 2x) + \frac{1}{3}\mathrm{e}^x\sin x.$$

例 6.17 设某商品的市场价格 $P = P(t)$ 是时间 t 的函数，其需求函数和供给函数分别为 $Q_d = 10 - P - 4P' + P''$ 和 $Q_s = -2 + 2P + 5P' + 10P''$.

初值条件为 $P(0)=5, P'(0)=\dfrac{1}{2}$，求在市场均衡的条件下，该商品的价格函数 $P=P(t)$.

解　在市场均衡的条件下，有 $Q_d = Q_s$，进而可得
$$3P'' + 3P' + P = 4,$$
这是二阶常系数线性非齐次微分方程. 其齐次方程的特征方程为 $3r^2 + 3r + 1 = 0$，特征根为 $r_{1,2} = -\dfrac{1}{2} \pm \dfrac{\sqrt{3}}{6}\mathrm{i}$，显然 $P^* = 4$ 为非齐次方程的一个特解，所以非齐次方程的通解为

$$P(t) = \mathrm{e}^{-\frac{1}{2}t}\left(C_1 \cos\frac{\sqrt{3}}{6}t + C_2 \sin\frac{\sqrt{3}}{6}t \right) + 4.$$

由初值条件 $P(0)=5, P'(0)=\dfrac{1}{2}$，得 $C_1 = 1, C_2 = 2\sqrt{3}$，从而该商品的价格函数为

$$P(t) = \mathrm{e}^{-\frac{1}{2}t}\left(\cos\frac{\sqrt{3}}{6}t + 2\sqrt{3}\sin\frac{\sqrt{3}}{6}t \right) + 4.$$

同步习题6.3

基础题

1. 求下列二阶常系数线性齐次微分方程的通解.

(1) $y'' - 3y' - 4y = 0$.　　　　　　　　　(2) $y'' + y' = 0$.

(3) $y'' + y = 0$.　　　　　　　　　　　　(4) $y'' - 4y' + 5y = 0$.

2. 求下列二阶常系数线性齐次微分方程满足初值条件的特解.

(1) $y'' - 4y' + 3y = 0$，$y\big|_{x=0} = 6$，$y'\big|_{x=0} = 10$.

(2) $y'' + 25y = 0$，$y\big|_{x=0} = 2$，$y'\big|_{x=0} = 5$.

3. 求下列二阶常系数线性非齐次微分方程的通解或满足初值条件的特解.

(1) $y'' + y' = 2x + 1$.　　　(2) $y'' + y' = 2\mathrm{e}^x$，$y\big|_{x=0} = 0$，$y'\big|_{x=0} = 0$.

提高题

1. 求微分方程 $y'' - 2y' - \mathrm{e}^{2x} = 0$ 满足条件 $y(0) = 1, y'(0) = 1$ 的解.

2. 已知 $y_1 = \mathrm{e}^{3x} - x\mathrm{e}^{2x}, y_2 = \mathrm{e}^x - x\mathrm{e}^{2x}, y_3 = -x\mathrm{e}^{2x}$ 是某二阶常系数线性非齐次微分方程的 3 个解，求该方程的通解.

6.4　简单差分方程

6.4.1　差分的定义

微分方程讨论的是连续变化量的变化规律，函数的变化率用导数 $\dfrac{\mathrm{d}y}{\mathrm{d}x}$ 来刻画. 而在某些场合，尤其是描述经济指标的变量时，变量往往以离散的方式取值，这时用差商 $\dfrac{\Delta y}{\Delta x}$ 来刻画变化

率. 当变量以等间隔的离散方式取值时, 常取 $\Delta x = 1$, 则 $\Delta y = y(x+1) - y(x)$ 可以近似地刻画变量 $y(x)$ 的变化率, Δy 称为变量 $y(x)$ 的差分.

定义 6.7 设函数 $f(x)$ 在非负整数集合上有定义, 记 $y_x = f(x)$ (x 为非负整数), 则

$$y_{x+1} - y_x = f(x+1) - f(x)$$

称为 y_x 的一阶差分, 记为 Δy_x, 即

$$\Delta y_x = y_{x+1} - y_x.$$

对一阶差分再求差分, 得

$$\Delta(\Delta y_x) = \Delta y_{x+1} - \Delta y_x = (y_{x+2} - y_{x+1}) - (y_{x+1} - y_x) = y_{x+2} - 2y_{x+1} + y_x,$$

它称为 y_x 的二阶差分, 记为 $\Delta^2 y_x$, 即

$$\Delta^2 y_x = \Delta(\Delta y_x) = y_{x+2} - 2y_{x+1} + y_x.$$

一般地, 函数 y_x 的 $n-1$ 阶差分的差分 $\Delta(\Delta^{n-1} y_x)$ 称为 y_x 的 n 阶差分, 记为 $\Delta^n y_x$. 二阶及二阶以上的差分统称为高阶差分.

6.4.2 差分的运算法则

由差分的定义, 容易得到以下运算法则. 下列各式中 a, b, k 均为常数.

(1) $\Delta(a) = 0$.

(2) $\Delta(ky_x) = k\Delta y_x$.

(3) $\Delta(ay_x + bz_x) = a\Delta y_x + b\Delta z_x$.

(4) $\Delta(y_x z_x) = y_{x+1}\Delta z_x + z_x\Delta y_x = y_x\Delta z_x + z_{x+1}\Delta y_x$.

(5) $\Delta\left(\dfrac{y_x}{z_x}\right) = \dfrac{z_x\Delta y_x - y_x\Delta z_x}{z_{x+1}z_x}$.

例 6.18 设 $y_x = x^2$, 求 $\Delta y_x, \Delta^2 y_x, \Delta^3 y_x$.

解 $\Delta y_x = y_{x+1} - y_x = (x+1)^2 - x^2 = 2x + 1$,

$\Delta^2 y_x = \Delta y_{x+1} - \Delta y_x = [2(x+1)+1] - (2x+1) = 2$,

$\Delta^3 y_x = \Delta^2 y_{x+1} - \Delta^2 y_x = 2 - 2 = 0$.

例 6.19 设 $y_x = a^x (a > 0, a \neq 1)$, 求 $\Delta y_x, \Delta^2 y_x$.

解 $\Delta y_x = y_{x+1} - y_x = a^{x+1} - a^x = a^x(a-1)$,

$\Delta^2 y_x = \Delta y_{x+1} - \Delta y_x = a^{x+1}(a-1) - a^x(a-1) = a^x(a-1)^2$.

6.4.3 差分方程的定义

定义 6.8 含有未知函数的差分或表示未知函数在不同时刻取值的符号(至少两个)的方程, 称为差分方程. 方程中未知函数 y_x 最大下标与最小下标之差称为差分方程的**阶**.

n 阶差分方程的一般形式为

$$F(x, y_x, \Delta y_x, \Delta^2 y_x, \cdots, \Delta^n y_x) = 0$$

或

$$F(x, y_x, y_{x+1}, y_{x+2}, \cdots, y_{x+n}) = 0.$$

方程 $y_{x+n} + a_1(x)y_{x+n-1} + \cdots + a_n(x)y_x = f(x)$ 称为 n 阶线性差分方程, 其中未知函数及其未知函数的差分都是一次的; 否则, 称为 n 阶非线性差分方程. 若 $a_i(x) (i = 1, 2, \cdots, n)$ 为常数, 则称为 n 阶常系数线性差分方程.

满足差分方程的函数称为差分方程的解. 对于 n 阶差分方程, 含有 n 个相互独立的任意常数的解称为差分方程的通解; 差分方程中不含有任意常数的解称为差分方程的特解. 同微分方程一样, 差分方程也有初值问题. 要确定 n 阶差分方程的特解, 需要 n 个初值条件.

例 6.20 判定下列方程哪些是差分方程, 如果是, 确定方程的阶数, 并判定是否为线性.

(1) $y_{x+3} - 3y_{x+2} + 2y_{x+1} - 2 = 0$.   (2) $\Delta^3 y_x + 2y_x + 2 = 0$.

(3) $\Delta y_x + y_x + a^x = 0$.   (4) $2\Delta^3 y_x + (\Delta y_x)^2 + 2 = 0$.

解 (1) $y_{x+3} - 3y_{x+2} + 2y_{x+1} - 2 = 0$ 是差分方程, 该方程为二阶线性差分方程.

(2) $\Delta^3 y_x + 2y_x + 2 = 0$ 是差分方程, 由于方程可化为 $y_{x+3} - 3y_{x+2} + 3y_{x+1} + y_x + 2 = 0$, 因此该方程为三阶线性差分方程.

(3) 由于原方程可化为 $-y_{x+1} = a^x$, 因此原方程不是差分方程.

(4) $2\Delta^3 y_x + (\Delta y_x)^2 + 2 = 0$ 是差分方程, 该方程为三阶非线性差分方程.

6.4.4 n 阶常系数线性差分方程解的结构

n 阶常系数线性差分方程的一般形式为
$$y_{x+n} + a_1 y_{x+n-1} + \cdots + a_n y_x = f(x) \, (a_i \text{ 为常数}, \ i = 1, 2, \cdots, n),$$
如果 $f(x) \equiv 0$, 则上式称为 n 阶常系数线性齐次差分方程; 如果 $f(x)$ 不恒等于 0, 则上式称为 n 阶常系数线性非齐次差分方程.

定理 6.6 如果 $y_1(x), y_2(x), \cdots, y_n(x)$ 都是 n 阶常系数线性齐次差分方程的解, 则对任意常数 $C_1, C_2, \cdots, C_n$, $Y_x = C_1 y_1(x) + C_2 y_2(x) + \cdots + C_n y_n(x)$ 也是 n 阶常系数线性齐次差分方程的解. 如果 $y_1(x), y_2(x), \cdots, y_n(x)$ 线性无关, 则 $Y_x = C_1 y_1(x) + C_2 y_2(x) + \cdots + C_n y_n(x)$ 是 n 阶常系数线性齐次差分方程的通解.

定理 6.7 如果 $Y_x = C_1 y_1(x) + C_2 y_2(x) + \cdots + C_n y_n(x)$ 是 n 阶常系数线性齐次差分方程的通解, y_x^* 是 n 阶常系数线性非齐次差分方程的一个特解, 则 n 阶常系数线性非齐次差分方程的通解为 $y_x = Y_x + y_x^*$.

定理 6.8 (叠加原理) 设 $y_1^*(x)$ 是方程 $y_{x+n} + a_1 y_{x+n-1} + \cdots + a_n y_x = f_1(x)$ 的特解, $y_2^*(x)$ 是方程 $y_{x+n} + a_1 y_{x+n-1} + \cdots + a_n y_x = f_2(x)$ 的特解, 则 $y_x^* = y_1^*(x) + y_2^*(x)$ 是方程 $y_{x+n} + a_1 y_{x+n-1} + \cdots + a_n y_x = f_1(x) + f_2(x)$ 的特解.

6.4.5 一阶常系数线性差分方程的解法

一阶常系数线性非齐次差分方程的一般形式为
$$y_{x+1} - ay_x = f(x) \quad (a \neq 0), \tag{6.12}$$
与方程 [式 (6.12)] 对应的一阶常系数线性齐次差分方程为
$$y_{x+1} - ay_x = 0 \quad (a \neq 0). \tag{6.13}$$

1. 一阶常系数线性齐次差分方程的解法

根据差分的特点, 先对式 (6.13) 试探形如 $y_x = \lambda^x$ 的解. 把函数 $y_x = \lambda^x$ 代入式 (6.13), 得
$$\lambda^x(\lambda - a) = 0.$$
当 $\lambda = 0$ 时, $y_x = 0$ 显然是一个解; 当 $\lambda \neq 0$ 时, 由上式得
$$\lambda - a = 0. \tag{6.14}$$
式 (6.14) 称为式 (6.13) 的**特征方程**, 特征根为 $\lambda = a$. 式 (6.13) 的通解为
$$y_x = Ca^x \quad (C \text{ 为任意常数}).$$

例 6.21 求下列差分方程的通解.

(1) $y_{x+1} + 2y_x = 0$. (2) $2y_{x+1} - \dfrac{1}{2}y_x = 0$.

解 (1) 特征方程为 $\lambda + 2 = 0$, 特征根为 $\lambda = -2$, 故原方程的通解为 $y_x = C(-2)^x$, C 为任意常数.

(2) 将方程化为标准形式, 得

$$y_{x+1} - \frac{1}{4}y_x = 0,$$

特征方程为 $\lambda - \dfrac{1}{4} = 0$, 特征根为 $\lambda = \dfrac{1}{4}$, 故原方程的通解为 $y_x = C\left(\dfrac{1}{4}\right)^x$, C 为任意常数.

2. 一阶常系数线性非齐次差分方程的解法

根据定理 6.7, 对于非齐次方程 [式 (6.12)], 只需求出它的一个特解. 我们给出 $f(x)$ 为以下 3 种常见形式时, 求特解 y^* 的方法.

(1) $f(x) = A$, A 是已知常数. 此时方程 [式 (6.12)] 为

$$y_{x+1} - ay_x = A. \tag{6.15}$$

设此方程有形如 $y_x^* = kx^s$ 的特解, 将该特解代入方程, 得 $k[(x+1)^s - ax^s] = A$.

当 $a \neq 1$ 时, 取 $s = 0$, 得 $k = \dfrac{A}{1-a}$, 特解 $y_x^* = \dfrac{A}{1-a}$.

当 $a = 1$ 时, 取 $s = 1$, 得 $k = A$, 特解 $y_x^* = Ax$.

综上所述, 方程 [式 (6.15)] 的通解为

$$y_x = Y_x + y_x^* = \begin{cases} Ca^x + \dfrac{A}{1-a}, & a \neq 1, \\[2mm] Ca^x + Ax, & a = 1. \end{cases}$$

(2) $f(x) = Ad^x$, A 是已知常数. 此时方程 [式 (6.12)] 为

$$y_{x+1} - ay_x = Ad^x. \tag{6.16}$$

设方程有形如 $y_x^* = kx^s d^x$ 的特解, 将该特解代入方程, 得 $k[(x+1)^s d - ax^s] = A$.

当 d 不是特征根, 即 $d \neq a$ 时, 取 $s = 0$, 得 $k = \dfrac{A}{d-a}$, 特解 $y_x^* = \dfrac{Ad^x}{d-a}$.

当 d 是特征根, 即 $d = a$ 时, 取 $s = 1$, 得 $k = \dfrac{A}{d}$, 特解 $y_x^* = Axd^{x-1}$.

综上所述, 方程 [式 (6.16)] 的通解为

$$y_x = Y_x + y_x^* = \begin{cases} Ca^x + \dfrac{Ad^x}{d-a}, & d \neq a, \\[2mm] Ca^x + Axd^{x-1}, & d = a. \end{cases}$$

(3) $f(x) = (a_0 + a_1x + \cdots + a_nx^n)d^x$, 是多项式乘指数函数型. 此时方程 [式 (6.12)] 为

$$y_{x+1} - ay_x = (a_0 + a_1x + \cdots + a_nx^n)d^x. \tag{6.17}$$

当 $d = 1$ 时, 设方程有形如 $y_x^* = x^s(b_0 + b_1x + \cdots + b_nx^n)$ 的特解, 其中 $s = \begin{cases} 0, & a \neq 1, \\ 1, & a = 1. \end{cases}$

当 $d \neq 1$ 时, 设方程有形如 $y_x^* = x^s(b_0 + b_1x + \cdots + b_nx^n)d^x$ 的特解, 其中 $s = \begin{cases} 0, & d \neq a, \\ 1, & d = a. \end{cases}$

把 y_x^* 代入方程 [式 (6.17)], 比较系数可确定出 $b_0, b_1, \cdots, b_n$. 情形 (1) 和 (2) 可看成情形 (3) 的特例.

例6.22　求差分方程 $y_{x+1} - 3y_x = -2$ 的通解.

解　对应的齐次方程为 $y_{x+1} - 3y_x = 0$，特征方程为 $\lambda - 3 = 0$，特征根为 $\lambda = 3$，齐次方程的通解为 $Y_x = C \cdot 3^x$.

再求非齐次方程的特解. $a = 3 \neq 1$，特解为 $y_x^* = \dfrac{A}{1-a} = \dfrac{-2}{1-3} = 1$，所以，原方程的通解为 $y_x = Y_x + y_x^* = C \cdot 3^x + 1$.

例6.23　求差分方程 $y_{x+1} + \dfrac{1}{2}y_x = \left(\dfrac{5}{2}\right)^x$ 的通解.

解　对应的齐次方程为 $y_{x+1} + \dfrac{1}{2}y_x = 0$，特征方程为 $\lambda + \dfrac{1}{2} = 0$，特征根为 $\lambda = -\dfrac{1}{2}$，齐次方程的通解为 $Y_x = C \cdot \left(-\dfrac{1}{2}\right)^x$.

再求非齐次方程的特解. $d = \dfrac{5}{2} \neq -\dfrac{1}{2} = a$，特解为 $y_x^* = \dfrac{Ad^x}{d-a} = \dfrac{\left(\dfrac{5}{2}\right)^x}{\dfrac{5}{2} + \dfrac{1}{2}} = \dfrac{1}{3}\left(\dfrac{5}{2}\right)^x$，所以，原方程的通解为

$$y_x = Y_x + y_x^* = C \cdot \left(-\dfrac{1}{2}\right)^x + \dfrac{1}{3}\left(\dfrac{5}{2}\right)^x.$$

例6.24　求差分方程 $y_{x+1} - 5y_x = x \cdot 2^x$ 的通解.

解　对应的齐次方程为 $y_{x+1} - 5y_x = 0$，特征方程为 $\lambda - 5 = 0$，特征根为 $\lambda = 5$，齐次方程的通解为 $Y_x = C \cdot 5^x$.

再求非齐次方程的特解. 因为 $d = 2 \neq 5 = a$，所以 $d = 2$ 不是特征根，$f(x) = x \cdot 2^x$ 是一次多项式 x 与指数函数 2^x 之积，一次多项式的一般形式是 $bx+c$，从而设待定特解 $y_x^* = (bx+c)2^x$，代入原方程得

$$(bx+b+c)2^{x+1} - 5 \cdot 2^x(bx+c) = x \cdot 2^x,$$

化简得 $-3bx + (2b-3c) = x$，比较系数得

$$\begin{cases} -3b = 1, \\ 2b - 3c = 0 \end{cases} \Rightarrow \begin{cases} b = -\dfrac{1}{3}, \\ c = -\dfrac{2}{9}. \end{cases}$$

因此，原方程的特解为 $y_x^* = -2^x\left(\dfrac{x}{3} + \dfrac{2}{9}\right)$，进而可得原方程的通解为

$$y_x = C \cdot 5^x - 2^x\left(\dfrac{x}{3} + \dfrac{2}{9}\right).$$

例6.25　求差分方程 $y_{x+1} - 2y_x = x \cdot 2^x$ 的通解.

解　对应的齐次方程为 $y_{x+1} - 2y_x = 0$，特征方程为 $\lambda - 2 = 0$，特征根为 $\lambda = 2$，齐次方程的通解为 $Y_x = C \cdot 2^x$.

再求非齐次方程的特解. $d = 2 = a$ 是特征根，$f(x) = x \cdot 2^x$ 是一次多项式 x 与指数函数 2^x 之积，一次多项式的一般形式是 $b_0 + b_1 x$，从而设待定特解 $y_x^* = x(b_0 + b_1 x)2^x$，代入原方程得

$$(x+1)\left[b_0+b_1(x+1)\right]2^{x+1}-2x(b_0+b_1x)2^x=x\cdot 2^x,$$

化简得 $4b_1x+(2b_0+2b_1)=x$，比较系数得

$$\begin{cases}4b_1=1,\\2b_0+2b_1=0\end{cases}\Rightarrow\begin{cases}b_1=\dfrac{1}{4},\\b_0=-\dfrac{1}{4}.\end{cases}$$

因此，原方程的通解为

$$y_x=C\cdot 2^x+x\left(-\frac{1}{4}+\frac{1}{4}x\right)2^x=C\cdot 2^x+\frac{x}{4}(x-1)2^x.$$

例 6.26 求差分方程 $2y_{x+1}-4y_x=\left(\dfrac{1}{4}\right)^x+3x^2$ 的通解.

微课：例 6.26

解 原方程可化为 $y_{x+1}-2y_x=\dfrac{1}{2}\left(\dfrac{1}{4}\right)^x+\dfrac{3}{2}x^2$. 对应的齐次方程的通解为 $Y_x=C\cdot 2^x$. 再求非齐次方程的特解. 方程的右端是

$$f(x)=f_1(x)+f_2(x)=\frac{1}{2}\left(\frac{1}{4}\right)^x+\frac{3}{2}x^2,$$

根据定理 6.8，分别求非齐次方程

$$y_{x+1}-2y_x=\frac{1}{2}\left(\frac{1}{4}\right)^x\quad\text{和}\quad y_{x+1}-2y_x=\frac{3}{2}x^2$$

的特解 $y_x^{(1)},y_x^{(2)}$，则原方程的特解为 $y_x^*=y_x^{(1)}+y_x^{(2)}$.

在方程 $y_{x+1}-2y_x=\dfrac{1}{2}\left(\dfrac{1}{4}\right)^x$ 中，$d=\dfrac{1}{4}$ 不是特征值，方程有形如 $y_x^{(1)}=k\left(\dfrac{1}{4}\right)^x$ 的特解，将特解代入方程中，得 $k=-\dfrac{2}{7}$，因此，$y_x^{(1)}=-\dfrac{2}{7}\left(\dfrac{1}{4}\right)^x$.

在方程 $y_{x+1}-2y_x=\dfrac{3}{2}x^2$ 中，$d=1\neq a=2$，方程有形如 $y_x^{(2)}=b_0+b_1x+b_2x^2$ 的特解，将特解代入方程中，得 $b_0=-\dfrac{9}{2},b_1=-3,b_2=-\dfrac{3}{2}$，因此，$y_x^{(2)}=-\dfrac{9}{2}-3x-\dfrac{3}{2}x^2$.

故原方程的通解为

$$y_x^*=Y_x+y_x^{(1)}+y_x^{(2)}=C\cdot 2^x-\frac{2}{7}\left(\frac{1}{4}\right)^x-\frac{9}{2}-3x-\frac{3}{2}x^2.$$

例 6.27 市场上某商品 t 期的价格为 P_t，设供给函数 S_t 和需求函数 D_t 分别为 $S_t=-2+P_t$，$D_t=7-2P_{t+1}$. 求供需平衡时关于价格的差分方程及满足 $P_0=4$ 的特解.

解 （1）由市场供需平衡，得 $S_t=D_t$，即

$$-2+P_t=7-2P_{t+1},$$

整理得关于 P_t 的差分方程

$$P_{t+1}+\frac{1}{2}P_t=\frac{9}{2}.$$

（2）对应的齐次方程为 $P_{t+1}+\dfrac{1}{2}P_t=0$，特征方程为 $\lambda+\dfrac{1}{2}=0$，特征根为 $\lambda=-\dfrac{1}{2}$，齐次方程的通解为

$$P_t = C \cdot \left(-\frac{1}{2}\right)^t.$$

再求非齐次方程的特解. $a = -\frac{1}{2} \neq 1$, 特解 $P_t^* = \frac{A}{1-a} = \frac{\frac{9}{2}}{1+\frac{1}{2}} = 3$, 所以通解为

$$P_t = C \cdot \left(-\frac{1}{2}\right)^t + 3.$$

由 $P_0 = 4$, 得 $C = 1$, 所求的特解为 $P_t = \left(-\frac{1}{2}\right)^t + 3$.

6.4.6 二阶常系数线性差分方程的解法

二阶常系数线性非齐次差分方程的一般形式为

$$y_{x+2} + ay_{x+1} + by_x = f(x) \quad (b \neq 0), \tag{6.18}$$

与方程[式(6.18)]对应的齐次差分方程为

$$y_{x+2} + ay_{x+1} + by_x = 0 \quad (b \neq 0). \tag{6.19}$$

先求对应的齐次方程的通解. 试探方程[式(6.19)]有形如 $y_x = \lambda^x$ 的特解. 把函数 $y_x = \lambda^x$ 代入方程[式(6.19)], 得

$$\lambda^x(\lambda^2 + a\lambda + b) = 0.$$

当 $\lambda = 0$ 时, $y_x = 0$ 显然是一个解; 当 $\lambda \neq 0$ 时, 由上式得到一个代数方程

$$\lambda^2 + a\lambda + b = 0. \tag{6.20}$$

式(6.20)称为式(6.19)的特征方程, 该特征方程的特征根为

$$\lambda_{1,2} = \frac{-a \pm \sqrt{a^2 - 4b}}{2}.$$

根据特征根的情况, 有以下结论.

(1) 两个相异的实根 λ_1, λ_2, 且 $\lambda_1 \neq \lambda_2$. 此时可得方程[式(6.19)]两个线性无关的特解 λ_1^x, λ_2^x, 从而方程[式(6.19)]的通解为 $y = C_1\lambda_1^x + C_2\lambda_2^x$.

(2) 两个相等的实根 λ_1, λ_2, 且 $\lambda_1 = \lambda_2 = -\frac{a}{2}$. 此时可得方程[式(6.19)]的一个特解 $\left(-\frac{a}{2}\right)^x$, 可以直接验证 $x \cdot \left(-\frac{a}{2}\right)^x$ 是方程[式(6.19)]的解且与 $\left(-\frac{a}{2}\right)^x$ 线性无关, 从而方程[式(6.19)]的通解为 $y_x = (C_1 + C_2x)\left(-\frac{a}{2}\right)^x$.

(3) 一对共轭复根 $\lambda_1 = \alpha + i\beta, \lambda_2 = \alpha - i\beta$. 令

$$r = \sqrt{\alpha^2 + \beta^2}, \theta = \arctan\frac{\beta}{\alpha}\left(\alpha = 0 \text{ 时 } \theta = \frac{\pi}{2}\right),$$

则 $\lambda_{1,2} = r(\cos\theta \pm i\sin\theta)$, 可以验证 $r^x\sin\theta x$ 和 $r^x\cos\theta x$ 是方程[式(6.19)]的两个线性无关的特解, 从而方程[式(6.19)]的通解为 $y_x = r^x(C_1\sin\theta x + C_2\cos\theta x)$.

例 6.28 解下列差分方程.

(1) $y_{x+2} + 5y_{x+1} + 6y_x = 0$.

(2) $y_{x+2} + 4y_{x+1} + 4y_x = 0$.

(3) $y_{x+2} + 4y_x = 0$.

解 （1）特征方程为 $\lambda^2 + 5\lambda + 6 = 0$，特征根为 $\lambda_1 = -3, \lambda_2 = -2$，原方程的通解为 $y_x = C_1(-3)^x + C_2(-2)^x$.

（2）特征方程为 $\lambda^2 + 4\lambda + 4 = 0$，特征根为 $\lambda_1 = \lambda_2 = -2$，原方程的通解为 $y_x = (C_1 + C_2 x)(-2)^x$.

（3）特征方程为 $\lambda^2 + 4 = 0$，特征根为 $\lambda_{1,2} = \pm 2\mathrm{i}$，$\alpha = 0, \beta = 2, r = 2, \theta = \dfrac{\pi}{2}$，原方程的通解为

$$y_x = 2^x\left(C_1\sin\frac{\pi}{2}x + C_2\cos\frac{\pi}{2}x\right).$$

对于二阶常系数线性非齐次差分方程[式（6.18）]，与一阶常系数线性非齐次差分方程类似，我们仅给出 $f(x)$ 为以下 2 种常见形式时，求特解 y^* 的方法.

（1）$f(x) = a_0 + a_1 x + \cdots + a_n x^n$. 此时方程[式（6.18）]为

$$y_{x+2} + ay_{x+1} + by_x = a_0 + a_1 x + \cdots + a_n x^n, \tag{6.21}$$

方程有形如 $y_x^* = x^s(b_0 + b_1 x + \cdots + b_n x^n)$ 的特解，其中 b_i 为待定系数，

$$s = \begin{cases} 0, & 1\text{ 不是特征方程的根,} \\ 1, & 1\text{ 是特征方程的单根,} \\ 2, & 1\text{ 是特征方程的重根.} \end{cases}$$

把 y_x^* 代入方程[式（6.21）]，比较系数可确定出 $b_0, b_1, \cdots, b_n$.

（2）$f(x) = Ad^x$（A, d 是已知常数，且 $d \neq 1$）. 此时方程[式（6.18）]为

$$y_{x+2} + ay_{x+1} + by_x = Ad^x, \tag{6.22}$$

方程有形如 $y_x^* = kx^s d^x$ 的特解，其中 k 是待定系数，

$$s = \begin{cases} 0, & d\text{ 不是特征方程的根,} \\ 1, & d\text{ 是特征方程的单根,} \\ 2, & d\text{ 是特征方程的重根.} \end{cases}$$

把 y_x^* 代入方程[式（6.22）]，比较系数可确定出 k，并相应地得到

$$y_x^* = \begin{cases} \dfrac{Ad^x}{d^2 + ad + b}, & d^2 + ad + b \neq 0, \\[2mm] \dfrac{Axd^{x-1}}{2d + a}, & d^2 + ad + b = 0, 2d + a \neq 0, \\[2mm] \dfrac{Ax^2 d^{x-2}}{2}, & d^2 + ad + b = 0, 2d + a = 0. \end{cases}$$

例 6.29 求差分方程 $y_{x+2} + 5y_{x+1} + 4y_x = x$ 的通解.

解 对应的齐次方程 $y_{x+2} + 5y_{x+1} + 4y_x = 0$ 的特征方程为 $\lambda^2 + 5\lambda + 4 = 0$，特征根为 $\lambda_1 = -1, \lambda_2 = -4$，从而齐次方程的通解为

$$Y_x = C_1(-1)^x + C_2(-4)^x.$$

再求非齐次方程的特解. $d = 1$ 不是特征根，$f(x) = x$ 是一次多项式，因此，特解的形式设为 $y_x^* = b_0 + b_1 x$，代入原方程，得

$$b_0 + b_1(x+2) + 5b_0 + 5b_1(x+1) + 4b_0 + 4b_1 x = x,$$

即 $(10b_0 + 7b_1) + 10b_1 x = x$，比较系数得 $10b_0 + 7b_1 = 0, 10b_1 = 1$，故 $b_1 = \dfrac{1}{10}, b_0 = -\dfrac{7}{100}$.

微课：例 6.29

从而原方程的通解为 $y_x = Y_x + y_x^* = C_1(-1)^x + C_2(-4)^x - \dfrac{7}{100} + \dfrac{1}{10}x$.

同步习题6.4

基础题

1. 指出下列差分方程的阶数.

(1) $5y_{x+1} - y_x = \sin x$.

(2) $y_{x+2} + 2y_{x+1} = x$.

(3) $y_{x+3} + y_{x+1} + y_x = 0$.

(4) $y_{x+2} - y_{x+1} = y_x$.

2. 计算下列函数的二阶差分.

(1) $y = e^{3x}$.

(2) $y = 3x^2 - 4x + 2$.

(3) $y = \sin 2x$.

(4) $y = \log_a x \,(a > 0, a \neq 1)$.

3. 已知 $y_x = e^x$ 是方程 $y_{x+1} + a y_{x-1} = 2e^x$ 的一个解, 求 a.

4. 解下列差分方程.

(1) $5y_x = 2y_{x-1}$.

(2) $2y_{x+1} - 3y_x = 0$, $y_0 = 1$.

(3) $y_{x+2} + 3y_{x+1} + 2y_x = 0$.

(4) $y_{x+2} + 6y_{x+1} + 9y_x = 0$.

5. 某高校的扇形教室的座位是这样安排的: 每一排比前一排多两个座位. 已知第一排有 28 个座位.

(1) 若用 y_n 表示第 n 排的座位数, 试写出用 y_n 表示 y_{n+1} 的公式.

(2) 第 10 排的座位有多少个?

(3) 若扇形教室共有 20 排座位, 那么该教室一共有多少个座位?

提高题

1. 解下列差分方程.

(1) $2y_{x+1} + 10y_x - 5x = 0$.

(2) $y_{x+1} - 5y_x = 4$, $y_0 = \dfrac{4}{3}$.

(3) $y_{x+1} - \dfrac{1}{2}y_x = \left(\dfrac{5}{2}\right)^x$, $y_0 = -1$.

(4) $y_{x+2} - 3y_{x+1} + 2y_x = 3 \cdot 5^x$.

(5) $y_{x+2} - 3y_{x+1} - 4y_x = 4$, $y_0 = 3$, $y_1 = -2$.

(6) $y_{x+2} + 3y_{x+1} - \dfrac{7}{4}y_x = 9$, $y_0 = 6$, $y_1 = 3$.

2. 试验证 $y_x = C_1 3^x + C_2 (-2)^x \,(C_1, C_2$ 为任意常数$)$ 是差分方程 $y_{x+2} - y_{x+1} - 6y_x = 0$ 的解, 并求满足初值条件 $y_0 = 0, y_1 = 1$ 的特解.

3. 设 a, b 为非零常数且 $1 + a \neq 0$, 试验证通过变换 $z_x = y_x - \dfrac{b}{1+a}$ 可将非齐次方程 $y_{x+1} + a y_x = b$ 化为齐次方程, 并求解 y_x.

4. 已知 $x_1 = a, x_2 = b, x_{n+2} = \dfrac{x_{n+1} + x_n}{2} \,(n = 1, 2, 3, \cdots)$, 求通项 x_n 及 $\lim\limits_{n \to \infty} x_n$.

本章小结

思维导图

本章同步习题与总复习题答案

第6章总复习题·基础篇

1. 选择题：(1) ~ (5) 小题，每小题 4 分，共 20 分. 下列每小题给出的 4 个选项中，只有一个选项是符合题目要求的.

(1) 若连续函数 $f(x)$ 满足 $f(x) = 2\int_0^x f(t)\,dt + \ln 2$，则 $f(x) = ($ $)$.

A. $e^x \ln 2$ B. $e^x + \ln 2$ C. $e^{2x} \ln 2$ D. $e^{2x} + \ln 2$

(2) 设 $y = y(x)$ 是微分方程 $(x^2 - 1)y' + 2xy = \cos x$ 满足初值条件 $y(0) = 0$ 的特解，则 $\lim\limits_{x \to 0} \dfrac{y(x)}{\ln(1+x)} = ($ $)$.

A. 不存在   B. 1   C. -1 D. 2

(3) 设线性无关的函数 y_1, y_2, y_3 均为二阶非齐次线性微分方程 $y'' + P(x)y' + Q(x)y = f(x)$ 的解，则该方程的通解为(   ).

A. $C_1 y_1 + C_2 y_2 + y_3$ B. $C_1 y_1 + C_2 y_2 - (C_1 + C_2)y_3$

C. $C_1 y_1 + C_2 y_2 - (1 - C_1 - C_2)y_3$ D. $C_1 y_1 + C_2 y_2 + (1 - C_1 - C_2)y_3$

(4) 微分方程 $y'' - 6y' + 9y = x^2 e^{3x}$ 的一个特解形式是(   ).

A. $ax^2 e^{3x}$ B. $x^2(ax^2 + bx + c)e^{3x}$

C. $x(ax^2 + bx + c)e^{3x}$ D. $ax^4 e^{3x}$

(5) 微分方程 $y'' + y = \cos x$ 的一个特解形式是(   ).

A. $ax\cos x$ B. $ax\cos x + b\sin x$ C. $a\cos x + b\sin x$ D. $x(a\cos x + b\sin x)$

2. 填空题：(6) ~ (10) 小题，每小题 4 分，共 20 分.

(6) 一曲线经过点 $(0,0)$，且该曲线上任一点 (x,y) 处的切线斜率为 $\dfrac{x}{1+x^2}$，则该曲线方程为 _____.

(7) 微分方程 $y'' + 2y' - 3y = 0$ 的通解为 _____.

(8) 微分方程 $2xy\,dx + (y^2 - 3x^2)\,dy = 0$ 的通解为 _____.

(9) 微分方程 $2yy' - y^2 - 2 = 0$ 满足初始条件 $y(0) = 1$ 的特解为 _____.

(10) 求微分方程 $y'' - y' - 6y = (3x - 1)e^{-2x} + \sin 2x$ 的通解时，可设其特解为 _____.

3. **解答题**：(11)～(16) 小题，每小题 10 分，共 60 分. 解答时应写出文字说明、证明过程或演算步骤.

(11) 求齐次方程 $x\dfrac{\mathrm{d}y}{\mathrm{d}x} = y\ln\dfrac{y}{x}$ 的通解.

(12) 求微分方程 $y'' + 4y' + 4y = 0$ 满足初值条件 $y(0) = 2, y'(0) = -4$ 的特解.

(13) 求微分方程 $\dfrac{\mathrm{d}y}{\mathrm{d}x} = \dfrac{y}{6x + y^2}$ 的通解.

(14) 求微分方程 $y'' - 3y' + 2y = 2xe^x$ 的通解.

(15)(2016310) 设函数 $f(x)$ 连续，且满足 $\displaystyle\int_0^x f(x-t)\,\mathrm{d}t = \int_0^x (x-t)f(t)\,\mathrm{d}t + e^{-x} - 1$，求 $f(x)$.

(16) 设对于一切实数 x，函数 $f(x)$ 满足等式 $f'(x) = x^2 + \displaystyle\int_0^x f(t)\,\mathrm{d}t$，且 $f(0) = 2$，求 $f(x)$.

第 6 章总复习题·提高篇

1. **选择题**：(1)～(3) 小题，每小题 4 分，共 12 分. 下列每小题给出的 4 个选项中，只有一个选项是符合题目要求的.

(1)(2019304) 已知微分方程 $y'' + ay' + by = ce^x$ 的通解为 $y = (C_1 + C_2 x)e^{-x} + e^x$，则 a, b, c 依次为（　　）.

A. $1, 0, 1$　　　　　B. $1, 0, 2$　　　　　C. $2, 1, 3$　　　　　D. $2, 1, 4$

(2)(2010304) 设 y_1, y_2 是一阶线性非齐次微分方程 $y' + p(x)y = q(x)$ 的两个特解，若常数 λ, μ 使 $\lambda y_1 + \mu y_2$ 是该方程的解，使 $\lambda y_1 - \mu y_2$ 是该方程对应的齐次方程的解，则（　　）.

A. $\lambda = \dfrac{1}{2}, \mu = \dfrac{1}{2}$　　　　　　　B. $\lambda = -\dfrac{1}{2}, \mu = -\dfrac{1}{2}$

C. $\lambda = \dfrac{2}{3}, \mu = \dfrac{1}{3}$　　　　　　　D. $\lambda = \dfrac{2}{3}, \mu = \dfrac{2}{3}$

(3)(2006304) 设线性非齐次微分方程 $y' + P(x)y = Q(x)$ 有两个不同的解 $y_1(x), y_2(x)$，C 为任意常数，则该方程的通解是（　　）.

A. $C[y_1(x) - y_2(x)]$　　　　　　　B. $y_1(x) + C[y_1(x) - y_2(x)]$

C. $C[y_1(x) + y_2(x)]$　　　　　　　D. $y_1(x) + C[y_1(x) + y_2(x)]$

2. **填空题**：(4)～(10) 小题，每小题 4 分，共 28 分.

(4)(2018304) 设函数 $f(x)$ 满足 $f(x + \Delta x) - f(x) = 2xf(x)\Delta x + o(\Delta x)$，且 $f(0) = 2$，则 $f(1) = $ _____.

(5)(2018304) 差分方程 $\Delta^2 y_x - y_x = 5$ 的通解是 _____.

(6)(2017304) 差分方程 $y_{t+1} - 2y_t = 2^t$ 的通解为 $y_t = $ _____.

(7)(2015304) 设 $y = f(x)$ 是微分方程 $y'' + y' - 2y = 0$ 的解，且在 $x = 0$ 处 y 取得极值 3，则 $y = $ _____.

微课：第 6 章
总复习题(5)

(8)(2014104) 微分方程 $y'' - y' + \dfrac{1}{4}y = 0$ 的通解为 $y = $ _____.

(9)(2008304) 微分方程 $xy' + y = 0$ 满足条件 $y(1) = 1$ 的特解是 $y = $ _____.

(10)(2007304) 微分方程 $\dfrac{\mathrm{d}y}{\mathrm{d}x} = \dfrac{y}{x} - \dfrac{1}{2}\left(\dfrac{y}{x}\right)^3$ 满足 $y(1) = 1$ 的特解是 $y = $ _____.

3. 解答题：(11) ~ (16) 小题，每小题 10 分，共 60 分. 解答时应写出文字说明、证明过程或演算步骤.

(11)(2020310) 设 $y = f(x)$ 满足 $y'' + 2y' + 5y = 0$，且 $f(0) = 1, f'(0) = -1$，求 $f(x)$ 的表达式.

(12)(2019310) 设 $y = y(x)$ 是微分方程 $y' - xy = \dfrac{1}{2\sqrt{x}}\mathrm{e}^{\frac{x^2}{2}}$ 满足条件 $y(1) = \sqrt{\mathrm{e}}$ 的特解，求 $y(x)$.

微课：第 6 章
总复习题 (13)

(13)(1998307) 设函数 $f(x)$ 在 $[1, +\infty)$ 上连续. 若由曲线 $y = f(x)$ 和直线 $x = 1, x = t(t > 1)$ 及 x 轴所围成的平面图形绕 x 轴旋转一周所形成的旋转体的体积为 $V(t) = \dfrac{\pi}{3}\left[t^2 f(t) - f(1)\right]$，求 $y = f(x)$ 所满足的微分方程，并求该微分方程满足条件 $y\,|_{x=2} = \dfrac{2}{9}$ 的解.

(14)(2009310) 设曲线 $y = f(x)$，其中 $f(x)$ 是可导函数，并且 $f(x) > 0$. 已知曲线 $y = f(x)$ 与直线 $y = 0, x = 1$ 及 $x = t(t > 1)$ 所围成的曲边梯形绕 x 轴旋转一周所得的立体的体积是该曲边梯形面积值的 πt 倍，求该曲线的方程.

微课：第 6 章
总复习题 (14)

(15)(2006308) 在 xOy 坐标平面上，连续曲线 L 过点 $M(1, 0)$，其上任意点 $P(x, y)\,(x \neq 0)$ 处的切线斜率与直线的斜率之差等于 ax (常数 $a > 0$).

① 求 L 的方程.

② 当 L 与直线 $y = ax$ 所围成的平面图形的面积为 $\dfrac{8}{3}$ 时，确定 a 的值.

(16)(2003309) 设 $F(x) = f(x)g(x)$，其中 $f(x), g(x)$ 在 $(-\infty, +\infty)$ 内满足以下条件：$f'(x) = g(x)$，$g'(x) = f(x)$，且 $f(0) = 0, f(x) + g(x) = 2\mathrm{e}^x$.

① 求 $F(x)$ 所满足的一阶微分方程.

② 求出 $F(x)$ 的表达式.

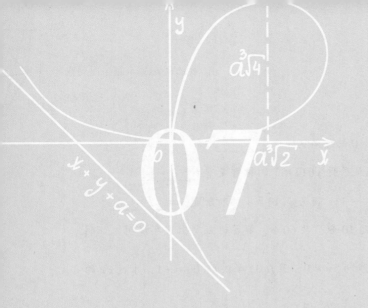

第 7 章
无穷级数

无穷级数简称为级数，它是高等数学的一个重要组成部分，它是表示函数、研究函数的性质、解微分方程及进行近似计算的一种工具. 本章首先介绍常数项级数的概念及其敛散性判别法，然后讨论函数项级数（主要是幂级数），并着重讨论把函数展开成幂级数的条件与方法，为学生学习幂级数在工程技术、经济学中的应用打下基础. 随着科技的发展，级数在经济学中的应用具有越来越强的实用价值.

本章导学

■ 7.1 常数项级数的相关概念及性质

7.1.1 常数项级数的定义及敛散性

1. 常数项级数的定义

德育学堂 6

我们先来看两个具体问题.

例如，《庄子·天下篇》中提到"一尺之棰，日取其半，万世不竭"，也就是说一根长为一尺的木棒，每天截去剩下的一半，这样的过程可以无限地进行下去. 如果把每天截下的那一部分的长度"加"起来，就是

$$\frac{1}{2} + \frac{1}{2^2} + \frac{1}{2^3} + \cdots + \frac{1}{2^n} + \cdots,$$

这就是一个"无穷多个数求和"的例子. 不难理解，前 n 天截下来的长度的总和

$$s_n = \frac{1}{2} + \frac{1}{2^2} + \frac{1}{2^3} + \cdots + \frac{1}{2^n},$$

随着天数 n 不断增大，s_n 不断地接近于棒长 1. 用我们学过的极限知识来处理，可以确定 $\lim_{n \to \infty} s_n = 1$，也就是说，这个"无穷多个数求和"的结果是 1.

再如

$$1 + 2 + 3 + \cdots + n + \cdots,$$

这也是一个"无穷多个数求和"的例子，记

$$s_n = 1 + 2 + 3 + \cdots + n,$$

容易得到，随着 n 无限增大，s_n 也无限增大. 用我们学过的极限知识来理解，可得到 $\lim_{n \to \infty} s_n = +\infty$，即这个"无穷多个数求和"的结果是 $+\infty$，因而这个"无穷多个数求和"的结果不存在.

从上面的两个例子可以得到这样的启示：一方面，"无穷多个数求和"的结果可能存在，也可能不存在；另一方面，我们可以利用极限来处理"无穷多个数求和"的问题. 另外，这个问题在经济工作中也经常遇到，比如银行通过存款和放款"创造"货币的问题.

银行吸收存款后，必须按照法定比率保留规定数额的法定准备金，其余部分才能用于放款，得到一笔贷款的企业会将其作为活期存款，存入另一家银行. 这家银行也按照比率保留法定准备金，其余部分用于放款，如此循环往复，这就是银行通过存款和放款"创造"货币的问题.

设 R 表示最初存款，D 表示存款总额（即最初存款"创造"的货币总额），r 表示法定准备金占存款的比例，$0 < r < 1$，则有

$$D = R + R(1-r) + R(1-r)^2 + \cdots + R(1-r)^n + \cdots,$$

前 n 项的存款总额为 $D_n = R + R(1-r) + R(1-r)^2 + \cdots + R(1-r)^{n-1} = R\dfrac{1-(1-r)^n}{1-(1-r)}$，当 n 趋于无穷

大时，$D = \lim\limits_{n\to\infty} D_n = \dfrac{R}{r}$. 这里 $K_m = \dfrac{1}{r}$ 称为**货币创造乘数**. 显然，若最初存款是既定的，法定准备率 r 越低，银行存款和放款的总额越大.

因此，"无穷多个数求和"不能简单地沿用有限个数相加的概念，而必须建立它自身的概念.

如果给定一个数列 $u_1, u_2, \cdots, u_n, \cdots$，则表达式

$$u_1 + u_2 + \cdots + u_n + \cdots$$

叫作 **（常数项）无穷级数**，简称 **（常数项）级数**，记作 $\sum\limits_{n=1}^{\infty} u_n$，即

$$\sum_{n=1}^{\infty} u_n = u_1 + u_2 + \cdots + u_n + \cdots. \tag{7.1}$$

其中 $u_1, u_2, \cdots, u_n, \cdots$ 叫作级数的项，u_1 叫作级数的首项，级数的第 n 项 u_n 叫作级数的**通项**或**一般项**.

无穷级数的定义只是形式上表达了无穷多个数相加的"和"，怎样理解这个"和"呢？联系前面的"截棒问题"和"银行通过存款和放款'创造'货币问题"，我们可以从有限项的和出发，观察其变化趋势，由此来理解无穷多个数相加的"和"的含义.

2. 常数项级数的敛散性

级数 $\sum\limits_{n=1}^{\infty} u_n$ 的前 n 项和叫作级数的**部分和**，记为 s_n，即

$$s_n = u_1 + u_2 + \cdots + u_n = \sum_{i=1}^{n} u_i. \tag{7.2}$$

当 n 依次取 $1, 2, \cdots$ 时，可得到一个新的数列

$$s_1 = u_1, s_2 = u_1 + u_2, \cdots,$$
$$s_n = u_1 + u_2 + \cdots + u_n, \cdots,$$

称为部分和数列，记为 $\{s_n\}$.

根据这个数列有没有极限，我们引进无穷级数［式(7.1)］收敛与发散的概念.

定义 7.1　若级数 $\sum\limits_{n=1}^{\infty} u_n$ 的部分和数列 $\{s_n\}$ 收敛于 s，即 $\lim\limits_{n\to\infty} s_n = s$，则称级数 $\sum\limits_{n=1}^{\infty} u_n$ **收敛**，其

和为 s，也称级数 $\sum\limits_{n=1}^{\infty} u_n$ 收敛于 s，记为 $\sum\limits_{n=1}^{\infty} u_n = s$.

若级数的部分和数列 $\{s_n\}$ 极限不存在，则称级数 $\sum\limits_{n=1}^{\infty} u_n$ 发散.

级数和 s 与部分和 s_n 的差称为级数 $\sum\limits_{n=1}^{\infty} u_n$ 的余项，记为 r_n，即

$$r_n = s - s_n = u_{n+1} + u_{n+2} + \cdots.$$

用部分和 s_n 替代级数和 s 所产生的误差就是这个余项 r_n 的绝对值，即误差是 $|r_n|$.

由定义 7.1 可知，研究级数的敛散性就是研究其部分和数列是否有极限，因此，级数的敛散性问题是一种特殊的数列极限问题.

例 7.1 判别级数 $\sum\limits_{n=1}^{\infty} \dfrac{1}{n(n+1)}$ 的敛散性.

解 因为 $u_n = \dfrac{1}{n(n+1)} = \dfrac{1}{n} - \dfrac{1}{n+1}$，所以该级数的前 n 项部分和

$$s_n = \frac{1}{1 \cdot 2} + \frac{1}{2 \cdot 3} + \cdots + \frac{1}{n(n+1)} = \left(1 - \frac{1}{2}\right) + \left(\frac{1}{2} - \frac{1}{3}\right) + \cdots + \left(\frac{1}{n} - \frac{1}{n+1}\right) = 1 - \frac{1}{n+1},$$

而 $\lim\limits_{n \to \infty} s_n = \lim\limits_{n \to \infty} \left(1 - \dfrac{1}{n+1}\right) = 1$，由定义 7.1 知该级数收敛，且和为 1.

例 7.2 无穷级数

$$\sum_{n=1}^{\infty} aq^{n-1} = a + aq + aq^2 + \cdots + aq^{n-1} + \cdots \tag{7.3}$$

叫作几何级数（又称为等比级数）. 其中，首项 $a \neq 0$，q 称为级数的公比. 试讨论几何级数的敛散性.

解 如果公比 $q \neq 1$，那么部分和

$$s_n = \sum_{k=1}^{n} aq^{k-1} = a + aq + aq^2 + \cdots + aq^{n-1} = \frac{a(1 - q^n)}{1 - q}.$$

（1）当 $|q| < 1$ 时，因为 $\lim\limits_{n \to \infty} q^n = 0$，所以 $\lim\limits_{n \to \infty} s_n = \dfrac{a}{1 - q}$，从而该级数收敛，且和为 $\dfrac{a}{1 - q}$.

（2）当 $|q| > 1$ 时，因为 $\lim\limits_{n \to \infty} q^n = \infty$，所以 $\lim\limits_{n \to \infty} s_n = \infty$，从而该级数发散.

（3）当 $|q| = 1$ 时，分为以下两种情况.

① 若 $q = 1$，则 $s_n = na \to \infty \, (n \to \infty)$，该级数发散.

② 若 $q = -1$，则部分和

$$s_n = \begin{cases} a, & \text{当 } n \text{ 为正奇数时,} \\ 0, & \text{当 } n \text{ 为正偶数时,} \end{cases}$$

因此 $\lim\limits_{n \to \infty} s_n$ 不存在，故该级数发散.

综上所述，当 $|q| < 1$ 时，几何级数 [式（7.3）] 收敛且和为 $\dfrac{a}{1 - q}$；当 $|q| \geqslant 1$ 时，几何级数 [式（7.3）] 发散.

例 7.3 银行通过存款和放款"创造"货币问题，设最初存款为 1 000 万元，法定准备金率为 20%，求银行的存款总额和贷款总额.

解 由题意知，$R = 1\,000$，$r = 0.2$，存款总额 D_1 由级数

$$1\,000 \left[1 + (1 - 0.2) + (1 - 0.2)^2 + \cdots + (1 - 0.2)^n + \cdots \right]$$

决定，其和

$$D_1 = \frac{1\,000}{1-(1-0.2)} = \frac{1\,000}{0.2} = 5\,000(万元).$$

贷款总额 D_2 由级数 $1\,000[(1-0.2)+(1-0.2)^2+\cdots+(1-0.2)^n+\cdots]$ 决定，其和为

$$D_2 = \frac{1\,000(1-0.2)}{1-(1-0.2)} = 4\,000(万元).$$

例 7.4 证明调和级数

$$\sum_{n=1}^{\infty} \frac{1}{n} = 1 + \frac{1}{2} + \frac{1}{3} + \cdots + \frac{1}{n} + \cdots \tag{7.4}$$

发散.

证明 由不等式 $\ln(1+x) < x(x>0)$，得调和级数 [式(7.4)] 的部分和

$$\begin{aligned}
s_n &= \sum_{k=1}^{n} \frac{1}{k} = 1 + \frac{1}{2} + \frac{1}{3} + \cdots + \frac{1}{n} \\
&> \ln(1+1) + \ln\left(1+\frac{1}{2}\right) + \ln\left(1+\frac{1}{3}\right) + \cdots + \ln\left(1+\frac{1}{n}\right) \\
&= \ln 2 + \ln\frac{3}{2} + \ln\frac{4}{3} + \cdots + \ln\frac{1+n}{n} = \ln\left(2 \cdot \frac{3}{2} \cdot \frac{4}{3} \cdot \cdots \cdot \frac{1+n}{n}\right) \\
&= \ln(1+n),
\end{aligned}$$

即 $s_n > \ln(1+n)$，则 $\lim\limits_{n\to\infty} s_n$ 不存在，故调和级数 $\sum\limits_{n=1}^{\infty} \frac{1}{n}$ 发散.

例 7.5 甲、乙两人进行比赛，每局比赛甲获胜的概率为 $p(0<p<1)$，乙获胜的概率为 $q(p+q=1)$. 如果一个选手连续赢两局比赛，那么该选手就成为整个比赛的胜利者，比赛终止；否则，比赛继续进行. 分析甲获得整场比赛胜利的所有可能进程，并求甲最终成为胜利者的概率.

解 首先考虑甲获得整个比赛胜利的所有可能进程：

甲甲，甲乙甲甲，甲乙甲乙甲甲，甲乙甲乙甲乙甲甲，$\cdots$，

或者

乙甲甲，乙甲乙甲甲，乙甲乙甲乙甲甲，$\cdots$.

那么，甲最后成为胜利者的概率为下列级数的和：

$$(pp + pqpp + pqpqpp + \cdots) + (qpp + qpqpp + qpqpqpp + \cdots).$$

这是两个正项等比级数的和，这两个正项等比级数都是公比为 pq 的等比级数，由于 $pq < 1$，因此它们的和为 $\frac{p^2}{1-pq} + \frac{qp^2}{1-pq} = \frac{p^2(1+q)}{1-pq}$，甲最后成为胜利者的概率为 $\frac{p^2(1+q)}{1-pq}$.

7.1.2 收敛级数的性质及级数收敛的必要条件

由于级数 $\sum\limits_{n=1}^{\infty} u_n$ 的敛散性取决于级数相应的部分和数列 $\{s_n\}$ 的极限是否存在，所以利用极限的有关性质，可得到收敛级数的一些基本性质. 下面介绍收敛级数的性质及级数收敛的必要条件.

1. 收敛级数的性质

性质 7.1 若级数 $\sum\limits_{n=1}^{\infty} u_n$ 收敛于和 s，则级数 $\sum\limits_{n=1}^{\infty} ku_n$ 也收敛，其和为 $ks(k$ 为常数$)$. 即收敛级数的每一项同乘一个常数后，所得新级数仍收敛.

推论 如果级数 $\sum\limits_{n=1}^{\infty} u_n$ 发散，当 $k \neq 0$ 时，级数 $\sum\limits_{n=1}^{\infty} k u_n$ 也发散.

性质 7.2 如果级数 $\sum\limits_{n=1}^{\infty} u_n$ 与 $\sum\limits_{n=1}^{\infty} v_n$ 都收敛，且其和分别为 s 与 σ，则级数 $\sum\limits_{n=1}^{\infty} (u_n \pm v_n)$ 也收敛，且其和为 $s \pm \sigma$. 即两个收敛级数可以逐项相加或相减，所得新级数仍收敛.

例 7.6 判别级数 $\sum\limits_{n=1}^{\infty} \dfrac{2 + (-1)^{n-1}}{3^n}$ 是否收敛，若收敛，求其和.

解 由例 7.2 的结论，得

$$\sum_{n=1}^{\infty} \frac{1}{3^n} = \frac{\frac{1}{3}}{1 - \frac{1}{3}} = \frac{1}{2}, \quad \sum_{n=1}^{\infty} \frac{(-1)^{n-1}}{3^n} = \frac{\frac{1}{3}}{1 + \frac{1}{3}} = \frac{1}{4},$$

所以级数 $\sum\limits_{n=1}^{\infty} \dfrac{2 + (-1)^{n-1}}{3^n}$ 收敛，其和为

$$s = \sum_{n=1}^{\infty} \frac{2 + (-1)^{n-1}}{3^n} = \sum_{n=1}^{\infty} \frac{2}{3^n} + \sum_{n=1}^{\infty} \frac{(-1)^{n-1}}{3^n}$$
$$= 2 \sum_{n=1}^{\infty} \frac{1}{3^n} + \frac{1}{4} = \frac{5}{4}.$$

推论 如果级数 $\sum\limits_{n=1}^{\infty} u_n$ 收敛，$\sum\limits_{n=1}^{\infty} v_n$ 发散，则级数 $\sum\limits_{n=1}^{\infty} (u_n \pm v_n)$ 发散.

【即时提问 7.1】 两个发散的级数逐项相加所得的级数一定发散吗？

性质 7.3 在级数中去掉、加上或改变有限项，不会改变级数的敛散性.

类似地，在级数的前面加上有限项，也不会改变级数的敛散性.

性质 7.4 如果级数 $\sum\limits_{n=1}^{\infty} u_n$ 收敛，则在不改变其各项次序的情况下，对该级数的项任意添加括号后所形成的级数仍收敛，且其和不变.

推论 如果加括号后所得到的级数发散，则原级数也发散.

注 发散的级数加括号后可能收敛. 例如，级数

$$1 - 1 + 1 - 1 + 1 - 1 + \cdots + 1 - 1 + \cdots$$

是发散的，但加括号后得到的级数 $(1-1) + (1-1) + (1-1) + \cdots + (1-1) + \cdots$ 是收敛的.

由于无穷级数涉及无穷多项求和的问题，因此根据以上性质，只有在收敛的无穷级数求和时可以添加括号、提取公因子，以及将级数从等号的一端移到另一端，而对于发散级数则不行.

2. 级数收敛的必要条件

定理 7.1 如果级数 $\sum\limits_{n=1}^{\infty} u_n$ 收敛，则 $\lim\limits_{n \to \infty} u_n = 0$.

证明 设级数的部分和为 s_n，其和为 s，有 $u_n = s_n - s_{n-1}$，则
$$\lim_{n \to \infty} u_n = \lim_{n \to \infty} (s_n - s_{n-1}) = \lim_{n \to \infty} s_n - \lim_{n \to \infty} s_{n-1} = s - s = 0.$$

计算机可视化 13

注 定理 7.1 中 $\lim\limits_{n \to \infty} u_n = 0$ 是级数 $\sum\limits_{n=1}^{\infty} u_n$ 收敛的必要条件，但不是充分

条件. 如果级数 $\sum\limits_{n=1}^{\infty} u_n$ 收敛，则 $\lim\limits_{n \to \infty} u_n = 0$；若 $\lim\limits_{n \to \infty} u_n = 0$，则级数 $\sum\limits_{n=1}^{\infty} u_n$ 可能发散. 例如，调和级数

$\sum\limits_{n=1}^{\infty}\dfrac{1}{n}$ 是发散的，但 $\lim\limits_{n\to\infty}u_n=\lim\limits_{n\to\infty}\dfrac{1}{n}=0$；若 $\lim\limits_{n\to\infty}u_n\neq 0$，则级数 $\sum\limits_{n=1}^{\infty}u_n$ 一定发散. 因此，在判别级数的敛散性时，首先考察 $\lim\limits_{n\to\infty}u_n=0$ 是否满足，如果这个条件不满足，则级数发散；如果这个条件满足，再用其他方法判定级数的敛散性.

例 7.7 判别级数 $\dfrac{1}{2}+\dfrac{1}{\sqrt{2}}+\dfrac{1}{\sqrt[3]{2}}+\cdots+\dfrac{1}{\sqrt[n]{2}}+\cdots$ 的敛散性.

解 由于 $\lim\limits_{n\to\infty}u_n=\lim\limits_{n\to\infty}\dfrac{1}{\sqrt[n]{2}}=1\neq 0$，因此级数 $\dfrac{1}{2}+\dfrac{1}{\sqrt{2}}+\dfrac{1}{\sqrt[3]{2}}+\cdots+\dfrac{1}{\sqrt[n]{2}}+\cdots$ 发散.

7.1.3 几何级数应用举例

投资费用分析 在经济生活中的投资费用包括初期投资和后期投资，即每隔一定时期重复一次的一系列服务或购置设备所需费用的现值. 如果将每次后期投资费用折算为现值，然后与初期投资相加，则可以用于比较间隔时间不同的服务项目或使用寿命不同的设备的投资费用. 这可以为选择投资费用最低的服务项目或设备提供指导.

（1）设初期投资为 p，年利率为 r，t 年重复一次投资，则第一次重复投资费用的现值为 pe^{-rt}，第二次重复投资费用的现值为 pe^{-2rt}，以此类推，得投资费用 D 为

$$D=p+pe^{-rt}+pe^{-2rt}+\cdots+pe^{-nrt}+\cdots.$$

这是一个公比为 $q=e^{-rt}$ 的几何级数，其和为 $D=\dfrac{p}{1-e^{-rt}}=\dfrac{pe^{rt}}{e^{rt}-1}$.

（2）在通货膨胀情况下，假设每年的物价上涨百分率为 i，年利率仍为 r，若某种服务或项目的现在费用为 p，则 t 年后的费用为 $A_t=pe^{it}$，其现值为 $p_t=A_te^{-rt}=pe^{-(r-i)t}$. 这时的总费用 D 可用以下几何级数表示.

$$\begin{aligned}D&=p+pe^{-(r-i)t}+pe^{-2(r-i)t}+\cdots+pe^{-n(r-i)t}+\cdots\\&=p\,\frac{1}{1-e^{-(r-i)t}}=\frac{pe^{(r-i)t}}{e^{(r-i)t}-1}.\end{aligned}$$

下面通过一个具体实例来介绍几何级数的实际应用.

例 7.8 为缓解交通压力，某市要在河流上建造一座桥梁，有下面两个方案：建造一座钢桥的费用为 380 000 元，每隔 10 年需要刷漆一次，每次费用为 40 000 元，桥的期望寿命为 40 年；建造一座木桥的费用为 200 000 元，每隔 2 年需刷漆一次，每次费用为 20 000 元，桥的期望寿命为 15 年. 已知年利率为 0.1，建桥总费用包括两部分——建桥的系列费用和刷漆的系列费用.

（1）在不发生通货膨胀的情况下，建造桥梁，哪一个方案较为经济？

（2）若每年物价上涨 0.07，在存在通货膨胀的情况下，重新计算两个建桥方案的总费用.

解 （1）由题意知，若建钢桥，有 $p=380\,000,r=0.1,t=40,rt=0.1\times 40=4$，则建桥的费用为 $D_1=p+pe^{-4}+pe^{-2\times 4}+\cdots=p\,\dfrac{1}{1-e^{-4}}=\dfrac{pe^4}{e^4-1}$. 由于 $e^4\approx 54.598$，于是

$$D_1\approx\frac{380\,000\times 54.598}{54.598-1}\approx 387\,090.8(\text{元}).$$

为钢桥刷漆的费用为

$$D_2=\frac{40\,000e^{0.1\times 10}}{e^{0.1\times 10}-1}\approx\frac{40\,000\times 2.718\,3}{2.718\,3-1}\approx 63\,278.8(\text{元}),$$

故建钢桥总费用的现值为

$$D=D_1+D_2\approx 450\,369.6(\text{元}).$$

类似地，建木桥的费用为

$$D_3 = \frac{200\,000e^{0.1 \times 15}}{e^{0.1 \times 15} - 1} \approx \frac{200\,000 \times 4.482}{4.482 - 1} \approx 257\,440(元),$$

为木桥刷漆的费用为

$$D_4 = \frac{20\,000e^{0.1 \times 2}}{e^{0.1 \times 2} - 1} \approx \frac{20\,000 \times 1.221\,4}{1.221\,4 - 1} \approx 110\,243.8(元),$$

故建木桥总费用的现值为

$$D_5 = D_3 + D_4 \approx 367\,683.8(元).$$

由此可知，在不发生通货膨胀的情况下，建造木桥的方案较为经济．

（2）在通货膨胀情况下，$r = 0.1, i = 0.07, r - i = 0.03$，此时，建造钢桥的建桥费用 D_1 和刷漆费用 D_2 分别为

$$D_1 = \frac{380\,000}{1 - e^{-0.03 \times 40}} \approx 543\,780(元), \quad D_2 = \frac{40\,000}{1 - e^{-0.03 \times 10}} \approx 154\,320(元),$$

则建钢桥总费用的现值为

$$D = D_1 + D_2 \approx 543\,780 + 154\,320 = 698\,100(元).$$

建造木桥的建桥费用 D_3 和刷漆费用 D_4 分别为

$$D_3 = \frac{200\,000}{1 - e^{-0.03 \times 15}} \approx 551\,926(元), \quad D_4 = \frac{20\,000}{1 - e^{-0.03 \times 2}} \approx 343\,624(元),$$

建造木桥总费用的现值为

$$D_5 = D_3 + D_4 \approx 551\,926 + 343\,624 = 895\,550(元).$$

根据以上计算，在每年通货膨胀 0.07 的情况下，建造钢桥的方案更为经济．

同步习题7.1

 基础题

1. 回答下列问题．

（1）若级数 $\sum_{n=1}^{\infty} u_n$ 发散，k 为一常数，那么级数 $\sum_{n=1}^{\infty} ku_n$ 一定发散吗？请举例说明．

（2）若级数 $\sum_{n=1}^{\infty} a_n$ 发散，级数 $\sum_{n=1}^{\infty} b_n$ 收敛，则级数 $\sum_{n=1}^{\infty} (a_n + b_n)$ 是发散还是收敛？

（3）若级数 $\sum_{n=1}^{\infty} a_n$ 与 $\sum_{n=1}^{\infty} b_n$ 都发散，则级数 $\sum_{n=1}^{\infty} (a_n + b_n)$ 一定发散吗？请举例说明．

（4）若级数 $\sum_{n=1}^{\infty} (a_n + b_n)$ 收敛，则级数 $\sum_{n=1}^{\infty} a_n$ 与 $\sum_{n=1}^{\infty} b_n$ 是否都收敛？

2. 写出下列级数的一般项．

（1）$1 + \dfrac{1}{2} + \dfrac{1}{4} + \dfrac{1}{8} + \cdots$.

（2）$\dfrac{2}{1} - \dfrac{3}{2} + \dfrac{4}{3} - \dfrac{5}{4} + \cdots$.

（3）$\dfrac{1}{2} + \dfrac{1}{1 + 2^3} + \dfrac{1}{1 + 3^3} + \dfrac{1}{1 + 4^3} + \cdots$.

（4）$\dfrac{1}{\ln 2} + \dfrac{1}{2\ln 3} + \dfrac{1}{3\ln 4} + \cdots$.

3. 写出下列级数的前 5 项.

(1) $\sum_{n=1}^{\infty} \dfrac{(-1)^n + 1}{n}$.

(2) $\sum_{n=1}^{\infty} \dfrac{2n-1}{2^n}$.

(3) $\sum_{n=1}^{\infty} (\sqrt{n+1} - \sqrt{n})$.

4. 讨论下列级数的敛散性.

(1) $a, a, a, a, \cdots (a \neq 0)$.

(2) $\sum_{n=1}^{\infty} \left[\dfrac{1}{2^n} + \dfrac{(-1)^n}{7^n} \right]$.

(3) $\sum_{n=1}^{\infty} \sqrt{\dfrac{n+1}{2n-1}}$.

(4) $\sum_{n=1}^{\infty} \sin \dfrac{n\pi}{2}$.

5. 已知级数前 n 项的部分和 s_n 如下, 求出级数的一般项与级数和.

(1) $s_n = \dfrac{n}{n+1}$.

(2) $s_n = \arctan n$.

6. 判别下列级数的敛散性.

(1) $\left(\dfrac{1}{2} + \dfrac{1}{3} \right) + \left(\dfrac{1}{2^2} + \dfrac{1}{3^2} \right) + \left(\dfrac{1}{2^3} + \dfrac{1}{3^3} \right) + \cdots + \left(\dfrac{1}{2^n} + \dfrac{1}{3^n} \right) + \cdots$.

(2) $\dfrac{1}{1 \cdot 4} + \dfrac{1}{4 \cdot 7} + \dfrac{1}{7 \cdot 10} + \cdots + \dfrac{1}{(3n-2)(3n+1)} + \cdots$.

提高题

1. 判别下列级数的敛散性, 如果收敛, 求出其和.

(1) $\sum_{n=1}^{\infty} \left[\dfrac{1}{3^n} + (-1)^{n-1} \dfrac{3}{2^{n-1}} \right]$.

(2) $\sum_{n=1}^{\infty} \left[\dfrac{3}{(n+1)(n+2)} + \left(1 + \dfrac{1}{n} \right)^{-n} \right]$.

2. 已知 $\sum_{n=1}^{\infty} (-1)^{n-1} a_n = 2$, $\sum_{n=1}^{\infty} a_{2n-1} = 5$, 求级数 $\sum_{n=1}^{\infty} a_n$ 的和.

3. 设有两条抛物线 $y = nx^2 + \dfrac{1}{n}$ 和 $y = (n+1)x^2 + \dfrac{1}{n+1}$, 并设它们交点的横坐标的绝对值为 a_n.

(1) 求这两条抛物线所围成的平面图形的面积 S_n.

(2) 求级数 $\sum_{n=1}^{\infty} \dfrac{S_n}{a_n}$ 的和.

微课: 同步习题 7.1
提高题 3

7.2 常数项级数敛散性判别法

对于一个常数项级数, 我们主要关心两个问题: 一是级数是否收敛? 二是如果级数收敛. 其和是多少? 若级数是发散的, 那么第二个问题就不存在, 所以第一个问题显得更为重要. 在 7.1 节中, 我们通过级数敛散性的定义和收敛级数的性质来判断一些级数的敛散性, 但对于一般的级数, 这种做法往往比较困难. 因此, 我们需要寻求判断级数敛散性的简单而有效的方法. 为了寻求这种方法, 我们先从一类简单的常数项级数 —— 正项级数找到突破口, 进而寻求一般项级数敛散性的判别方法.

7.2.1 正项级数及其敛散性判别法

1. 正项级数

定义7.2 若 $u_n \geqslant 0 (n = 1, 2, \cdots)$, 则称级数 $\sum_{n=1}^{\infty} u_n$ 为**正项级数**.

对于正项级数 $\sum_{n=1}^{\infty} u_n$, 由于 $u_n \geqslant 0$, 因而部分和 $s_n = s_{n-1} + u_n \geqslant s_{n-1}$, 所以正项级数 $\sum_{n=1}^{\infty} u_n$ 的部分和数列 $\{s_n\}$ 是单调增加数列. 若部分和数列 $\{s_n\}$ 有界, 根据单调有界原理, 可知部分和数列 $\{s_n\}$ 的极限一定存在, 此时正项级数收敛. 反之, 若正项级数收敛, 则部分和数列 $\{s_n\}$ 的极限存在, 从而部分和数列 $\{s_n\}$ 一定有界. 因此, 我们得到正项级数收敛的一个充要条件.

定理7.2 正项级数 $\sum_{n=1}^{\infty} u_n$ 收敛的充分必要条件是其部分和数列 $\{s_n\}$ 有界.

由定理7.2可知, 如果正项级数 $\sum_{n=1}^{\infty} u_n$ 的部分和数列 $\{s_n\}$ 无界, 则级数 $\sum_{n=1}^{\infty} u_n$ 一定发散, 且 $s_n \to +\infty (n \to \infty)$, 即 $\sum_{n=1}^{\infty} u_n = +\infty$.

2. 正项级数的敛散性判别法

根据定理7.2, 可得到关于正项级数的比较判别法.

定理7.3（比较判别法） 设有两个正项级数 $\sum_{n=1}^{\infty} u_n$ 及 $\sum_{n=1}^{\infty} v_n$, 且 $u_n \leqslant v_n (n = 1, 2, \cdots)$.

（1）如果级数 $\sum_{n=1}^{\infty} v_n$ 收敛, 则级数 $\sum_{n=1}^{\infty} u_n$ 收敛.

（2）如果级数 $\sum_{n=1}^{\infty} u_n$ 发散, 则级数 $\sum_{n=1}^{\infty} v_n$ 发散.

由于级数的每一项同乘不为零的常数, 以及改变级数的前有限项不影响其敛散性, 我们可得如下推论.

推论 设 $\sum_{n=1}^{\infty} u_n$ 和 $\sum_{n=1}^{\infty} v_n$ 都是正项级数, 且存在正整数 N, 使当 $n \geqslant N$ 时, 有 $u_n \leqslant k v_n (k > 0)$ 成立, 则

（1）如果级数 $\sum_{n=1}^{\infty} v_n$ 收敛, 则级数 $\sum_{n=1}^{\infty} u_n$ 收敛.

（2）如果级数 $\sum_{n=1}^{\infty} u_n$ 发散, 则级数 $\sum_{n=1}^{\infty} v_n$ 发散.

例7.9 级数

$$\sum_{n=1}^{\infty} \frac{1}{n^p} = 1 + \frac{1}{2^p} + \frac{1}{3^p} + \cdots + \frac{1}{n^p} + \cdots \tag{7.5}$$

称为 p 级数, 试讨论其敛散性, 其中常数 $p > 0$.

解 当 $p = 1$ 时, p 级数为调和级数, 故级数发散.

当 $0 < p < 1$ 时, 由于 $\frac{1}{n} < \frac{1}{n^p}$, 而级数 $\sum_{n=1}^{\infty} \frac{1}{n}$ 发散, 所以 p 级数 $\sum_{n=1}^{\infty} \frac{1}{n^p}$ 发散.

微课: 例7.9

当 $p > 1$ 时，此时有

$$\frac{1}{n^p} = \int_{n-1}^{n} \frac{1}{n^p} \mathrm{d}x \leqslant \int_{n-1}^{n} \frac{1}{x^p} \mathrm{d}x = \frac{1}{p-1} \left[\frac{1}{(n-1)^{p-1}} - \frac{1}{n^{p-1}} \right] (n = 2, 3, \cdots).$$

对于级数 $\displaystyle\sum_{n=2}^{\infty} \left[\frac{1}{(n-1)^{p-1}} - \frac{1}{n^{p-1}} \right]$，其部分和

$$s_n = \left(1 - \frac{1}{2^{p-1}} \right) + \left(\frac{1}{2^{p-1}} - \frac{1}{3^{p-1}} \right) + \cdots + \left[\frac{1}{n^{p-1}} - \frac{1}{(n+1)^{p-1}} \right] = 1 - \frac{1}{(n+1)^{p-1}}.$$

因为 $\displaystyle\lim_{n\to\infty} s_n = \lim_{n\to\infty} \left[1 - \frac{1}{(n+1)^{p-1}} \right] = 1$，所以级数 $\displaystyle\sum_{n=2}^{\infty} \left[\frac{1}{(n-1)^{p-1}} - \frac{1}{n^{p-1}} \right]$ 收敛. 从而根据定理 7.3 的推论可知，当 $p > 1$ 时，p 级数收敛.

综上所述当 $p > 1$ 时，p 级数收敛；当 $0 < p \leqslant 1$ 时，p 级数发散.

比较判别法是判断正项级数敛散性的一个重要方法. 对于一个给定的正项级数，如果要用比较判别法来判别其敛散性，则首先要通过观察，找到另一个已知敛散性的级数与其进行比较. 只有掌握一些重要级数的敛散性，并加以灵活应用，才能熟练掌握比较判别法. 目前，已经介绍过的重要级数有几何级数、调和级数及 p 级数等.

例 7.10 利用比较判别法判别例 7.1 中级数的敛散性.

解 级数 $\displaystyle\sum_{n=1}^{\infty} \frac{1}{n(n+1)}$ 的一般项 $u_n = \frac{1}{n(n+1)}$，且 $0 < \frac{1}{n(n+1)} < \frac{1}{n^2}$，而级数 $\displaystyle\sum_{n=1}^{\infty} \frac{1}{n^2}$ 是 $p = 2$ 的 p 级数，它是收敛的，因此，级数 $\displaystyle\sum_{n=1}^{\infty} \frac{1}{n(n+1)}$ 收敛.

为了应用上的方便，我们不加证明地给出比较判别法的极限形式.

定理 7.4（比较判别法的极限形式） 设 $\displaystyle\sum_{n=1}^{\infty} u_n$ 和 $\displaystyle\sum_{n=1}^{\infty} v_n$ 都是正项级数，且 $\displaystyle\lim_{n\to\infty} \frac{u_n}{v_n} = l$.

（1）如果 $0 < l < +\infty$，则级数 $\displaystyle\sum_{n=1}^{\infty} u_n$ 和 $\displaystyle\sum_{n=1}^{\infty} v_n$ 同时收敛或同时发散.

（2）如果 $l = 0$，若 $\displaystyle\sum_{n=1}^{\infty} v_n$ 收敛，则 $\displaystyle\sum_{n=1}^{\infty} u_n$ 收敛；若 $\displaystyle\sum_{n=1}^{\infty} u_n$ 发散，则 $\displaystyle\sum_{n=1}^{\infty} v_n$ 发散.

（3）如果 $l = +\infty$，若 $\displaystyle\sum_{n=1}^{\infty} u_n$ 收敛，则 $\displaystyle\sum_{n=1}^{\infty} v_n$ 收敛；若 $\displaystyle\sum_{n=1}^{\infty} v_n$ 发散，则 $\displaystyle\sum_{n=1}^{\infty} u_n$ 发散.

例 7.11 判别级数 $\displaystyle\sum_{n=1}^{\infty} \ln\left(1 + \frac{1}{n} \right)$ 的敛散性.

解 因为 $\displaystyle\lim_{n\to\infty} \frac{\ln\left(1 + \dfrac{1}{n} \right)}{\dfrac{1}{n}} = 1$，而级数 $\displaystyle\sum_{n=1}^{\infty} \frac{1}{n}$ 发散，所以根据定理 7.4 知，级数 $\displaystyle\sum_{n=1}^{\infty} \ln\left(1 + \frac{1}{n} \right)$ 发散.

例 7.12 判别级数 $\displaystyle\sum_{n=1}^{\infty} \ln\left(1 + \frac{1}{n^2} \right)$ 的敛散性.

解 因为 $\displaystyle\lim_{n\to\infty} \frac{\ln\left(1 + \dfrac{1}{n^2} \right)}{\dfrac{1}{n^2}} = 1$，而级数 $\displaystyle\sum_{n=1}^{\infty} \frac{1}{n^2}$ 收敛，所以根据定理 7.4 知，级数 $\displaystyle\sum_{n=1}^{\infty} \ln\left(1 + \frac{1}{n^2} \right)$ 收敛.

例 7.13　判别级数 $\sum\limits_{n=1}^{\infty} \sin\dfrac{1}{n^p} (p>0)$ 的敛散性.

解　因为 $\lim\limits_{n\to\infty} \dfrac{\sin\dfrac{1}{n^p}}{\dfrac{1}{n^p}} = 1$，而级数 $\sum\limits_{n=1}^{\infty} \dfrac{1}{n^p}$ 当 $p>1$ 时收敛，当 $0<p\leqslant1$ 时发散，所以根据定理

7.4 知，级数 $\sum\limits_{n=1}^{\infty} \sin\dfrac{1}{n^p}$ 当 $p>1$ 时收敛，当 $0<p\leqslant1$ 时发散.

用比较判别法或其极限形式，都需要找到一个已知的参考级数进行比较，这可能会带来一定困难. 下面介绍的判别法，可以利用级数自身的特点判别级数的敛散性.

定理 7.5（比值判别法，达郎贝尔判别法）　设 $\sum\limits_{n=1}^{\infty} u_n$ 是正项级数，且 $\lim\limits_{n\to\infty} \dfrac{u_{n+1}}{u_n} = \rho$，则

（1）当 $\rho<1$ 时，级数 $\sum\limits_{n=1}^{\infty} u_n$ 收敛；

（2）当 $\rho>1$ 时，级数 $\sum\limits_{n=1}^{\infty} u_n$ 发散；

（3）当 $\rho=1$ 时，级数 $\sum\limits_{n=1}^{\infty} u_n$ 可能收敛，也可能发散.

例 7.14　判别下列级数的敛散性.

（1）$\sum\limits_{n=1}^{\infty} \dfrac{n}{2^{n-1}}$.　　　　（2）$\sum\limits_{n=1}^{\infty} \dfrac{n^n}{n!}$.

微课：例 7.14

解　（1）因为

$$\lim_{n\to\infty} \frac{u_{n+1}}{u_n} = \lim_{n\to\infty} \frac{\dfrac{n+1}{2^n}}{\dfrac{n}{2^{n-1}}} = \frac{1}{2}\lim_{n\to\infty} \frac{n+1}{n} = \frac{1}{2} < 1,$$

所以根据定理 7.5 知，级数 $\sum\limits_{n=1}^{\infty} \dfrac{n}{2^{n-1}}$ 收敛.

（2）因为

$$\lim_{n\to\infty} \frac{u_{n+1}}{u_n} = \lim_{n\to\infty} \frac{\dfrac{(n+1)^{n+1}}{(n+1)!}}{\dfrac{n^n}{n!}} = \lim_{n\to\infty} \left(\frac{n+1}{n}\right)^n = \lim_{n\to\infty} \left(1+\frac{1}{n}\right)^n = e > 1,$$

所以根据定理 7.5 知，级数 $\sum\limits_{n=1}^{\infty} \dfrac{n^n}{n!}$ 发散.

例 7.15　判别级数 $\sum\limits_{n=1}^{\infty} \dfrac{1}{(2n-1)\cdot2n}$ 的敛散性.

解　由于 $\lim\limits_{n\to\infty} \dfrac{u_{n+1}}{u_n} = \lim\limits_{n\to\infty} \dfrac{(2n-1)\cdot2n}{(2n+1)\cdot(2n+2)} = 1$，这时 $\rho=1$，因此比值判别法失效，必须用其他方法来判别级数的敛散性.

因为 $\dfrac{1}{(2n-1)\cdot2n} < \dfrac{1}{n^2}$，而级数 $\sum\limits_{n=1}^{\infty} \dfrac{1}{n^2}$ 收敛，所以由比较判别法可知所给级数收敛.

【即时提问 7.2】 如果正项级数 $\sum\limits_{n=1}^{\infty} u_n$ 收敛，是否一定可以得到 $\lim\limits_{n \to \infty} \dfrac{u_{n+1}}{u_n} < 1$ 呢?

定理 7.6（根值判别法，柯西判别法） 设 $\sum\limits_{n=1}^{\infty} u_n$ 是正项级数，且 $\lim\limits_{n \to \infty} \sqrt[n]{u_n} = \rho$，则

(1) 当 $\rho < 1$ 时，级数收敛；

(2) 当 $\rho > 1$ 时，级数发散；

(3) 当 $\rho = 1$ 时，级数可能收敛，也可能发散.

例 7.16 判别级数 $\sum\limits_{n=1}^{\infty} \dfrac{2 + (-1)^n}{2^n}$ 的敛散性.

解 由于 $\lim\limits_{n \to \infty} \sqrt[n]{u_n} = \lim\limits_{n \to \infty} \dfrac{\sqrt[n]{2 + (-1)^n}}{2} = \dfrac{1}{2} < 1$，因此，根据定理 7.6 知，原级数收敛.

注 判别一个正项级数的敛散性，一般而言，可按以下步骤进行考虑.

(1) 检查一般项，若 $\lim\limits_{n \to \infty} u_n \neq 0$，则可判定级数发散；若 $\lim\limits_{n \to \infty} u_n = 0$，则根据通项特点，考虑比较判别法、比值判别法或根值判别法.

(2) 用比值（根值）判别法判定，若比值（根值）极限为 1，则改用其他判别方法.

(3) 检查正项级数的部分和是否有界或判别部分和是否有极限.

定理 7.7（积分判别法） 设 $f(x)$ 为 $[1, +\infty)$ 上的非负减函数，则正项级数 $\sum\limits_{n=1}^{\infty} f(n)$ 与反常积分 $\int_1^{+\infty} f(x)\mathrm{d}x$ 同时收敛或同时发散.

证明 由于 $f(x)$ 为 $[1, +\infty)$ 上的非负减函数，因此，对任何大于 1 的数 A，$f(x)$ 在 $[1, A]$ 上可积，从而有

$$f(n) \leqslant \int_{n-1}^{n} f(x)\mathrm{d}x \leqslant f(n-1), n = 2, 3, \cdots,$$

依次相加可得

$$\sum_{n=2}^{m} f(n) \leqslant \sum_{n=2}^{m} \int_{n-1}^{n} f(x)\mathrm{d}x = \int_1^m f(x)\mathrm{d}x \leqslant \sum_{n=2}^{m} f(n-1) = \sum_{n=1}^{m-1} f(n). \tag{7.6}$$

若反常积分 $\int_1^{+\infty} f(x)\mathrm{d}x$ 收敛，则由式 (7.6) 左边，对任何正整数 m，有

$$s_m = \sum_{n=1}^{m} f(n) \leqslant f(1) + \int_1^m f(x)\mathrm{d}x \leqslant f(1) + \int_1^{+\infty} f(x)\mathrm{d}x,$$

根据定理 7.2，正项级数 $\sum\limits_{n=1}^{\infty} f(n)$ 收敛.

反之，若正项级数 $\sum\limits_{n=1}^{\infty} f(n)$ 收敛，则由式 (7.6) 右边，对任一正整数 $m(>1)$，有

$$\int_1^m f(x)\mathrm{d}x \leqslant s_{m-1} \leqslant \sum_{n=1}^{\infty} f(n) = s.$$

因为 $f(x)$ 为非负单调减少函数，所以对任何大于 1 的数 A，都有

$$0 \leqslant \int_1^A f(x)\mathrm{d}x \leqslant s_n < s, n \leqslant A \leqslant n+1,$$

可得反常积分 $\int_1^{+\infty} f(x)\mathrm{d}x$ 收敛.

用同样的方法，可以证明正项级数 $\sum\limits_{n=1}^{\infty} f(n)$ 与反常积分 $\int_1^{+\infty} f(x)\mathrm{d}x$ 同时发散.

例 7.17 利用积分判别法讨论 p 级数 $\sum\limits_{n=1}^{\infty} \dfrac{1}{n^p}$ 的敛散性.

解 考虑函数 $f(x)=\dfrac{1}{x^p}$，当 $p>0$ 时，$f(x)$ 在区间 $[1,+\infty)$ 上是非负减函数. 又对于反常积分 $\int_1^{+\infty} \dfrac{1}{x^p}\mathrm{d}x$，当 $p>1$ 时收敛，当 $0<p\leqslant 1$ 时发散，由定理7.7知，级数 $\sum\limits_{n=1}^{\infty} \dfrac{1}{n^p}$，当 $p>1$ 时收敛，当 $0<p\leqslant 1$ 时发散. 当 $p\leqslant 0$ 时，$\dfrac{1}{n^p} \nrightarrow 0$，级数发散.

综上可得，当且仅当 $p>1$ 时，p 级数 $\sum\limits_{n=1}^{\infty} \dfrac{1}{n^p}$ 收敛.

例 7.18 讨论下列级数的敛散性.

$(1)\ \sum\limits_{n=2}^{\infty} \dfrac{1}{n\ (\ln n)^p}.$ $\qquad (2)\ \sum\limits_{n=3}^{\infty} \dfrac{1}{n\ln n\ (\ln\ln n)^p}.$

解 (1) 考虑反常积分 $\int_2^{+\infty} \dfrac{1}{x\ (\ln x)^p}\mathrm{d}x$，由于

$$\int_2^{+\infty} \frac{1}{x\ (\ln x)^p}\mathrm{d}x = \int_2^{+\infty} \frac{\mathrm{d}(\ln x)}{(\ln x)^p} = \int_{\ln 2}^{+\infty} \frac{\mathrm{d}u}{u^p},$$

$\sum\limits_{n=1}^{\infty} \dfrac{1}{n^p}$ 当 $p>1$ 时收敛，当 $p\leqslant 1$ 时发散，因此根据定理7.7知，级数 $\sum\limits_{n=2}^{\infty} \dfrac{1}{n\ (\ln n)^p}$ 当 $p>1$ 时收敛，当 $p\leqslant 1$ 时发散.

(2) 考虑反常积分 $\int_3^{+\infty} \dfrac{1}{x\ln x\ (\ln\ln x)^p}\mathrm{d}x$，同样可得，级数 $\sum\limits_{n=3}^{\infty} \dfrac{1}{n\ln n\ (\ln\ln n)^p}$ 当 $p>1$ 时收敛，当 $p\leqslant 1$ 时发散.

上面我们讨论了正项级数的判别法，本节我们还要讨论一般的常数项级数敛散性的判别方法. 所谓"一般的常数项级数"，是指级数的各项可以是正数、负数或零. 我们先来讨论一种特殊的级数 —— 交错级数，然后再讨论一般的常数项级数.

7.2.2 交错级数及其敛散性判别法

定义 7.3 数项级数

$$\sum_{n=1}^{\infty} (-1)^{n-1} u_n = u_1 - u_2 + u_3 - u_4 + \cdots + (-1)^{n-1} u_n + \cdots \tag{7.7}$$

或

$$\sum_{n=1}^{\infty} (-1)^n u_n = -u_1 + u_2 - u_3 + u_4 + \cdots + (-1)^n u_n + \cdots \tag{7.8}$$

称为**交错级数**，其中 $u_n > 0 (n=1,2,\cdots)$.

由常数项级数的性质可知，式(7.7)与式(7.8)的敛散性相同，所以我们只讨论式(7.7)的交错级数的敛散性判别方法.

定理 7.8（莱布尼茨定理） 如果交错级数 $\sum\limits_{n=1}^{\infty} (-1)^{n-1} u_n$ 满足条件：

$(1)\ u_n \geqslant u_{n+1} > 0 (n=1,2,\cdots);$

微课：定理 7.8 证明

(2) $\lim\limits_{n\to\infty}u_n = 0$,

则交错级数收敛, 且其和 $s \leqslant u_1$, 余项的绝对值 $|r_n| \leqslant u_{n+1}$.

例 7.19 判别级数

$$\sum_{n=1}^{\infty}(-1)^{n-1}\frac{1}{n} = 1 - \frac{1}{2} + \frac{1}{3} - \frac{1}{4} + \cdots + (-1)^{n-1}\frac{1}{n} + \cdots$$

的敛散性.

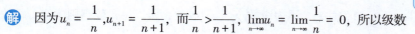

计算机可视化 14

解 因为 $u_n = \dfrac{1}{n}, u_{n+1} = \dfrac{1}{n+1}$, 而 $\dfrac{1}{n} > \dfrac{1}{n+1}$, $\lim\limits_{n\to\infty}u_n = \lim\limits_{n\to\infty}\dfrac{1}{n} = 0$, 所以级数

$\sum\limits_{n=1}^{\infty}(-1)^{n-1}\dfrac{1}{n}$ 收敛.

例 7.20 判别级数

$$\sum_{n=1}^{\infty}(-1)^{n-1}\frac{n}{2^n} = \frac{1}{2} - \frac{2}{2^2} + \frac{3}{2^3} - \frac{4}{2^4} + \cdots + (-1)^{n-1}\frac{n}{2^n} + \cdots$$

的敛散性.

解 因为 $u_n = \dfrac{n}{2^n}, u_{n+1} = \dfrac{n+1}{2^{n+1}}$, 所以 $u_n - u_{n+1} = \dfrac{n}{2^n} - \dfrac{n+1}{2^{n+1}} = \dfrac{n-1}{2^{n+1}} \geqslant 0$, 从而 $u_n \geqslant u_{n+1}$. 又 $\lim\limits_{n\to\infty}u_n = $

$\lim\limits_{n\to\infty}\dfrac{n}{2^n} = 0$, 所以级数 $\sum\limits_{n=1}^{\infty}(-1)^{n-1}\dfrac{n}{2^n}$ 收敛.

注 莱布尼茨定理中要求数列 $\{u_n\}$ 单调减少的条件不是多余的. 例如, 级数

$$1 - \frac{1}{5} + \frac{1}{2} - \frac{1}{5^2} + \cdots + \frac{1}{n} - \frac{1}{5^n} + \cdots$$

是发散的, 虽然当 $n \to \infty$ 时, $u_{2n-1} = \dfrac{1}{n} \to 0, u_{2n} = \dfrac{1}{5^n} \to 0$, 从而数列 $\{u_n\}$ 的一般项 $u_n \to 0$, 但是 $u_{2n-1} > u_{2n}, u_{2n} < u_{2n+1}$, 数列 $\{u_n\}$ 不具有单调性. 同时, 数列 $\{u_n\}$ 单调递减的条件也不是必要的. 例如, 级数

$$\sum_{n=1}^{\infty}(-1)^{n-1}u_n = 1 - \frac{1}{2^2} + \frac{1}{3^3} - \frac{1}{4^2} + \cdots + \frac{1}{(2n-1)^3} - \frac{1}{(2n)^2} + \cdots$$

是收敛的, 但数列 $\{u_n\}$ 并不具有单调递减性. 以上说明了莱布尼茨定理是判别交错级数收敛的充分非必要条件.

7.2.3 绝对收敛和条件收敛

现在讨论一般的常数项级数 $\sum\limits_{n=1}^{\infty}u_n$ 的敛散性, 其中 $u_n(n = 1, 2, \cdots)$ 是任意实数.

定义 7.4 如果级数 $\sum\limits_{n=1}^{\infty}u_n$ 各项的绝对值所构成的正项级数 $\sum\limits_{n=1}^{\infty}|u_n|$ 收敛, 那么称级数 $\sum\limits_{n=1}^{\infty}u_n$

绝对收敛; 如果级数 $\sum\limits_{n=1}^{\infty}u_n$ 收敛, 而级数 $\sum\limits_{n=1}^{\infty}|u_n|$ 发散, 那么称级数 $\sum\limits_{n=1}^{\infty}u_n$ **条件收敛**.

例如, 级数 $\sum\limits_{n=1}^{\infty}(-1)^{n-1}\dfrac{1}{n^2}$ 和级数 $\sum\limits_{n=1}^{\infty}(-1)^{n-1}\dfrac{1}{n}$, 由莱布尼茨定理易知这两个级数都是收敛的, 它们的绝对值级数分别为 $\sum\limits_{n=1}^{\infty}\dfrac{1}{n^2}$ 和 $\sum\limits_{n=1}^{\infty}\dfrac{1}{n}$, 而级数 $\sum\limits_{n=1}^{\infty}\dfrac{1}{n^2}$ 收敛, 级数 $\sum\limits_{n=1}^{\infty}\dfrac{1}{n}$ 发散, 所以级数

$\sum\limits_{n=1}^{\infty}(-1)^{n-1}\dfrac{1}{n^2}$ 绝对收敛, 级数 $\sum\limits_{n=1}^{\infty}(-1)^{n-1}\dfrac{1}{n}$ 条件收敛. 绝对收敛和条件收敛是任意项级数收敛的

两种不同方式，级数绝对收敛与级数收敛有以下重要关系.

定理 7.9 若级数 $\sum\limits_{n=1}^{\infty} u_n$ 绝对收敛，则级数 $\sum\limits_{n=1}^{\infty} u_n$ 一定收敛.

证明 令

$$v_n = \frac{1}{2}(u_n + |u_n|)(n = 1, 2, \cdots),$$

显然 $v_n \geq 0$ 且 $v_n \leq |u_n|(n = 1, 2, \cdots)$. 因为级数 $\sum\limits_{n=1}^{\infty} |u_n|$ 收敛，所以由比较判别法知，级数 $\sum\limits_{n=1}^{\infty} v_n$

收敛，从而级数 $\sum\limits_{n=1}^{\infty} 2v_n$ 也收敛. 而 $u_n = 2v_n - |u_n|$，由收敛级数的基本性质可知

$$\sum_{n=1}^{\infty} u_n = \sum_{n=1}^{\infty} 2v_n - \sum_{n=1}^{\infty} |u_n|,$$

所以级数 $\sum\limits_{n=1}^{\infty} u_n$ 收敛.

注 对于任意项级数 $\sum\limits_{n=1}^{\infty} u_n$，如果我们用正项级数判别法判定级数 $\sum\limits_{n=1}^{\infty} |u_n|$ 收敛，那么此级数一定收敛. 这就使一大类级数的敛散性判定问题，转化为正项级数的敛散性判定问题.

例 7.21 证明：当 $\lambda > 1$ 时，级数 $\sum\limits_{n=1}^{\infty} \frac{\sin nx}{n^{\lambda}}$ 绝对收敛.

证明 因为 $\left| \frac{\sin nx}{n^{\lambda}} \right| \leq \frac{1}{n^{\lambda}}$，当 $\lambda > 1$ 时，$\sum\limits_{n=1}^{\infty} \frac{1}{n^{\lambda}}$ 收敛，故级数 $\sum\limits_{n=1}^{\infty} \left| \frac{\sin nx}{n^{\lambda}} \right|$ 收敛，从而级数

$\sum\limits_{n=1}^{\infty} \frac{\sin nx}{n^{\lambda}}$ 绝对收敛.

一般来说，如果级数 $\sum\limits_{n=1}^{\infty} |u_n|$ 发散，我们不能断定级数 $\sum\limits_{n=1}^{\infty} u_n$ 也发散. 但是，如果我们用比值判别法（或根值判别法）判定级数 $\sum\limits_{n=1}^{\infty} |u_n|$ 发散，那么我们可以断定级数 $\sum\limits_{n=1}^{\infty} u_n$ 必定发散. 这是因为从 $\rho > 1$ 可以推知 $\lim\limits_{n \to \infty} |u_n| \neq 0$，从而 $\lim\limits_{n \to \infty} u_n \neq 0$，所以级数 $\sum\limits_{n=1}^{\infty} u_n$ 发散.

例 7.22 判别级数 $\sum\limits_{n=1}^{\infty} (-1)^n \frac{1}{2^n} \left(1 + \frac{1}{n}\right)^{n^2}$ 的敛散性.

解 由 $|u_n| = \frac{1}{2^n} \left(1 + \frac{1}{n}\right)^{n^2}$，有 $\lim\limits_{n \to \infty} \sqrt[n]{|u_n|} = \frac{1}{2} \lim\limits_{n \to \infty} \left(1 + \frac{1}{n}\right)^n = \frac{e}{2} > 1$，可知 $\lim\limits_{n \to \infty} u_n \neq 0$，因此，级数 $\sum\limits_{n=1}^{\infty} (-1)^n \frac{1}{2^n} \left(1 + \frac{1}{n}\right)^{n^2}$ 发散.

同步习题 7.2

基础题

1. 用比较判别法判别下列级数的敛散性.

(1) $\sum\limits_{n=1}^{\infty} \sin \frac{\pi}{n^2}$.

(2) $\sum\limits_{n=1}^{\infty} \frac{n+1}{n^2+1}$.

(3) $\sum\limits_{n=1}^{\infty} \dfrac{1}{n\sqrt{1+n}}$.

(4) $\sum\limits_{n=1}^{\infty} \dfrac{1}{\ln(1+n)}$.

2. 用比值判别法判别下列级数的敛散性.

(1) $\sum\limits_{n=1}^{\infty} \dfrac{5^n n!}{n^n}$.

(2) $\sum\limits_{n=1}^{\infty} n\sin\dfrac{1}{2^n}$.

(3) $\sum\limits_{n=1}^{\infty} \dfrac{3^n}{n \cdot 2^n}$.

(4) $\sum\limits_{n=1}^{\infty} \dfrac{n}{e^n}$.

(5) $\sum\limits_{n=1}^{\infty} \dfrac{(2n-1)!!}{3^n \cdot n!}$.

(6) $\sum\limits_{n=1}^{\infty} \dfrac{(n!)^2}{(2n)!}$.

3. 用根值判别法判别下列级数的敛散性.

(1) $\sum\limits_{n=1}^{\infty} \left(\dfrac{n}{3n+1}\right)^n$.

(2) $\sum\limits_{n=1}^{\infty} \left(\dfrac{n+1}{n \cdot 2^n}\right)^{n^2}$.

(3) $\sum\limits_{n=1}^{\infty} \dfrac{3^n}{1+e^n}$.

(4) $\sum\limits_{n=1}^{\infty} \dfrac{1}{\ln^n(1+n)}$.

4. 用积分判别法判别下列级数的敛散性.

(1) $\sum\limits_{n=1}^{\infty} \dfrac{1}{n^2+1}$.

(2) $\sum\limits_{n=1}^{\infty} \dfrac{n}{n^2+1}$.

5. 判别下列交错级数的敛散性.

(1) $\sum\limits_{n=1}^{\infty} (-1)^{n-1}\dfrac{1}{\sqrt{n}}$.

(2) $\sum\limits_{n=1}^{\infty} (-1)^{n-1}\dfrac{n}{3^{n-1}}$.

(3) $\sum\limits_{n=1}^{\infty} (-1)^n\dfrac{n}{2n-1}$.

(4) $\sum\limits_{n=2}^{\infty} (-1)^n\dfrac{1}{\ln n}$.

(5) $\sum\limits_{n=2}^{\infty} \sin\left(n\pi + \dfrac{1}{\ln n}\right)$.

6. 判别下列级数的敛散性. 如果收敛, 是绝对收敛还是条件收敛?

(1) $\sum\limits_{n=1}^{\infty} \dfrac{\sin\dfrac{n\pi}{5}}{2^n}$.

(2) $\sum\limits_{n=1}^{\infty} \dfrac{(-1)^n 3^n}{n!}$.

(3) $\sum\limits_{n=1}^{\infty} (-1)^n(\sqrt{n+1}-\sqrt{n})$.

(4) $\sum\limits_{n=1}^{\infty} (-1)^{n-1}\dfrac{\sqrt{n}}{n+1}$.

7. 判别下列级数的敛散性.

(1) $\sum\limits_{n=1}^{\infty} \sin\dfrac{\pi}{2^n}$.

(2) $\sum\limits_{n=1}^{\infty} 2^n\sin\dfrac{\pi}{3^n}$.

(3) $\sum\limits_{n=1}^{\infty} \dfrac{\sqrt{n+1}}{n}$.

(4) $\sum\limits_{n=1}^{\infty} \left(1-\cos\dfrac{1}{n}\right)$.

提高题

1. 判别下列级数的敛散性.

(1) $\sum\limits_{n=1}^{\infty} \dfrac{n^2+1}{(2n^2-1)2^n}$.

(2) $\sum\limits_{n=1}^{\infty} \dfrac{\left(1+\dfrac{1}{n}\right)^n}{\mathrm{e}^n}$.

(3) $\sum\limits_{n=1}^{\infty} \dfrac{n+1}{n^k+2}$ (k 为正整数).

(4) $\sum\limits_{n=1}^{\infty} \dfrac{x^n}{n^2}$.

2. 利用级数收敛的必要条件证明 $\lim\limits_{n\to\infty} \dfrac{n^n}{(n!)^2}=0$.

3. 设 $a_n = \displaystyle\int_0^{\frac{\pi}{4}} \tan^n x \mathrm{d}x$.

(1) 求 $\sum\limits_{n=1}^{\infty} \dfrac{1}{n}(a_n+a_{n+2})$ 的值.

(2) 证明：对任意的常数 $\lambda>0$，级数 $\sum\limits_{n=1}^{\infty} \dfrac{a_n}{n^\lambda}$ 收敛.

■ 7.3　幂级数

在前面两节中，我们主要讨论了常数项级数的敛散性问题. 在自然科学与工程技术中运用级数这一工具时，除了经常用到常数项级数，还经常用到各项为函数的级数 —— 函数项级数. 在本节中，我们将重点讨论一类特殊的函数项级数 —— 幂级数.

7.3.1　函数项级数

给定一个定义在某区间 I 上的函数列

$$u_1(x), u_2(x), \cdots, u_n(x), \cdots,$$

则表达式

$$u_1(x)+u_2(x)+\cdots+u_n(x)+\cdots$$

叫作(函数项) 无穷级数，简称(函数项) 级数，记作 $\sum\limits_{n=1}^{\infty} u_n(x)$，即

$$\sum_{n=1}^{\infty} u_n(x) = u_1(x)+u_2(x)+\cdots+u_n(x)+\cdots. \tag{7.9}$$

其中，第 n 项 $u_n(x)$ 叫作函数项级数 $\sum\limits_{n=1}^{\infty} u_n(x)$ 的通项或一般项.

对于每一个确定的值 $x_0 \in I$，相应地有一个常数项级数 $\sum\limits_{n=1}^{\infty} u_n(x_0)$，

$$\sum_{n=1}^{\infty} u_n(x_0) = u_1(x_0)+u_2(x_0)+\cdots+u_n(x_0)+\cdots, \tag{7.10}$$

因此，函数项级数[式(7.9)]是常数项级数的推广，常数项级数是函数项级数的特例. 函数项级数理论与常数项级数不同，它不仅要讨论每个形如式(7.10)的常数项级数的敛散性，更重要的是，还要研究由于 x 的变动而得到的许多常数项级数之间的关系.

函数项级数可能对某些 x 是收敛的，而对另一些 x 是发散的. 例如，级数

$$\sum_{n=1}^{\infty} x^{n-1} = 1 + x + x^2 + \cdots + x^{n-1} + \cdots,$$

对于每一个固定的 x，它是一个几何级数，公比为 x，则当 $|x| < 1$ 时，级数 $\sum\limits_{n=1}^{\infty} x^{n-1}$ 收敛；当 $|x| \geqslant 1$ 时，级数 $\sum\limits_{n=1}^{\infty} x^{n-1}$ 发散.

如果在定义域 I 上取定 $x = x_0$，使常数项级数 $\sum\limits_{n=1}^{\infty} u_n(x_0)$ 收敛，那么称点 x_0 为函数项级数 $\sum\limits_{n=1}^{\infty} u_n(x)$ 的**收敛点**；否则称点 x_0 为函数项级数 $\sum\limits_{n=1}^{\infty} u_n(x)$ 的**发散点**. 函数项级数 $\sum\limits_{n=1}^{\infty} u_n(x)$ 的所有收敛点组成的集合，即能使函数项级数收敛的 x 的全体，称为函数项级数的**收敛域**；所有发散点组成的集合称为**发散域**.

对于收敛域内的任意一个实数 x，函数项级数就变成了一个收敛的常数项级数，因而有一个确定的和 s，并与 x 对应. 这样，在函数项级数的收敛域上，就确定了函数项级数的和是一个关于 x 的函数 $s(x)$，通常称此函数 $s(x)$ 为函数项级数的**和函数**. 和函数的定义域就是该级数的收敛域，即

$$s(x) = \sum_{n=1}^{\infty} u_n(x) = u_1(x) + u_2(x) + \cdots + u_n(x) + \cdots.$$

函数项级数[式(7.9)]的前 n 项的部分和记为 $s_n(x)$，则在收敛域上有

$$\lim_{n \to \infty} s_n(x) = s(x),$$

记 $r_n(x) = s(x) - s_n(x)$，$r_n(x)$ 称为函数项级数 $\sum\limits_{n=1}^{\infty} u_n(x)$ 的**余项**[当然，只有 x 属于收敛域时，$r_n(x)$ 才有意义]，并且在收敛域上有 $\lim\limits_{n \to \infty} r_n(x) = 0$.

例 7.23 求级数 $\sum\limits_{n=1}^{\infty} \dfrac{(-1)^n}{n} \left(\dfrac{1}{1+x} \right)^n$ 的收敛域.

解 由比值判别法可知

$$\lim_{n \to \infty} \left| \frac{u_{n+1}(x)}{u_n(x)} \right| = \lim_{n \to \infty} \frac{n}{n+1} \cdot \frac{1}{|1+x|} = \frac{1}{|1+x|}.$$

(1) 当 $\dfrac{1}{|1+x|} < 1$ 时，$|1+x| > 1$，即 $x > 0$ 或 $x < -2$，此时原级数绝对收敛.

(2) 当 $\dfrac{1}{|1+x|} > 1$ 时，$|1+x| < 1$，即 $-2 < x < 0$，此时原级数发散.

(3) 当 $\dfrac{1}{|1+x|} = 1$ 时，$x = 0$ 或 $x = -2$. 当 $x = 0$ 时，原级数为交错级数 $\sum\limits_{n=1}^{\infty} \dfrac{(-1)^n}{n}$，该级数收敛；当 $x = -2$ 时，原级数为调和级数 $\sum\limits_{n=1}^{\infty} \dfrac{1}{n}$，该级数发散.

故原级数的收敛域为 $(-\infty, -2) \cup [0, +\infty)$.

对于一般的函数项级数 $\sum\limits_{n=1}^{\infty} u_n(x)$，它的收敛性讨论起来十分复杂. 下面我们讨论一类特殊的函数项级数 —— 幂级数.

7.3.2 幂级数的定义及敛散性

1. 幂级数的定义

定义 7.5   函数项级数

$$a_0 + a_1(x - x_0) + a_2(x - x_0)^2 + \cdots + a_n(x - x_0)^n + \cdots \tag{7.11}$$

称为 $x - x_0$ 的**幂级数**，记作 $\sum\limits_{n=0}^{\infty} a_n(x - x_0)^n$，其中常数 $a_0, a_1, a_2, \cdots, a_n, \cdots$ 称为**幂级数的系数**.

特别地，当 $x_0 = 0$ 时，式(7.11)变为

$$a_0 + a_1 x + a_2 x^2 + \cdots + a_n x^n + \cdots,$$

称为 x 的幂级数，记作 $\sum\limits_{n=0}^{\infty} a_n x^n$，即

$$\sum_{n=0}^{\infty} a_n x^n = a_0 + a_1 x + a_2 x^2 + \cdots + a_n x^n + \cdots. \tag{7.12}$$

对于形如式(7.11)的幂级数，如果作变换 $t = x - x_0$，就转换为形如式(7.12)的幂级数. 因此，我们重点讨论形如式(7.12)的幂级数.

2. 幂级数的敛散性

对于一个给定的幂级数，它的收敛域与发散域是怎样的呢？即 x 取数轴上哪些点时幂级数收敛，取哪些点时幂级数发散？

先看一个例子，考察幂级数 $\sum\limits_{n=1}^{\infty} \dfrac{x^n}{n}$. $\lim\limits_{n\to\infty} \left| \dfrac{u_{n+1}(x)}{u_n(x)} \right| = \lim\limits_{n\to\infty} \dfrac{n}{n+1} \cdot |x| = |x|$，由比值判别法可知，当 $|x| < 1$ 时，幂级数 $\sum\limits_{n=1}^{\infty} \dfrac{x^n}{n}$ 绝对收敛；当 $|x| > 1$ 时，幂级数 $\sum\limits_{n=1}^{\infty} \dfrac{x^n}{n}$ 发散；当 $x = -1$ 时，幂级数 $\sum\limits_{n=1}^{\infty} \dfrac{x^n}{n} = \sum\limits_{n=1}^{\infty} \dfrac{(-1)^n}{n}$ 收敛；当 $x = 1$ 时，幂级数 $\sum\limits_{n=1}^{\infty} \dfrac{x^n}{n} = \sum\limits_{n=1}^{\infty} \dfrac{1}{n}$ 发散. 因此，幂级数 $\sum\limits_{n=1}^{\infty} \dfrac{x^n}{n}$ 的收敛域为 $[-1, 1)$. 又由前面的讨论可知，幂级数 $\sum\limits_{n=1}^{\infty} x^{n-1}$ 的收敛域为 $(-1, 1)$. 幂级数 $\sum\limits_{n=1}^{\infty} \dfrac{x^n}{n}$ 和 $\sum\limits_{n=1}^{\infty} x^{n-1}$，其对应的收敛域都是一个以原点为中心的区间. 事实上，这是幂级数 $\sum\limits_{n=0}^{\infty} a_n x^n$ 收敛域的一个共性. 下面的阿贝尔定理刻画了幂级数收敛域的这个特征.

定理 7.10（阿贝尔定理）   如果幂级数 $\sum\limits_{n=0}^{\infty} a_n x^n$ 在 $x = x_0(x_0 \neq 0)$ 处收敛，则对于所有满足不等式 $|x| < |x_0|$ 的 x，幂级数 $\sum\limits_{n=0}^{\infty} a_n x^n$ 绝对收敛；反之，如果幂级数 $\sum\limits_{n=0}^{\infty} a_n x^n$ 在 $x = x_0$ 处发散，则对于所有满足不等式 $|x| > |x_0|$ 的 x，幂级数 $\sum\limits_{n=0}^{\infty} a_n x^n$ 发散.

定理 7.10 表明，如果幂级数 $\sum\limits_{n=0}^{\infty} a_n x^n$ 在点 $x = x_0 \neq 0$ 处收敛，则对于开区间 $(-|x_0|, |x_0|)$ 内的任何 x，幂级数 $\sum\limits_{n=0}^{\infty} a_n x^n$ 绝对收敛；如果幂级数 $\sum\limits_{n=0}^{\infty} a_n x^n$ 在点 $x = x_0 \neq 0$ 处发散，则对于闭区间 $[-|x_0|, |x_0|]$ 以外的任何点 x，幂级数 $\sum\limits_{n=0}^{\infty} a_n x^n$ 发散. 这就说明，除去两种极端情况（收敛域仅为 $x = 0$ 或为整个数轴）外，必存在一个分界点 $R(R > 0)$，使幂级数 $\sum\limits_{n=0}^{\infty} a_n x^n$ 在区间 $(-R, R)$

内绝对收敛，在区间 $[-R,R]$ 外发散，而在分界点 $x=R$ 和 $x=-R$ 处幂级数 $\sum\limits_{n=0}^{\infty}a_nx^n$ 可能收敛，也可能发散.

正数 R 称为幂级数 $\sum\limits_{n=0}^{\infty}a_nx^n$ 的 收敛半径. 开区间 $(-R,R)$ 称为幂级数 $\sum\limits_{n=0}^{\infty}a_nx^n$ 的 收敛区间. 再由幂级数 $\sum\limits_{n=0}^{\infty}a_nx^n$ 在 $x=R$ 和 $x=-R$ 处的敛散性，就可以确定它的收敛域. 幂级数 $\sum\limits_{n=0}^{\infty}a_nx^n$ 的收敛域是 $(-R,R),[-R,R),(-R,R],[-R,R]$ 之一.

若幂级数 $\sum\limits_{n=0}^{\infty}a_nx^n$ 只在 $x=0$ 处收敛，则规定收敛半径 $R=0$；若幂级数 $\sum\limits_{n=0}^{\infty}a_nx^n$ 对一切 x 都收敛，则规定收敛半径 $R=+\infty$ ，这时收敛域为 $(-\infty,+\infty)$.

【即时提问7.3】 试分别讨论幂级数 $\sum\limits_{n=0}^{\infty}a_nx^n$ 在以下3种情况下，收敛半径 R 与 $|x_0|$ 的大小关系：（1）在 $x=x_0$ 处收敛；（2）在 $x=x_0$ 处发散；（3）在 $x=x_0$ 处条件收敛.

讨论幂级数的收敛问题主要在于收敛半径的求解，下面给出幂级数收敛半径的具体求法.

定理 7.11 设幂级数 $\sum\limits_{n=0}^{\infty}a_nx^n$ 的系数全不为零，a_n 和 a_{n+1} 为相邻两项的系数，如果 $\lim\limits_{n\to\infty}\left|\dfrac{a_{n+1}}{a_n}\right|=l$ 或 $\lim\limits_{n\to\infty}\sqrt[n]{|a_n|}=l$，则幂级数的收敛半径为

$$R=\begin{cases}0, & l=+\infty,\\ \dfrac{1}{l}, & 0<l<+\infty,\\ +\infty, & l=0.\end{cases}$$

例 7.24 求幂级数 $1+\dfrac{x}{2\cdot5}+\dfrac{x^2}{3\cdot5^2}+\cdots+\dfrac{x^n}{(n+1)\cdot5^n}+\cdots$ 的收敛区间和收敛域.

解 因为

$$l=\lim\limits_{n\to\infty}\left|\dfrac{a_{n+1}}{a_n}\right|=\lim\limits_{n\to\infty}\dfrac{\dfrac{1}{(n+2)\cdot5^{n+1}}}{\dfrac{1}{(n+1)\cdot5^n}}=\lim\limits_{n\to\infty}\dfrac{n+1}{5(n+2)}=\dfrac{1}{5},$$

所以此幂级数的收敛半径 $R=\dfrac{1}{l}=5$，收敛区间是 $(-5,5)$.

在 $x=5$ 与 $x=-5$ 处，级数分别为 $1+\dfrac{1}{2}+\dfrac{1}{3}+\cdots+\dfrac{1}{n+1}+\cdots$ 与 $1-\dfrac{1}{2}+\dfrac{1}{3}-\dfrac{1}{4}+\cdots$，前者发散，后者收敛. 故原幂级数的收敛域是 $[-5,5)$.

例 7.25 求幂级数 $\sum\limits_{n=1}^{\infty}\dfrac{x^n}{n!}$ 的收敛区间.

解 因为

$$l=\lim\limits_{n\to\infty}\left|\dfrac{a_{n+1}}{a_n}\right|=\lim\limits_{n\to\infty}\dfrac{n!}{(n+1)!}=\lim\limits_{n\to\infty}\dfrac{1}{n+1}=0,$$

所以幂级数的收敛半径为 $R=+\infty$ ，从而它的收敛区间为 $(-\infty,+\infty)$.

例 7.26 求幂级数 $\sum\limits_{n=1}^{\infty} n^n x^n$ 的收敛域.

解 因为

$$l = \lim_{n \to \infty} \left| \frac{a_{n+1}}{a_n} \right| = \lim_{n \to \infty} (n+1) \left(1 + \frac{1}{n} \right)^n = +\infty,$$

所以幂级数的收敛半径为 $R = 0$. 因此，幂级数仅在 $x = 0$ 处收敛，它的收敛域为 $\{x \mid x = 0\}$.

例 7.27 求幂级数 $\sum\limits_{n=0}^{\infty} \frac{(2n)!}{(n!)^2} x^{2n}$ 的收敛半径.

解 该幂级数缺少奇次幂的项，$a_{2n+1} = 0$，不能直接应用定理 7.11. 用比值判别法来求收敛半径. 幂级数的一般项记为 $u_n(x) = \frac{(2n)!}{(n!)^2} x^{2n}$.

$$\lim_{n \to \infty} \left| \frac{u_{n+1}(x)}{u_n(x)} \right| = \lim_{n \to \infty} \left| \frac{\dfrac{[2(n+1)]!}{[(n+1)!]^2} x^{2(n+1)}}{\dfrac{(2n)!}{(n!)^2} x^{2n}} \right| = \lim_{n \to \infty} \frac{(2n+2)(2n+1)}{(n+1)^2} x^2 = 4|x|^2,$$

当 $4|x|^2 < 1$，即 $|x| < \dfrac{1}{2}$ 时，幂级数收敛；当 $4|x|^2 > 1$，即 $|x| > \dfrac{1}{2}$ 时，幂级数发散. 因此，幂级数的收敛半径为 $R = \dfrac{1}{2}$.

例 7.28 求幂级数 $\sum\limits_{n=1}^{\infty} \frac{(x-1)^n}{2^n \cdot n}$ 的收敛域.

解 令 $t = x - 1$，幂级数 $\sum\limits_{n=1}^{\infty} \frac{(x-1)^n}{2^n \cdot n}$ 变为 $\sum\limits_{n=1}^{\infty} \frac{t^n}{2^n \cdot n}$. 因为

$$l = \lim_{n \to \infty} \left| \frac{a_{n+1}}{a_n} \right| = \lim_{n \to \infty} \frac{2^n \cdot n}{2^{n+1} \cdot (n+1)} = \frac{1}{2},$$

所以收敛半径 $R = 2$.

当 $t = 2$ 时，幂级数 $\sum\limits_{n=1}^{\infty} \frac{t^n}{2^n \cdot n}$ 成为 $\sum\limits_{n=1}^{\infty} \frac{1}{n}$，此级数发散；当 $t = -2$ 时，幂级数 $\sum\limits_{n=1}^{\infty} \frac{t^n}{2^n \cdot n}$ 成为 $\sum\limits_{n=1}^{\infty} \frac{(-1)^n}{n}$，此交错级数收敛. 因此，级数 $\sum\limits_{n=1}^{\infty} \frac{t^n}{2^n \cdot n}$ 的收敛域为 $[-2, 2)$. 因为 $-2 \leq x - 1 < 2$，即 $-1 \leq x < 3$，所以原幂级数的收敛域为 $[-1, 3)$.

7.3.3 幂级数的运算与和函数

设幂级数 $\sum\limits_{n=0}^{\infty} a_n x^n$ 和 $\sum\limits_{n=0}^{\infty} b_n x^n$ 的收敛区间分别为 $(-R_1, R_1)$ 与 $(-R_2, R_2)$，这里 $R_1 > 0, R_2 > 0$，并记 $R = \min\{R_1, R_2\}$. 下面不加证明地给出幂级数的运算性质.

(1) **加减法** 两个收敛的幂级数相加(或相减)仍为收敛的幂级数，其系数等于它们对应项的系数相加(或相减). 作为系数的幂级数，其收敛半径不大于这两个收敛幂级数收敛半径的最小值 R，即

$$\sum_{n=0}^{\infty} a_n x^n \pm \sum_{n=0}^{\infty} b_n x^n = \sum_{n=0}^{\infty} (a_n x^n \pm b_n x^n) = \sum_{n=0}^{\infty} (a_n \pm b_n) x^n, \quad -R < x < R.$$

(2) **乘法** 两个收敛的幂级数之积仍为收敛的幂级数，其收敛半径为这两个收敛幂级数收

敛半径的最小值, 即

$$\left(\sum_{n=0}^{\infty} a_n x^n\right) \cdot \left(\sum_{n=0}^{\infty} b_n x^n\right) = \sum_{n=0}^{\infty} c_n x^n, -R < x < R,$$

其中 $c_n = a_0 b_n + a_1 b_{n-1} + \cdots + a_n b_0 = \sum_{k=0}^{n} a_k b_{n-k}$.

（3）**除法** $\dfrac{\sum\limits_{n=0}^{\infty} a_n x^n}{\sum\limits_{n=0}^{\infty} b_n x^n} = \sum\limits_{n=0}^{\infty} c_n x^n \left(\text{收敛域内} \sum\limits_{n=0}^{\infty} b_n x^n \neq 0\right)$, 其中系数 c_n 可通过比较等式 $\left(\sum\limits_{n=0}^{\infty} b_n x^n\right) \cdot$

$\left(\sum\limits_{n=0}^{\infty} c_n x^n\right) = \sum\limits_{n=0}^{\infty} a_n x^n$ 两边的系数来确定. 不过相除后所得的幂级数 $\sum\limits_{n=0}^{\infty} c_n x^n$ 的收敛区间可能比幂级

数 $\sum\limits_{n=0}^{\infty} a_n x^n$ 和 $\sum\limits_{n=0}^{\infty} b_n x^n$ 的收敛区间小得多.

下面介绍幂级数和函数的分析性质.

性质 7.5　幂级数 $\sum\limits_{n=0}^{\infty} a_n x^n$ 的和函数 $s(x)$ 在其收敛域上连续.

性质 7.6　幂级数 $\sum\limits_{n=0}^{\infty} a_n x^n$ 的和函数 $s(x)$ 在其收敛区间 $(-R, R)$ 内可积, 并有逐项积分公式

$$\int_0^x s(t)\,\mathrm{d}t = \int_0^x \left[\sum_{n=0}^{\infty} a_n t^n\right]\mathrm{d}t = \sum_{n=0}^{\infty} \int_0^x a_n t^n \mathrm{d}t = \sum_{n=0}^{\infty} \frac{a_n}{n+1} x^{n+1}\,(\,|x| < R\,), \tag{7.13}$$

逐项积分后所得的幂级数与原幂级数具有相同的收敛半径.

性质 7.7　幂级数 $\sum\limits_{n=0}^{\infty} a_n x^n$ 的和函数 $s(x)$ 在其收敛区间 $(-R, R)$ 内可导, 并有逐项求导公式

$$s'(x) = \left(\sum_{n=0}^{\infty} a_n x^n\right)' = \sum_{n=1}^{\infty} (a_n x^n)' = \sum_{n=1}^{\infty} n a_n x^{n-1}\,(\,|x| < R\,), \tag{7.14}$$

逐项求导后所得的幂级数与原幂级数具有相同的收敛半径.

注　幂级数 $\sum\limits_{n=0}^{\infty} a_n x^n$ 与其逐项求导、逐项积分后得到的幂级数 $\sum\limits_{n=0}^{\infty} n a_n x^{n-1}$ 和 $\sum\limits_{n=0}^{\infty} \frac{a_n}{n+1} x^{n+1}$ 尽

管具有相同的收敛半径, 但在收敛区间端点的敛散性未必相同, 因此它们的收敛域未必相同.

例如 $\sum\limits_{n=0}^{\infty} x^n$ 的收敛域为 $(-1, 1)$, 逐项积分后幂级数 $\sum\limits_{n=0}^{\infty} \frac{x^{n+1}}{n+1}$ 的收敛域为 $[-1, 1)$.

例 7.29　求幂级数 $1 + x + x^2 + \cdots + x^n + \cdots$ 的和函数.

解　这是公比 $q = x$ 的等比级数, 在 $(-1, 1)$ 内收敛, 前 n 项的部分和 $s_n(x) = \dfrac{1 - x^n}{1 - x}$,

因此, 和函数

$$s(x) = \lim_{n \to \infty} s_n(x) = \lim_{n \to \infty} \frac{1 - x^n}{1 - x} = \frac{1}{1 - x},$$

即 $1 + x + x^2 + \cdots + x^n + \cdots = \dfrac{1}{1 - x}, -1 < x < 1$.

下面几例都是利用例 7.29 的结果并采用逐项求导或逐项积分的方法求幂级数的和函数.

例 7.30　求幂级数 $\sum\limits_{n=1}^{\infty} \dfrac{x^n}{n}$ 的和函数.

解　因为 $l = \lim\limits_{n \to \infty} \left|\dfrac{a_{n+1}}{a_n}\right| = \lim\limits_{n \to \infty} \dfrac{n}{n+1} = 1$, 所以幂级数 $\sum\limits_{n=1}^{\infty} \dfrac{x^n}{n}$ 的收敛半径 $R = \dfrac{1}{l} = 1$. 又幂级数

$\displaystyle\sum_{n=1}^{\infty}\frac{x^n}{n}$ 在 $x=-1$ 处收敛，在 $x=1$ 处发散，故收敛域为 $[-1,1)$.

在收敛域 $[-1,1)$ 内，设所求和函数为 $s(x)$，即 $s(x)=\displaystyle\sum_{n=1}^{\infty}\frac{x^n}{n}$. 显然，$s(0)=0$. 利用性质 7.7 [式 (7.14)]，在 $(-1,1)$ 内逐项求导，得

$$s'(x)=\left(\sum_{n=1}^{\infty}\frac{x^n}{n}\right)'=\sum_{n=1}^{\infty}\left(\frac{x^n}{n}\right)'=\sum_{n=1}^{\infty}x^{n-1}=\frac{1}{1-x},$$

所以和函数

$$s(x)=\int_0^x\frac{1}{1-t}\mathrm{d}t+s(0)=-\ln(1-x)=\ln\frac{1}{1-x},$$

即

$$\sum_{n=1}^{\infty}\frac{x^n}{n}=\ln\frac{1}{1-x},x\in[-1,1).$$

计算机可视化 15

例 7.31 求幂级数 $\displaystyle\sum_{n=1}^{\infty}nx^{n-1}$ 的和函数.

解 因为 $l=\lim\limits_{n\to\infty}\left|\dfrac{a_{n+1}}{a_n}\right|=\lim\limits_{n\to\infty}\dfrac{n+1}{n}=1$，所以幂级数的收敛半径 $R=\dfrac{1}{l}=1$. 在 $x=\pm1$ 时，幂级数都发散，故幂级数的收敛域为 $(-1,1)$.

在收敛域 $(-1,1)$ 内，设所求幂级数的和函数为 $s(x)$，则 $s(x)=\displaystyle\sum_{n=1}^{\infty}nx^{n-1}$，利用性质 7.6 [式 (7.13)]，在 $(-1,1)$ 内逐项积分，得

$$\int_0^x s(x)\mathrm{d}x=\int_0^x\left(\sum_{n=1}^{\infty}nt^{n-1}\right)\mathrm{d}t=\sum_{n=1}^{\infty}\int_0^x nt^{n-1}\mathrm{d}t$$

$$=\sum_{n=1}^{\infty}x^n=\frac{x}{1-x}.$$

因此，和函数

$$s(x)=\left[\int_0^x s(t)\mathrm{d}t\right]'=\frac{1}{(1-x)^2},x\in(-1,1).$$

例 7.32 求幂级数 $\displaystyle\sum_{n=1}^{\infty}\frac{x^{4n+1}}{4n+1}$ 的和函数.

解 这是缺项幂级数.

$$\lim_{n\to\infty}\left|\frac{u_{n+1}(x)}{u_n(x)}\right|=\lim_{n\to\infty}\frac{4n+1}{4n+5}x^4=x^4,$$

当 $|x|>1$ 时，幂级数发散；当 $|x|<1$ 时，幂级数收敛；在 $x=\pm1$ 时，幂级数都发散. 因此，幂级数的收敛域为 $(-1,1)$.

在收敛域 $(-1,1)$ 内，设所求和函数为 $s(x)$，则 $s(x)=\displaystyle\sum_{n=1}^{\infty}\frac{x^{4n+1}}{4n+1}$，$s(0)=0$. 又 $s'(x)=\displaystyle\sum_{n=1}^{\infty}x^{4n}$ $=-1+\dfrac{1}{1-x^4}$，所以

$$s(x)=s(x)-s(0)=\int_0^x s'(t)\mathrm{d}t=-x+\frac{1}{4}\ln\frac{1+x}{1-x}+\frac{1}{2}\arctan x,x\in(-1,1).$$

例 7.33 假设银行的年存款利率为 5%，且以年复利计息. 某人一次性将一笔资金存入银

行，若要保证自存入之日起，此人第 $n(n=1,2,3,\cdots)$ 年年末能从银行提取 n 万元，则其存入的资金至少是多少?

解 设此人第 1 年年末提取的 1 万元的现值为 a_1，则 $a_1+0.05a_1=1$，即 $a_1=\dfrac{1}{1.05}$；

第 2 年年末提取的 2 万元的现值为 a_2，则 $1.05^2 a_2=2$，即 $a_2=\dfrac{2}{1.05^2}$；

……

第 n 年年末提取的 n 万元的现值为 a_n，则 $1.05^n a_n=n$，即 $a_n=\dfrac{n}{1.05^n}$，

综上可知，此人存入的资金至少为

$$a_1+a_2+\cdots+a_n+\cdots=\frac{1}{1.05}+\frac{2}{1.05^2}+\cdots+\frac{n}{1.05^n}+\cdots\,(万元).$$

考虑到

$$s(x)=\sum_{n=1}^{\infty}nx^n=x\sum_{n=1}^{\infty}nx^{n-1}=x\left(\sum_{n=1}^{\infty}x^n\right)'=x\left(\frac{x}{1-x}\right)'=\frac{x}{(1-x)^2},$$

则

$$\frac{1}{1.05}+\frac{2}{1.05^2}+\cdots+\frac{n}{1.05^n}+\cdots=s\left(\frac{1}{1.05}\right)=\frac{\dfrac{1}{1.05}}{\left(1-\dfrac{1}{1.05}\right)^2}=420\,(万元).$$

同步习题 7.3

基础题

1. 选择题.

(1) 已知幂级数 $\sum_{n=1}^{\infty}a_n(x+1)^n$ 在 $x=1$ 处收敛，则该幂级数在 $x=-2$ 处( ).

A. 条件收敛　　B. 绝对收敛

C. 发散　　D. 无法确定敛散性

(2) 若级数 $\sum_{n=1}^{\infty}a_n$ 条件收敛，则 $x=\sqrt{3}$ 与 $x=3$ 依次为幂级数 $\sum_{n=1}^{\infty}\dfrac{a_n}{n}(x-1)^n$ 的( ).

A. 收敛点、收敛点　　B. 收敛点、发散点

C. 发散点、收敛点　　D. 发散点、发散点

2. 填空题.

(1) 已知幂级数 $\sum_{n=1}^{\infty}a_nx^n$ 的收敛半径为 $R=3$，则幂级数 $\sum_{n=1}^{\infty}na_n(x-1)^n$ 的收敛区间为 _____.

(2) 设幂级数 $\sum_{n=1}^{\infty}a_n(x+1)^n$ 在 $x=0$ 处收敛、在 $x=-2$ 处发散，则幂级数 $\sum_{n=1}^{\infty}\dfrac{a_n}{2^n}(x-3)^n$ 的收敛域为 _____.

(3) 已知级数 $\sum\limits_{n=1}^{\infty}\dfrac{n!}{n^n}\mathrm{e}^{-nx}$ 的收敛域为 $(a,+\infty)$，则 $a=$ _____．

3. 求下列幂级数的收敛区间.

(1) $\sum\limits_{n=0}^{\infty}\dfrac{2^n}{n^2+1}x^n$.

(2) $\sum\limits_{n=1}^{\infty}\dfrac{x^n}{\ln(n+1)}$.

(3) $\sum\limits_{n=1}^{\infty}\dfrac{(x+1)^n}{n\cdot 5^n}$.

(4) $\sum\limits_{n=1}^{\infty}\dfrac{x^{2n-1}}{2^n}$.

4. 求下列幂级数的收敛域.

(1) $\sum\limits_{n=0}^{\infty}\dfrac{2n+1}{n!}x^n$.

(2) $\sum\limits_{n=1}^{\infty}(-1)^{n-1}\dfrac{1}{n^2}x^{n-1}$.

(3) $\sum\limits_{n=1}^{\infty}\dfrac{(x-5)^n}{\sqrt{n}}$.

(4) $\sum\limits_{n=1}^{\infty}\dfrac{x^{2n+1}}{2n+1}$.

5. 求下列幂级数的和函数.

(1) $\sum\limits_{n=1}^{\infty}(-1)^{n-1}nx^{n-1}$.

(2) $\sum\limits_{n=1}^{\infty}\dfrac{x^n}{n\cdot 4^n}$.

(3) $\sum\limits_{n=1}^{\infty}(2n+1)x^n$.

(4) $\sum\limits_{n=1}^{\infty}\left(\dfrac{1}{2n-1}-1\right)x^{2n-1}$.

提高题

1. 求下列幂级数的收敛域.

(1) $\sum\limits_{n=0}^{\infty}\dfrac{x^n}{(2n)!!}$.

(2) $\sum\limits_{n=1}^{\infty}\dfrac{3^n+(-2)^n}{n}(x+1)^n$.

2. 求下列幂级数的和函数.

(1) $\sum\limits_{n=1}^{\infty}n(n+1)x^n$.

(2) $\sum\limits_{n=1}^{\infty}\dfrac{x^{n+1}}{n(n+1)}$.

(3) $\sum\limits_{n=0}^{\infty}(2n+1)x^{2n}$.

3. 求幂级数 $1+\sum\limits_{n=1}^{\infty}(-1)^n\dfrac{x^{2n}}{2n}(|x|<1)$ 的和函数 $s(x)$ 及其极值.

4. 求幂级数 $\sum\limits_{n=1}^{\infty}(-1)^{n+1}\dfrac{x^{2n-1}}{2n-1}(x\in[-1,1])$ 的和函数，并求级数 $\sum\limits_{n=1}^{\infty}\dfrac{(-1)^n}{2n-1}\left(\dfrac{1}{3}\right)^n$ 的和.

5. 求下列级数的和.

(1) $\sum\limits_{n=1}^{\infty}n\left(\dfrac{1}{2}\right)^{n-1}$.

(2) $\sum\limits_{n=0}^{\infty}\dfrac{(-1)^n(n^2-n+1)}{2^n}$.

微课：同步习题 7.3
提高题 4

微课：同步习题 7.3
提高题 5(2)

7.4 函数的幂级数展开式

在函数项级数中，幂级数不仅结构简单，而且具有许多特殊的性质. 在 7.3 节中，我们讨论了幂级数的敛散性及其和函数的性质. 一个幂级数在收敛区间内收敛于其和函数. 但在许多应用中，我们往往遇到的是相反的问题：给定函数 $f(x)$，需要考虑它是否能在某个区间内"展开成幂级数"，也就是说，能否找到这样一个幂级数，它在某个区间内收敛，且其和函数恰好就是给定的函数 $f(x)$. 如果可以，我们就可以将函数 $f(x)$ 转化为幂级数来研究，这在理论上和计算上都具有十分重要的意义.

7.4.1 泰勒级数

若函数 $f(x)$ 在 x_0 的某邻域 $U(x_0)$ 内具有 $n+1$ 阶导数，由泰勒公式可知，对任一 $x \in U(x_0)$，函数 $f(x)$ 可以表示为泰勒多项式 $P_n(x)$ 与拉格朗日型余项 $R_n(x)$ 之和，即

$$f(x) = f(x_0) + f'(x_0)(x-x_0) + \frac{f''(x_0)}{2!}(x-x_0)^2 + \cdots + \frac{f^{(n)}(x_0)}{n!}(x-x_0)^n + R_n(x), \quad (7.15)$$

其中 $R_n(x) = \frac{f^{(n+1)}(\xi)}{(n+1)!}(x-x_0)^{n+1}$，$\xi$ 介于 x_0 与 x 之间.

问题是一个函数 $f(x)$ 在某个区间内是否能表示成幂级数

$$a_0 + a_1(x-x_0) + a_2(x-x_0)^2 + \cdots + a_n(x-x_0)^n + \cdots \quad (7.16)$$

呢？如果一个函数在某个区间内可以表示成收敛的幂级数[式(7.16)]，且幂级数的和恰好是给定的函数 $f(x)$，我们就说函数 $f(x)$ 在该区间内能展开成幂级数，而这个幂级数在该区间内就表达了函数 $f(x)$. 那么，这就需要考虑以下 4 个问题.

（1）函数 $f(x)$ 需要具备怎样的条件才能展开为幂级数？

（2）系数 $a_n(n=0,1,2,\cdots)$ 如何确定？

（3）函数 $f(x)$ 的幂级数展开式是不是唯一？

（4）怎样确定幂级数展开式的收敛半径？

下面一一来讨论这些问题.

假设函数 $f(x)$ 在 x_0 的某邻域 $U(x_0)$ 内能展开成幂级数[式(7.16)]，即有

$$f(x) = a_0 + a_1(x-x_0) + a_2(x-x_0)^2 + \cdots + a_n(x-x_0)^n + \cdots, x \in U(x_0), \quad (7.17)$$

则根据和函数的性质，可知 $f(x)$ 在 $U(x_0)$ 内具有任意阶导数，对式(7.17)两端逐次求导，得

$$f'(x) = a_1 + 2a_2(x-x_0) + 3a_3(x-x_0)^2 + \cdots + na_n(x-x_0)^{n-1} + \cdots,$$

$$f''(x) = 2a_2 + 3 \cdot 2a_3(x-x_0) + \cdots + n(n-1)a_n(x-x_0)^{n-2} + \cdots,$$

$$\cdots$$

$$f^{(n)}(x) = n!a_n + (n+1)n(n-1)\cdots3 \cdot 2a_{n+1}(x-x_0) + \cdots,$$

$$\cdots.$$

在 $f(x)$ 的幂级数展开式[式(7.17)]及其各阶导数中，令 $x = x_0$，得

$$a_0 = f(x_0), a_1 = f'(x_0), a_2 = \frac{f''(x_0)}{2!}, \cdots, a_n = \frac{f^{(n)}(x_0)}{n!}, \cdots. \quad (7.18)$$

这就表明，如果函数 $f(x)$ 有幂级数展开式[式(7.17)]，那么该幂级数的系数 $a_n(n=0,1,2,\cdots)$ 必由式(7.18)确定，即该幂级数必为

$$f(x_0) + f'(x_0)(x - x_0) + \frac{f''(x_0)}{2!}(x - x_0)^2 + \cdots + \frac{f^{(n)}(x_0)}{n!}(x - x_0)^n + \cdots$$

$$= \sum_{n=0}^{\infty} \frac{f^{(n)}(x_0)}{n!}(x - x_0)^n, \tag{7.19}$$

从而函数 $f(x)$ 展开成的幂级数为

$$f(x) = \sum_{n=0}^{\infty} \frac{f^{(n)}(x_0)}{n!}(x - x_0)^n, x \in U(x_0). \tag{7.20}$$

定义 7.6　如果函数 $f(x)$ 在点 x_0 的某邻域 $U(x_0)$ 内有定义，且具有任意阶导数，则幂级数式 (7.19) 称为函数 $f(x)$ 在点 x_0 处的 **泰勒级数**，展开式——式 (7.20) 叫作函数 $f(x)$ 在点 x_0 处的**泰勒展开式**.

【即时提问 7.4】　函数 $f(x)$ 的泰勒级数与 $f(x)$ 的泰勒展开式一样吗？二者有何联系？

由上面的讨论可知，如果函数 $f(x)$ 在 $U(x_0)$ 内能展开成幂级数，则这个幂级数展开式是唯一的，必为泰勒展开式——式 (7.20). 只要函数 $f(x)$ 在 $U(x_0)$ 内具有任意阶导数，就可以得到泰勒级数 [式 (7.19)].

下面给出函数 $f(x)$ 在 $U(x_0)$ 内能展开成幂级数的条件.

定理 7.12（泰勒收敛定理）　如果函数 $f(x)$ 在点 x_0 的某邻域 $U(x_0)$ 内有任意阶导数，则函数 $f(x)$ 的泰勒级数 $\sum_{n=0}^{\infty} \frac{f^{(n)}(x_0)}{n!}(x - x_0)^n$ 在 $U(x_0)$ 内收敛于 $f(x)$ 的充分必要条件是泰勒公式 [式 (7.15)] 中的余项 $R_n(x)$ 满足 $\lim_{n \to \infty} R_n(x) = 0$，$x \in U(x_0)$.

只有当级数在点 x_0 的某邻域内收敛且收敛于 $f(x)$ 时，才可以说 $f(x)$ 在点 x_0 的某邻域内可展开成泰勒级数，并把 $f(x)$ 和它的泰勒级数用等号连接起来，即 $f(x) = \sum_{n=0}^{\infty} \frac{f^{(n)}(x)}{n!}(x - x_0)^n$ 就是 $f(x)$ 的泰勒展开式. 特别地，将 $x_0 = 0$ 代入泰勒级数 [式 (7.19)] 中可得幂级数

$$f(0) + f'(0)x + \frac{f''(0)}{2!}x^2 + \cdots + \frac{f^{(n)}(0)}{n!}x^n + \cdots = \sum_{n=0}^{\infty} \frac{f^{(n)}(0)}{n!}x^n, \tag{7.21}$$

称为函数 $f(x)$ 的**麦克劳林级数**，即函数 $f(x)$ 在 $x_0 = 0$ 处的泰勒级数称为麦克劳林级数. 同理，若函数 $f(x)$ 能在 $x_0 = 0$ 的某邻域 $(-r, r)$ 内展开成 x 的幂级数，即当拉格朗日型余项趋于零时，称

$$f(x) = \sum_{n=0}^{\infty} \frac{f^{(n)}(0)}{n!}x^n, \ x \in (-r, r) \tag{7.22}$$

为函数 $f(x)$ 的**麦克劳林展开式**.

7.4.2　函数的幂级数展开

只要进行适当的替换，即可将泰勒展开式转化为麦克劳林展开式. 因此，我们着重讨论如何将函数展开成麦克劳林级数.

1. 直接展开法

直接展开法是依据式 (7.18) 计算幂级数的系数，从而求出泰勒展开式的方法.

要将函数 $f(x)$ 展开成 x 的幂级数，可以按照以下步骤进行.

(1) 求出函数 $f(x)$ 的各阶导数 $f'(x), f''(x), \cdots, f^{(n)}(x), \cdots$. 如果在 $x = 0$ 处某阶导数不存在，则停止运算，此时函数 $f(x)$ 不能展开成 x 的幂级数.

(2) 求出函数 $f(x)$ 及其各阶导数在 $x = 0$ 处的值 $f(0), f'(0), f''(0), \cdots, f^{(n)}(0), \cdots$.

(3) 写出 $f(x)$ 的麦克劳林级数

$$f(0) + f'(0)x + \frac{f''(0)}{2!}x^2 + \cdots + \frac{f^{(n)}(0)}{n!}x^n + \cdots,$$

并求出收敛半径 R.

(4) 在 $(-R, R)$ 内考察, 当 $n \to \infty$ 时, 余项 $R_n(x) = \frac{f^{(n+1)}(\xi)}{(n+1)!}x^{n+1}$ (ξ 介于 0 与 x 之间) 是否趋于零. 若是, 则函数 $f(x)$ 的麦克劳林级数收敛于 $f(x)$, 麦克劳林级数即为函数 $f(x)$ 的幂级数展开式, 即

$$f(x) = f(0) + f'(0)x + \frac{f''(0)}{2!}x^2 + \cdots + \frac{f^{(n)}(0)}{n!}x^n + \cdots (-R < x < R).$$

例 7.34 将函数 $f(x) = e^x$ 展开成 x 的幂级数.

解 因为 $f^{(n)}(x) = e^x (n = 1, 2, \cdots)$, 所以 $f(0) = f^{(n)}(0) = 1 (n = 1, 2, \cdots)$. 可得麦克劳林级数为

$$f(x) = 1 + x + \frac{x^2}{2!} + \cdots + \frac{x^n}{n!} + \cdots,$$

易得其收敛半径 $R = +\infty$, 因而此幂级数处处收敛.

对于任何有限的数 x 与 ξ (ξ 在 0 与 x 之间), 余项的绝对值为

$$|R_n(x)| = \left| \frac{f^{(n+1)}(\xi)}{(n+1)!}x^{n+1} \right| < e^{|x|} \cdot \frac{|x|^{n+1}}{(n+1)!} (\xi \text{ 在 0 与 } x \text{ 之间}).$$

因为 $e^{|x|}$ 有限, 而 $\frac{|x|^{n+1}}{(n+1)!}$ 是收敛级数 $\sum_{n=0}^{\infty} \frac{|x|^{n+1}}{(n+1)!}$ 的一般项, 所以 $\lim_{n \to \infty} \frac{|x|^{n+1}}{(n+1)!} = 0$, 从而余项满足 $\lim_{n \to \infty} R_n(x) = 0$. 于是得到函数 $f(x) = e^x$ 的幂级数展开式为

$$e^x = 1 + x + \frac{x^2}{2!} + \cdots + \frac{x^n}{n!} + \cdots, x \in (-\infty, +\infty).$$

例 7.35 将函数 $f(x) = \sin x$ 展开成 x 的幂级数.

解 函数 $f(x) = \sin x$ 的各阶导数为

$$f^{(n)}(x) = \sin\left(x + \frac{n\pi}{2}\right) (n = 1, 2, \cdots),$$

$f^{(n)}(0)$ 顺序循环地取 $0, 1, 0, -1, \cdots (n = 0, 1, 2, 3, \cdots)$, 于是得到麦克劳林级数

$$x - \frac{1}{3!}x^3 + \frac{1}{5!}x^5 - \cdots + (-1)^n \frac{1}{(2n+1)!}x^{2n+1} + \cdots,$$

它的收敛半径 $R = +\infty$, 因而此幂级数处处收敛.

对于任何有限的数 x 与 ξ (ξ 在 0 与 x 之间), 余项的绝对值为

$$|R_n(x)| = \left| \frac{f^{(n+1)}(\xi)}{(n+1)!}x^{n+1} \right| = \left| \frac{\sin\left[\xi + (n+1)\frac{\pi}{2}\right]}{(n+1)!}x^{n+1} \right| \leqslant \frac{|x|^{n+1}}{(n+1)!} (\xi \text{ 在 0 与 } x \text{ 之间}).$$

易得 $\lim_{n \to \infty} R_n(x) = 0$. 因此, 正弦函数的幂级数展开式为

$$\sin x = x - \frac{1}{3!}x^3 + \frac{1}{5!}x^5 - \cdots + (-1)^n \frac{1}{(2n+1)!}x^{2n+1} + \cdots, x \in (-\infty, +\infty).$$

同理, 利用直接展开法可得到函数 $(1+x)^m (m \in \mathbf{R})$ 的幂级数展开式为

$$(1+x)^m = \sum_{n=0}^{\infty} C_m^n x^n, \tag{7.23}$$

其中

$$C_m^n = \frac{m(m-1)(m-2)\cdots(m-n+1)}{n!}, x \in (-1,1).$$

当 m 为正整数时，级数式(7.23)成为 x 的 m 次多项式，是代数学中的二项式定理，因此，该式叫作二项展开式. 特别地，有以下结论.

当 $m=-1$ 时，$\dfrac{1}{1+x} = \sum_{n=0}^{\infty} (-1)^n x^n, x \in (-1,1).$

当 $m=\dfrac{1}{2}$ 时，$\sqrt{1+x} = 1 + \dfrac{1}{2}x - \dfrac{1}{2\times4}x^2 + \dfrac{1\times3}{2\times4\times6}x^3 - \dfrac{1\times3\times5}{2\times4\times6\times8}x^4 + \cdots, x \in [-1,1].$

当 $m=-\dfrac{1}{2}$ 时，$\dfrac{1}{\sqrt{1+x}} = 1 - \dfrac{1}{2}x + \dfrac{1\times3}{2\times4}x^2 - \dfrac{1\times3\times5}{2\times4\times6}x^3 + \dfrac{1\times3\times5\times7}{2\times4\times6\times8}x^4 - \cdots, x \in (-1,1].$

2. 间接展开法

前面函数 $e^x, \sin x, (1+x)^m$ 的幂级数展开式都是利用直接展开法求得的，但这种方法计算量大，而且研究余项也不容易. 下面介绍幂级数的间接展开法，即利用已知函数的幂级数展开式，通过幂级数运算(如四则运算、逐项求导、逐项积分等)及变量代换等，获得所求函数的幂级数展开式. 这种方法不仅计算简便，而且可以避免研究余项. 由于幂级数展开式是唯一的，因此用间接展开法与直接展开法得到的幂级数是一致的.

前面我们已经求得的幂级数展开式有

$$e^x = \sum_{n=0}^{\infty} \frac{1}{n!}x^n, x \in (-\infty,+\infty), \tag{7.24}$$

$$\sin x = \sum_{n=0}^{\infty} \frac{(-1)^n}{(2n+1)!}x^{2n+1}, x \in (-\infty,+\infty), \tag{7.25}$$

$$\frac{1}{1+x} = \sum_{n=0}^{\infty} (-1)^n x^n, x \in (-1,1), \tag{7.26}$$

利用这3个展开式，可以求得许多函数的幂级数展开式. 例如，对式(7.26)两边从0到 x 积分，可得

$$\ln(1+x) = \sum_{n=0}^{\infty} \frac{(-1)^n}{n+1}x^{n+1} = \sum_{n=1}^{\infty} \frac{(-1)^{n-1}}{n}x^n, x \in (-1,1]; \tag{7.27}$$

对式(7.25)两边求导，可得

$$\cos x = \sum_{n=0}^{\infty} \frac{(-1)^n}{(2n)!}x^{2n}, x \in (-\infty,+\infty); \tag{7.28}$$

把式(7.24)中的 x 换成 $x\ln a$，可得

$$a^x = e^{x\ln a} = \sum_{n=0}^{\infty} \frac{(\ln a)^n}{n!}x^n, x \in (-\infty,+\infty);$$

把式(7.26)中的 x 换成 x^2，得

$$\frac{1}{1+x^2} = \sum_{n=0}^{\infty} (-1)^n x^{2n}, x \in (-1,1),$$

对上式两边从0到 x 积分，可得

$$\arctan x = \sum_{n=0}^{\infty} \frac{(-1)^n}{2n+1}x^{2n+1}, x \in [-1,1].$$

式(7.24)、式(7.25)、式(7.26)、式(7.27)、式(7.28) 这 5 个幂级数展开式经常会用到，大家应熟记.

例 7.36 将函数 $f(x)=\ln\dfrac{1+x}{1-x}$ 展开成 x 的幂级数.

微课：常用的
函数展开式

解 定义域为 $(-1,1)$，$\ln\dfrac{1+x}{1-x}=\ln(1+x)-\ln(1-x)$. 根据式(7.27)知

$$\ln(1+x)=x-\frac{x^2}{2}+\frac{x^3}{3}-\cdots+(-1)^n\frac{x^{n+1}}{n+1}+\cdots,x\in(-1,1]\,,$$

所以

$$\ln(1-x)=-x-\frac{x^2}{2}-\frac{x^3}{3}-\cdots-\frac{x^{n+1}}{n+1}-\cdots,x\in(-1,1)\,,$$

从而

$$\ln\frac{1+x}{1-x}=2\left(x+\frac{x^3}{3}+\cdots+\frac{x^{2n-1}}{2n-1}+\cdots\right),\ x\in(-1,1).$$

例 7.37 将函数 $f(x)=\dfrac{1}{4-x}$ 展开成 $x+2$ 的幂级数.

解 因为 $f(x)=\dfrac{1}{4-x}=\dfrac{1}{6}\times\dfrac{1}{1-\dfrac{x+2}{6}}$，而 $\dfrac{1}{1-t}=\displaystyle\sum_{n=0}^{\infty}t^n(-1<t<1)$，又由 $-1<\dfrac{x+2}{6}<1$，得 $-8<x<4$，所以

$$\frac{1}{4-x}=\frac{1}{6}\left[1+\frac{x+2}{6}+\frac{(x+2)^2}{6^2}+\cdots+\frac{(x+2)^n}{6^n}+\cdots\right]$$
$$=\frac{1}{6}+\frac{x+2}{6^2}+\frac{(x+2)^2}{6^3}+\cdots+\frac{(x+2)^n}{6^{n+1}}+\cdots,x\in(-8,4).$$

同步习题 7.4

基础题

1. 将下列函数展开成 x 的幂级数，并求展开式成立的区间.

(1) $\dfrac{e^x-e^{-x}}{2}$.

(2) $\ln(a+x)(a>0)$.

(3) $xa^x(a>0,a\neq 1)$.

(4) $\sin^2 x$.

(5) $(1+x)\ln(1+x)$.

(6) $\dfrac{x}{\sqrt{1+x^2}}$.

2. 将下列函数展开成 $x-2$ 的幂级数，并求展开式成立的区间.

(1) $\dfrac{1}{5-x}$.

(2) $\ln x$.

3. 将函数 $f(x)=\cos x$ 展开成 $x+\dfrac{\pi}{3}$ 的幂级数.

4. 将函数 $f(x)=\dfrac{1}{x^2+3x+2}$ 展开成 $x+4$ 的幂级数.

提高题

1. 验证函数 $y(x) = 1 + \dfrac{x^3}{3!} + \dfrac{x^6}{6!} + \cdots + \dfrac{x^{3n}}{(3n)!} + \cdots (-\infty < x < +\infty)$ 满足微分方程 $y'' + y' + y = e^x$，并利用此结果求幂级数 $\displaystyle\sum_{n=0}^{\infty} \dfrac{x^{3n}}{(3n)!}$ 的和函数.

2. 将函数 $f(x) = \dfrac{1}{4}\ln\dfrac{1+x}{1-x} + \dfrac{1}{2}\arctan x - x$ 展开成 x 的幂级数，并求展开式成立的区间.

3. 将函数 $f(x) = \arctan\dfrac{1-2x}{1+2x}$ 展开成 x 的幂级数，并求级数 $\displaystyle\sum_{n=0}^{\infty} \dfrac{(-1)^n}{2n+1}$ 的和.

4. 设 y 由隐函数方程 $\displaystyle\int_0^x e^{-t^2}\mathrm{d}t = ye^{-x^2}$ 确定.

(1) 证明：y 满足微分方程 $y' - 2xy = 1$.

(2) 把 y 展开成 x 的幂级数.

(3) 写出收敛域.

微课：同步习题7.4
提高题3

5. 将 $\dfrac{\mathrm{d}}{\mathrm{d}x}\left(\dfrac{e^x - 1}{x}\right)$ 展开为 x 的幂级数，并求 $\displaystyle\sum_{n=1}^{\infty} \dfrac{n}{(n+1)!}$ 的和.

本章小结

思维导图

本章同步习题与
总复习题答案

中国数学学者

个人成就

数学家，中国科学院院士，现任中国科学院数学与系统科学研究院研究员，全国政协常委，中国科学技术协会副主席，国际工业与应用数学联合会主席. 袁亚湘在非线性优化计算方法、信赖域方法、拟牛顿方法、共轭梯度法等领域作出了突出贡献.

袁亚湘

第7章总复习题·基础篇

1. 选择题：(1) ～ (5) 小题，每小题 4 分，共 20 分. 下列每小题给出的 4 个选项中，只有一个选项是符合题目要求的.

(1) 设 a 为常数，则级数 $\displaystyle\sum_{n=1}^{\infty} (-1)^n \left(1 - \cos\dfrac{a}{n^2}\right)$ ( ).

A. 发散　　　B. 绝对收敛　　　C. 条件收敛　　　D. 收敛性与 a 的取值有关

(2) 下列数项级数中发散的是( ).

A. $\displaystyle\sum_{n=1}^{\infty}(-1)^{n}\frac{1}{\sqrt{n}}$ 　　B. $\displaystyle\sum_{n=1}^{\infty}\frac{1}{n\sqrt{n}}$ 　　C. $\displaystyle\sum_{n=1}^{\infty}\frac{1}{n+\sqrt{n}}$ 　　D. $\displaystyle\sum_{n=1}^{\infty}\left(\frac{3}{\pi}\right)^{n}$

(3) 下列说法中, 正确的是( ).

A. 若正项级数 $\displaystyle\sum_{n=1}^{\infty}a_{n}$ 发散, 则 $a_{n}\geqslant\frac{1}{n}(n\geqslant\mathbf{N})$

B. 若级数 $\displaystyle\sum_{n=1}^{\infty}(a_{2n-1}+a_{2n})$ 收敛, 则级数 $\displaystyle\sum_{n=1}^{\infty}a_{n}$ 收敛

C. 若级数 $\displaystyle\sum_{n=1}^{\infty}a_{n}$ 收敛, 则级数 $\displaystyle\sum_{n=1}^{\infty}a_{n}^{2}$ 收敛

D. 若 $w_{n}<u_{n}<v_{n}(n\in\mathbf{N})$, 又级数 $\displaystyle\sum_{n=1}^{\infty}v_{n},\sum_{n=1}^{\infty}w_{n}$ 都收敛, 则级数 $\displaystyle\sum_{n=1}^{\infty}u_{n}$ 收敛

(4) 如果幂级数 $\displaystyle\sum_{n=0}^{\infty}a_{n}x^{n}$ 在 $x=-2$ 处条件收敛, 那么该级数的收敛半径( ).

A. 一定为 2 　　　B. 一定大于 2 　　　C. 一定小于 2 　　　D. 不能确定

(5) 设 $u_{n}=\dfrac{a_{n}+|a_{n}|}{2},v_{n}=\dfrac{a_{n}-|a_{n}|}{2}$, 则下列命题正确的是( ).

A. 若 $\displaystyle\sum_{n=1}^{\infty}a_{n}$ 条件收敛, 则 $\displaystyle\sum_{n=1}^{\infty}u_{n}$ 和 $\displaystyle\sum_{n=1}^{\infty}v_{n}$ 都收敛

B. 若 $\displaystyle\sum_{n=1}^{\infty}a_{n}$ 绝对收敛, 则 $\displaystyle\sum_{n=1}^{\infty}u_{n}$ 和 $\displaystyle\sum_{n=1}^{\infty}v_{n}$ 都收敛

C. 若 $\displaystyle\sum_{n=1}^{\infty}a_{n}$ 条件收敛, 则 $\displaystyle\sum_{n=1}^{\infty}u_{n}$ 和 $\displaystyle\sum_{n=1}^{\infty}v_{n}$ 的敛散性都不能确定

D. 若 $\displaystyle\sum_{n=1}^{\infty}a_{n}$ 绝对收敛, 则 $\displaystyle\sum_{n=1}^{\infty}u_{n}$ 和 $\displaystyle\sum_{n=1}^{\infty}v_{n}$ 的敛散性都不能确定

2. 填空题: (6) ~ (10) 小题, 每小题 4 分, 共 20 分.

(6) 设 $\displaystyle\lim_{n\to\infty}a_{n}=a$, 则级数 $\displaystyle\sum_{n=1}^{\infty}(a_{n}-a_{n+1})$ 收敛于 _____.

(7) 幂级数 $\displaystyle\sum_{n=1}^{\infty}\frac{1}{\sqrt{n}}(x-2)^{n}$ 的收敛域为 _____.

(8) 函数 $f(x)=\mathrm{e}^{-x^{2}}$ 关于 x 的幂级数展开式为 _____.

(9) 无穷级数 $\displaystyle\sum_{n=2}^{\infty}\frac{x^{n+1}}{n}$ 的和函数为 _____.

(10) 级数 $\displaystyle\sum_{n=1}^{\infty}(\sqrt{n+2}-2\sqrt{n+1}+\sqrt{n})=$ _____.

3. 解答题: (11) ~ (16) 小题, 每小题 10 分, 共 60 分. 解答时应写出文字说明、证明过程或演算步骤.

(11) 判定级数 $\displaystyle\sum_{n=1}^{\infty}\frac{(-1)^{n}}{n^{p}}$ 的敛散性. 若收敛, 请说明是条件收敛还是绝对收敛.

(12) 判断级数 $\sum\limits_{n=0}^{\infty}(-1)^n \dfrac{n}{n^2+1}$ 的敛散性. 若收敛, 请说明是条件收敛还是绝对收敛.

(13) 求幂级数 $\sum\limits_{n=2}^{\infty} \dfrac{1}{n-1}x^n$ 的收敛域与和函数.

(14) 将函数 $f(x)=\ln(1-x-2x^2)$ 展开成 x 的幂级数, 并指出其收敛区间.

(15) 求级数 $\sum\limits_{n=1}^{\infty} \dfrac{(-1)^n}{(2n-1)3^n}$ 的和.

(16) 设正项数列 $\{a_n\}$ 单调减少, 且 $\sum\limits_{n=1}^{\infty}(-1)^n a_n$ 发散, 问级数 $\sum\limits_{n=1}^{\infty}\left(\dfrac{1}{a_n+1}\right)^n$ 是否收敛?
并说明理由.

第7章总复习题·提高篇

1. **选择题**: (1) ~ (5) 小题, 每小题4分, 共20分. 下列每小题给出的4个选项中, 只有一个选项是符合题目要求的.

(1) (2020304) 设幂级数 $\sum\limits_{n=1}^{\infty} na_n(x-2)^n$ 的收敛区间为 $(-2,6)$, 则 $\sum\limits_{n=1}^{\infty} a_n(x+1)^{2n}$ 的收敛区间为(   ).

    A. $(-2,6)$ B. $(-3,1)$ C. $(-5,3)$ D. $(-17,15)$

(2) (2019304) 若 $\sum\limits_{n=1}^{\infty} nu_n$ 绝对收敛, $\sum\limits_{n=1}^{\infty} \dfrac{v_n}{n}$ 条件收敛, 则(   ).

    A. $\sum\limits_{n=1}^{\infty} u_n v_n$ 条件收敛   B. $\sum\limits_{n=1}^{\infty} u_n v_n$ 绝对收敛

    C. $\sum\limits_{n=1}^{\infty}(u_n+v_n)$ 收敛   D. $\sum\limits_{n=1}^{\infty}(u_n+v_n)$ 发散

(3) (2017304) 若级数 $\sum\limits_{n=2}^{\infty}\left[\sin\dfrac{1}{n}-k\ln\left(1-\dfrac{1}{n}\right)\right]$ 收敛, 则 k 的值为(   ).

    A. 1   B. 2   C. -1 D. -2

(4) (2016304) 级数 $\sum\limits_{n=1}^{\infty}\left(\dfrac{1}{\sqrt{n}}-\dfrac{1}{\sqrt{n+1}}\right)\sin(n+k)$ (k 为常数)(   ).

    A. 绝对收敛   B. 条件收敛

    C. 发散   D. 收敛性与 k 有关

(5) (2015304) 下列级数中发散的是(   ).

    A. $\sum\limits_{n=1}^{\infty} \dfrac{n}{3^n}$ B. $\sum\limits_{n=1}^{\infty} \dfrac{1}{\sqrt{n}}\ln\left(1+\dfrac{1}{n}\right)$

    C. $\sum\limits_{n=2}^{\infty} \dfrac{(-1)^n+1}{\ln n}$ D. $\sum\limits_{n=1}^{\infty} \dfrac{n!}{n^n}$

2. **填空题**: (6) ~ (10) 小题, 每小题4分, 共20分.

(6) (2009304) 幂级数 $\sum\limits_{n=1}^{\infty} \dfrac{e^n-(-1)^n}{n^2}x^n$ 的收敛半径为 _____.

(7)（1999303）级数 $\sum_{n=1}^{\infty} n\left(\dfrac{1}{2}\right)^{n-1} = $ _____ .

(8)（1993303）级数 $\sum_{n=0}^{\infty} \dfrac{\ln^n 3}{2^n}$ 的和为 _____ .

(9)（1992303）幂级数 $\sum_{n=1}^{\infty} \dfrac{(x-2)^{2n}}{n4^n}$ 的收敛域是 _____ .

(10)（1989303）幂级数 $\sum_{n=0}^{\infty} \dfrac{x^n}{\sqrt{n+1}}$ 的收敛域是 _____ .

3. 解答题：（11）～（16）小题，每小题 10 分，共 60 分. 解答时应写出文字说明、证明过程或演算步骤.

(11)（2021312）设 n 为正整数，$y = y_n(x)$ 是微分方程 $xy' - (n+1)y = 0$ 满足条件 $y_n(1) = \dfrac{1}{n(n+1)}$ 的解.

① 求 $y_n(x)$.

② 求级数 $\sum_{n=1}^{\infty} y_n(x)$ 的收敛域及和函数.

微课：第 7 章
总复习题（12）

(12)（2018310）已知 $\cos 2x - \dfrac{1}{(1+x)^2} = \sum_{n=0}^{\infty} a_n x^n (-1 < x < 1)$，求 a_n.

(13)（2017310）若 $a_0 = 1, a_1 = 0, a_{n+1} = \dfrac{1}{n+1}(na_n + a_{n-1})(n = 1, 2, \cdots)$，$s(x)$ 为幂级数 $\sum_{n=0}^{\infty} a_n x^n$ 的和函数.

① 证明 $\sum_{n=0}^{\infty} a_n x^n$ 的收敛半径不小于 1.

② 证明 $(1-x)s'(x) - xs(x) = 0\,[x \in (-1,1)]$，并求 $s(x)$ 的表达式.

微课：第 7 章
总复习题（13）

(14)（2016310）求幂级数 $\sum_{n=0}^{\infty} \dfrac{x^{2n+2}}{(n+1)(2n+1)}$ 的收敛域及和函数.

(15)（2014310）求幂级数 $\sum_{n=0}^{\infty} (n+1)(n+3)x^n$ 的收敛域及和函数.

(16)（2007310）将函数 $f(x) = \dfrac{1}{x^2 - 3x - 4}$ 展开成 $x-1$ 的幂级数，并指出其收敛区间.

微课：第 7 章
总复习题（14）

第8章

多元函数微分学及其应用

在自然科学、工程技术、社会生活和经济关系的研究中，微积分具有广泛的应用，而微积分的研究对象是函数. 前面我们学习的函数只有一个自变量，这种函数称为一元函数. 但是，在实际问题中往往涉及多方面的影响因素，解决这类问题必须引入多元函数.

本章首先介绍空间解析几何的基础知识，将空间中的点与有序实数组对应起来，把空间中的图形与方程对应起来，从而可以用代数方法研究几何问题. 然后以二元函数为主，讨论多元函数的极限、连续、偏导数、全微分及其相关的应用. 结合多元函数微分学的知识，进行多元分析，是研究经济关系的重要方法.

本章导学

■ 8.1 空间解析几何的基础知识

8.1.1 空间直角坐标系及空间两点间的距离

1. 空间直角坐标系

为了确定空间中点的位置，引入空间直角坐标系，如图 8.1 所示. 以空间中一定点 O 为原点，过定点 O，引 3 条互相垂直的数轴构成的坐标系，称为空间直角坐标系. 点 O 叫作坐标原点. 这 3 条数轴分别叫作 x 轴(横轴)、y 轴(纵轴)、z 轴(竖轴)，统称为坐标轴，其正向通常符合右手法则. 3 个坐标轴两两决定一个平面，称为坐标平面，分别记为 xOy 面，yOz 面，zOx 面. 空间直角坐标系又称为 $Oxyz$ 直角系.

在空间直角坐标系中，3 个坐标平面将空间分为 8 个部分，每一部分叫作一个卦限，分别用 Ⅰ, Ⅱ, Ⅲ, Ⅳ, Ⅴ, Ⅵ, Ⅶ, Ⅷ 表示，如图 8.2 所示. xOy 面上方的 4 个卦限按逆时针方向分别记为 Ⅰ, Ⅱ, Ⅲ, Ⅳ 卦限. xOy 面下方的 4 个卦限按逆时针方向分别记为 Ⅴ, Ⅵ, Ⅶ, Ⅷ 卦限.

如图 8.3 所示，设 M 为空间中的一点，过点 M 作 3 个平面分别垂直于 x 轴、y 轴、z 轴，依次交于 P, Q, R 3 点. 若这 3 点在 x 轴、y 轴、z 轴上的坐标分别为 x, y, z, 则 M 就唯一地确定了一个有序三元数组 (x, y, z). 反之，已知有序数组 (x, y, z), 依次在 x 轴、y 轴、z 轴上找出坐标为 x, y, z 的 3 点 P, Q, R, 过 P, Q, R 分别作平面垂直于

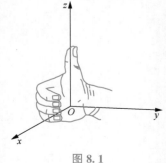

图 8.1

该点所在的轴，这 3 个平面就唯一地确定了一个点 M，则有序数组 (x,y,z) 又唯一对应空间中的一点 M. 由此可见，空间中的任意一点 M 都与三元有序数组 (x,y,z) 一一对应，该数组 (x,y,z) 称为点 M 的坐标，其中 x,y,z 分别称为点 M 的横坐标、纵坐标和竖坐标.

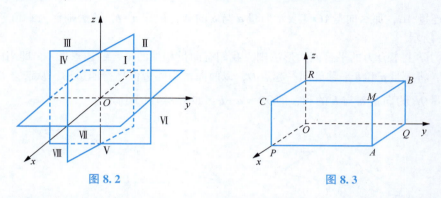

图 8.2   图 8.3

坐标轴或坐标平面上的点的坐标各具有一定的特征. 例如，如图 8.3 所示，原点的坐标为 $(0,0,0)$；坐标轴上 P,Q,R 3 点的坐标分别为 $(x,0,0),(0,y,0),(0,0,z)$；坐标面上 A,B,C 3 点的坐标分别为 $(x,y,0),(0,y,z),(x,0,z)$，点 A,B,C 也称为点 M 在 3 个坐标面 xOy,yOz,zOx 上的投影.

2. 空间两点间的距离

设 $M(x_1,y_1,z_1),N(x_2,y_2,z_2)$ 为空间两点，则 M 与 N 之间的距离为

$$d = \sqrt{(x_2-x_1)^2+(y_2-y_1)^2+(z_2-z_1)^2}.$$

例 8.1   设 $A(1,1,1)$ 与 $B(2,3,4)$ 为空间两点，求 A 与 B 两点间的距离 d.

解   由两点之间的距离公式得

$$d = \sqrt{(1-2)^2+(1-3)^2+(1-4)^2} = \sqrt{14}.$$

8.1.2 向量

1. 向量的概念

物理学中力、位移、力矩等，不仅有大小，还有方向，这种既有大小又有方向的量，叫作向量(或矢量).

在数学上，我们用有向线段 $\overrightarrow{AB}$ 来表示向量，A 称为向量的起点，B 称为向量的终点. 用有向线段的长度表示向量的大小，有向线段的方向表示向量的方向. 通常用黑体字母 $\boldsymbol{a},\boldsymbol{b},\boldsymbol{c}$ 或带箭头的字母 $\vec{a},\vec{b},\vec{c}$ 表示向量.

向量的大小称为向量的模，记作 $|\boldsymbol{a}|$ 或 $|\overrightarrow{AB}|$. 模为 1 的向量称为单位向量. 模为 0 的向量称为零向量，记作 $\boldsymbol{0}$，零向量的方向是任意的.

如果向量 $\boldsymbol{a}$ 和 $\boldsymbol{b}$ 的大小相等，且方向相同，我们就说向量 $\boldsymbol{a}$ 和 $\boldsymbol{b}$ 为相等向量，记作 $\boldsymbol{a}=\boldsymbol{b}$.

与向量 $\boldsymbol{a}$ 大小相等、方向相反的向量叫作 $\boldsymbol{a}$ 的负向量(或反向量)，记作 $-\boldsymbol{a}$.

两个非零向量，如果它们的方向相同(或相反)，就称这两个向量平行，又称两向量共线. 向量 $\boldsymbol{a}$ 与 $\boldsymbol{b}$ 平行，记作 $\boldsymbol{a}\ //\ \boldsymbol{b}$.

设有 $k(k\geqslant 3)$ 个向量，当它们的起点放在同一点时，如果 k 个终点和公共起点在一个平面上，则称这 k 个向量共面.

2. 向量的线性运算

（1）向量的加法.

定义 8.1　对于向量 a,b，任取一点 A 作为向量 a 的起点，作 $\overrightarrow{AB} = a$，再以 B 为起点，作 $\overrightarrow{BC} = b$，连接 AC，那么向量 $\overrightarrow{AC}$ 就表示向量 a 与 b 的和，记作 $a + b$. 该法则称为三角形法则，如图 8.4（a）所示.

仿照力学上求合力的平行四边形法则，我们有向量相加的平行四边形法则. 即当向量 a 和 b 不平行时，将向量 a 和 b 平移到同一起点 O，以两向量为邻边作平行四边形，从起点 O 到顶点 B 所作的向量 $\overrightarrow{OB}$ 为向量 a 与 b 的和，即 $\overrightarrow{OB} = a + b$，如图 8.4（b）所示.

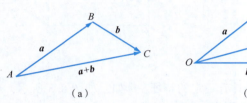

（a）　　　　　　　　　（b）

图 8.4

向量的加法满足以下运算法则.

① 交换律：$a + b = b + a$.

② 结合律：$(a + b) + c = a + (b + c)$.

③ $a + 0 = a$.

（2）向量的减法.

定义 8.2　向量 a 与 b 的负向量 $-b$ 的和，称为向量 a 与 b 的差，即 $a - b = a + (-b)$.

特别地，当 $b = a$ 时，有 $a + (-a) = 0$.

（3）数乘向量.

定义 8.3　实数 λ 与向量 a 的乘积是一个向量，称为数乘向量，记作 λa. λa 的模是 $|\lambda||a|$，方向：当 $\lambda > 0$ 时，λa 与 a 同向；当 $\lambda < 0$ 时，λa 与 a 反向；当 $\lambda = 0$ 时，$\lambda a = 0$.

若 λ 和 μ 为实数，向量的数乘满足下列运算法则.

①$(\lambda\mu)a = \lambda(\mu a)$；

②$(\lambda + \mu)a = \lambda a + \mu a$，$\lambda(a + b) = \lambda a + \lambda b$.

向量的加法运算及数乘运算统称为向量的线性运算.

特别地，与 a 同方向的单位向量叫作 a 的单位向量，记作 e_a，即 $e_a = \dfrac{a}{|a|}$.

由于向量 λa 与 a 平行，所以我们常用数与向量的乘积来说明两个向量的平行关系. 因而有：向量 a 与非零向量 b 平行的充分必要条件是存在唯一的实数 λ，使 $a = \lambda b$.

3. 向量的坐标

设 A 为空间中一点，过点 A 作一平面 α 垂直于 u 轴，垂足为 A'，则 A' 称为点 A 在 u 轴上的投影，如图 8.5 所示.

设 M 为空间直角坐标系中的一点，点 M 在 x 轴、y 轴、z 轴上的投影分别为点 P,Q,R，如图 8.6 所示.

一般地，设 a 为非零向量，θ 是向量 a,b 的夹角（规定 $0 \leqslant \theta \leqslant \pi$，有时也记作 $\langle a,b \rangle$），把 $|b|\cos\theta$ 称为向量 b 在 a 上的投影，记为 $\mathrm{Prj}_a b$ 或 $(b)_a$，如图 8.7 所示，有

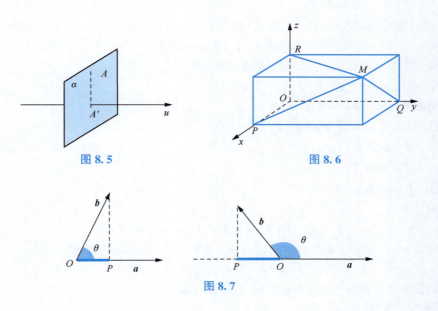

图 8.5   图 8.6

图 8.7

$$\text{Prj}_a \boldsymbol{b} = (\boldsymbol{b})_a = |\boldsymbol{b}| \cos \theta.$$

由图 8.7 可知，向量 $\boldsymbol{b}$ 在 $\boldsymbol{a}$ 上的投影是有向线段 OP 的值. 当 $\boldsymbol{b}$ 和 $\boldsymbol{a}$ 的夹角为锐角时，OP 的值为正；当 θ 为钝角时，OP 的值为负.

在空间直角坐标系 $Oxyz$ 中，在 x 轴、y 轴、z 轴上各取一个与坐标轴同向的单位向量，依次记作 $\boldsymbol{i}, \boldsymbol{j}, \boldsymbol{k}$，把它们称为基本单位向量或基向量. 任一向量都可以唯一地表示为 $\boldsymbol{i}, \boldsymbol{j}, \boldsymbol{k}$ 的数乘之和.

设 $M(x, y, z)$ 是空间任意一点，记 $\overrightarrow{OM} = \boldsymbol{r}$. 以 OM 为对角线、3 条坐标轴为棱作长方体，如图 8.8 所示，则 $\boldsymbol{r} = \overrightarrow{OM} = \overrightarrow{OP} + \overrightarrow{PA} + \overrightarrow{AM} = \overrightarrow{OP} + \overrightarrow{OQ} + \overrightarrow{OR}$.

设 $\overrightarrow{OP} = x\boldsymbol{i}, \overrightarrow{OQ} = y\boldsymbol{j}, \overrightarrow{OR} = z\boldsymbol{k}$，则

$$\boldsymbol{r} = x\boldsymbol{i} + y\boldsymbol{j} + z\boldsymbol{k}.$$

我们把上式称为向量 $\boldsymbol{r}$ 的坐标分解式，$x\boldsymbol{i}, y\boldsymbol{j}, z\boldsymbol{k}$ 称为向量 $\boldsymbol{r}$ 沿 3 条坐标轴方向的分向量，$\boldsymbol{i}, \boldsymbol{j}, \boldsymbol{k}$ 的系数组成的有序数组 (x, y, z) 叫作向量 $\boldsymbol{r}$ 的坐标，记为 $\boldsymbol{r} = \{x, y, z\}$.

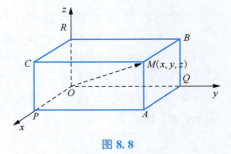

图 8.8

设 $\boldsymbol{a} = \{a_x, a_y, a_z\}, \boldsymbol{b} = \{b_x, b_y, b_z\}$，则由向量的线性运算性质可得

$$\boldsymbol{a} + \boldsymbol{b} = \{a_x + b_x, a_y + b_y, a_z + b_z\},$$
$$\boldsymbol{a} - \boldsymbol{b} = \{a_x - b_x, a_y - b_y, a_z - b_z\},$$
$$\lambda \boldsymbol{a} = \{\lambda a_x, \lambda a_y, \lambda a_z\}.$$

例 8.2 在空间直角坐标系中有点 $M(4, 3, 2)$ 和点 $N(5, 4, 3)$，求向量 $\overrightarrow{MN}$ 及 $\overrightarrow{NM}$ 的坐标.

解 由于向量的坐标是向量在坐标轴上的投影组成的有序数组，而向量的各投影为终点坐标与起点坐标对应分量的差，因此向量 $\overrightarrow{MN}$ 的坐标为 $\{1, 1, 1\}$，向量 $\overrightarrow{NM}$ 的坐标为 $\{-1, -1, -1\}$.

4. 向量的数量积

定义 8.4 向量 $\boldsymbol{a}, \boldsymbol{b}$ 的模 $|\boldsymbol{a}|, |\boldsymbol{b}|$ 与 $\boldsymbol{a}, \boldsymbol{b}$ 两个向量的夹角 $\langle \boldsymbol{a}, \boldsymbol{b} \rangle$ 的余弦的乘积，称为向量

a, b 的**数量积**(也称**内积**或**点积**),记作 $a \cdot b$,即

$$a \cdot b = |a||b| \cos\langle a, b \rangle.$$

由数量积定义可得数量积满足以下运算性质.

(1) 交换律:$a \cdot b = b \cdot a$.

(2) 分配律:$a \cdot (b+c) = a \cdot b + a \cdot c$.

(3) 结合律:$(\lambda a) \cdot b = \lambda(a \cdot b) = a \cdot (\lambda b)$.

(4) $a \cdot a = |a|^2$.

(5) $a \cdot b = 0 \Leftrightarrow a \perp b$.

(6) $|a \cdot b| \leq |a| \cdot |b|$.

特别地,有

$$i \cdot i = j \cdot j = k \cdot k = 1, i \cdot j = j \cdot k = k \cdot i = 0.$$

若向量 $a = x_1 i + y_1 j + z_1 k, b = x_2 i + y_2 j + z_2 k$,由数量积的运算性质直接计算得

$$a \cdot b = x_1 x_2 + y_1 y_2 + z_1 z_2.$$

这表明两向量的数量积等于它们对应坐标分量的乘积之和.

5. 向量的向量积

定义 8.5 设由两向量 a, b 的**向量积**确定的一个新向量 c,c 满足下列条件.

(1) $|c| = |a||b| \sin\langle a, b \rangle$.

(2) c 同时垂直于向量 a 与 b,即 c 垂直于由向量 a, b 所决定的平面.

(3) c 的方向:按顺序 a, b, c 符合右手法则拇指的指向,如图 8.9 所示.

向量 a 与 b 的向量积(也称**外积**或**叉积**)记作 $a \times b$,即 $c = a \times b$.

对于向量 a, b 及任意实数 λ,由向量积的定义可以推得以下性质.

(1) $a \times a = 0$.

(2) 反交换律:$a \times b = -b \times a$.

(3) 分配律:$a \times (b+c) = a \times b + a \times c$;

$$(a+b) \times c = a \times c + b \times c.$$

(4) 与数乘的结合律:$(\lambda a) \times b = \lambda(a \times b) = a \times (\lambda b)$.

(5) $a \parallel b \Leftrightarrow a \times b = 0$.

由向量积的定义与性质,对于空间直角坐标系坐标轴的单位向量 i, j, k,有

$$i \times i = j \times j = k \times k = 0,$$
$$i \times j = k, j \times k = i, k \times i = j,$$
$$j \times i = -k, k \times j = -i, i \times k = -j.$$

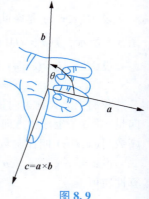

图 8.9

由此可以推出向量 $a = \{x_1, y_1, z_1\}$ 和向量 $b = \{x_2, y_2, z_2\}$ 的向量积的坐标表示为

$$a \times b = (x_1 i + y_1 j + z_1 k) \times (x_2 i + y_2 j + z_2 k)$$
$$= (y_1 z_2 - z_1 y_2) i - (x_1 z_2 - z_1 x_2) j + (x_1 y_2 - y_1 x_2) k.$$

为了便于记忆,借助线性代数中的二阶行列式及三阶行列式,有

$$a \times b = \begin{vmatrix} y_1 & z_1 \\ y_2 & z_2 \end{vmatrix} i - \begin{vmatrix} x_1 & z_1 \\ x_2 & z_2 \end{vmatrix} j + \begin{vmatrix} x_1 & y_1 \\ x_2 & y_2 \end{vmatrix} k = \begin{vmatrix} i & j & k \\ x_1 & y_1 & z_1 \\ x_2 & y_2 & z_2 \end{vmatrix}.$$

例 8.3 已知向量 $a = \{3, -1, -2\}$，$b = \{1, 2, -1\}$，求 $a \times 2b$.

解 $a \times 2b = \{3, -1, -2\} \times \{2, 4, -2\} = \begin{vmatrix} i & j & k \\ 3 & -1 & -2 \\ 2 & 4 & -2 \end{vmatrix} = 10i + 2j + 14k$.

8.1.3 空间平面方程

1. 平面的点法式方程

定义 8.6 设 $\varPi$ 是空间中的一个平面，如果非零向量 n 与平面 $\varPi$ 垂直，则称向量 n 为平面 $\varPi$ 的 <u>法线向量</u>（简称平面的 <u>法向量</u>）.

显然，一个平面的法线向量不唯一，且法线向量与平面上的任何一个向量都垂直.

已知平面 $\varPi$ 过一定点 $M_0(x_0, y_0, z_0)$，它的法线向量为 $n = \{A, B, C\}$，其中 A, B, C 不同时为零. 下面要建立平面 $\varPi$ 的方程，即建立平面上任意一点所满足的关系式.

如图 8.10 所示，设 $M(x, y, z)$ 为平面 $\varPi$ 上的任一点，根据法线向量的定义，得 $n \perp \overrightarrow{M_0M}$，所以

$$n \cdot \overrightarrow{M_0M} = 0.$$

由于 $\overrightarrow{M_0M} = \{x - x_0, y - y_0, z - z_0\}$，所以有

$$A(x - x_0) + B(y - y_0) + C(z - z_0) = 0. \qquad (8.1)$$

上述方程对于平面 $\varPi$ 上的所有点都成立，对于不在平面 $\varPi$ 上的点则不成立. 因此，上述方程[式(8.1)]唯一确定了这个平面. 我们称这个方程为过定点 $M_0(x_0, y_0, z_0)$、法线向量为 n 的平面 $\varPi$ 的 <u>点法式方程</u>.

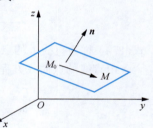

图 8.10

例 8.4 求过点 $M_0(1, 1, 2)$ 且垂直于向量 $n = \{2, -1, 4\}$ 的平面方程.

解 由平面的点法式方程[式(8.1)]，得所求平面的方程为

$$2(x - 1) - (y - 1) + 4(z - 2) = 0,$$

整理得

$$2x - y + 4z - 9 = 0.$$

2. 平面的一般式方程

平面的点法式方程[式(8.1)]可化为

$$Ax + By + Cz - (Ax_0 + By_0 + Cz_0) = 0,$$

令 $D = -(Ax_0 + By_0 + Cz_0)$，得

$$Ax + By + Cz + D = 0. \qquad (8.2)$$

称(8.2)式为 <u>平面的一般式方程</u>，其中 $n = \{A, B, C\}$ 为平面的一个法向量.

3. 平面的截距式方程

若平面过 3 点 $A(a, 0, 0)$，$B(0, b, 0)$，$C(0, 0, c)$（$abc \neq 0$），如图 8.11 所示. 设平面的一般式方程为 $Ax + By + Cz + D = 0$，将 3 点坐标分别代入，得 $Aa + D = 0$，$Bb + D = 0$，$Cc + D = 0$（$D \neq 0$），从而

$$A = -\frac{D}{a}, B = -\frac{D}{b}, C = -\frac{D}{c},$$

化简整理，得

$$\frac{x}{a} + \frac{y}{b} + \frac{z}{c} = 1. \qquad (8.3)$$

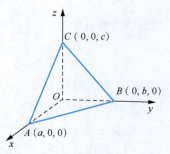

图 8.11

式(8.3)称为平面的 <u>截距式方程</u>，其中 a, b, c 分别称为平面在 x

轴、y 轴、z 轴上的截距.

8.1.4 空间直线方程

1. 直线的点向式方程和参数方程

定义 8.7 如果一个非零向量 s 与直线 L 平行，则称向量 s 是直线 L 的一个**方向向量**. 任一方向向量的坐标称为该直线的一组**方向数**.

设 $M_0(x_0, y_0, z_0)$ 是直线 L 上的一个点，$s = \{m, n, p\}$ 为 L 的一个方向向量，下面求直线 L 的方程.

在 L 上任取一点 $M(x, y, z)$，如图 8.12 所示，则 $\overrightarrow{M_0M} \parallel s$，所以两向量对应坐标成比例. 而 $\overrightarrow{M_0M}$ 的坐标为 $\{x-x_0, y-y_0, z-z_0\}$，因此有

$$\frac{x-x_0}{m} = \frac{y-y_0}{n} = \frac{z-z_0}{p}. \tag{8.4}$$

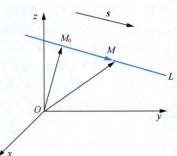

图 8.12

式 (8.4) 称为直线 L 的**点向式方程**(或称**对称式方程**).

由直线的点向式方程可以推导出直线的参数方程. 令

$$\frac{x-x_0}{m} = \frac{y-y_0}{n} = \frac{z-z_0}{p} = t,$$

得

$$\begin{cases} x = x_0 + mt, \\ y = y_0 + nt, \\ z = z_0 + pt. \end{cases} \tag{8.5}$$

式 (8.5) 称为直线 L 的**参数方程**.

例 8.5 求过点 $(4, -1, 3)$ 且平行于直线 $\dfrac{x-3}{2} = \dfrac{y}{1} = \dfrac{z-1}{5}$ 的直线方程.

解 所求直线的方向向量为 $\{2, 1, 5\}$，因为过点 $(4, -1, 3)$，所以根据点向式方程得所求直线方程为

$$\frac{x-4}{2} = \frac{y+1}{1} = \frac{z-3}{5}.$$

2. 直线的一般式方程

空间直线 L 可以看成两个相交平面的交线. 如果两个相交平面的方程分别为

$$\Pi_1 : A_1 x + B_1 y + C_1 z + D_1 = 0,$$
$$\Pi_2 : A_2 x + B_2 y + C_2 z + D_2 = 0,$$

则直线 L 的方程为

$$\begin{cases} A_1 x + B_1 y + C_1 z + D_1 = 0, \\ A_2 x + B_2 y + C_2 z + D_2 = 0. \end{cases} \tag{8.6}$$

式 (8.6) 称为直线 L 的**一般式方程**.

8.1.5 空间曲面

定义 8.8 如果曲面 Σ 与方程 $F(x, y, z) = 0$ 满足如下关系.

(1) 曲面 Σ 上每一点的坐标都满足方程 $F(x, y, z) = 0$；

(2) 以满足方程 $F(x, y, z) = 0$ 的解为坐标的点都在曲面 Σ 上.

则称方程 $F(x,y,z) = 0$ 为<u>曲面 Σ 的方程</u>，而称曲面 Σ 为此<u>方程的图形</u>，如图 8.13 所示.

已知曲面的形状求曲面的方程，是研究曲面的基本问题之一，下面我们主要研究几个常见的曲面.

1. 球面

例 8.6 求球心在点 $M_0(x_0,y_0,z_0)$ 且半径为 R 的球面方程，如图 8.14 所示.

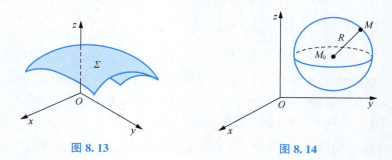

图 8.13   图 8.14

解 设 $M(x,y,z)$ 是球面上任一点，则 $|M_0M| = R$，即

$$\sqrt{(x-x_0)^2 + (y-y_0)^2 + (z-z_0)^2} = R,$$

两边平方，得

$$(x-x_0)^2 + (y-y_0)^2 + (z-z_0)^2 = R^2. \tag{8.7}$$

这也就是说，球面上任意一点的坐标都满足方程[式(8.7)]，而不在球面上的点的坐标一定不满足方程[式(8.7)].

特别地，以坐标原点为球心、以 R 为半径的球面方程为 $x^2+y^2+z^2 = R^2$.

将式(8.7)展开，得

$$x^2+y^2+z^2 - 2x_0x - 2y_0y - 2z_0z + x_0^2+y_0^2+z_0^2 - R^2 = 0.$$

令 $A = -2x_0, B = -2y_0, C = -2z_0, D = x_0^2+y_0^2+z_0^2-R^2$，则有

$$x^2+y^2+z^2 + Ax + By + Cz + D = 0,$$

此方程称为球面的<u>一般方程</u>. 球面的一般方程具有下列两个特点.

（1）它是 x,y,z 之间的二次方程，且方程中缺 xy,yz,zx 项；

（2）x^2,y^2,z^2 的系数相同且不为零.

例 8.7 方程 $x^2+y^2+z^2-4x+2y = 0$ 表示怎样的曲面？

解 通过配方，原方程可以改写为 $(x-2)^2+(y+1)^2+z^2 = 5$，所以原方程表示球心为点 $(2,-1,0)$、半径为 $\sqrt{5}$ 的球面.

2. 柱面

直线 L 沿空间一条定曲线 C 平行移动所形成的曲面称为<u>柱面</u>. 动直线 L 称为柱面的<u>母线</u>，定曲线 C 称为柱面的<u>准线</u>，如图 8.15 所示.

下面我们仅讨论准线在坐标面上、母线平行于坐标轴的柱面方程.

例 8.8 方程 $x^2+y^2 = R^2$ 表示怎样的曲面？

解 在 xOy 坐标面上，方程 $x^2+y^2 = R^2$ 表示圆心为坐标原点、半径为 R 的圆. 在空间直角坐标系中，由于方程缺少 z，这意味着不论 z 怎么取，分坐标 x,y 满足 $x^2+y^2 = R^2$ 的点都在曲面上. 因此，任意点 $M(x,y,z)$ 在曲面上的充要条件是点 $M_0(x,y,0)$ 在圆 $x^2+y^2 = R^2$ 上，而点 M 在过点 M_0 且平行于 z 轴的直线上，即方程 $x^2+y^2 = R^2$ 表示柱面，此柱面称为<u>圆柱面</u>，如图 8.16 所示.

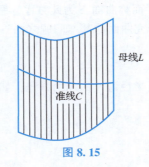

图 8.15

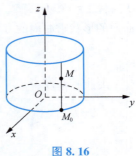

图 8.16

一般地，方程中缺少 z，即 $f(x,y)=0$，方程表示准线在 xOy 坐标面上、母线平行于 z 轴的柱面；方程 $g(y,z)=0$ 表示准线在 yOz 坐标面上、母线平行于 x 轴的柱面；方程 $h(z,x)=0$ 表示准线在 zOx 坐标面上、母线平行于 y 轴的柱面.

常见的柱面除了圆柱面 $x^2+y^2=R^2$，还有双曲柱面 $\dfrac{y^2}{b^2}-\dfrac{x^2}{a^2}=1$ [见图 8.17(a)] 和抛物柱面 $x^2=2py$ [见图 8.17(b)].

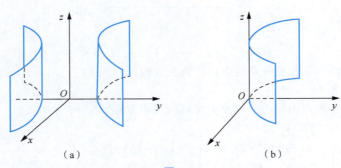

（a）　　　　　　　　　（b）

图 8.17

3. 旋转曲面

一条平面曲线 C 绕同一平面内的一条定直线 L 旋转一周所形成的曲面称为旋转曲面. 曲线 C 称为旋转曲面的母线，定直线 L 称为旋转曲面的旋转轴，简称轴，如图 8.18 所示.

下面我们讨论以坐标轴为旋转轴的旋转曲面.

设 $M(x,y,z)$ 为旋转曲面上的任一点，并假定点 M 是由曲线 C 上的点 $M_0(0,y_0,z_0)$ 绕 z 轴旋转到一定角度而得到的，如图 8.19 所示，则有 $z=z_0$，且点 M 到 z 轴的距离与点 M_0 到 z 轴的距离相等. 而点 M 到 z 轴的距离为 $\sqrt{x^2+y^2}$，点 M_0 到 z 轴的距离为 $\sqrt{y_0^2}=|y_0|$，则有

德育学堂 7

$$y_0=\pm\sqrt{x^2+y^2}.$$

又因为点 M_0 在曲线 C 上，所以 $f(y_0,z_0)=0$，将上式代入得 $f(\pm\sqrt{x^2+y^2},z)=0$，即旋转曲面上任一点 $M(x,y,z)$ 的坐标满足方程

$$f(\pm\sqrt{x^2+y^2},z)=0.$$

这就是所求旋转曲面的方程.

显然，在曲线 C 的方程 $f(y,z)=0$ 中将 y 换成 $\pm\sqrt{x^2+y^2}$，便得到曲线 C 绕 z 轴旋转所形成的旋转曲面的方程.

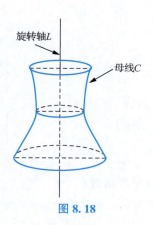

图 8.18

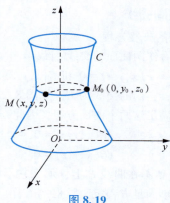

图 8.19

同理，曲线 C 绕 y 轴旋转所形成的旋转曲面的方程为 $f(y, \pm\sqrt{x^2+z^2})=0$，即将 $f(y,z)=0$ 中的 z 换成 $\pm\sqrt{x^2+z^2}$.

zOx 坐标面内的曲线 $h(z,x)=0$ 绕 x 轴旋转所生成的旋转曲面的方程为 $h(\pm\sqrt{y^2+z^2},x)=0$，即将 $h(z,x)=0$ 中的 z 换成 $\pm\sqrt{y^2+z^2}$.

反之，对于一个方程是否表示旋转曲面，只需看方程中是否含有两个变量的平方和.

例如，在 yOz 坐标面内的椭圆 $\dfrac{y^2}{b^2}+\dfrac{z^2}{c^2}=1$ 绕 z 轴旋转所得到的旋转曲面的方程为

$$\frac{x^2+y^2}{b^2}+\frac{z^2}{c^2}=1,$$

该曲面称为旋转椭球面.

例 8.9 将 yOz 坐标面上的双曲线 $\dfrac{z^2}{c^2}-\dfrac{y^2}{b^2}=1$ 分别绕 z 轴和 y 轴旋转一周，求所形成的旋转曲面的方程.

解 绕 z 轴旋转形成旋转双叶双曲面，如图 8.20 所示，其方程为

$$\frac{z^2}{c^2}-\frac{x^2+y^2}{b^2}=1.$$

绕 y 轴旋转形成旋转单叶双曲面，如图 8.21 所示，其方程为

$$\frac{x^2+z^2}{c^2}-\frac{y^2}{b^2}=1.$$

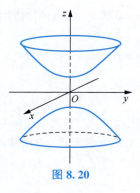

图 8.20

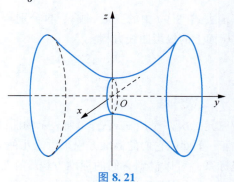

图 8.21

8.1.6 空间曲线

1. 空间曲线的一般方程

空间曲线可看作两曲面的交线. 设

$$F(x,y,z) = 0 \text{ 和 } G(x,y,z) = 0$$

是两曲面的方程, 它们的交线为 C, 如图 8.22 所示. 曲线上的任何点的坐标应同时满足这两个曲面方程, 因此, 应满足方程组

$$\begin{cases} F(x,y,z) = 0, \\ G(x,y,z) = 0. \end{cases} \tag{8.8}$$

反过来, 如果点 M 不在曲线 C 上, 那么它不可能同时在两曲面上. 所以, 它的坐标不满足方程组[式(8.8)]. 由上述两点可知: 曲线 C 可由式(8.8) 表示. 式(8.8) 称作空间曲线的一般方程.

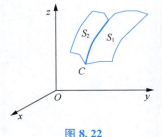

图 8.22

2. 空间曲线的参数方程

对于空间曲线 C, 若 C 上动点的坐标可表示成参数 t 的函数

$$\begin{cases} x = x(t), \\ y = y(t), \\ z = z(t), \end{cases}$$

随着 t 的变化可得到曲线 C 上的全部点, 此方程组叫作空间曲线的参数方程.

3. 空间曲线在坐标面上的投影

设空间曲线 C 的一般方程为

$$\begin{cases} F(x,y,z) = 0, \\ G(x,y,z) = 0. \end{cases} \tag{8.9}$$

下面, 我们来研究上述方程组消去变量 z 之后所得到的方程

$$H(x,y) = 0. \tag{8.10}$$

因式(8.10) 是由式(8.9) 消去 z 后所得, 则当坐标 x,y,z 适合式(8.9) 时, 前两个坐标 x,y 必定适合式(8.10), 即曲线 C 上的所有点都在由式(8.10) 表示的曲面上. 而式(8.10) 表示一个母线平行于 z 轴的柱面, 因此, 此柱面必定包含曲线 C. 以曲线 C 为准线、母线平行于 z 轴的柱面, 叫作曲线 C 关于 xOy 面的投影柱面.

投影柱面与 xOy 面的交线叫作空间曲线 C 在 xOy 面上的投影曲线, 该曲线的方程为

$$\begin{cases} H(x,y) = 0, \\ z = 0. \end{cases}$$

同理, 消去式(8.9) 中的变量 x 或 y, 再分别与 $x = 0$ 或 $y = 0$ 联立, 我们便得到了空间曲线 C 在 yOz 或 zOx 面上的投影曲线方程:

$$\begin{cases} R(y,z) = 0, \\ x = 0. \end{cases} \quad \text{或} \quad \begin{cases} T(x,z) = 0, \\ y = 0. \end{cases}$$

8.1.7 二次曲面

我们把三元二次方程 $F(x,y,z) = 0$ 所表示的曲面称为二次曲面. 适当选取坐标系, 可得到它们的标准方程. 下面就它们的标准方程来讨论几种常见的二次曲面的形状. 二次曲面有 9 种, 选取适当的坐标系, 可以得到它们的标准方程. 前面我们已经介绍了 3 种二次曲面 —— 椭圆柱面、双曲柱面、抛物柱面. 下面我们介绍另外 6 种二次曲面.

1. 椭圆锥面

由方程

$$\frac{x^2}{a^2} + \frac{y^2}{b^2} = z^2$$

所确定的曲面称为椭圆锥面，如图 8.23 所示.

2. 椭球面

由方程

$$\frac{x^2}{a^2} + \frac{y^2}{b^2} + \frac{z^2}{c^2} = 1 \ (a > 0, b > 0, c > 0)$$

所确定的曲面称为椭球面，a, b, c 称为椭球面的半轴，此方程称为椭球面的标准方程. 椭球面的形状如图 8.24 所示.

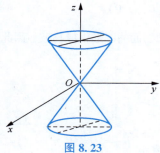

图 8.23

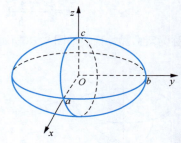

图 8.24

3. 单叶双曲面

由方程

$$\frac{x^2}{a^2} + \frac{y^2}{b^2} - \frac{z^2}{c^2} = 1 \, (a > 0, b > 0, c > 0)$$

所确定的曲面称为单叶双曲面，如图 8.25 所示.

4. 双叶双曲面

由方程

$$\frac{x^2}{a^2} + \frac{y^2}{b^2} - \frac{z^2}{c^2} = -1 \, (a > 0, b > 0, c > 0)$$

所确定的曲面称为双叶双曲面，如图 8.26 所示.

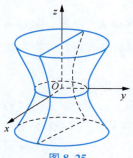

图 8.25

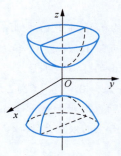

图 8.26

注　方程 $\dfrac{x^2}{a^2}-\dfrac{y^2}{b^2}+\dfrac{z^2}{c^2}=1$ 和 $-\dfrac{x^2}{a^2}+\dfrac{y^2}{b^2}+\dfrac{z^2}{c^2}=1$ 也都是单叶双曲面；方程 $\dfrac{x^2}{a^2}-\dfrac{y^2}{b^2}+\dfrac{z^2}{c^2}=-1$ 和

$-\dfrac{x^2}{a^2}+\dfrac{y^2}{b^2}+\dfrac{z^2}{c^2}=-1$ 也都是双叶双曲面.

5. 椭圆抛物面

由方程

$$z=\frac{x^2}{a^2}+\frac{y^2}{b^2}\ (a>0,b>0,c>0)$$

所确定的曲面称为椭圆抛物面，如图 8.27 所示.

6. 双曲抛物面

由方程

$$z=\frac{x^2}{a^2}-\frac{y^2}{b^2}\ (a>0,b>0,c>0)$$

所确定的曲面称为双曲抛物面，如图 8.28 所示. 双曲抛物面的图形很像马鞍，因此也称马鞍面.

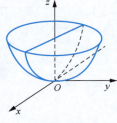

图 8.27

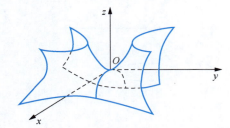

图 8.28

同步习题 8.1

基础题

1. 已知两点 $A(4,0,5)$ 和 $B(7,1,3)$，求与 $\overrightarrow{AB}$ 同方向的单位向量.

2. 在 y 轴上求与点 $A(1,-4,7)$ 和 $B(5,6,5)$ 等距离的点 M.

3. 在空间直角坐标系中，设向量 $\boldsymbol{a}=\{3,0,2\}$，$\boldsymbol{b}=\{-1,1,-1\}$，求同时垂直于向量 $\boldsymbol{a}$ 与 $\boldsymbol{b}$ 的单位向量.

4. 一平面通过两点 $M_0(1,1,1)$ 和 $M_1(0,1,-1)$ 且垂直于平面 $x+y+z=0$，求该平面方程.

5. 设直线 l 过两点 $A(-1,2,3)$ 和 $B(2,0,-1)$，求直线 l 的方程.

6. 确定下列球面的球心和半径.

（1）$x^2+y^2+z^2-2x=0$.　　　（2）$2x^2+2y^2+2z^2-5y-8=0$.

7. 将 xOy 坐标面上的抛物线 $y^2=4x$ 绕 x 轴旋转，求旋转后所得的曲面的方程.

8. 将 xOy 坐标面上的双曲线 $x^2-4y^2=4$ 分别绕 x 轴、y 轴旋转一周，求所形成的旋转曲面的方程.

9. 求抛物面 $y^2+z^2=x$ 与平面 $x+2y-z=0$ 的截线在 3 个坐标面上的投影曲线的方程.

提高题

1. 在空间直角坐标系中，点 A,B,C 的坐标分别为 $A(4,-1,2)$，$B(1,2,-2)$，$C(2,0,1)$，求 $\triangle ABC$ 的面积.

2. 求空间区域 $x^2+y^2+z^2 \leqslant R^2$ 与 $x^2+y^2+(z-R)^2 \leqslant R^2$ 的公共部分在 xOy 坐标面上的投影区域.

8.2 多元函数的基础知识

8.2.1 多元函数的相关概念

1. 区域

在讨论一元函数时，我们用到 **R**（一维空间）中的邻域和区间概念. 同样，讨论多元函数时，也需要用到邻域和区域的概念. 下面我们以二元函数为例，首先讨论二维空间中的邻域和区域.

（1）邻域.

设 $P_0(x_0,y_0)$ 是 xOy 坐标面上的一定点，与点 $P_0(x_0,y_0)$ 的距离小于 $\delta(\delta>0)$ 的点 $P(x,y)$ 的全体，称为点 $P_0(x_0,y_0)$ 的 δ 邻域，记为 $U(P_0,\delta)$，即

$$U(P_0,\delta) = \{P \mid |P_0P| < \delta\},$$

亦即

$$U(P_0,\delta) = \{(x,y) \mid \sqrt{(x-x_0)^2+(y-y_0)^2} < \delta\}.$$

在几何上，$U(P_0,\delta)$ 表示以 $P_0(x_0,y_0)$ 为中心、以 δ 为半径的圆的内部（不含圆周），如图 8.29 所示.

上述邻域 $U(P_0,\delta)$ 去掉中心 $P_0(x_0,y_0)$，称为 $P_0(x_0,y_0)$ 的去心邻域，记作 $\mathring{U}(P_0,\delta)$，即

$$\mathring{U}(P_0,\delta) = \{(x,y) \mid 0 < \sqrt{(x-x_0)^2+(y-y_0)^2} < \delta\}.$$

如果不需要强调邻域的半径 δ，则用 $U(P_0)$ 表示点 $P_0(x_0,y_0)$ 的邻域，用 $\mathring{U}(P_0)$ 表示 $P_0(x_0,y_0)$ 的去心邻域.

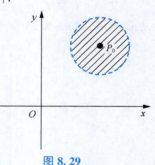

图 8.29

（2）区域.

设 E 是 xOy 坐标面上的一个点集，P 是 xOy 坐标面上的一点.

① 内点：如果存在点 P 的某个邻域 $U(P)$，使 $U(P) \subset E$，则称点 P 为 E 的内点，如图 8.30 所示.

② 边界点：如果在点 P 的任何邻域内，既有属于 E 的点，又有不属于 E 的点，则称点 P 为 E 的边界点. E 的边界点的集合称为 E 的边界，如图 8.31 所示.

③ 开集：如果点集 E 的每一点都是 E 的内点，则称 E 为开集.

④ 连通集：设 E 是平面点集，如果对于 E 中的任何两点，都可以用完全含于 E 中的折线连接起来，则称 E 为连通集.

⑤ 开区域：连通的开集称为开区域，也称区域.

⑥ 闭区域：开区域连同它的边界称为闭区域，也称闭域.

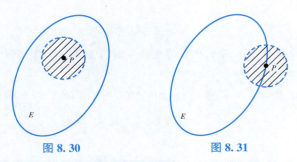

图 8.30   图 8.31

例如，点集 $E_1 = \{(x,y) \mid 1 < x^2 + y^2 < 4\}$ 是开区域，如图 8.32 所示；点集 $E_2 = \{(x,y) \mid 1 \leqslant x^2 + y^2 \leqslant 4\}$ 是闭区域，如图 8.33 所示.

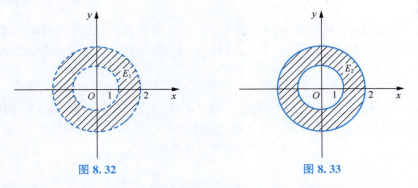

图 8.32   图 8.33

又如，点集 $E_3 = \{(x,y) \mid x+y > 0\}$ 是开区域，如图 8.34 所示；点集 $E_4 = \{(x,y) \mid x+y \geqslant 0\}$ 是闭区域，如图 8.35 所示.

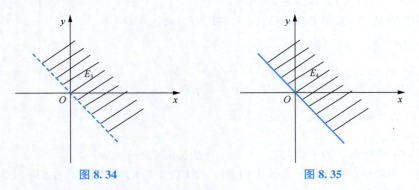

图 8.34   图 8.35

⑦ **有界区域**：如果区域 E 可包含在以原点为中心的某个圆内，即存在正数 r，使 $E \subset U(O,r)$，则称 E 为有界区域；否则，称 E 为无界区域.

例如，上述 E_1, E_2 是有界区域，E_3, E_4 是无界区域.

⑧ **聚点**：记 E 是平面上的一个点集，P 是平面上的一个点. 如果点 P 的任一邻域内总有无限多个点属于点集 E，则称 P 为 E 的**聚点**.

显然，E 的内点一定是 E 的聚点. 此外，E 的边界点也可能是 E 的聚点.

例如，设 $E_5 = \{(x,y) \mid 0 < x^2 + y^2 \leqslant 1\}$，那么点 $(0,0)$ 既是 E_5 的边界点又是 E_5 的聚点，但 E_5 的这个聚点不属于 E_5；又如，圆周 $x^2 + y^2 = 1$ 上的每个点既是 E_5 的边界点，又是 E_5 的聚点，而

这些聚点都属于 E_5. 由此可见，点集 E 的聚点可以属于 E，也可以不属于 E.

再如点集 $E_6 = \left\{ (1,1), \left(\dfrac{1}{2}, \dfrac{1}{2}\right), \left(\dfrac{1}{3}, \dfrac{1}{3}\right), \cdots, \left(\dfrac{1}{n}, \dfrac{1}{n}\right), \cdots \right\}$，原点 $(0,0)$ 是它的聚点，E_6 中的每一个点都不是聚点.

以上平面区域的概念可以直接推广到 n 维空间.

2. n 维空间

数轴上的点与实数一一对应，因此全体实数可以用数轴上的点来表示；在平面直角坐标系中，平面上的点与二元有序数组 (x,y) 一一对应，因此平面上的点可以用二元有序数组来表示；在空间直角坐标系中，空间中的点与三元有序数组 (x,y,z) 一一对应，因此空间中的点可以用三元有序数组来表示.

一般地，由 n 元有序实数组 $(x_1, x_2, \cdots, x_n)$ 的全体组成的集合称为 n **维空间**，记作 $\mathbf{R}^n$，即

$$\mathbf{R}^n = \{ (x_1, x_2, \cdots, x_n) \mid x_i \in \mathbf{R}, i = 1, 2, \cdots, n \}.$$

n 元有序实数组 $(x_1, x_2, \cdots, x_n)$ 称为 n 维空间中的一个点，数 x_i 称为该点的第 i 个坐标.

类似地，规定 n 维空间中任意两点 $P(x_1, x_2, \cdots, x_n)$ 与 $Q(y_1, y_2, \cdots, y_n)$ 之间的距离为

$$|PQ| = \sqrt{(y_1 - x_1)^2 + (y_2 - x_2)^2 + \cdots + (y_n - x_n)^2}.$$

前面关于平面点集的一系列概念，均可推广到 n 维空间，例如，$P_0 \in \mathbf{R}^n$，则点 P_0 的 $\delta(\delta > 0)$ 邻域为

$$U(P_0, \delta) = \{ P \mid |PP_0| < \delta, P \in \mathbf{R}^n \}.$$

以邻域为基础，还可以定义 n 维空间中内点、边界点、区域等一系列概念.

3. 多元函数

引例 1　长方体的体积 V 由它的长 x、宽 y 和高 z 确定：

$$V = xyz.$$

引例 2（柯布–道格拉斯生产函数）　在生产中产量 Q 与劳动力投入量 L 和资本投入量 K 之间有下列关系：

$$Q = AL^\alpha K^\beta,$$

其中 A, α, β 为常数，且 $A > 0, 0 < \alpha, \beta < 1$. 这里 Q 依赖于 L, K.

上面引例中的函数都涉及多个自变量，下面先介绍两个变量的函数，即二元函数.

定义 8.9　设 D 是 $\mathbf{R}^2$ 中的一个平面点集，如果对于每个点 $P(x,y) \in D$，变量 z 按照一定的对应法则 f 总有唯一确定的数值与之对应，则称 z 是 x, y 的二元函数，记作

$$z = f(x, y), (x, y) \in D \text{ 或 } z = f(P), P \in D,$$

其中 x, y 为自变量，z 为因变量，点集 D 为函数的定义域.

一般地，生产某种产品的产量 Q 是劳动力投入量 L 和资本投入量 K 的二元函数，记为

$$Q = f(K, L),$$

称为生产函数.

取定 $(x, y) \in D$，对应的 $f(x, y)$ 叫作 (x, y) 所对应的函数值. 全体函数值的集合，即

$$\{ z = f(x, y) \mid (x, y) \in D \},$$

称为函数的值域，常记为 $f(D)$.

类似地，可以定义三元函数及三元以上的函数. 一般地，如果把定义 8.9 中的平面点集 D 换成 n 维空间的点集 D，可类似地定义 n 元函数 $y = f(x_1, x_2, \cdots, x_n)$ 或 $y = f(P)$，这里 $P(x_1, x_2, \cdots, x_n) \in D$.

当 $n=1$ 时，n 元函数就是一元函数；当 $n=2$ 时，n 元函数就是二元函数；当 $n=3$ 时，n 元函数就是三元函数.

二元及二元以上的函数统称为 **多元函数**. 多元函数的概念与一元函数一样，包含 **对应法则** 和 **定义域** 这两个要素.

多元函数定义域的求法与一元函数类似. 若函数的自变量具有某种实际意义，则根据它的实际意义决定取值范围，从而确定函数的定义域. 对于一般用解析式表示的函数，使解析式有意义的自变量的取值范围，就是函数的定义域.

例 8.10　求函数 $z = \ln(y-x) + \dfrac{\sqrt{x}}{\sqrt{1-x^2-y^2}}$ 的定义域 D.

解　要使函数的解析式有意义，必须满足

$$\begin{cases} y-x>0, \\ x \geqslant 0, \\ 1-x^2-y^2>0, \end{cases}$$

即 $D = \{(x,y) \mid x \geqslant 0, x<y, x^2+y^2<1\}$，如图 8.36 所示.

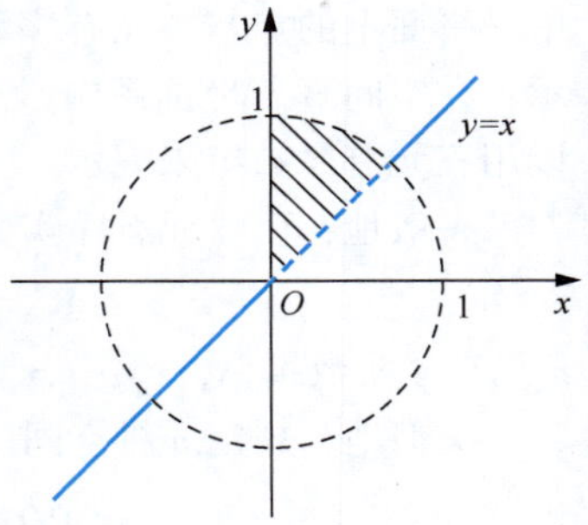

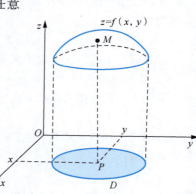

图 8.36

4. 二元函数的几何表示

设函数 $z=f(x,y)$ 的定义域为平面区域 D，对于 D 中的任意一点 $P(x,y)$，对应一确定的函数值 $z[z=f(x,y)]$. 这样便得到一个三元有序数组 (x,y,z)，相应地在空间中可得到一点 $M(x,y,z)$. 当点 P 在 D 内变动时，相应的点 M 就在空间中变动，当点 P 取遍整个定义域 D 时，点 M 就在空间形成一曲面 S：

$$S = \{(x,y,z) \mid z=f(x,y),(x,y) \in D\}.$$

而函数的定义域 D 就是曲面 S 在 xOy 坐标面上的投影区域，如图 8.37 所示.

例如，$z=ax+by+c$ 表示一个平面；$z=\sqrt{1-x^2-y^2}$ 表示球心在原点、半径为 1 的上半球面.

图 8.37

8.2.2　二元函数的极限

二元函数的极限概念是一元函数极限概念的推广. 二元函数的极限可表述如下.

定义 8.10　设二元函数 $z=f(P)$ 的定义域是某平面区域 D，P_0 为 D 的一个聚点，当 D 中的点 P 以任何方式无限趋于 P_0 时，函数值 $f(P)$ 无限趋于某一常数 A，则称 A 是函数 $f(P)$ 当 P 趋于 P_0 时的（二重）极限，记为

$$\lim_{P \to P_0} f(P) = A \ \text{或} \ f(P) \to A(P \to P_0),$$

此时也称当 $P \to P_0$ 时 $f(P)$ 的极限存在；否则称 $f(P)$ 的极限不存在. 若点 P_0 的坐标为 (x_0,y_0)，点 P 的坐标为 (x,y)，则上式又可写为

$$\lim_{(x,y) \to (x_0,y_0)} f(x,y) = A \ \text{或} \ f(x,y) \to A \ (x \to x_0, y \to y_0).$$

类似于一元函数，$f(P)$ 无限趋于 A 可用 $|f(P)-A|<\varepsilon$（任给的 $\varepsilon>0$）来刻画，点 $P=P(x,y)$ 无限趋于 $P_0=P_0(x_0,y_0)$ 可用 $0<|P_0P| = \sqrt{(x-x_0)^2+(y-y_0)^2}<\delta$ 来刻画. 因此，二元函数的极限也可采用以下定义.

定义 8.11 设二元函数 $z=f(P)=f(x,y)$ 的定义域为 D，$P_0(x_0,y_0)$ 是 D 的一个聚点，A 为常数．若对任给的正数 ε，总存在 $\delta>0$，当 $P(x,y)\in D$，且 $0<|P_0P|=\sqrt{(x-x_0)^2+(y-y_0)^2}<\delta$ 时，总有

$$|f(P)-A|<\varepsilon,$$

则称 A 为 $z=f(P)$ 当 $P\to P_0$ 时的(二重) 极限．

微课：多元函数的
极限说明

注 （1）定义 8.11 中要求 P_0 是定义域 D 的聚点，是为了保证在 P_0 的任何去心邻域内都有 D 中的点．

（2）只有当 P 以任何方式趋近于 P_0，相应的 $f(P)$ 都趋近于同一常数 A 时，才称 A 为 $f(P)$ 当 $P\to P_0$ 时的极限．如果 $P(x,y)$ 是以某些特殊方式(如沿某几条直线或某几条曲线) 趋于 $P_0(x_0,y_0)$，即使函数值 $f(P)$ 趋于同一常数 A，也不能由此断定函数的极限存在．但是反过来，当 P 在 D 内沿两种不同的路径趋于 P_0 时，$f(P)$ 趋于不同的值，则可以断定函数的极限不存在；或者当 P 在 D 内沿某条路径趋于 P_0 时，$f(P)$ 的极限不存在，也可以断定函数的极限不存在．

（3）二元函数极限有与一元函数极限相似的运算性质和法则，这里不再一一叙述．

例 8.11 设 $f(x,y)=\begin{cases}\dfrac{xy}{x^2+y^2}, & x^2+y^2\neq 0,\\ 0, & x^2+y^2=0,\end{cases}$ 判断极限 $\lim\limits_{(x,y)\to(0,0)}f(x,y)$ 是否存在？

解 当 $P(x,y)$ 沿 x 轴趋于 $(0,0)$ 时，有 $y=0$，于是

$$\lim_{\substack{(x,y)\to(0,0)\\y=0}}f(x,y)=\lim_{x\to 0}\frac{0}{x^2+0^2}=0;$$

当 $P(x,y)$ 沿 y 轴趋于 $(0,0)$ 时，有 $x=0$，于是

$$\lim_{\substack{(x,y)\to(0,0)\\x=0}}f(x,y)=\lim_{y\to 0}\frac{0}{0^2+y^2}=0.$$

但不能因为 $P(x,y)$ 依上述两种特殊方式趋于 $(0,0)$ 时的极限存在且相等，就断定所考察的二重极限存在．因为当 $P(x,y)$ 沿直线 $y=kx(k\neq 0)$ 趋于 $(0,0)$ 时，有

$$\lim_{\substack{(x,y)\to(0,0)\\y=kx}}f(x,y)=\lim_{x\to 0}\frac{kx^2}{(1+k)^2x^2}=\frac{k}{1+k^2},$$

这个极限值随 k 的变化而变化，故 $\lim\limits_{(x,y)\to(0,0)}f(x,y)$ 不存在．

8.2.3　二元函数的连续性

类似于一元函数的连续性定义，二元函数的极限概念可以用来定义二元函数的连续性．

定义 8.12 设二元函数 $z=f(x,y)$ 在点 $P_0(x_0,y_0)$ 的某邻域内有定义，如果

$$\lim_{(x,y)\to(x_0,y_0)}f(x,y)=f(x_0,y_0),$$

则称函数 $f(x,y)$ 在点 $P_0(x_0,y_0)$ 处连续，$P_0(x_0,y_0)$ 称为 $f(x,y)$ 的连续点；否则称 $f(x,y)$ 在 $P_0(x_0,y_0)$ 处间断(不连续)，$P_0(x_0,y_0)$ 称为 $f(x,y)$ 的间断点．

由例 8.11 可知，$f(x,y)=\begin{cases}\dfrac{xy}{x^2+y^2}, & x^2+y^2\neq 0,\\ 0, & x^2+y^2=0\end{cases}$ 在点 $(0,0)$ 处间断．再如函数 $z=\dfrac{1}{x+y}$ 在直线 $x+y=0$ 上每一点处都间断．

【即时提问 8.1】 函数 $f(x,y)=\begin{cases}(x+y)\sin\dfrac{1}{xy}, & xy\neq 0,\\ 0, & xy=0\end{cases}$ 在点 $(0,0)$ 处是否连续？

如果 $f(x,y)$ 在平面区域 D 内每一点处都连续，则称 $f(x,y)$ 在区域 D 内连续，也称 $f(x,y)$ 是 D 内的连续函数. 在区域 D 上连续函数的图形是一张既没有"洞"也没有"裂缝"的曲面.

一元函数中关于极限的运算法则对多元函数仍适用，故二元连续函数经过四则运算后仍为二元连续函数(商的情形要求分母不为零)；二元连续函数的复合函数也是连续函数.

与一元初等函数类似，二元初等函数是可用含 x,y 的一个解析式所表示的函数，而这个式子是由常数、x 的基本初等函数、y 的基本初等函数经过有限次四则运算及复合所构成的，例如 $\sin(x+y),\dfrac{xy}{x^2+y^2},\arcsin\dfrac{x}{y}$ 等都是二元初等函数. 二元初等函数在其定义域内处处连续.

例 8.12　求下列函数的极限.

$(1)\ \lim\limits_{(x,y)\to(0,0)}\dfrac{\sqrt{xy+1}-1}{xy}.$　　$(2)\ \lim\limits_{(x,y)\to(0,0)}\dfrac{xy^2}{x^2+y^2}.$　　$(3)\ \lim\limits_{(x,y)\to(0,1)}\dfrac{\sin xy}{x}.$

解　$(1)\ \lim\limits_{(x,y)\to(0,0)}\dfrac{\sqrt{xy+1}-1}{xy}=\lim\limits_{(x,y)\to(0,0)}\dfrac{xy}{xy(\sqrt{xy+1}+1)}=\lim\limits_{(x,y)\to(0,0)}\dfrac{1}{\sqrt{xy+1}+1}=\dfrac{1}{2}.$

(2) 当 $x\to0,y\to0$ 时，$x^2+y^2\neq0$，且有 $x^2+y^2\geqslant2\,|xy|$. 这时，函数 $\dfrac{xy}{x^2+y^2}$ 有界，而 y 是当 $x\to0$ 且 $y\to0$ 时的无穷小量，根据无穷小量与有界函数的乘积仍为无穷小量，得

$$\lim\limits_{(x,y)\to(0,0)}\dfrac{xy^2}{x^2+y^2}=0.$$

$(3)\ \lim\limits_{(x,y)\to(0,1)}\dfrac{\sin xy}{x}=\lim\limits_{(x,y)\to(0,1)}\dfrac{\sin xy}{xy}\cdot y=\lim\limits_{(x,y)\to(0,1)}\dfrac{\sin xy}{xy}\cdot\lim\limits_{(x,y)\to(0,1)}y=1.$

从例 8.12 可以看出，求二元函数极限的很多方法与一元函数相同.

与闭区间上一元连续函数的性质相类似，有界闭区域上的二元连续函数有以下性质.

性质 8.1（最值定理）　若 $f(x,y)$ 在有界闭区域 D 上连续，则 $f(x,y)$ 在 D 上必有最大值与最小值.

推论（有界性定理）　若 $f(x,y)$ 在有界闭区域 D 上连续，则 $f(x,y)$ 在 D 上有界.

性质 8.2（介值定理）　若 $f(x,y)$ 在有界闭区域 D 上连续，m 和 M 分别是 $f(x,y)$ 在 D 上的最小值与最大值，则对于介于 m 与 M 之间的任意一个数 c，必存在一点 $(x_0,y_0)\in D$，使 $f(x_0,y_0)=c$.

以上关于二元函数的极限与连续性的概念及有界闭区域上二元连续函数的性质，可类推到三元及三元以上的函数情形.

同步习题 8.2

基础题

1. 求下列函数的定义域.

$(1)\ z=\sqrt{1-y}-\dfrac{1}{\sqrt{x}}.$　　　　　　　$(2)\ z=\sqrt{x-\sqrt{y}}.$

$(3)\ z=\sqrt{x^2+y^2-1}+\dfrac{1}{\sqrt{4-x^2-y^2}}.$　　$(4)\ u=\arccos\dfrac{z}{\sqrt{x^2+y^2}}.$

2. 设函数 $f(x,y) = \dfrac{x^2 - y^2}{2xy}$，求：

(1) $f(1,1)$；

(2) $f\left(\dfrac{1}{x}, \dfrac{1}{y}\right)$.

3. 求下列极限.

(1) $\lim\limits_{(x,y)\to(0,0)} \dfrac{\tan xy}{x}$.

(2) $\lim\limits_{(x,y)\to(1,2)} \dfrac{3xy - x^2 y}{x + y}$.

(3) $\lim\limits_{(x,y)\to(1,0)} \dfrac{\ln(1+xy)}{y}$.

(4) $\lim\limits_{(x,y)\to(0,0)} \dfrac{1 - \cos(x^2 + y^2)}{(x^2 + y^2)(1 + \mathrm{e}^{xy})}$.

4. 讨论下列函数在点 $(0,0)$ 处的极限是否存在.

(1) $z = \dfrac{xy}{x^2 + y^4}$.

(2) $z = \dfrac{x+y}{x-y}$.

5. 指出下列函数在何处间断.

(1) $z = \dfrac{y^2 + 2x}{y^2 - 2x}$.

(2) $z = \ln|x - y|$.

6. 某水渠的横断面是一等腰梯形，设 $AB = x$，$BC = y$，渠深为 z，如图 8.38 所示，试将水渠的横断面面积 A 表示成 x,y,z 的函数.

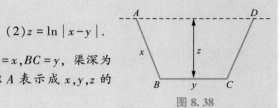

图 8.38

提高题

1. 设函数 $f(x,y) = \dfrac{y}{1+xy} - \dfrac{1 - y\sin\dfrac{x}{y}}{\arctan x}$，$x > 0, y > 0$，求：

(1) $g(x) = \lim\limits_{y\to+\infty} f(x,y)$；

(2) $\lim\limits_{x\to 0^+} g(x)$.

微课：同步习题 8.2
提高题 1

2. 设函数 $f(x,y) = \displaystyle\int_x^y \dfrac{1}{t}\mathrm{d}t$，求 $f(1,4)$.

3. 设函数 $f(x,y) = \begin{cases} \dfrac{xy}{\sqrt{x^2 + y^2}}, & x^2 + y^2 \neq 0, \\ 0, & x^2 + y^2 = 0, \end{cases}$ 试判断 $f(x,y)$ 在点 $(0,0)$ 处的连续性.

8.3 偏导数与全微分

8.3.1 偏导数

1. 偏导数的概念

在研究一元函数时，我们从函数的变化率引入导数的概念. 在实际应用中，对于多元函数也需要讨论变化率. 难点在于多元函数的自变量不止一个，关系复杂. 下面我们以二元函数为例进行讨论.

引例 研究弦在点 x_0 处的振动速度，就是将振幅 $u(x,t)$ 中的 x 固定在 x_0 处，求 $u(x_0,t)$ 关

于 t 的导数, 也就是极限

$$\lim_{\Delta t \to 0} \frac{u(x_0, t + \Delta t) - u(x_0, t)}{\Delta t}$$

存在, 此极限称为二元函数 $u(x,t)$ 对 t 的偏导数, 如图 8.39 所示.

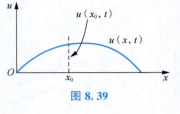

图 8.39

定义 8.13 设函数 $z = f(x,y)$ 在点 (x_0, y_0) 的某邻域内有定义, 如果极限

$$\lim_{\Delta x \to 0} \frac{f(x_0 + \Delta x, y_0) - f(x_0, y_0)}{\Delta x}$$

存在, 则称此极限值为函数 $z = f(x,y)$ 在点 (x_0, y_0) 处**对 x 的偏导数**, 记作

$$\frac{\partial z}{\partial x}\bigg|_{\substack{x=x_0\\y=y_0}}, \frac{\partial f}{\partial x}\bigg|_{\substack{x=x_0\\y=y_0}}, z_x'\bigg|_{\substack{x=x_0\\y=y_0}} \text{或} f_x'(x_0, y_0),$$

即

$$f_x'(x_0, y_0) = \lim_{\Delta x \to 0} \frac{f(x_0 + \Delta x, y_0) - f(x_0, y_0)}{\Delta x}.$$

类似地, 如果极限

$$\lim_{\Delta y \to 0} \frac{f(x_0, y_0 + \Delta y) - f(x_0, y_0)}{\Delta y}$$

存在, 则称此极限值为函数 $z = f(x,y)$ 在点 (x_0, y_0) 处**对 y 的偏导数**, 记作

$$\frac{\partial z}{\partial y}\bigg|_{\substack{x=x_0\\y=y_0}}, \frac{\partial f}{\partial y}\bigg|_{\substack{x=x_0\\y=y_0}}, z_y'\bigg|_{\substack{x=x_0\\y=y_0}} \text{或} f_y'(x_0, y_0).$$

二元函数 $z = f(x,y)$ 在点 (x_0, y_0) 处对 x (或对 y) 的偏导数, 就是一元函数 $z = f(x, y_0)$ 在点 x_0 处 [或 $z = f(x_0, y)$ 在点 y_0 处] 的导数.

若函数 $z = f(x,y)$ 在区域 D 内每一点 (x,y) 处对 x 的偏导数都存在, 那么这个偏导数称为函数 $z = f(x,y)$ **对 x 的偏导函数**, 记作

$$\frac{\partial z}{\partial x}, \frac{\partial f}{\partial x}, z_x' \text{或} f_x'(x,y).$$

类似地, 可以定义函数 $z = f(x,y)$ **对 y 的偏导函数**, 记作

$$\frac{\partial z}{\partial y}, \frac{\partial f}{\partial y}, z_y' \text{或} f_y'(x,y).$$

类似于一元函数, 以后在不至于混淆的地方偏导函数也简称为**偏导数**. 显然函数在某一点的偏导数就是偏导函数在这一点处的函数值, 即

$$f_x'(x_0, y_0) = f_x'(x,y) \bigg|_{\substack{x=x_0\\y=y_0}},$$

$$f_y'(x_0, y_0) = f_y'(x,y) \bigg|_{\substack{x=x_0\\y=y_0}}.$$

由于求偏导数是将二元函数中的一个自变量固定不变, 只让另一个自变量变化, 如求 $\frac{\partial f}{\partial x}$ 时把 y 看作常量而对 x 求导, 求 $\frac{\partial f}{\partial y}$ 时把 x 看作常量而对 y 求导, 因此求偏导数问题仍然是求一元函数的导数问题.

偏导数的概念可以推广到二元以上的函数, 这里不再具体叙述.

例 8.13 求函数 $z = \cos(x+y)\mathrm{e}^{xy}$ 在点 $(1,-1)$ 处的偏导数.

解 将 y 看成常量，对 x 求导，得

$$\frac{\partial z}{\partial x} = \mathrm{e}^{xy}\left[-\sin(x+y)+y\cos(x+y)\right];$$

将 x 看成常量，对 y 求导，得

$$\frac{\partial z}{\partial y} = \mathrm{e}^{xy}\left[-\sin(x+y)+x\cos(x+y)\right].$$

于是

$$\frac{\partial z}{\partial x}\bigg|_{\substack{x=1\\y=-1}} = -\mathrm{e}^{-1}, \quad \frac{\partial z}{\partial y}\bigg|_{\substack{x=1\\y=-1}} = \mathrm{e}^{-1}.$$

2. 偏导数的意义

二元函数的偏导数像一元函数的导数一样，在几何和经济上有一定的意义.

（1）几何意义.

在空间直角坐标系中，二元函数 $z = f(x,y)$ 的图形是一个曲面，若 $z = f(x,y)$ 在点 (x_0,y_0) 处的偏导数存在，$M_0(x_0,y_0,f(x_0,y_0))$ 为曲面 $z = f(x,y)$ 上的一点，过点 M_0 作平面 $y = y_0$，此平面与曲面相交得到一条曲线，其曲线方程为

计算机可视化 17

$$\begin{cases} z = f(x,y), \\ y = y_0. \end{cases}$$

由于偏导数 $f'_x(x_0,y_0)$ 等于一元函数 $f(x,y_0)$ 的导数 $f'(x,y_0)|_{x=x_0}$，故由一元函数导数的几何意义可知：偏导数 $f'_x(x_0,y_0)$ 在几何上表示曲线 $\begin{cases} z = f(x,y), \\ y = y_0 \end{cases}$ 在点 $M_0(x_0,y_0,f(x_0,y_0))$ 处的切线 M_0T_x 对 x 轴的斜率，如图 8.40 所示.

同理，偏导数 $f'_y(x_0,y_0)$ 在几何上表示曲线 $\begin{cases} z = f(x,y), \\ x = x_0 \end{cases}$ 在点 $M_0(x_0,y_0,f(x_0,y_0))$ 处的切线 M_0T_y 对 y 轴的斜率，如图 8.40 所示.

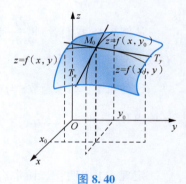

图 8.40

（2）经济意义.

偏导数在经济学中也有一定的意义，以生产函数 $Q = f(K,L)$ 为例. 偏导数 Q'_K 表示当劳动力投入数量不变时，产量关于资本投入的变化率，在经济学中称为资本的边际产量；偏导数 Q'_L 表示资本投入量不变时，产量关于劳动力投入的变化率，称为劳动力的边际产量.

例 8.14 考察函数 $z = f(x,y) = 2x^2 + y^2$ 在点 $(0,1)$ 处对 y 的偏导数.

解 该函数的图形是一个椭圆抛物面，令 $x = 0$，得 $z = f(0,y) = y^2$，它是 yOz 坐标面上的抛物线. 函数 $z = f(0,y) = y^2$ 对 y 的导数 $f'_y(0,y) = 2y$，从而 $f'_y(0,1) = 2$. 因此，函数 $z = f(x,y) = 2x^2 + y^2$ 在点 $(0,1)$ 处对 y 的偏导数，实际上是 yOz 坐标面上的抛物线 $z = f(0,y) = y^2$ 在点 $(0,1,1)$ 处的切线对 y 轴的斜率，如图 8.41 所示.

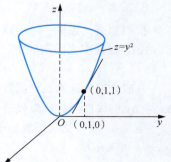

图 8.41

8.3.2 高阶偏导数

设函数 $z = f(x,y)$ 在区域 D 内具有偏导数 $\dfrac{\partial z}{\partial x} = f'_x(x,y), \dfrac{\partial z}{\partial y} = f'_y(x,y)$，那么在 D 内 $f'_x(x,y)$ 及 $f'_y(x,y)$ 都是 x,y 的二元函数. 如果这两个函数的偏导数仍存在，则称它们是函数 $z = f(x,y)$ 的二阶偏导数. 按照对变量求导次序的不同，有下列 4 个二阶偏导数：

$$\frac{\partial}{\partial x}\left(\frac{\partial z}{\partial x}\right) = \frac{\partial^2 z}{\partial x^2} = f''_{xx}(x,y), \frac{\partial}{\partial y}\left(\frac{\partial z}{\partial x}\right) = \frac{\partial^2 z}{\partial x \partial y} = f''_{xy}(x,y),$$

$$\frac{\partial}{\partial x}\left(\frac{\partial z}{\partial y}\right) = \frac{\partial^2 z}{\partial y \partial x} = f''_{yx}(x,y), \frac{\partial}{\partial y}\left(\frac{\partial z}{\partial y}\right) = \frac{\partial^2 z}{\partial y^2} = f''_{yy}(x,y).$$

其中，f''_{xy} 与 f''_{yx} 称为函数 $f(x,y)$ 的二阶混合偏导数. 同样可定义三阶、四阶直至 n 阶偏导数. 二阶及二阶以上的偏导数统称为高阶偏导数.

例 8.15 求函数 $f(x,y) = x^2 y + y^2 \cos x$ 的所有二阶偏导数和 $\dfrac{\partial^3 f}{\partial y \partial x^2}$.

解 因为 $\dfrac{\partial f}{\partial x} = 2xy - y^2 \sin x, \dfrac{\partial f}{\partial y} = x^2 + 2y \cos x,$ 所以

$$\frac{\partial^2 f}{\partial x^2} = 2y - y^2 \cos x, \frac{\partial^2 f}{\partial x \partial y} = 2x - 2y \sin x, \frac{\partial^2 f}{\partial y \partial x} = 2x - 2y \sin x,$$

$$\frac{\partial^2 f}{\partial y^2} = 2\cos x, \frac{\partial^3 f}{\partial y \partial x^2} = 2 - 2y \cos x.$$

从例 8.15 我们看到 $\dfrac{\partial^2 f}{\partial x \partial y} = \dfrac{\partial^2 f}{\partial y \partial x}$，即两个二阶混合偏导数相等. 这并非偶然. 事实上，我们有以下定理.

定理 8.1 如果函数 $z = f(x,y)$ 的两个二阶混合偏导数 $\dfrac{\partial^2 z}{\partial x \partial y}$ 和 $\dfrac{\partial^2 z}{\partial y \partial x}$ 在区域 D 内连续，则在该区域内有

$$\frac{\partial^2 z}{\partial x \partial y} = \frac{\partial^2 z}{\partial y \partial x}.$$

定理 8.1 表明：二阶混合偏导数在连续的条件下与求导的次序无关. 对于二元以上的函数，也可以类似地定义高阶偏导数，而且高阶混合偏导数在连续的条件下也与求导的次序无关.

8.3.3 全微分

我们知道，如果一元函数 $y = f(x)$ 可微，则函数的增量 $\Delta y = f'(x)\Delta x + o(x)$，其微分为 $\mathrm{d}y = f'(x)\mathrm{d}x$. 在许多实际问题中，我们还需要研究二元函数 $z = f(x,y)$ 的全增量

$$\Delta z = f(x + \Delta x, y + \Delta y) - f(x,y).$$

一般来说，计算二元函数的全增量 Δz 更为复杂. 为了能像一元函数一样，用自变量的增量 Δx 与 Δy 的线性函数近似代替全增量，我们引入二元函数全微分的概念.

定义 8.14 如果函数 $z = f(x,y)$ 在定义域 D 内的点 (x,y) 处的全增量 $\Delta z = f(x + \Delta x, y + \Delta y) - f(x,y)$ 可表示成

$$\Delta z = A\Delta x + B\Delta y + o(\rho),$$

其中 A,B 不依赖于 $\Delta x, \Delta y$，仅与 x,y 有关，$\rho = \sqrt{(\Delta x)^2 + (\Delta y)^2}$，则称函数 $z = f(x,y)$ 在 (x,y) 处可

微，且线性部分 $A\Delta x + B\Delta y$ 称为函数 $f(x,y)$ 在点 (x,y) 处的**全微分**，记作 $\mathrm{d}z$，即

$$\mathrm{d}z = \mathrm{d}f = A\Delta x + B\Delta y.$$

若 $z = f(x,y)$ 在区域 D 内处处可微，则称 $f(x,y)$ 在 D 内可微，也称 $f(x,y)$ 是 D 内的可微函数.

在一元函数中，可导必连续、可微与可导等价，这些关系在多元函数中并不成立. 下面通过可微的必要条件与充分条件来说明.

定理 8.2 如果函数 $z = f(x,y)$ 在点 (x,y) 处可微，则函数在该点必连续.

证明 根据函数可微的定义知，$\Delta z = A\Delta x + B\Delta y + o(\rho)$，从而

$$\lim_{\substack{\Delta x \to 0 \\ \Delta y \to 0}} \Delta z = \lim_{\rho \to 0^+} \left[(A\Delta x + B\Delta y) + o(\rho) \right] = 0,$$

即

$$\lim_{\substack{\Delta x \to 0 \\ \Delta y \to 0}} f(x + \Delta x, y + \Delta y) = f(x,y).$$

所以函数 $z = f(x,y)$ 在点 (x,y) 连续.

定理 8.3（必要条件） 如果函数 $z = f(x,y)$ 在点 (x,y) 处可微，则 $z = f(x,y)$ 在该点的两个偏导数 $\dfrac{\partial z}{\partial x}, \dfrac{\partial z}{\partial y}$ 都存在，且有

$$\mathrm{d}z = \frac{\partial z}{\partial x}\Delta x + \frac{\partial z}{\partial y}\Delta y.$$

微课：定理8.3证明

证明 因为函数 $z = f(x,y)$ 在点 (x,y) 处可微，故

$$\Delta z = A\Delta x + B\Delta y + o(\rho), \rho = \sqrt{(\Delta x)^2 + (\Delta y)^2}.$$

令 $\Delta y = 0$，则函数关于 x 的偏增量为

$$\Delta_x z = f(x + \Delta x, y) - f(x,y) = A\Delta x + o(\,|\Delta x|\,),$$

由此得

$$\lim_{\Delta x \to 0} \frac{\Delta_x z}{\Delta x} = \lim_{\Delta x \to 0} \frac{A\Delta x + o(\,|\Delta x|\,)}{\Delta x}$$

$$= A + \lim_{\Delta x \to 0} \frac{o(\,|\Delta x|\,)}{|\Delta x|} \cdot \frac{|\Delta x|}{\Delta x} = A,$$

即 $\dfrac{\partial z}{\partial x} = A.$

同理可证得 $\dfrac{\partial z}{\partial y} = B$. 故 $\mathrm{d}z = A\Delta x + B\Delta y = \dfrac{\partial z}{\partial x}\Delta x + \dfrac{\partial z}{\partial y}\Delta y.$

【即时提问 8.2】 如果函数的各偏导数都存在，那么函数一定可微吗？

注意定理 8.3 的逆命题不一定成立，即偏导数存在，函数不一定可微. 如例 8.11 中的函数

$$f(x,y) = \begin{cases} \dfrac{xy}{x^2 + y^2}, & x^2 + y^2 \neq 0, \\ 0, & x^2 + y^2 = 0, \end{cases}$$

根据偏导数的定义知

$$\lim_{\Delta x \to 0} \frac{f(0 + \Delta x, 0) - f(0,0)}{\Delta x} = \lim_{\Delta x \to 0} \frac{\dfrac{\Delta x \cdot 0}{(\Delta x)^2 + 0^2} - 0}{\Delta x} = 0 = f'_x(0,0),$$

同理，$f'_y(0,0) = 0$，即 $f(x,y)$ 在点 $(0,0)$ 处两个偏导数都存在. 但 $f(x,y)$ 在点 $(0,0)$ 处不连续，

由定理 8.2 的逆否命题知，该函数在点 $(0,0)$ 处不可微. 但两个偏导数存在且连续时，函数就是可微的. 我们不加证明地给出以下定理.

定理 8.4（充分条件）　如果函数 $z = f(x,y)$ 在点 (x,y) 处的偏导数 $\dfrac{\partial z}{\partial x}$ 与 $\dfrac{\partial z}{\partial y}$ 都连续，则函数 $z = f(x,y)$ 在该点可微.

类似于一元函数微分的情形，规定自变量的微分等于自变量的增量，即 $\mathrm{d}x = \Delta x, \mathrm{d}y = \Delta y$，于是由定理 8.3 有

$$\mathrm{d}z = \frac{\partial z}{\partial x}\mathrm{d}x + \frac{\partial z}{\partial y}\mathrm{d}y.$$

以上关于二元函数的全微分的概念及结论，可以推广到三元和三元以上的函数. 比如，若三元函数 $u = f(x,y,z)$ 在点 (x,y,z) 处可微，则它的全微分为

$$\mathrm{d}u = \frac{\partial u}{\partial x}\mathrm{d}x + \frac{\partial u}{\partial y}\mathrm{d}y + \frac{\partial u}{\partial z}\mathrm{d}z.$$

例 8.16　求下列函数的全微分.

$(1)\, z = x^3\cos 2y.$ 　　　　$(2)\, u = x^{yz}.$

解　(1) 因为 $\dfrac{\partial z}{\partial x} = 3x^2\cos 2y, \dfrac{\partial z}{\partial y} = -2x^3\sin 2y$，所以

$$\mathrm{d}z = 3x^2\cos 2y\,\mathrm{d}x - 2x^3\sin 2y\,\mathrm{d}y.$$

(2) 因为 $\dfrac{\partial u}{\partial x} = yzx^{yz-1}, \dfrac{\partial u}{\partial y} = zx^{yz}\ln x, \dfrac{\partial u}{\partial z} = yx^{yz}\ln x$，所以

$$\mathrm{d}u = yzx^{yz-1}\,\mathrm{d}x + zx^{yz}\ln x\,\mathrm{d}y + yx^{yz}\ln x\,\mathrm{d}z.$$

例 8.17　求 $z = x^2 y + \sin \mathrm{e}^x$ 在点 $(1,2)$ 处的全微分.

解　因为 $\dfrac{\partial z}{\partial x} = 2xy + \mathrm{e}^x\cos \mathrm{e}^x, \dfrac{\partial z}{\partial y} = x^2$，所以

$$\frac{\partial z}{\partial x}\bigg|_{\substack{x=1\\y=2}} = 4 + \mathrm{e}\cos \mathrm{e}, \frac{\partial z}{\partial y}\bigg|_{\substack{x=1\\y=2}} = 1,$$

于是

$$\mathrm{d}z\bigg|_{\substack{x=1\\y=2}} = (4 + \mathrm{e}\cos \mathrm{e})\,\mathrm{d}x + \mathrm{d}y.$$

定理 8.5（全微分四则运算法则）　设 $f(x,y), g(x,y)$ 在点 (x,y) 处可微，则

(1) $f(x,y) \pm g(x,y)$ 在点 (x,y) 处可微，且 $\mathrm{d}[f(x,y) \pm g(x,y)] = \mathrm{d}f(x,y) \pm \mathrm{d}g(x,y)$；

(2) 若 k 为常数，$kf(x,y)$ 在点 (x,y) 处可微，且 $\mathrm{d}[kf(x,y)] = k\mathrm{d}f(x,y)$；

(3) $f(x,y)g(x,y)$ 在点 (x,y) 处可微，且

$$\mathrm{d}[f(x,y)g(x,y)] = g(x,y)\mathrm{d}f(x,y) + f(x,y)\mathrm{d}g(x,y);$$

(4) 当 $g(x,y) \neq 0$ 时，$\dfrac{f(x,y)}{g(x,y)}$ 在点 (x,y) 处可微，且

$$\mathrm{d}\frac{f(x,y)}{g(x,y)} = \frac{g(x,y)\mathrm{d}f(x,y) - f(x,y)\mathrm{d}g(x,y)}{g^2(x,y)}.$$

例 8.18　求 $z = \mathrm{e}^{xy}\sin x^2$ 的全微分.

解　$\dfrac{\partial z}{\partial x} = y\mathrm{e}^{xy}\sin x^2 + 2x\mathrm{e}^{xy}\cos x^2, \dfrac{\partial z}{\partial y} = x\mathrm{e}^{xy}\sin x^2$，

$$\mathrm{d}z = (y\mathrm{e}^{xy}\sin x^2 + 2x\mathrm{e}^{xy}\cos x^2)\,\mathrm{d}x + x\mathrm{e}^{xy}\sin x^2\,\mathrm{d}y.$$

　　由二元函数全微分的定义以及全微分存在的充分条件可知，当二元函数 $z = f(x, y)$ 的两个偏导数连续，并且两个自变量的增量 Δx 和 Δy 的绝对值都很小时，在点 (x_0, y_0) 附近有近似等式

$$\Delta z \approx \mathrm{d}z = f'_x(x_0, y_0)\Delta x + f'_y(x_0, y_0)\Delta y,$$

即

$$f(x_0 + \Delta x, y_0 + \Delta y) \approx f(x_0, y_0) + f'_x(x_0, y_0)\Delta x + f'_y(x_0, y_0)\Delta y.$$

故二元函数也可做近似计算.

　　多元函数的全微分的相关性质反映了当自变量发生增量时，对应函数所引起的变化，这在经济中多用于动态分析.

　　例 8.19　某企业的年产量 Q 由其所投入产品生产的新式设备数量 x 和旧式设备数量 y 共同决定，且有 $Q(x, y) = 8x^3y^2$. 假设该企业原本投入新式设备 15 台、旧式设备 30 台进行生产，现计划再引进新式设备 1 台，则在保持企业的年产量无变化的情况下，需要减少多少台旧设备?

　　解　由题意得 $Q'_x = 24x^2y^2, Q'_y = 16x^3y$，则年产量的增量为

$$\Delta Q \approx \mathrm{d}Q = Q'_x\Delta x + Q'_y\Delta y = 24x^2y^2\Delta x + 16x^3y\Delta y.$$

取 $x = 15, y = 30, \Delta x = 1, \Delta Q = 0$，有

$$0 \approx 24 \times 15^2 \times 30^2 \times 1 + 16 \times 15^3 \times 30\Delta y,$$

解得 $\Delta y \approx -3$（台）.

即在保持企业的年产量无变化的情况下，需要减少 3 台旧设备.

8.3.4　偏边际与偏弹性

1. 偏边际

　　一元函数的导数在经济学中称为边际函数. 同样地，n 元函数 $f(x_1, x_2, \cdots, x_n)$ 对 x_i 的偏导数 $f'_{x_i}(x_1, x_2, \cdots, x_n)$ 称为 f 对 x_i 的偏边际函数 $(i = 1, 2, \cdots, n)$，其在一点的值称为边际函数值.

　　例 8.20　某厂商生产 Ⅰ 型和 Ⅱ 型两种型号的电视机，其成本函数为

$$C(x, y) = \frac{1}{2}x^2 + 20xy + 3y^2 + 200\,000,$$

其中 x, y 分别表示 Ⅰ 型和 Ⅱ 型电视机的产量（单位：台）. 厂商给 Ⅰ 型和 Ⅱ 型电视机的定价分别为 2 000 元／台和 8 000 元／台. 假设生产的产品全部能够售出，当生产 Ⅰ 型电视机 300 台和 Ⅱ 型电视机 50 台时，求偏边际成本和偏边际利润，并解释它们的经济学意义.

　　解　（1）易知，关于 Ⅰ 型和 Ⅱ 型电视机产量 x 和 y 的偏边际成本函数分别为

$$C'_x(x, y) = x + 20y, C'_y(x, y) = 20x + 6y,$$

所以生产 Ⅰ 型电视机 300 台和 Ⅱ 型电视机 50 台时的偏边际成本分别为

$$C'_x(300, 50) = 300 + 20 \times 50 = 1\,300（元／台），$$

$$C'_y(300, 50) = 20 \times 300 + 6 \times 50 = 6\,300（元／台），$$

这说明，在 Ⅱ 型电视机的产量保持 50 台不变的情况下，厂商在生产 300 台 Ⅰ 型电视机的基础上再生产一台 Ⅰ 型电视机所需追加的成本为 1 300 元；而在 Ⅰ 型电视机的产量保持 300 台不变的情况下，厂商在生产 50 台 Ⅱ 型电视机的基础上再生产一台 Ⅱ 型电视机所需追加的成本为 6 300 元.

　　（2）厂商的收益函数为 $R(x, y) = 2\,000x + 8\,000y$，因此，利润函数为

$$L(x, y) = R(x, y) - C(x, y) = 2\,000x + 8\,000y - \left(\frac{1}{2}x^2 + 20xy + 3y^2 + 200\,000\right).$$

于是，关于 Ⅰ 型和 Ⅱ 型电视机产量 x 和 y 的偏边际利润函数分别为

$$L'_x(x,y) = 2\,000 - x - 20y, L'_y(x,y) = 8\,000 - 20x - 6y,$$

所以生产 Ⅰ 型电视机 300 台和 Ⅱ 型电视机 50 台时的偏边际利润分别为

$$L'_x(300,50) = 700(元／台), L'_y(300,50) = 1\,700(元／台).$$

这说明，在 Ⅱ 型电视机的产量保持 50 台不变的情况下，厂商在生产 300 台 Ⅰ 型电视机的基础上再生产一台 Ⅰ 型电视机将获得利润 700 元；而在 Ⅰ 型电视机的产量保持 300 台不变的情况下，厂商在生产 50 台 Ⅱ 型电视机的基础上再生产一台 Ⅱ 型电视机将获得利润 1 700 元.

下面以需求函数为例，讨论多元函数的边际分析在经济学中的应用.

设 A,B 两种商品彼此相关，它们的需求 Q_A 和 Q_B 分别为两种商品的价格 P_A 和 P_B 的函数，即

$$Q_A = f(P_A, P_B), Q_B = g(P_A, P_B).$$

我们可以求出 4 个偏导数，即

$$\frac{\partial Q_A}{\partial P_A}, \frac{\partial Q_A}{\partial P_B}, \frac{\partial Q_B}{\partial P_A}, \frac{\partial Q_B}{\partial P_B}.$$

其中 $\dfrac{\partial Q_A}{\partial P_A}$ 称为商品 A 关于价格 P_A 的偏边际需求，它表示当商品 B 的价格 P_B 固定时，商品 A 的价格变化一个单位时，商品 A 的需求的近似变化量. 同理可得其他偏导数的经济意义.

一般地，当 P_B 固定而 P_A 上升时，商品 A 的需求 Q_A 将减少，即有 $\dfrac{\partial Q_A}{\partial P_A} < 0$；若商品 A 的需求 Q_A 增加，则有 $\dfrac{\partial Q_A}{\partial P_A} > 0$. 其他情形可类似讨论.

如果 $\dfrac{\partial Q_A}{\partial P_B} > 0$ 且 $\dfrac{\partial Q_B}{\partial P_A} > 0$，则说明两种商品中任意一种的价格下降，都将使其中一种商品的需求增加，而另一种商品的需求减少，这时称 A,B 两种商品为替代品（或叫竞争产品）. 例如，苹果和香蕉就是替代品. 如果 $\dfrac{\partial Q_A}{\partial P_B} < 0$ 且 $\dfrac{\partial Q_B}{\partial P_A} < 0$，则说明两种商品中任意一种的价格下降，都将使需求 Q_A 和 Q_B 同时增加，这时称 A,B 两种商品为互补品. 例如，滑雪板和滑雪鞋就是互补品.

例 8.21　设 A,B 两种商品彼此相关，它们的需求函数分别为

$$Q_A = \frac{50\sqrt[3]{P_B}}{\sqrt{P_A}}, Q_B = \frac{75P_A}{\sqrt[3]{P_B^2}},$$

试确定 A,B 两种商品的关系.

微课：例 8.21

解　求出 4 个偏导数如下.

$$\frac{\partial Q_A}{\partial P_A} = -\frac{25\sqrt[3]{P_B}}{\sqrt{P_A^3}}, \quad \frac{\partial Q_A}{\partial P_B} = \frac{50}{3\sqrt{P_A}\sqrt[3]{P_B^2}},$$

$$\frac{\partial Q_B}{\partial P_A} = \frac{75}{\sqrt[3]{P_B^2}}, \quad \frac{\partial Q_B}{\partial P_B} = -\frac{50P_A}{\sqrt[3]{P_B^5}}.$$

因为 $P_A > 0, P_B > 0$，所以 $\dfrac{\partial Q_A}{\partial P_B} > 0, \dfrac{\partial Q_B}{\partial P_A} > 0$，故 A,B 两种商品是替代品.

2. 偏弹性

偏弹性是一元函数的弹性概念在多元函数情形的推广，它是多元函数关于某个自变量的相对变化率.

定义 8.15 设 n 元函数 $u = f(x_1, x_2, \cdots, x_n)$ 在点 $(x_1, x_2, \cdots, x_n)$ 处对各变量的偏导数都存在，若 $f(x_1, x_2, \cdots, x_n) \neq 0$，则称

$$\frac{Eu}{Ex_i} = \frac{\partial f}{\partial x_i} \cdot \frac{x_i}{f(x_1, x_2, \cdots, x_n)}$$

为函数 $f(x)$ 在点 $(x_1, x_2, \cdots, x_n)$ 处关于 $x_i (i = 1, 2, \cdots, n)$ 的偏弹性，也常简称为弹性.

下面我们以需求函数为例来介绍偏弹性的经济学意义.

设市场对 A 商品的需求 Q_A 除与 A 商品的价格 P_A 有关外，还可能受其他 n 种商品的 P_1，$P_2, \cdots, P_n$ 的影响，所以 A 商品的需求函数可表示为 $Q_A = f(P_1, P_2, \cdots, P_n)$. 在需求函数可偏导的情况下，称偏弹性 $\dfrac{EQ_A}{EP_i} = \dfrac{\partial Q_A}{\partial P_i} \cdot \dfrac{P_i}{Q_A}$ 为 A 商品的需求 Q_A 对 $P_i (i = 1, 2, \cdots, n)$ 的交叉弹性.

A 商品的需求 Q_A 对第 i 种商品的价格 $P_i (i = 1, 2, \cdots, n)$ 的交叉弹性可能为正，也可能为负或零，视第 i 种商品是 A 商品的替代品、互补品或无关品而定. 一般来说，可分情况讨论.

若 $\dfrac{EQ_A}{EP_i} > 0$，则第 i 种商品是 A 商品的替代品，随着第 i 种商品的提价，市场对 A 商品的需求将上升；

若 $\dfrac{EQ_A}{EP_i} < 0$，则第 i 种商品是 A 商品的互补品，随着第 i 种商品的提价，市场对 A 商品的需求将下降；

若 $\dfrac{EQ_A}{EP_i} = 0$，则第 i 种商品既不是 A 商品的替代品，也不是 A 商品的互补品，而是无关品.

对替代品而言，两种商品之间的可替代程度越大，交叉弹性越大；对互补品而言，两种商品的互补性越强，交叉弹性的绝对值越大.

例 8.22 某种数码相机的销售量 Q 除与它自身的价格 x（单位：百元）有关外，还与配套的存储卡的价格 y（单位：百元）有关，具体的关系为

$$Q = 120 + \frac{250}{x} - 100y - y^2.$$

当 $x = 25, y = 2$ 时，求：（1）销售量 Q 对 x 的交叉弹性；（2）销售量 Q 对 y 的交叉弹性.

解 （1）销售量 Q 对 x 的交叉弹性为

$$\frac{EQ}{Ex} = \frac{\partial Q}{\partial x} \cdot \frac{x}{Q} = -\frac{250}{x^2} \cdot \frac{x}{120 + \dfrac{250}{x} - 100y - y^2} = -\frac{250}{120x + 250 - 100xy - xy^2},$$

所以当 $x = 25, y = 2$ 时，Q 对 x 的交叉弹性为

$$\frac{EQ}{Ex} = -\frac{250}{120 \times 25 + 250 - 100 \times 25 \times 2 - 25 \times 2^2} = \frac{5}{37} \approx 0.135.$$

（2）销售量 Q 对 y 的交叉弹性为

$$\frac{EQ}{Ey} = \frac{\partial Q}{\partial y} \cdot \frac{y}{Q} = (-100 - 2y) \cdot \frac{y}{120 + \dfrac{250}{x} - 100y - y^2} = -\frac{(100 + 2y)xy}{120x + 250 - 100xy - xy^2},$$

所以当 $x = 25, y = 2$ 时，销售量 Q 对 y 的交叉弹性为

$$\frac{EQ}{Ey} = -\frac{(100 + 2 \times 2) \times 2 \times 25}{120 \times 25 + 250 - 100 \times 25 \times 2 - 25 \times 2^2} = \frac{104}{37} \approx 2.811.$$

同步习题8.3

基础题

1. 求下列函数的偏导数.

(1)$z = \ln(xy)$.　　　　　　　　　　　　　(2)$z = \sin x^2 + 6e^{xy} + 5y^2$.

(3)$z = xye^{xy}$.　　　　　　　　　　　　　(4)$u = x^{yz}$.

2. 已知 $f(x,y) = (x+2y)e^x$，求 $f'_x(0,1)$，$f'_y(0,1)$.

3. 求下列函数的所有二阶偏导数.

(1)$u = \arcsin(xy)$.　　　　　　　　　　　(2)$z = e^x(\cos y + x\sin y)$.

4. 验证 $z = \ln\sqrt{x^2+y^2}$ 满足 $\dfrac{\partial^2 z}{\partial x^2} + \dfrac{\partial^2 z}{\partial y^2} = 0$.

5. 已知边长为 $x = 6$ m 与 $y = 8$ m 的矩形，如果 x 边增加 5 cm 而 y 边减少 10 cm，问：这个矩形的对角线的近似变化怎样？

6. 求函数 $z = e^{xy}$ 当 $x = 1, y = 1, \Delta x = 0.15, \Delta y = 0.1$ 时的全微分.

7. 已知两种相关商品 A 和 B 的需求 Q_A, Q_B 和价格 P_A, P_B 之间的关系分别为

$$Q_A = \frac{P_B}{P_A}, Q_B = \frac{P_A^2}{P_B},$$

求需求的直接价格弹性 $\dfrac{EQ_A}{EP_A}$ 和 $\dfrac{EQ_B}{EP_B}$ 及交叉价格弹性 $\dfrac{EQ_A}{EP_B}$ 和 $\dfrac{EQ_B}{EP_A}$，并判断两种商品的关系.

提高题

1. 求下列函数的全微分.

(1)$z = \arctan\dfrac{y}{x}$.　　　　　　　　　(2)$u = xe^{xy+2z}$.

(3)$z = \sin(xy) + \cos^2(xy)$.　　　　　　　(4)$u = x^{y^z}$.

2. 设 $u = \left(\dfrac{x}{y}\right)^z$，求 $\mathrm{d}u|_{(1,1,1)}$.

3. 设一商品的需求量 Q_A 与其价格 P_A 和另一相关商品的价格 P_B 及消费者收入 y 有以下关系：$Q_A = CP_A^{-\alpha}P_B^{-\beta}y^{\gamma}$，其中 C, α, β, γ 均为正常数. 求该商品的直接价格弹性、交叉价格弹性及需求收入偏弹性.

8.4　多元复合函数和隐函数的求导

本节将一元函数微分学中复合函数的求导法则推广到多元复合函数的情形.

8.4.1 多元复合函数的求导法则

定理 8.6 设函数 $z = f(u,v)$，其中 $u = \varphi(x)$，$v = \psi(x)$。如果函数 $u = \varphi(x)$，$v = \psi(x)$ 都在 x 点可导，函数 $z = f(u,v)$ 在对应的点 (u,v) 处具有连续偏导数，则复合函数 $z = f[\varphi(x), \psi(x)]$ 在 x 点可导，且

$$\frac{\mathrm{d}z}{\mathrm{d}x} = \frac{\partial z}{\partial u}\frac{\mathrm{d}u}{\mathrm{d}x} + \frac{\partial z}{\partial v}\frac{\mathrm{d}v}{\mathrm{d}x}. \qquad (8.11)$$

微课：定理 8.6 证明

证明 设自变量 x 的增量为 Δx，中间变量 $u = \varphi(x)$ 和 $v = \psi(x)$ 相应的增量分别为 Δu 和 Δv，函数 z 的全增量为 Δz。因为 $z = f(u,v)$ 在点 (u,v) 处具有连续偏导数，所以 $z = f(u,v)$ 在点 (u,v) 处可微，且有

$$\Delta z = \frac{\partial z}{\partial u}\Delta u + \frac{\partial z}{\partial v}\Delta v + o(\rho).$$

其中，$\rho = \sqrt{(\Delta u)^2 + (\Delta v)^2}$，$o(\rho) \to 0 (\rho \to 0)$，且 $\lim\limits_{\rho \to 0^+} \dfrac{o(\rho)}{\rho} = 0$。故

$$\frac{\Delta z}{\Delta x} = \frac{\partial z}{\partial u}\frac{\Delta u}{\Delta x} + \frac{\partial z}{\partial v}\frac{\Delta v}{\Delta x} + \frac{o(\rho)}{\rho}\frac{\rho}{|\Delta x|}\frac{|\Delta x|}{\Delta x}.$$

因为 $u = \varphi(x)$ 和 $v = \psi(x)$ 在点 x 可导，所以当 $\Delta x \to 0$ 时，$\Delta u \to 0, \Delta v \to 0, \rho \to 0^+$，$\dfrac{\Delta u}{\Delta x} \to \dfrac{\mathrm{d}u}{\mathrm{d}x}, \dfrac{\Delta v}{\Delta x} \to \dfrac{\mathrm{d}v}{\mathrm{d}x}$，$\dfrac{\rho}{|\Delta x|} = \dfrac{\sqrt{(\Delta u)^2 + (\Delta v)^2}}{|\Delta x|} = \sqrt{\left(\dfrac{\Delta u}{\Delta x}\right)^2 + \left(\dfrac{\Delta v}{\Delta x}\right)^2} \to \sqrt{\left(\dfrac{\mathrm{d}u}{\mathrm{d}x}\right)^2 + \left(\dfrac{\mathrm{d}v}{\mathrm{d}x}\right)^2}$。而 $\dfrac{|\Delta x|}{\Delta x}$ 有界，$\dfrac{o(\rho)}{\rho}$ 为无穷小量，所以

$$\lim_{\Delta x \to 0}\frac{\Delta z}{\Delta x} = \frac{\partial z}{\partial u}\frac{\mathrm{d}u}{\mathrm{d}x} + \frac{\partial z}{\partial v}\frac{\mathrm{d}v}{\mathrm{d}x}.$$

这就证明了复合函数 $z = f[\varphi(x), \psi(x)]$ 在 x 点可导，且其导数公式为式 (8.11)。

注 （1）定理 8.6 中式 (8.11) 称为多元复合函数求导的链式法则。

（2）用同样的方法，可将定理推广到复合函数的中间变量多于两个的情形。如 $z = f(u,v,w)$，而 $u = \varphi(x)$，$v = \psi(x)$，$w = \omega(x)$，则在与定理 8.6 相类似的条件下，复合函数 $z = f[\varphi(x), \psi(x), \omega(x)]$ 关于 x 可导，且其导数公式为

$$\frac{\mathrm{d}z}{\mathrm{d}x} = \frac{\partial z}{\partial u}\frac{\mathrm{d}u}{\mathrm{d}x} + \frac{\partial z}{\partial v}\frac{\mathrm{d}v}{\mathrm{d}x} + \frac{\partial z}{\partial w}\frac{\mathrm{d}w}{\mathrm{d}x}. \qquad (8.12)$$

式 (8.11) 和式 (8.12) 中的导数 $\dfrac{\mathrm{d}z}{\mathrm{d}x}$ 称为 z 关于 x 的全导数。

（3）式 (8.11) 和式 (8.12) 可借助复合关系图来理解和记忆，如图 8.42 所示。

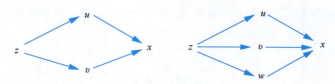

图 8.42

例 8.23 设 $z = \mathrm{e}^{x-2y}$，$x = \sin t$，$y = t^3$，求 $\dfrac{\mathrm{d}z}{\mathrm{d}t}$。

（解）因为

$$\frac{\partial z}{\partial x} = e^{x-2y}, \frac{\partial z}{\partial y} = -2e^{x-2y},$$

$$\frac{dx}{dt} = \cos t, \quad \frac{dy}{dt} = 3t^2,$$

所以

$$\frac{dz}{dt} = \frac{\partial z}{\partial x}\frac{dx}{dt} + \frac{\partial z}{\partial y}\frac{dy}{dt} = e^{x-2y}\cos t - 6t^2 e^{x-2y} = e^{\sin t - 2t^3}(\cos t - 6t^2).$$

定理 8.6 还可推广到中间变量依赖两个自变量 x 和 y 的情形. 关于这种复合函数的求偏导问题, 有以下定理.

定理 8.7 设 $z = f(u,v)$ 在 (u,v) 处可微, 函数 $u = \varphi(x,y)$ 及 $v = \psi(x,y)$ 在点 (x,y) 处的两个偏导数都存在, 则复合函数 $z = f[\varphi(x,y),\psi(x,y)]$ 在点 (x,y) 处的两个偏导数都存在, 且有

$$\frac{\partial z}{\partial x} = \frac{\partial z}{\partial u}\frac{\partial u}{\partial x} + \frac{\partial z}{\partial v}\frac{\partial v}{\partial x}, \tag{8.13}$$

$$\frac{\partial z}{\partial y} = \frac{\partial z}{\partial u}\frac{\partial u}{\partial y} + \frac{\partial z}{\partial v}\frac{\partial v}{\partial y}. \tag{8.14}$$

可以这样来理解式 (8.13): 求 $\dfrac{\partial z}{\partial x}$ 时, 将 y 看作常量, 那么中间变量 u 和 v 是 x 的一元函数,

应用定理 8.6 即可得 $\dfrac{\partial z}{\partial x}$. 但考虑到复合函数 $z = f[\varphi(x,y),\psi(x,y)]$ 以及 $u = \varphi(x,y)$ 与 $v = \psi(x,y)$

都是 x,y 的二元函数, 所以应把式 (8.11) 的导数符号 "d" 改为偏导数符号 "∂". 同理, 由式 (8.11) 可得式 (8.14). 定理 8.7 中的式 (8.13) 和式 (8.14) 可借助图 8.43(a) 理解.

定理 8.7 也可以推广到中间变量多于两个的情形. 例如, 设 $u = \varphi(x,y), v = \psi(x,y), w = \omega(x,y)$ 的偏导数都存在, 函数 $z = f(u,v,w)$ 可微, 则复合函数

$$z = f[\varphi(x,y),\psi(x,y),\omega(x,y)]$$

对 x 和 y 的偏导数都存在, 且有如下链式法则:

$$\frac{\partial z}{\partial x} = \frac{\partial z}{\partial u}\frac{\partial u}{\partial x} + \frac{\partial z}{\partial v}\frac{\partial v}{\partial x} + \frac{\partial z}{\partial w}\frac{\partial w}{\partial x}, \tag{8.15}$$

$$\frac{\partial z}{\partial y} = \frac{\partial z}{\partial u}\frac{\partial u}{\partial y} + \frac{\partial z}{\partial v}\frac{\partial v}{\partial y} + \frac{\partial z}{\partial w}\frac{\partial w}{\partial y}. \tag{8.16}$$

式 (8.15) 和式 (8.16) 可借助图 8.43(b) 理解.

特别对于下述情形: $z = f(u,x,y)$ 可微, 而 $u = \varphi(x,y)$ 的偏导数存在, 则复合函数

$$z = f[\varphi(x,y),x,y]$$

对 x 及 y 的偏导数都存在. 为了求出这两个偏导数, 应将 f 中的 3 个变量看作中间变量, 即

$$u = \varphi(x,y), v = x, w = y.$$

此时

$$\frac{\partial v}{\partial x} = 1, \frac{\partial v}{\partial y} = 0, \frac{\partial w}{\partial x} = 0, \frac{\partial w}{\partial y} = 1.$$

得

$$\frac{\partial z}{\partial x} = \frac{\partial f}{\partial x} + \frac{\partial f}{\partial u} \cdot \frac{\partial u}{\partial x}, \tag{8.17}$$

$$\frac{\partial z}{\partial y} = \frac{\partial f}{\partial y} + \frac{\partial f}{\partial u} \cdot \frac{\partial u}{\partial y}. \tag{8.18}$$

式(8.17)和式(8.18)可借助图8.43(c)理解.

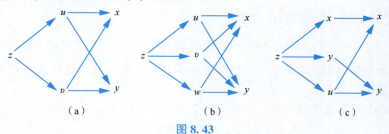

图 8.43

(注) 式(8.17)中 $\frac{\partial z}{\partial x}$ 与 $\frac{\partial f}{\partial x}$ 的意义是不同的. $\frac{\partial f}{\partial x}$ 是把 $f(u,x,y)$ 中的 u 与 y 都看作常量时对 x

的偏导数, 而 $\frac{\partial z}{\partial x}$ 却是把二元复合函数 $f[\varphi(x,y),x,y]$ 中的 y 看作常量时对 x 的偏导数.

例 8.24 设 $z = u\ln(1+v)$, $u = x\cos y$, $v = x\sin y$, 求 $\frac{\partial z}{\partial x}$, $\frac{\partial z}{\partial y}$.

(解) $\frac{\partial z}{\partial x} = \frac{\partial z}{\partial u} \cdot \frac{\partial u}{\partial x} + \frac{\partial z}{\partial v} \cdot \frac{\partial v}{\partial x} = \ln(1+v) \cdot \cos y + \frac{u}{1+v} \cdot \sin y$,

$\frac{\partial z}{\partial y} = \frac{\partial z}{\partial u} \cdot \frac{\partial u}{\partial y} + \frac{\partial z}{\partial v} \cdot \frac{\partial v}{\partial y} = \ln(1+v) \cdot (-x\sin y) + \frac{u}{1+v} \cdot x\cos y$.

对于由 $z = f(u,v)$, $u = \varphi(x,y)$, $v = \psi(x,y)$ 确定的复合函数 $z = f[\varphi(x,y),\psi(x,y)]$, 求出 $\frac{\partial z}{\partial x}$,

$\frac{\partial z}{\partial y}$, 这里 $\frac{\partial z}{\partial x}$, $\frac{\partial z}{\partial y}$ 仍然是以 u,v 为中间变量, 以 x,y 为自变量的复合函数. 求二阶偏导数时, 原则上与求一阶偏导数一样. 下面举例说明其求法.

例 8.25 设 $z = f(u,v)$ 的二阶偏导数连续, 求 $z = f(e^x\sin y, x^2+y^2)$ 对 x 及 y 的偏导数以

及 $\frac{\partial^2 z}{\partial y \partial x}$.

(解) 引入中间变量 $u = e^x\sin y$, $v = x^2+y^2$, 则 $z = f(u,v)$.

为表达简单起见, 记 $f_1' = \frac{\partial f(u,v)}{\partial u}$, $f_2' = \frac{\partial f(u,v)}{\partial v}$, $f_{12}'' = \frac{\partial^2 f(u,v)}{\partial u \partial v}$, 这里下标 1 表示函数对第一

个自变量 u 求偏导数, 下标 2 表示函数对第二个自变量 v 求偏导数. 类似地还有记号 f_{11}'', f_{22}'' 等. 从而

$$\frac{\partial z}{\partial x} = \frac{\partial f}{\partial u} \cdot e^x\sin y + \frac{\partial f}{\partial v} \cdot 2x$$
$$= e^x\sin y f_1'(e^x\sin y, x^2+y^2) + 2x f_2'(e^x\sin y, x^2+y^2),$$
$$\frac{\partial z}{\partial y} = \frac{\partial f}{\partial u} \cdot e^x\cos y + \frac{\partial f}{\partial v} \cdot 2y$$
$$= e^x\cos y f_1'(e^x\sin y, x^2+y^2) + 2y f_2'(e^x\sin y, x^2+y^2),$$

则

$$\frac{\partial^2 z}{\partial y \partial x} = \frac{\partial}{\partial x}\left(\frac{\partial z}{\partial y}\right) = \frac{\partial}{\partial x}(e^x\cos y f_1' + 2y f_2')$$

$$= e^x \cos y \cdot f_1' + e^x \cos y \left(f_{11}'' \cdot \frac{\partial u}{\partial x} + f_{12}'' \cdot \frac{\partial v}{\partial x} \right) + 2y \left(f_{21}'' \cdot \frac{\partial u}{\partial x} + f_{22}'' \cdot \frac{\partial v}{\partial x} \right)$$

$$= e^x \cos y \cdot f_1' + e^x \cos y \left(f_{11}'' \cdot e^x \sin y + f_{12}'' \cdot 2x \right) + 2y \left(f_{21}'' \cdot e^x \sin y + f_{22}'' \cdot 2x \right).$$

又 f 的二阶偏导数连续，则 $f_{12}'' = f_{21}''$，从而

$$\frac{\partial^2 z}{\partial y \partial x} = e^x \cos y \cdot f_1' + e^{2x} \cos y \cdot \sin y \cdot f_{11}'' + 2e^x (x \cos y + y \sin y) f_{12}'' + 4xy f_{22}''.$$

一元函数的一阶微分具有形式不变性，多元函数的全微分同样也具有形式不变性．下面以二元函数为例进行说明．

设 $z = f(u,v)$ 具有连续偏导数，则有全微分

$$\mathrm{d}z = \frac{\partial z}{\partial u}\mathrm{d}u + \frac{\partial z}{\partial v}\mathrm{d}v.$$

如果 u,v 是中间变量，即 $u = \varphi(x,y)$，$v = \psi(x,y)$，且这两个函数也具有连续偏导数，则复合函数 $z = f[\varphi(x,y),\psi(x,y)]$ 的全微分为

$$\mathrm{d}z = \frac{\partial z}{\partial x}\mathrm{d}x + \frac{\partial z}{\partial y}\mathrm{d}y$$

$$= \left(\frac{\partial z}{\partial u}\frac{\partial u}{\partial x} + \frac{\partial z}{\partial v}\frac{\partial v}{\partial x} \right)\mathrm{d}x + \left(\frac{\partial z}{\partial u}\frac{\partial u}{\partial y} + \frac{\partial z}{\partial v}\frac{\partial v}{\partial y} \right)\mathrm{d}y$$

$$= \frac{\partial z}{\partial u} \left(\frac{\partial u}{\partial x}\mathrm{d}x + \frac{\partial u}{\partial y}\mathrm{d}y \right) + \frac{\partial z}{\partial v} \left(\frac{\partial v}{\partial x}\mathrm{d}x + \frac{\partial v}{\partial y}\mathrm{d}y \right)$$

$$= \frac{\partial z}{\partial u}\mathrm{d}u + \frac{\partial z}{\partial v}\mathrm{d}v.$$

可见，无论 z 是自变量 u,v 的函数还是中间变量 u,v 的函数，它的全微分形式都是一样的，这种性质称为多元函数的**全微分形式不变性**.

【即时提问 8.3】　利用全微分形式不变性求出的偏导数是否一定正确？

例 8.26　利用全微分形式不变性求例 8.24 中的函数 $z = u\ln(1+v)$，$u = x\cos y$，$v = x\sin y$ 的偏导数与全微分.

解　$\mathrm{d}z = \dfrac{\partial z}{\partial u}\mathrm{d}u + \dfrac{\partial z}{\partial v}\mathrm{d}v = \ln(1+v)\mathrm{d}u + u\mathrm{d}\ln(1+v)$

$$= \ln(1+v)\mathrm{d}u + \frac{u}{1+v}\mathrm{d}v$$

$$= \ln(1+v)\mathrm{d}(x\cos y) + \frac{u}{1+v}\mathrm{d}(x\sin y)$$

$$= \ln(1+v) \cdot (\cos y \mathrm{d}x - x\sin y \mathrm{d}y) + \frac{u}{1+v}(\sin y \mathrm{d}x + x\cos y \mathrm{d}y)$$

$$= \left[\ln(1+v) \cdot \cos y + \frac{u}{1+v} \cdot \sin y \right]\mathrm{d}x + \left[x\cos y \cdot \frac{u}{1+v} - x\sin y \cdot \ln(1+v) \right]\mathrm{d}y,$$

因此，

$$\frac{\partial z}{\partial x} = \ln(1+v) \cdot \cos y + \frac{u}{1+v} \cdot \sin y, \quad \frac{\partial z}{\partial y} = \ln(1+v) \cdot (-x\sin y) + \frac{u}{1+v} \cdot x\cos y.$$

显然和例 8.24 求出的结果一样.

8.4.2　隐函数的求导法则

一元函数微分学中介绍了隐函数的求导方法：对于方程 $F(x,y) = 0$，两边对 x 求导，解出

y'. 现在介绍隐函数存在定理, 并根据多元复合函数的求导法则导出隐函数的求导公式. 首先介绍由一个方程确定隐函数的情形.

定理 8.8（隐函数存在定理） 设函数 $F(x,y)$ 在点 $P_0(x_0,y_0)$ 的某一邻域内具有连续的偏导数, 且 $F(x_0,y_0)=0$, $F'_y(x_0,y_0)\neq 0$, 则方程 $F(x,y)=0$ 在点 $P_0(x_0,y_0)$ 的某一邻域内唯一确定一个连续且具有连续导数的函数 $y=y(x)$, 它满足条件 $y_0=y(x_0)$, 并且有

$$\frac{\mathrm{d}y}{\mathrm{d}x}=-\frac{F'_x}{F'_y}. \tag{8.19}$$

式 (8.19) 就是**隐函数的求导公式**. 隐函数存在定理不作证明, 仅对式 (8.19) 进行推导.

将函数 $y=y(x)$ 代入方程 $F(x,y)=0$, 得恒等式

$$F[x,y(x)]\equiv 0,$$

其左端可以看作是 x 的一个复合函数, 对恒等式两端同时关于 x 求导, 得

$$\frac{\partial F}{\partial x}+\frac{\partial F}{\partial y}\frac{\mathrm{d}y}{\mathrm{d}x}=0,$$

由于 F'_y 连续, 且 $F'_y(x_0,y_0)\neq 0$, 因此存在点 $P_0(x_0,y_0)$ 的一个邻域, 在这个邻域内 $F'_y\neq 0$, 所以有

$$\frac{\mathrm{d}y}{\mathrm{d}x}=-\frac{F'_x}{F'_y}.$$

如果 $F(x,y)=0$ 的二阶偏导数也都连续, 我们可以把式 (8.19) 的两端再对 x 求导, 得到

$$\frac{\mathrm{d}^2 y}{\mathrm{d}x^2}=\frac{\mathrm{d}\left(-\dfrac{F'_x}{F'_y}\right)}{\mathrm{d}x}=-\frac{\left(F''_{xx}+F''_{xy}y'\right)F'_y-F'_x\left(F''_{yx}+F''_{yy}y'\right)}{\left(F'_y\right)^2}$$

$$=-\frac{\left[F''_{xx}+F''_{xy}\left(-\dfrac{F'_x}{F'_y}\right)\right]F'_y-F'_x\left[F''_{yx}+F''_{yy}\left(-\dfrac{F'_x}{F'_y}\right)\right]}{\left(F'_y\right)^2}=-\frac{F''_{xx}F'^2_y-2F''_{xy}F'_xF'_y+F''_{yy}F'^2_x}{F'^3_y}.$$

例 8.27 验证方程 $x^2+y^2-1=0$ 在点 $(0,1)$ 的某一邻域内能唯一确定一个有连续导数的隐函数 $y=y(x)$, 且 $x=0$ 时 $y=1$, 并求这个函数的一阶与二阶导数在 $x=0$ 处的值.

解 设 $F(x,y)=x^2+y^2-1$, 则 $F'_x=2x$, $F'_y=2y$, $F(0,1)=0$, $F'_y(0,1)=2\neq 0$. 因此, 由定理 8.8 可知, 方程 $x^2+y^2-1=0$ 在点 $(0,1)$ 的某一邻域内能唯一确定一个有连续导数的隐函数 $y=y(x)$, 且 $x=0$ 时 $y=1$. 所以

$$\frac{\mathrm{d}y}{\mathrm{d}x}=-\frac{F'_x}{F'_y}=-\frac{x}{y},\quad \left.\frac{\mathrm{d}y}{\mathrm{d}x}\right|_{\substack{x=0\\y=1}}=0,$$

$$\frac{\mathrm{d}^2 y}{\mathrm{d}x^2}=-\frac{y-xy'}{y^2}=-\frac{y-x\left(-\dfrac{x}{y}\right)}{y^2}=-\frac{y^2+x^2}{y^3}=-\frac{1}{y^3},\quad \left.\frac{\mathrm{d}^2 y}{\mathrm{d}x^2}\right|_{\substack{x=0\\y=1}}=-1.$$

隐函数存在定理还可以推广到多元函数, 下面介绍三元方程确定二元隐函数的定理.

定理 8.9 设函数 $F(x,y,z)$ 在点 $P_0(x_0,y_0,z_0)$ 的某一邻域内具有连续的偏导数, 且 $F(x_0,y_0,z_0)=0$, $F'_z(x_0,y_0,z_0)\neq 0$, 则方程 $F(x,y,z)=0$ 在点 $P_0(x_0,y_0,z_0)$ 的某一邻域内能唯一确定一个具有连续偏导数的函数 $z=z(x,y)$, 它满足条件 $z_0=z(x_0,y_0)$, 并且有

$$\frac{\partial z}{\partial x}=-\frac{F'_x}{F'_z},\quad \frac{\partial z}{\partial y}=-\frac{F'_y}{F'_z}. \tag{8.20}$$

与定理 8.8 类似,这里仅对式(8.20)进行推导.

将函数 $z = z(x,y)$ 代入方程 $F(x,y,z) = 0$,得恒等式

$$F[x,y,z(x,y)] \equiv 0,$$

其左端可以看作是 x 和 y 的一个复合函数,这个恒等式两端对 x 和 y 分别求导,得

$$F'_x + F'_z \frac{\partial z}{\partial x} = 0, F'_y + F'_z \frac{\partial z}{\partial y} = 0.$$

由于 F'_z 连续,且 $F'_z(x_0,y_0,z_0) \neq 0$,因此存在点 $P_0(x_0,y_0,z_0)$ 的一个邻域,在这个邻域内 $F'_z \neq 0$,所以有 $\dfrac{\partial z}{\partial x} = -\dfrac{F'_x}{F'_z}, \dfrac{\partial z}{\partial y} = -\dfrac{F'_y}{F'_z}.$

例 8.28　设 $z^3 - 3xyz = a^3$,求 $\dfrac{\partial z}{\partial x}, \dfrac{\partial z}{\partial y}, \dfrac{\partial^2 z}{\partial x \partial y}.$

解　设 $F(x,y) = z^3 - 3xyz - a^3$,则 $F'_x = -3yz, F'_y = -3xz, F'_z = 3z^2 - 3xy$,得

$$\frac{\partial z}{\partial x} = -\frac{-3yz}{3z^2 - 3xy} = \frac{yz}{z^2 - xy}, \frac{\partial z}{\partial y} = -\frac{-3xz}{3z^2 - 3xy} = \frac{xz}{z^2 - xy}.$$

所以

$$\frac{\partial^2 z}{\partial x \partial y} = \frac{\left(z + y \cdot \dfrac{\partial z}{\partial y}\right) \cdot (z^2 - xy) - yz\left(2z \cdot \dfrac{\partial z}{\partial y} - x\right)}{(z^2 - xy)^2} = \frac{z^3 - (xy^2 + yz^2) \cdot \dfrac{\partial z}{\partial y}}{(z^2 - xy)^2}$$

$$= \frac{z^3 - (xy^2 + yz^2) \cdot \dfrac{xz}{z^2 - xy}}{(z^2 - xy)^2}$$

$$= \frac{z(z^4 - 2xyz^2 - x^2 y^2)}{(z^2 - xy)^3}.$$

例 8.29　设某商品 A 的需求函数 $Q_A = Q(P_A, P_B, x)$ 满足方程

$$F(Q_A, P_A, P_B, x) = Q_A^2 P_A^{\frac{2}{3}} P_B^{\frac{2}{3}} x^{-5} - 32 = 0,$$

其中 P_A, P_B 分别是商品 A, B 的价格,x 是消费者的收入水平,求需求的自身价格弹性 $\dfrac{EQ_A}{EP_A}$、需求的交叉弹性 $\dfrac{EQ_A}{EP_B}$ 及需求的收入弹性 $\dfrac{EQ_A}{Ex}.$

解　由 $F(Q_A, P_A, P_B, x) = Q_A^2 P_A^{\frac{2}{3}} P_B^{\frac{2}{3}} x^{-5} - 32 = 0$,得

$$F'_{Q_A} = 2Q_A P_A^{\frac{2}{3}} P_B^{\frac{2}{3}} x^{-5}, F'_{P_A} = \frac{2}{3} Q_A^2 P_A^{-\frac{1}{3}} P_B^{\frac{2}{3}} x^{-5}, F'_{P_B} = \frac{2}{3} Q_A^2 P_A^{\frac{2}{3}} P_B^{-\frac{1}{3}} x^{-5}, F'_x = -5Q_A^2 P_A^{\frac{2}{3}} P_B^{\frac{2}{3}} x^{-6}.$$

由隐函数存在定理得

$$\frac{\partial Q_A}{\partial P_A} = -\frac{F'_{P_A}}{F'_{Q_A}} = -\frac{1}{3} \frac{Q_A}{P_A}, \frac{\partial Q_A}{\partial P_B} = -\frac{F'_{P_B}}{F'_{Q_A}} = -\frac{1}{3} \frac{Q_A}{P_B}, \frac{\partial Q_A}{\partial x} = -\frac{F'_x}{F'_{Q_A}} = \frac{5}{2} \frac{Q_A}{x},$$

根据弹性的定义得

$$\frac{EQ_A}{EP_A} = \frac{P_A}{Q_A} \frac{\partial Q_A}{\partial P_A} = -\frac{1}{3}, \frac{EQ_A}{EP_B} = \frac{P_B}{Q_A} \frac{\partial Q_A}{\partial P_B} = -\frac{1}{3}, \frac{EQ_A}{Ex} = \frac{x}{Q_A} \frac{\partial Q_A}{\partial x} = \frac{5}{2}.$$

同步习题 8.4

 基础题

1. 求下列复合函数的偏导数或导数.

（1）设 $z = u^2 v, u = \cos t, v = \sin t$，求 $\dfrac{\mathrm{d}z}{\mathrm{d}t}$.

（2）设 $z = u + v, u = \ln x, v = 2^x$，求 $\dfrac{\mathrm{d}z}{\mathrm{d}x}$.

（3）设 $z = \mathrm{e}^u \sin v, u = xy, v = x + y$，求 $\dfrac{\partial z}{\partial x}, \dfrac{\partial z}{\partial y}$.

（4）设 $u = f(x, xy, xyz)$，求 $\dfrac{\partial u}{\partial x}, \dfrac{\partial u}{\partial y}, \dfrac{\partial u}{\partial z}$.

2. 设 $z = f(u, v)$ 可微，求 $z = f(x^2 - y^2, \mathrm{e}^{xy})$ 对 x 及 y 的偏导数.

3. 求下列隐函数的导数或偏导数.

（1）设 $\cos x + \sin y = \mathrm{e}^{xy}$，求 $\dfrac{\mathrm{d}y}{\mathrm{d}x}$.

（2）设 $\ln \sqrt{x^2 + y^2} = \arctan \dfrac{y}{x}$，求 $\dfrac{\mathrm{d}y}{\mathrm{d}x}$.

4. 设 $x^2 + y^2 + z^2 - 4z = 0$，求 $\dfrac{\partial^2 z}{\partial x^2}, \dfrac{\partial^2 z}{\partial y^2}$.

提高题

1. 设 $z = f\left(\ln x + \dfrac{1}{y}\right)$，其中函数 $f(u)$ 可微，则 $x\dfrac{\partial z}{\partial x} + y^2\dfrac{\partial z}{\partial y} = $ _____.

2. 设函数 $f(u, v)$ 满足 $f\left(x + y, \dfrac{y}{x}\right) = x^2 - y^2$，则 $\dfrac{\partial f}{\partial u}\bigg|_{\substack{u=1 \\ v=1}}$ 与 $\dfrac{\partial f}{\partial v}\bigg|_{\substack{u=1 \\ v=1}}$ 分别是（　　）.

A. $\dfrac{1}{2}, 0$　　　　　B. $0, \dfrac{1}{2}$　　　　　C. $-\dfrac{1}{2}, 0$　　　　　D. $0, -\dfrac{1}{2}$

8.5 多元函数的极值与最值

在工程技术、商品流通和经济学等领域，存在许多"最优化"问题，即最大值和最小值问题. 这些问题的影响变量往往不止一个. 例如，在建设现代化产业体系时，既要求坚持把发展经济的着力点放在实体经济上，也要求加快发展数字经济，促进数字经济和实体经济深度融合. 实体经济和数字经济就是影响建设现代化产业体系的两个变量. 这类问题在高等数学中统称为多元函数的最大值和最小值问题. 如何求解这些最大值和最小值问题，是我们在研究微积分时需要解决的重要问题之一. 与一元函数类似，多元函数的最大值和最小值与极大值和极小值之间具有密切的联系. 本节以二元函数为例，利用多元函数微分学的相关知识，研究多元函数的极值与最值问题.

8.5.1 多元函数的极值

类似一元函数极值的概念，我们给出二元函数极值的概念.

1. 极值的概念

引例　（1）观察函数 $z = \dfrac{x^2}{4} + \dfrac{y^2}{9}$ 在点 $(0,0)$ 的某邻域内函数值的变化.

对于函数 $z = \dfrac{x^2}{4} + \dfrac{y^2}{9}$ 在点 $(0,0)$ 的某邻域内异于 $(0,0)$ 的点 (x,y)，有

$$z(x,y) > z(0,0) = 0,$$

如图 8.44 所示.

（2）观察函数 $z = 4 - x^2 - y^2$ 在点 $(0,0)$ 的某邻域内函数值的变化.

对于函数 $z = 4 - x^2 - y^2$ 在点 $(0,0)$ 的某邻域内异于 $(0,0)$ 的点 (x,y)，有

$$z(x,y) < z(0,0) = 4,$$

如图 8.45 所示.

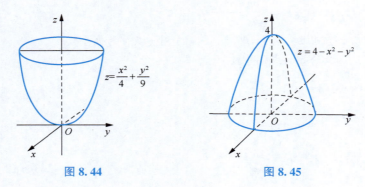

图 8.44　　　　　　　　　图 8.45

总结上述两个例子的特点，我们给出二元函数极值的概念.

定义 8.16　设函数 $z = f(x,y)$ 的定义域为 $D \subset \mathbf{R}^2$，$P_0(x_0, y_0)$ 为 D 的内点. 若存在 $P_0(x_0, y_0)$ 的某个邻域 $U(P_0) \subset D$，对于该邻域内异于 $P_0(x_0, y_0)$ 的任意点 (x,y)，都有

$$f(x,y) < f(x_0, y_0) \, [\text{或} f(x,y) > f(x_0, y_0)],$$

则称函数 $f(x,y)$ 在点 $P_0(x_0, y_0)$ 有**极大值**（或**极小值**）$f(x_0, y_0)$，点 $P_0(x_0, y_0)$ 称为函数 $f(x,y)$ 的**极大值点**（或**极小值点**）.

极大值与极小值统称为函数的**极值**，使函数取得极值的点称为函数的**极值点**.

上述引例中，函数 $z = \dfrac{x^2}{4} + \dfrac{y^2}{9}$ 在点 $(0,0)$ 处取极小值 0，$z = 4 - x^2 - y^2$ 在点 $(0,0)$ 处取极大值 4.

再如函数 $z = \sqrt{x^2 + y^2}$，在点 $(0,0)$ 处有极小值 $z = 0$，因为对于点 $(0,0)$ 的某邻域内异于 $(0,0)$ 的点 (x,y)，都有 $z(x,y) > z(0,0) = 0$；函数 $z = y^2 - x^2$ 在点 $(0,0)$ 处没有极值，因为在点 $(0,0)$ 处函数值 $z = 0$，而在点 $(0,0)$ 的任意邻域内，既有函数值为正的点，也有函数值为负的点，如图 8.46 所示.

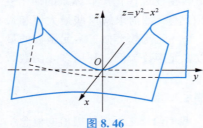

图 8.46

【即时提问 8.4】 函数 $z = xy$ 在点 $(0,0)$ 处是否有极值?

以上关于二元函数极值的概念,可推广到 n 元函数.

定义 8.17 设 n 元函数 $u = f(P)$ 的定义域为 $D \subset \mathbf{R}^n$,P_0 为 D 的内点. 若存在 P_0 的某个邻域 $U(P_0) \subset D$,对于该邻域内异于 P_0 的任意点 P,都有

$$f(P) < f(P_0) \left[或 f(P) > f(P_0) \right],$$

则称函数 $f(P)$ 在点 P_0 有**极大值**(或**极小值**)$f(P_0)$.

2. 极值存在的必要条件

类似于一元函数极值存在的必要条件,我们可以得到二元函数极值存在的必要条件如下.

定理 8.10 设函数 $z = f(x,y)$ 在点 (x_0, y_0) 处的两个一阶偏导数都存在,若 (x_0, y_0) 是 $f(x,y)$ 的极值点,则有

$$f'_x(x_0, y_0) = 0, f'_y(x_0, y_0) = 0.$$

证明 若 (x_0, y_0) 是 $f(x,y)$ 的极值点,固定变量 $y = y_0$,所得一元函数 $f(x, y_0)$ 在 (x_0, y_0) 处同样取得极值. 由一元函数极值存在的必要条件可得

$$\left. \frac{\mathrm{d}f(x, y_0)}{\mathrm{d}x} \right|_{x = x_0} = 0,$$

即 $f'_x(x_0, y_0) = 0$. 同理可证 $f'_y(x_0, y_0) = 0$.

使 $f'_x(x,y) = 0, f'_y(x,y) = 0$ 同时成立的点 (x_0, y_0) 称为函数 $z = f(x,y)$ 的**驻点**.

类似地,如果三元函数 $u = f(x,y,z)$ 在点 (x_0, y_0, z_0) 处偏导数都存在,则其具有极值的必要条件是

$$f'_x(x_0, y_0, z_0) = 0, f'_y(x_0, y_0, z_0) = 0, \ f'_z(x_0, y_0, z_0) = 0,$$

于是点 (x_0, y_0, z_0) 是函数 $u = f(x,y,z)$ 的**驻点**.

定理 8.10 表明,偏导数存在的函数的极值点一定是驻点,但驻点未必是极值点. 例如,$z = y^2 - x^2$,点 $(0,0)$ 是驻点,但不是极值点.

如何判断一个驻点是否为极值点呢? 下面给出极值存在的充分条件.

3. 极值存在的充分条件

定理 8.11 设函数 $z = f(x,y)$ 在点 (x_0, y_0) 处的某邻域内具有二阶连续偏导数,且 $f'_x(x_0, y_0) = 0, f'_y(x_0, y_0) = 0$,记

$$A = f''_{xx}(x_0, y_0), B = f''_{xy}(x_0, y_0), C = f''_{yy}(x_0, y_0),$$

则有

(1) 如果 $AC - B^2 > 0$,则 $f(x,y)$ 在点 (x_0, y_0) 取极值,且当 $A > 0$ 时,$f(x_0, y_0)$ 为极小值,当 $A < 0$ 时,$f(x_0, y_0)$ 为极大值;

(2) 如果 $AC - B^2 < 0$,则 $f(x,y)$ 在点 (x_0, y_0) 不取极值;

(3) 如果 $AC - B^2 = 0$,则 $f(x,y)$ 在点 (x_0, y_0) 可能取极值,也可能不取极值.

结合极值存在的充分条件,我们可以总结出求函数极值的步骤如下.

(1) 计算函数 $z = f(x,y)$ 的偏导数 f'_x, f'_y,解方程组 $\begin{cases} f'_x = 0, \\ f'_y = 0, \end{cases}$ 求得驻点 (x_0, y_0).

(2) 计算所有二阶偏导数,在每一个驻点 (x_0, y_0) 处,记

$$A = f''_{xx}(x_0, y_0), B = f''_{xy}(x_0, y_0), C = f''_{yy}(x_0, y_0),$$

利用极值存在的充分条件判断点 (x_0, y_0) 是否为极值点.

(3) 计算函数的极值.

例 8.30 求 $f(x,y) = y^3 - x^2 + 6x - 12y + 5$ 的极值.

解 求函数的偏导数，得

$$f'_x(x,y) = -2x + 6, \quad f'_y(x,y) = 3y^2 - 12.$$

解方程组

$$\begin{cases} f'_x(x,y) = -2x + 6 = 0, \\ f'_y(x,y) = 3y^2 - 12 = 0, \end{cases}$$

得驻点 $(3,-2),(3,2)$. 又

$$f''_{xx} = -2, f''_{yy} = 6y, f''_{xy} = 0,$$

在点 $(3,-2)$ 处，$AC - B^2 = 24 > 0$，$A = -2 < 0$，所以函数在该点取极大值 $f(3,-2) = 30$；在点 $(3,2)$ 处，$AC - B^2 = -24 < 0$，函数在该点不取极值.

需要指出的是，在讨论函数的极值问题时，如果函数存在偏导数，则由定理 8.10 知，极值点只在驻点处取得. 如果函数在某个点处偏导数不存在，则该点也可能是极值点. 例如，$z = \sqrt{x^2 + y^2}$ 在点 $(0,0)$ 处的偏导数不存在，但该函数在点 $(0,0)$ 处却取极小值. 因此，在求函数极值时，对于偏导数不存在的点，也应考虑其是否为极值点.

8.5.2 多元函数的最值

与一元函数类似，我们也可以提出如何求多元函数的最大值和最小值的问题.

如果 $f(x,y)$ 在有界闭区域 D 上连续，由连续函数的性质可知，函数 $f(x,y)$ 在 D 上必有最大值和最小值. 最大(小)值点可以在 D 的内部，也可以在 D 的边界上. 我们假定，函数在 D 上连续、在 D 内可微且只有有限个驻点. 这时，如果 $f(x,y)$ 在 D 的内部取最大(小)值，那么这个最大(小)值也是函数的极大(小)值，在这种情况下，最大(小)值点一定是极大(小)值点之一. 因此，要求函数 $f(x,y)$ 在有界闭区域 D 上的最大(小)值时，需要将函数的所有极大(小)值与边界上的最大(小)值进行比较，其中最大(小)的就是最大(小)值.

归纳起来，可得连续函数 $f(x,y)$ 在有界闭区域 D 上最大(小)值的求解步骤如下.

(1) 求出 $z = f(x,y)$ 在 D 内部偏导数不存在的点和驻点，并计算这些点的函数值.

(2) 求出 $z = f(x,y)$ 在 D 的边界上的最大值及最小值.

(3) 比较上述各点处的函数值，最大者即为最大值，最小者即为最小值.

例 8.31 求函数 $f(x,y) = x^2 y(4 - x - y)$ 在区域 $D = \{(x,y) \mid x \geq 0, y \geq 0, x + y \leq 6\}$ 上的最值.

解 求出函数 $f(x,y)$ 的偏导数，得

$$f'_x = 8xy - 3x^2 y - 2xy^2, f'_y = 4x^2 - x^3 - 2x^2 y.$$

令 $\begin{cases} f'_x = 0, \\ f'_y = 0, \end{cases}$ 解得 D 内驻点 $(2,1)$，$f(2,1) = 4$.

在边界 $L_1 : x = 0 (0 \leq y \leq 6)$ 上，$f(0,y) = 0$.

在边界 $L_2 : y = 0 (0 \leq x \leq 6)$ 上，$f(x,0) = 0$.

在边界 $L_3 : x + y = 6 (0 \leq x \leq 6)$ 上，$f(x, 6-x) = -2x^2(6-x) = g(x)$，当 $g'(x) = -24x + 6x^2 = 0$ 时，得驻点 $x_1 = 0, x_2 = 4$，于是

$$g(0) = f(0,6) = 0, g(4) = f(4,2) = -64.$$

综上，$f(x,y)$ 在 D 上的最大值为 $f(2,1)=4$，最小值为 $f(4,2)=-64$.

在实际问题中，如果能根据实际情况断定最大（小）值一定在 D 的内部取得，并且函数在 D 的内部只有一个驻点，那么可以判定这个驻点处的函数值就是 $f(x,y)$ 在 D 上的最大（小）值.

8.5.3 条件极值

以上讨论的极值问题，除函数的自变量限制在函数的定义域内以外，没有其他约束条件，这种极值称为无条件极值. 但在实际问题中，往往会遇到对函数的自变量还有附加条件限制的极值问题，这类极值称为条件极值.

引例 要制作一个容积为 2 m^3 的有盖圆柱形水箱，问：如何选择尺寸才能使用料最省？

设圆柱形水箱的高为 $h\text{ m}$，底半径为 $r\text{ m}$，则体积为 $\pi r^2 h=2$，表面积为

$$S=2\pi r^2+2\pi rh.$$

所求问题转化为求函数 $S=2\pi r^2+2\pi rh$ 在附加条件 $\pi r^2h=2$ 下的极小值问题. 此问题的直接做法是从 $\pi r^2h=2$ 中求得 $h=\dfrac{2}{\pi r^2}$，将此式代入表面积函数中，得

$$S=2\pi r^2+\frac{4}{r},$$

这样问题转化为无条件极值问题. 按照一元函数的求极值方法，令

$$S'=4\pi r-\frac{4}{r^2}=0,$$

得 $r=\dfrac{1}{\sqrt[3]{\pi}}$ 为唯一驻点，结合本题实际意义可知，此驻点就是所求最小值点，再代入附加条件得

$h=\dfrac{2}{\sqrt[3]{\pi}}$. 因此，当 $r=\dfrac{1}{\sqrt[3]{\pi}}\text{ m},h=\dfrac{2}{\sqrt[3]{\pi}}\text{ m}$ 时用料最省.

但是很多情况下，要从附加条件中解出某个变量不易实现，下面我们介绍一种求条件极值的有效方法 —— 拉格朗日乘数法.

先讨论函数 $z=f(x,y)$ 在条件 $\varphi(x,y)=0$ 下取极值的必要条件.

如果函数 $z=f(x,y)$ 在点 (x_0,y_0) 处取极值，则有 $\varphi(x_0,y_0)=0$. 假定在 (x_0,y_0) 的某一邻域内函数 $f(x,y)$ 与 $\varphi(x,y)$ 均有连续的一阶偏导数，且 $\varphi'_y(x_0,y_0)\neq 0$. 由隐函数存在定理可知，方程 $\varphi(x,y)=0$ 确定一个连续且具有连续导数的函数 $y=\psi(x)$，将其代入 $z=f(x,y)$，得

$$z=f[x,\psi(x)].$$

函数 $f(x,y)$ 在点 (x_0,y_0) 处取得的极值，相当于函数 $z=f[x,\psi(x)]$ 在点 $x=x_0$ 处取得的极值. 由一元可导函数取极值的必要条件可知

$$\left.\frac{\mathrm{d}z}{\mathrm{d}x}\right|_{x=x_0}=f'_x(x_0,y_0)+f'_y(x_0,y_0)\left.\frac{\mathrm{d}y}{\mathrm{d}x}\right|_{x=x_0}=0. \tag{8.21}$$

由隐函数求导公式有

$$\left.\frac{\mathrm{d}y}{\mathrm{d}x}\right|_{x=x_0}=-\frac{\varphi'_x(x_0,y_0)}{\varphi'_y(x_0,y_0)}, \tag{8.22}$$

把式（8.22）代入式（8.21），得

$$f'_x(x_0,y_0) - f'_y(x_0,y_0)\frac{\varphi'_x(x_0,y_0)}{\varphi'_y(x_0,y_0)} = 0. \tag{8.23}$$

式(8.23)与 $\varphi(x_0,y_0) = 0$ 就构成了函数 $z = f(x,y)$ 在条件 $\varphi(x,y) = 0$ 下在点 (x_0,y_0) 处取极值的必要条件.

设 $\dfrac{f'_y(x_0,y_0)}{\varphi'_y(x_0,y_0)} = -\lambda$,上述必要条件就变为

$$\begin{cases} f'_x(x_0,y_0) + \lambda\varphi'_x(x_0,y_0) = 0, \\ f'_y(x_0,y_0) + \lambda\varphi'_y(x_0,y_0) = 0, \\ \varphi(x_0,y_0) = 0. \end{cases} \tag{8.24}$$

引进辅助函数

$$L(x,y) = f(x,y) + \lambda\varphi(x,y),$$

则式(8.24)中前两项就是

$$L'_x(x_0,y_0) = 0, L'_y(x_0,y_0) = 0.$$

函数 $L(x,y)$ 称为拉格朗日函数,参数 λ 称为拉格朗日乘子.

于是,求函数 $z = f(x,y)$ 在条件 $\varphi(x,y) = 0$ 下的极值的拉格朗日乘数法的步骤如下.

(1)构造拉格朗日函数

$$L(x,y) = f(x,y) + \lambda\varphi(x,y),$$

其中 λ 为待定参数.

(2)解方程组

$$\begin{cases} L'_x(x,y) = f'_x(x,y) + \lambda\varphi'_x(x,y) = 0, \\ L'_y(x,y) = f'_y(x,y) + \lambda\varphi'_y(x,y) = 0, \\ \varphi(x,y) = 0, \end{cases}$$

得 x,y 值,则 (x,y) 就是可能的极值点.

(3)判断所求得的点是否为极值点.

例 8.32 求函数 $f(x,y,z) = 8x^2 + 4yz - 16z + 600$ 在限制条件 $4x^2 + y^2 + 4z^2 = 16$ 下的最大值.

解 构造拉格朗日函数

$$L(x,y,z) = 8x^2 + 4yz - 16z + 600 + \lambda(4x^2 + y^2 + 4z^2 - 16),$$

则有

$$\begin{cases} L'_x = 16x + 8\lambda x = 0, & ① \\ L'_y = 4z + 2\lambda y = 0, & ② \\ L'_z = 4y - 16 + 8\lambda z = 0, & ③ \\ 4x^2 + y^2 + 4z^2 = 16. & ④ \end{cases}$$

由①得 $x = 0$ 或 $\lambda = -2$.

若 $\lambda = -2$,代入②③,得 $y = z = -\dfrac{4}{3}$.再将 $y = z = -\dfrac{4}{3}$ 代入④,得 $x = \pm\dfrac{4}{3}$.于是得到两个可能的极值点:$M_1\left(\dfrac{4}{3}, -\dfrac{4}{3}, -\dfrac{4}{3}\right), M_2\left(-\dfrac{4}{3}, -\dfrac{4}{3}, -\dfrac{4}{3}\right)$.

若 $x = 0$,由②③④得 $y = 4, z = 0$;$y = -2, z = \sqrt{3}$;$y = -2, z = -\sqrt{3}$.于是得到另外3个可能的极值点:$M_3(0,4,0), M_4(0,-2,\sqrt{3}), M_5(0,-2,-\sqrt{3})$.

计算可得 $f(M_1) = \dfrac{1\,928}{3}, f(M_2) = \dfrac{1\,928}{3}, f(M_3) = 600, f(M_4) = 600 - 24\sqrt{3}, f(M_5) = 600 + 24\sqrt{3}$,

比较可知 $f(M_1) = f(M_2) = \dfrac{1\,928}{3}$ 最大. 因此, $f(x,y,z)$ 在限制条件 $4x^2 + y^2 + 4z^2 = 16$ 下的最大值为 $f\left(\pm\dfrac{4}{3}, -\dfrac{4}{3}, -\dfrac{4}{3}\right) = \dfrac{1\,928}{3}$.

拉格朗日乘数法可以推广到两个限制条件的情形. 如求函数 $u = f(x,y,z)$ 在条件 $\varphi(x,y,z) = 0$ 和 $\psi(x,y,z) = 0$ 下的条件极值, 步骤如下.

(1) 构造拉格朗日函数
$$L(x,y,z) = f(x,y,z) + \lambda_1\varphi(x,y,z) + \lambda_2\psi(x,y,z),$$
其中 λ_1, λ_2 为待定参数.

(2) 解方程组
$$\begin{cases} L'_x = f'_x(x,y,z) + \lambda_1\varphi'_x(x,y,z) + \lambda_2\psi'_x(x,y,z) = 0, \\ L'_y = f'_y(x,y,z) + \lambda_1\varphi'_y(x,y,z) + \lambda_2\psi'_y(x,y,z) = 0, \\ L'_z = f'_z(x,y,z) + \lambda_1\varphi'_z(x,y,z) + \lambda_2\psi'_z(x,y,z) = 0, \\ \varphi(x,y,z) = 0, \\ \psi(x,y,z) = 0, \end{cases}$$
得 x, y, z 值, 则 (x,y,z) 就是可能的极值点.

(3) 判断所求得的点是否为极值点.

同步习题 8.5

基础题

1. 求下列函数的极值.

(1) $f(x,y) = x^3 - y^3 + 3y^2 + 3x^2 - 9x$.

(2) $f(x,y) = (6x - x^2)(4y - y^2)$.

(3) $f(x,y) = (x^2 + y)\sqrt{e^y}$.

(4) $f(x,y) = \sin x + \cos y + \cos(x - y)$.

2. 求由方程 $x^2 + y^2 + z^2 - 2x - 2y - 4z - 10 = 0$ 确定的隐函数 $z = f(x,y)$ 的极值.

3. 求函数 $f(x,y) = x^2 + 2y^2 - x^2 y^2$ 在区域 $D = \{(x,y) \mid x^2 + y^2 \leqslant 4, y \geqslant 0\}$ 上的最值.

4. 求函数 $z = xy$ 在条件 $x + y = 1$ 下的极大值.

5. 求表面积为 a 而体积最大的长方体.

6. 设可微函数 $f(x,y)$ 在点 (x_0, y_0) 处取得极小值, 则下列结论正确的是( ).

A. $f(x_0, y)$ 在 $y = y_0$ 处的导数等于零

B. $f(x_0, y)$ 在 $y = y_0$ 处的导数大于零

C. $f(x_0, y)$ 在 $y = y_0$ 处的导数小于零

D. $f(x_0, y)$ 在 $y = y_0$ 处的导数不存在

7. 求函数 $u = xy + 2yz$ 在约束条件 $x^2 + y^2 + z^2 = 10$ 下的最大值和最小值.

提高题

1. 求函数 $f(x,y) = x\mathrm{e}^{-\frac{x^2+y^2}{2}}$ 的极值.

2. 求函数 $u = x^2+y^2+z^2$ 在约束条件 $z = x^2+y^2$ 和 $x+y+z = 4$ 下的最大值和最小值.

微课：同步习题 8.5
提高题 2

本章小结

思维导图

本章同步习题与
总复习题答案

古代数学学者

个人成就

清代数学家，数学成就主要包括尖锥术、垛积术和素数论 3 个方面，其研究成果主要收录于《则古昔斋算学》. 李善兰的其他数学著作还有《测圆海镜解》《测圆海镜图表》《九容图表》《粟布演草》《同文馆算学课艺》《同文馆珠算金踌针》等.

李善兰

第8章总复习题·基础篇

1. 选择题：(1)~(5) 小题，每小题 4 分，共 20 分. 下列每小题给出的 4 个选项中，只有一个选项是符合题目要求的.

(1) 设函数 $f(x,y) = \begin{cases} \dfrac{xy^2}{x^2+y^4}, & x^2+y^2 \neq 0, \\ 0, & x^2+y^2 = 0, \end{cases}$ 则 $f(x,y)$ 在点 $(0,0)$ 处（　　）.

A. 连续且偏导数存在　　　　　　　　B. 连续但偏导数不存在

C. 不连续但偏导数存在　　　　　　　D. 不连续且偏导数不存在

(2) 设二元函数 $f(x,y)$ 在点 (x_0,y_0) 可微，则 $f(x,y)$ 在点 (x_0,y_0) 处，下列结论不一定成立的是（　　）.

A. 连续　　　　　B. 偏导数连续　　　　C. 偏导数存在　　　　D. 有定义

(3)(2023305) 已知函数 $f(x,y) = \ln(y+|x\sin y|)$，则（　　）.

A. $\dfrac{\partial f}{\partial x}\Big|_{(0,1)}$ 不存在，$\dfrac{\partial f}{\partial y}\Big|_{(0,1)}$ 存在　　　　B. $\dfrac{\partial f}{\partial x}\Big|_{(0,1)}$ 存在，$\dfrac{\partial f}{\partial y}\Big|_{(0,1)}$ 不存在

C. $\dfrac{\partial f}{\partial x}\bigg|_{(0,1)}, \dfrac{\partial f}{\partial y}\bigg|_{(0,1)}$ 均存在 \qquad\qquad D. $\dfrac{\partial f}{\partial x}\bigg|_{(0,1)}, \dfrac{\partial f}{\partial y}\bigg|_{(0,1)}$ 均不存在

(4) 设 $f(x), g(x)$ 具有二阶连续导数, 且满足 $f(0) > 0, g(0) < 0, f'(0) = g'(0) = 0$, 则函数 $z = f(x)g(y)$ 在点 $(0,0)$ 处取到极小值的一个充分条件是(　　).

A. $f''(0) < 0, g''(0) > 0$ \qquad\qquad B. $f''(0) > 0, g''(0) > 0$

C. $f''(0) < 0, g''(0) < 0$ \qquad\qquad D. $f''(0) > 0, g''(0) < 0$

(5) 设函数 $f(x,y)$ 满足 $\dfrac{\partial^2 f}{\partial y^2} = 2, f(x,0) = 1, f'_y(x,0) = x$, 则 $f(x,y) = ($　　$)$.

A. $1 - xy + y^2$ \qquad B. $1 + xy + y^2$ \qquad C. $1 - x^2 y + y^2$ \qquad D. $1 + x^2 y + y^2$

2. 填空题:(6) ~ (10) 小题, 每小题 4 分, 共 20 分.

(6) 极限 $\lim\limits_{\substack{x \to 0 \\ y \to 0}} \dfrac{\ln(1 + xy)}{1 - \sqrt{1 - xy}} = $ \underline{\qquad\qquad}.

(7) 设 $u = \left(\dfrac{x}{y}\right)^{\frac{1}{x}}$, 则 $\mathrm{d}u\big|_{(1,1)} = $ \underline{\qquad\qquad}.

(8) 设 $z = \dfrac{1}{x} f(xy) + y\varphi(x+y)$, 其中 f, φ 具有二阶连续导数, 则 $\dfrac{\partial^2 z}{\partial x \partial y} = $ \underline{\qquad\qquad}.

(9) 函数 $f(x,y) = x^2 - y^2 + 2$ 在有界区域 $D = \left\{(x,y) \mid x^2 + \dfrac{y^2}{4} \leq 1\right\}$ 上的最大值是 \underline{\qquad\qquad}.

(10)(2023205) 设函数 $z = z(x,y)$ 由 $e^z + xz = 2x - y$ 确定, 则 $\dfrac{\partial^2 z}{\partial x^2}\bigg|_{(1,1)} = $ \underline{\qquad\qquad}.

3. 解答题:(11) ~ (16) 小题, 每小题 10 分, 共 60 分. 解答时应写出文字说明、证明过程或演算步骤.

(11) 设 $z = f(e^x \sin y, x^2 + y^2)$, 其中 f 具有二阶连续偏导数, 求 $\dfrac{\partial^2 z}{\partial x \partial y}$.

(12) 设 $f(u)$ 具有二阶连续导数, 且 $g(x,y) = f\left(\dfrac{y}{x}\right) + yf\left(\dfrac{x}{y}\right)$, 求 $x^2 \dfrac{\partial^2 g}{\partial x^2} - y^2 \dfrac{\partial^2 g}{\partial y^2}$.

(13) 求函数 $f(x,y) = 4x + xy^2 + y^2$ 在区域 $D = \{(x,y) \mid x^2 + y^2 \leq 1\}$ 上的最大值和最小值.

(14)(2009309) 求二元函数 $f(x,y) = x^2(2 + y^2) + y\ln y$ 的极值.

(15) 设 $f(x,y) = \begin{cases} \dfrac{xy}{\sqrt{x^2 + y^2}}, & x^2 + y^2 \neq 0, \\ 0, & x^2 + y^2 = 0, \end{cases}$ 讨论 $f(x,y)$ 在 $(0,0)$ 处的可微性.

(16)(2022312) 设某产品的产量 Q 由资本投入量 x 和劳动投入量 y 决定, 生产函数为 $Q = 12x^{\frac{1}{2}} y^{\frac{1}{6}}$, 该产品的销售单价 P 与 Q 的关系为 $P = 1\,160 - 1.5Q$, 若单位资本投入和单位劳动投入的价格分别为 6 和 8, 求利润最大时的产量.

第8章总复习题·提高篇

1. 选择题：(1)~(5)小题，每小题4分，共20分. 下列每小题给出的4个选项中，只有一个选项是符合题目要求的.

(1)(2021304)设函数 $f(x,y)$ 可微，且 $f(x+1,e^x)=x(x+1)^2$，$f(x,x^2)=2x^2\ln x$，则 $\mathrm{d}f(1,1)=(\quad)$.

A. $\mathrm{d}x+\mathrm{d}y$　　　　B. $\mathrm{d}x-\mathrm{d}y$　　　　C. $\mathrm{d}y$　　　　D. $-\mathrm{d}y$

(2)(2017304)二元函数 $z=xy(3-x-y)$ 的极值点是(　　).

A. $(0,0)$　　　　B. $(0,3)$　　　　C. $(3,0)$　　　　D. $(1,1)$

(3)(2016304)已知函数 $f(x,y)=\dfrac{e^x}{x-y}$，则(　　).

A. $f'_x-f'_y=0$　　　B. $f'_x+f'_y=0$　　　C. $f'_x-f'_y=f$　　　D. $f'_x+f'_y=f$

(4)(2008304)设 $f(x,y)=e^{\sqrt{x^2+y^4}}$，则(　　).

A. $f'_x(0,0)$，$f'_y(0,0)$ 都存在　　　　B. $f'_x(0,0)$ 不存在，$f'_y(0,0)$ 存在

C. $f'_x(0,0)$ 存在，$f'_y(0,0)$ 不存在　　　D. $f'_x(0,0)$，$f'_y(0,0)$ 都不存在

(5)(2006304)设 $f(x,y)$ 与 $\varphi(x,y)$ 均为可微函数，且 $\varphi'_y(x,y)\neq0$，已知 (x_0,y_0) 是 $f(x,y)$ 在约束条件 $\varphi(x,y)=0$ 下的一个极值点，下列选项中正确的是(　　).

A. 若 $f'_x(x_0,y_0)=0$，则 $f'_y(x_0,y_0)=0$

B. 若 $f'_x(x_0,y_0)=0$，则 $f'_y(x_0,y_0)\neq0$

C. 若 $f'_x(x_0,y_0)\neq0$，则 $f'_y(x_0,y_0)=0$

D. 若 $f'_x(x_0,y_0)\neq0$，则 $f'_y(x_0,y_0)\neq0$

微课：第8章
总复习题(5)

2. 填空题：(6)~(10)小题，每小题4分，共20分.

(6)(2017304)设函数 $f(x,y)$ 具有一阶连续偏导数，且 $\mathrm{d}f(x,y)=ye^y\mathrm{d}x+x(1+y)e^y\mathrm{d}y$，$f(0,0)=0$，则 $f(x,y)=$ _____ .

(7)(2016304)设函数 $f(u,v)$ 可微，$z=z(x,y)$ 由方程 $(x+1)z-y^2=x^2f(x-z,y)$ 确定，则 $\mathrm{d}z\big|_{(0,1)}=$ _____ .

(8)(2015304)设函数 $z=z(x,y)$ 由方程 $e^{x+2y+3z}+xyz=1$ 确定，则 $\mathrm{d}z\big|_{(0,0)}=$ _____ .

(9)(2013304)设函数 $z=z(x,y)$ 由方程 $(z+y)^x=xy$ 确定，则 $\dfrac{\partial z}{\partial x}\Big|_{(1,2)}=$ _____ .

微课：第8章
总复习题(10)

(10)(2012304)设连续函数 $z=f(x,y)$ 满足 $\lim\limits_{\substack{x\to0\\y\to1}}\dfrac{f(x,y)-2x+y-2}{\sqrt{x^2+(y-1)^2}}=0$，则 $\mathrm{d}z\big|_{(0,1)}=$ _____ .

3. 解答题：(11)~(16)小题，每小题10分，共60分. 解答时应写出文字说明、证明过程或演算步骤.

(11)(2021312)求函数 $f(x,y)=2\ln|x|+\dfrac{(x-1)^2+y^2}{2x^2}$ 的极值.

(12)(2019310) 设函数 $f(u,v)$ 具有二阶连续偏导数，函数 $g(x,y)=xy-f(x+y,x-y)$，求 $\dfrac{\partial^2 g}{\partial x^2}+\dfrac{\partial^2 g}{\partial x \partial y}+\dfrac{\partial^2 g}{\partial y^2}$.

(13)(2018310) 将长为 2m 的铁丝分成 3 段，依次围成圆、正方形与正三角形，3 个图形的面积之和是否存在最小值？若存在，求出最小值.

(14)(2014310) 设函数 $f(u)$ 具有连续导数，且 $z=f(\mathrm{e}^x \cos y)$ 满足

$$\cos y \dfrac{\partial z}{\partial x} - \sin y \dfrac{\partial z}{\partial y} = (4z + \mathrm{e}^x \cos y)\mathrm{e}^x.$$

若 $f(0)=0$，求 $f(u)$ 的表达式.

微课：第8章
总复习题(13)

(15)(2012310) 某企业为生产甲、乙两种产品投入的固定成本为 10 000 万元. 设该企业生产甲、乙两种产品的产量分别为 x 件和 y 件，且这两种产品的边际成本分别为 $20+\dfrac{x}{2}$（单位：万元／件）与 $6+y$（单位：万元／件）.

① 求生产甲、乙两种产品的总成本函数 $C(x,y)$（单位：万元）.

② 当总产量为 50 件时，甲、乙两种产品的产量各为多少时可使总成本最小？求最小总成本.

③ 求总产量为 50 件且总成本最小时甲产品的边际成本，并解释其经济意义.

微课：第8章
总复习题(15)

(16)(2011310) 已知函数 $f(u,v)$ 具有连续的二阶偏导数，$f(1,1)=2$ 是 $f(u,v)$ 的极值，$z=f[x+y,f(x,y)]$. 求 $\dfrac{\partial^2 z}{\partial x \partial y}\Big|_{(1,1)}$.

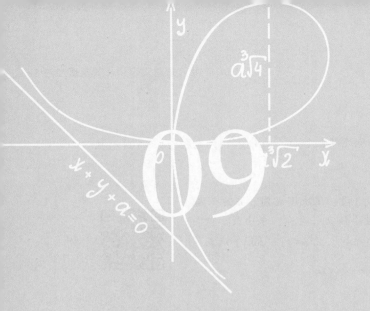

第 9 章

二重积分

第 8 章将一元函数的微分学推广到了多元函数的情形. 现在，我们将一元函数的定积分推广到多元函数的重积分. 本章主要讲解二重积分的概念、性质、计算及应用.

本章导学

■ 9.1 二重积分的概念与性质

9.1.1 二重积分的定义

引例 1 曲顶柱体的体积

设有一立体，它的底是 xOy 坐标面上的有界闭区域 D，它的侧面是以 D 的边界曲线为准线而母线平行于 z 轴的柱面，它的顶是曲面 $z=f(x,y)$，其中 $f(x,y) \geqslant 0$ 且在 D 上连续，这种立体称为曲顶柱体，如图 9.1 所示. 下面讨论曲顶柱体体积的计算方法.

我们知道，平顶柱体的体积定义为

$$体积 = 高 \times 底面积.$$

但对一般的曲顶柱体来说，当点 (x,y) 在区域 D 上变动时，其高度 $f(x,y)$ 是变量，因此它的体积不能直接用上式定义与计算. 此时可以采用类似于定积分中求曲边梯形面积的方法来解决当前的问题. 具体步骤如下.

计算机可视化 18

（1）分割：用任意的曲线网将区域 D 任意划分成 n 个小闭区域

$$\Delta\sigma_1, \Delta\sigma_2, \cdots, \Delta\sigma_n.$$

分别以这些小闭区域的边界曲线为准线，作母线平行于 z 轴的柱面，于是这些柱面将原来的曲顶柱体分为 n 个小的曲顶柱体.

（2）近似：用 $\Delta\sigma_i$ 既表示第 i 个小闭区域，又表示该小闭区域的面积. 当 $\Delta\sigma_i$ 很小时，$f(x,y)$ 在 D 上连续，因此 $f(x,y)$ 在 $\Delta\sigma_i$ 上变化不大. 在 $\Delta\sigma_i$ 上任取一点 (ξ_i, η_i)，则可用以 $\Delta\sigma_i$ 为底、以 $f(\xi_i, \eta_i)$ 为高的平顶柱体体积 $f(\xi_i,$

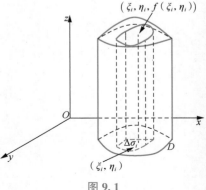

图 9.1

$\eta_i)\Delta\sigma_i$ 近似代替相应的小曲顶柱体体积，即

$$\Delta V_i \approx f(\xi_i,\eta_i)\Delta\sigma_i, i = 1,2,\cdots,n,$$

求得每个小曲顶柱体体积的近似值.

（3）求和：曲顶柱体体积 V 的近似值为

$$V = \sum_{i=1}^{n}\Delta V_i \approx \sum_{i=1}^{n}f(\xi_i,\eta_i)\Delta\sigma_i.$$

（4）取极限：显然，区域 D 划分得越"细"，和式就越接近于所求的体积. 所谓划分得越"细"，不仅要求每一小闭区域的面积 $\Delta\sigma_i$ 越来越小，还要求小闭区域 $\Delta\sigma_i$ 的直径（即 $\Delta\sigma_i$ 中相隔最远的两点的距离 λ_i）越来越小，令 n 个小闭区域的最大直径为 λ，则曲顶柱体的体积 V 为

$$V = \lim_{\lambda\to 0}\sum_{i=1}^{n}f(\xi_i,\eta_i)\Delta\sigma_i.$$

于是求曲顶柱体体积的问题转化为求和式极限的问题.

引例 2　平面薄片的质量

设有一平面薄片占有 xOy 坐标面上的闭区域 D，它在点 (x,y) 处的面密度为 $\rho(x,y)$，这里 $\rho(x,y) > 0$ 且在 D 上连续. 下面求该平面薄片的质量 m.

如果平面薄片的面密度 $\rho(x,y)$ 是常数（即均匀薄片），则它的质量可用下述公式计算：

$$质量 = 面密度 \times 薄片的面积.$$

现在平面薄片的面密度 $\rho(x,y)$ 是变量，平面薄片的质量就不能直接用上面的公式计算. 此时可仿照曲顶柱体体积的求法来处理这个问题.

（1）分割：把平面薄片占有的闭区域 D 划分成 n 个任意的小闭区域

$$\Delta\sigma_1,\Delta\sigma_2,\cdots,\Delta\sigma_n.$$

（2）近似：在 $\Delta\sigma_i$ 上任取一点 (ξ_i,η_i)，因 $\rho(x,y)$ 在 D 上连续，从而当 $\Delta\sigma_i$ 的直径很小时，$\rho(x,y)$ 在 $\Delta\sigma_i$ 上的变化也很小，于是小薄片 $\Delta\sigma_i$ 可近似看成面密度为 $\rho(\xi_i,\eta_i)$ 的均匀薄片，如图 9.2 所示，从而它的质量 Δm_i 的近似值为

$$\Delta m_i \approx \rho(\xi_i,\eta_i)\Delta\sigma_i, \quad i = 1,2,\cdots,n.$$

（3）求和：

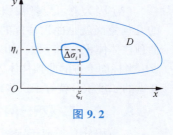

图 9.2

$$m = \sum_{i=1}^{n}\Delta m_i \approx \sum_{i=1}^{n}\rho(\xi_i,\eta_i)\Delta\sigma_i.$$

（4）取极限：设 λ 是 n 个小闭区域直径的最大值，则

$$m = \lim_{\lambda\to 0}\sum_{i=1}^{n}\rho(\xi_i,\eta_i)\Delta\sigma_i.$$

上面两个问题的实际意义虽然不同，但解决问题的方法却是一样的，所求的量都可归结为同一形式的和式的极限，还有许多物理、几何和工程技术等问题的待求量都可化为这种和式的极限. 因此，我们不考虑问题的具体背景，抽象出下面二重积分的定义.

定义 9.1　设 $f(x,y)$ 是有界闭区域 D 上的有界函数. 把闭区域 D 任意划分成 n 个小闭区域 $\Delta\sigma_1,\Delta\sigma_2,\cdots,\Delta\sigma_n$，其中 $\Delta\sigma_i$ 既表示第 i 个小闭区域，又表示它的面积. 在每个 $\Delta\sigma_i$ 上任取一点 (ξ_i,η_i)，作乘积 $f(\xi_i,\eta_i)\Delta\sigma_i (i = 1,2,\cdots,n)$，并作和 $\sum_{i=1}^{n}f(\xi_i,\eta_i)\Delta\sigma_i$. 设 λ 为各小闭区域直径的最大值，如果极限

微课：定义 9.1

$$\lim_{\lambda \to 0} \sum_{i=1}^{n} f(\xi_i, \eta_i) \Delta \sigma_i$$

存在，且极限值与 D 的分法及点 (ξ_i, η_i) 的选取都无关，则称函数 $f(x,y)$ 在闭区域 D 上可积，此极限值为函数 $f(x,y)$ 在 D 上的二重积分，记为 $\iint\limits_{D} f(x,y) \mathrm{d}\sigma$，即

$$\iint\limits_{D} f(x,y) \mathrm{d}\sigma = \lim_{\lambda \to 0} \sum_{i=1}^{n} f(\xi_i, \eta_i) \Delta \sigma_i, \tag{9.1}$$

其中 $f(x,y)$ 叫作被积函数，$f(x,y)\mathrm{d}\sigma$ 叫作被积表达式，$\mathrm{d}\sigma$ 叫作面积元素，x 和 y 叫作积分变量，D 叫作积分区域，$\sum\limits_{i=1}^{n} f(\xi_i, \eta_i) \Delta \sigma_i$ 叫作积分和.

由二重积分的定义，曲顶柱体的体积 V 是函数 $f(x,y)$ 在 D 上的二重积分，即

$$V = \iint\limits_{D} f(x,y) \mathrm{d}\sigma;$$

平面薄片的质量 m 是面密度 $\rho(x,y)$ 在薄片所占平面区域 D 上的二重积分，即

$$m = \iint\limits_{D} \rho(x,y) \mathrm{d}\sigma.$$

德育学堂 8

以下 3 点需要特别注意.

（1）若有界函数 $f(x,y)$ 在有界闭区域 D 上除去有限个点或有限条光滑曲线外都连续，则 $f(x,y)$ 在闭区域 D 上可积.

（2）如果 $f(x,y)$ 在闭区域 D 上连续，则式（9.1）中极限必定存在，即函数 $f(x,y)$ 在闭区域 D 上的二重积分必定存在，本书中总是假定 $f(x,y)$ 在闭区域 D 上连续，以保证 $f(x,y)$ 在 D 上的二重积分总是存在的.

（3）因为总可以把被积函数 $f(x,y)$ 看作空间的一块曲面，所以当 $f(x,y) \geq 0$ 时，二重积分的几何意义就是曲顶柱体的体积；当 $f(x,y) < 0$ 时，柱体在 xOy 坐标面的下方，此时二重积分是曲顶柱体体积的相反数；如果 $f(x,y)$ 在 D 的若干部分是正的，而在其他部分都是负的，则可以把 xOy 坐标面上方的曲顶柱体体积取成正值，xOy 坐标面下方的曲顶柱体体积取其相反数，$f(x,y)$ 在 D 上的二重积分就等于这些部分区域上的曲顶柱体体积的代数和.

9.1.2　二重积分的性质

二重积分有类似于定积分的性质，不妨设 $f(x,y), g(x,y)$ 在闭区域 D 上可积，则有下面的性质.

性质 9.1　被积函数的常数因子可提到二重积分号外面，即

$$\iint\limits_{D} kf(x,y) \mathrm{d}\sigma = k \iint\limits_{D} f(x,y) \mathrm{d}\sigma \, (k \text{ 为常数}).$$

性质 9.2　函数和（差）的二重积分等于各函数二重积分的和（差），即

$$\iint\limits_{D} [f(x,y) \pm g(x,y)] \mathrm{d}\sigma = \iint\limits_{D} f(x,y) \mathrm{d}\sigma \pm \iint\limits_{D} g(x,y) \mathrm{d}\sigma.$$

性质 9.1 和性质 9.2 表明二重积分具有线性性质.

性质 9.3　如果把闭区域 D 分为两个闭区域 D_1 和 D_2，且 D_1 和 D_2 无公共内点，则

$$\iint\limits_{D} f(x,y) \mathrm{d}\sigma = \iint\limits_{D_1} f(x,y) \mathrm{d}\sigma + \iint\limits_{D_2} f(x,y) \mathrm{d}\sigma.$$

这个性质表明二重积分对积分区域具有可加性.

性质 9.4　如果在 D 上，$f(x,y) \equiv 1$，σ 为 D 的面积，则

$$\sigma = \iint\limits_{D} 1\mathrm{d}\sigma = \iint\limits_{D} \mathrm{d}\sigma.$$

这个性质的几何意义是明显的，因为高为 1 的平顶柱体的体积在数值上等于柱体的底面积.

性质 9.5　如果在 D 上恒有 $f(x,y) \leqslant g(x,y)$，则

$$\iint\limits_{D} f(x,y)\mathrm{d}\sigma \leqslant \iint\limits_{D} g(x,y)\mathrm{d}\sigma.$$

特别地，由于

$$- |f(x,y)| \leqslant f(x,y) \leqslant |f(x,y)|,$$

$f(x,y)$ 在区域 D 上可积，因此 $|f(x,y)|$ 在区域 D 上可积，且有

$$\left| \iint\limits_{D} f(x,y)\mathrm{d}\sigma \right| \leqslant \iint\limits_{D} |f(x,y)|\mathrm{d}\sigma.$$

推论　如果在 D 上，$f(x,y) \geqslant 0$，则 $\iint\limits_{D} f(x,y)\mathrm{d}\sigma \geqslant 0$.

性质 9.6（估值定理）　设 M,m 分别是 $f(x,y)$ 在有界闭区域 D 上的最大值与最小值，σ 是 D 的面积，则

$$m\sigma \leqslant \iint\limits_{D} f(x,y)\mathrm{d}\sigma \leqslant M\sigma.$$

性质 9.7（二重积分中值定理）　设 $f(x,y)$ 在有界闭区域 D 上连续，σ 是 D 的面积，则在 D 上至少存在一点 (ξ,η)，使

$$\iint\limits_{D} f(x,y)\mathrm{d}\sigma = f(\xi,\eta)\sigma.$$

二重积分中值定理的几何解释：对以曲面 $z=f(x,y)$ 为顶的曲顶柱体，必定存在一个以 D 为底、以 D 内某点 (ξ,η) 的函数值 $f(\xi,\eta)$ 为高的平顶柱体，它的体积 $f(\xi,\eta)\sigma$ 就等于曲顶柱体的体积，$f(\xi,\eta)$ 也称为函数 $z=f(x,y)$ 在区域 D 上的平均值.

性质 9.8（对称性质）　设闭区域 D 关于 x 轴对称，如图 9.3 所示.

（1）若被积函数 $f(x,y)$ 关于变量 y 为奇函数 [见图 9.3(a)]，即 $f(x,-y)=-f(x,y)$，则

$$\iint\limits_{D} f(x,y)\mathrm{d}\sigma = 0.$$

（2）若被积函数 $f(x,y)$ 关于变量 y 为偶函数 [见图 9.3(b)]，即 $f(x,-y)=f(x,y)$，则

$$\iint\limits_{D} f(x,y)\mathrm{d}\sigma = 2\iint\limits_{D_1} f(x,y)\mathrm{d}\sigma.$$

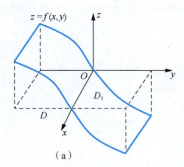

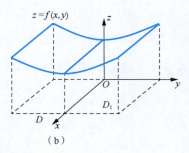

(a)　　　　　　(b)

图 9.3

【即时提问 9.1】　叙述当区域 D 关于 y 轴对称时，函数 $f(x,y)$ 关于变量 x 有奇偶性时的性质.

性质 9.9（轮换对称性）　设闭区域 D 关于 $y=x$ 对称，则

$$\iint\limits_{D} f(x,y)\,\mathrm{d}\sigma = \iint\limits_{D} f(y,x)\,\mathrm{d}\sigma.$$

根据性质 9.8 和性质 9.9，若 D_1 为圆域 $D=\{(x,y)\mid x^2+y^2\leqslant 1\}$ 在第一象限的部分，易知

(1) $\iint\limits_{D}(x^2+y^2)\,\mathrm{d}\sigma = 4\iint\limits_{D_1}(x^2+y^2)\,\mathrm{d}\sigma$；

(2) $\iint\limits_{D}(x+y)\,\mathrm{d}\sigma = 0$；

(3) $\iint\limits_{D}x^2\,\mathrm{d}\sigma = \iint\limits_{D}y^2\,\mathrm{d}\sigma$.

例 9.1　比较积分 $\iint\limits_{D}\ln(x+y)\,\mathrm{d}\sigma$ 与 $\iint\limits_{D}\ln^2(x+y)\,\mathrm{d}\sigma$ 的大小，其中 D 是三角形闭区域，3 个顶点分别为 $(1,0)$，$(1,1)$，$(2,0)$.

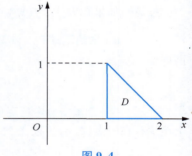

图 9.4

解　如图 9.4 所示，三角形斜边方程为 $x+y=2$，在 D 内有

$$1\leqslant x+y\leqslant 2 < \mathrm{e},$$

故 $0\leqslant\ln(x+y)<1$，于是 $\ln(x+y)>\ln^2(x+y)$，由性质 9.5 知

$$\iint\limits_{D}\ln(x+y)\,\mathrm{d}\sigma > \iint\limits_{D}\ln^2(x+y)\,\mathrm{d}\sigma.$$

例 9.2　计算二重积分 $\iint\limits_{D}(x^3y+1)\,\mathrm{d}\sigma$，$D=\{(x,y)\mid 0\leqslant y\leqslant 1, -1\leqslant x\leqslant 1\}$.

解　画出积分区域，如图 9.5 所示，显然 D 关于 y 轴对称. 由性质 9.2 知，

$$\iint\limits_{D}(x^3y+1)\,\mathrm{d}\sigma = \iint\limits_{D}x^3y\,\mathrm{d}\sigma + \iint\limits_{D}1\,\mathrm{d}\sigma.$$

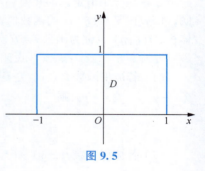

图 9.5

根据性质 9.8，得 $\iint\limits_{D}x^3y\,\mathrm{d}x\mathrm{d}y = 0$. 所以 $\iint\limits_{D}(x^3y+1)\,\mathrm{d}\sigma = 2$.

同步习题 9.1

基础题

1. 根据二重积分的性质，比较积分的大小：$\iint\limits_{D}(x+y)^2\,\mathrm{d}\sigma$ 与 $\iint\limits_{D}(x+y)^3\,\mathrm{d}\sigma$，其中积分区域 D 由 x 轴、y 轴与直线 $x+y=1$ 所围成.

2. 估算下列积分的值 I.

(1) $I = \iint\limits_{D}(x+y+1)\,\mathrm{d}\sigma$，其中 $D=\{(x,y)\mid 0\leqslant x\leqslant 1, 0\leqslant y\leqslant 2\}$.

$(2)I = \iint\limits_{D}(x^2 + 3y^2 + 2)\,\mathrm{d}\sigma$, 其中 $D = \{(x,y) \mid x^2 + y^2 \leqslant 4\}$.

3. 利用二重积分的性质及几何意义, 求下列积分的值.

$(1)\iint\limits_{x^2+y^2\leqslant 1}\sqrt{1 - x^2 - y^2}\,\mathrm{d}\sigma$.

$(2)\iint\limits_{x^2+y^2\leqslant 1}(x + x^3 y)\,\mathrm{d}\sigma$.

提高题

1. 设 $D = \{(x,y) \mid x^2 + y^2 \leqslant t^2\}$, 计算极限 $\lim\limits_{t\to 0}\dfrac{1}{\pi t^2}\iint\limits_{D}\mathrm{e}^{x^2 - y^2}\cos(x + y)\,\mathrm{d}\sigma$.

2. 设二元函数 $f(x,y),g(x,y)$ 都在有界闭区域 D 上连续, 且 $g(x,y)\geqslant 0$.

证明: 存在 $(\xi,\eta)\in D$, 使 $\iint\limits_{D}f(x,y)g(x,y)\,\mathrm{d}\sigma = f(\xi,\eta)\iint\limits_{D}g(x,y)\,\mathrm{d}\sigma$.

微课: 同步习题 9.1
提高题 2

9.2 二重积分在直角坐标系下的计算

用二重积分的定义计算二重积分通常是比较困难的. 本节及 9.3 节将讨论二重积分的计算方法, 其基本思想是将二重积分转化为两次定积分来计算. 转化后的这种两次定积分称为二次积分或累次积分. 本节将先介绍二重积分在直角坐标系下的计算方法.

9.2.1 直角坐标系下的面积元素

根据二重积分的定义, 当二重积分 $\iint\limits_{D}f(x,y)\,\mathrm{d}\sigma$ 存在时, 它的值与闭区域 D 的划分方式无关. 因此, 在直角坐标系中, 常常用平行于坐标轴的直线网来划分 D, 此时, 除了包含 D 边界点的一些小闭区域外, 其余小闭区域都是矩形, 如图 9.6 所示. 设矩形小闭区域 $\Delta\sigma_i$ 的边长为 Δx_i 与 Δy_i, 由于 $\Delta\sigma_i = \Delta x_i \Delta y_i$, 因此在直角坐标系下, 有 $\mathrm{d}\sigma = \mathrm{d}x\mathrm{d}y$, 从而

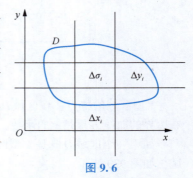

图 9.6

$$\iint\limits_{D}f(x,y)\,\mathrm{d}\sigma = \iint\limits_{D}f(x,y)\,\mathrm{d}x\mathrm{d}y,$$

称 $\mathrm{d}x\mathrm{d}y$ 为二重积分在直角坐标系下的面积元素.

9.2.2 积分区域的分类

为了更直观地理解二重积分在直角坐标系下的计算方法, 需要先对积分区域进行分类. 一般地, 平面积分区域可以分为 3 类, 即 X 型区域、Y 型区域和混合型区域. 设积分区域 D 是 xOy 坐标面上的有界闭区域.

1. X 型区域

如果积分区域 D 的边界曲线为两条曲线 $y = y_1(x), y = y_2(x)\,[y_1(x)\leqslant y_2(x)]$ 及两条直线 $x =$

$a, x = b(a < b)$，则 D 可用不等式

$$a \leqslant x \leqslant b, y_1(x) \leqslant y \leqslant y_2(x)$$

表示，这种区域称为 X 型区域，如图9.7所示.

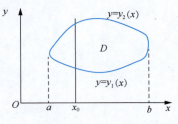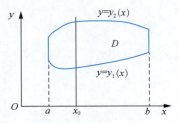

图 9.7

X 型区域的特点：在区域 D 内，任一条平行于 y 轴的直线与 D 的边界至多有两个交点，且上下边界的曲线方程是 x 的函数.

2. Y 型区域

如果积分区域 D 的边界曲线是两条曲线 $x = x_1(y), x = x_2(y) [x_1(y) \leqslant x_2(y)]$ 及两条直线 $y = c$，$y = d(c < d)$，则 D 可用不等式

$$c \leqslant y \leqslant d, x_1(y) \leqslant x \leqslant x_2(y)$$

表示，这种区域称为 Y 型区域，如图9.8所示.

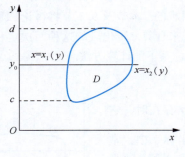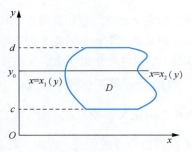

图 9.8

Y 型区域的特点：在区域 D 内，任一条平行于 x 轴的直线与 D 的边界至多有两个交点，且左右边界的曲线方程是 y 的函数.

如果一个区域 D 既是 X 型区域又是 Y 型区域，则称其为简单区域，如图9.9所示.

3. 混合型区域

若有界闭区域 D，它既不是 X 型区域又不是 Y 型区域，则称其为混合型区域.

混合型区域的特点：在区域 D 内，存在平行于 x 轴和 y 轴的直线与 D 的边界交点多于两个.

对于混合型区域 D，可把 D 分成几部分，使每一部分是 X 型区域或 Y 型区域. 例如，图9.10所示的区域分成了3部分，它们都是 X 型区域.

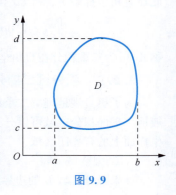

图 9.9

9.2.3 化二重积分为二次积分

根据二重积分的几何意义，$\iint\limits_D f(x,y)\,dxdy$ 存在且当 $f(x,y) \geq 0$ 时，$\iint\limits_D f(x,y)\,dxdy$ 表示以 D 为底、以 $z = f(x,y)$ 为顶的曲顶柱体的体积 V. 如图 9.11 所示，该立体垂直于 x 轴的各个截面面积已知，那么这个立体的体积也可用定积分的微元法求解.

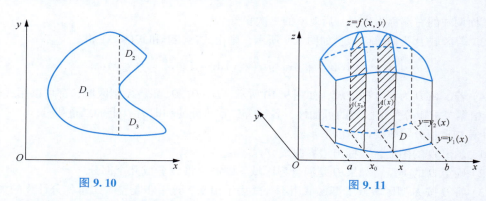

图 9.10   图 9.11

设积分区域 D 为 X 型区域，用不等式表示为 $a \leq x \leq b, y_1(x) \leq y \leq y_2(x)$. 先计算截面的面积. 为此，在区间 $[a,b]$ 上任取一点 x_0，作平行于 yOz 坐标面的平面 $x = x_0$. 该平面截曲顶柱体所得截面是一个以区间 $[y_1(x_0), y_2(x_0)]$ 为底、以曲线 $z = f(x_0,y)$ 为曲边的曲边梯形（见图 9.11 中阴影部分），所以

$$A(x_0) = \int_{y_1(x_0)}^{y_2(x_0)} f(x_0,y)\,dy.$$

由于 x_0 是任意的，从而过区间 $[a,b]$ 上任一点 x 且平行于 yOz 坐标面的平面截曲顶柱体所得截面的面积为

$$A(x) = \int_{y_1(x)}^{y_2(x)} f(x,y)\,dy.$$

这里 $A(x)$ 是 $[a,b]$ 上的连续函数. 再取 $x(x \in [a,b])$ 为积分变量，任取 $[x, x+dx] \subset [a,b]$，相应于该小区间的薄片可近似地看作一个小扁柱体，其底面积为 $A(x)$，高为 dx，则体积微元为 $dV = A(x)\,dx$，由微元法得

$$V = \int_a^b A(x)\,dx = \int_a^b \left[\int_{y_1(x)}^{y_2(x)} f(x,y)\,dy\right]dx,$$

于是

$$\iint\limits_D f(x,y)\,dxdy = \int_a^b \left[\int_{y_1(x)}^{y_2(x)} f(x,y)\,dy\right]dx,$$

简记为

$$\iint\limits_D f(x,y)\,dxdy = \int_a^b dx \int_{y_1(x)}^{y_2(x)} f(x,y)\,dy. \tag{9.2}$$

式 (9.2) 是在条件 $f(x,y) \geq 0$ 下推出的，可以证明式 (9.2) 对任意的连续函数 $f(x,y)$ 都成立.

注 （1）计算二重积分时，式 (9.2) 的右端称为先对 y 后对 x 的二次积分，也就是说，先把 x 看成常量，把 $f(x,y)$ 只看作 y 的函数，对于 y 计算区间 $[y_1(x), y_2(x)]$ 上的定积分，然后将算出的结果（是 x 的函数）再对 x 计算区间 $[a,b]$ 上的定积分.

（2）如果积分区域 D 为 Y 型区域，用不等式表示为 $c \leq y \leq d, x_1(y) \leq x \leq x_2(y)$，类似式 (9.2)

的推导，有

$$\iint\limits_D f(x,y)\,\mathrm{d}x\mathrm{d}y = \int_c^d \left[\int_{x_1(y)}^{x_2(y)} f(x,y)\,\mathrm{d}x \right] \mathrm{d}y,$$

简记为

$$\iint\limits_D f(x,y)\,\mathrm{d}x\mathrm{d}y = \int_c^d \mathrm{d}y \int_{x_1(y)}^{x_2(y)} f(x,y)\,\mathrm{d}x. \tag{9.3}$$

上面两式的右端称为先对 x 后对 y 的二次积分.

(3) 若区域 D 为简单区域，如图 9.9 所示，则由式（9.2）和式（9.3）得

$$\iint\limits_D f(x,y)\,\mathrm{d}x\mathrm{d}y = \int_a^b \mathrm{d}x \int_{y_1(x)}^{y_2(x)} f(x,y)\,\mathrm{d}y = \int_c^d \mathrm{d}y \int_{x_1(y)}^{x_2(y)} f(x,y)\,\mathrm{d}x.$$

(4) 若区域 D 为混合型区域，如图 9.10 所示，D_1, D_2, D_3 都是 X 型区域，都可以用式（9.2）求解. 根据二重积分关于区域的可加性，各部分二重积分的和即为 D 上的二重积分.

计算二重积分一般要遵循以下步骤.

(1) 画出 D 的图形，并标出边界曲线方程.

(2) 确定 D 的类型，如果 D 是混合型区域，则需要将 D 分成几个部分.

(3) 将 D 按 X 型区域或 Y 型区域用不等式表示出来，这一步是整个二重积分计算的关键.

(4) 将二重积分化为二次积分并计算.

例 9.3　计算二重积分 $\iint\limits_D \sqrt{y^2-xy}\,\mathrm{d}x\mathrm{d}y$，其中 D 是由直线 $y=x, y=1, x=0$ 所围成的平面区域.

解　画出积分区域，如图 9.12 所示，将二重积分化为累次积分即可.

因为根号下的函数为关于 x 的一次函数，"先 x 后 y" 积分较容易，所以

$$\iint\limits_D \sqrt{y^2-xy}\,\mathrm{d}x\mathrm{d}y = \int_0^1 \mathrm{d}y \int_0^y \sqrt{y^2-xy}\,\mathrm{d}x$$

$$= -\frac{2}{3}\int_0^1 \frac{1}{y}\left(y^2-xy\right)^{\frac{3}{2}} \Big|_0^y \mathrm{d}y$$

$$= \frac{2}{3}\int_0^1 y^2\,\mathrm{d}y$$

$$= \frac{2}{9}.$$

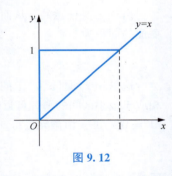

图 9.12

计算二重积分时，要首先画出积分区域的图形，然后结合积分区域的形状和被积函数的形式，确定积分次序.

例 9.4　求 $\iint\limits_D x^2 \mathrm{e}^{-y^2}\mathrm{d}x\mathrm{d}y$，其中 D 是以 $(0,0),(1,1),(0,1)$ 为顶点的三角形.

解　先画出积分区域 D，如图 9.12 所示，显然 D 既是 X 型区域又是 Y 型区域.

若把 D 视为 X 型区域，则 $D = \{(x,y)\mid 0\leqslant x\leqslant 1, x\leqslant y\leqslant 1\}$. 应用式（9.2），得

$$\iint\limits_D x^2 \mathrm{e}^{-y^2}\mathrm{d}x\mathrm{d}y = \int_0^1 \mathrm{d}x \int_x^1 x^2 \mathrm{e}^{-y^2}\mathrm{d}y.$$

由于 $\int \mathrm{e}^{-y^2}\mathrm{d}y$ 无法用初等函数表示，因此上式无法计算出结果.

若把 D 视为 Y 型区域,则 $D = \{(x,y) \mid 0 \leqslant y \leqslant 1, 0 \leqslant x \leqslant y\}$. 应用式(9.3),得

$$\iint_D x^2 e^{-y^2} dx dy = \int_0^1 dy \int_0^y x^2 e^{-y^2} dx = \int_0^1 e^{-y^2} \cdot \frac{y^3}{3} dy$$

$$= \int_0^1 e^{-y^2} \cdot \frac{y^2}{6} dy^2$$

$$= \frac{1}{6}\left(1 - \frac{2}{e}\right).$$

例9.3和例9.4表明,对于既是 X 型区域又是 Y 型区域的积分区域 D,选择积分顺序是很重要的,积分顺序选择不当可能使计算过程相当复杂,甚至根本无法计算. 因此,积分时必须考虑积分次序问题,既要考虑积分区域的形状,又要考虑被积函数的特性.

【即时提问9.2】 若区域 $D = \{(x,y) \mid 0 \leqslant x \leqslant 1, 0 \leqslant y \leqslant 1\}$,如何将二重积分 $\iint_D \max\{x^2, y^2\} d\sigma$ 转化为二次积分?

9.2.4 交换二次积分次序

计算二重积分时,对于给定的二次积分,交换其积分次序是常见的一种题型. 我们以具体例子来说明求解步骤.

例9.5 交换二次积分 $\int_0^1 dx \int_0^x f(x,y) dy$ 的积分次序,即化成先对 x 后对 y 的二次积分.

解 该类型题目的一般求解步骤如下.

(1)由已知二次积分式,写出积分区域 D 的不等式表示.

本题中积分区域是 X 型区域,可表示为 $D = \{(x,y) \mid 0 \leqslant x \leqslant 1, 0 \leqslant y \leqslant x\}$.

(2)画出积分区域 D 的图形,如图9.13所示.

(3)把积分区域 D 按 Y 型区域用不等式表示出来,则 $D = \{(x,y) \mid 0 \leqslant y \leqslant 1, y \leqslant x \leqslant 1\}$.

(4)写出要求的结果.

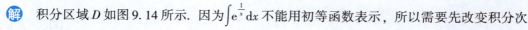

图 9.13

$$\int_0^1 dx \int_0^x f(x,y) dy = \int_0^1 dy \int_y^1 f(x,y) dx.$$

例9.6 计算积分 $I = \int_{\frac{1}{4}}^{\frac{1}{2}} dy \int_{\frac{1}{2}}^{\sqrt{y}} e^{\frac{y}{x}} dx + \int_{\frac{1}{2}}^1 dy \int_y^{\sqrt{y}} e^{\frac{y}{x}} dx$.

解 积分区域 D 如图9.14所示. 因为 $\int e^{\frac{1}{x}} dx$ 不能用初等函数表示,所以需要先改变积分次序. 将积分区域 D 按 X 型区域表示为 $D = \left\{(x,y) \mid \frac{1}{2} \leqslant x \leqslant 1, x^2 \leqslant y \leqslant x\right\}$,则

$$I = \int_{\frac{1}{2}}^1 dx \int_{x^2}^x e^{\frac{y}{x}} dy$$

$$= \int_{\frac{1}{2}}^1 x(e - e^x) dx$$

$$= \frac{3}{8} e - \frac{1}{2}\sqrt{e}.$$

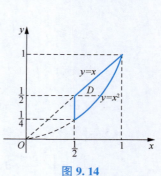

图 9.14

同步习题9.2

基础题

1. 计算下列二重积分.

(1) $\iint\limits_{D} \dfrac{2x}{y}\mathrm{d}x\mathrm{d}y$，其中 $D=\{(x,y)\mid 1\leqslant y\leqslant 2,y\leqslant x\leqslant 2\}$.

(2) $\iint\limits_{D}(1+\sqrt[3]{xy})\mathrm{d}\sigma$，其中 $D=\{(x,y)\mid x^2+y^2\leqslant 4\}$.

(3) $\iint\limits_{D} \dfrac{\sin y}{y}\mathrm{d}x\mathrm{d}y$，其中 D 是由曲线 $y=\sqrt{x}$ 和直线 $y=x$ 所围成的闭区域.

(4) $\iint\limits_{D}\mathrm{e}^{-y^2}\mathrm{d}x\mathrm{d}y$，其中 D 是以点 $(0,0),(1,1),(0,1)$ 为顶点的三角形闭区域.

(5) $\iint\limits_{D}x\sqrt{y}\mathrm{d}x\mathrm{d}y$，其中 D 是由两条抛物线 $y=\sqrt{x},y=x^2$ 所围成的闭区域.

2. 化二重积分 $I=\iint\limits_{D}f(x,y)\mathrm{d}\sigma$ 为二次积分.

(1) D 是由 $y=x,x=2,y=\dfrac{1}{x}(x>0)$ 所围成的闭区域，分别列出直角坐标系下两种不同次序的二次积分.

(2) $D=\{(x,y)\mid 1\leqslant x^2+y^2\leqslant 4\}$，化为直角坐标系下的二次积分.

(3) D 是由直线 $y=x$ 及抛物线 $y^2=4x$ 所围成的闭区域.

3. 交换下列积分的积分次序.

(1) $\displaystyle\int_{0}^{2}\mathrm{d}y\int_{y^2}^{2y}f(x,y)\mathrm{d}x$.　　　　　　　　(2) $\displaystyle\int_{0}^{2}\mathrm{d}x\int_{\frac{x}{2}}^{3-x}f(x,y)\mathrm{d}y$.

(3) $\displaystyle\int_{0}^{1}\mathrm{d}x\int_{0}^{x^2}f(x,y)\mathrm{d}y+\int_{1}^{2}\mathrm{d}x\int_{0}^{2-x}f(x,y)\mathrm{d}y$.　　(4) $\displaystyle\int_{0}^{1}\mathrm{d}x\int_{\sqrt{x}}^{1+\sqrt{1-x^2}}f(x,y)\mathrm{d}y$.

4. 证明：$\displaystyle\int_{0}^{a}\mathrm{d}x\int_{0}^{x}f(y)\mathrm{d}y=\int_{0}^{a}(a-x)f(x)\mathrm{d}x$.

提高题

1. 计算 $\iint\limits_{D}|y-x^2|\mathrm{d}x\mathrm{d}y$，其中 $D=\{(x,y)\mid -1\leqslant x\leqslant 1,0\leqslant y\leqslant 1\}$.

2. 改变积分 $\displaystyle\int_{0}^{1}\mathrm{d}x\int_{0}^{\sqrt{2x-x^2}}f(x,y)\mathrm{d}y+\int_{1}^{2}\mathrm{d}x\int_{0}^{2-x}f(x,y)\mathrm{d}y$ 的积分次序.

3. 改变积分 $\displaystyle\int_{0}^{2a}\mathrm{d}x\int_{\sqrt{2ax-x^2}}^{\sqrt{2ax}}f(x,y)\mathrm{d}y(a>0)$ 的积分次序.

4. 设函数 $f(x)$ 在 $[0,1]$ 上连续，并设 $\displaystyle\int_{0}^{1}f(x)\mathrm{d}x=A$，求 $\displaystyle\int_{0}^{1}\mathrm{d}x\int_{x}^{1}f(x)f(y)\mathrm{d}y$.

5. 计算下列二次积分.

(1) $\displaystyle\int_{0}^{\frac{\pi}{6}}\mathrm{d}y\int_{y}^{\frac{\pi}{6}}\dfrac{\cos x}{x}\mathrm{d}x$.　　　　　　　　(2) $\displaystyle\int_{0}^{1}\mathrm{d}x\int_{x}^{1}x^2\mathrm{e}^{y^2}\mathrm{d}y$.

微课：同步习题9.2
提高题1

6. 设函数 $f(x,y)$ 在区域 D 上连续，且 $f(x,y) = xy + \iint\limits_{D} f(x,y)\mathrm{d}x\mathrm{d}y$，其中 D 是由 $y = 0, y = x^2, x = 1$ 围成的闭区域，求 $f(x,y)$.

9.3 二重积分在极坐标系下的计算

有些二重积分，积分区域 D 的边界曲线用极坐标方程来表示比较方便，如圆形或者扇形区域的边界等. 此时，如果该积分的被积函数用极坐标 r, θ 表示也比较简单，这时我们就可以考虑利用极坐标来计算这个二重积分.

9.3.1 二重积分在极坐标系下的表示

由二重积分的定义，二重积分的值与积分区域 D 的划分无关. 因此，在极坐标系下，我们用一族以极点为圆心的同心圆及一族从极点出发的射线把 D 划分成 n 个小的闭区域，如图 9.15 所示.

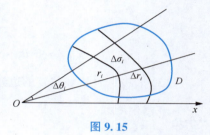

图 9.15

从图 9.15 知，除了靠近边界的一些不规则的小闭区域外，其他小闭区域的面积都等于两个扇形面积之差. 因此，

$$\Delta\sigma_i = \frac{1}{2}(r_i + \Delta r_i)^2 \Delta\theta_i - \frac{1}{2}r_i^2 \Delta\theta_i = r_i \Delta r_i \Delta\theta_i + \frac{1}{2}(\Delta r_i)^2 \Delta\theta_i.$$

从而当 D 划分得充分细时，$\Delta\sigma_i \approx r_i \Delta r_i \Delta\theta_i$. 因此，由微元法可得在极坐标系下的面积元素

$$\mathrm{d}\sigma = r\mathrm{d}r\mathrm{d}\theta.$$

根据直角坐标和极坐标之间的关系

$$\begin{cases} x = r\cos\theta, \\ y = r\sin\theta, \end{cases}$$

可得二重积分从直角坐标系变换到极坐标系的公式为

$$\iint\limits_{D} f(x,y)\,\mathrm{d}\sigma = \iint\limits_{D'} f(r\cos\theta, r\sin\theta)\,r\mathrm{d}r\mathrm{d}\theta. \tag{9.4}$$

式 (9.4) 表明，要把直角坐标系下的二重积分化为极坐标系下的二重积分，不仅要把被积函数中的 x, y 分别换成 $r\cos\theta, r\sin\theta$，而且要把面积元素 $\mathrm{d}\sigma$ 换成极坐标系下的面积元素 $r\mathrm{d}r\mathrm{d}\theta$.

9.3.2 极坐标系下二重积分的计算

在极坐标系下，二重积分也必须化成二次积分来计算. 下面根据积分区域的 3 种类型予以说明.

（1）若积分区域 D 不包含极点，如图 9.16 所示，区域 D 可以用不等式

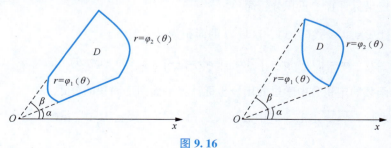

图 9.16

$$\alpha \leqslant \theta \leqslant \beta, \varphi_1(\theta) \leqslant r \leqslant \varphi_2(\theta)$$

表示，其中函数 $\varphi_1(\theta), \varphi_2(\theta)$ 在区间 $[\alpha, \beta]$ 上连续.

任取 $\theta \in [\alpha, \beta]$，从极点作极角为 θ 的射线，该射线同 D 的边界相交于两点，这两点的极径分别为 $\varphi_1(\theta)$ 和 $\varphi_2(\theta)$，因此，

$$\iint\limits_{D} f(r\cos\theta, r\sin\theta) r \mathrm{d}r \mathrm{d}\theta = \int_{\alpha}^{\beta} \left[\int_{\varphi_1(\theta)}^{\varphi_2(\theta)} f(r\cos\theta, r\sin\theta) r \mathrm{d}r \right] \mathrm{d}\theta,$$

或者写成

$$\iint\limits_{D} f(r\cos\theta, r\sin\theta) r \mathrm{d}r \mathrm{d}\theta = \int_{\alpha}^{\beta} \mathrm{d}\theta \int_{\varphi_1(\theta)}^{\varphi_2(\theta)} f(r\cos\theta, r\sin\theta) r \mathrm{d}r. \tag{9.5}$$

式 (9.5) 就是极坐标系下二重积分向二次积分转化的公式.

（2）若极点 O 在区域 D 的内部，如图 9.17 所示，则 D 可以表示为

$$0 \leqslant \theta \leqslant 2\pi, 0 \leqslant r \leqslant \varphi(\theta),$$

于是

$$\iint\limits_{D} f(r\cos\theta, r\sin\theta) r \mathrm{d}r \mathrm{d}\theta = \int_{0}^{2\pi} \mathrm{d}\theta \int_{0}^{\varphi(\theta)} f(r\cos\theta, r\sin\theta) r \mathrm{d}r.$$

（3）若极点 O 正好在 D 的边界上，如图 9.18 所示，则 D 可以表示为

$$\alpha \leqslant \theta \leqslant \beta, 0 \leqslant r \leqslant \varphi(\theta),$$

于是

$$\iint\limits_{D} f(r\cos\theta, r\sin\theta) r \mathrm{d}r \mathrm{d}\theta = \int_{\alpha}^{\beta} \mathrm{d}\theta \int_{0}^{\varphi(\theta)} f(r\cos\theta, r\sin\theta) r \mathrm{d}r.$$

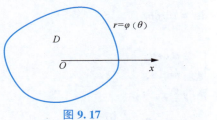

图 9.17

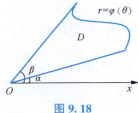

图 9.18

【即时提问 9.3】 由直线 $y = x$ 及抛物线 $y = x^2$ 围成的闭区域，在极坐标系中怎样表示？

应用极坐标计算二重积分时，有以下 3 点值得注意.

（1）确定二次积分的积分限.

（2）由式 (9.5)，当积分区域是圆、圆环、扇形等区域或被积函数形如 $f(x^2 + y^2), f\left(\dfrac{y}{x}\right),$

$f\left(\dfrac{x}{y}\right)$ 时，用极坐标计算二重积分较简单.

（3）根据性质 9.4 及式 (9.5)，区域 D 的面积为

$$\sigma = \iint\limits_{D} 1 \cdot \mathrm{d}\sigma = \int_{\alpha}^{\beta} \mathrm{d}\theta \int_{\varphi_1(\theta)}^{\varphi_2(\theta)} r \mathrm{d}r = \frac{1}{2} \int_{\alpha}^{\beta} \left[\varphi_2^2(\theta) - \varphi_1^2(\theta) \right] \mathrm{d}\theta.$$

这就是在一元函数的定积分中学过的用极坐标计算平面图形面积的公式.

例 9.7 求 $\iint\limits_{D} \sqrt{x^2 + y^2} \mathrm{d}x \mathrm{d}y$，其中 $D = \{(x, y) \mid x^2 + y^2 \leqslant 1, x \geqslant 0, y \geqslant 0\}$.

解 积分区域 D 如图 9.19 所示.

区域 D 在极坐标系下可表示为 $0 \leqslant \theta \leqslant \dfrac{\pi}{2}, 0 \leqslant r \leqslant 1$，则

$$\iint\limits_{D} \sqrt{x^2+y^2}\,\mathrm{d}x\mathrm{d}y = \int_0^{\frac{\pi}{2}}\mathrm{d}\theta\int_0^1 r^2\mathrm{d}r = \frac{\pi}{2}\cdot\frac{1}{3} = \frac{\pi}{6}.$$

另外，本题也可用直角坐标计算：

$$\begin{aligned}
\iint\limits_{D} \sqrt{x^2+y^2}\,\mathrm{d}x\mathrm{d}y &= \int_0^1\mathrm{d}x\int_0^{\sqrt{1-x^2}}\sqrt{x^2+y^2}\,\mathrm{d}y \\
&= \frac{1}{2}\int_0^1\left[\,y\sqrt{x^2+y^2}+x^2\ln\left(y+\sqrt{x^2+y^2}\,\right)\right]\Big|_0^{\sqrt{1-x^2}}\mathrm{d}x \\
&= \frac{1}{2}\int_0^1\left[\,\sqrt{1-x^2}+x^2\ln\left(1+\sqrt{1-x^2}\,\right)-x^2\ln x\right]\mathrm{d}x \\
&= \frac{\pi}{6}.
\end{aligned}$$

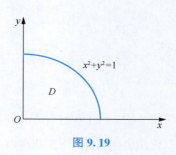

图 9.19

两种方法比较之下，显然利用极坐标计算较简单.

例 9.8 求 $\displaystyle\iint\limits_{D}\arctan\dfrac{y}{x}\mathrm{d}x\mathrm{d}y$，其中 D 是第一象限内由曲线 $x^2+y^2=1, x^2+y^2=4$ 和直线 $y=x, y=0$ 围成的闭区域.

解 先画出 D 的图形，如图 9.20 所示. 在极坐标系下 D 可表示成

$$0 \leqslant \theta \leqslant \frac{\pi}{4}, 1 \leqslant r \leqslant 2,$$

故

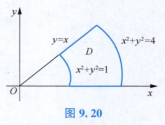

图 9.20

$$\begin{aligned}
\iint\limits_{D}\arctan\frac{y}{x}\mathrm{d}x\mathrm{d}y &= \int_0^{\frac{\pi}{4}}\theta\mathrm{d}\theta\int_1^2 r\mathrm{d}r \\
&= \frac{1}{2}\theta^2\Big|_0^{\frac{\pi}{4}}\cdot\frac{1}{2}r^2\Big|_1^2 = \frac{3}{64}\pi^2.
\end{aligned}$$

例 9.9 已知区域 $D = \{(x,y) \mid 1-x \leqslant y \leqslant \sqrt{1-x^2}, 0 \leqslant x \leqslant 1\}$，如图 9.21 所示，函数 $f(x,y)$ 在 D 上连续，将二重积分 $\displaystyle\iint\limits_{D} f(x,y)\,\mathrm{d}x\mathrm{d}y$ 化为极坐标系下的二次积分.

解 在极坐标系下，由 $\begin{cases} x = r\cos\theta, \\ y = r\sin\theta \end{cases}$ 知区域 D 的边界曲线为圆 $r=1$ 和直线 $r = \dfrac{1}{\sin\theta+\cos\theta}$，则区域 D 用不等式可表示为 $\dfrac{1}{\sin\theta+\cos\theta} \leqslant r \leqslant 1, 0 \leqslant \theta \leqslant \dfrac{\pi}{2}$. 因此，

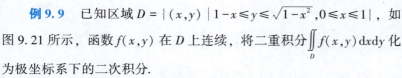

图 9.21

$$\iint\limits_{D} f(x,y)\,\mathrm{d}x\mathrm{d}y = \int_0^{\frac{\pi}{2}}\mathrm{d}\theta\int_{\frac{1}{\sin\theta+\cos\theta}}^1 f(r\cos\theta, r\sin\theta)r\mathrm{d}r.$$

例 9.10 计算下列积分.

(1) $\displaystyle\iint\limits_{D}\mathrm{e}^{-x^2-y^2}\mathrm{d}x\mathrm{d}y$，其中 D 是由中心在原点、半径为 a 的圆周所围成的闭区域.

（2）$\displaystyle\int_0^{+\infty}e^{-x^2}dx$.

解　（1）在极坐标系下，D 可表示为 $0\leqslant r\leqslant a,0\leqslant\theta\leqslant 2\pi$，于是

$$\iint\limits_{D}e^{-x^2-y^2}dxdy=\int_0^{2\pi}d\theta\int_0^a e^{-r^2}rdr=2\pi\int_0^a e^{-r^2}rdr=\pi(1-e^{-a^2}).$$

（2）由于积分 $\int e^{-x^2}dx$ 不能用初等函数表示，因此无法直接利用直角坐标计算. 下面利用（1）的结果计算这个概率论中经常用到的反常积分 —— 概率积分.

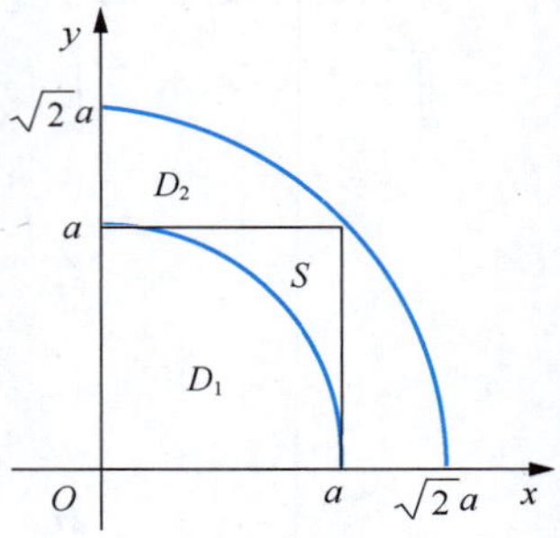

设有如下区域：$D_1=\{(x,y)\mid x^2+y^2\leqslant a^2,x\geqslant 0,y\geqslant 0\}$；$D_2=\{(x,y)\mid x^2+y^2\leqslant 2a^2,x\geqslant 0,y\geqslant 0\}$；$S=\{(x,y)\mid 0\leqslant x\leqslant a,0\leqslant y\leqslant a\}$. 显然，$D_1\subset S\subset D_2$，如图 9.22 所示. 因为 $e^{-x^2-y^2}>0$，根据二重积分的性质，有

$$\iint\limits_{D_1}e^{-x^2-y^2}dxdy<\iint\limits_{S}e^{-x^2-y^2}dxdy<\iint\limits_{D_2}e^{-x^2-y^2}dxdy.$$

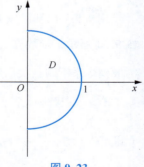

图 9.22

又 $I=\displaystyle\iint\limits_{S}e^{-x^2-y^2}dxdy=\int_0^a e^{-x^2}dx\int_0^a e^{-y^2}dy=\left(\int_0^a e^{-x^2}dx\right)^2$，根据（1）的结果，有 $I_1=\displaystyle\iint\limits_{D_1}e^{-x^2-y^2}dxdy=\frac{\pi}{4}(1-e^{-a^2})$，$I_2=\displaystyle\iint\limits_{D_2}e^{-x^2-y^2}dxdy=\frac{\pi}{4}(1-e^{-2a^2})$，则

$$\frac{\pi}{4}(1-e^{-a^2})<\left(\int_0^a e^{-x^2}dx\right)^2<\frac{\pi}{4}(1-e^{-2a^2}).$$

当 $a\to+\infty$ 时，$I_1\to\dfrac{\pi}{4},I_2\to\dfrac{\pi}{4}$，由夹逼准则可得，当 $a\to+\infty$ 时，$I\to\dfrac{\pi}{4}$，即 $\left(\displaystyle\int_0^{+\infty}e^{-x^2}dx\right)^2=\dfrac{\pi}{4}$，故所求概率积分 $\displaystyle\int_0^{+\infty}e^{-x^2}dx=\dfrac{\sqrt{\pi}}{2}$.

由（2）中结果我们可以得到

$$\int_{-\infty}^{+\infty}e^{-x^2}dx=2\int_0^{+\infty}e^{-x^2}dx\xlongequal{t=x^2}\int_0^{+\infty}t^{-\frac{1}{2}}e^{-t}dt$$

$$=\int_0^{+\infty}t^{\frac{1}{2}-1}e^{-t}dt=\Gamma\left(\frac{1}{2}\right)=\sqrt{\pi}.$$

例 9.11　设区域 $D=\{(x,y)\mid x^2+y^2\leqslant 1,x\geqslant 0\}$，计算二重积分 $\displaystyle\iint\limits_{D}\frac{1+xy}{1+x^2+y^2}dxdy$.

解　积分区域 D 如图 9.23 所示. 由于积分区域 D 关于 x 轴对称，故可先利用二重积分的对称性简化所求积分. 又积分区域为圆域的一部分，则将其化为极坐标系下的二次积分即可.

图 9.23

因为区域 D 关于 x 轴对称，函数 $f(x,y)=\dfrac{1}{1+x^2+y^2}$ 是变量 y 的偶函数，函数 $g(x,y)=\dfrac{xy}{1+x^2+y^2}$ 是变量 y 的奇函数，设 D_1 为区域 D 位于 x 轴上方的部分，所以

$$\iint\limits_{D}\frac{1}{1+x^2+y^2}dxdy=2\iint\limits_{D_1}\frac{1}{1+x^2+y^2}dxdy=2\int_0^{\frac{\pi}{2}}d\theta\int_0^1\frac{r}{1+r^2}dr=\frac{\pi\ln 2}{2},$$

$$\iint_D \frac{xy}{1+x^2+y^2}dxdy = 0,$$

故

$$\iint_D \frac{1+xy}{1+x^2+y^2}dxdy = \iint_D \frac{1}{1+x^2+y^2}dxdy + \iint_D \frac{xy}{1+x^2+y^2}dxdy = \frac{\pi\ln 2}{2}.$$

对于积分区域具有对称性的二重积分计算问题，我们要考察被积函数或其每一部分关于 x 或 y 是否具有奇偶性，以便简化计算.

同步习题 9.3

1. 化二重积分 $I = \iint_D f(x,y)d\sigma$ 为极坐标系下的二次积分.

(1) $D = \{(x,y) \mid 1 \leq x^2+y^2 \leq 4\}$.

(2) D 是由圆周 $x^2+(y-1)^2 = 1$ 及 y 轴所围成的在第一象限内的闭区域.

(3) $D = \{(x,y) \mid x^2+y^2 \geq 2x, \ x^2+y^2 \leq 4x\}$.

(4) $D = \{(x,y) \mid 0 \leq y \leq 1-x, 0 \leq x \leq 1\}$.

2. 化下列二次积分为极坐标系下的二次积分.

(1) $\int_0^2 dx \int_x^{\sqrt{3}x} f(\sqrt{x^2+y^2})dy$.　　　(2) $\int_0^1 dx \int_0^1 f(x,y)dy$.

(3) $\int_0^1 dx \int_0^{x^2} f(x,y)dy$.　　　(4) $\int_{-1}^1 dx \int_0^{\sqrt{1-x^2}} e^{-x^2-y^2}dy$.

3. 把下列积分化为极坐标形式，并计算积分值.

(1) $\int_0^{2a} dx \int_0^{\sqrt{2ax-x^2}} (x^2+y^2)dy$.　　　(2) $\int_0^a dx \int_0^x \sqrt{x^2+y^2}dy$.

4. 利用极坐标计算下列各题.

(1) $\iint_D \ln(1+x^2+y^2)d\sigma$，其中 D 是由圆周 $x^2+y^2 = 1$ 及坐标轴围成的在第一象限内的闭区域.

(2) $\iint_D \sqrt{x^2+y^2}d\sigma$，其中 D 是圆环形闭区域：$a^2 \leq x^2+y^2 \leq b^2$.

(3) $\iint_D x(y+1)dxdy$，其中 $D = \{(x,y) \mid x^2+y^2 \geq 1, x^2+y^2 \leq 2x\}$.

(4) $\iint_D xdxdy$，其中 D 由 $y=x, y=\sqrt{2x-x^2}$ 围成.

5. 计算积分 $I = \int_0^{\frac{R}{\sqrt{2}}} e^{-y^2}dy \int_0^y e^{-x^2}dx + \int_{\frac{R}{\sqrt{2}}}^R e^{-y^2}dy \int_0^{\sqrt{R^2-y^2}} e^{-x^2}dx$.

提高题

1. 计算二重积分 $\displaystyle\iint\limits_D \frac{\sin(\pi\sqrt{x^2+y^2})}{\sqrt{x^2+y^2}}\mathrm{d}x\mathrm{d}y$，其中 $D = \{(x,y) \mid 1 \leqslant x^2 + y^2 \leqslant 4\}$.

2. 计算 $\displaystyle\iint\limits_D (x^2 + y^2)\mathrm{d}x\mathrm{d}y$，$D$ 是由圆 $x^2+y^2=2y$ 和 $x^2+y^2=4y$ 及直线 $x-\sqrt{3}y=0$ 和 $y-\sqrt{3}x=0$ 所围成的平面闭区域.

3. 计算 $\displaystyle\iint\limits_D r^2\sin\theta\sqrt{1-r^2\cos 2\theta}\,\mathrm{d}r\mathrm{d}\theta$，其中 $D = \left\{(r,\theta) \mid 0 \leqslant r \leqslant \sec\theta, 0 \leqslant \theta \leqslant \dfrac{\pi}{4}\right\}$.

微课：同步习题 9.3
提高题 1

9.4　二重积分的应用

9.4.1　二重积分在经济学中的应用举例

例 9.12（二元函数的平均值） 一个企业投入劳动力 x（单位：千工时）和投入资金 y（单位：百万元），根据柯布-道格拉斯模型，能够生产产品 $f(x,y) = 4\,000x^{0.4}y^{0.6}$ 单位. 如果 $0 \leqslant x \leqslant 10$，$0 \leqslant y \leqslant 5$，计算该企业的平均产量.

解 二元连续函数 $f(x,y)$ 在有界闭区域 D 上的平均值的计算公式为

$$\bar{f} = \frac{1}{A}\iint\limits_D f(x,y)\mathrm{d}x\mathrm{d}y \quad (A\text{ 是区域 }D\text{ 的面积}),$$

由于 $A = 50$，故平均产量为

$$\bar{f} = \frac{1}{50}\iint\limits_D 4\,000x^{0.4}y^{0.6}\mathrm{d}x\mathrm{d}y = 80\int_0^{10}x^{0.4}\mathrm{d}x\int_0^5 y^{0.6}\mathrm{d}y$$

$$= \frac{80}{1.4\times 1.6}10^{1.4}\times 5^{1.6}$$

$$\approx 11\,781.3(\text{单位}).$$

例 9.13 设某企业生产 A 与 B 两种产品，利润函数为 $L(x,y) = x^2-xy+y^2-3x+y-3$（单位：万元），其中 x 为产品 A 的销售量，y 为产品 B 的销售量. 如果产品 A 的销售量 x 满足 $0 \leqslant x \leqslant 6$，产品 B 的销售量 y 满足 $0 \leqslant y \leqslant 9$，试求两种产品的平均利润.

解 $\displaystyle\bar{L} = \frac{1}{6\times 9}\iint\limits_D (x^2-xy+y^2-3x+y-3)\mathrm{d}x\mathrm{d}y$

$$= \frac{1}{54}\int_0^6\mathrm{d}x\int_0^9 (x^2-xy+y^2-3x+y-3)\mathrm{d}y$$

$$= \frac{1}{54}\int_0^6\left(9x^2-\frac{135}{2}x+\frac{513}{2}\right)\mathrm{d}x = \frac{972}{54} = 18(\text{万元}).$$

9.4.2　无界区域上的反常二重积分

前面我们是在有界区域上讨论有界函数的二重积分. 本节介绍无界区域上的二重积分.

定义 9.2 设 $f(x,y)$ 为定义在无界区域 D 上的二元函数，对于平面上任一包围原点的光滑封闭曲线 γ，$f(x,y)$ 在曲线 γ 所围成的有界区域 E_γ 与 D 的交集 $E_\gamma \cap D = D_\gamma$ 上恒可积. 令

$$d_\gamma = \min\{\sqrt{x^2+y^2} \mid (x,y) \in \gamma\},$$

若极限

$$\lim_{d_\gamma \to +\infty} \iint_{D_\gamma} f(x,y)\,\mathrm{d}\sigma$$

存在有限极限，且与 γ 的取法无关，则称 $f(x,y)$ 在 D 上的反常二重积分收敛，并记作

$$\iint_D f(x,y)\,\mathrm{d}\sigma = \lim_{d_\gamma \to +\infty} \iint_{D_\gamma} f(x,y)\,\mathrm{d}\sigma;$$

否则，称 $f(x,y)$ 在 D 上的反常二重积分发散，或简称 $\iint_D f(x,y)\,\mathrm{d}\sigma$ 发散.

例 9.14 计算 $\iint_D e^{-(x+y)}\,\mathrm{d}\sigma$，其中 $D = \{(x,y) \mid 0 \leqslant x \leqslant 2y\}$.

解 $\iint_D e^{-(x+y)}\,\mathrm{d}\sigma = \int_0^{+\infty}\mathrm{d}x\int_{\frac{x}{2}}^{+\infty} e^{-(x+y)}\,\mathrm{d}y = \int_0^{+\infty} e^{-\frac{3}{2}x}\,\mathrm{d}x = \dfrac{2}{3}$.

例 9.15 计算：(1) $\displaystyle\iint_{\substack{0 \leqslant x < +\infty \\ 0 \leqslant y < +\infty}} e^{-(x^2+y^2)}\,\mathrm{d}\sigma$；(2) $I = \int_0^{+\infty} e^{-x^2}\,\mathrm{d}x$.

解 (1) 利用极坐标变换 $x = r\cos\theta, y = r\sin\theta$，得

$$\iint_{\substack{0 \leqslant x < +\infty \\ 0 \leqslant y < +\infty}} e^{-(x^2+y^2)}\,\mathrm{d}\sigma = \int_0^{\frac{\pi}{2}}\mathrm{d}\theta\int_0^{+\infty} re^{-r^2}\,\mathrm{d}r = \frac{\pi}{2}\int_0^{+\infty} re^{-r^2}\,\mathrm{d}r$$

$$= \frac{\pi}{2}\cdot\left(-\frac{1}{2}e^{-r^2}\right)\Big|_0^{+\infty} = \frac{\pi}{4} .$$

(2) 前面例 9.10 利用夹逼准则求出该积分，现在利用 (1) 的结果来求.

$$I^2 = \int_0^{+\infty} e^{-x^2}\,\mathrm{d}x\int_0^{+\infty} e^{-y^2}\,\mathrm{d}y = \int_0^{+\infty}\mathrm{d}x\int_0^{+\infty} e^{-(x^2+y^2)}\,\mathrm{d}y = \frac{\pi}{4},$$

所以

$$I = \int_0^{+\infty} e^{-x^2}\,\mathrm{d}x = \frac{\sqrt{\pi}}{2} .$$

例 9.16 计算积分 $\iint_D xe^{-y^2}\,\mathrm{d}\sigma$，其中 D 是由曲线 $y = 4x^2$ 和 $y = 9x^2$ 在第一象限所围成的区域.

解 积分区域 D 是一个无界区域(见图 9.24)，因此，积分 $\iint_D xe^{-y^2}\,\mathrm{d}\sigma$ 是一个反常二重积分.

$$\iint_D xe^{-y^2}\,\mathrm{d}\sigma = \int_0^{+\infty}\mathrm{d}y\int_{\frac{\sqrt{y}}{3}}^{\frac{\sqrt{y}}{2}} xe^{-y^2}\,\mathrm{d}x$$

$$= \frac{1}{2}\int_0^{+\infty}\left(\frac{y}{4} - \frac{y}{9}\right)e^{-y^2}\,\mathrm{d}y$$

$$= \frac{5}{72}\int_0^{+\infty} ye^{-y^2}\,\mathrm{d}y$$

$$= \frac{5}{144}(-e^{-y^2})\Big|_0^{+\infty}$$

$$= \frac{5}{144} .$$

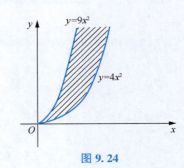

图 9.24

同步习题9.4

基础题

计算 $\iint\limits_{D} e^{-(x+2y)} d\sigma$，其中 $D = \{(x,y) \mid 0 \leq x \leq y\}$.

提高题

1. 计算反常二重积分 $\iint\limits_{D} xye^{x} d\sigma$，其中 D 是以曲线 $y = \sqrt{x}$ 和 $y = \dfrac{1}{\sqrt{x}}$ 及 y 轴为边界的无界区域.

2. 设某公司生产两种产品 A 与 B，其成本为 $C(x,y) = 2x^2 - 2xy + y^2 - 7x + 10y + 11$（单位：千元），其中 x 为产品 A 的产量（单位：件），y 为产品 B 的产量（单位：件）. 如果 $1 \leq x \leq 10$，$2 \leq y \leq 10$，试求两种产品的平均成本.

本章小结

思维导图

本章同步习题与
总复习题答案

中国数学学者

个人成就

控制科学家，中国科学院院士，第十三届全国人民代表大会常务委员会副秘书长，曾任中国科学院数学与系统科学研究院院长. 郭雷解决了自适应控制中随机自适应跟踪、极点配置与 LQG 控制等几个基本的理论问题，并攻克了最小二乘自校正调节器的稳定性和收敛性这一国际著名难题.

郭雷

第9章总复习题·基础篇

1. 选择题：(1) ~ (5) 小题，每小题4分，共20分. 下列每小题给出的4个选项中，只有一个选项是符合题目要求的.

(1) 设区域 $D = \left\{(x,y) \mid 0 \leq x \leq \dfrac{\pi}{4}, -1 \leq y \leq 1\right\}$，则 $\iint\limits_{D} x\cos 2xy\, d\sigma$ 的值为（　　）.

A. 0　　　　　　　B. $-\dfrac{1}{2}$　　　　　　　C. $\dfrac{1}{2}$　　　　　　　D. $\dfrac{1}{4}$

(2) 设区域 $D = \{(x,y) \mid x^2+y^2 \le 4, x \ge 0, y \ge 0\}$，$f(x)$ 为 D 上的正值连续函数，a,b 为常数，则 $\displaystyle\iint_D \frac{a\sqrt{f(x)}+b\sqrt{f(y)}}{\sqrt{f(x)}+\sqrt{f(y)}}\mathrm{d}x\mathrm{d}y = (\quad)$.

A. $ab\pi$ 　　　　B. $\dfrac{ab}{2}\pi$ 　　　　C. $(a+b)\pi$ 　　　　D. $\dfrac{a+b}{2}\pi$

(3) $\displaystyle\iint_{x^2+y^2\le 1} \sqrt[3]{x^2+y^2}\,\mathrm{d}x\mathrm{d}y$ 的值为 $(\quad)$.

A. $\dfrac{3}{4}\pi$ 　　　　B. $\dfrac{6}{7}\pi$ 　　　　C. $\dfrac{6}{5}\pi$ 　　　　D. $\dfrac{3}{2}\pi$

(4) 设 $f(x,y)$ 在区域 $D = \{(x,y) \mid 0 \le y \le x \le a\}$ $(a>0)$ 上连续，则 $\displaystyle\int_0^a \mathrm{d}x \int_0^x f(x,y)\,\mathrm{d}y = (\quad)$.

A. $\displaystyle\int_0^a \mathrm{d}y \int_0^y f(x,y)\,\mathrm{d}x$ 　　　　B. $\displaystyle\int_0^a \mathrm{d}y \int_a^y f(x,y)\,\mathrm{d}x$

C. $\displaystyle\int_0^a \mathrm{d}y \int_y^a f(x,y)\,\mathrm{d}x$ 　　　　D. $\displaystyle\int_0^a \mathrm{d}y \int_0^a f(x,y)\,\mathrm{d}x$

(5) 设 $f(x,y)$ 为连续函数，则 $\displaystyle\int_0^{\frac{\pi}{4}} \mathrm{d}\theta \int_0^1 f(r\cos\theta, r\sin\theta)r\,\mathrm{d}r = (\quad)$.

A. $\displaystyle\int_0^{\frac{\sqrt{2}}{2}} \mathrm{d}x \int_x^{\sqrt{1-x^2}} f(x,y)\,\mathrm{d}y$ 　　　　B. $\displaystyle\int_0^{\frac{\sqrt{2}}{2}} \mathrm{d}x \int_0^{\sqrt{1-x^2}} f(x,y)\,\mathrm{d}y$

C. $\displaystyle\int_0^{\frac{\sqrt{2}}{2}} \mathrm{d}y \int_y^{\sqrt{1-y^2}} f(x,y)\,\mathrm{d}x$ 　　　　D. $\displaystyle\int_0^{\frac{\sqrt{2}}{2}} \mathrm{d}y \int_0^{\sqrt{1-y^2}} f(x,y)\,\mathrm{d}x$

2. 填空题：(6) ~ (10) 小题，每小题 4 分，共 20 分.

(6) 设 D 为 $y = x^3$ 及 $x = -1, y = 1$ 所围成的闭区域，则 $\displaystyle\iint_D xy\,\mathrm{d}x\mathrm{d}y =$ _____.

(7) 设平面区域 D 由 $y = x, xy = 1, x = 2$ 所围成，若 $\displaystyle\iint_D \frac{Ax^2}{y^2}\mathrm{d}x\mathrm{d}y = 1$，则常数 $A =$ _____.

(8)（2022305）已知 $f(x) = \begin{cases} \mathrm{e}^x, & 0 \le x \le 1, \\ 0, & 其他, \end{cases}$ 则 $\displaystyle\int_{-\infty}^{+\infty} \mathrm{d}x \int_{-\infty}^{+\infty} f(x)f(y-x)\,\mathrm{d}y =$ _____.

(9) 将 $\displaystyle\int_0^1 \mathrm{d}x \int_0^{x^2} f(x,y)\,\mathrm{d}y$ 化为极坐标系下的二次积分为 _____.

(10)（2022205）$\displaystyle\int_0^2 \mathrm{d}y \int_y^2 \frac{y}{\sqrt{1+x^3}}\mathrm{d}x =$ _____.

3. 解答题：(11) ~ (16) 小题，每小题 10 分，共 60 分. 解答时应写出文字说明、证明过程或演算步骤.

(11) 计算 $\displaystyle\iint_D (x+y+1)^2\mathrm{d}x\mathrm{d}y$，其中 $D = \{(x,y) \mid x^2+y^2 \le 1\}$.

(12) 计算 $\displaystyle\iint_D \frac{x+y}{x^2+y^2}\mathrm{d}x\mathrm{d}y$，$D = \{(x,y) \mid x^2+y^2 \le 1, x+y \ge 1\}$.

（13）设 $f(x,y)$ 是连续函数，在直角坐标系下将二次积分 $\int_0^1 \mathrm{d}y \int_{\frac{y^2}{2}}^{\sqrt{3-y^2}} f(x,y)\mathrm{d}x$ 交换积分次序.

（14）计算 $\iint\limits_D \sqrt{x^2+y^2}\,\mathrm{d}x\mathrm{d}y$，其中 $D = \{(x,y)\,|\,0 \leqslant y \leqslant x, x^2+y^2 \leqslant 2x\}$.

（15）设闭区域 $D = \{(x,y)\,|\,x^2+y^2 \leqslant y, x \geqslant 0\}$，$f(x,y)$ 为 D 上的连续函数，且

$$f(x,y) = \sqrt{1-x^2-y^2} - \frac{8}{\pi}\iint\limits_D f(u,v)\,\mathrm{d}u\mathrm{d}v,$$

求 $f(x,y)$.

（16）若函数 $f(x)$ 在 $[a,b]$ 上连续且恒大于零，证明：$\int_a^b f(x)\mathrm{d}x \int_a^b \frac{1}{f(x)}\mathrm{d}x \geqslant (b-a)^2$.

第 9 章总复习题 · 提高题

1. 选择题：（1）～（5）小题，每小题 4 分，共 20 分. 下列每小题给出的 4 个选项中，只有一个选项是符合题目要求的.

（1）（2016304）设 $J_i = \iint\limits_{D_i} \sqrt[3]{x-y}\,\mathrm{d}x\mathrm{d}y(i=1,2,3)$，$D_1 = \{(x,y)\,|\,0 \leqslant x \leqslant 1, 0 \leqslant y \leqslant 1\}$，$D_2 = \{(x,y)\,|\,0 \leqslant x \leqslant 1, 0 \leqslant y \leqslant \sqrt{x}\}$，$D_3 = \{(x,y)\,|\,0 \leqslant x \leqslant 1, x^2 \leqslant y \leqslant 1\}$，则（　　）.

A. $J_1 < J_2 < J_3$　　　B. $J_3 < J_1 < J_2$　　　C. $J_2 < J_3 < J_1$　　　D. $J_2 < J_1 < J_3$

（2）（2015304）设 $D = \{(x,y)\,|\,x^2+y^2 \leqslant 2x, x^2+y^2 \leqslant 2y\}$，函数 $f(x,y)$ 在 D 上连续，则 $\iint\limits_D f(x,y)\mathrm{d}x\mathrm{d}y = （\quad）$.

A. $\int_0^{\frac{\pi}{4}} \mathrm{d}\theta \int_0^{2\cos\theta} f(r\cos\theta, r\sin\theta)r\mathrm{d}r + \int_{\frac{\pi}{4}}^{\frac{\pi}{2}} \mathrm{d}\theta \int_0^{2\sin\theta} f(r\cos\theta, r\sin\theta)r\mathrm{d}r$

B. $\int_0^{\frac{\pi}{4}} \mathrm{d}\theta \int_0^{2\sin\theta} f(r\cos\theta, r\sin\theta)r\mathrm{d}r + \int_{\frac{\pi}{4}}^{\frac{\pi}{2}} \mathrm{d}\theta \int_0^{2\cos\theta} f(r\cos\theta, r\sin\theta)r\mathrm{d}r$

C. $2\int_0^1 \mathrm{d}x \int_{1-\sqrt{1-x^2}}^x f(x,y)\mathrm{d}y$

D. $2\int_0^1 \mathrm{d}x \int_x^{\sqrt{2x-x^2}} f(x,y)\mathrm{d}y$

（3）（2013304）设 D_k 是圆域 $D = \{(x,y)\,|\,x^2+y^2 \leqslant 1\}$ 位于第 k 象限的部分，记 $I_k = \iint\limits_{D_k} (y-x)\mathrm{d}x\mathrm{d}y(k=1,2,3,4)$，则（　　）.

A. $I_1 > 0$　　　　B. $I_2 > 0$　　　　C. $I_3 > 0$　　　　D. $I_4 > 0$

（4）（2012304）设函数 $f(t)$ 连续，则二次积分 $\int_0^{\frac{\pi}{2}} \mathrm{d}\theta \int_{2\cos\theta}^2 f(r^2)r\mathrm{d}r = （\quad）$.

A. $\int_0^2 \mathrm{d}x \int_{\sqrt{2x-x^2}}^{\sqrt{4-x^2}} \sqrt{x^2+y^2}\,f(x^2+y^2)\mathrm{d}y$　　　B. $\int_0^2 \mathrm{d}x \int_{\sqrt{2x-x^2}}^{\sqrt{4-x^2}} f(x^2+y^2)\mathrm{d}y$

C. $\int_0^2 dy \int_{1+\sqrt{1-y^2}}^{\sqrt{4-y^2}} \sqrt{x^2+y^2} f(x^2+y^2) dx$ D. $\int_0^2 dy \int_{1+\sqrt{1-y^2}}^{\sqrt{4-y^2}} f(x^2+y^2) dx$

(5)(2007304) 设函数 $f(x,y)$ 连续，则二次积分 $\int_{\frac{\pi}{2}}^{\pi} dx \int_{\sin x}^1 f(x,y) dy = ($).

A. $\int_0^1 dy \int_{\pi+\arcsin y}^{\pi} f(x,y) dx$ B. $\int_0^1 dy \int_{\pi-\arcsin y}^{\pi} f(x,y) dx$

C. $\int_0^1 dy \int_{\frac{\pi}{2}}^{\pi+\arcsin y} f(x,y) dx$ D. $\int_0^1 dy \int_{\frac{\pi}{2}}^{\pi-\arcsin y} f(x,y) dx$

2. 填空题：(6) ~ (10) 小题，每小题 4 分，共 20 分.

(6)(2016304) 设 $D = \{(x,y) \mid |x| \leq y \leq 1, -1 \leq x \leq 1\}$，则 $\iint\limits_D x^2 e^{-y^2} dx dy = $ _____.

(7)(2014304) 二次积分 $\int_0^1 dy \int_y^1 \left(\dfrac{e^{x^2}}{x} - e^{y^2}\right) dx = $ _____.

(8)(2008304) 设 $D = \{(x,y) \mid x^2+y^2 \leq 1\}$，则 $\iint\limits_D (x^2-y) dx dy = $ _____.

(9)(2003304) 设 $a>0$，$f(x) = g(x) = \begin{cases} a, & 0 \leq x \leq 1, \\ 0, & \text{其他}, \end{cases}$ 而 D 表示全平面，则 $\iint\limits_D f(x) g(y-x) dx dy = $ _____.

(10)(2002303) 交换积分次序：$\int_0^{\frac{1}{4}} dy \int_y^{\sqrt{y}} f(x,y) dx + \int_{\frac{1}{4}}^{\frac{1}{2}} dy \int_y^{\frac{1}{2}} f(x,y) dx = $ _____.

3. 解答题：(11) ~ (16) 小题，每小题 10 分，共 60 分. 解答时应写出文字说明、证明过程或演算步骤.

(11)(2021312) 设有界闭区域 D 是由圆 $x^2+y^2=1$ 和直线 $y=x$ 及 x 轴在第一象限围成的部分，计算二重积分 $\iint\limits_D e^{(x+y)^2}(x^2-y^2) dx dy$.

微课：第 9 章
总复习题（11）

(12)(2020310) 设 $D = \{(x,y) \mid x^2+y^2 \leq 1, y \geq 0\}$，连续函数 $f(x,y)$ 满足 $f(x,y) = y\sqrt{1-x^2} + x \iint\limits_D f(x,y) d\sigma$，求 $\iint\limits_D x f(x,y) d\sigma$.

(13)(2018310) 设平面区域 D 由曲线 $y = \sqrt{3(1-x^2)}$ 与直线 $y = \sqrt{3} x$ 及 y 轴围成，计算二重积分 $\iint\limits_D x^2 dx dy$.

微课：第 9 章
总复习题（14）

(14)(2017310) 计算二重积分 $\iint\limits_D \dfrac{y^3}{(1+x^2+y^4)^2} dx dy$，其中 D 是第一象限中以曲线 $y = \sqrt{x}$ 与 x 轴为边界的无界区域.

(15)(2015310) 计算二重积分 $\iint\limits_D x(x+y) dx dy$，其中 $D = \{(x,y) \mid x^2 + y^2 \leq 2, y \geq x^2\}$.

微课：第 9 章
总复习题（16）

(16)(2014310) 设平面区域 $D = \{(x,y) \mid 1 \leq x^2+y^2 \leq 4, x \geq 0, y \geq 0\}$，计算二重积分 $\iint\limits_D \dfrac{x \sin(\pi \sqrt{x^2+y^2})}{x+y} dx dy$.

附录
使用 Python 解决经济数学问题

高等数学是学习商科专业课程的必备工具，而目前十分火热的 Python 作为大数据分析的主流软件之一，能够帮助学生更好、更快速地掌握基本解题思路和实际应用技巧. 在各种数据处理软件中，Python 是当今国际上处理大数据方面较为流行的开源软件，它不仅具有强大的数据分析能力，还可以进行网络爬虫. 这些优点使 Python 成为进行大数据分析的主流软件之一. 下面介绍如何使用 Python 解决经济数学问题.

本附录介绍的内容是建立在 Python 3.0 以上版本基础上的. 目前主要有两种 Python 版本，Python 2. x 是较早的旧版本，解释器的名称是 python；Python 3. x 是现在和未来主流的版本，解释器名称是 python3. Python 3. x 在设计时并未考虑向下兼容，许多用早期 Python 版本设计的程序都无法在 Python 3.0 上正常运行. 不同版本会影响结果形式，建议大家使用最新版本的 Python 进行编程学习.

一、Python 基础知识

Python 是由吉多·范罗苏姆（Guido van Rossum）在 20 世纪 80 年代末至 90 年代初，在荷兰国家数学和计算机科学研究所设计出的一种解释型、面向对象的高级程序设计语言. 它是开源的，且代码清晰、简便易学. 无论是简单的脚本任务，还是面向对象的大型独立应用，Python 都可以很好地完成. Python 本身是由诸多其他语言发展而来，包括 ABC、Modula-3、C、C++、Algol-68、SmallTalk、Unix shell 和其他脚本语言等. 像 Perl 语言一样，Python 源代码同样遵循 GNU 通用公共许可证（GNU General Public License，GPL）协议. 现在，Python 由一个核心开发团队负责维护，吉多·范罗苏姆仍然发挥着至关重要的作用，指导其发展进程.

Python 是一种效率极高的编程语言：相比其他语言，使用 Python 编程时，程序包含的代码行更少. Python 的语法也有助于创建整洁的代码：使用 Python 编写的代码相比其他语言更容易阅读、调试和扩展. Python 被应用于诸多领域——数据分析、Web 应用开发、网络爬虫、人工智能、解决商业问题等，并且在科学领域中也被大量用于学术研究和应用研究. 在未来的发展中，Python 将发挥越来越重要的作用.

Python 的开发环境由文本编辑器和 Python 解释器组合构成. 文本编辑器用来编写代码，解释器提供了一种运行编写代码的方法. Python 自带的 IDLE 编辑器带有图形界面，具备简单的编辑和调试功能. 如果有更高需求，可以下载第三方文本编辑器，如 Sublime Text、PyCharm 等.

Anaconda 是一个开源的 Python 发行版本，自带 Python 解释器，并包含了 Conda、Python 等 180 多个科学包及其依赖项．使用 Anaconda，则无须另行安装 Python 相关库和安装包．读者如有更多需求，可以自行下载安装，但对于本附录内容而言下载 Python 已经足够．

微课：安装 Python

文档：安装 Python

二、在 Python 中实现问题求解

为了充分锻炼读者利用 Python 解决数学问题的能力，编者精心编排了本节内容，设置了丰富的例题．读者可先自行尝试解答这些例题，以加深对知识的理解与掌握，完成练习后，可扫描二维码查看相应的 Python 程序解析及结果．

1. 第 1 章问题求解——用 Python 求极限

在第 1 章中，我们已经学习了函数以及函数极限的知识，下面我们来学习如何使用 Python 求函数极限．

在 Python 中，可以调用 SymPy 库中的函数进行求极限等运算．

调用 SymPy 库中的函数 limit 可以进行求极限．limit 函数的调用格式为 limit(e, z, z0, dir = " + ")，输入的 3 个值分别为任意表达式(e)、自变量(z)、自变量取值(z0)，逼近方向 dir = " + " 表示取右极限，dir = " - " 表示取左极限．

例 1　求极限 $\lim\limits_{x \to 0}\left(x^2 \sin \dfrac{1}{x}\right)$．

例 2　求极限 $\lim\limits_{x \to 2} \dfrac{x^3 + 2x^2}{(x - 2)^2}$．

例 3　求极限 $\lim\limits_{x \to +\infty} \arctan x$．

第 1 章　Python 程序解析

2. 第 2 章问题求解——用 Python 求导数

在第 2 章中，我们学习了一元函数的求导方法．对于一些复杂的导数求解，可以借助 Python 实现，下面我们一起来学习相关的函数．

在 Python 中，可以调用 SymPy 库中的 diff 函数求函数导数，diff 函数的具体调用格式为 diff(f, symbols, kwargs)．输入的 3 个值分别为函数(f)、求导变量(symbols)、求导阶数(kwargs)．其中，若 kwargs 缺省，则返回"f"的一阶导数．

第 2 章　Python 程序解析

例 4　已知 $f(x) = x^2 \sin \dfrac{1}{x}$，求 $f'(x)$，$f''(x)$．

3. 第 3 章问题求解——用 Python 求函数极值及作图

用 Python 绘制图形主要用到两个库：matplotlib.pyplot 和 NumPy．

编程中，这两个库的使用频率较高，因此，一般使用如下语句设置别名以简化代码，减少重复性工作．

```
import numpy as np
import matplotlib.pyplot as plt
```

使用 matplotlib.pyplot 绘图常用的函数有以下 3 种.

- plt.axis[xmin,xmax,ymin,ymax]：定义绘图的坐标轴范围，其中 4 个值分别表示 x 轴最小值、x 轴最大值、y 轴最小值、y 轴最大值.
- plt.plot(x,y)：使用 plot 绘制线条，第 1 个参数是 x 的坐标值，第 2 个参数是 y 的坐标值.
- plt.show()：显示图形.

（1）用 Python 绘制函数图形.

例 5 画出函数 $f(x) = \dfrac{1}{x^2+2}$ 在区间 $[-1,2]$ 上的图形.

第 3 章　Python 程序解析

注 例 5 代码中出现的 linspace 函数是 NumPy 库中生成等差数列的函数，其具体调用格式为 linspace(start,stop,num)，start 是数列首项，stop 为数列末项，num 为数列中的数据总数.

（2）用 Python 求函数极值.

本章中我们学习了用导数来研究函数的性质与图形，进而更全面地认识函数. 下面我们一起来学习利用 Python 求解函数极值.

Python 中没有直接求极值的函数，我们需要灵活运用 Python 中现有的函数来求解. 对于可导函数，求函数极值的一般步骤如下：

①用 diff 函数对 $f(x)$ 求导；

②使用 solve(f',x) 函数求 $f(x)$ 在区间 $[a,b]$ 上的导数为零的点；

③判断上述点是否为极值点；

④输出极值和极值点.

例 6 求函数 $f(x) = (x-4)^3 \sqrt{(x+1)^2}$ 在 $[-3,6]$ 上的极值.

4. 第 4 章问题求解——用 Python 求不定积分

在第 4 章中，我们了解了不定积分的定义和求解方法. 在传统的微积分课程中，求解不定积分需要灵活熟练地掌握和运用各种不同的积分方法，这就在一定程度上限制了积分问题的解决. 这里将介绍基于 Python 的积分问题的客观求解方法.

在 Python 中，可以调用 SymPy 库中的 integrate 函数求具体函数的不定积分，具体调用格式为 integrate(f(x,y,z),x,y,z)，输入的 3 个值分别为函数"f(x,y,z)"、不定积分变量"x,y,z". 其中，若"x,y,z"缺省，则默认只有一个积分变量，不必标出.

注意，Python 中不定积分的计算结果仅仅是被积函数的一个原函数，而不定积分的结果为被积函数的全体原函数，是无数个函数，故最终结果中要加上任意常数 C.

第 4 章　Python 程序解析

例 7 求不定积分 $\int \cos x \mathrm{d}x$.

5. 第 5 章问题求解——用 Python 求定积分

定积分是工程中用得最多的积分运算. 在实际应用中，有些函数的不定积分可能不存在，但仍然需要求它的具体定积分值或无穷积分的值. 下面主要介绍定积分如何通过 Python 来实现.

在 Python 中，同不定积分一样，仍然可以调用 SymPy 库中的 integrate 函数求具体函数的定积分，具体调用格式为 integrate(f,(x,a,b))，输入的 4 个值分别为函数"f(x)"、定积分变量"x"及积分下限"a"、积分上限"b".

例 8　求定积分 $\int_{1}^{2} x\mathrm{d}x$.

例 9　求定积分 $\int_{1}^{a} \ln x\mathrm{d}x$.

第 5 章　Python 程序解析

6. 第 6 章问题求解——用 Python 求常微分方程

未知函数为一元函数的微分方程称为常微分方程. 下面将介绍基于 Python 的常微分方程求解方法.

用 Python 求解常微分方程分为求解解析解和求解数值解两类，分别需要借助 SymPy 库和 SciPy 库.

调用 SymPy 库中的 dsolve 函数求具体常微分方程的解析解，具体调用格式为 dsolve((eq1,f1),(eq2,f2),(eq3,f3),…)，其中"eq1,eq2,eq3,…"是对应的常微分方程，"f1,f2,f3,…"是微分方程(组)对应的函数变量.

调用 SciPy 中的 integrate 函数类下的 odeint 函数求具体常微分方程的数值解，具体调用格式为 odeint(fun,y0,t)，其中"fun"是对应的常微分方程(组)，"y0"是初值，"t"是想要输出数值解对应的时间序列.

（1）用 Python 求解常微分方程的解析解.

例 10　求解常微分方程 $f''(x)+f(x)=0$ 的通解.

第 6 章　Python 程序解析

例 11　求解常微分方程 $\sin x\cos f(x)+\sin f(x)\cos x\dfrac{\mathrm{d}f(x)}{\mathrm{d}x}=0$ 的通解.

（2）用 Python 求解常微分方程的数值解(初值问题).

例 12　请画出常微分方程初值问题 $y'=\sqrt{y}+y,y(0)=1$ 的解的函数图形.

⚠　例 12 中的代码需要用到 odeint 函数. 在调用 odeint 函数求解常微分方程时，要求微分方程必须化成标准形式 $\dfrac{\mathrm{d}y}{\mathrm{d}t}=f(y,t)$，即需要对高阶常微分方程进行降维处理. 实际操作中会发现，高阶常微分方程的标准化工作，其实是解微分方程最主要的工作. 调用 odeint 函数和一般函数的操作基本相同，不同之处在于微分方程化为标准形式后，只需要输入标准形式右端函数表达式，不需要输入微分项.

例如

```
def fun(y,t):
    return t*y**2
```

表示 $\dfrac{\mathrm{d}y}{\mathrm{d}t}=ty^{2}$.

例 13　画出常微分方程初值问题

$$\theta''(t)+0.25\theta'(t)+5\sin\theta(t)=0,\theta(0)=\pi-0.1,\theta'(0)=0$$

的函数图形.

7. 第 7 章问题求解——用 Python 求无穷级数

无穷级数简称级数，是高等数学的一个重要组成部分，下面利用 Python 对级数进行计算. SymPy 支持级数和非级数求和运算，也可以直接用它的 Sum 类. Sum 类的功能比较丰富，支持多级数运算，例如 is_convergent 函数，可以直接判断一个级数是否收敛. 具体调用格式为 Sum(f(n),(n,n0,oo)).is_convergent( )，输入的 3 个值分别为通项公式"f(n)"、符号变量"n"、求和起始项下标"n0".

注　SymPy 除了可以判断级数的敛散性，在级数收敛的情况下还可以给出级数的求和结果，调用 evalf 函数即可实现.

例 14　判断 $\displaystyle\sum_{n=1}^{\infty} \frac{1}{n(n+1)}$ 的敛散性.

例 15　判断 $\displaystyle\sum_{n=1}^{\infty} \left(\frac{1}{n^2} - \frac{1}{n} \right)$ 是否收敛.

第 7 章　Python 程序解析

8. 第 8 章问题求解——Python 在多元函数微分学中的应用

前面我们已经学习过 Python 在一元函数微分学中的应用，其中很多函数在多元函数问题的解决中仍然适用. 下面针对多元函数微分学中偏导数、全微分、多元函数极值等问题来学习 Python 的具体应用.

（1）多元函数的偏导数和全微分.

与一元函数一样，多元函数也可以求导数. 但是由于变量的数量多于一个，所以我们只针对其中一个变量求导，也就是求偏导. 全微分的计算一般可以转化为偏导数的计算.

我们可以使用 SymPy 中的 diff 函数求偏导，再利用 subs 函数求出它在某一点处的导数值.

例 16　求函数 $z = \cos(x+y)\mathrm{e}^{xy}$ 在点 $(1,-1)$ 处的偏导数.

例 17　求函数 $z = x^2 y + \sin(\mathrm{e}^x)$ 的全微分.

（2）多元函数求极值并画图.

例 18　求函数 $z = y^3 - x^2 + 6x - 12y + 5$ 的极值并画图.

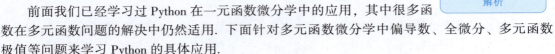
第 8 章　Python 程序解析

9. 第 9 章问题求解——用 Python 求二重积分

二重积分是二元函数在空间上的积分，同定积分类似，是某种特定形式的和的极限. 下面主要介绍二重积分如何通过 Python 来实现.

在 Python 中，可以调用 SciPy 库中的 integrate 函数类下的 dblquad 函数求具体函数的二重积分，具体调用格式为 dblquad(func,a,b,gfun,hfun)，输入的 5 个值分别为函数"func"、外积分下限"a"、外积分上限"b"、内积分下限"gfun"、内积分上限"hfun".

注　积分时，如果积分区域较复杂，则需要根据实际情况选择积分顺序，可积的部分作为内积分，然后再解决外积分.

例 19　求二重积分 $\displaystyle\int_0^2 \mathrm{d}x \int_0^1 xy^2 \mathrm{d}y$.

注　例 19 代码中用到的函数 lambda 是指一类无须定义标识符（函数名）的函数或子程序，其具体调用格式为 lambda arg1,arg2,…,argn：expression，冒号前是参数"arg1,arg2,…,argn"，参数可以有多个，不同参数间用逗号隔开，冒号右边为表达式.

第 9 章　Python 程序解析

例 20　求二重积分 $\displaystyle\int_0^\pi \mathrm{d}x \int_{x^2}^{2x} \sin x \cos y \, \mathrm{d}y$.